大学赤本シリーズ

219

青山学院大学

文学部・教育人間科学部－個別学部日程

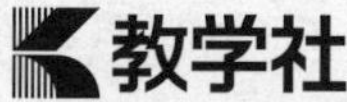

はしがき

おかげさまで，大学入試の「赤本」は，今年で創刊 70 周年を迎えました。

これまで，入試問題や資料をご提供いただいた大学関係者各位，掲載許可をいただいた著作権者の皆様，各科目の解答や対策の執筆にあたられた先生方，そして，赤本を使用してくださったすべての読者の皆様に，厚く御礼を申し上げます。

以下に，創刊初期の「赤本」のはしがきを引用します。これからも引き続き，受験生の目標の達成や，夢の実現を応援してまいります。

本書を活用して，入試本番では持てる力を存分に発揮されることを心より願っています。

編者しるす

＊　＊　＊

学問の塔にあこがれのまなざしをもって，それぞれの志望する大学の門をたたかんとしている受験生諸君！　人間として生まれてきた私たちは，自己の欲するままに，美しく，強く，そして何よりも人間らしく生きることをねがっている。しかし，一朝一夕にして，この純粋なのぞみが達せられることはない。私たちの行く手には，絶えずさまざまな試練がまちかまえている。この試練を克服していくところに，私たちのねがう真に人間的な世界がはじめて開かれてくるのである。

人生最初の最大の試練として，諸君の眼前に大学入試がある。この大学入試は，精神的にも身体的にも，大きな苦痛を感ぜしめるであろう。あるスポーツに熟達するには，たゆみなき，はげしい練習を積み重ねることが必要であるように，私たちは，計画的・持続的な努力を払うことによって，この試練を克服し，次の一歩を踏みだすことができる。厳しい試練を経たのちに，はじめて満足すべき成果を獲得できるのである。

本書は最近の入学試験の問題に，それぞれ解答を付し，さらに問題をふかく分析することによって，その大学独特の傾向や対策をさぐろうとした。本書を一般の参考書とあわせて使用し，まとはずれのない，効果的な受験勉強をされるよう期待したい。

（昭和 35 年版「赤本」はしがきより）

挑む人の、いちばんの味方

1954 年に大学入試の過去問題集を刊行してから 70 年。赤本は大学に入りたいと思う受験生を応援しつづけてきました。これからも，苦しいとき落ち込むときにそばで支える存在でいたいと思います。

そして，勉強をすること，自分で道を決めること，努力が実ること，これらの喜びを読者の皆さんが感じることができるよう，伴走をつづけます。

そもそも赤本とは…

受験生のための大学入試の過去問題集！

70年の歴史を誇る赤本は，500点を超える刊行点数で全都道府県の370大学以上を網羅しており，過去問の代名詞として受験生の必須アイテムとなっています。

なぜ受験に過去問が必要なのか？

大学入試は大学によって問題形式や頻出分野が大きく異なるからです。

赤本の掲載内容

傾向と対策

これまでの出題内容から，問題の「**傾向**」を分析し，来年度の入試に向けて具体的な「**対策**」の方法を紹介しています。

問題編・解答編

- 年度ごとに問題とその解答を掲載しています。
- 「**問題編**」ではその年度の試験概要を確認したうえで，実際に出題された過去問に取り組むことができます。
- 「**解答編**」には高校・予備校の先生方による解答が載っています。

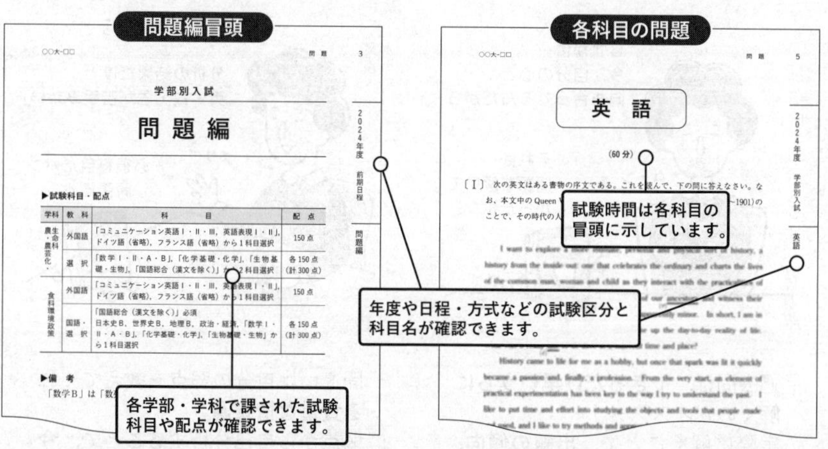

他にも，大学の基本情報や，先輩受験生の合格体験記，在学生からのメッセージなどが載っていることがあります。

2024年度から見やすいデザインに！
NEW

掲載内容について

著作権上の理由やその他編集上の都合により問題や解答の一部を割愛している場合があります。なお，指定校推薦入試，社会人入試，編入学試験，帰国生入試などの特別入試，英語以外の外国語科目，商業・工業科目は，原則として掲載しておりません。また試験科目は変更される場合がありますので，あらかじめご了承ください。

受験勉強は

過去問に始まり，

STEP 1

なにはともあれ

まずは解いてみる

過去問は，**できるだけ早いうちに解く**のがオススメ！
実際に解くことで，**出題の傾向，問題のレベル，今の自分の実力**がつかめます。

STEP 2

じっくり具体的に

弱点を分析する

間違いは自分の弱点を教えてくれる**貴重な情報源**。
弱点から自己分析することで，**今の自分に足りない力や苦手な分野**が見えてくるはず！

合格者があかす赤本の使い方

傾向と対策を熟読
（Fさん／国立大合格）
大学の出題傾向を調べるために，赤本に載っている「傾向と対策」を熟読しました。

繰り返し解く
（Tさん／国立大合格）
1周目は問題のレベル確認，2周目は苦手や頻出分野の確認に，3周目は合格点を目指して，と過去問は繰り返し解くことが大切です。

過去問に終わる。

STEP 3

志望校にあわせて

苦手分野の重点対策

参考書や問題集を活用して，苦手分野の**重点対策**をしていきます。**過去問を指針**に，合格へ向けた具体的な学習計画を立てましょう！

STEP 1▶2▶3

サイクルが大事！

実践を繰り返す

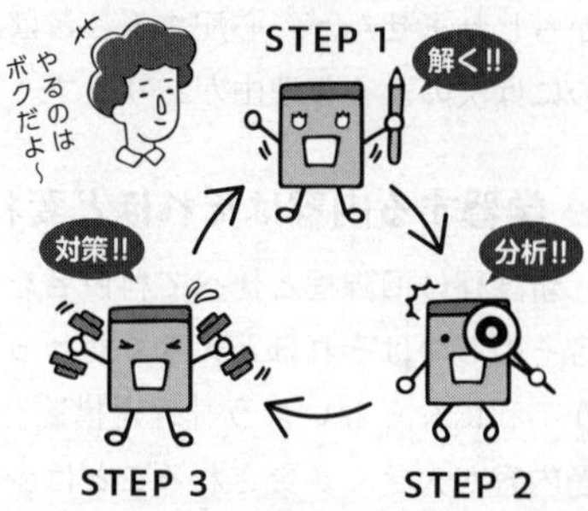

STEP 1～3を繰り返し，実力アップにつなげましょう！
出題形式に慣れることや，**時間配分を考えること**も大切です。

目標点を決める
(Yさん／私立大合格)
赤本によっては合格者最低点が載っているので，それを見て目標点を決めるのもよいです。

時間配分を確認
(Kさん／私立大学合格)
赤本は時間配分や解く順番を決めるために使いました。

添削してもらう
(Sさん／私立大学合格)
記述式の問題は先生に添削してもらうことで自分の弱点に気づけると思います。

新課程入試 Q&A

2022 年度から新しい学習指導要領（新課程）での授業が始まり，2025 年度の入試は，新課程に基づいて行われる最初の入試となります。ここでは，赤本での新課程入試の対策について，よくある疑問にお答えします。

Q1. 赤本は新課程入試の対策に使えますか？

A. もちろん使えます！

旧課程入試の過去問が新課程入試の対策に役に立つのか疑問に思う人もいるかもしれませんが，心配することはありません。旧課程入試の過去問が役立つのには次のような理由があります。

● 学習する内容はそれほど変わらない

新課程は旧課程と比べて科目名を中心とした変更はありますが，学習する内容そのものはそれほど大きく変わっていません。また，多くの大学で，既卒生が不利にならないよう「経過措置」がとられます（Q３参照）。したがって，出題内容が大きく変更されることは少ないとみられます。

● 大学ごとに出題の特徴がある

これまでに課程が変わったときも，各大学の出題の特徴は大きく変わらないことがほとんどでした。入試問題は各大学のアドミッション・ポリシーに沿って出題されており，過去問にはその特徴がよく表れています。過去問を研究してその大学に特有の傾向をつかめば，最適な対策をとることができます。

出題の特徴の例	・英作文問題の出題の有無 ・論述問題の出題（字数制限の有無や長さ） ・計算過程の記述の有無

新課程入試の対策も，赤本で過去問に取り組むところから始めましょう。

Q2. 赤本を使う上での注意点はありますか？

A. 志望大学の入試科目を確認しましょう。

過去問を解く前に，過去の出題科目（問題編冒頭の表）と 2025 年度の募集要項とを比べて，課される内容に変更がないかを確認しましょう。ポイントは以下のとおりです。科目名が変わっていても，実際は旧課程の内容とほとんど同様のものもあります。

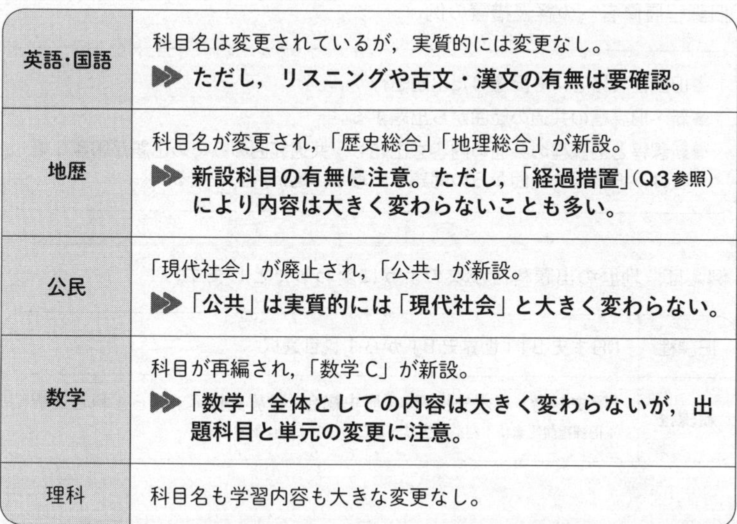

英語・国語	科目名は変更されているが，実質的には変更なし。 **▶▶ ただし，リスニングや古文・漢文の有無は要確認。**
地歴	科目名が変更され，「歴史総合」「地理総合」が新設。 **▶▶ 新設科目の有無に注意。ただし，「経過措置」(Q３参照) により内容は大きく変わらないことも多い。**
公民	「現代社会」が廃止され，「公共」が新設。 **▶▶「公共」は実質的には「現代社会」と大きく変わらない。**
数学	科目が再編され，「数学 C」が新設。 **▶▶「数学」全体としての内容は大きく変わらないが，出題科目と単元の変更に注意。**
理科	科目名も学習内容も大きな変更なし。

数学については，科目名だけでなく，どの単元が含まれているかも確認が必要です。例えば，出題科目が次のように変わったとします。

旧課程	「数学Ⅰ・数学Ⅱ・数学 A・数学 B（数列・ベクトル）」
新課程	「数学Ⅰ・数学Ⅱ・数学 A・**数学 B（数列）**・**数学 C（ベクトル）**」

この場合，新課程では「数学C」が増えていますが，単元は「ベクトル」のみのため，実質的には旧課程とほぼ同じであり，過去問をそのまま役立てることができます。

Q3. 「経過措置」とは何ですか？

A. 既卒の旧課程履修者への対応です。

多くの大学では，既卒の旧課程履修者が不利にならないように，出題において「経過措置」が実施されます。措置の有無や内容は大学によって異なるので，募集要項や大学のウェブサイトなどで確認しておきましょう。

◯旧課程履修者への経過措置の例

- 旧課程履修者にも配慮した出題を行う。
- 新・旧課程の共通の範囲から出題する。
- 新課程と旧課程の共通の内容を出題し，共通範囲のみでの出題が困難な場合は，旧課程の範囲からの問題を用意し，選択解答とする。

例えば，地歴の出題科目が次のように変わったとします。

旧課程	「日本史 B」「世界史 B」から１科目選択
新課程	「**歴史総合**，日本史探究」「**歴史総合**，世界史探究」から１科目選択※ ※旧課程履修者に不利益が生じることのないように配慮する。

「歴史総合」は新課程で新設された科目で，旧課程履修者には見慣れないものですが，上記のような経過措置がとられた場合，新課程入試でも旧課程と同様の学習内容で受験することができます。

新課程の情報は WEB もチェック！
より詳しい解説が赤本ウェブサイトで見られます。
https://akahon.net/shinkatei/

科目名が変更される教科・科目

	旧課程	新課程
国語	国語総合 国語表現 現代文A 現代文B 古典A 古典B	現代の国語 言語文化 論理国語 文学国語 国語表現 古典探究
地歴	日本史A 日本史B 世界史A 世界史B 地理A 地理B	歴史総合 日本史探究 世界史探究 地理総合 地理探究
公民	現代社会 倫理 政治・経済	公共 倫理 政治・経済
数学	数学Ⅰ 数学Ⅱ 数学Ⅲ 数学A 数学B 数学活用	数学Ⅰ 数学Ⅱ 数学Ⅲ 数学A 数学B 数学C
外国語	コミュニケーション英語基礎 コミュニケーション英語Ⅰ コミュニケーション英語Ⅱ コミュニケーション英語Ⅲ 英語表現Ⅰ 英語表現Ⅱ 英語会話	英語コミュニケーションⅠ 英語コミュニケーションⅡ 英語コミュニケーションⅢ 論理・表現Ⅰ 論理・表現Ⅱ 論理・表現Ⅲ
情報	社会と情報 情報の科学	情報Ⅰ 情報Ⅱ

大学のサイトも見よう

目　次

2022年度 問題と解答

●一般選抜（個別学部日程）：文学部

●一般選抜（個別学部日程）：教育人間科学部

掲載内容についてのお断り

著作権の都合上，下記の内容を省略しています。

2023 年度：文学部　比較芸術学科「論述」の課題文

下記の問題に使用されている著作物は，2024 年 5 月 30 日に著作権法第 67 条の 2 第 1 項の規定に基づく申請を行い，同条同項の規定の適用を受けて掲載しているものです。

2023 年度：文学部　英米文学科Ａ方式「英語」大問Ⅱ

基本情報

沿革

1874（明治 7）　ドーラ・E・スクーンメーカーが東京麻布に女子小学校を開校。のちに東京築地に移転し海岸女学校となる
1878（明治 11）　ジュリアス・ソーパーが東京築地に耕教学舎を開校。のちに東京英学校となる
1879（明治 12）　ロバート・S・マクレイが横浜山手町に美會神学校を開校
1882（明治 15）　美會神学校が東京英学校と合同
1883（明治 16）　東京英学校が東京青山に移転し東京英和学校と改称
1888（明治 21）　海岸女学校の上級生を青山に移し東京英和女学校として開校
1894（明治 27）　東京英和学校は青山学院と改称。海岸女学校が東京英和女学校と合同
1895（明治 28）　東京英和女学校は青山女学院と改称
1904（明治 37）　青山学院と青山女学院が専門学校の認可を受ける
1927（昭和 2）　青山女学院が青山学院と合同
1949（昭和 24）　新制大学として青山学院大学を開校（文・商・工の 3 学部。

	工学部は 1950 年関東学院大学に移管）
1953（昭和 28）	商学部を経済学部に改組
1959（昭和 34）	法学部を設置
1965（昭和 40）	理工学部を設置
1966（昭和 41）	経営学部を設置
1982（昭和 57）	国際政治経済学部を設置
2008（平成 20）	総合文化政策学部および社会情報学部を設置
2009（平成 21）	教育人間科学部を設置
2015（平成 27）	地球社会共生学部を設置
2019（平成 31）	コミュニティ人間科学部を設置

校章

1952 年，図案を学生から公募して決定しました。盾は「信仰を盾として」（新約聖書　エフェソの信徒への手紙 6 章 16 節）からきたもので，信仰の象徴を示しています。山形の A と G は青山と学院の頭文字。その下に，Univ.（大学）があります。盾の発案は青山学院大学校友によるもので，「中央および左右の先端は尖って高峰のごとく，側面の弧は豊かな頬を思わせるふくらみを持ち，全体が均整のとれた 4 つの弧で囲まれているようなもの」を正しい形状と定めています。

学部・学科の構成

大　学

●**文学部**　青山キャンパス

英米文学科（イギリス文学・文化コース，アメリカ文学・文化コース，グローバル文学・文化コース，英語学コース，コミュニケーションコース，英語教育学コース）

フランス文学科（文学分野，語学分野，文化分野）

日本文学科（日本文学コース，日本語・日本語教育コース）

史学科（日本史コース，東洋史コース，西洋史コース，考古学コース）

比較芸術学科（美術領域，音楽領域，演劇映像領域）

●**教育人間科学部**　青山キャンパス

教育学科（人間形成探究コース，臨床教育・生涯発達コース，教育情報・メディアコース，幼児教育学コース，児童教育学コース）

心理学科（一般心理コース，臨床心理コース）

●**経済学部**　青山キャンパス

経済学科（理論・数量コース，応用経済コース，歴史・思想コース）

現代経済デザイン学科（公共コース〈パブリック・デザイン〉，地域コース〈リージョナル・デザイン〉）

●**法学部**　青山キャンパス

法学科

ヒューマンライツ学科

●**経営学部**　青山キャンパス

経営学科

マーケティング学科

●**国際政治経済学部**　青山キャンパス

国際政治学科（政治外交・安全保障コース，グローバル・ガバナンスコース）

国際経済学科（国際経済政策コース，国際ビジネスコース）

国際コミュニケーション学科（国際コミュニケーションコース）

●総合文化政策学部　青山キャンパス

総合文化政策学科（メディア文化分野，都市・国際文化分野，アート・デザイン分野）

●理工学部　相模原キャンパス

物理科学科

数理サイエンス学科

化学・生命科学科

電気電子工学科

機械創造工学科

経営システム工学科

情報テクノロジー学科

●社会情報学部　相模原キャンパス

社会情報学科（社会・情報コース，社会・人間コース，人間・情報コース）

●地球社会共生学部　相模原キャンパス

地球社会共生学科（メディア／空間情報領域，コラボレーション領域，経済・ビジネス領域，ソシオロジー領域）

●コミュニティ人間科学部　相模原キャンパス

コミュニティ人間科学科（子ども・若者活動支援プログラム，女性活動支援プログラム，コミュニティ活動支援プログラム，コミュニティ資源継承プログラム，コミュニティ創生計画プログラム）

（備考）コース等に分属する年次はそれぞれで異なる。

大学院

文学研究科 / 教育人間科学研究科 / 経済学研究科 / 法学研究科 / 経営学研究科 / 国際政治経済学研究科 / 総合文化政策学研究科 / 理工学研究科 / 社会情報学研究科 / 国際マネジメント研究科 / 会計プロフェッション研究科

大学所在地

青山キャンパス

相模原キャンパス

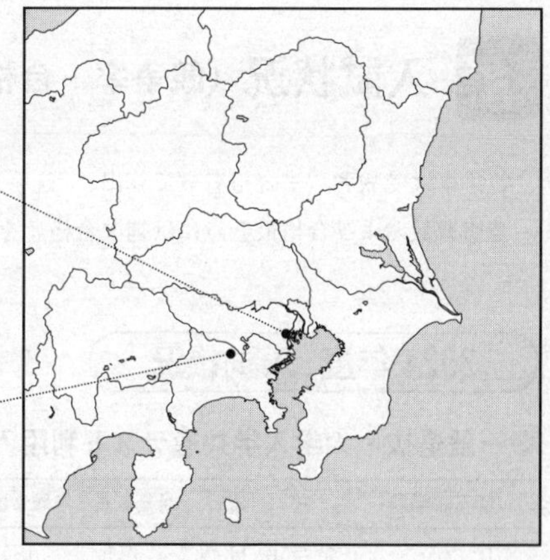

青山キャンパス　〒150-8366　東京都渋谷区渋谷 4-4-25

相模原キャンパス　〒252-5258　神奈川県相模原市中央区淵野辺 5-10-1

入試データ

入試状況（競争率・合格最低点など）

◯競争率は受験者数÷合格者数で算出。
◯合格者数および合格最低点には補欠合格者を含む（※印で表示）。

2024 年度 入試状況

●一般選抜・大学入学共通テスト利用入学者選抜

学部・学科		方式	募集人員	志願者数	受験者数	合格者数	競争率	合格最低点/満点
文	英米文	全学部日程	約5	194	189	28	6.8	260.0/350.0
		個別学部日程 A 方式	約70	430	408	※260	1.6	318.0/500.0
		個別学部日程 B 方式	約40	395	358	122	2.9	218.0/300.0
		個別学部日程 C 方式	約40	536	492	137	3.6	213.0/300.0
		共通テスト利用	約15	464	463	150	3.1	325.0/400.0
	フランス文	全学部日程	約15	342	331	68	4.9	244.0/350.0
		個別学部日程 A 方式	約40	334	314	122	2.6	#1/500.0
		個別学部日程 B 方式	約10	131	122	28	4.4	#2/400.0
		共通テスト利用	約10	715	714	215	3.3	390.0/500.0
	日本文	全学部日程	約8	169	163	30	5.4	287.0/400.0
		個別学部日程 A 方式	約55	444	399	※156	2.6	264.5/350.0
		個別学部日程 B 方式	約10	197	182	30	6.1	196.0/250.0
		共通テスト利用	約5	205	205	34	6.0	509.0/600.0

（表つづく）

学部・学科		方　式	募集人員	志願者数	受験者数	合格者数	競争率	合格最低点/満点
文	史	全学部日程	約20	278	267	59	4.5	291.0/400.0
		個別学部日程	約52	736	682	218	3.1	318.0/450.0
		共通テスト利用（3科目型）	約10	381	381	87	4.4	498.0/600.0
		共通テスト利用（6科目型）		67	66	23	2.9	647.0/800.0
	比較芸術	全学部日程	約5	195	185	17	10.9	312.0/400.0
		個別学部日程	約45	280	258	83	3.1	322.5/450.0
		共通テスト利用	約5	239	239	22	10.9	533.0/600.0
教育人間科	教育	全学部日程	約70	1,013	989	※235	4.2	243.0/350.0
		個別学部日程	約20	476	437	65	6.7	#3/300.0
		共通テスト利用	約10	480	480	※127	3.8	411.0/500.0
	心理	全学部日程	約58	626	601	※178	3.4	243.0/350.0
		個別学部日程	約15	323	277	※49	5.7	#4/300.0
		共通テスト利用	約10	425	423	※79	5.4	381.0/450.0
経済	経済	全学部日程	約30	654	626	109	5.7	260.0/350.0
		個別学部日程A方式	約180	3,044	2,587	※478	5.4	165.0/250.0
		個別学部日程B方式	約100	1,973	1,616	※250	6.5	144.0/250.0
		共通テスト利用	約10	595	484	160	3.0	404.0/500.0
	現代経済デザイン	全学部日程	約10	119	114	16	7.1	253.0/350.0
		個別学部日程A方式	約50	895	761	110	6.9	165.0/250.0
		個別学部日程B方式	約25	459	407	56	7.3	136.0/250.0
		共通テスト利用	約10	187	123	20	6.2	404.0/500.0
法	法	全学部日程	約80	1,502	1,448	351	4.1	246.0/350.0
		個別学部日程A方式	約80	634	522	186	2.8	289.0/400.0
		個別学部日程B方式	約25	286	213	76	2.8	263.0/400.0
		共通テスト利用（3科目型）	約10	624	624	270	2.3	273.0/350.0
		共通テスト利用（5科目型）		201	201	98	2.1	549.0/700.0

（表つづく）

学部・学科		方式	募集人員	志願者数	受験者数	合格者数	競争率	合格最低点/満点
法	ヒューマンライツ	全学部日程	約25	870	844	146	5.8	245.0/350.0
		個別学部日程A方式	約20	126	111	44	2.5	279.0/400.0
		個別学部日程B方式	約10	87	69	31	2.2	256.0/400.0
		共通テスト利用(3科目型)	約5	601	601	118	5.1	280.0/350.0
		共通テスト利用(5科目型)		59	59	23	2.6	541.0/700.0
経営	経営	全学部日程	約25	879	841	※130	6.5	256.0/350.0
		個別学部日程A方式	約160	1,547	1,347	※527	2.6	287.8/400.0
		個別学部日程B方式	約40	297	263	※144	1.8	275.3/400.0
		共通テスト利用	約10	1,121	1,118	※175	6.4	252.0/300.0
	マーケティング	全学部日程	約15	519	503	※63	8.0	256.0/350.0
		個別学部日程A方式	約80	589	515	※176	2.9	295.0/400.0
		個別学部日程B方式	約20	88	78	※40	2.0	276.1/400.0
		共通テスト利用	約5	405	404	※60	6.7	252.5/300.0
国際政治経済	国際政治	全学部日程	約5	162	152	※27	5.6	275.0/350.0
		個別学部日程A方式	約64	325	285	※138	2.1	141.3/200.0
		個別学部日程B方式	約6	39	31	7	4.4	157.9/200.0
		共通テスト利用(3科目型)	約10	404	404	※104	3.9	338.0/400.0
		共通テスト利用(4科目型)	約10	58	58	19	3.1	500.0/600.0
	国際経済	全学部日程	約5	106	102	26	3.9	262.0/350.0
		個別学部日程	約70	200	179	89	2.0	139.1/200.0
		共通テスト利用(3科目型)	約10	325	323	111	2.9	322.0/400.0
		共通テスト利用(4科目型)	約10	76	76	38	2.0	490.0/600.0

(表つづく)

学部・学科		方　　式	募集人員	志願者数	受験者数	合格者数	競争率	合格最低点/満点
国際政治経済	国際コミュニケーション	全学部日程	約5	126	120	24	5.0	270.0/350.0
		個別学部日程A方式	約27	278	245	75	3.3	140.8/200.0
		個別学部日程B方式	約20	146	121	31	3.9	148.2/200.0
		共通テスト利用	約10	219	219	49	4.5	341.0/400.0
総合文化政策		全学部日程	約55	856	832	※172	4.8	260.0/350.0
		個別学部日程A方式	約70	393	362	※124	2.9	235.0/300.0
		個別学部日程B方式	約50	501	435	※101	4.3	257.5/350.0
		共通テスト利用（3科目型）	約10	787	772	※103	7.5	345.0/400.0
		共通テスト利用（4科目型）		30	30	3	10.0	433.0/500.0
		共通テスト利用（5科目型）		103	103	※11	9.4	517.0/600.0
理工	物理科	全学部日程	約12	132	125	37	3.4	248.0/400.0
		個別学部日程A方式	約35	550	526	156	3.4	298.0/450.0
		個別学部日程B方式	約28	329	305	104	2.9	360.0/500.0
		共通テスト利用	約8	415	415	242	1.7	444.0/600.0
	数理サイエンス	全学部日程	約6	122	117	41	2.9	225.0/400.0
		個別学部日程A方式	約20	285	270	94	2.9	261.0/450.0
		個別学部日程B方式	約13	179	166	52	3.2	337.0/500.0
		共通テスト利用	約4	140	140	46	3.0	486.0/600.0
	化学・生命科	全学部日程	約13	115	104	20	5.2	262.0/400.0
		個別学部日程A方式	約50	782	750	267	2.8	263.0/450.0
		個別学部日程B方式	約20	346	321	102	3.1	375.0/500.0
		共通テスト利用	約10	277	276	80	3.5	492.0/600.0

（表つづく）

学部・学科		方　式	募集人員	志願者数	受験者数	合格者数	競争率	合格最低点/満点
理工	電気電子工	全学部日程	約13	170	162	※50	3.2	222.0/400.0
		個別学部日程A方式	約40	492	471	※151	3.1	262.0/450.0
		個別学部日程B方式	約20	254	242	※89	2.7	320.0/500.0
		共通テスト利用	約10	248	247	※77	3.2	473.0/600.0
	機械創造工	全学部日程	約15	131	124	29	4.3	233.0/400.0
		個別学部日程A方式	約40	699	668	271	2.5	261.0/450.0
		個別学部日程B方式	約20	229	217	71	3.1	340.0/500.0
		共通テスト利用	約10	228	226	117	1.9	455.0/600.0
	経営システム工	全学部日程	約10	149	138	※33	4.2	256.0/400.0
		個別学部日程A方式	約35	519	504	※173	2.9	276.0/450.0
		個別学部日程B方式	約20	210	198	※66	3.0	346.0/500.0
		共通テスト利用	約10	201	201	36	5.6	417.0/500.0
	情報テクノロジー	全学部日程	約10	154	143	15	9.5	265.0/400.0
		個別学部日程A方式	約35	672	618	※174	3.6	275.0/450.0
		個別学部日程B方式	約20	298	278	※78	3.6	354.0/500.0
		共通テスト利用	約10	244	241	30	8.0	426.0/500.0
社会情報		全学部日程A方式	約17	237	225	29	7.8	253.0/350.0
		全学部日程B方式	約10	130	124	22	5.6	285.0/400.0
		個別学部日程A方式	約45	471	437	※114	3.8	291.0/400.0
		個別学部日程B方式	約25	425	402	※88	4.6	209.0/350.0
		個別学部日程C方式	約35	343	327	※89	3.7	272.0/450.0
		個別学部日程D方式	約15	110	102	※21	4.9	222.0/400.0

（表つづく）

学部・学科	方　式	募集人員	志願者数	受験者数	合格者数	競争率	合格最低点/満点
社会情報	共通テスト利用（3科目型）	約15	305	305	30	10.2	253.0/300.0
	共通テスト利用（4科目A型）		99	97	10	9.7	335.0/400.0
	共通テスト利用（4科目B型）		71	71	7	10.1	347.0/400.0
	共通テスト利用（5科目型）		42	40	4	10.0	444.0/500.0
地球社会共生	全学部日程	約45	460	448	100	4.5	242.0/350.0
	個別学部日程	約30	352	278	※99	2.8	193.7/300.0
	共通テスト利用	約20	577	574	89	6.4	329.0/400.0
コミュニティ人間科	全学部日程	約50	634	617	※131	4.7	237.0/350.0
	個別学部日程	約34	437	411	※137	3.0	214.0/300.0
	共通テスト利用（3科目型）	約12	195	194	※70	2.8	376.0/500.0
	共通テスト利用（4科目型）		30	30	※19	1.6	377.0/500.0
	共通テスト利用（5科目型）		51	51	※25	2.0	377.0/500.0

(備考)

- 合格最低点について #1〜4 は以下参照。

#1　総合点 348.0 点以上で「総合問題」120.0 点以上かつ「外国語」140.0 点以上。

#2　「総合問題」110.0 点以上かつ「外国語」154.0 点以上。

#3　大学入学共通テストの「英語」,「国語」の点数をそれぞれ 50% に圧縮した合計点が 130.0 点以上かつ「小論文」の点数が 69.0 点以上。

#4　大学入学共通テストの「英語」の点数を 50% に圧縮したものが 70.0 点以上かつ総合点が 221.5 点以上。

2023 年度 入試状況

●一般選抜・大学入学共通テスト利用入学者選抜

学部・学科		方式	募集人員	志願者数	受験者数	合格者数	競争率	合格最低点/満点
文	英米文	全学部日程	約 5	143	138	17	8.1	279.0/350.0
		個別学部日程 A 方式	約 70	432	418	※215	1.9	346.0/500.0
		個別学部日程 B 方式	約 40	448	415	※120	3.5	196.0/300.0
		個別学部日程 C 方式	約 40	511	476	※112	4.3	208.0/300.0
		共通テスト利用	約 15	407	403	136	3.0	321.0/400.0
	フランス文	全学部日程	約 15	195	192	70	2.7	253.0/350.0
		個別学部日程 A 方式	約 40	271	252	※120	2.1	#1/500.0
		個別学部日程 B 方式	約 10	73	63	24	2.6	#2/400.0
		共通テスト利用	約 10	174	173	80	2.2	374.0/500.0
	日本文	全学部日程	約 8	180	167	30	5.6	309.0/400.0
		個別学部日程 A 方式	約 55	397	349	143	2.4	272.0/350.0
		個別学部日程 B 方式	約 10	157	152	29	5.2	192.0/250.0
		共通テスト利用	約 5	158	157	30	5.2	494.0/600.0
	史	全学部日程	約 20	293	280	※77	3.6	304.0/400.0
		個別学部日程	約 52	586	541	※221	2.4	309.0/450.0
		共通テスト利用（3科目型）	約 5	204	204	83	2.5	465.0/600.0
		共通テスト利用（6科目型）	約 5	68	66	20	3.3	642.0/800.0
	比較芸術	全学部日程	約 5	218	202	22	9.2	312.0/400.0
		個別学部日程	約 45	241	216	※105	2.1	299.0/450.0
		共通テスト利用	約 5	171	170	28	6.1	516.0/600.0

（表つづく）

<table>
<tr><th colspan="2">学部・学科</th><th>方　式</th><th>募集人員</th><th>志願者数</th><th>受験者数</th><th>合格者数</th><th>競争率</th><th>合格最低点/満点</th></tr>
<tr><td rowspan="6">教育人間科</td><td rowspan="3">教育</td><td>全学部日程</td><td>約70</td><td>1,147</td><td>1,117</td><td>※241</td><td>4.6</td><td>266.0/350.0</td></tr>
<tr><td>個別学部日程</td><td>約20</td><td>379</td><td>352</td><td>63</td><td>5.6</td><td>#3/300.0</td></tr>
<tr><td>共通テスト利用</td><td>約10</td><td>575</td><td>575</td><td>102</td><td>5.6</td><td>408.0/500.0</td></tr>
<tr><td rowspan="3">心理</td><td>全学部日程</td><td>約58</td><td>635</td><td>622</td><td>141</td><td>4.4</td><td>268.0/350.0</td></tr>
<tr><td>個別学部日程</td><td>約15</td><td>215</td><td>181</td><td>※74</td><td>2.4</td><td>#4/300.0</td></tr>
<tr><td>共通テスト利用</td><td>約10</td><td>402</td><td>400</td><td>56</td><td>7.1</td><td>373.0/450.0</td></tr>
<tr><td rowspan="8">経済</td><td rowspan="4">経済</td><td>全学部日程</td><td>約30</td><td>792</td><td>751</td><td>101</td><td>7.4</td><td>278.0/350.0</td></tr>
<tr><td>個別学部日程
A方式</td><td>約180</td><td>3,250</td><td>2,735</td><td>394</td><td>6.9</td><td>158.0/250.0</td></tr>
<tr><td>個別学部日程
B方式</td><td>約100</td><td>1,792</td><td>1,481</td><td>217</td><td>6.8</td><td>162.0/250.0</td></tr>
<tr><td>共通テスト利用</td><td>約10</td><td>685</td><td>548</td><td>161</td><td>3.4</td><td>404.0/500.0</td></tr>
<tr><td rowspan="4">現代経済デザイン</td><td>全学部日程</td><td>約10</td><td>93</td><td>88</td><td>15</td><td>5.9</td><td>267.0/350.0</td></tr>
<tr><td>個別学部日程
A方式</td><td>約50</td><td>828</td><td>703</td><td>115</td><td>6.1</td><td>153.0/250.0</td></tr>
<tr><td>個別学部日程
B方式</td><td>約25</td><td>396</td><td>341</td><td>58</td><td>5.9</td><td>154.0/250.0</td></tr>
<tr><td>共通テスト利用</td><td>約10</td><td>58</td><td>41</td><td>15</td><td>2.7</td><td>391.0/500.0</td></tr>
<tr><td rowspan="10">法</td><td rowspan="5">法</td><td>全学部日程</td><td>約80</td><td>1,354</td><td>1,302</td><td>379</td><td>3.4</td><td>265.0/350.0</td></tr>
<tr><td>個別学部日程
A方式</td><td>約80</td><td>589</td><td>445</td><td>※180</td><td>2.5</td><td>286.0/400.0</td></tr>
<tr><td>個別学部日程
B方式</td><td>約25</td><td>282</td><td>190</td><td>※107</td><td>1.8</td><td>262.0/400.0</td></tr>
<tr><td>共通テスト利用
（3科目型）</td><td rowspan="2">約10</td><td>920</td><td>920</td><td>196</td><td>4.7</td><td>282.0/350.0</td></tr>
<tr><td>共通テスト利用
（5科目型）</td><td>260</td><td>259</td><td>99</td><td>2.6</td><td>542.0/700.0</td></tr>
<tr><td rowspan="5">ヒューマンライツ</td><td>全学部日程</td><td>約25</td><td>287</td><td>281</td><td>112</td><td>2.5</td><td>256.0/350.0</td></tr>
<tr><td>個別学部日程
A方式</td><td>約20</td><td>142</td><td>107</td><td>40</td><td>2.7</td><td>282.0/400.0</td></tr>
<tr><td>個別学部日程
B方式</td><td>約10</td><td>73</td><td>44</td><td>22</td><td>2.0</td><td>262.0/400.0</td></tr>
<tr><td>共通テスト利用
（3科目型）</td><td rowspan="2">約5</td><td>142</td><td>142</td><td>55</td><td>2.6</td><td>267.0/350.0</td></tr>
<tr><td>共通テスト利用
（5科目型）</td><td>28</td><td>28</td><td>14</td><td>2.0</td><td>533.0/700.0</td></tr>
</table>

（表つづく）

学部・学科		方式	募集人員	志願者数	受験者数	合格者数	競争率	合格最低点/満点
経営	経営	全学部日程	約25	696	664	※108	6.1	273.0/350.0
		個別学部日程A方式	約160	1,150	965	※459	2.1	278.3/400.0
		個別学部日程B方式	約40	355	307	※162	1.9	275.0/400.0
		共通テスト利用	約10	709	707	169	4.2	241.0/300.0
	マーケティング	全学部日程	約15	517	498	※50	10.0	279.0/350.0
		個別学部日程A方式	約80	652	578	※197	2.9	291.5/400.0
		個別学部日程B方式	約20	267	225	※61	3.7	281.5/400.0
		共通テスト利用	約5	311	310	53	5.8	243.0/300.0
国際政治経済	国際政治	全学部日程	約5	146	134	27	5.0	283.0/350.0
		個別学部日程A方式	約64	331	277	※137	2.0	147.6/200.0
		個別学部日程B方式	約6	35	28	9	3.1	157.5/200.0
		共通テスト利用(3科目型)	約10	302	300	87	3.4	335.0/400.0
		共通テスト利用(4科目型)	約10	211	211	62	3.4	495.0/600.0
	国際経済	全学部日程	約5	94	88	16	5.5	283.0/350.0
		個別学部日程	約70	443	390	※112	3.5	145.8/200.0
		共通テスト利用(3科目型)	約10	222	221	58	3.8	331.0/400.0
		共通テスト利用(4科目型)	約10	129	126	51	2.5	484.0/600.0
	国際コミュニケーション	全学部日程	約5	124	116	17	6.8	283.0/350.0
		個別学部日程A方式	約27	268	213	※84	2.5	145.3/200.0
		個別学部日程B方式	約20	88	76	26	2.9	156.8/200.0
		共通テスト利用	約10	201	200	45	4.4	341.0/400.0

(表つづく)

学部・学科		方　式	募集人員	志願者数	受験者数	合格者数	競争率	合格最低点/満点
総合文化政策		全学部日程	約55	758	734	※156	4.7	272.0/350.0
		個別学部日程 A 方式	約70	296	268	83	3.2	227.0/300.0
		個別学部日程 B 方式	約50	369	308	※95	3.2	259.0/350.0
		共通テスト利用（3科目型）	約10	378	373	96	3.9	332.0/400.0
		共通テスト利用（4科目型）		12	12	2	6.0	426.0/500.0
		共通テスト利用（5科目型）		54	54	20	2.7	501.0/600.0
理工	物理科	全学部日程	約12	143	139	45	3.1	270.0/400.0
		個別学部日程 A 方式	約35	471	450	215	2.1	255.0/450.0
		個別学部日程 B 方式	約28	218	207	105	2.0	344.5/500.0
		共通テスト利用	約8	407	404	200	2.0	467.0/600.0
	数理サイエンス	全学部日程	約6	166	164	53	3.1	265.0/400.0
		個別学部日程 A 方式	約20	350	331	※121	2.7	257.0/450.0
		個別学部日程 B 方式	約13	135	129	※55	2.3	309.0/500.0
		共通テスト利用	約4	209	207	56	3.7	491.0/600.0
	化学・生命科	全学部日程	約13	119	112	19	5.9	286.0/400.0
		個別学部日程 A 方式	約50	808	765	307	2.5	261.0/450.0
		個別学部日程 B 方式	約20	338	318	128	2.5	321.0/500.0
		共通テスト利用	約10	504	504	83	6.1	510.0/600.0

（表つづく）

学部・学科		方　　式	募集人員	志願者数	受験者数	合格者数	競争率	合格最低点/満点
理工	電気電子工	全学部日程	約13	136	128	※38	3.4	258.0/400.0
		個別学部日程A方式	約40	479	457	※155	2.9	261.0/450.0
		個別学部日程B方式	約20	220	206	※76	2.7	307.0/500.0
		共通テスト利用	約10	249	248	58	4.3	491.0/600.0
	機械創造工	全学部日程	約15	189	178	28	6.4	274.0/400.0
		個別学部日程A方式	約40	973	936	※272	3.4	264.0/450.0
		個別学部日程B方式	約20	354	343	※116	3.0	311.5/500.0
		共通テスト利用	約10	620	620	104	6.0	500.0/600.0
	経営システム工	全学部日程	約10	144	136	22	6.2	292.0/400.0
		個別学部日程A方式	約35	560	534	172	3.1	265.0/450.0
		個別学部日程B方式	約23	220	206	55	3.7	337.0/500.0
		共通テスト利用	約10	336	336	52	6.5	419.0/500.0
	情報テクノロジー	全学部日程	約10	160	148	14	10.6	296.0/400.0
		個別学部日程A方式	約35	810	760	※195	3.9	278.0/450.0
		個別学部日程B方式	約20	358	342	※111	3.1	327.0/500.0
		共通テスト利用	約10	436	432	48	9.0	442.0/500.0
社会情報		全学部日程A方式	約17	272	259	※47	5.5	266.0/350.0
		全学部日程B方式	約10	117	112	※26	4.3	279.0/400.0
		個別学部日程A方式	約45	367	330	※122	2.7	280.0/400.0
		個別学部日程B方式	約25	276	253	※65	3.9	300.0/400.0
		個別学部日程C方式	約35	278	270	※82	3.3	262.0/400.0
		個別学部日程D方式	約15	212	203	※51	4.0	308.0/400.0

（表つづく）

学部・学科	方　　式	募集人員	志願者数	受験者数	合格者数	競争率	合格最低点/満点
社会情報	共通テスト利用（3科目型）	約15	187	185	19	9.7	256.0/300.0
	共通テスト利用（4科目A型）		58	58	6	9.7	334.5/400.0
	共通テスト利用（4科目B型）		41	41	5	8.2	350.0/400.0
	共通テスト利用（5科目型）		27	20	3	6.7	419.0/500.0
地球社会共生	全学部日程	約45	364	348	109	3.2	256.0/350.0
	個別学部日程	約30	321	250	※66	3.8	218.6/300.0
	共通テスト利用	約20	230	228	61	3.7	320.0/400.0
コミュニティ人間科	全学部日程	約50	692	669	※164	4.1	256.0/350.0
	個別学部日程	約34	266	245	※127	1.9	200.0/300.0
	共通テスト利用（3科目型）	約12	246	246	57	4.3	389.0/500.0
	共通テスト利用（4科目型）		47	47	10	4.7	389.0/500.0
	共通テスト利用（5科目型）		66	64	13	4.9	389.0/500.0

（備考）

- 合格最低点について #1～4 は以下参照。

#1　総合点 360.0 点以上で「総合問題」130.0 点以上かつ「外国語」140.0 点以上。

#2　「総合問題」101.0 点以上かつ「外国語」141.0 点以上。

#3　大学入学共通テストの「英語」，「国語」の点数をそれぞれ 50% に圧縮した合計点が 125.0 点以上かつ「小論文」の点数が 57.0 点以上。

#4　大学入学共通テストの「英語」の点数を 50% に圧縮したものが 68.0 点以上かつ総合点が 201.5 点以上。

2022年度 入試状況

●一般選抜・大学入学共通テスト利用入学者選抜

学部・学科		方式	募集人員	志願者数	受験者数	合格者数	競争率	合格最低点/満点
文	英米文	全学部日程	約5	285	269	15	17.9	297.0/350
		個別学部日程 A方式	約70	549	517	※238	2.2	345.5/500
		個別学部日程 B方式	約40	431	385	※124	3.1	271.0/400
		個別学部日程 C方式	約40	710	623	※96	6.5	200.0/300
		共通テスト利用	約15	506	505	150	3.4	330.5/400
	フランス文	全学部日程	約15	488	470	67	7.0	282.0/350
		個別学部日程 A方式	約40	278	235	※97	2.4	#1/500
		個別学部日程 B方式	約10	84	68	※21	3.2	#2/400
		共通テスト利用	約10	667	666	150	4.4	401.0/500
	日本文	全学部日程	約8	135	129	31	4.2	321.0/400
		個別学部日程 A方式	約55	508	452	165	2.7	276.0/350
		個別学部日程 B方式	約10	151	143	32	4.5	167.0/250
		共通テスト利用	約5	203	202	46	4.4	500.0/600
	史	全学部日程	約20	219	214	※66	3.2	312.0/400
		個別学部日程	約55	656	570	※184	3.1	315.0/450
		共通テスト利用	約5	505	504	96	5.3	507.0/600
	比較芸術	全学部日程	約5	150	150	23	6.5	323.0/400
		個別学部日程	約45	231	202	※88	2.3	315.0/450
		共通テスト利用	約5	202	201	35	5.7	517.0/600
教育人間科	教育	全学部日程	約70	1,013	989	※236	4.2	276.0/350
		個別学部日程	約20	439	404	※76	5.3	#3/300
		共通テスト利用	約10	492	492	103	4.8	403.0/500
	心理	全学部日程	約58	705	685	129	5.3	283.0/350
		個別学部日程	約15	287	245	※51	4.8	#4/300
		共通テスト利用	約10	331	331	67	4.9	370.0/450

（表つづく）

学部・学科		方　　式	募集人員	志願者数	受験者数	合格者数	競争率	合格最低点/満点
経済	経済	全学部日程	約 30	590	555	93	6.0	283.0/350
		個別学部日程 A 方式	約 180	3,453	2,921	※ 487	6.0	#5/250
		個別学部日程 B 方式	約 100	1,856	1,494	※ 227	6.6	143.0/250
		共通テスト利用	約 10	711	578	157	3.7	399.0/500
	現代経済デザイン	全学部日程	約 10	179	170	20	8.5	283.0/350
		個別学部日程 A 方式	約 50	1,164	1,038	※ 113	9.2	169.0/250
		個別学部日程 B 方式	約 25	381	321	51	6.3	138.0/250
		共通テスト利用	約 10	182	143	20	7.2	398.0/500
法	法	全学部日程	約 80	1,624	1,550	※ 390	4.0	280.0/350
		個別学部日程 A 方式	約 80	682	548	※ 201	2.7	291.0/400
		個別学部日程 B 方式	約 25	211	145	※ 69	2.1	270.0/400
		共通テスト利用	約 10	676	675	198	3.4	280.0/350
	ヒューマンライツ	全学部日程	約 25	742	717	※ 128	5.6	282.0/350
		個別学部日程 A 方式	約 20	272	239	※ 52	4.6	299.0/400
		個別学部日程 B 方式	約 10	154	132	※ 39	3.4	285.3/400
		共通テスト利用	約 5	265	265	54	4.9	280.0/350
経営	経営	全学部日程	約 25	974	932	※ 76	12.3	293.0/350
		個別学部日程 A 方式	約 160	1,364	1,125	※ 473	2.4	283.5/400
		個別学部日程 B 方式	約 40	263	212	※ 114	1.9	247.3/400
		共通テスト利用	約 10	931	928	104	8.9	252.5/300
	マーケティング	全学部日程	約 15	460	444	※ 54	8.2	292.0/350
		個別学部日程 A 方式	約 80	538	447	※ 192	2.3	285.5/400
		個別学部日程 B 方式	約 20	85	70	※ 45	1.6	238.0/400
		共通テスト利用	約 5	366	365	33	11.1	256.0/300

（表つづく）

学部・学科		方　式	募集人員	志願者数	受験者数	合格者数	競争率	合格最低点/満点
国際政治経済	国際政治	全学部日程	約5	199	189	23	8.2	296.0/350
		個別学部日程 A　方　式	約64	419	346	※116	3.0	127.8/200
		個別学部日程 B　方　式	約6	22	19	8	2.4	119.8/200
		共通テスト利用 (3教科型)	約10	326	323	89	3.6	345.0/400
		共通テスト利用 (4教科型)	約10	129	128	51	2.5	460.0/600
	国際経済	全学部日程	約5	129	120	16	7.5	297.0/350
		個別学部日程	約70	272	236	※130	1.8	127.8/200
		共通テスト利用 (3教科型)	約10	267	264	52	5.1	345.0/400
		共通テスト利用 (4教科型)	約10	123	123	38	3.2	470.0/600
	国際コミュニケーション	全学部日程	約5	168	161	16	10.1	297.0/350
		個別学部日程 A　方　式	約27	348	273	※71	3.8	149.3/200
		個別学部日程 B　方　式	約20	175	144	25	5.8	159.9/200
		共通テスト利用	約10	241	238	46	5.2	351.0/400
総合文化政策		全学部日程	約55	948	922	※156	5.9	290.0/350
		個別学部日程 A　方　式	約70	441	406	※86	4.7	250.0/300
		個別学部日程 B　方　式	約50	499	432	※100	4.3	275.5/350
		共通テスト利用	約10	605	602	58	10.4	352.0/400
理工	物理科	全学部日程	約12	231	221	※71	3.1	275.0/400
		個別学部日程 A　方　式	約35	762	723	※190	3.8	278.0/450
		個別学部日程 B　方　式	約28	237	224	※87	2.6	326.8/500
		共通テスト利用	約8	785	783	172	4.6	442.0/600

（表つづく）

学部・学科		方　式	募集人員	志願者数	受験者数	合格者数	競争率	合格最低点/満点
理工	数理サイエンス	全学部日程	約 6	155	149	※ 56	2.7	244.0/400
		個別学部日程 A 方式	約 20	288	271	※ 122	2.2	252.0/450
		個別学部日程 B 方式	約 13	97	94	42	2.2	289.8/500
		共通テスト利用	約 4	212	212	56	3.8	443.0/600
	化学・生命科	全学部日程	約 13	136	128	28	4.6	274.0/400
		個別学部日程 A 方式	約 50	836	795	※ 348	2.3	250.0/450
		個別学部日程 B 方式	約 20	209	190	109	1.7	311.0/500
		共通テスト利用	約 10	291	289	60	4.8	456.0/600
	電気電子工	全学部日程	約 13	182	165	※ 41	4.0	269.0/400
		個別学部日程 A 方式	約 40	608	579	※ 177	3.3	267.0/450
		個別学部日程 B 方式	約 20	174	161	※ 70	2.3	295.2/500
		共通テスト利用	約 10	239	238	56	4.3	450.0/600
	機械創造工	全学部日程	約 15	148	141	30	4.7	270.0/400
		個別学部日程 A 方式	約 40	749	717	299	2.4	252.0/450
		個別学部日程 B 方式	約 20	148	132	69	1.9	291.1/500
		共通テスト利用	約 10	270	270	99	2.7	432.0/600
	経営システム工	全学部日程	約 10	188	183	34	5.4	290.0/400
		個別学部日程 A 方式	約 35	649	620	207	3.0	273.0/450
		個別学部日程 B 方式	約 23	174	162	58	2.8	316.7/500
		共通テスト利用	約 10	264	264	51	5.2	379.0/500
	情報テクノロジー	全学部日程	約 10	188	175	19	9.2	294.0/400
		個別学部日程 A 方式	約 35	769	717	177	4.1	280.0/450
		個別学部日程 B 方式	約 20	206	185	86	2.2	312.0/500
		共通テスト利用	約 10	477	477	49	9.7	396.0/500

（表つづく）

学部・学科	方　　式	募集人員	志願者数	受験者数	合格者数	競争率	合格最低点/満点
社会情報	全学部日程 A 方式	約 17	239	228	※ 43	5.3	276.0/350
	全学部日程 B 方式	約 10	164	154	※ 29	5.3	300.0/400
	個別学部日程 A 方式	約 45	413	378	※ 111	3.4	299.0/400
	個別学部日程 B 方式	約 25	314	307	※ 67	4.6	302.5/400
	個別学部日程 C 方式	約 35	311	293	※ 80	3.7	273.5/400
	個別学部日程 D 方式	約 15	190	178	※ 42	4.2	310.5/400
	共通テスト利用	約 15	539	538	44	12.2	260.0/300
地球社会共生	全学部日程	約 45	440	429	※ 140	3.1	272.0/350
	個別学部日程	約 30	323	291	※ 101	2.9	224.0/300
	共通テスト利用	約 20	390	390	85	4.6	337.0/400
コミュニティ人間科	全学部日程	約 50	879	845	※ 197	4.3	269.0/350
	個別学部日程	約 34	179	154	※ 104	1.5	197.0/300
	共通テスト利用	約 12	127	126	24	5.3	391.0/500

（備考）

- 合格最低点について #1～5 は以下参照。

　#1　総合点 328.0 点以上で「総合問題」114.0 点以上かつ「外国語」144.0 点以上。

　#2　「総合問題」103.0 点以上かつ「外国語」158.0 点以上。

　#3　大学入学共通テストの「英語」,「国語」を各々 50%に圧縮した合計点が 127.5 点以上，かつ「小論文」56 点以上。

　#4　大学入学共通テストの「英語」を 50%に圧縮した点数が 70 点以上，かつ総合点 221.0 点以上。

　#5　総合点 168 点以上および総合点 167 点かつ「英語」111 点以上。

募集要項（出願書類）の入手方法

一般選抜および大学入学共通テスト利用入学者選抜は Web 出願です。出願に関する詳細は，11 月中旬以降に大学公式ウェブサイトに公表する入学者選抜要項で各自ご確認ください。

問い合わせ先

青山学院大学　入学広報部
〒150-8366　東京都渋谷区渋谷 4-4-25
☎ (03)3409-8627
公式ウェブサイト　https://www.aoyama.ac.jp/

青山学院大学のテレメールによる資料請求方法

スマートフォンから	QRコードからアクセスしガイダンスに従ってご請求ください。
パソコンから	教学社 赤本ウェブサイト(akahon.net)から請求できます。

気になること、聞いてみました！

在学生メッセージ

大学ってどんなところ？ 大学生活ってどんな感じ？
ちょっと気になることを，在学生に聞いてみました。

以下の内容は 2020～2023 年度入学生のアンケート回答に基づくものです。ここで触れられている内容は今後変更となる場合もありますのでご注意ください。

メッセージを書いてくれた先輩　●青山キャンパス　：［文学部］ Y.H. さん
［法学部］ A.M. さん
［経営学部］ R.M. さん
●相模原キャンパス：［理工学部］ K.N. さん
［コミュニティ人間科学部］ H.T. さん

Message from current students

大学生になったと実感！

制服を着て参考書を読んでいる高校生を通学の際によく見かけます。そのときに，かつては自分もそうだったがもう制服を着ることはないのだと実感します。また，自分で授業を決めて時間割を作る履修登録が高校との大きな違いだと思います。（H.T. さん／コミュニティ人間科）

通学する洋服が自由で，化粧 OK，髪型が自由など，全体的に自由度が増しました。また，空きコマに友達とカフェに行ったり，授業終了後に自由に好きな場所に寄って帰ることができるなど，高校生のときに比べたらできることが増えたと思います。（A.M. さん／法）

自分の責任で行動しなければならないことが多く，大学生になったなと感じます。自由な時間が増えるので，自分の好きなように予定を入れることができますが，その分課題を計画的に終わらせなければならないので，勉強と自由時間をうまく調節して効率よくこなすのが大変だなと思います。(K.N. さん／理工)

大学生活に必要なもの

パソコンは必須です。大学からのお知らせを受け取ったり，オンライン授業を受けたり，レポートを提出したり，多くのことをパソコンで行います。パソコンのケースやパソコンが入るリュックも用意しました。(H.T. さん／コミュニティ人間科)

この授業がおもしろい！

第二外国語の授業です。私は韓国語の授業を選択しています。韓国語の授業を受けることで，K-POP のハングルの歌詞が読めるようになったり，韓国ドラマで聞き取れる単語が増えたり，と異国の文化をもっと楽しめるようになりました。(H.T. さん／コミュニティ人間科)

大学の学びで困ったこと＆対処法

自分で決めなければいけないことがとても多いことです。入学してすぐ，履修登録でとても苦労しました。選択肢がたくさんあり，抽選の授業などもあります。私は大学でできた友達と，気になる授業の内容，日程，評価基準などを確認して決めました。友達と一緒に協力して決めるのはよいと思います。(H.T. さん／コミュニティ人間科)

部活・サークル活動

いくつかのサークルや委員会に入っています。学部内での親交を深めるためにイベントを企画したり，ボランティア活動として大学付近のゴミ拾いをしたり，今までやったことのない新しいことに挑戦しています。(H.T. さん／コミュニティ人間科)

交友関係は？

入学式やオリエンテーションで近くにいた人に話しかけてみました。また授業が多くかぶっている人とは自然と仲良くなりました。先輩とはサークル活動を通して仲良くなりました。(H.T. さん／コミュニティ人間科)

いま「これ」を頑張っています

サークルでの活動を大学以外の人にも知ってもらうために広報活動に力を入れています。大学付近のお店に行ってインタビューをするなど，大学での活動をきっかけとして町全体を盛り上げられるように努力しています。(H.T. さん／コミュニティ人間科)

経営学部公認の学生団体に所属して，学校のために，学生のために，地域のために，様々な点に目を向けて活動しています。高校の生徒会などとは規模が圧倒的に違う場所で活動できることがおもしろくて，いま熱中してなにかができないかなと思考してます。(R.M. さん／経営)

普段の生活で気をつけていることや心掛けていること

大学の授業のない日や休日はすることがなく，家でダラダラとした生活を送ってしまいがちなので，規則正しい生活を送ることを心掛けています。特に早寝早起きを意識しています。（H.T. さん／コミュニティ人間科）

毎朝ランニングを１時間半しています。ランニングをすると目も覚めますし，課題の効率も上がるのでかなりおすすめです。体力もつきますし，免疫力も上がると思います。僕は毎朝のランニングで性格が明るくなった気もします。外見だけではなく内面をも変えてくれると思うので，おすすめです。（Y.H. さん／文）

おススメ・お気に入りスポット

相模原キャンパスにはとても広い芝生があります。授業のない時間にくつろいでいる学生もいます。天気の良い日は，芝生でピザパーティーをしたり，昼食を食べたり，お昼寝したり，とても快適です。（H.T. さん／コミュニティ人間科）

高校生のときに「これ」をやっておけばよかった

パソコンのスキルをもっと身につけておくべきでした。レポートではWord，プレゼンではPowerPointなどを使う機会が多く，今までパソコンをあまり使ってこなかった私は使い慣れるまでとても苦労しました。（H.T. さん／コミュニティ人間科）

入学してよかった！

今まで関わったことのないタイプの人と，たくさん関わることができることです。留学生と交流できる機会も多いので，様々な国の人と話すことができます。また，スポーツ推薦で来ている駅伝選手など，大学の名前を背負って優秀な成績を収めている人と身近に関わることができます。(H.T. さん／コミュニティ人間科)

自分の将来をしっかり考えて努力している人がとても多いところです。自分が勉強を怠けてしまっているとき，同級生の努力している姿を見ると自分も頑張らなければという気持ちにさせてもらえます。また，大学の周りにおしゃれなお店がたくさんあるところもよいです！（A.M. さん／法）

みごと合格を手にした先輩に，入試突破のためのカギを伺いました。入試までの限られた時間を有効に活用するために，ぜひ役立ててください。

（注）ここでの内容は，先輩方が受験された当時のものです。2025 年度入試では当てはまらないこともありますのでご注意ください。

・アドバイスをお寄せいただいた先輩・

H.T. さん　教育人間科学部（教育学科）
個別学部日程 2024 年度合格，東京都出身

合格のポイントは，絶対にこの学部で勉強したい！という熱意。最後まで E 判定でしたが，第 1 志望校を諦めたことは一度もありません。

その他の合格大学　明星大（教育），聖心女子大（現代教養）

M.I. さん　教育人間科学部（心理学科）
共通テスト利用 2023 年度合格，東京都出身

自分の得意科目を活かせる入試方法や学部を検討すること。また，科目ごとの得点配分などを見て，苦手科目の点数の割合が少しでも低いものを選ぶことも重要だと思う。

その他の合格大学　法政大（経営），立命館大（文），関西学院大（社会〈共通テスト利用〉），学習院大（文〈共通テスト利用〉）

T.N. さん　文学部（史学科）
個別学部日程 2021 年度合格，神奈川県出身

とにかく自分を信じてください！　思うようにいかないことがあってもそこで無理だと放棄するのではなく，「自分なら大丈夫，絶対できる」と半ば無理やりにでも思い込むことが大切です。努力は報われます。

その他の合格大学　立教大（法），学習院大（文），成城大（法）

入試なんでもQ&A

受験生のみなさんからよく寄せられる，
入試に関する疑問・質問に答えていただきました。

Q 「赤本」の効果的な使い方を教えてください。

A 模範解答の解説が丁寧で役に立ちました。夏休みから過去問演習に取り組み，なるべく早い段階で傾向がつかめるようにしました。赤本本体には書き込みをせずに，何度も解き直しができるようにしました。小論文の解答も参考になりました。また，模範解答を何度も書き写したりもしました。試験本番でも赤本に書いてあった形式を思い出しながら小論文を書いたので，慌てずに落ち着いて書くことができました。先輩方の合格体験記は，モチベーションが下がってしまったときに何度も読み返すようにしました。 (H.T. さん／教育人間科)

A まず，赤本を解く用のノートと自分が解いた大学の正答率や反省点を毎回記録する用の紙を用意して，どのくらい伸びたか，弱点はどこなのかを振り返れるようにしました。また，答え合わせをした後に，正解していた問題も欠かさず隅々まで確認するようにしていました。問題を見直すことで自分の苦手な範囲を見つけられるので，見直しの時間は惜しまず，特に時間をかけていたと思います。 (T.N. さん／文)

Q 1年間の学習スケジュールはどのようなものでしたか？

A 高3の4～6月は英語の単語力を強化しました。同時に，日本史の流れも総復習しました。夏休みから過去問演習（全受験校の直近3年分）を始め，ルーズリーフにできなかった問題をリスト化したり，問題傾向の分析をしたりしました。小論文の対策を始めたのも夏休みです。9月からは夏休みの分析をもとに日本史の苦手な時代を復習したり，理解が曖昧な英文法の単元を復習し直したりしました。国語はもとから得意なこともあり，問題演習が中心でした。共通テストの予想問題集に取り組み始めたり，共通テストの対策を本格的に始めたのは10月でした。冬休みから入試直前期にかけては第1志望校，第2志望校の過去問を10年分解いて，さらなる分析と苦手分野の強化を続けました。

（H.T. さん／教育人間科）

青山学院大学を攻略するうえで特に重要な科目は何ですか？

A　教育人間科学部の個別学部日程でいえば，小論文です。共通テストの点数による足切りはありますが，それさえクリアすればあとは小論文の点数で決まります。対策をしたかしていないかが合否の分かれ目です。私は，夏休みに塾の小論文集中講座に参加し，書き方のコツをつかみました。他には，小論文の書き方の参考書を読んだり，赤本の模範解答をテンプレートのようにして何度も書いて覚えたりしました。どのようなテーマが出題されるかについては，学校案内にある教授の専門分野を参考にしました。

（H.T. さん／教育人間科）

Q　苦手な科目はどのように克服しましたか？

A　最初，古文・漢文が苦手で，一番点を取りやすい科目と言われていたのにもかかわらず，すぐに勉強の成果が出なかったため焦っていました。しかし，古文単語などを毎日覚え，問題集も諦めず解いているうちに，秋頃になってようやく古文の点が取れるようになり始めました。また，漢文も共通テスト前に漢字の読み方を繰り返し繰り返し覚えていったところ，解ける問題が増えていきました。

（M.I. さん／教育人間科）

共通テストと個別試験（二次試験）とでは，それぞれの対策の仕方や勉強の時間配分をどのようにしましたか？

A 私は，第１志望が共通テスト併用型の試験だったので，共通テストの勉強のほうに特に力を入れていました。秋頃は主に赤本を解いて個別試験の問題に慣れながらも毎日欠かさずリスニングの練習をしていました。12 月になると共通テストの勉強の比率を大きくし，英語でいえば共通テストは文法問題が単独では出ないので，そのぶん速読の練習を増やすようにしました。３週間前くらいからほぼ毎日共通テストの問題集を解いて時間配分に慣れるようにしましたが，２日に１回程度個別試験の問題にも触れるようにし，感覚を忘れないように工夫していました。

（T.N. さん／文）

スランプに陥ったとき，どのように抜け出しましたか？

A 英語の長文が読めなくなったときは，高１のテキストに載っているような英文読解に取り組むことから始め，そこから少しずつ長くしていくことで抜け出すことができました。メンタルの面では，学校には総合型選抜受験や推薦選抜受験で早々に進路が決まる人が多く，孤独を感じることが多かったです。そのようなときには，積極的に外部模試を受験しました。一般入試に向けて頑張っている人はたくさんいる，１人じゃないと思えるからでした。私の場合，受験期にはあえて友達と連絡を取り合いませんでした。気を遣わせるのも，勉強の時間を邪魔することも避けたかったからです。正直にいえばかなり寂しかったのですが，受験が終わったら会おうね，という約束が大きなモチベーションになりました。また，自分にとっての応援ソングを，やる気を出したいときに聴いたりしました。

（H.T. さん／教育人間科）

併願をする大学を決めるうえで重視したことは何ですか？

A　共通テスト利用を心からオススメしたいです。まずメリットとして，１つの試験で複数の大学を受けられるという点があります。受験期になると，入試で時間を取られがちなので，試験の回数が１回だけでいいというのはかなりありがたいです。また，大学ごとの個別の対策をしなくても済むので，第１志望校以外の対策に時間をかけるということもしなくて済みます。また，共通テスト利用の場合，一般よりも少し早めに結果が出る場合もあるので，共通テスト利用で受かっていれば，あとは第１志望校の対策だけに集中することができます。（M.I. さん／教育人間科）

模試の上手な活用法を教えてください。

A　模試はあなたの味方です。決して敵ではありません。なかなか点数が伸びなかったり，勉強しているはずなのに大幅に点が下がって，すっごく凹むこともあると思います。それでも，模試の結果から目を逸らさないでください。解けなかった問題を考え直したり，解答にざっと目を通したりするだけでも案外勉強になります。それに，模試で出たような問題が入試で出たときは，とてつもなくテンションが上がります。

（M.I. さん／教育人間科）

試験当日の試験場の雰囲気はどのようなものでしたか？
緊張のほぐし方，交通事情，注意点等があれば教えてください。

A　とにかく混みます。試験当日は，駅の階段を上るのにも列ができているような混雑ぶりでした。時間に余裕をもって行かないと，慌てることになります。私は試験開始１時間前には着くようにしました。休憩時間にはトイレも混雑するので，単語帳などを持って行くと待ち時間を無駄にせずに済むと思います。立ち上がって歩くことは気分転換になります。ラムネやチョコレートを持って行き，試験の合間に糖分補給をするのもオススメです。（H.T. さん／教育人間科）

普段の生活のなかで気をつけていたことを教えてください。

A　受験前，平日は夜の 10 時までに寝ていたので，受験で睡眠時間が少なくなったことが何よりも苦痛でした。眠いのを我慢して勉強をしても全然頭に入ってこなくて効率が悪いので，眠いならいっそのこと寝てしまって，次の日から頑張ったほうが絶対いいと思います。睡眠時間を削ればそのぶん翌日も眠いので負のループに陥ります。私の場合，平日は 11 時に寝て，土日でも 12 時には勉強を切り上げました。やっている感覚を損なわず適度に勉強をすることが大事だと思います。

（M.I. さん／教育人間科）

受験生へアドバイスをお願いします。

A　とにかく諦めないでください!!　自分で限界を決めないで，信じることが何よりも重要だと思います。途中で，総合型選抜受験の友達が早めに大学合格が決まったり，自分の模試の点数が伸びなくてめちゃくちゃ凹むこともあると思います。それでも，続けていればいつか点数が上がる瞬間が必ず来ます。遅くても焦らないでください。また，最初のうちは，何時まで寝たいとか，受験勉強やめたいとか，はっきり言ってめちゃくちゃ辛いと思います。でも必ず慣れてきます。どうか悔いのないよう頑張ってください！

（M.I. さん／教育人間科）

科目別攻略アドバイス

みごと入試を突破された先輩に，独自の攻略法や
おすすめの参考書・問題集を，科目ごとに紹介していただきました。

世界史

共通テストとは違い記述式の問題が多いので，用語集の勉強をする際は目で覚えるだけでなく書いて覚えることが効果的だと思います。また，論述問題では流れを問われていたので，用語だけでなく流れにも特に注意して勉強するといいと思います。 (T.N. さん／文)

おすすめ参考書 『時代と流れで覚える！世界史用語』（文英堂）

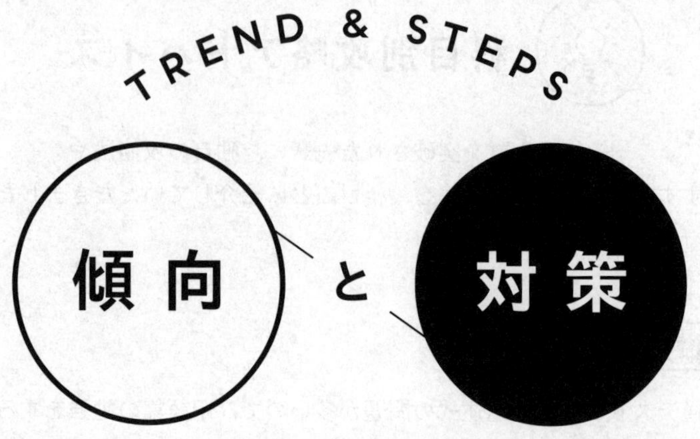

科目ごとに問題の「傾向」を分析し，具体的にどのような「対策」をすればよいか紹介しています。まずは出題内容をまとめた分析表を見て，試験の概要を把握しましょう。

注　意

「傾向と対策」で示している，出題科目・出題範囲・試験時間等については，2024 年度までに実施された入試の内容に基づいています。2025 年度入試の選抜方法については，各大学が発表する学生募集要項を必ずご確認ください。

来年度の変更点

2025 年度入試では，文学部英米文学科の独自試験において，以下の変更が予定されている（本書編集時点）。新たに実施されるＤ方式では，「英語資格・検定試験」を利用し，独自問題として「論述（英語による）」が課される予定である。

<table>
<tr><th colspan="3">2024 年度以前</th><th colspan="3">2025 年度</th></tr>
<tr><th>方式</th><th>教科</th><th>科目（出題範囲）</th><th>方式</th><th>教科</th><th>科目（出題範囲）</th></tr>
<tr><td>A方式</td><td>外国語</td><td>コミュニケーション英語Ⅰ・Ⅱ・Ⅲ，英語表現Ⅰ・Ⅱ（リスニング含む）
70 分／200 点</td><td>A方式</td><td>外国語</td><td>英語コミュニケーションⅠ・Ⅱ・Ⅲ，論理・表現Ⅰ・Ⅱ・Ⅲ　60 分／150 点</td></tr>
<tr><td rowspan="2">B方式</td><td>外国語</td><td>コミュニケーション英語Ⅰ・Ⅱ・Ⅲ，英語表現Ⅰ・Ⅱ（リスニング含む）
100 分／200 点</td><td rowspan="2">B方式</td><td>外国語</td><td>英語コミュニケーションⅠ・Ⅱ・Ⅲ，論理・表現Ⅰ・Ⅱ・Ⅲ　80 分／150 点</td></tr>
<tr><td>総合問題（英語による）</td><td>記述式問題，および小論文
60 分／100 点</td><td>総合問題（英語による）</td><td>リスニング・ライティングを含む総合的な英語力を問う問題　60 分／100 点</td></tr>
<tr><td rowspan="2">C方式</td><td>外国語</td><td>コミュニケーション英語Ⅰ・Ⅱ・Ⅲ，英語表現Ⅰ・Ⅱ（リスニング含む）
100 分／200 点</td><td rowspan="2">C方式</td><td>外国語</td><td>英語コミュニケーションⅠ・Ⅱ・Ⅲ，論理・表現Ⅰ・Ⅱ・Ⅲ（リスニング含む）
80 分／200 点</td></tr>
<tr><td>国語</td><td>国語総合（漢文を除く）
60 分／100 点</td><td>国語</td><td>現代の国語，言語文化（漢文を除く）　60 分／100 点</td></tr>
<tr><td rowspan="2"></td><td rowspan="2"></td><td rowspan="2"></td><td rowspan="2">D方式</td><td colspan="2">英語資格・検定試験</td></tr>
<tr><td>論述（英語による）</td><td>英語コミュニケーションⅠ・Ⅱ・Ⅲ，論理・表現Ⅰ・Ⅱ・Ⅲ　60 分／100 点</td></tr>
</table>

英語・総合問題

（文学部 英米文学科）

年度		番号	項目	内容
2024	A方式 ◑	〔1〕	読解	内容説明
		〔2〕	読解	英文和訳
		〔3〕	英作文	〔2〕を読んでのテーマ英作文（50語）
		〔4〕	リスニング	内容説明
		〔5〕	英作文	〔4〕を聞いてのテーマ英作文（50語）
	B・C方式 ◑	〔1〕	読解	内容説明
		〔2〕	読解	英文和訳
		〔3〕	英作文	〔2〕を読んでの意見論述（50語）
		〔4〕	会話文	空所補充，内容説明
		〔5〕	リスニング	聞き取りによる空所補充（選択式），内容説明（選択式）
		〔6〕	英作文	〔5〕を聞いての意見論述（50語）
	総合問題（B方式）	〔1〕	読解・英作文	英文を読んでの意見論述（100語）
		〔2〕	読解・英作文	英文を読んでの意見論述（100語）
2023	A方式 ◑	〔1〕	読解	内容説明
		〔2〕	読解	英文和訳
		〔3〕	英作文	〔2〕を読んでのテーマ英作文（50語）
		〔4〕	リスニング	内容説明
		〔5〕	英作文	〔4〕を聞いてのテーマ英作文（50語）
	B・C方式 ◑	〔1〕	読解	内容説明
		〔2〕	読解	英文和訳
		〔3〕	英作文	〔2〕を読んでのテーマ英作文（50語）
		〔4〕	会話文	空所補充，内容説明
		〔5〕	リスニング	聞き取りによる空所補充（選択式），内容説明（選択式）
		〔6〕	英作文	〔5〕を聞いてのテーマ英作文（50語）
	総合問題（B方式）	〔1〕	読解・英作文	英文を読んでのテーマ英作文（100語）
		〔2〕	読解・英作文	英文を読んでのテーマ英作文（100語）

2022	A方式 ◑	〔1〕	読　　解	内容説明
		〔2〕	読　　解	英文和訳
		〔3〕	英 作 文	〔2〕を読んでの意見論述（50語）
		〔4〕	リスニング	内容説明
		〔5〕	英 作 文	〔4〕を聞いてのテーマ英作文（50語）
	B・C方式 ◑	〔1〕	読　　解	内容説明，内容真偽，主題
		〔2〕	読　　解	英文和訳
		〔3〕	英 作 文	〔2〕を読んでのテーマ英作文（50語）
		〔4〕	文法・語彙	語句整序
		〔5〕	リスニング	ディクテーション（記述式の空所補充），内容説明（記述式），内容説明（選択式）
		〔6〕	英 作 文	〔5〕を聞いてのテーマ英作文（50語）
	総合問題（B方式）	〔1〕	読　解・英 作 文	要約（100語），英文を読んでのテーマ英作文（100語）

（注）●印は全問，◑印は一部マークシート法採用であることを表す。

読解英文の主題

年　度		番号	主　題
2024	A方式	〔1〕	印刷技術の発達に伴う図書館の歴史
		〔2〕	他人の行為にイライラし過ぎることをやめる方法
	B・C方式	〔1〕	社会全体のローコンテクストへの移行
		〔2〕	ファッションの持つ意味合いの変化
	総合問題（B方式）	〔1〕	女性を抑圧するシステムの19世紀近代都市
		〔2〕	ケインズの未来予測が実現していない理由
2023	A方式	〔1〕	新大陸開拓におけるスペインの役割
		〔2〕	「再野生化」の重要性
	B・C方式	〔1〕	機械が音声から感情を読み取る可能性
		〔2〕	フェイクニュースの見分け方
	総合問題（B方式）	〔1〕	広告のもたらす影響
		〔2〕	「態度」はどのように構築されるのか
2022	A方式	〔1〕	モンスター映画の背後に潜む科学
		〔2〕	人間関係における日常会話の重要性
	B・C方式	〔1〕	数学モデルによる評価の問題点
		〔2〕	15分都市の利便性
	総合問題（B方式）	〔1〕	ソーシャルメディア上の写真の先駆けとしてのカルト・ド・ヴィジット

時間に比して分量は多めで速読力が必要

01 出題形式は？

A方式：大問５題で試験時間は 70 分。英文を読んだり聞いたりした後にその内容をふまえて英語の設問に答える形のテーマ英作文や意見論述が課されている。

なお，2025 年度入試では，2024 年度まで出題範囲に明記されていた「リスニング含む」の記述がなくなり，試験時間が 60 分になる予定である（本書編集時点）。

B・C方式：大問６題で試験時間は 100 分。A方式と同じく，英文を読んだり聞いたりした後にその内容をふまえて英語の設問に答える形のテーマ英作文や意見論述が課されている。

なお，2025 年度入試のＢ方式では，2024 年度まで出題範囲に明記されていた「リスニング含む」の記述がなくなり，Ｂ・Ｃ方式ともに試験時間が 80 分となる予定である（本書編集時点）。

B方式 総合問題（英語による）：Ｂ方式では，「外国語」に加えて 60 分の「総合問題（英語による）」が課されている。記述式問題であり，英文を読んだ後，英語の設問に答える形の英作文が２問出題されている。

なお，2025 年度入試では「リスニング，ライティングを含む総合的な英語力を問う問題」になる予定である（本書編集時点）。

02 出題内容はどうか？

読解問題のうち１題は，内容説明主体の選択式問題で，かなり長い英文を読ませてその内容に関する問いに答えさせるものである。比較的答えやすい設問が多いが，直接書いてあることを問うだけでなく，前後関係なども考えながら筆者の意図を答えさせるものもある。2024 年度の場合，本文の内容を示した文の下線部を埋める形式だった。もう１題は下線部の英文和訳問題。構文が特に入り組んだものはほとんどないが，通り一遍の知識を使って直訳しても，きちんと意味の通る日本語とはならないものが含まれている場合がある。英語の読解力はもちろん，日本語の表現力も問われているといえよう。

英作文問題は，テーマ英作文や意見論述の出題となっている。A方式，B・C方式ともに2題ずつ，それぞれ50語程度の英作文が求められている。また，B方式の総合問題でも100語程度の英作文が2問出題されている。いずれの方式も英文を読んだりリスニングを聞いたりした後にその内容をテーマとする英作文や自分の意見を論述する問題である。英語で自分の考えをわかりやすく表現し，伝える力が求められるだろう。

文法・語彙問題は，語句整序が2022年度のB・C方式で出題されている。基本的な文法事項を問うもののほか，語句の知識を問う問題もみられた。

リスニング問題は，1題が出されている。A方式では1つの放送内容を聞いて内容説明形式の設問10問に答えさせるものである。また，B・C方式では複数のパートに分かれたリスニングであり，問題冊子に印刷されている英文の空所に語句を補うものや，英問英答の内容説明問題が出題されている。

03 難易度は？

全体的に分量が多く，速読速解力が求められる。読解問題はかなりの分量の英文を読み取り，内容に関する論理的推論が必要なものや主題を選択させるものを含む設問に答えなければならない。このためには，全体の内容を大きく把握する力と，全体との関連で細部を検討する力との両方が必要となる。英文和訳については，英文の構造や内容の理解はもちろんだが，きちんと意味の通る日本語で意味・内容を表現する実力が要求される。リスニング問題は分量が多く，普段の訓練が問われる。テーマ英作文や意見論述では，まず，読解問題やリスニング問題と同様に大量の英文を読み取る力・聞き取る力が求められ，さらに，自分の経験や立場などを示しながら英語で意見を論述する力も要求される。全体として，かなりの英語力が求められているといってよい。

01 英文読解

まずは基礎力，つまり文法・構文の把握力と語彙力を鍛えていく必要がある。これには付け焼き刃的な対処は通用しない。普段の学習で文法事項や構文を十分に意識しながら英文を読み，未知の語句を丹念に覚えていくという地道な学習が求められる。そのうえで，サイドリーダーや『大学入試 ぐんぐん読める英語長文』（教学社）などの問題集でさまざまなジャンルの英文を読み慣れることで，身につけた知識を正確に適用できる実力を養成したい。

読解の基本的な力をつけたら，それぞれの設問に対処するためのより具体的な力をつけていくのがよい。内容説明問題については，ある程度の難度の英文を読んで内容に関する選択式の設問に答えるタイプの問題集を，できれば複数こなして設問対処の訓練をしておきたい。専門的な内容を含む長文も出題される傾向があるので，他大学の過去問も利用して，さまざまなテーマの長文に触れておくとよい。英文和訳については，直訳ではなく，内容を正確にとらえたうえでそれを柔軟に日本語で表現する訓練もしておこう。書いたものを自分なりに修正する訓練も大切なので，英文和訳の問題集などを利用して十分練習しておくこと。英作文問題については，英文を読んで自分の意見を述べるために，英文の主旨を正確にとらえる力が必要である。英文を読む際は，主旨に関わる部分や自論を展開する際に利用できそうな部分には，下線を引いたり，余白にメモを取ったりする習慣をつけておこう。

02 文法・語彙

文法・語彙の語句整序問題などは，基本的な文法・語法・熟語の知識を問うものが大半である。標準的な問題集をまずは１冊通してやってみて，できなかった問題をチェックしておき，ある程度の時間をおいて反復練習するのがよい。受験生が間違えやすいポイントを網羅した総合英文法書

『大学入試 すぐわかる英文法』（教学社）などを手元に置いて，調べながら学習すると効果アップにつながるだろう。豊かな語彙や熟語といった基礎学力は，読解英文を読む際にも必要である。また，英作文においても，正確に覚えている語彙や熟語をどの程度利用できるかが，減点の少ない答案を書くカギとなる。日々，語彙・熟語力の強化には十分な時間を割くよう心がけよう。

03 英作文

テーマ英作文の対策については，まずテーマ英作文用の参考書・問題集をざっと眺めて，どのような考え方で文章を書けばよいかをつかむことから始めることを勧める。解答例を見る際には，主題から具体例などにどのように展開しているか，また，その際にどのような表現を用いているかに注目するとよい。その後自分で問題に取り組み，解答例と照らし合わせて問題点を洗い出すようにしよう。なお，英語での意見論述においては，結論を述べた後に理由や具体例などを順に挙げていくなど，典型的なパターンがいくつかある。問題集や過去問を利用して自分が書きやすいパターンをしっかり身につけておくと，スムーズに解答を作成できるだろう。また，同じテーマで 50 語，100 語と語数を変えて練習すれば，出題されている語数でどの程度の内容を盛り込めるかもつかめるようになる。さらに，英作文は解答の幅が広く，解答例以外のものも正解となる場合が多いので，必要に応じて添削指導やアドバイスを受けられるとよい。

04 リスニング

分量が比較的多く難度も高めなので，リスニングの対策にもそれなりの時間と労力を割く必要がある。とにかく大切なのは，十分な量を聞くことである。NHK のラジオ・テレビの語学講座などは一つのよい材料となる。

「多聴」と同時に「精聴」，すなわち設問を解くために集中して聞くことも大切である。このためには，英語の資格試験，たとえば実用英語技能検定（2級，準1級）や TOEIC などの教材を使うのもよいだろう。

また，英作文問題に対処するには，英文を漫然と聞き流すのではなく，可能な限り前もって設問に目を通しておき，問題用紙の余白を利用して，解答に必要となりそうな部分の内容をコンパクトにメモする練習を重ねておこう。

青山学院大「英語」におすすめの参考書

Check!

- ✓『大学入試 ぐんぐん読める英語長文』（教学社）
- ✓『大学入試 すぐわかる英文法』（教学社）

日本史

（文学部 史学科）

年度	番号	内容	形式
2024 ◑	〔1〕	原始・古代～中世の社会・文化・政治	選択·記述·配列・正誤
	〔2〕	「正長の土一揆」「丈量の統一と石盛法」「ロシア使節への返答書」―中世～近世の社会・政治・外交 ⊘史料	記述・選択
	〔3〕	「自由党盟約」「立憲改進党趣意書」「社会民主党の結成」「日本改造法案大綱」―民権運動と社会運動 ⊘史料	選択・記述
	〔4〕	⑴奈良時代から室町時代にいたる仏教と政治の関係（300字：使用語句指定）	論述
		⑵日米安全保障条約（300字：使用語句指定）	論述
2023 ◑	〔1〕	原始・古代～中世の政治と社会	選択·記述·正誤
	〔2〕	近世後期の政治と内憂外患	記述・選択
	〔3〕	長谷川町子の生涯，近現代のテロ ⊘視覚資料・地図	配列·選択·正誤・記述
	〔4〕	⑴倭国が受容した大陸・半島の文化と渡来人が果たした役割（350字）	論述
		⑵条約改正（350字）	論述
2022 ◑	〔1〕	古代日本と東アジアとの関係	選択·記述·配列
	〔2〕	中世の経済発展 ⊘史料	選択·記述·正誤・配列
	〔3〕	「寛永十年鎖国令」「集会条例」ほか―近世の外交統制，近代の政治・言論統制 ⊘史料	配列·選択·記述
	〔4〕	⑴旧石器・縄文時代の生活（350字：使用語句指定）	論述
		⑵「株仲間の解散」「人返しの法」―天保の改革（350字） ⊘史料	論述
		⑶朝鮮戦争の影響（300字）	論述

（注）●印は全問，◑印は一部マークシート法採用であることを表す。
2024・2023年度〔4〕は⑴か⑵のどちらかを選択。
2022年度〔4〕は⑴～⑶のうち1つを選択。

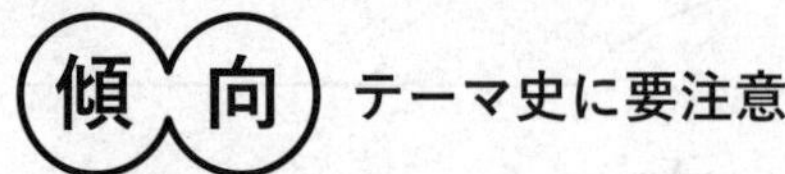

テーマ史に要注意

01 出題形式は？

日本史は世界史とともに史学科のみでの選択科目として出題されている。試験時間は 90 分，大問 4 題。〔1〕～〔3〕はマークシート法による選択式と記述式の併用で，マークシート法の出題割合が高い。記述法では「漢字○字」など解答形式が指定されている場合がある。〔4〕では論述問題が課されている。2024 年度は 300 字程度の設問が 2 問提示され，そのうち 1 問を選んで解答することが求められた。2023 年度は 350 字以内の設問が 2 問提示されたうちから 1 問，2022 年度は 350 字以内の設問が 2 問と 300 字程度の設問が 1 問，合計 3 問のうちから 1 問を選ぶ形式だった。

なお，2025 年度は出題科目が「日本史探究」となるが，旧教育課程の履修者にも配慮した出題となる予定である（本書編集時点）。

02 出題内容はどうか？

時代別では，全体的には特に偏った傾向はなく，原始から現代まで幅広く出題されている。2024 年度は，〔1〕が原始・古代～中世，〔2〕が中世～近世，〔3〕が近代からの出題であった。旧石器～古墳時代については，考古学の発掘成果からの出題もみられるので，要注意である。

分野別では，政治・外交・社会経済・文化史の各分野から幅広く出題されており，総合的な学習が必要である。また，対外関係史，社会経済史など特定のテーマ史がよくみられるのも特徴的である。

史料問題は，2023 年度は出題がなかったが，2022・2024 年度は出題されている。1 つの大問で複数の史料が取り上げられることが多い。また，地図を使った出題もみられる。

論述問題は，提示された複数の設問のうちからどれを選択するにしても，教科書本文に十分な情報が載っており，内容としては書きやすいものである。設問文の要求にあわせて字数内にまとめる力が問われるものといえるだろう。

03 難易度は？

多くは教科書本文に記されている基本事項を中心とした標準的な問題である。ただし，一部で詳細な知識が問われる難問もみられるため要注意である。なお，史料問題などでは単なる暗記にとどまらない推測力が試されることもあるので，教科書以外に史料集や図説・資料集などで知識を補充しておくことが必要であろう。論述問題では，高等学校での学習をふまえ，正確な知識とともに，自分の考えを文章として論理的に表現する力が求められる。論述問題や難度の高い問題に十分な時間を割けるよう，標準的な問題に手早く解答するなど，時間配分を意識して取り組みたい。

対策

01 まずは教科書の学習が基本

教科書学習が基本である。太字の重要語句を確認する際は前後の内容に注意しながら日本史の流れを押さえ，コラム・図版・注まで丁寧に目を通していくことが大切である。『日本史用語集』（山川出版社）や参考書などでさらに知識を拡充しておきたい。また，記述問題や論述問題に対応するため，歴史用語や人名などは実際に書いて覚えるようにしよう。

02 史料・地図問題対策

教科書に載っている基本史料はもちろん，副教材の史料集などにも目を通しておきたい。史料文中の語句の意味を確認しながら，史料の歴史的な意義や背景にも目を配ること。仕上げに史料問題集に取り組んでおこう。基本史料や頻出史料を用いた問題では，地名・人名・年代などが問われ，空所補充を中心に読解力も求められる。普段から史料に慣れておくことが重要である。

地図に関しては，教科書はもちろん，図説・資料集などに掲載されている地図を日頃から確認し，位置や領土などを押さえておく必要がある。

03 テーマ史問題対策

教科書をひととおり学習したあとは，テーマ史問題対策を心がけたい。テーマ史が頻出であるため，特定のテーマについて整理しておくとよい。知識を定着させるためには，市販のサブノートを使ってもよいし，自分でノートにまとめてもよいだろう。

04 論述問題対策

論述問題については，しっかりとした対策が必要である。教科書を読む際，自ら論述問題のテーマを設定し，そのテーマに関わる記述を確認しながら精読を進めるとよい。さらに，テーマ史対策のノートを活用して，テーマに関わる情報をまとめたあとに，自分の考察も入れて 300～350 字で論述する練習をしよう。また，他大学の論述問題の過去問に取り組んでもよいだろう。

05 図説・資料集の学習を

副教材の図説や資料集などの視覚資料には，丁寧に目を通しておく必要がある。また，同時代の出来事を把握しているかどうかを問う問題が出題されることもあるので，中世・近世は幕府の執権や将軍ごとに，近現代は内閣ごとに出来事を把握していると心強い。図説・資料集の巻末にある年表を有効活用して，時系列での出来事の把握に努めよう。

06 過去問の研究を

過去の問題と同様の事項が問われたり，類似した形式・内容の問題が出題されたりすることがあるので，本書掲載の過去問を解き，しっかりと研究しておこう。仕上げの段階では時間を計って解いてみて，素早く解答できるように練習しておきたい。

世界史

（文学部 史学科）

年度	番号	内容	形式
	〔1〕	A．終末観 ✓**視覚資料** B．十字軍 ✓**史料・視覚資料**	記述
	〔2〕	A．中央アジアの政治・文化などの変遷 B．1900 年前後の東アジアをめぐる国際情勢	選択
2024 ◑	〔3〕	18 世紀のヨーロッパ ✓**史料・地図**	選択･正誤･配列
	〔4〕	A．7 世紀後半から 10 世紀にかけてのイスラーム諸王朝の展開とその性質の変化（350 字：使用語句指定）	論述
		B．16～17 世紀のヨーロッパにおける宗教対立の展開（350 字：使用語句指定） ✓**史料**	論述
	〔1〕	ネルーの手紙に書かれたインドの歴史 ✓**史料**	記述
	〔2〕	地中海世界と南北アメリカ大陸	選択・配列
2023 ◑	〔3〕	ヨーロッパの協調	選択･配列･正誤
	〔4〕	A．「典礼問題」と 16～18 世紀における中国の国際関係（350 字：使用語句指定）	論述
		B．冷戦時代における東西陣営の緊張と緩和（350 字：使用語句指定）	論述
	〔1〕	ダマスクス関連史，大運河，16～19 世紀におけるインドの港町 ✓**地図**	選択･配列･正誤
	〔2〕	20 世紀前半の世界 ✓**年表・図**	選択･配列･正誤
2022 ◑	〔3〕	西ヨーロッパの対外進出	記述・配列
	〔4〕	A．西晋～南北朝時代の政治・社会（350 字：使用語句指定）	論述
		B．1815～1914 年のヨーロッパの国際体制（350 字：使用語句指定）	論述

（注）●印は全問，◑印は一部マークシート法採用であることを表す。
〔4〕はAかBのどちらかを選択。

論述は標準レベル アジア地域は中国以外の地域にも注意

01 出題形式は？

世界史は日本史とともに史学科のみでの選択科目として出題されている。試験時間は 90 分。大問 4 題で，〔1〕~〔3〕は，マークシート法による選択式 2 題と記述式 1 題，〔4〕はA・B 2 問のうち，1 問を選んで解答する 350 字の論述問題。

なお，2025 年度は出題科目が「世界史探究」となるが，旧教育課程の履修者にも配慮した出題となる予定である（本書編集時点）。

02 出題内容はどうか？

地域別では，1 つの大問の中で幅広い地域が出題される傾向があり，東南アジア・中央アジア・アフリカなどからも出題がみられる。論述問題においては 1 問がアジア関連，もう 1 問が欧米関連からの出題となっている。

欧米地域では，古代ギリシア・ローマ，中世ヨーロッパ，近世以降ではイギリス・フランス・ドイツ・スペイン・ロシア・アメリカ合衆国といった主要国からの出題が多い。

アジア地域では，例年中国史の出題が多い。また，設問単位では東南アジア，インドなども多く扱われており，軽視できない。

時代別では，年度によってはやや時代が偏る場合もあるが，おおむね古代から現代まで幅広い。

分野別では，政治・外交史が中心ではあるが，設問単位では文化史も頻出しているので注意が必要である。

03 難易度は？

基本的な事項を問う問題がほとんどであるが，一部に用語集レベルの知識が必要な問題もみられる。学習が行き届きにくい現代史や，学習が手薄になりがちな東南アジア史・中央アジア史やアフリカ史からの出題もある。

論述問題では，指定語句をヒントに論点を抽出し，それらを問題の設定に応じて時系列に，あるいは論理的に結びつけていく高い応用力と文章構成力が求められているが，教科書学習で正確な知識が身についていれば十分対応できる。

01 教科書中心の学習を

大部分は教科書に即した基本事項が問われているため，基本的な問題を確実に得点することが最重要となる。教科書を本文だけでなく脚注や地図，写真も含めて熟読し，知識の定着に努めよう。選択法や正誤法では，誤りを含む文をいかに的確に判別できるかがカギとなる。また記述問題対策として，特に中国史関連の漢字表記には注意したい。さらに，歴史の縦の流れだけでなく，同時代の横のつながりも理解しておきたい。特に，〔4〕の論述問題の対策として，普段の授業の中で縦横の因果関係や影響，さらには歴史的推移を意識する姿勢が大切である。

02 用語集の活用

教科書は各社から何種類も出版されており，自分の使用している教科書に掲載されていない歴史事項も多い。こうした歴史事項を確認・理解するためにも『世界史用語集』（山川出版社）などの用語集を使って，頻度の高い事項については必ず目を通しておこう。

03 地図・年表の活用

やや細かい地理的な知識を問う出題がみられる。手持ちの図説・資料集を使って教科書や用語集に記載のある都市はそのつど位置を確認しておこう。また，世界地図で同時代の国々の位置関係や横のつながりを確認しておくことも重要である。一つの地域・国家についての縦の流れは年表で押さえよう。

04 文化史対策を怠らない

文化史の出題も多く，設問単位を含めれば毎年のように出題されている。人名—作品・業績—その内容・時代といった対応関係をしっかり整理しておきたい。建築・絵画・彫刻作品に関しては，写真や図版で視覚的な理解を心がけたい。

05 論述問題対策を

〔4〕の論述問題は，おそらく合否を左右すると思われるのでしっかりとした対策が必要となる。350 字の論述をするには教科書をもとにした正確な知識を身につけ，その中から設問に応じて指定語句をヒントに論点を抽出し，論理的に文章化する練習が必要である。具体的には，問題の要求に合わせて，指定語句やそれらから想起できる歴史事項を簡単なフローチャートなどにして，使う順序を決めてから文章を作成する問題演習をするとよいだろう。演習の進め方としては，『判る！解ける！書ける！ 世界史論述』（河合出版）などのコンパクトな論述問題集を自分で解いたり，筑波大学や京都大学など，テーマや字数が似た傾向の他大学の過去問に多くあたり，可能であれば自分が書いた答案を先生に添削してもらうのもよいだろう。

国　語

（文学部 英米文学科・日本文学科）

▶日本文学科Ａ方式・英米文学科Ｃ方式

年度	番号	種　類	類別	内　容	出　典
2024 ◑	〔1〕	現代文	評論	選択：内容説明，空所補充，内容真偽 記述：書き取り	「旋回する人類学」松村圭一郎
	〔2〕	古　文	歌物語	選択：語意，敬語，口語訳，内容説明，和歌解釈，和歌修辞，文法，内容真偽，文学史 記述：文法	「大和物語」
	〔3〕	現代文	評論	選択：内容説明，語意，空所補充，書き取り，内容真偽 記述：書き取り，読み	「思いがけず利他」　中島岳志
	〔4〕	古　文	評論	選択：口語訳，内容説明，語意，指示内容，文法，人物指摘，内容真偽，文学史 記述：口語訳，文法	「無名草子」
2023 ◑	〔1〕	現代文	評論	選択：内容説明，空所補充，内容真偽 記述：読み，書き取り，空所補充	「いつもの言葉を哲学する」古田徹也
	〔2〕	古　文	物語	選択：口語訳，内容説明，語意，文法，人物指摘，文学史 記述：空所補充	「浜松中納言物語」
	〔3〕	現代文	評論	選択：空所補充，内容説明，書き取り 記述：箇所指摘	「俳句は英訳できるのか」上田真
	〔4〕	古　文	日記	選択：口語訳，内容説明，指示内容，語意，文学史 記述：口語訳（20 字），語意（５字）	「たまきはる」建春門院中納言
2022 ◑	〔1〕	現代文	評論	選択：空所補充，内容説明，四字熟語，内容真偽 記述：書き取り，箇所指摘	「日本哲学の最前線」　山口尚
	〔2〕	古　文	日記	選択：口語訳，内容説明，人物指摘 記述：文法	「讃岐典侍日記」藤原長子
	〔3〕	現代文	評論	選択：書き取り，空所補充，内容説明，表現効果，主旨 記述：箇所指摘	「現代民主主義」山本圭
	〔4〕	古　文	歌謡論	選択：口語訳，人物指摘，指示内容，内容説明 記述：文法，指示内容（25 字）	「梁塵秘抄口伝集」　後白河院

（注）●印は全問，◑印は一部マークシート法採用であることを表す。
〔4〕は日本文学科Ａ方式のみ解答。

▶日本文学科Ｂ方式

年度	番号	種　類	類別	内　容	出　典
2024 ◑	〔1〕	現・古融　合	評論	選択：内容説明，古典常識，空所補充，文学史，表現効果，内容真偽 記述：書き取り，読み，内容説明（30・50 字），口語訳	「いちにち，古典」　田中貴子
2023 ◑	〔1〕	現・古融　合	評論	選択：内容説明，空所補充，和歌修辞，文学史，欠文挿入箇所，内容真偽 記述：文学史，書き取り，読み，口語訳（15 字），語意（10 字），内容説明（50 字）	「『伊勢物語』―東下りする京文化」　島内景二
2022 ◑	〔1〕	現・古・漢融合	評論	選択：空所補充，内容説明，文学史，口語訳 記述：読み，語意（4・5・10 字），内容説明（50 字）	「與謝蕪村の小さな世界」　芳賀徹

（注）●印は全問，◑印は一部マークシート法採用であることを表す。

標準レベルだが現代文にやや難の問題も　選択肢の作り方に特徴あり

01　出題形式は？

●日本文学科Ａ方式・英米文学科Ｃ方式

日本文学科Ａ方式は，現代文２題，古文２題の計４題の出題で，試験時間は 90 分。英米文学科Ｃ方式は現代文２題，古文１題の計３題で，試験時間は 60 分。記述式とマークシート法による選択式の併用で，選択式が中心である。記述式は書き取り，箇所指摘，空所補充，語意や口語訳，読みなどが出題されている。

●日本文学科Ｂ方式

現・古（・漢）融合文１題の出題で，試験時間は 60 分。記述式とマークシート法による選択式の併用で，選択式が中心である。記述式は書き取りや読み，語意，口語訳，50 字程度までの内容説明問題，文学史などが出題されている。

02　出題内容はどうか？

●日本文学科Ａ方式・英米文学科Ｃ方式

現代文：評論を中心に出題されている。設問は，内容説明問題を中心として，空所補充や内容真偽が頻出。空所補充は語彙力を試すものが多く，内容真偽は本文の内容に合致「しない」ものを選ばせることもある。書き取りや語意などの問題で，高度な知識を要求する設問もある。また，選択肢にある語や語句が，受験生の語彙力を試すものになっていることが多い。内容真偽や内容説明問題で，本文中に根拠や該当箇所が２カ所以上ある選択肢が含まれることが多いという特徴がある。

古文：文章量は現代文の半分程度で，あらゆる時代やジャンルの文章が出題されている。口語訳や語意，文法，敬語，文学史，人物指摘，内容説明，和歌修辞などさまざまな設問が出題されている。

●日本文学科Ｂ方式

現・古（・漢）融合文：文章量は現代文よりやや多い。高度な語彙力と，古文・漢文を含めた広範な知識が求められる。古文・漢文については，高校の教科書の内容を，どれくらい理解し，記憶しているかを試すものになっていることが多い。50字程度の内容説明の記述問題が必ず出題されているので，そのための対策も必要である。

03　難易度は？

●日本文学科Ａ方式・英米文学科Ｃ方式

現代文：本文は読み取りやすく，設問も本文の読解が的確にできていれば，解答に迷う設問は多くない。高い語彙力があれば，さらに素早く解答できるが，大問１題あたり，１，２問難しい設問が含まれることがある。大問１題にかけられる時間的余裕はあまりない。全体としては標準レベルである。

古文：日本文学科Ａ方式・英米文学科Ｃ方式の共通問題〔２〕は，本文は読み取りにくいものもあるが，設問自体に難解なものは少ない。ただ，受験生にとって，なじみの薄い古語の知識が問われることもある。全体としては標準レベルであるが，〔４〕（日本文学科Ａ方式のみ解答）については，知識も読解力も高度なものが要求されることがある。

●日本文学科B方式

現・古（・漢）融合文：現代文に比べると，文章量が多く，内容も難解である。古文・漢文の知識を問う問題は，基本的知識があれば，難なく解答できるものが多い。記述問題が含まれているものの時間的には比較的余裕があるので，全体としては標準レベルである。

01 現代文

内容説明や内容真偽の選択肢の作り方に特徴があるので，数多くの過去問を解き，慣れておくことが重要である。また，受験生の語彙力を試す設問も少なくないので，日頃から意味のわからない語や慣用句，故事成語などは辞書で必ず意味を調べて覚えておくようにしたい。日本文学科B方式は，50字程度の記述問題に対する対策もしっかりとしておきたい。たとえば『船口の最強の現代文 記述トレーニング』（Gakken）などを利用すると，何に気をつけて記述するかの基礎力が養えるであろう。

02 古　文

古語については，一語につき代表的な一つの意味だけを覚えるのではなく，なるべく多くの意味を知っておくこと。また，文中に知らない古語があるときは，辞書で調べる前に，前後の文脈から意味を推測する訓練を積んでおくとよい。文法・敬語は直接的にも間接的にも問われるので，もれなく学習しておきたい。日頃から数多くの古文を，主体や客体，和歌の修辞法などに注意しながら，訳すように心がけよう。古文の場合は，現代とは違う当時の習慣や行動パターンを前提とした読み取りが必要になることも多く，ただ語意を覚えるだけでは文脈がとれないこともある。そういった前提知識を身につけるためにも，『大学入試 知らなきゃ解けない古文常識・和歌』（教学社）などの古文の問題集の演習をしておくとよいだろう。

また，広く古文の世界に対する基礎的理解と魅力について学ぶことができる書籍としては，2024 年度日本文学科Ｂ方式で出題された『いちにち，古典 〈とき〉をめぐる日本文学誌』（田中貴子著，岩波新書）もおすすめである。積極的な興味をもって古文の世界に向き合うことができれば，勉強にも意欲が持てるようになるだろう。

03 文学史

頻出なので，初級～中級レベルの問題集を最低でも１冊はやっておきたい。漢文学史も，教科書にあるものは，しっかりと覚えておくこと。

04 現・古（・漢）融合文

日本文学科Ｂ方式では，現古または現古漢融合文が出題される。文章が長いため，長文に慣れておくことが重要である。古文及び漢文の出題は基本的なレベルを確実に押さえておく必要がある。漢文は，訓点を中心に学習しておくこと。再読文字や竪点（ハイフン）を含む程度のものまでは，学習しておいたほうがよい。

青山学院大「国語」におすすめの参考書

✓『船口の最強の現代文 記述トレーニング』（Gakken）
✓『大学入試 知らなきゃ解けない古文常識・和歌』（教学社）
✓『いちにち，古典 〈とき〉をめぐる日本文学誌』（岩波書店）

総合問題・論述

（文学部 フランス文学科）

▶A方式「総合問題」

年度	番号	内　容
2024 ◑	〔1〕	**フランス語の規範意識からの逸脱** 空所補充，地理，指示内容（60・80字），世界史，内容説明，箇所指摘，書き取り
	〔2〕	**ヨーロッパ文明の空間** 内容説明（100字他），空所補充，語意，世界史
2023 ◑	〔1〕	**『ふらんす物語』「放蕩」と荷風の実生活** 地理，読み，指示内容（30字），文学史，人物指摘，内容説明（30字他），空所補充
	〔2〕	**虚構と言語** 空所補充，ことわざ，文学史，内容説明（50字）
2022 ◑	〔1〕	**鉄道の登場と「車窓」** 空所補充，内容説明（30字），箇所指摘，世界史，書き取り
	〔2〕	**共同体にとっての美の役割** 内容説明（20字2問，50字他），箇所指摘，ことわざ，空所補充

（注）　●印は全問，◑印は一部マークシート法採用であることを表す。

国語（現代文）に近い出題形式だが，フランスの文化・歴史への関心が問われる

01　出題形式は？

A方式で試験時間90分の「総合問題」が出題されている。現代文2題の出題で，通常の「国語」の問題に近い形式である。解答形式は選択式が中心だが，字数指定のある説明問題も出されている。

02　出題内容はどうか？

A方式の総合問題の内容は，2022年度より「文章読解を中心とし，読解力，論理的思考力，言葉の知識，外国の文化・社会についての理解を問う総合問題」とされている。大問構成としては現代文の評論が２題である。課題文は，フランスおよびヨーロッパ全般の社会や文化を取り上げたものが多い。設問でも，フランスに関連する歴史や地理，文化などが例年問われている。また，2022・2023 年度は，ことわざに関する設問が続けて出題された。

03 難易度は？

課題文を読む時間と設問の量を考えると，時間内にこなすには工夫が必要だと思われる。空所補充には難問があり，内容が正確に理解できていなかったり，ヨーロッパを中心とした思想・文化に対する知識が不足したりすると，選択肢が絞りにくい問題がある。総じて難易度はやや難といえる。迷う問題で時間を使いすぎないように注意し，スピーディーに解き進めることが大切である。

対策

01 読解力

課題文は論旨のはっきりした論理的な文章が出されている。したがって，論理的に読む習慣をつけておこう。

空所補充問題が多いので，指示語や接続語に注意しながら論旨を正確にたどる練習が効果的である。

02 問題演習

評論対策の強化を意識して，現代文問題集に手をつけよう。その際，『入試精選問題集 現代文』（河合出版）など，選択問題と記述問題をミックスした内容のものを選ぶとよい。単に問題を解くだけにとどまらず，解き終わったら 200 字程度で課題文の要約を作ってみるとよい。文章理解力がさらに増すだろう。評論に頻出の語句や慣用的表現，さらにはことわざも習得していくように心がけよう。『現代文 キーワード読解』（Z会）などを手元に置いておいてもよいだろう。

03 フランスの歴史や文学に関心を

フランスの歴史や文学についての出題がみられる。フランスの文化史については世界史の教科書でひととおり復習しておきたい。特にフランスの文学については日頃から関心をもち，桑原武夫らフランス文学者の著書など，関連する書物を読むなどして，楽しみながら自分の教養としておくとよい。

▶B方式「総合問題（論述）」

年度	内　容
2024	**データベース的動物は政治的動物になりうるか** 空所補充，内容説明（80字），意見論述（800字）
2023	**書物は今後いかに変化していくか** 書き取り，内容説明（100字），意見論述（800字）
2022	**「世間」がもたらす差別をどう克服するか** 書き取り，内容説明（120字），意見論述（800字）

文章の論理構造をふまえた読解力と，意見論述の発想力・構成力が問われる

01 出題形式は？

「総合問題（論述）」として出題され，試験時間は90分，解答形式は記述式。字数指定のある内容説明問題と800字の意見論述が出されている。

02 出題内容はどうか？

B方式の総合問題（論述）の内容は「文化・社会等に関する長文読解を課し，言葉の知識・思考力，論述力を問う」とされている。問1が漢字の書き取りや空所補充など，問2が80〜120字程度の内容説明，問3が800字の意見論述という構成である。内容説明を1問解いたうえで，筆者の見解の核心を読み取り，自分の意見を論述することが求められている。意見論述には，「具体的な例とともに述べなさい」というような条件が付けられる場合もある。

課題文のテーマはさまざまであるが，いずれにせよ言語，文学，自然，社会，価値，科学，哲学などに関する筆者の考え方を読み取ったうえで，現代社会・文化の状況を足場にして自分の意見を述べよという，いかにも人文・社会系小論文らしい出題の仕方である。部分→全体に対する読解力，論理的な思考力，論述力が問われる。

03 難易度は？

課題文の内容はそれほど難解ではないが，読む時間と記述量を考えると，時間内にこなすのは厳しいと思われる。したがって，内容説明問題については，該当箇所あるいは問題の説明の構造を迅速に見極めて論理的に書き込んでいくことが必要だろう。意見論述問題についても，全文の構造とキーワード，キー概念を迅速にとらえて，自分の意見の構造に組み込む論理的な処理をしなければならない。ある程度，時間との競争であることは免れないだろう。

01 読解力

課題文は論旨のはっきりした論理的な文章が出されることが多い。人文・社会系の新書を何冊か読んで，線を引く，メモをとるなど要点を整理する癖をつけておこう。

内容説明問題は，文章内の該当する部分，あるいは問題そのものの論理構造が明瞭である場合が多く，その構造さえつかめば対応できる問題である。意見論述問題も全文の構造が概観でき，論旨を構成するキーワード，キー概念が把握できれば対処できる問題と考えてよい。構造的な読解の仕方を習慣づけておくことが肝心である。その場合，論理構造とは，〈対比〉，〈分析〉，〈逆説〉，〈弁証法〉といった，文と文，節と節同士をつなげていく論理関係である。さらに，〈対比〉〈分析〉の二成分や，〈逆説〉によって矛盾する二成分を〈総合〉する構造もある。これらの論理構造をふまえると文章の読み取りがスムーズにいくことが多いので，試してみるとよい。

02 構成力

課題文への賛成論を述べるにせよ，反論を展開するにせよ，肝心なことは論述を展開するための〈対比の枠組み〉あるいは〈分析の枠組み〉（〈逆説〉の場合もある）を，まず設定することである。この〈対比の枠組み〉あるいは〈分析の枠組み〉が，論述を起動する装置になる。論旨に似ていることだけを直線的に想起して書き連ねても，同じことの繰り返しになって，説得力のある論述にはならないことを理解しておこう。文章の末尾で論述を締める際には，これまでに述べた内容を〈総合〉あるいは〈弁証法〉の構造でまとめるよう心がけるとよい。つまり，〈対比—総合〉〈分析—総合〉〈逆説—総合〉〈逆説—弁証法〉という全文の構成を基本として構想すればよい。内容説明問題の構造はこれらの縮小版であり，練習問題という位置にある。そして，付言するならば，読解と解答の構成とを別物だと考えてはならない。読解と解答の構成は，同じ論理構造を土台とした，向きが反対の行為であると理解しなければならない。

03 発想力

特に意見論述問題では，自分の論述を導いていく方向性が必要となる。つまり〈発想〉である。これは課題文を読んだだけでは，なかなか浮かび上がってくるものではない。先達たちの論考を「学ぶ（まねぶ）」ことで得られるものだろう。したがって，出題傾向に合わせて，言語論，文化論，自然論，社会論，価値論，科学論などと現代社会を関係づけて論じている新書を何冊か，自分なりの批判点・同意点を感じつつ読み，発想を豊かにしておくことも有効だろう。

04 表現力および実戦的対策

表現力は，書きながら鍛えていくものである。文章を書く手順がわかってきたら，つまり構成の仕方がわかってきたら，できるだけ多くの過去問を解き，文章を書く経験を重ねることが大切である。また，反論の可能性を開いているなど出題の趣旨が似ている，慶應義塾大学の文学部・法学部などの問題を利用してもいいだろう。解答は必ず先生や塾の講師などに読んでもらい，内容や表現力の改善に努めたい。

論 述

（文学部 比較芸術学科）

年度	内 容
2024	**音楽作品は楽譜に演奏家の解釈が加わって成立する** 意見論述（800 字）
2023	**優れた芸術家は法則に反しても新しい調和を達成できる** 内容説明（800 字）
2022	**芸術的価値は現実も様式も超越した一回性と永遠性をもつ** 内容説明（800 字）

傾向 芸術に関する文章の論旨説明

01 出題形式は？

比較芸術学科では，課題文読解型の論述が課されている。試験時間 90 分で，課題文の論旨を自分の関心分野におきかえて説明するという内容である。

02 出題内容はどうか？

出題内容は「芸術にかかわる評論を読み，そのテーマに沿って具体的な例をあげながら，考えるところを論述する」とされている。課題文は，ほどよい長さで読みやすい。内容は一貫して芸術に関するものであり，学科の研究内容と親和性が高い。答案作成には，美術・音楽・演劇映像など，自分自身の関心分野についての芸術史的な知識や考察が必要である。

03 難易度は？

課題文は適度な長さで文章の内容もつかみやすいので，論旨をつかむことはそれほど難しくない。しかし，自分の関心分野から，内容にふさわしい具体的作品を挙げて，論旨を言い換えることが求められているので，やや難しい。試験時間が 90 分であることを考えると，時間の余裕はあまりない。

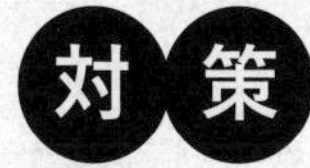

01 課題文を理解しながら要約する

まずは課題文をしっかりと読み込もう。比較芸術学科では芸術にかかわる評論が課されているので，新書などを読んで芸術についての教養を身につけておくと，内容を理解しやすくなるだろう。さらに，国語や論述の課題文を使って，論点を明確にして 200 字程度に要約する練習を重ねるとよい。慣れてきたら，課題文を要約しながら内容を把握できるようになるだろう。

02 意見論述の訓練を

自分の意見を論理的な文章で表現する訓練が必要である。自分の立場や意見を明確にし，具体的な事例を挙げながら，主張→理由→結論という小論文の典型的な構成パターンに従って書くとよい。『ブレない小論文の書き方　樋口式ワークノート』（教学社）などの問題集を使ったり，先生に添削してもらったりしながら，小論文作成に慣れておこう。自分の意見を整理するためのノートを作り，興味のあるいくつかの芸術分野について作品名や歴史的背景などの知識を整理して，考えをまとめておいてもよいだろう。

03 比較芸術学科の特性を知っておく

一般的な小論文対策に加えて，次のような準備をしておくとよいだろう。まず，比較芸術学科について調べることである。公式 HP や YouTube の紹介動画などを通して，学科の研究内容や特性を十分把握しておきたい。次に，それらをふまえて，自分の関心分野についての芸術史的な知識や自分なりの見解を養うことである。自分が魅力を感じる作品や芸術家を芸術史の流れの中に位置づけるなどして，芸術に対する知見を豊かなものにしておきたい。

小 論 文

（教育人間科学部）

▶教育学科

年度	番号	内　容
2024	〔1〕	問1．**教員の業務時間の内訳** ⊘表 資料読解（200字） 問2．**国公私立大学の学費と生活費の違い** ⊘表 資料読解・意見論述（300字）
	〔2〕	**科学的であることと分析的であること** 要約（200字），具体例列挙・意見論述（600字）
2023	〔1〕	問1．**年齢層による食育への意識の違い** ⊘表 資料読解（200字） 問2．**学校種別の学校数・在学者数の推移の特徴** ⊘グラフ・表 資料読解・意見論述（300字）
	〔2〕	**〈世界像〉を思い描くこと** 要約（200字），具体例列挙・意見論述（600字）
2022	〔1〕	問1．**日本の高齢化率の推移の特徴** ⊘グラフ 資料読解（200字） 問2．**図書館に行く頻度や家庭の蔵書数と学力との関係** ⊘表 資料読解・意見論述（300字）
	〔2〕	**農耕文化基本複合の特色** 要約（200字），具体例列挙・意見論述（600字）

▶心理学科

年度	番号	内　容
2024	〔1〕	**2つの論理パズルに共通の思考過程** ⊘表 論理パズルの解答，解答に至る思考過程と共通点（800字）
	〔2〕	**SDGsやエシカル消費に関する取り組み** ⊘グラフ 資料読解（300字），意見論述（300字）
2023	〔1〕	**パズルにおける推理のあり方の考察** ⊘図 内容説明（400字），二つの課題文の内容の俯瞰的な比較考察（400字）
	〔2〕	**高齢者刑法犯の内訳の変化と背景，対応策** ⊘グラフ 資料読解（300字），意見論述（300字）
2022	〔1〕	**『星の銀貨』の主題による「第四の変奏」** タイトル（2字），内容説明（200字），課題文と異なる視点による創作（400字）
	〔2〕	**地域での暮らしへの満足度と将来への不安** ⊘グラフ 資料読解（300字），意見論述（300字）

資料分析型と課題文読解型による出題

01 出題形式は？

●教育学科

試験時間は90分。大問2題である。うち1題は資料分析型であり，200〜300字での，グラフや表の読解と，読解をふまえた意見論述の問題である。もう1題は，課題文読解型であり，200字での要約と，600字で具体例を挙げながら意見論述する問題である。

●心理学科

試験時間は90分。大問2題である。うち1題は，課題文読解型であり，タイトルをつける，論理パズルを解く，200〜800字で説明・創作するなどの問題である。もう1題は資料分析型であり，300字でのグラフの読解と，300字で読解をふまえた意見論述をする問題である。

02 出題内容はどうか？

●教育学科

資料分析型の問題では，人口問題やメディア，教育，生活に関する資料が用いられている。資料中の複数項目の傾向を関連づけたり，複数の資料の内容を関連づけたりといった思考が求められている。

課題文読解型の問題は，科学や論理学，哲学，農業史といった学問の方法論をテーマとした文章をもとにした出題である。専門領域とはいえない領域からの出題である。意見論述では，文章中の特定の部分を指定して，背景や意義に触れつつ具体例を挙げて論じることが要求されている。

●心理学科

課題文読解型の問題は，2023・2024年度は論理パズルが題材となっている。与えられた設定やルールを理解し，登場人物の視点の違いに注意しながら，論理や推理をはたらかせる必要がある。

資料分析型の問題は，日本の若者の問題意識や高齢者の抱える問題，地域社会の暮らしについての出題である。資料を読解したうえで，対応策を考えるだけでなく今後の予想を行ったり，さらなる探究の方向性を考えたりすることが要求されることもある。

03 難易度は？

●**教育学科**

試験時間に対して，資料や課題文の分量も，要求される解答字数も多めである。まずは大問2題を大まかに概観し，得意な形式の課題や取り組みやすそうな課題から手をつけるとよいだろう。資料の読み取り自体は特に難度の高いものではないが，問題の要求に沿って論点を絞り込むには着想力が必要である。課題文については，抽象的思考が苦手な受験生にとってはやや難度が高く，意見論述に付されている条件の解釈もやや難しい。

●**心理学科**

試験時間に対する分量的な負担は，教育学科に比べると資料や課題文の分量が少なく，軽めである。ただし，課題文読解型は論理的な思考や抽象的な思考が苦手な受験生にはやや難しい。また，各設問の連動性が大きいため，読解を誤った場合には大量失点もありうる。資料分析型の読み取りは項目が多いためポイントを絞ることが難しく，背景知識がなければ対応策や今後の予想，さらなる探究の方向性を考えることも難しそうである。

対策

01 抽象度の高い文章から学ぼう

課題文読解型の問題への対策として，抽象度の高い文章を利用した学習を意識したい。まず，知識を広げる意味で，学部学科の専門領域や周辺領域についての最新情報を提供するタイプの書籍を読むことが有益である。また，抽象的な思考力を高めるために，教育学や心理学と関連性が深い，人文科学や社会科学の学問について，基本的な理論を紹介したり，主要な課題について本質的な議論を展開したりしている新書を読んでおくとよい。そして，見出しと文章の内容の対応関係を確認したり，章単位あるいは小見出しのついた節単位で文章を要約したり，自分なりの具体例に置き換えて説明したりといった作業を通して理解を深めよう。さらに，筆者の主張の背景や要因をふまえて，その主張が人間生活や社会においてもつ意義まで論じることができるとよい。

02 データ分析の練習をしよう

資料分析型の問題への対策として，データ分析に慣れておきたい。「公共」や「政治・経済」の資料集などのほか，官公庁のウェブページには，「子供・若者白書」，「情報通信白書」，「社会意識に関する世論調査」など，学部学科と関連性の高い領域の白書類や世論調査結果が掲載されている。まず，これらに掲載されている図表の特徴を自分の力で読み取り，白書や世論調査の解説記事を使って読み取りの妥当性をチェックする。さらに，読み取りをふまえて，その要因・背景，対応策，今後の推移を考察するとよい。

2024年度

問題と解答

一般選抜（個別学部日程）：文学部

問題編

▶試験科目・配点

〔英米文学科〕

方　式	テスト区分	教　科	科目（出題範囲）	配　点
A方式	大学入学共通テスト	外国語	英語（リーディング，リスニング）	100 点
		国　語	国語	100 点
		地理歴史または公　民	日本史B，世界史B，地理B，現代社会，倫理，政治・経済，「倫理，政治・経済」のうち1科目選択	100 点
	独自問題	外国語	コミュニケーション英語Ⅰ・Ⅱ・Ⅲ，英語表現Ⅰ・Ⅱ（リスニング含む）	200 点
B方式	独自問題	外国語	コミュニケーション英語Ⅰ・Ⅱ・Ⅲ，英語表現Ⅰ・Ⅱ（リスニング含む）	200 点
		総合問題（英語による）	記述式問題，および小論文	100 点
C方式	独自問題	外国語	コミュニケーション英語Ⅰ・Ⅱ・Ⅲ，英語表現Ⅰ・Ⅱ（リスニング含む）	200 点
		国　語	国語総合（漢文を除く）	100 点

〔フランス文学科〕

方　式	テスト区分	教　科	科目（出題範囲）	配　点
A方式	大学入学共通テスト	外国語	英語（リーディング，リスニング），ドイツ語，フランス語のうち１科目選択	200点
		地理歴史または公民	日本史Ｂ，世界史Ｂ，地理Ｂ，現代社会，倫理，政治・経済，「倫理，政治・経済」のうち１科目選択	100点
	独自問題	総合問題	文章読解を中心とし，読解力，論理的思考力，言葉の知識，外国の文化・社会についての理解を問う総合問題。	200点
B方式	大学入学共通テスト	外国語	英語（リーディング，リスニング），ドイツ語，フランス語のうち１科目選択	200点
	独自問題	総合問題（論述）	文化・社会等に関する長文読解を課し，言葉の知識・思考力，論述力を問う。	200点

〔日本文学科〕

方　式	テスト区分	教　科	科目（出題範囲）	配　点
A方式	大学入学共通テスト	外国語	英語（リーディング，リスニング）	100点
		地理歴史	日本史Ｂ，世界史Ｂのうち１科目選択	100点
	独自問題	国　語	国語総合・古典Ｂ	150点
B方式	大学入学共通テスト	外国語	英語（リーディング，リスニング）	100点
	独自問題	国　語	国語総合・古典Ｂ	150点

〔**史学科**〕

テスト区分	教　科	科目（出題範囲）	配　点
大学入学共通テスト	外国語	英語（リーディング，リスニング），ドイツ語，フランス語，中国語，韓国語のうち１科目選択	100 点
	国　語	国語	100 点
	地理歴史または公　民または数　学または理　科	日本史Ｂ，世界史Ｂ，地理Ｂ，現代社会，倫理，政治・経済，「倫理，政治・経済」，「数学Ⅰ・Ａ」，「数学Ⅱ・Ｂ」，物理，化学，生物，地学のうち１科目選択または，物理基礎，化学基礎，生物基礎，地学基礎のうちから２科目選択（基礎を付した科目は２科目を１科目分とみなす）	100 点
独自問題	地理歴史	日本史Ｂ，世界史Ｂのうち１科目選択。記述・論述を含む。	150 点

〔**比較芸術学科**〕

テスト区分	教　科	科目（出題範囲）	配　点
大学入学共通テスト	外国語	英語（リーディング，リスニング）	100 点
	国　語	国語	100 点
	地理歴史	日本史Ｂ，世界史Ｂのうち１科目選択	100 点
独自問題	論　述	芸術にかかわる評論を読み，そのテーマに沿って具体的な例をあげながら，考えるところを論述する。800 字程度。	150 点

▶備　考

- **フランス文学科Ｂ方式**は，「総合問題（論述）」に基準点を設け，基準点に達した者のうち，大学入学共通テストの「外国語」の得点の上位者を合格とする。
- **その他の学科**の合否判定は総合点による。ただし，場合により特定科目の成績・調査書を考慮することもある。
- 大学入学共通テストの得点を上記の配点に換算する。英語の得点を扱う場合には，リーディング 100 点，リスニング 100 点の配点比率を変えずにそのまま合計して 200 点満点としたうえで，上記の配点に換算する。

- 大学入学共通テストの選択科目のうち複数を受験している場合は，高得点の１科目を合否判定に使用する。
- 試験日が異なる学部・学科・方式は併願ができ，さらに同一試験日であっても「AM」と「PM」で異なる試験時間帯に実施される学部・学科・方式は併願ができる。

試験日	試験時間帯	学 部	学科（方式）
2月13日	AM	文	英米文（A）・日本文（B）
		教育人間科	教育
	PM	文	フランス文（B）
		教育人間科	心理
2月14日	終日	文	英米文（B・C）
	AM	文	フランス文（A）・史
	PM	文	日本文（A）・比較芸術

英語

◀英米文学科A方式▶

（70分）

問題Ⅰ　次の英文を読んで，設問に答えなさい。

What we know about the ancient Greek-era library at Alexandria in Egypt has been an inspiration for later generations of book collectors. It comes as something of a surprise that the ancient Roman Empire that followed had less respect for books. These capable military people, known for their great engineering skills that included the building of roads that have lasted to this day, could not quite work out what a library was for. Many great Roman library collections arrived randomly, stolen from various places, and dropped in the baggage of Roman armies after they took over another country. There was little planning about how these books should be kept and organized. The great collection of the Greek philosopher Aristotle came to Rome in this way and was seemingly preserved by accident.

Many people would follow the Romans in this random approach to basically stealing valuable writings from various conquered* peoples and nations. In the seventeenth century, the Swedes removed books from the libraries of German cities they had conquered and took them back to Sweden. Many of these books are still in the university library of Uppsala. As late as the first decade of the nineteenth century, Napoleon, who had conquered most of what is now Europe, only hired a single person, the French author Stendhal, to pick books he liked from the libraries of Italy and Germany for the French national library. The French national library system was eventually required to return those books to their owners.

No major Roman library survived the fall of the Roman Empire. Ancient Rome, however, did leave the world with one significant contribution to the history of book collecting and to future libraries: the move from papyrus to parchment to preserve important writings. Papyrus was a material prepared in ancient Egypt from the stems of a water plant that were beaten into flat sheets and glued together into one long sheet or scroll. Papyrus scrolls could be rolled up for storage or rolled on both sides onto two round pieces of wood for reading. They were easy to store but also very delicate and could be easily damaged by use. Parchment, however, was made from animal skins, usually from cows, lambs, or goats. These skins were carefully cleaned and cut into leaves, or pages, and then folded and put together into books. Such parchment books lasted much longer than papyrus.

However, these were not the printed books we know because print technology was yet to come. These handwritten or manuscript works were carefully made into books, most of them religious, that displayed beautiful color illustrations with the writing. These works were, and still are, very valuable, and it was in parchment that the scholarship of Rome survived over the next one thousand years in Europe. Many still survive to this day. By the fourteenth century, there was a non-religious market for beautiful parchment books, and collecting these works became yet another way for rich and powerful people in European society to display their high cultural tastes. Today, these manuscripts are among the great treasures in the collections of the major libraries where they have found safe storage, but many did not survive.

In mid-fifteenth-century Europe, Johannes Gutenberg and others began experimenting with a mechanical printing process which could print books in a fraction of the time it took to make a manuscript copy. These books would supply the increasing number of books desired by governments, legal administrations, scholars, and collectors. But Gutenberg and other early printers initially had a difficult job selling their books. Gutenberg's printed books at first greatly impressed readers with their technology, but it still was difficult to convince established rich collectors that simple black-and-white texts with fewer illustrations were a reasonable substitute for manuscripts full of illustrations. Also it was difficult to figure out how to distribute these thousands of quickly printed books to a market of readers spread around Europe. But once these initial problems were solved, the printed book brought about the possibility of new collectors who could afford cheaper printed books.

The manuscript cultures of Africa, the Middle East, and East Asia did not follow Europe at first with the mass production of print. The Ottoman Empire* mostly ignored print completely. China, despite remarkable early experiments with woodblock printing, did not do much with metal type. One significant invention that was largely developed in China was paper, and paper changed everything in the new European printing industry.

This type of paper was not made from wood but from cloth. It was still expensive by our standards, but it was far cheaper to produce and better suited for the printing press because it could be made in mass quantities and more quickly than parchment. The combination of the printing press with paper led to a vast increase in the production and the collection of books. Outside of Europe and its colonies, however, book collecting remained mostly the privilege of the rich people who could afford rare manuscripts produced at high costs. For the next three centuries, the creation of libraries, private and public, serving large circles of readers, remained mostly within nations in Europe and their colonies.

Privately owned collections of books increased in Europe well beyond just rich collectors. There was of course a steady growth in literacy*. Book collections increased within churches and also in educational institutions. More people were required to read for their work: priests, of course, but also merchants, clerks, lawyers, and medical doctors. Print and paper offered institutions and members of the educated and professional classes the chance to own and collect many more affordable books. Soon regular citizens of the growing middle classes were able to acquire personal libraries of a size, perhaps several hundred items, that would only have been possible for kings in the manuscript era.

Making widely available what was once rare and precious happens often in human history, but the availability of affordable printed books may have slowed the development of large public libraries. The sixteenth-century Holy Roman Emperor, Maximillian Ⅱ, sent his printed books off to storage because they were no longer worth displaying as a sign of his wealth, fine tastes, and importance. Indeed, with the availability of so many books, nobles could not expect people to be impressed by their collection of 300 books when local cloth merchants had as many. It was more impressive to buy a painting, a sculpture, or even a lion. There was even an anger that rose up among rich collectors towards the fact that books, once rare and expensive, were now cheap. Kings and princes did not see the need to support the building of new libraries and to support library collections. Over time many more large private and public libraries did come into being, of course, but there have been many obstacles along the way, and books, for most of their history, have survived only by chance through competition and cooperation among the rich and powerful. The history of the library is, indeed, a surprisingly delicate history.

註

conquer: 征服する

the Ottoman Empire: オスマン帝国

literacy: 読み書き能力

設問　本文の内容から考えて，下線部を埋めるのに最も適切な選択肢を①～④の中から1つ選び，その番号を解答欄1から10にマークしなさい。解答用紙（その1）を使用。

出典追記：The Library: A Fragile History by Andrew Pettegree and Arthur der Weduwen, Basic Books

1. The ancient Romans ＿＿＿＿＿＿.

① did not understand engineering, including how to build libraries

② were inspired by the library at Alexandria and wanted to build a similar one

③ were good at engineering but did not know why a library was needed

④ only cared about books that were written in the places they conquered

2. Concerning war and book collecting, ＿＿＿＿＿＿.

① invading armies usually destroyed the books in the nations they conquered

② empires and kingdoms did not care much about the books in the nations they conquered

③ stealing books was a major motive for war

④ some empires and kingdoms stole books from the nations they conquered

3. The major difference between papyrus and parchment is that ＿＿＿＿＿＿.

① papyrus is delicate, whereas parchment lasts much longer

② papyrus is hard to store, whereas parchment is easy to store

③ papyrus requires animal skin, whereas parchment only requires wood

④ papyrus requires stems of water plants, whereas parchment requires their leaves

4. Concerning parchment, this article says that ＿＿＿＿＿＿.

① works made from Roman parchment were ignored by later collectors

② works made from Roman parchment were favored only in a religious market
③ later collectors wanted parchment works to display their good taste
④ later collectors were unwilling to buy illustrated works on parchment

5. Just after the first printed books appeared, collectors ______.
① found printed books amazing and far superior to illustrated manuscripts
② preferred illustrated manuscripts to mostly black-and-white printed books
③ did not want printed books because they were not interested in the contents
④ had trouble reading printed books but collected them anyway

6. The response at first to the European printing press with metal type was that ______.
① the Ottoman Empire quickly began printing books in the same way
② African countries did not adopt printing but developed better paper
③ printing was adopted in the Middle East but not in China
④ the Middle East, East Asia, and Africa initially did not follow Europe with printing

7. The invention of paper changed European printing by ______.
① making it possible to include more illustrations in printed works
② greatly helping to increase the production of books

③ leading to the collecting of printed books outside Europe

④ making books more expensive and only available to the elite

8. After the inventions of the printing press and paper, ______________.

① books were collected by many more types of people

② rich people began to collect only printed books

③ the value of illustrated manuscript collections went down

④ books remained too expensive for priests to collect

9. The building of large public libraries was slowed by ______________.

① too few people learning to read

② rich people losing interest in displaying books

③ professional people being restricted from collecting books

④ merchants wanting paintings rather than public libraries

10. The history of the library is a delicate history because ______________.

① books have been too delicate to store safely for long periods of time

② libraries through history have only survived by chance

③ library buildings through history have usually been poorly designed

④ there are now too many printed books to store in the world's libraries

問題Ⅱ 次の英文を読んで，下線部を日本語に訳しなさい。解答用紙(その２)を使用。

I've often wondered how to find a way to stop being disturbed about small things that happen on a day-to-day basis, things that do not really matter much in the long run, but that can ruin your day. How do I find a way not to let small things bother me more than they should? I'll give you an example. Last month, I decided to get a snack from a convenience store. As I walked to the door, there was another customer ahead of me. He opened the door for himself without looking back, and the door almost hit me in the face.

How rude, I thought. Who doesn't hold the door open for someone behind them! I got my snack, returned to my car, and kept thinking about the incident. It annoyed me so much that I could not stop thinking about it. Didn't he see me? Did he do that on purpose? The thoughts were the only thing on my mind as I drove around. These thoughts even continued over the next few days when I thought about how rude that man was.

I read some books written by experts on this subject. I found out that if you find yourself in a situation in which someone bothers, offends or is rude to you, then pretend that you have a clock in your head that allows you a few seconds to pause before reacting. Yes, recognize your feelings, but do not act before you think about how your response might affect the other person. You don't want to say anything that might hurt that person's feelings. Then consider what else might be going on in the person's life to make them act in the way they did. Let's go back to the customer who didn't hold the door open for me at the convenience store. I assumed he must've seen me, but maybe he didn't realize I was there.

There are negative thinking traps and ways to avoid them, according to Ethan Kross, who is a Yale University mental health expert. If we don't pause to consider other possibilities, according to Kross, we may get stuck in "a negative thought loop" that can affect our ability to find good solutions to the problem and move ahead with our lives.

When I finally took a moment to examine why that customer might have shut the door on me, it allowed me to stop thinking that he did it on purpose. And I found myself getting less and less upset about the incident. So you have to train yourself to look at these moments from another perspective. If you still can't ignore a bad comment or bad action, you can try distancing yourself from it in your mind.

It might seem like an unusual approach, but doing this type of thinking makes us more likely to deal with these feelings, according to experts. I found that this completely different viewpoint, in which I see myself from a distance, helps me think about the incident more clearly without letting my emotions get in the way.

Also you can in some cases sit down and have an honest talk with someone who has done something that bothered you. Don't rule out talking to the person who made a bad impression or impact on you, says Adia Gooden. An honest conversation may help clear up any assumptions you may have and offer a new perspective about what has happened.

Instead of saying something angry to them about their actions, you might try to reason with them. At this point, you can begin to discuss the problem with the person without becoming angry. You can also try to build up your confidence using several strategies. Confidence can go a long way in protecting you from getting too emotional about small things that happen, says Gooden, who also is the host of a podcast that helps listeners improve their image of themselves and increase their confidence.

If we think of ourselves as good and capable people, then we're less likely to get upset when somebody doesn't treat us with respect. To increase our confidence, Gooden suggests that we spend more time around people who treat us well and with respect. She also recommends saying positive things to yourself repeatedly. These actions, she adds, can help us truly respect ourselves.

出典追記：How to stop stewing about something you've taken (a little too) personally, NPR on September 23, 2022 by Diana Opong and Audrey Nguyen

問題Ⅲ　問題Ⅱの英文を読んで，次の設問について50語程度の英文で答えなさい。解答用紙（その2）を使用。

設問

Describe an experience of yours that was similar to the author's, and how you handled it.

問題Ⅳ　リスニング問題

聞き取った内容から考えて，下線部を埋めるのに最も適切な選択肢を①～④の中から1つ選び，その番号を解答欄 11 から 20 にマークしなさい。音声は1回しか流れません。解答用紙（その1）を使用。

11. At the beginning, the speaker says that ＿＿＿＿＿＿＿＿.
   ① environmental change did not happen until the early nineteenth century
   ② environmental change has not happened since the early nineteenth century
   ③ we know of no environmental change during the early modern period
   ④ environmental change happened before the nineteenth century

12. We can now identify environmental change in the past because ＿＿＿＿＿＿＿＿.
   ① historians shifted emphasis from the early modern period to the late modern period
   ② scientists and other kinds of researchers cooperated with each other
   ③ amateur researchers began working in this area
   ④ some governments led environmental movements

13. The environmental change in the early modern period may have been made worse because of the bacteria and viruses that ______________.

① were carried on European ships and bodies

② were spread through Eurasia and Africa

③ infected plants in Eurasia

④ infected animals in Africa

14. The term *virgin soil population* in this context applies to groups of people who ______________.

① sailed to the Americas

② were native to the Americas

③ remained in Europe

④ forced others into slavery

15. A possible cause for global cooling in the past was the ______________.

① increase of CO_2 in the Earth's atmosphere

② massive number of deaths in the Americas

③ lack of wild plants

④ cutting down of tropical forests

16. The Little Ice Age was first caused by ______________.

① changes in the Earth's orbit and more eruptions from volcanoes

② the deaths of millions of people in the Americas

③ the deaths of millions of people across the globe

④ the lack of sulfur in the high atmosphere and a decrease in sea ice

17. The Little Ice Age began ______________.

① when Europeans began to travel to the Americas

② before the 1500s

③ before the 1200s

④ between the sixteenth and eighteenth centuries

18. The current temperature of the Northern Hemisphere is ____________.

① higher than it was in the mid-twentieth century

② lower than it was in the mid-twentieth century

③ about the same as it was during the Little Ice Age

④ lower than it was during the Little Ice Age

19. The result of pandemics in the early modern period was the movement of people ____________.

① from city to countryside, which made traditional societies durable

② from city to countryside, which spread disease across the nation

③ from countryside to city, which kept agricultural production low

④ from countryside to city, which caused the development of factory machines

20. A major point made by the speaker is that ____________.

① without humans, there would probably be no environmental change

② humans contribute more to global warming than to global cooling

③ humans contribute more to global cooling than to global warming

④ environmental change occurs naturally but can be made more extreme by humans

問題V 問題IVのリスニングの内容をもとに次の設問について50語程度の英文で答えなさい。解答用紙(その3)を使用。

設問

What should leaders in countries across the world do or not do to reduce the impact of environmental and climate change?

英米文学科A方式 問題IV リスニング・スクリプト

今から、気候変動に関する英語の音声を流します。音声は1回しか流れません。
では、始めます。

Many of us think that rapid environmental change is a modern crisis. Today, temperatures are rising, forests are being cut, weather patterns are changing, and species are declining because of the actions of crowded, modern societies. Some of these changes are indeed truly new. But others have deep roots in the early modern period, the years between around 1400 and 1800, when much of the world began to take its present form. Recently, scientists, geographers, and historians have combined expert opinions and evidence to reveal just how deep early modern environmental changes really were.

No environmental changes were more significant than those that accompanied the actions of European explorers and those who followed them and took the land. European ships carried plants and animals, and European bodies carried bacteria and viruses, none of which had yet spread into the New World. When these bacteria and viruses arrived in the New World, many multiplied with shocking speed in natural and human communities that had never encountered them before.

The consequences were often terrible. In the Americas, for example, the viruses responsible for bad diseases swept through so-called "virgin soil populations" – that is, populations with no experience of them. By the 17th century, tens of millions had died.

As millions of people died, wild plants might have occupied suddenly abandoned fields and woodlands. Expanding tropical forests in particular could have drawn huge amounts of CO2 out of the atmosphere, an important element in determining the earth's temperature: precisely the reverse of what is happening today, though on a far smaller scale.

If the deaths of millions across the New World did contribute to climate cooling, it only increased the changes to Earth's climate system that had long been happening. Beginning in the 13th century, the Sun's activity started to decline just as modest changes in Earth's orbit reduced the quantity of solar energy that reached the Northern Hemisphere in the summer.

Also in the 13th century, volcanoes sent sulphur dioxide into the high atmosphere, where it reacted with water to create cooling veils of dust. Dropping temperatures unlocked changes in soil and sea ice that brought about major changes in the movements of the oceans and atmosphere. This was the beginning of the Little Ice Age, a period of climate cooling that affected continents differently but was global in scope between the 16th and 18th centuries. In the coldest decades of the Little Ice Age, temperatures across the Northern Hemisphere might have fallen more than one degree below their

average in the mid-20th century. By comparison, greenhouse gases from human activities have now increased global temperatures by nearly one degree, again relative to that mid-20th-century average, though there is a great deal more warming in store.

Cooling temperatures shortened growing seasons in many societies across the early modern world. Where harvest failures lasted for more than a few years, food prices soared and starvation often followed. Since bodies without sufficient food have weakened resistance to disease, pandemics also often followed. Millions responded by moving from the countryside to urban areas. Yet these movements encouraged the spread of disease outbreaks from the country to cities, and made it even harder for agricultural production to recover.

We can learn much from the environmental problems of the early modern centuries. The worst environmental disasters were often deliberately worsened by greedy governments, companies, and individuals.

出典追記：Did European colonisation precipitate the Little Ice Age?, AEON on April 12, 2019 by Dagomar Degroot

◀英米文学科B・C方式▶

(100分)

問題Ⅰ 次の英文を読んで，設問に答えなさい。

In 2010, the magazine *Time* described Facebook's mission as being "to tame the angry crowd and turn the lonely, anti-social world of random chance into a friendly world." During the first decade of mass internet use, this was a popular theory: the more people are able to communicate with others, the more friendly and understanding they will become, and the healthier our public conversations will be. As we enter the third decade of this century, that vision seems painfully naive. Angry people clash day and night. The internet is connecting people, but it doesn't always create friendship. At its worst, it can seem like a machine for the production of fighting and division.

Paul Graham has observed that the internet is a medium that produces disagreement by design. Digital media platforms are interactive by their very nature and people like to fight. As Graham puts it, "agreeing tends to motivate people less than disagreeing." Readers are more likely to comment on an article or post when they disagree with it, and in disagreement they have more to say (there aren't really that many ways to say, "I agree"). They also tend to get more excited when they disagree, which usually means getting angry. A team of data scientists in 2010 studied user activity on BBC discussion forums, measuring the emotions of nearly 2.5 million posts from 18,000 users. They found that longer discussions were kept alive by negative comments, and that the most active users overall were more likely to express negative emotions.

We live in a world in which disagreement is everywhere, in which people are more frequently offensive and offended, in which we do ever more talking and ever less listening. The technologies we use to communicate with each other have clearly played a part in making us this way, but, though we might want to blame Facebook and Twitter for our problems, that would be to miss the significance of a wider and more profound shift in human behavior that has been decades, even centuries, in the making. Socially, as well as electronically, there are fewer one-way channels. Everyone is starting to talk back to everyone else. If we are becoming more disagreeable, it's because modern life demands we speak our mind.

The American anthropologist Edward Hall introduced the idea that there are two types of communication cultures: high-context and low-context. In a low-context culture, communication is clear and direct. What people say is taken to be an expression of their thoughts and feelings. You don't need to understand the context — who is speaking, in what situation — to understand the message. A high-context culture is one in which little is said clearly, and most of the message is implied. The meaning of each message lies partly in the words themselves partly in the context. Communication is subtle and ambiguous. Broadly speaking, the cultures of Europe and North America are low context, while Asian cultures are high context. To give an example, *bubuzuke* is a simple Japanese dish, popular in Kyoto, made by pouring green tea or broth over rice. If you're at the home of a Kyoto native and they offer you *bubuzuke*, you might decide to answer yes or no, depending on whether you feel hungry. But in Kyoto, offering *bubuzuke* is the traditional way to signal that it's time for a guest to leave. You would need to know the context to get the message.

High-context societies such as Japan's tend to be more traditional and more formal. Good communication means having a deep understanding of shared symbols and unspoken rules and manners, such as respect for one's elders. The primary purpose of communication is to maintain good relationships, rather than to exchange information or say something to make yourself feel better. An emphasis is put on listening, since the listener in a high-context exchange must read between the lines in order to understand what is being said. Speakers in high-context cultures are likely to use only a few words, be comfortable with pauses, and be happy to wait their turn to speak. Low-context societies, like the USA's, are less traditional and more diverse. They involve more short-term relationships and more changes. When it comes to speaking or listening, knowledge of tradition, custom and rank isn't much help: everyone speaks for themselves. Since you can't trust the context, people rely on language itself. Low-context communication shows what one scholar calls "the constant and sometimes never-ending use of words." Intentions are made clear, desires expressed, explanations given. People use first names and there is lots of small talk. There is more interruption and cross-talking — and more arguing.

This brings us to the most important difference between high-context and low-context cultures: how much conflict each generates. In Asian cultures, expressing your opinion directly and strongly is unusual. It can be seen as rude or offensive. People from Europe and the USA are more willing to speak directly and risk confrontation. Differences of opinion are expected, even when they generate conflict. The difference is relative: even in Europe, people have developed cultural strategies to avoid too much argument, like the practice of not discussing politics or religion at the dinner table. But as such traditions fade, conflicts rise.

I am making broad comparisons between countries, but Hall's high- and low-context model is useful at any scale. People who live in villages where everyone knows each other engage in more high-context communication than people who live in big cities, who are used to meeting strangers from different backgrounds. In established organizations, staff may be able to make themselves understood to each other in ways that leave new people confused, while in a new company anything that isn't said clearly might not be heard. Individual people shift between high- and low-context modes: with family or friends, you probably do a lot of high-context communication, but when talking to someone in a call center, you go low context. Low-context cultures are better suited to societies going through changes, with high levels of diversity and innovation. But they can also feel impersonal and hard to navigate and contain more potential for conflict.

Most of us, wherever we are in the world, are living more and more low-context lives, as we move to cities, do business with strangers, and talk over smartphones. Different countries still have different communication cultures, but nearly all of them are involved in the same global practices of commerce and technology — forces that weaken tradition and increase the range of possible arguments. It's not clear that we are really prepared for this. For most of our existence as a species, humans have lived in high-context societies. Our ancestors lived in small villages with shared traditions, but now we frequently meet people with different values and customs to our own. At the same time, we are inclined to try to be more equal than ever. Everywhere you look, there are interactions in which everyone expects to have an equal voice. Consider the way that marriage has changed. Seventy years ago, the partners in most marriages would not have discussed who was going to do which household work, or who would look after the children — these decisions were already made within the general culture. With the rise of gender equality, the modern household requires more communication and negotiation. Context no longer gives us a program for who should be doing the laundry. You can believe, as I do, that this is a really good change, but still recognize that it increases the potential areas where one could get into fights about.

The situation is very similar in society in general. Children are less likely to obey their parents silently; organizations rely more on collaboration and less on commands; journalists no longer expect their readers to simply believe them. Everyone expects their opinion to be heard and their independence to be recognized. In this diverse world, previously assumed rules about what can and cannot be said are looser and more fluid, and sometimes even disappear. With less context to guide our decisions, the number of things on which "we all agree" is shrinking fast.

The low-context shift has been a long time coming but is speeding up now as a result of communication technologies. Humans have an ability to understand a person's intentions from their facial expressions, movements, and tone of voice. Online, that context is taken away. Smartphone interfaces and online platforms are low context by design, restricting the user to a few words or images at a time. We get only a basic understanding of someone's intentions from text, even when the signal is enriched with emojis. Think about what defines low-context culture in its extreme form: endless talk, frequent argument, everyone telling you what they think, all the time. This should feel familiar. As Ian Macduff, an expert in conflict resolution, puts it, "The world of the internet looks much like a low-context world." Meanwhile, we use conflict resolution skills from the world of 200,000 years ago.

設問 本文の内容から考えて，下線部を埋めるのに最も適切な選択肢を①～④の中から１つ選び，その番号を解答欄１から10にマークしなさい。解答用紙（その１）を使用。

1. A popular theory for ten years after the beginning of mass internet use was that Facebook would ______.
   ① quickly become a machine to make people fight with one another
   ② anger people at first but would become a better way to communicate
   ③ help people communicate and become more friendly with each other
   ④ randomly make sick people seek good medical help

2. A team of data scientists found that ______.
   ① people tend to agree with one another more when they are off the internet

出典追記：How to Disagree: Lessons on Productive Conflict at Work and Home by Ian Leslie, Faber & Faber

② negative comments keep discussions going longer on BBC forums

③ people want to agree on the internet, but BBC forums make them disagree

④ the internet is hostile because data scientists try to make forums less interactive

3. There is disagreement everywhere mainly because ________.

① the internet has taken over our minds

② Twitter and Facebook have given us too many forums

③ in modern life we must say what we think

④ there are too many one-way channels on and off the internet

4. A high-context culture is one in which ________.

① being offered more food by a host might mean that you should leave

② just a few relationships are implied and people speak their minds

③ speaking and listening are mostly direct

④ listeners often need more debate to understand meanings

5. A low-context culture is one in which ________.

① people cross talk frequently but avoid interruption

② long relationships and traditions are unimportant

③ people feel equal and argue more

④ arguing is more important than equality

6. It is generally observed that ________.

① Japan is high context, whereas other Asian nations are low context

② people from Asia expect differences of opinions, even when they generate conflict

③ people from Europe are more likely to express their opinion directly than people from Asia

④ European nations have kept their high-context traditions

7. It is true that people ________.

① who live in cities are often high context

② who live in low-context environments usually remain low context

③ who live in high-context environments cannot adapt to cities

④ can shift from high to low context when in different circumstances

8. Low-context communication often results from ________.

① city life and a desire for an equal voice

② small town life and a desire to be polite

③ married life and a desire to maintain traditional gender roles

④ married life and a desire to stay away from the city

9. Generally, in our current society, ________.

① organizations are more likely to rely on silent commands

② children are more likely to ignore their parents

③ what can and cannot be spoken is not as clear as it used to be

④ journalists are better able to give commands

10. Communication technologies are now speeding up the shift to low-context communication by ________.

① removing facial expressions and tone of voice from communication

② providing too many images on devices like smartphones that are too small

③ redesigning emojis from high-context social media platforms

④ using faster conflict resolution platforms

問題Ⅱ　次の英文を読んで，下線部を日本語に訳しなさい。解答用紙(その2)を使用。

During the Renaissance, local dress makers would make clothes. Buying nice clothes could therefore be a long process, as the parts of a suit or dress were bought from various shops and then made up by people who put them together. Purchasing patterns in clothes were different in each country. In England, people would often travel to a nearby town or city to buy more fashionable clothes. However, the divided politics and geography of Italy meant that each region had different fashions, and therefore a wider range of shops in each village.

During the seventeenth century, the East India Companies improved trade links with Asia. By the mid-eighteenth century, cotton from India, for example, became an everyday textile. It was fashionable and, more significantly, it was cheap and it could be cleaned easily, and therefore brought greater levels of cleanliness to people of all classes. Such goods could be transported across the globe because travel by ships had gotten better. There was also an increasing demand for fashionable textiles, as more people wanted to be stylish and respectable, conforming to their current ideals of appearance and behavior. The East India Companies fed people's desire for new and changing textile designs, importing silks, cottons, and plain white cloth. Merchants spread new fashions by encouraging fashion leaders to wear their latest goods to stylish social events, which would then be reported in fashion magazines.

In the eighteenth century, with better farm practices and distribution of wealth, more people wanted to buy fashionable clothes. Shopkeepers began to take more time over the display and presentation of the things they sold and in their approach to customers. By the 1780s, glass windows led to displays that would draw attention and displays inside the store were beginning to be more attractive. Fashionable shopping was already shaping the geography of cities. Advertising and ways to spread the news of a new product were also developing. Printed advertisements showed how large a particular shop's range of clothing was: fashion magazines gave detailed descriptions and illustrations of the latest trends and factory owners encouraged fashion leaders to be seen wearing their products. Shopping had developed along with a growing sense of personal identity. Fashionable dress provided the means to express one's identity visually, and knowing where and how to shop for fashion was key to achieving this goal.

問題Ⅲ 問題Ⅱの英文を読んで，次の設問について50語程度の英文で答えなさい。解答用紙(その2)を使用。

設問

Do you think that having a sense of fashion is important in your life? If so, explain why. If not, explain why not.

問題Ⅳ 以下の設問に答えなさい。

設問1

次の11から15の英文の下線部に入る最も適切な語句を①～④から選び文章を完成させなさい。解答は解答欄の11から15に番号をマークしなさい。解答用紙(その1)を使用。

11. **Maria**: There are two lunch specials to choose from today at the company cafeteria.

Jaime: What are they?

Maria: ＿＿＿＿＿＿ soup and salad.

① Which beef and ② The both pork and

③ Either chicken or ④ Neither fish or

出典追記：[問題Ⅱ] Fashion: A Very Short Introduction by Rebecca Arnold, Oxford University Press

12. **Sarah**: You reach into the kitchen refrigerator looking for something to eat, only to find all the food past its use-by date.

Sophie: Oh, I'm guilty of wasting food. According to the UN, one third of the food we grow ________ the rubbish bin.

① results into　② ends up away
③ results by　④ ends up in

13. **George**: As the old saying goes, money makes the world go round!

Meg: You mean lots of things couldn't happen without it. Well, we all need money — but have you noticed how our money doesn't seem to ________ so much these days?

① buy　② sell　③ go　④ worth

14. **Ben**: Do you find detective stories relaxing?

Judy: I wouldn't say relaxing exactly, but I get really ________ the story — trying to work out who the murderer is — then finding out on the last page.

① excited on　② exhausted on
③ involved in　④ impressed in

15. **Naomi**: Do you prefer a brew or a cup of joe in the morning?

Matt: Well, if you are ________ I prefer a cup of tea, which we sometimes call "a brew," or a cup of coffee, sometimes called "a cup of joe," I prefer a cup of coffee in the morning.

① sure on that　② referring to whether
③ doubt of that　④ considering into whether

設問 2

以下の英語での会話を読み，下線部を埋める最も適切な選択肢を①～④の中から1つ選び，その番号を解答欄 16 から 20 にマークしなさい。解答用紙（その 1 ）を使用。

Dialogue 1: *Two friends are talking about a classmate named Amir.*

Jayson: It didn't seem like Amir even realized how rude he was being, and he just kept going.

Francisca: Really? But he was saying such awful things!

Jayson: I know! But then his friend told him to stop and the penny dropped and he apologized a lot.

16. What Jayson means when he says "the penny dropped" is that ________.

① Amir lost some money because he was rude

② Amir's friend knocked his wallet out of his hand

③ finally Amir figured it out

④ Amir's friend Penny was angry at him

Dialogue 2: *Colleagues working at the same company are chatting with each other.*

Mack: I expect I'll be able to buy a house of my own five years or so after I get promoted. I should be saving plenty of money by then.

James: Maybe you should take off the rose-colored glasses. You'll never be able to buy a house in this economy.

Mack: You're right. I put a lot of effort into saving already, but it's all water under the bridge I guess. I can use the money for something else.

17. By "take off the rose-colored glasses," James is suggesting that Mack ________.

① not buy a pink house

② recognize reality

③ get his eyes checked

④ plant roses at his new house

18. By "water under the bridge," Mack is indicating that ＿＿＿＿＿＿.

① he is still hopeful that he can buy a house

② he is going to consider buying a bridge instead

③ time flows like water in the river

④ he's no longer hopeful about being able to buy a house

Dialogue 3: *Two students are talking about their test result.*

Jean-Luc: I failed that math test we had last week.

Keiko: Why? Did you not study?

Jean-Luc: I studied, but I didn't know that Chapters 5 and 6 would be included on the test.

Keiko: Did you <u>space out</u> in class?

Jean-Luc: I guess I did. You know — I need to <u>step up my game</u>.

19. By the term "space out," Keiko means that Jean-Luc may have ＿＿＿＿＿＿.

① let his mind wander

② checked his social media messages

③ fallen asleep

④ talked too much

20. When Jean-Luc says "step up my game," what he means is that he needs ＿＿＿＿＿＿.

① to quit trying

② to stop playing games in class

③ a math teacher who understands his needs

④ to pay closer attention to the teacher in class

問題V リスニング問題は，2つのパートに分かれています。パートIでは音声を聞いて空所を補充します。パートIIでは，4つの選択肢の中から最も適切な答えを選びます。それぞれのパートで，音声は1回しか流れません。

Part I　Intensive Listening

音声を聞いて，空所を埋めるのに最も適切な選択肢を1つ選び，その番号を解答欄21から30にマークしてください。まず，Part Iの英文に目を通してください。音声は1分後に流れます。解答用紙(その1)を使います。

As long as humans have been on the planet, they've been ___(21)___ things consistently. There are some things humans have always done: eat, have sex, do some kind of worship of a god, and migrate, move around.

In fact, for a long period of time, ___(22)___ is what humans did to survive. They traveled around searching for food and following animals. And so, migration — humans moving from place to place, country to country — is deeply embedded in us as a species. It's wild to consider the fact that this ___(23)___ early human history and throughout civilization. I mean, human travel or going from one place to another, ___(24)___ during periods of time in which it was extremely difficult to do so, is still a central human experience.

21. ① doing a few
② doing few
③ do in a few
④ done in a few

22. ① move in a round
② move around
③ moving around
④ moving and round

23. ① continues an into
② continues on into
③ can turn into
④ can tune into

24. ① even way back
② ever way back
③ even we back
④ every back

It is one of the fundamental parts of human life on the planet. Right now, there are many reasons for people to move. Access to things like health care, jobs, and money ___(25)___ around the world. Still, the inequalities between humans are probably as great as they've ever been in history. If you combine those together and add the coming ___(26)___, which is going to chase hundreds of millions of people from the places where they live, we are in the midst of and entering the greatest period of human migration ever.

That's what's happening right now. And it is affecting a lot of our politics. Movements against immigrants are popping up all over the world. So ___(27)___ we're seeing huge numbers of people moving and huge changes to politics around that migration. The central challenge is climate and making sure that we don't destroy the earth. But rooted in that is the fact that a lot of people are going to move to a lot of new places and we are ___(28)___ to figure out, as societies, how to create welcoming, multiracial, multiethnic, multilingual democracies that give dignity and equality to the stranger.

25. ① readily first
② really differs
③ real diffused
④ ready first

26. ① cool with crisis
② claimant crisis
③ call it crisis
④ climate crisis

27. ① all-around bewildered
② all around the world
③ all a roundabout
④ alley in a town

28. ① going there
② gone to have
③ going to have
④ go to having

This has been a key aspect of politics in the USA, in the present and in history. There is the legacy of white supremacy and the oppression of Native American peoples. But ___(29)___ of extremely difficult trial and error there was also a vision of a real welcoming and multiracial democracy.

Suketu Mehta has written essentially a kind of manifesto about his vision of America, about welcoming the stranger, with respect to immigration. Suketu immigrated here as a teenager, from India. He has said he felt that with his distinct and ＿(30)＿ he needed to write a book about America as a land of strangers, and what that means for him and for politics.

29. ① on doing the process
② boring the professor
③ enduring the process
④ during this process

30. ① unique perspective
② you need to prospect it
③ your need for perspective
④ unique prospect

Part II　Multiple Choice

ここでは，インタビューを聞いて，空所を埋めるのに最も適切な選択肢を1つ選び，その番号を解答欄31から40にマークして下さい。まず，Part IIのそれぞれの問題に目を通して下さい。音声は3分後に流れます。解答用紙(その1)を使います。

31. The Universal Declaration of Human Rights includes the right to ＿＿＿＿.
① request refugee status in any country
② enter any country you want at any time
③ build walls around your country
④ gain citizenship in any country

32. Between the 1850s and 1910s, about ＿＿＿＿＿＿ of Europe's population moved to the United States.

　① 5%

　② 15%

　③ 25%

　④ 35%

33. If the world had open borders, ＿＿＿＿＿＿.

　① immigration could be expected to decrease dramatically

　② GDP would be expected to increase dramatically

　③ there would be fewer old people in the world

　④ there would be an increase in the number of births in the world

34. Japan has a policy allowing immigration of highly skilled immigrants, but ＿＿＿＿＿＿.

　① visas are so hard to get that the replacement rate is not reachable

　② many villages in southern Japan are still attacked by wild animals

　③ few come because the environment is not good for them

　④ there are many environmental problems in the north of Japan

35. By the inequality of citizenship, Suketu Mehta means that ＿＿＿＿＿＿.

　① one's life is determined by what passport one holds

　② citizens have more rights than non-citizens

　③ only the rich get citizenship

　④ the whole notion of citizenship is an immoral one

36. The majority of immigrants moved from ＿＿＿＿＿＿.

　① a poor country to a slightly richer country

　② a poor country to a much richer country

③ a rich country to a slightly less rich country

④ a rich country to a much poorer country

37. ＿＿＿＿＿＿ is NOT mentioned as a place with anti-immigrant policies and sentiment.

① Hungary

② Italy

③ Poland

④ Sweden

38. ＿＿＿＿＿＿ are reasons Suketu Mehta gives for people to migrate from their home countries.

① Bad governments and dislike of their homes

② Bad governments and climate change

③ Climate change and cultural resistance

④ Cultural resistance and desire to get rich

39. Suketu Mehta thinks that ＿＿＿＿＿＿ are responsible for the excess carbon in the earth's atmosphere.

① developing countries

② the developed countries except the USA

③ both the USA and the EU

④ not the EU but the USA

40. Suketu Mehta thinks that immigration is ＿＿＿＿＿＿.

① both necessary and good for everyone

② neither necessary nor good for everyone

③ necessary but bad for people in the receiving countries

④ necessary but bad for people left in the immigrants' home countries

問題VI 問題Vのリスニングの内容をもとに，次の設問について50語程度の英文で答えなさい。解答用紙(その3)を使用。

設問

Do you think that developed countries should allow more immigration? Why or why not?

英米文学科B・C方式 問題V リスニング・スクリプト

Part I Intensive Listening

As long as humans have been on the planet, they've been doing a few things consistently. There are some things humans have always done: eat, have sex, do some kind of worship of a god, and migrate, move around.

In fact, for a long period of time, moving around is what humans did to survive. They traveled around searching for food and following animals. And so, migration — humans moving from place to place, country to country — is deeply embedded in us as a species. It's wild to consider the fact that this continues on into early human history and throughout civilization. I mean, human travel or going from one place to another, even way back during periods of time in which it was extremely difficult to do so, is still a central human experience.

It is one of the fundamental parts of human life on the planet. Right now, there are many reasons for people to move. Access to things like health care, jobs, and money really differs around the world. Still, the inequalities between humans are probably as great as they've ever been in history. If you combine those together and add the coming climate crisis, which is going to chase hundreds of millions of people from the places where they live, we are in the midst of and entering the greatest period of human migration ever.

That's what's happening right now. And it is affecting a lot of our politics. Movements against immigrants are popping up all over the world. So all around the world we're seeing huge numbers of people moving and huge changes to politics around that migration. The central challenge is climate and making sure that we don't destroy the earth. But rooted in that is the fact that a lot of people are going to move to a lot of new places and we are going to have to figure out, as societies, how to create welcoming, multiracial, multiethnic, multilingual democracies that give dignity and equality to the stranger.

This has been a key aspect of politics in the USA, in the present and in history. There is the legacy of white supremacy and the oppression of Native American peoples. But during this process of extremely difficult trial and error there was also a vision of a real welcoming and multiracial democracy.

Suketu Mehta has written essentially a kind of manifesto about his vision of America, about welcoming the stranger, with respect to immigration. Suketu immigrated here as a teenager, from India. He has said he felt that with his distinct and unique perspective he needed to write a book about America as a land of strangers, and what that means for him and for politics.

出典追記：Remembering why this land is all our land with Suketu Mehta: podcast & transcript, NBC News: THINK on August 7, 2019 by Chris Hayes and Suketu Mehta

Part II Multiple Choice

CHRIS HAYES: Today's interview is with Suketu Mehta. Suketu, thank you for joining us. You talk about the fact that part of the Universal Declaration of Human Rights is adopted by the United Nations. And part of the founding set of documents is that people have the right to move. So, a really important fundamental right is that you can leave the country you're in. That document also includes the right to request entrance to a country as a refugee. There isn't quite the right to go anywhere you want. Should it be the case that it is a universal human right to pick up and move to the country of your choice?

SUKETU MEHTA: But that's the question of open borders. Does the nation have the right to control who comes in, how many they let in? It's a very complex issue. I'd like to first point out that this whole question of borders and passports and visas is quite new. In the long history of the planet, we human beings have only started thinking about these questions fairly recently. And in the age of mass migration from the middle of the 19th century to around 1914, fully one quarter of Europe up and moved to the United States. What happened? The US did not collapse.

CHRIS HAYES: No, in fact the opposite.

SUKETU MEHTA: Exactly, the U.S. passed Europe in wealth and power because it had an open border policy.

In my book I also considered these arguments claiming that any kind of collective has the right to define rules for membership. I've considered these arguments, but I really can't find any evidence that there would be terrible effects if tomorrow we were to suddenly open up our borders.

First of all, GDP would increase enormously. There's a statistic that if the world had open borders, then world GDP would increase by $78 trillion a year. When people move, everyone benefits. For the United States, for every one million people that we bring in, the GDP will increase by 1.15 percent. So, there's just no doubt that immigration benefits the countries that the immigrants move to, particularly the rich countries because we're not making enough babies, and we need young motivated immigrants to work because the United States by the middle of the century is going to be a nation of old people. As older people retire, there's not enough working age adults to pay for the pensions of the old people. The replacement rate is 2.1 babies per woman. The United States' replacement rate stands at 1.7 babies per woman. You see this around the world, like in Japan. Under 4 percent of the Japanese population is foreign born.

CHRIS HAYES: Probably it is the most closed off to immigration of any First World country.

SUKETU MEHTA: Exactly, yeah, because they want to keep their culture unchanged. As a result, the economy has declined, and in a lot of small villages, there's only old people left because all the young people have moved to the cities. They've been invaded by wild animals from the mountains. So, it's a common sight to see these old men and women being chased by wild animals in the villages. Is this what we want for our country? Wild animals chasing our old people? Bring in the immigrants. Well, the Japanese have also realized that they need more immigrants because they need labor. So, they're actually very cautiously opening up their doors. They're trying to recruit high-skilled immigrants and have a policy allowing them, but not enough people want to move there because they feel it's a bad atmosphere for them.

CHRIS HAYES: But I have to say that the economic argument always leaves me a little cold, right? It just sort of feels like it's a hard thing to persuade people of.

SUKETU MEHTA: The central point of my book is a moral argument that the greatest inequality in the world today is the inequality of citizenship. I can predict a person's life depending on the passport that he or she holds. And people in part move in order to improve their lives. But the question I ask is, where will they go?

CHRIS HAYES: It's really shocking, honestly. The level of migration between developing countries and the refugee populations that developing countries are constantly asked to take in, and the burden they bear all across the developing world, for the First World to be like, "No, we can't take any refugees," it's unbelievable.

SUKETU MEHTA: Exactly. The vast majority of world migrants, 85 percent, moved from a poor country to a slightly less poor country.

CHRIS HAYES: That's right.

SUKETU MEHTA: America is no longer a nation of immigrants. Officially, we're no longer a nation of immigrants because that phrase was removed from the Citizenship and Immigration Services website earlier this year because the Trump administration doesn't think of the country as a nation of immigrants.

CHRIS HAYES: But Trump is part of this broader phenomenon. We've seen it in Poland and Hungary. We've seen it in the UK with Brexit. We've seen it in Italy. This is a global phenomenon right now.

SUKETU MEHTA: Oh, absolutely. Yeah. I've gone around the world, and looked at the phenomena in Hungary, Spain, Morocco. I've spoken to all these migrants coming over. So yes, there is a trend around the world.　A lot of the resistance to migration is cultural. People are afraid of the country being nonwhite. But people should understand that immigrants are coming to the US not because they hate their homes or their families, but because of colonialism, war, inequality and climate change. These people are coming here because we have literally destroyed their homelands. So I want to turn the tables on the whole migration debate.

Not ask so much, "Is it good for us Americans to let in immigrants? Should we let in high-skilled or low-skilled immigrants? How many should we let in?" But look at it from the migrants' point of view. Why are they moving in the first place? Because of the results of colonialism: bad governments and climate change.

CHRIS HAYES: Yes. We're already seeing the largest migrant flows in the history of the world. But they will increase rapidly as climate disaster hits with unequal force in different parts of the world, and particularly hits the hottest places, which are also the least developed places, which are also the most exposed places.

SUKETU MEHTA: And also the least responsible for the climate crisis.

CHRIS HAYES: Really the least responsible for the crisis.

SUKETU MEHTA: Americans are four percent of the world's population, but we put one third of the excess carbon in the atmosphere. The EU, another quarter. It's our responsibility. And when we let the people in, everyone benefits.

We benefit because we're not making enough babies. They benefit because it's the difference between life and death literally for many of them, and the countries that they move from benefit because sending money is the best and most targeted way of helping the global poor. So when people move everyone benefits. But it'll take some time for people to get accustomed to this culturally, in the receiving countries. And I think that's the argument that the restrictionists make about a kind of cultural understanding. I'm not calling for open borders in my book. I'm calling for open hearts.

CHRIS HAYES: Suketu Mehta is the author of "This Land Is Our Land: An Immigrants Manifesto." Suketu, thank you so much.

SUKETU MEHTA: Thanks so much Chris.

出典追記：Remembering why this land is all our land with Suketu Mehta: podcast & transcript, NBC News: THINK on August 7, 2019 by Chris Hayes and Suketu Mehta

日本史

(90分)

I 次の文章A～Cを読んで，後の問に答えなさい。**解答番号 1 ～ 12 は解答用紙(その1)を用いること。**

A　現在日本における更新世の化石人骨は，港川人や山下町洞人，浜北人(a)などの約2～3万年前とされる人骨が見つかっている。港川人は南方との類似が多いとされるが，日本の後期旧石器時代や縄文時代の初期は北方文化の影響も見られ(b)，旧石器人や縄文人(c)の系統についてはいまだ議論が続く。現在の日本人は，縄文人の系統の人々が祖型となり，その後弥生時代に渡来した人々と交わりながら(d)形成されたと考えられており，九州北部などで発見される弥生人骨には，縄文人骨に比べて面長で凹凸の少ない顔立ちのものが見られる。それに対して，縄文時代以降の北海道や南西諸島では弥生文化の影響はあまり及ばず，縄文文化の影響が受け継がれていった(e)。

問1　下線部(a)に関連して，後期旧石器時代の人骨とされる浜北人が発見された都道府県を，次の選択肢のなかから一つ選び，マークしなさい。 1

①　静　岡　　②　北海道　　③　沖　縄　　④　鹿児島

問2　下線部(b)に関連して，中国東北部からシベリアで発達し，旧石器時代の日本列島に伝播した道具はどれか。適切なものを次の選択肢のなかから一つ選び，マークしなさい。 2

①　石　釧　　②　局部磨製石斧

③　細石器　　④　石　棒

問3　下線部(c)に関連して，縄文時代の習俗について述べた文として適切なも

のを，次の選択肢のなかから一つ選び，マークしなさい。 3

① 土偶の多くは男性をかたどっており，完形で出土する。

② 鳥形木製品を集落内での祭祀に使用した。

③ シカの肩甲骨を焼いて，そのひび割れの形で吉凶を占った。

④ 三叉状に歯を砕いたり，犬歯や門歯などを左右対称に抜き取った。

問 4 下線部(d)に関連して，山口県にある渡来系弥生人の墳墓跡とされる遺跡の名称を，次の選択肢の中から一つ選び，マークしなさい。 4

① 土井ヶ浜遺跡 ② 唐古・鍵遺跡

③ 菜畑遺跡 ④ 大塚遺跡

問 5 下線部(e)に関連して，縄文時代以降の北海道や南西諸島について述べた文として適切でないものを，次の選択肢のなかから一つ選び，マークしなさい。 5

① 北海道では，7世紀以降も漁労や狩猟を基礎とする文化が続いたが，13世紀にはアイヌの文化が生まれた。

② 縄文時代の北海道では，イモガイ製の貝輪が作られ，活発な交易が行われていた。

③ 南西諸島では，「貝塚文化」と呼ばれる食料採取文化が続いた。

④ 農耕経済へと移行した琉球では，グスクを拠点として按司が勢力を広げていった。

B 弥生時代では，死者は集落の近くの共同墓地に ア により葬られた。弥生後期になると各地にかなり大規模な墳丘を持つ墓が出現(a)するが，それらには，強力な支配者として，集落を統合していった小国の王が埋葬された(b)。3世紀中ごろになると，各地の首長たちの共通の意識のもと，古墳が出現した。前方後円墳のあり方はヤマト政権の性格が色濃く反映された(c)が，律令国家への動きに対応して，7世紀の中頃には近畿の大王の墓が八角墳へと変化(d)し，有力首長層による古墳の造営は停止した。

問 6　縄文時代には死者の多くは体を強く折り曲げて葬られたが，弥生時代以降［ ア ］の埋葬形式に変化した。［ ア ］に当てはまる適切な語句を漢字３字で答えなさい。**解答用紙(その2)を用いること。**

問 7　下線部(a)に関連して，弥生時代の墓制と主に分布する地域の組み合わせで適切でないものを，次の選択肢のなかから一つ選び，マークしなさい。［6］

① 支石墓－九州北部
② 方形周溝墓－近畿地方
③ 四隅突出型墳丘墓－山陰地方
④ 再葬墓－九州南部

問 8　下線部(b)に関連して，小国の王と中国や朝鮮半島とのつながりについて述べた文として適切なものを，次の選択肢のなかから一つ選び，マークしなさい。［7］

① 倭は高句麗を通じて魏に朝貢した。
② 前漢の時代には，倭人は楽浪郡に定期的に使者を送っていた。
③ 奴国の使者は紀元 57 年に長安へ赴き，印綬を受けた。
④ 登呂遺跡では，奴国の王墓とされる甕棺墓が発見されている。

問 9　下線部(c)に関連して，古墳時代における各時期の古墳の特徴について説明した文Ⅰ，Ⅱ，Ⅲを古い時期から順番に並べ，その組み合わせとして適切なものを，次の選択肢のなかから一つ選び，マークしなさい。［8］

Ⅰ　巨大な前方後円墳が上毛野や日向などにもみられるようになる。
Ⅱ　装飾古墳がつくられるようになった。
Ⅲ　多量の銅鏡を副葬品とした。

① Ⅰ－Ⅱ－Ⅲ　② Ⅰ－Ⅲ－Ⅱ　③ Ⅱ－Ⅰ－Ⅲ
④ Ⅱ－Ⅲ－Ⅰ　⑤ Ⅲ－Ⅰ－Ⅱ　⑥ Ⅲ－Ⅱ－Ⅰ

問10　下線部(d)に関連して，牽牛子塚古墳は発掘調査によって八角墳であることが確認され，斉明天皇の陵墓である可能性が強く指摘されている。斉明天皇の時代の出来事として適切なものを，次の選択肢のなかから一つ選び，マークしなさい。 9

① 犬上御田鍬らが遣唐使として派遣された。

② 渟足柵が設けられた。

③ 阿倍比羅夫を遣わし，北方の蝦夷と関係を結んだ。

④ 近江令を制定した。

C 北条義時の墓は，鎌倉市に源頼朝の墓に隣接して建立されており，源頼朝の法華堂と共に「法華堂跡（源頼朝墓・北条義時墓）」として国の史跡に指定されている。源頼朝は，武家政権としての鎌倉幕府を確立させ，後白河法皇(a)の死後には征夷大将軍に任じられた。幕府政治は将軍独裁の体制で運営されていたが(b)，頼朝の死後，御家人中心の政治が求められ，政治の主導権をめぐる激しい争いが起きた。その中で北条氏が勢力をのばし，北条時政(c)・子の義時が執権の地位を確立することとなる。北条義時は，承久の乱では御家人の力を結集させ，勝利へと導いた(d)。

問11 下線部(a)に関連して，院政期に流行した芸能として適切でないものを，次の選択肢のなかから一つ選び，マークしなさい。 10

① 田　楽　② 催馬楽　③ 猿　楽　④ 能　楽

問12 下線部(b)に関連して，鎌倉幕府についての説明として適切でないものを，次の選択肢のなかから一つ選び，マークしなさい。 11

① 侍所の初代別当には，大江広元が任じられた。

② 頼朝は多くの知行国や関東御領を所有し，幕府の大きな経済基盤となっていた。

③ 鎌倉幕府は守護・地頭を設置し，土地の給与を通じて御家人との間に主従関係を結んだ。

④ 頼朝は地頭の任免権を握り，その任務を年貢の徴収・納入と土地の管理および治安維持と定めた。

問13　下線部(c)に関連して，1203年に北条氏追討を計画して失敗し，頼家の長子とともに殺された人物はだれか，漢字で答えなさい。**解答用紙(その2)を用いること。**

問14　下線部(d)に関連して，承久の乱についての説明文Ⅰ，Ⅱについて，その正誤の組み合わせとして適切なものを，次の選択肢のなかから一つ選び，マークしなさい。 12

Ⅰ　幕府は仲恭天皇を廃し，後堀河天皇を即位させた。

Ⅱ　新補地頭の得分として，11町につき1町の免田，段別5升の加徴米，山や川からの収益全てとされた。

①　Ⅰ正　Ⅱ正　　②　Ⅰ正　Ⅱ誤

③　Ⅰ誤　Ⅱ正　　④　Ⅰ誤　Ⅱ誤

Ⅱ

次の史料A～Cについて，後の問に答えなさい。**解答番号 13 ～ 26 は解答用紙(その1)を用いること。**

A「一天下の土民蜂起す。 ア と号し，酒屋，土倉，寺院等を破却せしめ，雑物等恣にこれを取り，借銭等悉これを破る。管領(a)これを成敗す。凡そ亡国の基，これに過ぐべからず。日本開白以来，土民蜂起是れ初めなり。」(原漢文)

問1　空欄 ア に該当する事項を，漢字で書きなさい。**解答用紙(その2)を用いること。**

問2　下線部(a)について，ここでは誰をさすのか。次の選択肢の中から一つ選んでマークしなさい。 13

①　畠山持国　②　畠山重忠　③　畠山政長　④　畠山満家

問3　下線部(a)らが関与し，くじ引で決めた六代将軍は誰か。次の選択肢の中

から一つ選んでマークしなさい。 14

① 足利義教　② 足利義政　③ 足利義満　④ 足利義量

問 4 史料Aが示す事件はどれか。該当するものを次の選択肢の中から一つ選んでマークしなさい。 15

① 嘉吉の土一揆　② 正長の土一揆

③ 山城の国一揆　④ 加賀の一向一揆

問 5 史料Aの出典について，正しいものを，次の選択肢の中から一つ選んでマークしなさい。 16

① 『塵芥集』　② 『蔭凉軒日録』

③ 『実悟記拾遺』　④ 『大乗院日記目録』

B 「一，［ イ ］之棹を以，五間六十間三百歩［ ウ ］ニ相極事

一，田畠幷在所之上中下見届，斗代(b)相定事

一，口米壱石ニ付而弐升宛，其外役夫一切出すべからざる事

一，［ エ ］升を以て年貢納所いたすべく候，売買も同升たるべき事」

（西福寺文書『福井県史資料編８』 適宜読みやすく書き改めたところがある。）

問 6 史料Bは，1598年越前国で実施された太閤検地の検地条目の一部である。空欄［ イ ］に該当するものを，次の選択肢の中から一つ選んでマークしなさい。 17

① 六 尺　② 六尺三寸　③ 六尺六寸　④ 六尺八寸

問 7 空欄［ ウ ］に該当するものを，次の選択肢の中から一つ選んでマークしなさい。 18

① 一 町　② 一 反　③ 一 畝　④ 一 歩

問 8 下線部(b)について，誤っているものを，次の選択肢の中から一つ選んで

マークしなさい。 19

① 斗代とは，田畑・屋敷地などの，一反(段)当りの標準収穫高のことである。

② 斗代は，石盛ともよばれる。

③ 斗代とは，田畑から収穫した米を売却した代金のことである。

④ 石高は，等級ごとの斗代に，田畑・屋敷地などの面積を乗じて算定した。

問 9 空欄 エ に該当するものはどれか。次の選択肢の中から一つ選んでマークしなさい。 20

① 京　② 江 戸　③ 宣 旨　④ 大 坂

問10 太閤検地によって，検地帳が作成され，土地一筆ごとに実際の耕作者名が登録された。これによって従来の複雑な土地の権利関係が整理され，中間搾取が排除されることになったが，この原則をなんというか。漢字5文字で書きなさい。**解答用紙(その2)を用いること。**

C 「我国昔より海外に通問する諸国少なからずといへども，事便宜にあらざるが故に，厳禁を設く。我国の商戸外国に往事をとどめ，外国の賈船もまたもやすく我国に来る事を許さず。強て来る海船ありといへども，固く退けていれず。唯唐山(c)・朝鮮(d)・琉球(e)・紅毛(f)の往来することは，互市の利を必とするにあらず。来ることの久しき素より其謂れあるを以てなり。其国(g)の如きは，昔よりいまだ嘗て信を通せし事なし。」(『通航一覧』第七　適宜読みやすく書き改めたところがある。)　＊賈船＝商船　唐山＝清国　互市＝貿易

問11 下線部(c)について，1689年から清商人の居住地として設置され，役人・商人以外の立ち入りを禁止した場所を何というか。漢字4文字で答えなさい。**解答用紙(その2)を用いること。**

問12 幕府は1715年の貿易制限令で，年間貿易額を清船30隻・銀6000貫，

オランダ船2隻・銀3000貫に制限し，銅の支払額もおさえた。この制限令の起草者は誰か。その人物の名前を漢字で書きなさい。**解答用紙(その2)を用いること。**

問13 下線部(d)に関する記述について，誤っているものを，次の選択肢の中から一つ選んでマークしなさい。 21

① 1609年，対馬藩主と朝鮮との間で，己酉約条が締結された。

② 朝鮮からの歳遣船は年20艘とされ，対馬に設置された倭館で貿易を行った。

③ 宗氏は，朝鮮との貿易独占が認められ，その貿易利潤が家臣へ分与され知行のかわりになった。

④ 江戸時代には，1607年以降家斉の代までに，朝鮮から12回の使節が派遣された。

問14 下線部(d)について，江戸時代中頃，木下順庵の門下で，対馬藩に仕え，朝鮮外交や朝鮮通詞の育成に従事した儒学者は誰か。次の選択肢の中から一つ選んでマークしなさい。 22

① 林羅山 ② 熊沢蕃山 ③ 中井竹山 ④ 雨森芳洲

問15 下線部(e)について，1609年琉球を征服し支配下においたのは誰か。次の選択肢の中から一つ選んでマークしなさい。 23

① 島津斉彬 ② 島津貴久 ③ 島津家久 ④ 島津久光

問16 下線部(e)に関する記述について，誤っているものを，次の選択肢の中から一つ選んでマークしなさい。 24

① 薩摩藩は，琉球王国にも検地を行い，石高制を敷いた。

② 薩摩藩は，琉球王国の尚氏を，石高8万9000石余りの王位につかせた。

③ 琉球王国は，国王の代替わりごとに慶賀使を，将軍の代替わりごとに謝恩使を幕府に派遣した。

④　琉球王国は，薩摩藩の支配下にあると同時に，独立した王国として中国と朝貢貿易を行い，二重の外交体制をとった。

問17　下線部(f)について，ここで示す国はどこか。次の選択肢の中から一つ選んでマークしなさい。 25

①　スペイン　②　ポルトガル　③　イギリス　④　オランダ

問18　史料Cは，通商をもとめて来航した使節に対して，1805年に幕府が与えた返答書の一部である。下線部(g)が示す国はどれか。次の選択肢の中から一つ選んでマークしなさい。 26

①　ロシア　②　アメリカ　③　フランス　④　イギリス

Ⅲ　以下の史料A・B・C・Dを読んで，それぞれ後の問に答えなさい。**解答番号 27 ～ 38 は解答用紙(その1)を用いること。**

【史料A】

a)自由党盟約

第一章　吾党は自由を拡充し， あ を保全し，幸福を増進し，社会の改良を図るべし。

第二章　吾党は善良なるb)立憲政体を確立することに尽力すべし。

第三章　吾党は日本国に於て吾党と主義を共にし，目的を同くする者と一致協合し，以て吾党の目的を達すべし。(『自由党史』)

問1　Aの史料に関し，空欄 あ にあてはまる語句として適切なものを，次の選択肢の中から一つ選び，マークしなさい。 27

①　国　粋　②　身　分　③　公　徳　④　権　利

問2　史料中のa)自由党に関連して，この党が結成される直前におこった出来事に関する説明として適切なものを，次の選択肢の中から一つ選び，マークしなさい。[28]

① ある参議が，国会の開設や憲法の制定で急進的な意見を述べたことをきっかけに，政府内の批判が集まり免官された事件。

② 訪日中のロシア皇太子が警備の巡査に切りつけられ負傷した事件。

③ 政府の最高実力者が東京紀尾井坂において暗殺された事件。

④ 右大臣が征韓派に襲撃された事件。

問 3　またa)自由党に関連してこの党が解散するきっかけとなった加波山事件が起こった県を，次の選択肢の中から一つ選び，マークしなさい。[29]

① 愛知県　② 栃木県　③ 茨城県　④ 長野県

問 4　同じくa)自由党に関連して，この党が結成された時期の総理，副総理，常議員に含まれない人物を，次の選択肢の中から一つ選び，マークしなさい。[30]

① 中島信行　② 板垣退助　③ 原　敬　④ 末広重恭

問 5　下線部b)に関連して，憲法草案として，いわゆる「私擬憲法」が数多く作られたが，その内，立志社が発表したものを，次の選択肢の中から一つ選び，マークしなさい。[31]

① 日本憲法見込案　② 大日本国国憲按
③ 国憲意見　④ 五日市憲法

【史料B】

[　い　] 趣意書

大詔一降(いっこう)立憲ノ事定マル。……王室ノ尊栄ト人民ノ幸福ハ吾党ノ深ク冀望(きぼう)スル所ナリ。……政治ノ改良前進ハ我党之レヲ冀(こいねが)フ。然レトモ急激ノ変革ハ我党ノ望ム所ニ非(あ)ラス。……我党ハ実ニ順正ノ手段ニ依テ我政治ヲ改良シ，着実ノ方便ヲ以テ之ヲ前進スルアランコトヲ冀望ス。……

第一章　我党ハ名(なづ)ケテ [　い　] ト称ス

第二章　我党ハ帝国ノ臣民ニシテ左ノ冀望ヲ有スル者ヲ以テ之ヲ団結ス

一　王室ノ尊栄ヲ保チ人民ノ幸福ヲ全フスル事

二　内治ノ改良ヲ主トシ国権ノ拡張ニ及ホス事

三　c)中央干渉ノ政略ヲ省(はぶ)キ地方自治ノ基礎ヲ建ツル事

四　社会進歩ノ度ニ随(したが)ヒ撰挙権ヲ伸濶(しんかつ)スル事

五　外国ニ対シ勉メテ政略上ノ交渉ヲ薄クシ通商ノ関係ヲ厚クスル事

六　貨幣ノ制ハ硬貨ノ主義ヲ持スル事(『郵便報知新聞』)

問6　空欄 い にあてはまる語句を，記入しなさい。**解答用紙(その2)を使用しなさい。**

問7　下線部c)は，中央政府の干渉を意味するが，政府が，言論取り締まりのため1887年に公布した法令を，次の選択肢の中から一つ選び，マークしなさい。 32

①　新聞発行綱領　②　讒謗律

③　集会及政社法　④　保安条例

【史料C】

如何(いか)にして貧富の懸隔(けんかく)を打破すべきかは実に二十世紀に於けるの大問題なりとす。彼の十八世紀の末に当り仏国を中心として欧米諸国に伝播したる自由民権の思想は，政治上の平等主義を実現するに於て大なる効力ありしと雖(いえど)も，爾(じ)来(らい)物質的の進歩著しく，昔時の貴族平民てふ階級制度に代ゆるに富者貧者てふ，更に忌むべき恐るべきものを以てするに至れり。抑(そもそ)も経済上の平等は本にして政治上の平等は末なり。故に立憲の政治は行ひて政権を公平に分配したりとするも，経済上の不公平にして除去せられざる限りは人民多数の不幸は依然として存すべし。是れ我党が政治問題を解するに当り全力を経済問題に傾注(けいちゅう)せんとする所以なりとす。……(『万朝報』)

問8　史料Cは，社会民主党の宣言書であるが，この政党の母体となった団体を，次の選択肢の中から一つ選び，マークしなさい。 33

①　日本農民党　②　自由党

③　日本社会主義同盟　　④　社会主義協会

問 9　史料Cを主として起草した安部磯雄に関する説明として正しいものを，次の選択肢の中から一つ選び，マークしなさい。 34

①　自由民権運動に参加し，中江兆民の弟子となる。大逆事件で刑死した。

②　キリスト教社会民主主義者として，普通選挙期成同盟会の結成や廃娼運動を展開した。小説『火の柱』の著者。

③　アメリカでキリスト教社会主義を学んだ。昭和初期に社会民衆党・社会大衆党委員長となった。

④　日露戦争に反対し，『万朝報』記者から平民社に転じた。のちに共産主義の立場から無政府主義と対立したこともあった。

問10　この政党は，結成の直後に禁止された。禁止の根拠となった法律を，次の選択肢の中から一つ選び，マークしなさい。 35

①　治安維持法　　②　集会条例

③　破壊活動防止法　　④　治安警察法

問11　この政党が禁止された後に，第一次西園寺公望内閣によって，当面の存続が認められた政党を，次の選択肢の中から一つ選び，マークしなさい。

36

①　日本共産党　　②　日本社会党

③　日本民主党　　④　社会大衆党

【史料D】

今ヤ大日本帝国ハ内憂外患竝(なら)ビ到ラントスル有史未曾有(みぞう)ノ国難ニ臨メリ。国民ノ大多数ハ生活ノ不安ニ襲ハレテ，一ニ欧州諸国破壊ノ跡ヲ学バントシ，政権軍権財権ヲ私セル者ハ只竜袖(りゅうしょう)ニ陰レテ惶々(こうこう)其不義ヲ維持セントス。……全日本国民ハ心ヲ冷カニシテ天ノ賞罰斯クノ如ク異ナル所以(ゆえん)ノ根本ヨリ考察シテ，如何ニ大日本帝国ヲ［　う　］スベキカノ大本ヲ確立シ，挙国一人ノ非議ナキ国論ヲ定メ，全日本国民ノ大同団結ヲ以テ終ニ天皇大権ノ発動ヲ奏請シ，天皇ヲ奉ジテ速カニ国家 [う] ノ根基ヲ完ウセザルベカラズ。……

憲法停止　天皇ハ全日本国民ト共ニ国家 [う] ノ根基ヲ定メンガ為ニ，天皇大権ノ発動ニヨリテ三年間憲法ヲ停止シ両院ヲ解散シ全国ニ戒厳令ヲ布ク。……　(『現代史資料』)

問12　この史料の著者を，次の選択肢の中から一つ選び，マークしなさい。 [37]

① 石原莞爾　② 北一輝　③ 堺利彦　④ 吉野作造

問13　空欄 [う] にあてはまる語句を，記入しなさい。**解答用紙(その2)を使用しなさい。**

問14　この史料の著作に影響を受けクーデタを起こした青年将校グループは，何と呼ばれているか，次の選択肢の中から一つ選び，マークしなさい。 [38]

① 血盟団　② 統制派

③ 皇道派　④ 昭和研究会

IV 次の設問【1】【2】のうち，一つを選んで解答しなさい。**解答用紙(その3)を用い**，解答用紙には設問番号を記入すること。また数字はアラビア数字を用い，数字2つで1マスを使用すること。

【1】

日本の歴史の中では古くから政治と宗教が密接な関係を保ち，時の権力者は宗教を掌握することにも力を注いだ。とりわけ，日本では長きにわたって仏教の影響が大きく，国家が寺院経営に関与して支配体制の維持に大きな役割を果たしている。ここでは下の指定された4つの語句をすべて使用し，奈良時代から室町時代にいたる仏教と政治の関係を300字程度で説明しなさい。

指定語句

東大寺　　白水阿弥陀堂　　建長寺　　東福寺

【2】

日米安全保障条約(安保条約)の調印について，指定語句をすべて使用し，300字程度で説明しなさい。

指定語句

9条1項　　日米行政協定　　極東　　講和条約

〔解答欄〕350字

世界史

（90分）

〔Ⅰ〕 次の文章を読んで，以下の設問に答えなさい。紛らわしい文字での記述は不正解となるので，丁寧な字で解答すること。欄外に書き込まれた解答は無効とする。なお引用した資料には省略したり改めたりしたところがある。**解答用紙は（その２）を使用すること。**

A．次の文章を読み，設問に答えなさい。

人類史(1)は狩猟・採集を中心とした獲得経済から農耕・牧畜による生産経済に移ることによって人口が飛躍的に増え，文明発展の基礎が築かれたと言われる。農村経済では円環的な時間観念が一般的であり，人間は種まきから収穫までのサイクルを繰り返しながら歴史を紡いできた。他方でユダヤ(2)教やキリスト教は，神による世界の創造から終末に至る直線的な時間観念を導入した点が特異であるとされる。

だが，終末観そのものは古代のイラン（ペルシア）を中心に流布した（　ア　）の教義(3)にもみられる。（　ア　）は善悪二元論を特徴とし火や光の崇拝が重視された宗教で，終末には（　イ　）とアーリマンの善悪二神の戦いがおこなわれると考えられた。最終的な戦いで悪が滅びたのちに下されるのが（　ウ　）であり，その結果，地上には世界の誕生(4)以来のすべての死者が復活し，天から彗星が降ってくると考えられた。良いことをおこなった者は彗星に飲み込まれても痛みを感じないが，悪いことを行った者は苦痛で泣き叫んでしまうという。救われた魂のみの世界がその後，永遠に続くと信じられた。

問１　下線部(1)について，ネアンデルタール人にかわっておよそ４万2000年前にあらわれ，現生人類の直接の祖先にあたるとされる，フランスで発見された新人の名称を解答欄(1)に記しなさい。

問 2　下線部(2)について，ユダヤ教成立のきっかけになったとされる，新バビロニアのネブカドネザル 2 世時代の出来事の名称を解答欄(2)に記しなさい。

問 3　(　ア　)に入る宗教の名称を解答欄(3)に記しなさい。

問 4　下線部(3)について，ササン朝の王ホスロー 1 世の時代にまとめられた(　ア　)の教典の名称を解答欄(4)に記しなさい。

問 5　(　イ　)に入る善神の名称を解答欄(5)に記しなさい。

問 6　以下の絵はキリスト教における(　ウ　)の概念を描いたミケランジェロの作品である。(　ウ　)に入る語句を解答欄(6)に記しなさい。

問 7　下線部(4)について，万物の根源に関しては古代ギリシアの自然哲学者たちがさまざまに議論したことが知られている。「哲学の父」とされ，万物の根源を水であるとした人物の名前を解答欄(7)に記しなさい。

B．次の資料を参照しながら，設問に答えなさい。

資料(あ) 以下は1095年のクレルモン宗教会議での演説である。

最愛の同胞諸君。至上者たる法王にして，神に許されて全世界の最高聖職につくわたし，(　エ　)は…(中略)…。…あなた方は東方に住む同胞(5)に大至急援軍を送らなければならない。…その理由は，トルコ人がかれらを攻撃し(6)，またローマ領の奥深く…進出したからである。

橋口倫介訳

資料(い)

資料(う)

問 8　資料(あ)について，この演説でイスラーム教徒からの聖地の奪取を目指す第1回十字軍の必要性を訴えた，（　エ　）にあてはまるローマ教皇の名前を解答欄(8)に記しなさい。

問 9　資料(あ)の下線部(5)について，救援を要請した「東方に住む同胞」にあたる国の名称を解答欄(9)に記しなさい。

問10　資料(あ)の下線部(6)について，シリア・アナトリアに領土を拡大し，十字軍要請のきっかけを作ったトルコ系政権の名称を解答欄(10)に記しなさい。

問11　資料(い)は，第3回十字軍のきっかけをつくったクルド人のスルタンを描いたとされる絵である。このスルタンの名前を解答欄(11)に記しなさい。

問12　第3回十字軍においてアッコンでの攻防戦で活躍し，資料(い)の人物と講和をおこなったイングランド王の名前を解答欄(12)に記しなさい。

問13　教皇による東西教会統一の目論見や，国王・騎士・商人の利益追求など，十字軍の背景にはさまざまな欲望や野心があったとされる。第4回十字軍では交通路を確保すべくヴェネツィア商人の協力をあおいだために，聖地奪回という本来の目的からはずれてコンスタンティノープルを占領することになった。このときに建てられた国の名称を解答欄(13)に記しなさい。

問14　資料(う)は，第4回十字軍の逸脱した行動について当初，参加者を破門するなどの厳しい対応をしめしたローマ教皇を描いたとされる絵である。この教皇の名前を解答欄(14)に記しなさい。

問15　十字軍の直接的・間接的な影響でヨーロッパ中世世界には東方の先進文明圏から文物が流入し，貨幣経済の浸透がすすんだ。イギリスでは，貨幣地代の普及によって自立し始めた農民を押さえつけようとする領主に対して反乱が起こった。「アダムが耕しイヴが紡いだとき，だれが貴族であったか」と説教をおこない，同地の農民反乱に思想的基盤を与えた人物の名前を解答欄(15)に記しなさい。

〔Ⅱ〕 次の文章A・Bを読んで，以下の設問に答えなさい。**解答用紙は(その1)を使用すること。**

A　中央アジアの政治や文化などの変遷を説明した次の文章を読んで，以下の設問に答えなさい。

中央アジアという言葉の定義はさまざまだが，現在のウズベキスタン共和国やキルギス共和国などの地域を西トルキスタン，中華人民共和国のウイグル族自治区である(　1　)を東トルキスタンと呼ぶことがある。その背景の一つは，さまざまな民族が興亡をくりかえす中で，6世紀に(　2　)が勢力を拡大したためである。

中央アジアではユーラシアの東西をつなぐ交易がさかんに行われ，多くのオアシス都市が繁栄した。そうした交易を担ったのは，唐の長安でもさかんに活動していたイラン系の(　3　)人で，その言葉が各地で使われるようになった。中心都市の一つはサマルカンドで，インドへの途中，(　4　)も訪れたことがある。その様子を紹介した『大唐西域記』では「康国」と記載されている。

中央アジアの状況を変化させたのは，イスラーム世界の拡大で，(　5　)と唐のあいだで751年に起きたタラス河畔の戦いはその象徴であった。その後，オアシス都市のブハラを首都とするイラン系の(　6　)が西トルキスタンを統治したが，イスラーム化したトルコ系のカラハン朝によって滅ぼされた。こうした興亡の中で，ブハラ近郊で生まれた(　7　)が著した『医学典範』は，ヨーロッパの各地で医学の教科書として用いられた。

中央アジアの状況を再び変化させたのは，13世紀のモンゴル帝国の拡大で，サマルカンドやブハラなどのオアシス都市が破壊された。モンゴル帝国がいくつかのハン国に分かれると，中央アジアは，そのうちの(　8　)の統治下におかれた。その後，モンゴル帝国の再興をめざした(　9　)はロシア，イラン，インドなどへもさかんに遠征を行って版図を拡大し，明への遠征の途上で亡くなった。(9)が建てた帝国の第4代の君主の(10)は，トルキスタン文化の黄金時代を代表し，自らも占星術や天文学で傑出した業績を残した。

問1 (1)に入る地名として最も適切なものを一つ選び，その番号をマークしなさい。 1

① 陝西　② 青海　③ 西蔵　④ 新疆　⑤ 雲南

問2 (2)に入る語句として最も適切なものを一つ選び，その番号をマークしなさい。 2

① 契丹　② 匈奴　③ 突厥　④ 大月氏　⑤ 柔然

問3 (3)に入る語句として最も適切なものを一つ選び，その番号をマークしなさい。 3

① バクトリア　② エフタル　③ ソグド
④ スキタイ　⑤ ホラズム

問4 (4)に入る人名として最も適切なものを一つ選び，その番号をマークしなさい。 4

① 法顕　② 玄奘　③ 張騫　④ 班超　⑤ 義浄

問5 (5)に入る語句として最も適切なものを一つ選び，その番号をマークしなさい。 5

① ウマイヤ朝　② ブワイフ朝　③ アッバース朝
④ オスマン朝　⑤ アイユーブ朝

問6 (6)に入る語句として最も適切なものを一つ選び，その番号をマークしなさい。 6

① サーマーン朝　② サファヴィー朝　③ マムルーク朝
④ ガズナ朝　⑤ ゴール朝

問7　（　7　）に入る人名として最も適切なものを一つ選び，その番号をマークしなさい。 7

①　イブン・ハルドゥーン　②　イブン・バットゥータ
③　イブン・ルシュド　④　イブン・シーナー

問8　（　8　）に入る国名として最も適切なものを一つ選び，その番号をマークしなさい。 8

①　イル・ハン国　②　ヒヴァ・ハン国
③　チャガタイ・ハン国　④　コーカンド・ハン国

問9　（　9　）に入る人名として最も適切なものを一つ選び，その番号をマークしなさい。 9

①　バーブル　②　ティムール
③　アクバル　④　イスマーイール

問10　（　10　）に入る人名として最も適切なものを一つ選び，その番号をマークしなさい。 10

①　ウルグ・ベク　②　メフメト2世
③　ホスロー1世　④　ホラズム・シャー

B　1900年前後の東アジアをめぐる国際的な状況を説明した次の文章を読んで，以下の設問に答えなさい。

列強諸国の勢力拡大と日本の台頭の中で，東アジアの社会は不安定な状況にあった。日清戦争後の朝鮮では，1897年に国王の高宗が国号を大韓帝国にあらため，諸外国の干渉の中で，独立の維持に腐心していた。この時期，宮廷内では日本との連携をめざす勢力と（　1　）との連携をめざす勢力との対立が深刻であった。

中国では，（　2　）のもとで政治改革の動きが起こった。1898年，改革派の康有為や（　3　）らが登用され，その改革には科挙の試験科目の改変なども含まれていた。しかし，保守派が西太后のもとに結集して，改革は失敗に終わった。この時期，1898年にドイツが宣教師の殺害事件をきっかけとして，(　4　)の租借権を獲得すると，他の列強諸国も勢力拡大をはかり，(　5　)は山東半島の威海衛を租借した。

列強諸国の中国における勢力拡大の中で，1899年にアメリカ合衆国の国務長官ジョン・ヘイは，中国市場の門戸開放と機会均等をうたう宣言を発表し，その動きをけん制した。一方，米国の(　6　)大統領は，キューバのハバナでおきた軍艦の爆沈事件をきっかけとして，スペインに宣戦を布告し，米国が勝利して(　7　)は米国の領土となった。

キリスト教の布教に反発する義和団が北京に進出して各国公使館を包囲すると，8カ国は，共同で出兵した。(8) その後，満洲への軍隊の駐屯を続けるロシアと日本の対立が深刻になって，1904年に日露戦争に発展した。戦争は日本が勝利し，(　9　)で講和条約が結ばれた。

日本の朝鮮半島における勢力が拡大する中で，1907年，朝鮮国王の高宗は，(　10　)で開催された第二回万国平和会議に密使を送り，日本の干渉に対応しようとしたが，参加国はこれを拒絶した。

問11　(　1　)に入る国名としても最も適切なものを一つ選び，その番号をマークしなさい。 11

①　フランス　②　アメリカ合衆国　③　イギリス
④　ロシア　⑤　ドイツ

問12　(　2　)に入る人名として最も適切なものを一つ選び，その番号をマークしなさい。 12

①　咸豊帝　②　宣統帝　③　光緒帝　④　同治帝　⑤　順治帝

問13　(　3　)に入る人名として最も適切なものを一つ選び，その番号をマークしなさい。 13

①　袁世凱　②　孫文　③　李鴻章　④　梁啓超　⑤　林則徐

問14　（　4　）に入る地名として最も適切なものを一つ選び，その番号をマークしなさい。 14

① 旅順　② 広州湾　③ 膠州湾　④ 大連　⑤ 天津

問15　（　5　）に入る国名として最も適切なものを一つ選び，その番号をマークしなさい。 15

① ロシア　② フランス　③ 日本

④ イギリス　⑤ ポルトガル

問16　（　6　）に入る人名として最も適切なものを一つ選び，その番号をマークしなさい。 16

① クリーブランド　② セオドア・ローズヴェルト

③ フランクリン・ローズヴェルト　④ マッキンリー

⑤ アイゼンハワー

問17　（　7　）に入る地名として最も適切なものを一つ選び，その番号をマークしなさい。 17

① アラスカ　② メキシコ　③ カリフォルニア

④ グアム　⑤ テキサス

問18　下線部(8)の８カ国に該当する国として**誤っているもの**を一つ選び，その番号をマークしなさい。 18

① オランダ　② オーストリア　③ イタリア

④ フランス　⑤ アメリカ合衆国

問19　（　9　）に入る地名として最も適切なものを一つ選び，その番号をマークしなさい。 19

① サンフランシスコ　② ポーツマス

③ ロンドン　④ ウィーン

⑤ ワシントン

問20 （ 10 ）に入る地名として最も適切なものを一つ選び，その番号をマークしなさい。 20

① ワシントン　② ロンドン　③ ハーグ

④ モスクワ　⑤ ウィーン

〔Ⅲ〕 次の文章を読んで，以下の設問に答えなさい。引用した資料には，省略したり，改めたりしたところがある。**解答用紙は（その1）を使用すること。**

ヨーロッパの18世紀は啓蒙の世紀と言われる。啓蒙の時代の知識人(a)は，人間理性を積極的に行使することを重視し，それまでの社会のあり方に変化を迫り，ヨーロッパ全体で社会改革を促した。

17世紀に「黄金の世紀」を迎えたオランダ(ネーデルラント)(b)，ブルボン朝においてヨーロッパ文化の中心地となったフランス(c)，ピューリタン革命と名誉革命(d)という2度の革命を経験したイギリスでは，消費社会の発展，コーヒーハウスやサロンなどの社交の場，新聞・雑誌などの出版メディアを通じて形成された世論(公論)が，社会改革の原動力となった。

フリードリヒ2世のもとで強国となったプロイセン(e)，マリア・テレジアとヨーゼフ2世が改革を進めたオーストリア(f)，エカチェリーナ2世が改革を進めたロシア(g)では，啓蒙思想家と親交を持つ啓蒙専制君主が改革の主体となった。ただしどの地域においても，改革すべき「野蛮」とみなされた大部分の民衆や女性(h)にとって，啓蒙は権威主義的で抑圧的な統制を意味してもいた。また，ポーランド(i)では，啓蒙主義に基づく改革が，分割への抵抗と並行して生じた。

18世紀はまた，戦争の世紀でもあった。その中心には，フランスとイギリスの対立があった。さらに18世紀半ばまでにプロイセンとロシアが台頭し，ヨーロッパでは戦争が続いた。スペイン継承戦争，オーストリア継承戦争，七年戦争(j)，アメリカ独立戦争，フランス革命戦争，ナポレオン戦争が，その代表的な例である。

また，ヨーロッパ各国の対立は，北米，カリブ海，インド(k)，アフリカ(l)などにおける海外植民地争奪戦でもあった。ヨーロッパには海外産物が流入し，消費された。非ヨーロッパに関する知識や情報も増加した。植民地帝国の拡大は，産業革命を促す要因ともなった。
(m)

問 1 下線部(a)について，穀物取引の自由化を主張して，重商主義政策を批判した人物の名前として最も適切なものを一つ選び，その番号をマークしなさい。 21

① ディドロ ② ルソー
③ ケネー ④ マルサス

問 2 下線部(b)に関連して，「黄金の世紀」と呼ばれた17世紀のオランダで活躍した画家として最も適切なものを一つ選び，その番号をマークしなさい。 22

① レンブラント ② ラファエロ
③ デューラー ④ クールベ

問 3 下線部(c)に関連して，アカデミー・フランセーズの設立当初の目的について述べた文として最も適切なものを一つ選び，その番号をマークしなさい。
23

① 商工業育成のための知識を広めること。
② オペラ，交響曲，協奏曲などを広めること。
③ 自然科学の研究を推進すること。
④ フランス語の規範を定めること。

問 4 下線部(d)に関連して，以下の資料は，1689年にウィリアム3世とメアリ2世が承認した権利の章典の一部である。この資料から読み取れることについて述べた文として最も適切なものを一つ選び，その番号をマークしなさい。
24

・国王大権を口実として，議会の承認なしに，王の使用のために税金を課すことは，違法である。
・議会が同意しない限り，平時に王国内で常備軍を徴募し維持することは，法に反する。
・国会議員の選挙は自由でなければならない。
・議会での言論の自由，および討論・議事手続について，議会以外のいかなる場でも，非難されたり問題とされたりしてはならない。
・すべての苦情を取り除き，法を修正・強化・保持するため，議会はしばしば開かれなければならない。

『世界史史料・名言集』山川出版社

① 国家の財政に関する決定を行う際に，議会の承認が必要になった。
② 軍隊がすべて志願兵で構成されるようになった。
③ 議員の信教の自由が保証された。
④ 議会を毎年開催することが決められた。

問５ 下線部(e)に関連して，フリードリヒ２世の事績について述べた文として**誤っているもの**を一つ選び，その番号をマークしなさい。 25

① ユンカー(地主貴族)を，将校や高級官吏から排除した。
② 信教の自由を容認した。
③ 著書の中で，「君主は国家第一の下僕」と書いた。
④ ロココ様式のサンスーシ宮殿を建設した。

問６ 下線部(f)について，ヨーゼフ２世の事績について述べた次の文ａとｂの正誤の組合せとして正しいものを一つ選び，その番号をマークしなさい。 26

ａ プロテスタントに信教の自由を認めた。
ｂ 農奴制を強化した。

① ａ―正　ｂ―正　② ａ―正　ｂ―誤
③ ａ―誤　ｂ―正　④ ａ―誤　ｂ―誤

問７ 下線部(g)について，エカチェリーナ２世の事績について述べた文として最も適切なものを一つ選び，その番号をマークしなさい。 27

① 農奴解放令を発布した。

② ステンカ・ラージンの農民反乱を鎮圧した。

③ ラクスマンを日本に派遣した。

④ 清朝と，ネルチンスク条約を結んだ。

問 8　下線部(h)について述べた文として最も適切なものを一つ選び，その番号をマークしなさい。 28

① 18世紀のフランスでは，上流階級の女性が主宰するサロンが流行した。

② 魔女狩りは，中世において最も激しく行われたが，科学革命とともに消滅した。

③ 18世紀のイギリスの工場では，女性は働いていなかった。

④ フランス革命をきっかけとして，フランスでは女性にも参政権が与えられた。

問 9　下線部(i)について，ポーランドの歴史について述べた文として最も適切なものを一つ選び，その番号をマークしなさい。 29

① ヤゲウォ朝リトアニア＝ポーランド王国は，ギリシア正教を国教とした。

② ヤゲウォ朝の断絶後には，王制が廃止され，「貴族の共和国」が成立した。

③ 18世紀後半，ポーランドはオーストリア，ロシア，フランスによって分割された。

④ 分割されたポーランドの独立が承認されたのは，パリ講和会議においてであった。

問10　下線部(j)について，この戦争の結果としてプロイセンの領有が確定した地域のおおよその場所を示す記号として最も適切なものを，下の略地図中のａ～ｄから一つ選び，その番号をマークしなさい。 30

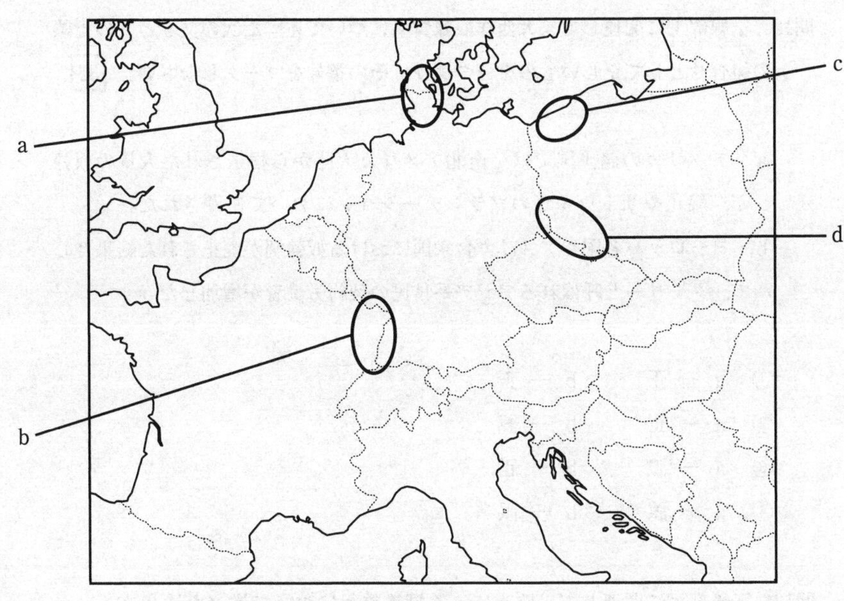

(注)地図中の国境線は現在のものである。

①　a　　②　b　　③　c　　④　d

問11　下線部(k)に関連して，ヨーロッパ各国による南アジアあるいは東南アジアの植民地化について述べた文ａ～ｄについて，正しいものの組合せを一つ選び，その番号をマークしなさい。 31

a　イギリスは，インドに，ザミンダーリー制やライヤットワーリー制を導入した。

b　イギリスは，インドにおいて，インド大反乱をきっかけとして，藩王国を廃止した。

c　オランダは，ウィーン会議の後，シンガポールを植民地化した。

d　オランダは，ジャワ島に，強制栽培制度(政府栽培制度)を導入した。

①　a・c　　②　a・d　　③　b・c　　④　b・d

問12　下線部(l)に関連して，大西洋奴隷貿易について述べた次の文aとbの正誤の組合せとして正しいものを一つ選び，その番号をマークしなさい。 32

a　アフリカの諸王国では，南北アメリカ大陸から移送された大量の奴隷が，綿花やサトウキビのプランテーションにおいて使役された。

b　ヨーロッパ各国やアメリカ合衆国における奴隷制が廃止された結果として，クーリーと呼ばれるアジア系移民の契約労働者が増加した。

① a — 正　b — 正
② a — 正　b — 誤
③ a — 誤　b — 正
④ a — 誤　b — 誤

問13　下線部(m)に関連して，欧米による探検旅行について述べた次の文a～cが，年代の古い順に正しく配列されたものを一つ選び，その番号をマークしなさい。 33

a　アメリカのピアリが，北極点に到達した。

b　オランダ東インド会社が派遣したタスマンが，ニュージーランドに到達した。

c　イギリスのリヴィングストンが，アフリカでヴィクトリアの滝を発見した。

① a→b→c　② a→c→b
③ b→a→c　④ b→c→a
⑤ c→a→b　⑥ c→b→a

〔Ⅳ〕 次の設問A，Bのうちから一つを選び，答えなさい。設問記号欄に選択した問題の記号(AあるいはB)を記すこと。**解答用紙は(その3)を使用すること。**

【A】 7世紀後半から10世紀にかけてのイスラーム諸王朝の展開とその性質の変化について，350字以内で論じなさい。以下の語句をすべて使用し，初出の箇所には下線を引くこと。

<語句>

バグダード	アッバース朝	ムアーウィヤ	ダマスクス
イスラーム帝国	ジズヤ(人頭税)	後ウマイヤ朝	

【B】 資料1と資料2を読み，その内容について触れ，16～17世紀のヨーロッパにおける宗派対立の展開について，350字以内で論じなさい。資料の後に示されている語句をすべて使用し，初出の箇所には下線を引くこと。(引用文には，省略したり，改めたりしたところがある。)

資料1　アウクスブルクの宗教和議(一部)

> 第3条　…皇帝陛下並びにわたしたち，神聖なる帝国の選帝侯，諸侯，等族は，帝国のいかなる身分の者に対しても，アウクスブルク信仰告白のゆえに，また，その教義，宗教，信仰のゆえに，暴力を加えたり，損害を与えたり，迫害をしてはならない。
>
> 第4条　それに対して，アウクスブルク信仰告白に属している等族は，ローマ皇帝陛下並びにカトリックに属している神聖なる帝国の選帝侯，諸侯，そのほかの等族に対して，…同じように，彼らの宗教，信仰，教会慣習，(中略)を邪魔されることなく保持し，…(以下略)
>
> 第5条　しかしながら，前述の二つの宗教に帰服していないすべてのほかの者は，この和議に含まれず，完全に除外される。

資料２　ウェストファリア条約(一部)

第８条第１項　ローマ帝国のすべての選帝侯，諸侯，等族は，彼らの古き諸権利，諸自由，諸特権の自由な行使につき，教会および世俗の事柄において，また支配権限や国王大権やそれらの占有において，誰からも，いつ何時でも，いかなる口実によっても実際に妨害されえないこと，またそれが許されないことを，この条約により確定し，承認する。

資料１・資料２：歴史学研究会編『世界史史料５』

<語句>

カトリック	ルター
カルヴァン派	三十年戦争
主権国家体制	アウクスブルクの宗教和議
ウェストファリア条約	

総合問題

◀英米文学科B方式▶

(60分)

問題 I

次の英文を読んで，設問に答えなさい。

Women have always been seen as a problem for the modern city. During the nineteenth century, European cities grew quickly and brought a confusing mix of social classes and immigrants to the streets of those cities. The social rules of that time included keeping strict boundaries between classes. Wealthy white women were supposed to dress and behave in a proper manner and act in ways that showed that they were pure and of a higher class. This manner of appearance and behavior was threatened by the increasing contact in the cities between women and men in smaller spaces, and between upper-class women and the city's many working-class and poor people. The streets and other spaces of London had opened areas for women to become part of public city life, especially with respect to debates about safety.

However, this confusing time when many were moving from country to city and from one country and culture to another meant it was increasingly difficult to identify the social level of people. Any woman on the streets, no matter how well she dressed or acted, was at risk of the worst insult. This concern about how much women were seen in public was part of what many from the higher classes saw as a threat to their social rank, a level that they saw as a natural outcome of being born to higher-level parents. They were people who should be respected and this "respectability," though it was clear to all in the smaller towns and in the country, was not clear in larger cities with so many unknown people who also did not know exactly who you were. The borders between the rich and the poor were not as clearly marked in the city, and the ways in which women were supposed to behave were also made unclear by city life.

Many writers during this changing time in the nineteenth century felt that urban, big city life itself was a threat to civilization, especially with regard to women, many of whom were discovering that the city gave them more freedom. This freedom was often viewed as a bad thing. The countryside along with the newly expanding living areas that surrounded the big city would provide a safer and more comfortable place for the middle and upper classes and, most importantly, continued respectability for women.

While some women needed to be protected from the city's disorder, other women were in need of control, re-education, and perhaps even punishment. Growing attention to city life made the conditions of the working class more visible and increasingly unacceptable to the upper class. They had come to cities to find work in factories and as housekeepers for families with money. The women who got paying jobs gained some small amount of independence, but of course they had less time for home responsibilities — duties such as childcare, cooking, and cleaning. Poor women, because they had to work, were thought of as failures whose inability to keep taking care of their responsibilities at home was the cause for the bad living conditions in the lower class. These bad conditions were of course what led to crime and to other kinds of bad private and public behavior. All of this bad behavior was viewed as unnatural — women were supposed to be modest and pure, and their first concern was to take care of their own homes.

The city has been set up to support and help to promote the traditional gender roles of men, with the experiences of men only as being "normal" with little regard for how the city throws up obstacles for women and ignores their day-to-day experiences in the city.

出典追記：Feminist City by Leslie Kern, Verso

設問

How do you think gender roles have changed in modern times from the period that the author describes? Support your answer with concrete examples. Write about 100 words in English using Answer Sheet 1［解答用紙(その1)］.

問題Ⅱ

次の英文を読んで，設問に答えなさい。

A year into the Great Depression, a period when the global economy was very bad, John Maynard Keynes sat down to write about the economic conditions of his grandchildren. Though the global economy had crashed, the British scholar kept a positive attitude. In his essay, written in 1930, he predicted that in 100 years' time (or in 2030), society would have moved so far ahead that we would barely need to work. Keynes seems to have done a very bad job of predicting the future. In 1930, the average worker in the US, the UK, Australia, and Japan spent 45 to 48 hours at work each week. Today, that number is 38 hours, which is still much higher than Keynes predicted.

If we wanted to produce as much as people did in the 1930s, we wouldn't need everyone to work even 15 hours per week. If you adjust for increases in the amount of production, the workers in the US or the UK could produce the same amount of material in only seven or eight hours each week. These increases in the amount we produce come from a century of advances in technology. In this sense, modern developed countries have gone beyond Keynes's prediction. So, why are work weeks of 30 to 40 hours still standard in the workplace?

Part of the answer is that humans have a strong desire for more. Few people would choose to have no more than just a place to live and basic food. People could easily work 15 hours a week if they gave up on earning money for luxuries like new clothes and expensive holidays. This might seem well known already, but our lives are better across many other important areas and with that comes more desire to have extra things that we do not need but that we enjoy. We would not be content with what our great-grandparents saw as a good life.

We also have more people working in jobs that can pay enough to rise several steps above meeting just our basic needs. As economies develop more quickly, employment shifts from making things in farms and factories to giving services to other people. Thanks to progress, we can deal with all of our needs with very little labor. We are thus free to do other things. Many people today work in jobs that did not widely exist or exist at all in the 1930s. Such jobs as mental health professional, visual effects artist, accountant, and YouTuber are abundant. Keynes argues that more people will be able to work in service and creative jobs in the future, implying that there is a difference between working for basic needs and realizing ideals and hopes through jobs. In fact, the world of work has simply expanded to include even more types of service and creative work. But this work still occupies people for more hours each week than Keynes predicted because more things have been made available that we now view as necessary.

Finally, continuing social inequality also keeps the (almost) 40-hour week in place during our time on the average. Many people have to work longer hours simply to pay rent and buy food, even though, unlike in the 1930s, we as a society, together, are able to produce enough for everyone. Recent increases in what we produce benefit only company owners and those in higher positions. In his essay, Keynes saw a world in which enough resources and money would be produced to make it possible to share the benefits of this surplus. Indeed, we have seen some of Keynes's views of the future turn out to be true. Advanced countries do provide money, housing, and food to people who are unable to meet their basic needs. However, these "safety nets" are not enough to lift everyone out of poverty and do not meet Keynes's ideal of giving everyone a good life.

In developed countries, there is now the technology and tools for everyone to work less and still live good lives. But today's discussions about the future of work do not focus on this goal, but on just talking about all work being done in the future by robots while we get the benefits. It would be better if our discussions about work move beyond Keynes and current discussions about how new technology will relieve us from long work weeks. Instead, we need to ask: what is it that we are really working for? Without a conception of a good life, without a way to see progress as something that helps us to work less, we will forever be held back from reaching the goal of the 15-hour working week that Keynes predicted.

設問

These days more and more people across the world can work from home. Is this a good thing or a bad thing? Please give specific reasons for your opinion. Write about 100 words in English using Answer Sheet 2 [解答用紙(その2)].

出典追記：We have the tools and technology to work less and live better, Aeon on October 23, 2019 by Toby Phillips

は、ぼくたちの生を、精神的にますます貧しいものにしている。

ぼくたちはふたたび世界にパラロジーを導入し、観客を複数化し、ゲームを複数化しなければならない。グーグルやフェイスブックのアルゴリズムが定義するものではない、べつのゲームを再発明し、それを見る別の観客の共同体を育てなければならない。その介入こそが、「正義への欲望と未知への欲望がともに尊重されるようなひとつの政治のデッサン」という言葉で、リオタールが夢見たことでもあるだろう。

リオタールはなぜ「政治」という言葉を用いたのか。ぼくはそこで、アリストテレスが人間を「政治的動物」と名付けていたことを思い出す。アリストテレスは、人間とは政治＝国家（ポリス）に依存する動物であり、また政治＝国家のなかで「よき生」を実現しようとする動物であると述べた。これはデータベース的動物の定義とよく似ている。データベース的動物もまた、データベースに依存する動物であり、データベースのなかで「よきパフォーマンス」を実現しようとする。つまり、ぼくたちの時代においては、ポリスがデータベースに置き換えられつつある。そして「よき生」が「よきパフォーマンス」に置き換えられつつある。リオタールが『ポスト・モダンの条件』の最後で記したことは、パラロジーの実現、すなわち言語ゲームの複数化こそが、ほんとうの「政治」を可能にするはずだということである。政治を複数化すること。ゲームを複数化すること。観客を複数化すること。パラ観客の状況をつくること。それこそが、データベース的動物を「ベスト・パフォーマンス」の呪縛から解き放ち、ふたたび政治的動物に戻すために必要なことである。

もし現代に「　y　」がありうるとしたら、それは、人々を大きな物語に導くことではなく、ゲームの複数化に、すなわちパラロジーに導くことなのではないかと思う。

（東浩紀「データベース的動物は政治的動物になりうるか」（『哲学の誤配』）による。原文の一部を省略・改変した）

数維持されなければならない。ところが実際に起きたことは、情報の共有が進み、単一のデータベースが支配的になることで、むしろゲームの観客そのものが統合されていく過程だった。

現在のオンライン・コミュニケーションは、検索エンジンとソーシャルネットワークの最適化アルゴリズムに過度に依存しているため、ユーザーが好むもの以外の選択肢があらかじめほぼ見えなくなっている。そのため、政治についても文化的な趣味についても、ユーザーには自分の好む意見ばかりが目に入り、右であろうと左であろうと、どんどん最初の信念が強化され極端になっていく傾向にある。その現象が「エコーチェンバー」または「フィルターバブル」と呼ばれるものだが、それはいま述べたことと矛盾するようにみえるかもしれない。インターネットは、観客の共同体をひとつにするどころか、複数の、たがいに異なった信念を抱く閉鎖的な共同体に分割しているのではないかと。

けれども、その指摘は物語の概念とゲームの概念を混同している。リオタールは、近代社会では、啓蒙や革命といった「大きな物語」が複数のゲームを正統化の力で支配していたと分析した。それを敷衍していえば、エコーチェンバーがつくるのはあくまでも「小さな物語」である。小さな物語には、ゲームを正統化する力はない。小さな物語は、あくまでもゲームの「手」として動員されるだけである。

二一世紀はデータベース的動物の世紀である。データベース的動物は、大きな物語に頼ることができないので、大きなデータベースだけに頼って生を守ろうとする。具体的には、自分の思考や行動を国家や政治のような大きな物語によって正統化することができず、かわりにメディアが提供する断片的な情報を組み合わせて「小さな物語」をつくり、それをまわりに巡らせることで自分の弱いエゴを守るしかなくなってしまう。正統化を失った人間は、[x]や利益で動くほかはなくなる。だから動物と形容される。人々はみな、データベース的動物として、惑星規模で共有された巨大なデータベースから情報の断片を選び出し、それぞれの小さな物語を紡ぎ、それを「手」としてグローバルなゲームに勝ち残るべく、日々激しい競争に晒されている。そしてその条件レーヤーがルールを恣意的に変えることを許さないし、唐突にゲームを終えることも許さない。観客こそが、プレーヤーの快楽とはべつに、ゲームのアイデンティティをつくり出し支えるのである。

ゲームは観客なしには持続しない。裏を返せば、ゲームを持続させるためには、観客を生み出さなければならない。このように主張するとき、ぼくが念頭においているのは、じつはハンナ・アーレントの政治哲学である。

アーレントは『人間の条件』において、人間の行為を、活動と制作と労働の三つの領域に区別した。活動は言語的な表現行為を意味している。制作はものづくりを意味する。労働は肉体労働を意味する。アーレントはそのような区別のうえで、人間が人間であるためにもっとも重要なのは活動であり、そして政治とはその活動が現れる場なのだと主張した。活動はかならず他者を必要とする。観客を必要とする。それはさきほどまで議論してきたゲームの概念に似ている。ぼくたちはここから、逆に、(A)一般に政治と呼ばれる活動は、そもそもが、市民と呼ばれる観客を生み出すために続けられる、大きな言語ゲームではないかと問うことができるだろう。さきに市民がいて、それが集まって政治が生まれるのではないのだ。政治というゲームこそが、観客としての市民を生み出すのである。そして、だからこそ、政治の複数化が求められるのである。政治が単一だということは、市民も単一だということなのだ。

『ポスト・モダンの条件』のなかで、ジャン＝フランソワ・リオタールは、複数のプレーヤーがいれば、データベースを共有しても複数のゲームが生まれると考えた。そしてポストモダンにおいては、それらのゲームは啓蒙や革命といった「大きな物語」によって統御されないのだから、差異を抱えたまま育ち、「(B)パラロジー」、つまり複数の言語ゲームの衝突と重ね合わせが生まれると考えた。

けれども、それはまちがっていた。複数のプレーヤーがいて、大きな物語の支配が失われても、それだけでは複数のゲームが生まれるわけではない。複数のゲームが育ち、パラロジーが発生するためには、たがいに異なったルールを信じる観客の共同体が複テーブルゲームにしろ、最初の、まだゲームがゲームとして名指しされていない状況におけるプレーヤーたちは、ボールを蹴ったり、フィールドを走ったり、あるいは駒を置いたり動かしたりする「プレー」そのものが楽しいからこそゲームをしていたはずである。そこではだれも観客の視線など意識しない。ゲームは最初は観客なしに存在する。

けれども、ウィトゲンシュタインが『哲学探究』で指摘したのは、ゲームはそのままではけっしてゲームとして安定することがないということである。プレーヤーしかいないのであれば、ゲームのルールはいつでも変わる可能性があるし、いつゲームそのものが終わってもおかしくない。『哲学探究』は、子どもの遊び＝ゲームをわかりやすい例として出している。子どもの遊びは自由である。鬼ごっこがいつかくれんぼに変わるかわからないし、かくれんぼがいつしりとりに変わるかわからない。そして飽きたら遊びは終わってしまう。ウィトゲンシュタインは、大人の言語的で社会的で論理的なコミュニケーションも、本質的にはそれら子どもの遊びと同じ性格を備えていることを示した。

プレーヤーはいつでもゲームのルールを変えることができる。だからゲームはゲームとして安定しない。この発見からは二種類の結論を導き出すことができる。ひとつは、あらゆるゲームには持続の根拠がなく、ゲームが成立しているのは奇跡でしかないという、いっけんラジカルにみえるが、じつのところニヒルでロマンティックな結論である。

もうひとつは、もしかりにプレーヤーがプレーするだけではゲームがゲームとして安定しないのだとすれば、現実には、ゲームが成立し持続しているときには、かならずプレーヤー以外の第三者が介在しているはずだという結論である。ソール・クリプキは『ウィトゲンシュタインのパラドックス』で、その第三者を「共同体」と呼んでいる。彼は、「共同体から切り離されて考えられた個人については、規則に従っている、ということを言うことはできない」と記している。ひとりでは、ゲームはそもそもプレーしているということができない。ゲームは共同体なしに存在できない。

ぼくはこのクリプキの解釈を支持する。しかし、ただひとつ、「共同体」は「観客」と呼んだほうがよいと考えている。観客は、プ

▲フランス文学科B方式▼

（九〇分）

次の文章を読み、以下の問に答えなさい。

問一　空欄 [x] [y] に該当する語を、それぞれ本文中から抜き出しなさい（各二字）。**解答用紙（その一）を使用**

問二　傍線部（A）について、政治が「大きな言語ゲーム」と見なされる理由を本文の記述に即して説明しなさい（八〇字以内）。**解答用紙（その一）を使用**

問三　傍線部（B）「パラロジー」について、本文の内容を踏まえ、筆者の次の主張に対するあなた自身の考えを述べなさい（八〇〇字以内）。**解答用紙（その二）を使用**

ぼくたちはいま、科学的な知の生産性を守るためだけではなく、ぼくたち自身の生の自由を守るためにこそ、パラロジーを必要としているのだ。

遊び＝ゲームとは「だれかのために」やるものではない。野球やサッカーのような身体を動かすスポーツにせよ、チェスのような

③　アルジェリア
④　ナイジェリア
⑤　エジプト

2　アフリカ大陸の二分化が進行した結果、十九世紀末に英仏のあいだで軍事衝突の危機が生じたが、この出来事として適当なものを①～⑤から選び、その番号をマークしなさい。解答欄番号は 25

①　ドレフュス事件
②　ファショダ事件
③　サライェヴォ事件
④　スエズ出兵
⑤　キューバ危機

問九　空欄 エ に入る文として最も適当なものを①～⑤から選び、その番号をマークしなさい。解答欄番号は 26

①　民族共同体の自己同一性を確立していた
②　支配者の言説を正当化していた
③　ヨーロッパの帝国主義を推進していた
④　異文化に向かって開かれていた
⑤　異民族を支配しようとしていた

問六　空欄 Ⅰ ～ Ⅲ に入る語の組み合わせとして最も適切なものを①～⑥から選び、その番号をマークしなさい。解答欄番号は 23

① Ⅰ技術　Ⅱ時間　Ⅲ歴史
② Ⅰ時間　Ⅱ空間　Ⅲ歴史
③ Ⅰ理念　Ⅱ歴史　Ⅲ普遍
④ Ⅰ歴史　Ⅱ世俗　Ⅲ理念
⑤ Ⅰ技術　Ⅱ原理　Ⅲ世俗
⑥ Ⅰ原理　Ⅱ技術　Ⅲ世俗

問七　空欄 ウ に入る適切な語（二字）を文章中から抜き出して書きなさい。**解答用紙（その3）を使用。**

問八　傍線部⑸「十九世紀には英仏の圧倒的な軍事力が、アフリカ大陸を二分して支配した」について以下の問いに答えなさい。

1　十九世紀にフランスによって侵略され、一九六二年に独立するまでその植民地であったアフリカ大陸の現在の国名を①～⑤から選び、その番号をマークしなさい。解答欄番号は 24

① ケニア
② ナミビア

古代ギリシャ人と異なり、古代ユダヤ人は［　　　　］を形成したから。

問五　空欄［ア］と［イ］に入る適切な語をそれぞれ①～⑤から選び、その番号をマークしなさい。解答欄番号は、ア＝［21］、イ＝［22］。

［ア］

① 閉鎖
② 開放
③ 特殊
④ 段階
⑤ 同質

［イ］

① 帝国
② 自由
③ 社会
④ 資本
⑤ 共産

問一　傍線部⑴「異文化との接触は、言説の普遍妥当性を要請する」とあるが、それはどういうことか。「境界の開かれた文化圏では」ではじめ、本文で述べられた具体例をまじえながら、百字程度で説明しなさい。**解答用紙（その3）を使用。**

〔解答欄〕一一〇字

問二　空欄 A ～ C に入る表現として最も適切なものをそれぞれ①～⑥から選び、その番号をマークしなさい。ただし、同じ番号を複数回マークしてはいけません。解答欄番号は、A＝18、B＝19、C＝20

① それどころか
② すなわち
③ むしろ
④ たとえば
⑤ いわんや
⑥ あるいは

問三　傍線部⑵「モティーフ」、傍線部⑶「シンメトリー」をそれぞれ二、三字程度の適当な熟語（漢熟語）に直しなさい。**解答用紙（その3）を使用。**

問四　傍線部⑷「古代ユダヤ人」を筆者が引き合いに出す理由を以下のようにまとめるとき、空欄に入る適当な語句（十五字以内）を文中から抜き出して書きなさい。**解答用紙（その3）を使用。**

ばならない。他方、キリスト教は、現世利益を約束するあらゆる地域的信仰体系に対して、普遍的な救済原理と合理的な「正義」の観念を説く。異民族の回心をもとめるその布教活動は、［ Ⅰ ］的に制約されることはあっても、［ Ⅱ ］的には常に正当化され、無制限に行われるはずのものであろう。布教は使命となる。［ Ⅲ ］的な言葉で言い換えれば、「文明化の使命 mission civilisatrice」にほかならない。

［ ウ ］するヨーロッパ文明には、そのための技術的手段もあった。(5)十九世紀には英仏の圧倒的な軍事力が、アフリカ大陸を二分して支配した。英国海軍は全世界の海に君臨し、大英帝国の版図は、インドからカナダまで、オーストラリアから香港にまで及んだ。他方、十七世紀以降のロシアは、英国が海上から拡大した支配を、陸上から実現し、東へ向ってはシベリアを、南へ向っては北海から黒海を通って中央アジアまでの地域を併合して、インドと中国を除くアジア大陸のほとんど全域にわたる大帝国を建設した。北米では十八世紀に英国から独立したかつての植民者たちが、原住民を征服して西部に向う運動をはじめていた。西部の向うには、ハワイがあり、フィリピンがあったと考えることもできるだろう。北ではアラスカをロシアから買収し、南ではメキシコを侵略して、その国土の半分近く(テキサス、ニュー・メキシコ、カリフォルニアなど)を奪取する。十九世紀の米国もまた帝国主義的な膨張をつづけていた。このような欧米帝国主義の膨張政策が可能であったのは、軍事力の優越があったからである。

しかし軍事力だけで長く維持された帝国はない。異民族や異文化を支配するためには、物理的な暴力による強制とともに、支配を正当化する言説を必要とする。その言説は、被支配者に対しても説得的でなければならない。そういう言説が生みだされるのは、境界の開かれた文化圏のなかからであって、閉じた地域文化のなかからではない。ヨーロッパの近代文化の歴史的背景には、ヘレニズムとキリスト教があって、そのいずれもがはじめから［ エ ］といえるだろう。

(加藤周一『日本文化における時間と空間』より、一部改変)

様式や装飾の「モティーフ」(2)にもあらわれていた。ルネッサンス以後最近まで西欧の石造建築がパルテノン神殿のシンメトリー(3)やギリシャの柱頭装飾から全く自由になったことはない。大理石の人体像についても同じである。石造彫刻の技法の影響は、遠くアフガニスタンに及んでガンダーラの仏像を生み、さらに「絹の道」を通って、中国北部の磨崖仏にさえもその痕跡を残した。ヘレニズムの文化的空間の境界は開いていた。

(4)古代ユダヤ人は彼らの唯一神と対話しながら、[B]神との双務的な「契約」に従いながら、民族の歴史を記録した。その歴史は、マックス・ヴェーバーが詳しく分析し、叙述したように、多文化（エジプトからバビロンを通ってアッシリアまで）を吸収する過程であるよりは、その時代の中心的文化に対して周辺的存在としての自己同一性を確立してゆく過程であり、彼らの律法や儀式はそういう歴史的過程と密接不可分に結びついていた。他者を説得することではなく、自己を説得することが目的であり、彼らの律法や儀式は自己と他者を峻別し、民族共同体の境界を明確にし、歴史の一回性と[ア]性を際立たせる。その閉じた文化的精神的空間の境界を外に向かって開いたのは、ユダヤ民族の歴史を『旧約聖書』として取りこむと同時に、律法や割礼から切り離し、共同体の[ア]性を越えて普遍的な価値の体系を作りだそうとしたキリスト教、殊に聖パウロの布教活動である、とヴェーバーは言う。「人の義とせらるるは律法の行為に由らず、唯キリスト・イエスを信ずる信仰に由る」（「ガラテヤ書」、二・一五）。もとより福音は割礼の有無に係わらず、ユダヤ人たると異邦人たるとを問わない。パウロはエーゲ海沿岸の異邦に旅し、伝道し、エルサレムで捕えられて、ローマで死んだ（「使徒行伝」）。彼はイベリア半島を志して果さなかったが、その後の宣教師たちは、十六世紀の「大航海時代」に、アフリカへ、中南米へ、アジアへ、すなわち全世界へ向った。布教活動に境界はなかった。

ヨーロッパの植民地帝国主義を推進し、支えたのは、何であったのか。ここでその詳細に立ち入ることはできないが、少なくとも二つの要因を指摘することはできるだろう。[C]経済的には[イ]主義、精神的にはキリスト教である。[イ]主義の特徴は、限界のない拡大再生産であり、その活動は原則として国境を越え、その領域は無限に膨張しなけれ

Ⅱ　次の文を読み、以下の問いに答えなさい。

古代ギリシャ人にとっての「世界」は、ギリシャ本土を中心として、エジプト、ペルシャ、メソポタミア、パレスティナ、ロシアの南部、アフリカ大陸の北岸、イタリアにまで及んでいた。シチリアから黒海まで、その広大な世界の大部分を、前五世紀に旅したヘロドトスは、それぞれの地域の歴史と文化を叙述していた（『歴史』）。そこには人種、言語、信仰体系、風俗習慣、生産技術と生産物の多様性があり、地域相互の間には交易とくり返される戦争があった。ギリシャ人の住んでいた空間は、異文化に対して開かれた空間であり、その境界は、経済的にも、軍事的にも、また文化的にも、越え得るものであり、現に越境は外側からも内側からも不断に行われていた。彼らがギリシャ人と非ギリシャ人（「バルバロイ」）を区別するのに、居住地の境界によらず、話す言葉がギリシャ語であるかないかによろうとしたのは、そのことの反映であろう。彼らの「都市国家」には外部から導入した労働力、すなわち奴隷がいた。彼ら自身は遠征して、東地中海の沿岸地域に植民し、散在していた。プラトンはシチリアへ行き、アリストテレスはマケドニアの王の師傅（しふ）となる。彼らは故郷とは異なる環境、異なる文化のなかでも常に妥当すると彼らがみなした考えや意見を語らざるをえなかった。

(1)<u>異文化との接触は、言説の普遍妥当性を要請する</u>。もちろんその要請にどの文化もが応え得るとは——古代ギリシャ人がそうしたように応え得るとは——、かぎらない。［ A ］フェニキア人は地中海周辺の世界の到るところで交易し、カルタゴを建設したが、ユークリッド幾何学やアリストテレス論理学を生みだしたのではなかった。ギリシャ人たちは国際的市場へ輸出できるぶどう酒やオリーヴ油のような商品を生産するばかりではなく、外国人を説得できるような観念とその体系を作り出した。ローマ人とその多民族多文化帝国がそれを引きつぐ。ローマの亡びた後には、周知のように、アラビア人がギリシャ思想を継承した。中世ヨーロッパは彼らを通じてギリシャとアリストテレスを再発見し、スコラ哲学を発展させる。

しかし古代ギリシャが到達した高度の普遍性は、幾何学と論理学のみにあらわれていたのではなく、またたとえば造形美術の

(c)　ヒルガエって
① 図書館にヘンキャクする
② 小説をホンアンする
③ 起源にソコウする
④ 郷里をシュッポンする

(d)　モン切り型
① カドデを祝う
② セツモンに答える
③ 独自のブンタイを持つ
④ モンショウを刻み込む

(e)　シする
① シシツを疑う
② 異国でカクシする
③ 事態をキャッカンシする
④ サンブンシを愛する

問八　傍線部(5)「枷」と同じ意味で用いられている語（二字）を本文の四段落目までの中から抜き出して書きなさい。**解答用紙（その2）を使用。**

問九　傍線部(a)～(e)のカタカナ部分に相当する漢字が、二重線を引いた部分の漢字表記と一致するものをそれぞれ①～④から選び、その番号をマークしなさい。解答欄番号は、(a)＝13、(b)＝14、(c)＝15、(d)＝16、(e)＝17

(a)　ハジき
①　ダンドウが放物線を描いた
②　ヨソウガイの結果となった
③　チジョクに耐える
④　タンテキに述べる

(b)　ツタナい
①　セツジツな願いを述べる
②　センデン費がかさむ
③　仕事がセッソクだ
④　ヨウチ園に通う

② 土壌
③ 水路
④ 範例

F
① 侵犯
② 違反
③ 恭順
④ 遵守

G
① 修辞
② 修飾
③ 観念
④ 概念

問七 傍線部(4)「こうした体験」が意味する内容を本文の内容を踏まえて八〇字程度で説明しなさい。**解答用紙（その2）を使用。**

〔解答欄〕九〇字

⑤　規範からの逸脱を許容してはならないというフランス人の厳格な態度

問六　空欄 C から G に入る最も適切な語をそれぞれ①～④から選び、その番号をマークしなさい。解答欄番号は、C＝ 8 、D＝ 9 、E＝ 10 、F＝ 11 、G＝ 12

C
①　歓喜
②　情熱
③　労苦
④　感興

D
①　原資
②　硬貨
③　通貨
④　原価

E
①　鋳型

問三　傍線部(1)「このような柔軟な可塑性」とはどういうことか、六〇字程度で分かりやすく説明しなさい。**解答用紙（その2）を使用。**

〔解答欄〕七〇字

問四　傍線部(2)「ルイ十四世」に関わる事象として適切でないものを①～⑤から選び、その番号をマークしなさい。解答欄番号は 6

① ヴェルサイユ宮殿の造営
② フランス絶対王政の隆盛
③ ナントの勅令（王令）の発布
④ スペイン継承戦争の勃発
⑤ フロンドの乱の始まりと終結

問五　傍線部(3)「フランス中華思想」の意味として最も適切なものを①～⑤から選び、その番号をマークしなさい。解答欄番号は 7

① 東洋とりわけ中国を思想的規範とするフランス人の考え方
② フランス語の伝統的規範を守り続けようとする人々の考え方
③ フランス語を学ぶ外国人の接近を拒もうとするフランス人の態度
④ 自国の言語や文化こそが最も優れているとするフランス人の考え方

れ、軀で覚えてきているこうした伝統的な作文技術(エクスポゼ)の手ほどきを、不完全な真似事のかたちでではあれ大学生のときに受けることになった私は、外国語の思考方法を一つの(5)枷として自分の精神に課し、その制約の中で自分のものの考えかたが鍛え上げられてゆくという実感に、或る言い知れぬ喜びを覚えるということがたしかにあったのだ。

（松浦寿輝『謎・死・閾』より、一部改変）

問一　空欄 い ～ ほ に入る表現として最も適切なものをそれぞれ①～⑦から選び、その番号をマークしなさい。解答欄番号は、い＝ 1 、ろ＝ 2 、は＝ 3 、に＝ 4 、ほ＝ 5

①　私的
②　逆説的
③　正統的
④　歴史的
⑤　便宜的
⑥　本質的
⑦　論理的

問二　空欄 A と B には、フランス以外でフランス語を公用語とするヨーロッパの国名が入る。該当する国名を書きなさい。ただし解答の順序は問わない。**解答用紙（その2）を使用。**

或る思考を言い表わそうとするとき、そこで依拠しようとする言語の抵抗が働き、その規範的拘束力によって(c)ヒルガエって自分の思考そのものが矯め直され、思考の内容から［ に ］な夾雑物が削ぎ落とされてゆく。それにつれて、言葉は、他者と共有可能な観念としての堅固な客観性を獲得し、社会に向って開かれた有効な［ D ］としての結晶度を高めてゆくことになる。

むろんそれとは逆に、私という発話主体の側からの言葉の規範への抵抗というものもあるわけであり、またそれはなければならない。言葉が集蔵している(d)モン切り型——文法教科書の例文から始まり大作家の名文名句集にまで至る既成の言い回しのストック——だけでは、自分の文章を書くことはできないからである。集合的な規範から何とか逸脱しようというこちらの抵抗と、それを何とか抑えつけて個性的なものの突出を規矩の［ E ］に流しこもうとする言語の側の抵抗とが切り結ぶところに、その緊張した闘いのただなかから、少しずつ少しずつ言葉が産み落とされてゆく。両者の対峙の力がお互い同士強ければ強いほど、書かれた言葉はそれだけいっそう張りつめた靭(つよ)い思考となるだろう。言ってみれば、人は言語のシステムを越えようとする限界のぎりぎりのところで越えきれずに手前にとどまる、その逸脱への限界点において自分自身を言葉の構造体として成型してゆくのだが、もちろん母国語においてもわれわれが日々生きていることは間違いない(4)こうした体験が、私の場合、フランス語の作文訓練を通じて突出した形で身に迫ってきたということなのだ。

言うまでもなかろうが、このフランス語作文の規範というのは、瑣末な言い回しの適不適や細かな文法規則の［ F ］如何といったことに尽きるわけではない。文章全体の起承転結の流れ、それぞれの節単位の自立した完結性、そして節と節との［ ほ ］で緊密な結びつきといった、全体的な構成の水準においてもまたテクストは形式的に完成されていなければならない。導入部はあくまで効果的に、結論部分はきりりと締めて全体をまとめると同時にいくぶんかの飛躍の発条(バネ)を仕込んでいなければならない。そのうえでもし可能なら、内容の明晰さを損わないかぎりにおいて、というよりむしろ論旨のさらなる明快さに(e)シするかぎりにおいて、優雅な［ G ］で彩りを添えること。フランスの知識人が高等中学校(リセ)の国語の時間に叩きこまう軽微な変異態はあるものの、この国語の根幹には(2)ルイ十四世の時代以来ずっとフランス学士院が精錬し続けてきた［ろ］規範への確乎とした信頼がある。それが今日、内からまた外から様々なかたちで揺さぶりをかけられ動揺しはじめていることは事実としても、フランス語における規範意識の厳格さには、この国語を学ぼうとして歩み寄ってくる外国人の接近を(a)ハジき返そうとする抵抗感の印象すら与えるようなところがあるのだ。とはいえ、フランス人はみな自分たちの言葉が世界一美しい言語だと信じており、英語やドイツ語は烏（からす）の鳴き声だと称して軽蔑している、などというのが今日まったく事実無根の伝説でしかないことはむろん言うまでもない。そんな時代錯誤な自国語至上主義を信じられるほど無邪気なフランス人は今やほとんど残っていないはずだし、もしフランス語帝国主義のイデオロギーがなお生き延びているとしたら、それはもっとずっと屈折した形態においてであるだろう。ここで言っているのはそうした(3)フランス中華思想ではなく、たとえば或る名詞と或る形容詞はどうしても結びつくことができないとか、或る一まとまりの言説を明晰に展開するのに或る構文と或る接続詞の論理的な連鎖がどうしても要求されるという類の、そこから逸脱することが——書かれた文章の場合は特に——どうしても許されないといった、揺るぎなく確立されているフランス語の統辞法の厳格な規範感覚についてなのである。

現在は隠退してパリの近郊に引き籠もっておられるダニエル・シュミット先生には駒場の教養学科の教室で多くの豊かな学恩を受けたが、そのもっとも大きなものは、やはりフランス語作文指導の時間に、こちらの書いて持って来る(b)ツタナいフランス語の文章を徹底的に添削していただいた経験ということになろうか。あの作文修行を通じて私が得たのは、語彙や文法の知識でも単なる仏作文の技術でもなく、もっと［は］な体験——非人称の外的体系としての言語（ラング）と、その体系に乗ろうとする個的主体の内部の思考との間に働く弁証法的な力学をめぐる、なまなましい肉体的な体験とでもいったものではなかったか。

フランス語を書くこと。それは、この国語の規範的体系が突きつけてくる数多の厳しい桎梏でがんじがらめに締めつけられつつ、貧しく限られた自分の語彙の狭いフィールドを右往左往しながら、何とかそこから身を自由に解き放って自分の行きたい方向へ進もうともがくという体験にほかならない。それは［C］に満ちた、しかしこのうえもなく刺激的な体験である。

総合問題

▲フランス文学科A方式▼

（九〇分）

I　次の文を読み、以下の問いに答えなさい。

古典主義の時代以来ヨーロッパ文化の中枢に位置し長らく外交官の公用語の役割を果たしてきたフランス語は、何とも頑な言葉である。たとえば英語であれば、韓国人が朝鮮訛りで喋る英語もスペイン人がラテン訛りで喋る英語も、そこで意思疎通の手段としてある程度有効に機能しているかぎりにおいてそれなりに許容されるということがある。もちろんここで「訛り」と言っているのは、抑揚やアクセントにおける発声上の変異というだけのことではなく、語彙の選びかたや構文の組み立てかた、ひいては表現しようとする内容の発想そのものに関わる「規範」からの偏差・逸脱というほどの意味である。そうした逸脱を互いに許容し合いながら、たとえば日本人とポーランド人というような非英語国民どうしが、自己表現と相互理解のための［　い　］な道具として、つまりいわゆる「国際語」として用いるこうした英語を、本来の英語国民の標準的・規範的な「イングリッシュ」と区別して、たとえば小田実は「イングラント」と、鈴木孝夫は「イングリック」と呼んでいるようだ。

(1)このような柔軟な可塑性はフランス語にはない。［　A　］の、［　B　］の、またとりわけカナダのフランス語とい

（渡辺 裕「「楽譜に書かれる音楽」のイデオロギー――「音楽作品」概念の再検討に向けて――」、『芸術学を学ぶ人のために』、太田喬夫編、世界思想社、一九九九年、一三五〜一三六頁）

志向的な対象(rein intentionaler Gegenstand)であるとインガルデンは考えるのであるが、その際彼は、文学作品においては読者に割り振っていた位置をそのまま演奏家に当てはめるというやり方を取った。その結果、彼の音楽作品論では聴衆の問題はとりあえず背後に退いており、もっぱら演奏家が作品の中で果たす役割が語られることになる。音楽作品の場合にも、楽譜というテクストに原理的に存在している不確定箇所を演奏者が想像力で補完し具体化(Konkretisation)することによって作品ははじめて現実のものとなる、とインガルデンは考える。楽譜には強弱、音色などテクストとしては確定していない箇所が無数にあり、それらの演奏家による具体化をもってはじめて作品は成り立つというのが、インガルデンの基本的な議論である。つまり楽譜は図式(Schema)、あるいは骨格(Skelett)にすぎないものであり、それ自体としては作品ではない。そこに残されたさまざまな不確定箇所に関して、想像力をもって参与した演奏家が具体的な肉づけを行ったときにはじめて、その楽譜が作品として機能するということなのである。もちろん、そういう肉づけの可能性は一つではなく、無数に存在するのであり、それが一つの作品に関するさまざまに異なった演奏となって出現する。そういうさまざまな潜勢態(Potentialität)としての可能性も含めた全体を、彼は「作品」と呼んだのである。

インガルデンは楽譜イコール作品というような素朴な思い込みをカッコに入れて問い直そうとしているのであるから、その限りでは「楽譜中心主義」的な性格は必ずしも強くないようにみえるが、彼の考えたこのような構造の中で楽譜はきわめて枢要な位置を占めている。彼は、作品という存在の源泉(Seinsquelle)は音楽家の創造行為に、そしてその存在の基盤(Seinsfundament)は楽譜にあるとしており、彼の想定した演奏家による不確定箇所の具体化は、あくまでも楽譜を基盤にして行われるという枠組みを前提に考えられていたことがわかる。要するに、彼がもくろんでいるのは、楽譜に書かれていないさまざまな点に関して演奏家が関与して下す多様な解釈をも、作品の外に付け加わるものとしてではなく、作品自体のうちに構造的に組み込まれているものとして位置づけようということなのである。

論述

（九〇分）

問　次の文章を読み、インガルデンの「作品」概念は妥当であるか、「作品」というものの本質を言い尽くしているか、また、この概念は音楽作品のみならず、造形芸術や舞台・映像芸術にも当てはまるか、当てはまらないとすれば、その違いは何か、あなた自身の関心分野に照らし合わせて、具体的な作品を例に挙げながら論じなさい（八〇〇字以内）。

音楽作品とは何かということを美学的に考察しようとするとき、まず思い浮かぶのが、フッサール（Edmund Husserl, 1859-1938）の弟子であったロマーン・インガルデン（Roman Ingarden, 1893-1970）の名前である。インガルデンは、対象の実在を意識の志向性と関連づけて説明する現象学の枠組みを芸術作品とその認識を考える際に応用したのであるが、彼の音楽作品論は基本的には自らの文学作品論をそっくり応用したものになっている。彼は、文学作品のテクストをそれだけで完結したものとは考えず、そこに原理的にその意味内容や指示対象を確定できない多くの不確定箇所（Unbestimmtheitsstelle）が存在していることを指摘し、そのような箇所に関しては、実は読者が自らの想像力で補って解釈を行っているとした。その意味で読者は作品の中に構造的に組み込まれているのであって、むしろ作品はテクスト自体としてではなく、テクストという対象に向き合う主観の志向的対象として立ち現れるものと考えるべきである、と彼は考えたのである。

文学作品同様、音楽作品もまた、楽譜や音響自体のようなモノ自体ではなく、受け手の解釈を待ってはじめて立ち現れる純粋にえて三十字以内で説明せよ。**解答用紙（その2）を使用。**

問十三　傍線部9「思はましかば」を現代語訳せよ。**解答用紙（その2）を使用。**

問十四　傍線部10「深読みすれば、釈教歌のような仏教色が感じられる静謐な和歌」についての説明として、最適なものを次の①～⑤から選び、記号をマークせよ。解答欄番号は 9 。

① 煩悩の闇夜が完全に明けきらない中で、世の無常や儚さを連想させる表現になっている。

② 暗い空の模様と鐘の音が遠くまで響き渡る様子に、俗世を厭う心をひそかに詠み込んでいる。

③ 遠くから届いてくる鐘の音が近景の雲を振り払う様子が、仏法による救済を象徴している。

④ 出家した者が扉を閉ざした庵で、悟りそのものである鐘の音をかすかに聞く様子を描いている。

⑤ 真の悟りの状態と、厚く垂れ込めた雲が鐘の音まで閉じ込めた完全な静寂を重ねている。

問十五　この文章の内容と合致するものを、次の①～⑤から一つ選び、記号をマークせよ。解答欄番号は 10 。

① 『源氏物語』宇治十帖において、主人公である薫は大君と夜を過ごし、暁の鐘の音を聞きながら、苦しい心情と逢瀬の喜びを吐露した。

② 「あかつきの別れ」は平安時代には仏教的な意味合いはなかったが、中世には恋の意味合いはむしろ希薄となり、仏教色が強いものとなってゆく。

③ 寺院で暁に鳴らす鐘を「暁の鐘」、宵に鳴らす鐘を「入相の鐘」といい、宵は恋人の訪れを待つ時間であり、暁は別れの時間であった。

④ 「あかつきの別れ」と鐘の音が関連づけられたのは、恋愛の苦しみと仏教が説く「愛別離苦」が通底するものであり、それを鐘の音が救済すると考えられていたからである。

⑤ 古代において、日付が変更される時点は子の刻である午前零時ではなく、丑の刻と寅の刻の間であったので、現在の時刻に置き換えることはできない。

②『経国集』
③『太平記』
④『徒然草』
⑤『今昔物語集』

問十　傍線部7「『左右にも』とはかかる事をやなど思ふに」の部分は、『源氏物語』の作中で光源氏が詠んだ「憂しとのみひとへにものは思ほえで左右にも濡るる袖かな」の和歌を踏まえたものである。このような表現方法の名称として、最適なものを次の①～⑤から選び、記号をマークせよ。解答欄番号は 7 。

① 反復法
② 引歌
③ 対句
④ 掛詞
⑤ 序詞

問十一　空欄 B と C に入る語句の組み合わせとして、最適なものを次の①～⑤から選び、記号をマークせよ。解答欄番号は 8 。

① B――おだやかな　C――ほのかな愛情
② B――行き場のない　C――なつかしさ
③ B――満ち足りた　C――かすかな嫌悪
④ B――やりきれない　C――いとわしさ
⑤ B――もの静かな　C――捨てがたい愛着

問十二　傍線部8「和歌の世界でも、同じことが起こっている」とあるが、「同じこと」とはどのようなことか。本文の内容を踏ま解答欄番号は 4 。

① 別れ際である暁に置く露とともに、自分が流す涙のことも暗示している。
② 光源氏にとって、いつも相手が流す涙を見ることになるとの意味を含ませている。
③ 六条御息所が自ら手入れしている庭は、置く露さえも美しいと褒め称えている。
④ 立ち去りがたくしようとするかのように、露が空にまで満ちていると誇張している。
⑤ 去り際である暁のころに、明け行く空の光が露に宿る様子を予感させている。

問七　傍線部4「理想的な「あかつきの別れ」がどのようなものかという作者の価値観」についての説明として、本文の内容から最適なものを次の①～⑤から選び、記号をマークせよ。解答欄番号は 5 。

① 直衣や狩衣をわざとだらしなく着るのが風流である。
② 別れの際には烏帽子をきちんと整えるべきである。
③ 起きるのがつらそうで嘆いている男の様子に味わいがある。
④ 夜が明けてしまったことを嘆くような男は批難されて当然である。
⑤ 相手のために公務を遅刻し、欠勤までするのが本当に誠実な男である。

問八　傍線部5「もう一つの要素が加わり、沈静的な内面が描かれる」とあるが、具体的には著者はどのようなことだと述べているか。本文の内容を踏まえて五十字以内で説明せよ。**解答用紙（その2）を使用。**

問九　傍線部6『とはずがたり』と最も近い時期に成立した作品を次の①～⑤から一つ選び、記号をマークせよ。解答欄番号は 6 。

① 『千載和歌集』

① 通い婚の時代において、男が女と別れて帰る時間でもある。
② 「しののめ」よりも後であり、「あけぼの」よりは早い時刻を指す。
③ 小林説によれば日付が変わる午前三時から二時間の意味である。
④ 和歌にも用いるが、同じく散文にも用いる言葉である。
⑤ 古くは「あかとき」で平安期以後に「あかつき」となった。

問四　傍線部2「しののめ」の漢字表記として、最適なものはどれか。次の①～⑤から選び、記号をマークせよ。解答欄番号は 2 。

① 朝開
② 篠呑
③ 黎明
④ 東雲
⑤ 鶏鳴

問五　空欄 A に入る語として最適なものを次の①～⑤から選び、記号をマークせよ。解答欄番号は 3 。

① 順序
② 感情
③ 時刻
④ 常識
⑤ 視覚

問六　傍線部3「いつも露けき」についての説明として、本文の内容から最適なものを次の①～⑤から選び、記号をマークせよ。

暁の心を

山深み降り居(お)る雲はあけやらで麓に遠き暁の鐘

（山が深いので留まっている雲が晴れきらないなか、麓から遠い暁の鐘が響いてくる）

中古から中世へという時代の移り変わりによって、「暁」という時間帯が象徴しているものが変化していく様相を述べてきた。男女の別れとは常に切ないものだが、ひるがえってみるとそのつらさは仏教の八苦(はっく)の一つである「愛別離苦(あいべつりく)」に他ならない。生きている限り、必ず愛するものとの別れは来る。暁に別れて、また夕方再び逢えるかどうかは、実は誰にもわからないのである。「あかつきの別れ」と鐘の音とが結びつき、人の世の儚さを表すものとなっていく背景には、こうした思想の深化があったのかもしれない。

（田中貴子『いちにち、古典〈とき〉をめぐる日本文学誌』による）

＊アカトキは午前三時から二時間という意味を語の中に持っていることになる…小林説によれば、「アカトキ」は「アカ」と「トキ」の複合語であり、「アカ」は動詞「明く」の活用形で、「トキ」は当時は二時間の意味であった。

問一 波線部a「ジョウチョ」・b「キキュウ」を漢字に改めよ。**解答用紙（その2）を使用。**

問二 波線部c「逢瀬」・d「麓」の読みを平仮名で書け。**解答用紙（その2）を使用。**

問三 傍線部1「あかつき」に関する説明として、本文の内容からは**適切ではないもの**を次の①～⑤から一つ選び、記号をマークせよ。解答欄番号は 1 。

(これが父の遺言なのだと悲しく思っていると、暁の鐘の音が聞こえてきて、)

『とはずがたり』は人間関係における重要な場面で「明け行く鐘の音」という表現を使用しており、暁の鐘が二条の心情と深く関わっていることが日下力によって明らかにされている(「『とはずがたり』の鐘——その寓意性をめぐって」)。

平安時代、「あかつきの別れ」は男女の別れの時間を指していたが、『源氏物語』から約三百年後の『とはずがたり』では、鐘の音という要素が加わることによって、恋愛だけではない大切な人との永遠の別れをも意味するようになる。それは、暁の仏教的な意味も加わって、別れにともなう人の世の無常を感じさせるからだろう。

8和歌の世界でも、同じことが起こっている。平安時代、「暁の鐘」はもっぱら恋の歌として詠まれていた。たとえば、『後拾遺和歌集』の小一条院の和歌を引いてみる。

女のもとにて暁、鐘を聞きて

暁の鐘の声こそ聞こゆなれこれを入相(いりあひ)9と思はましかば

寺院では暁と宵に鐘を撞いていたので、ここでの「暁の鐘」は「入相の鐘」と一対になり、男女の逢瀬(c)にかかわる時間を示しているだけであるが、中世の和歌では「暁の鐘」は次第に恋の気配を消してゆく。次の『風雅和歌集』の祝子(のりこ)内親王による和歌は、遠くからかすかに届く暁の鐘が主役となった叙景歌であるが、「あけやらで」「遠き」などの語を10深読みすれば、釈教(しゃっきょう)歌のような仏教色が感じられる静謐な和歌である。

夜をともに過ごしながら男女の関係がなかった薫と大君の、いわば「偽りのあかつきの別れ」の場面である。「賢木」やそのほかの『源氏物語』正編における「あかつきの別れ」では、鐘の音が聞こえるという記述は見えないのだが、ここで加わった理由は何だろうか。大君が世の中、ありていにいえば男女関係を厭いひたすら出家をキキュウしていることも影響していようし、それ以上に、暁に殷々と響く鐘の音には人の世の無常や儚さを象徴し、俗世の人にそれを気づかせるという役割があったのではないだろうか。これによって、美しく艶麗な風情であった「あかつきの別れ」が、仏教的な諦念や寂寥という色合いを帯びることになると思われる。

「あかつきの別れ」に鐘の音が効果的に響く場面としては、『源氏物語』から時代が下った『とはずがたり』[6]があげられる。後深草院からあながちに関係を迫られ、初日はかわしたものの二日目その手に屈した二条は、不本意な「あかつきの別れ」で鐘の音を耳にする。

結ぶ程なき短夜は、明け行く鐘の音すれば、……観音堂の鐘の音、ただわが袖に響く心地して、「左右にも」[7]とはかかる事をやなど思ふに、なほ出でやり給はで、

愛し合っている男女ならば短い夜を惜しむ気持ちもあろうが、暁の鐘は二条の［ B ］思いと、明けてもなお出て行こうとはしない後深草院への［ C ］という感情を表している。

このほかにも、二条は大切に養育してくれた最愛の父親との死別の際に、やはり暁の鐘の音を書き残している。

これや教への限りならむと悲しきに、明け行く鐘の声聞ゆるに、

4理想的な「あかつきの別れ」がどのようなものかという作者の価値観がよくわかる章段で、公務の後に女性と夜を明かしまた公務に戻るという貴族の毎日では、物語のようにスマートには行かないようである。実際、後朝の別れの後に寝る時間がほとんどないらしいことは、『枕草子』第百八十二段を見れば納得される。

すきずきしくて人かず見る人の、夜はいづくにはありつらむ、暁に帰りて、やがて起きたる、ねぶたげなるけしきなれど、

(よくもてて多くの女性のもとに通っている人が、昨晩はどこに行ったのか暁に帰ってきてそのまま起きているのが眠たそうな様子だが、)

こうした艶な風情のある「あかつきの別れ」は、恋をテーマとする和歌にも詠まれているが、同じ『源氏物語』でも宇治十帖の「総角(あげまき)」巻では5もう一つの要素が加わり、沈静的な内面が描かれるようになっていく。それは、近くの寺院から聞こえてくる暁の勤行(ごんぎょう)を知らせる鐘の音である。

明(あか)くなりゆき、むら鳥の立ちさまよふ羽風近く聞こゆ。夜深き朝の鐘の音かすかに響く。……「あな苦しや。暁の別れや、まだ知らぬことにて、げにまどひぬべきを」と嘆きがちなり。

(周囲が明るくなってきて、群れた鳥があちらこちら飛びかう羽の音がすぐ近くに聞こえる。晨朝(じんじょう)の勤行を知らせる鐘の音がかすかに響いてくる。……薫は、「なんて苦しいことでしょうか。暁の別れはまだ経験したことがありませんので、いかにも道に迷ってしまいそうです」となげく。)

るが、男性が女性のもとを訪れる通い婚では、「あかつき」は二人が別れる時でもあった。たとえ次の宵がめぐってきて再び逢いにくる場合でも、「あかつきの別れ」は歌に詠まれる[a]ジョウチョ纏綿（てんめん）たる時間であったのだ。吉海直人が論述するように、なかでも『源氏物語』には「あかつきの別れ」を描く名場面が数えられる（『『源氏物語』「後朝の別れ」を読む――音と香りにみちびかれて』）。「賢木（さかき）」巻で娘が斎宮となり伊勢下向が決まった六条御息所（ろくじょうのみやすんどころ）と光源氏の別れを描く場面では、「あかつきの別れ」という表現そのものが登場している。

やうやう明けゆく空のけしき、ことさらに作り出でたらむやうなり。

あかつきの別れは[3]いつも露けきをこは世に知らぬ秋の空かな（源氏）

出でがてに、御手をとらへてやすらひたまへる、いみじうなつかし。

後朝の別れは光源氏にとって珍しいことではなかっただろうが、伊勢に行ってしまう六条御息所とはもう逢えないかもしれない別れとしてことさらに印象深いものだったのである。

こうした例を踏まえると、『枕草子』には「あかつきの別れ」に関する作者の視線を強く感じる章段がいくつか存する。よく知られている箇所だが、『源氏物語』との違いを見てゆくために引用しておきたい（第六十段）。

暁に帰らむ人は、装束などいみじうるはしう、烏帽子の緒、元結（もとゆひ）固めずもありなむとこそおぼゆれ。いみじくしどけなく、かたくなしく、直衣、狩衣などゆがめたりとも、誰か見知りて笑ひそしりもせむ。人はなほ、暁のありさまこそ、をかしうもあるべけれ。わりなくしぶしぶに起きがたげなるを、しひてそのかし、「明けすぎぬ、あな見苦し」など言はれてうち嘆くけしきも、げにあかず物憂くもあらむかしと見ゆ。

「あかつき」は本来、「朝に最も近づいた夜」の時間帯を指すが、「しののめ」「あけぼの」と混同されて今に至る、というのだから、三者を厳密に分けることは難しい。また、散文や韻文といった文の種類によっても選ばれる語は変わってくる。同辞典の続きを引用しよう。

　中古では「あかつき」は歌・散文の双方に用いられるが、「あけぼの」は基本的には文章語（中世和歌には多い）、「しののめ」は歌語である。通い婚の習俗では、「あかつき」は男が女と別れて帰る刻限であり、「あかつきの別れ」などの表現もある。

ところが、平安時代の時間表現について小林賢章『暁』の謎を解く――平安人の時間表現』が公刊されたことで、少なくとも「あかつき」については合理的な説明が付けられるようになった。小林は日が昇って空の色が変わるという［A］面ではなく、「あく」という動詞が日付が変わる意味であることに注目し、「あかつき」をこう定義したのである。

　動詞「明く」は「午前三時になる」、「日付が変わる」意味でこの時代には使用されていた。当時日付が変わるのは午前三時だったから、アカトキ*は午前三時から二時間という意味を語の中に持っていることになる。

小林説は、「日付が変わるのは午前零時（子の刻）である」という現代人の常識からくる思い込みを明確な論理でくつがえしたという点で、画期的である。どんなに空が暗かろうが午前三時で日は変わるのだと考えると、疑問がすっきりと解消するのである。

さて、「あかつき」がこんにちの午前三時から午前五時までの時間帯であるとする小林説を念頭に置きながら、ここでは『日本国語大辞典』にあった「あかつきの別れ」という表現について、平安時代から中世への移り変わりを考えてみたい。繰り返しにな

▲日本文学科B方式▼

（六〇分）

次の文章を読んで後の問いに答えなさい。

大学に所属していると、時々マスコミや一般の方からお問い合わせを頂くことがある。調べ物をしないとわからないこともありすぐにお答えできない場合が多いが、次の質問はやっかいなものの一つだった。いわく、「[1]あかつき」と「あけぼの」と「[2]しののめ」は時間的にどのような順番になるか」。『枕草子』冒頭章段が「春はあけぼの」で始まることもあって関心が高いせいか、このお問い合わせは複数回あったと記憶する。「あさ」の時間帯を表す語はほかにも「つとめて」や「あさぼらけ」などがあり、実はこの問題は非常に複雑であって、即答しづらいものなのである。これらが重なり合わず順番にやってくる時刻を指すのであれば事はもっと単純なはずだが、そういうわけでもない。

誰しもひとまず引いてみる『日本国語大辞典』の「あかつき」の説明は、このようになっている。

> 上代には「あかとき」で、中古以後「あかつき」となって今日に及ぶ。もともとは、夜を三つに分けたうちの「宵」「夜中」に続く部分をいったが、明ける一歩手前の頃をいう「しののめ」、空が薄明るくなる頃をいう「あけぼの」が、中古にできたために、次第にそれらと混同されるようになった。

① 醍醐天皇は若宮の袴着のお祝いの屏風に書く歌をすぐ詠んで差し出すようにと伊衡大輔を使いとしてその妻の伊勢の御息所に命じた。

② 女房の一人は、音楽に秀でていても、音色は後世には伝わらないので、やはり和歌や漢詩のように名の残る作品を書き留めるのがよいと思っている。

③ 寛平法皇がなくなったため、伊勢の御息所は出家し山に籠もって生活した。

④ 老尼は女房たちが和歌だけではなく音楽についても秀でている人物を礼賛していることに満足している。

⑤ 琵琶を博雅から習った兵衛内侍は博雅より演奏が上手で当時の人に称賛された。

問十三　『無名草子』の成立年代と最も近い頃に成立した作品を、次の①～⑤から一つ選び、記号をマークせよ。解答欄番号は 39 。

① 『太平記』

② 『枕草子』

③ 『奥の細道』

④ 『風姿花伝』

⑤ 『方丈記』

③　B＝ある　E＝めでたかるべけれ

④　B＝あれ　E＝めでたかるべき

⑤　B＝あれ　E＝めでたかるべし

問九　傍線部6「籠りゐたり」の主語は誰か。次の①〜⑤から選び、記号をマークせよ。解答欄番号は 36 。

①　宮の宣旨

②　寛平法皇

③　伊勢の御息所

④　伊勢大輔

⑤　宇多天皇中宮の温子

問十　空欄 D に入る「おぼゆ」の最適な活用形を書け。**解答用紙（その2）を使用。**

問十一　傍線部7「奥ゆかしく」のここでの意味として最適なものを、次の①〜⑤から選び、記号をマークせよ。解答欄番号は 37 。

①　すばらしい

②　上品で美しい

③　風情がある

④　おとなしい

⑤　聞いてみたい

問十二　本文の内容と合致するものを次の①〜⑤から一つ選び、記号をマークせよ。解答欄番号は 38 。

問六　傍線部5「さやうのたぐひ」のここでの意味として最適なものを、次の①～⑤から選び、記号をマークせよ。解答欄番号は 33 。

① とても珍しいと思うこと
② 正気を失うほどの物思いをすること
③ 恋する人との連絡が途絶えること
④ 別れの悲しさを上手に歌に詠むこと
⑤ 非常に涙を催すようなこと

問七　空欄 A 、空欄 C に入る語の組み合わせとして最適なものを、次の①～⑤から選び、記号をマークせよ。解答欄番号は 34 。

① A＝はべらむ　C＝はべるなり
② A＝はべり　C＝はべらめり
③ A＝はべるめり　C＝はべり
④ A＝はべるめり　C＝はべらむ
⑤ A＝はべらむ　C＝はべり

問八　空欄 B 、空欄 E に入る語の組み合わせとして最適なものを、次の①～⑤から選び、記号をマークせよ。解答欄番号は 35 。

① B＝ある　E＝めでたかるべき
② B＝あれ　E＝めでたかるべけれ

② 定頼中納言は宮の宣旨の姿をよそながらながめ、恋しさにたえられず正気をなくした。
③ 定頼中納言は宮の宣旨が賀茂神社に参詣すると聞いて、よそながらその姿をのぞいて恋しさに和歌を詠んだ。
④ 定頼中納言の訪れが途絶えがちになったことを、宮の宣旨は忘れ水に喩えて和歌を詠んだ。
⑤ 宮の宣旨はよそながら定頼中納言の姿を見たが、はっきり見えず、じれったさにさらに苛立った。

問三　傍線部2「ほどに」のここでの意味として最適なものを、次の①～⑤から選び、記号をマークせよ。解答欄番号は 31 。
① ころに
② 程度に
③ ので
④ のち
⑤ うちに

問四　傍線部3「見きこえても」を訳せ。**解答用紙（その2）を使用。**

問五　傍線部4「誰々か、ほどほどにつけても物思はぬ」とあるが、ここでの意味として最適なものを、次の①～⑤から選び、記号をマークせよ。解答欄番号は 32 。
① 誰が身のほどに応じて物思いをしないことがあるだろうか。
② 誰がほどほどに物事を考えることができるだろうか。
③ 誰が身のほどに応じた考えを持たないだろうか。
④ 誰が折々につけ物思いをしないことがあるだろうか。
⑤ 誰なのか。身のほどに応じて物を考えないのは。

＊寛平法皇…第五十九代宇多天皇の出家後の名。
＊帽額の簾…上部の掛け際を布で飾った簾。
＊延喜…第六十代醍醐天皇の代の年号。
＊伊衡中将…藤原伊衡。平安中期の歌人。
＊博雅三位…源博雅。琵琶の名手。
＊村上…第六十二代村上天皇。
＊玄上…宮中に伝わる琵琶の銘。
＊陽明門…大内裏の東側の門の一つ。

問一　傍線部1「世に言ひふらすばかりのもの思はざらむ」とあるが、ここでの意味として最適なものを、次の①～⑤から選び、記号をマークせよ。解答欄番号は 29 。

① 世間に言いふらすだけで物思いをしないような人
② 世間にうわさ話ばかりしてよく物事を考えない人
③ 世間に評判になるほどの物思いをしないような人
④ 世間に評判になることなど思ってもいないような人
⑤ 世間に評判になることしか考えていないような人

問二　宮の宣旨に関する説明として最適なものを、次の①～⑤から選び、記号をマークせよ。解答欄番号は 30 。

① 定頼中納言ははるばるとやってきた野中の忘れ水を見て、宮の宣旨と疎遠になったことを嘆いた。

もせまほしきこと多かれど、よしなければ、身じろきをだにせで、そら寝をしてはべるに、また、「されど、さやうのことは、我が世にある限りにて、亡き後までとどまりて、末の世の人見聞き伝ふることなきこそ、口惜しけれ。男も女も、管絃(くわんげん)の方(かた)などは、その折にとりてすぐれたるためし多かれど、いづらは末の世にその音の残りてやははべる。歌をも詠み、詩をも作りて、名をも書き置きたるこそ、百年(ももとせ)、千年(ちとせ)を経て見れども、ただ今、その主(ぬし)にさし向ひたる心地(ここち)して、いみじくあはれなるものはあれ。されば、ただ一言葉(ひとことば)にても、末の世にとどまるばかりのふしを書きとどむべき、とはおぼゆる。」(後略)

(『無名草子』による)

(注)
* 宮の宣旨…ここでは、大和の宣旨のことで、三条天皇中宮妍子の女房。
* 定頼中納言…藤原定頼。平安中期の歌人。
* 忘れ水…野中の茂みなどで、人の目につかず細々と流れている水。
* 赤染…赤染衛門のこと。大江匡衡の妻。平安中期の歌人。
* 「まつとは・・・」…赤染衛門が摂津にいる匡衡へ送った歌「名を聞くに長居しぬべし住吉の松とは留まる人や言ひけむ」。
* 伊勢大輔…平安中期の歌人。高階成順の妻。
* 「近江の海・・・」…伊勢大輔が石山寺に籠もった成順に送った歌「みるめこそ近江の海に難からめ吹きだに通へ志賀の浦波」。
* 伊勢の御息所…宇多天皇中宮である温子の女房。宇多天皇の寵愛を受け、皇子を儲けた。平安中期の歌人。

「されども、[5]さやうのたぐひは、昔よりいと多く[A]。*赤染が、『*まつとはとまる人や言ひけむ』と詠める、*伊勢大輔が、『*近江の海にかたからめ』と詠めるも、ほどほどにつけていみじからぬやは[B]。

まことに名を得て、いみじく心にくくあらまほしきためしは、*伊勢の御息所ばかりの人は、いかでか昔も今も[C]。*寛平法皇世をそむかせおはしまして、つれづれにて[6]籠りゐたりけむありさま、聞きはべるなどこそ、たぐひなくいみじく[D]。庭はいと白きものから、苔むらむら生ひて、*帽額の簾ところどころ破れて、神さび心細げなりけるに、*延喜の御時、若宮の御袴着の御屏風の歌、ただ今詠みてたてまつるべく、*伊衡中将の御使ひにておほせられたりけるに、

　散り散らず聞かまほしきに古里の花見て帰る人もあらなむ

と詠みてたてまつりたるほどのことどもなどこそ、返す返す心も言葉もめでたくおぼえはべれ」と言ふなれば、

また、「必ず歌を詠み、物語を撰び、色を好むのみやは、いみじく[E]。何事にも、歌の道に足りぬるばかりは、いみじくめでたかるべきことやははべる。その中にも箏の琴は、女のしわざとおぼえて、なつかしくあはれなるものの音なれど、あやしの生女房・童べ・侍などまで、大方よからぬ爪鳴らしして、なべて耳馴らしたるが、いと口惜しきなり。琵琶はなべて弾く人少なう、まして女などは、たまたままねぶを聞くもいとめでたく、心にくく、[7]奥ゆかしくこそはべれ。*博雅三位、逢坂の関へ百夜詣で行きて、蝉丸が手より習ひ伝へたまへりけむほど、思ふもいとありがたくめでたきを、兵衛内侍といひける琵琶弾き、*村上の御時の相撲の節に、*玄上賜はりて仕まつりたりけるが、*陽明門まで聞こえけるなどこそ、いとめでたけれ。『博雅三位だにかばかりの音は弾きたてたまはず』と、時の人褒めはべりけるほどこそ、女の身にはありがたきことにはべれ。歌などを詠み、すぐれて、人に褒めらるるためしは、昔も今もいと多かり。これは、いとありがたくうらやましきことにはべり」など言ふなり。

さまざま、心のほど見えて、いとをかしく聞きどころあるに、目も覚めて、つくづく聞き臥しはべるに、いみじくさしいらへ

⑤ 自分の思惑通りに服従させたいと願う「利他」の感情も、相手から期待していた反応が得られない際には「負い目」に変化する。

以下の問題は、日本文学科のみ解答すること

四 次の文章は、数名の女房が女性を評する会話を老尼が聞いている場面である。本文を読んで、後の問に答えよ。

「*宮の宣旨(せんじ)こそ、いみじくおぼえはべれ。男も女も、人にも語り伝へ、1世に言ひふらすばかりのもの思はざらむは、いと情(なさけ)なく本意(ほい)なかるべきわざなり。*定頼(さだより)中納言、かれがれになりてはべりけるに、

*はるばると野中に見ゆる忘れ水絶え間絶え間を嘆くころかな

と2詠(よ)みけるほどに、絶え果てたまひて後、賀茂に参りたまふと聞きて、よそながらも今一度(ひとたび)見まほしさに、詣でて3見きこえても、

よそにても見るに心はなぐさまで立ちこそまされ賀茂の川波

さても、いと涙の催(もよほ)しなりけり。

恋しさをしのびもあへず空蝉(うつせみ)の現(うつ)し心もなくなりにけり

と詠める、返す返すもいみじきなり。4誰々か、ほどほどにつけてもの思はぬ。されども、現し心もなきほどに思ひけむ、いとありがたくあはれにおぼえはべるなり。」

③　ポトラッチはモースが『贈与論』で例示した、社会集団で使用するものを破壊し、法的・経済的・儀礼的な方式には当てはまらない。

④　ポトラッチは物を贈与する相手とその子孫を奴隷の身分に追放するための儀礼で、相手に負担を強いることが何よりも重要である。

⑤　ポトラッチは王族とその周囲が気前よく贈与を行う機会であり、披露、結婚、葬礼などで負い目を感じさせないように配慮している。

問十　傍線部9「クギ」の「ク」と同じ漢字を用いた語句はどれか。次の①～⑤から選び、記号をマークせよ。解答欄番号は 27 。

①　句点　②　苦境　③　久遠　④　供養　⑤　貢物

問十一　この文章の内容と合致するものを、次の①～⑤から一つ選び、記号をマークせよ。解答欄番号は 28 。

①　相手のことを思ってしたことであっても、それが利他的なものとは限らず、受け手にとってネガティブな行為である可能性がある。

②　贈り物を貰った人は、受け取った後は大きな利益を得たと認識するのみであり、贈り物を与える側も利他のみ意識して贈与する。

③　利他には「毒」があり、贈与によって、与える側と与えられる側いずれも自覚がないままに負債感を持つという不純な一面を持つ。

④　相手を慮って行動したのであれば、相手にとって「ありがた迷惑」なものであったとしても、利他的行為と判断せざるを得ない。

② A＝当初　B＝ひいては
③ A＝まずは　B＝しかし
④ A＝だから　B＝次第に
⑤ A＝とりもなおさず　B＝そのまま

問六　傍線部5「ヒッテキ」のカタカナを漢字で記せ。**解答用紙（その2）を使用。**

問七　傍線部6「メビウスの輪」とあるが、ここでの意味で最適なものを、次の①～⑤から選び、記号をマークせよ。解答欄番号は 25 。

① 無限に再生を繰り返すメビウスの輪のように、「利他」や「利己」は永遠に難解である。
② 細長い帯を貼り合わせるメビウスの輪のように、「利他」と「利己」はか細く気づきにくい。
③ 永遠にまじりけがないメビウスの輪のように、「利他」と「利己」は純粋で反復し続ける。
④ 面の表裏の区別をつけられないメビウスの輪のように、「利他」と「利己」は繋がっている。
⑤ 相対するメビウスの輪のように、「利他」と「利己」はお互いが相反しており交わらない。

問八　傍線部7「披露」の読みをひらがなで記せ。**解答用紙（その2）を使用。**

問九　傍線部8「負い目」とあるが、その説明として最適なものを、次の①～⑤から選び、記号をマークせよ。解答欄番号は 26 。

① ポトラッチは世俗的な権力を手に入れることを目指す儀礼であり、世俗から距離を置きたい受け手が「負い目」を感じることが多い。
② ポトラッチは過剰な贈与により受け手が返せない状況に追い込む儀礼であり、相手に負担を感じさせることが目的である。

① 病気のために食事制限を行っている人に対して、何が食べられないのかを確認しながら食べ物を勧める。
② 病気のために特定の物を食べることを禁止されている人に、好き嫌いがあるのは失礼であると詰問する。
③ その食べ物を口にすると命に関わると承知しているからこそ、少しだけでも食べられるように分量を調整する。
④ 特定のものを食べると命の危険にさらされると分かったため、その食べ物を決して口にしないように配慮する。
⑤ 病気によってある物が食べられないと断っているにも拘わらず、おいしいので食べるようにと強制する。

問三　傍線部3「前衛化」とあるが、ここでの意味で最適なものを、次の①〜⑤から選び、記号をマークせよ。解答欄番号は 22 。

① 表面化　② 相対化　③ 減退化　④ 神秘化　⑤ 永続化

問四　傍線部4「贈与の持っている危険な側面」とあるが、ここでの意味で最適なものを、次の①〜⑤から選び、記号をマークせよ。解答欄番号は 23 。

① 相手を喜ばせようとする行為により、相手を優位な立場にし、最終的に同調圧力に屈するように仕向ける。
② 相手に共感を求める超越的言動が、結局は相手の命を危険にさらすような世俗的行為に変化してしまう。
③ 相手に贈与を行うのは、その相手を負い目によって毒していくことに繋がり、服従させる可能性がある。
④ 相手に何かを贈与した結果、その人の権力を徐々に奪い、長期的に経済的な死へと至らすことを計画する。
⑤ 相手を支配することによって自分の負い目を解消しようとするため、贈与の量が次第に増えていってしまう。

問五　空欄 A 、空欄 B に入る語句の組み合わせとして最適なものを、次の①〜⑤から選び、記号をマークせよ。解答欄番号は 24 。

① A＝とりあえず　B＝ついに

ちなみにポトラッチは、世俗的な権力獲得のためだけに行われている儀礼ではありません。彼らが大切なものを破壊するのは、モノの真の所有者である神々への捧げ物という認識があり、儀礼全体が超越的なものへのクギ[9]という側面を持っているからです。

ポトラッチには世俗性と超越性が混在しており、儀礼の解釈は様々になされていますが、ここでは「贈与」「利他」に含まれる支配の構造を確認しておきたいと思います。

（中島岳志『思いがけず利他』による）

（注）

＊　マルセル・モース…フランスの社会学者、民族学者。一八七二―一九五〇。

問一　傍線部1「とても重要だ」とあるが、ここでの意味で最適なものを、次の①～⑤から選び、記号をマークせよ。解答欄番号は 20 。

① 「利他」について考える際、常に欠かせないトピックとして提示される。
② 「利他」の本質について考える際に、示唆に富む具体例である。
③ 「利他」を分析する時、相手の立場や状況を察することは必須である。
④ 「利他」とは何かを定義する場合、非常に大事な状況を設定する。
⑤ 「利他」とはどうあるべきかを作者が重視し、読者に提示する。

問二　傍線部2「同調圧力」とあるが、その内容として最適なものを、次の①～⑤から選び、記号をマークせよ。解答欄番号は 21 。

ここで、この両者の間に何が起きているのでしょうか？

それは与えた側がもらった側に対して「優位に立つ」という現象です。もらった側が、十分な返礼ができないでいると、両者の間には「負債感」に基づく優劣関係が生じ、徐々に上下関係ができていきます。これが「ギフト」の「毒」です。

この「毒」は、溜まれば溜まるほど、相手を支配し、コントロールする道具になっていきます。「贈与」や「利他」の中には、支配という「毒」が含まれていることがあり、これが「利他」と「利己」の[6]メビウスの輪となっています。自分の思い通りに相手をコントロールしようとする「ギフト」は、「利他」の仮面をかぶった「利己」ですよね。

モースは、支配としての贈与の典型例を、北アメリカの先住民の「ポトラッチ」に見ます。ポトラッチとはチヌーク族の言葉で「贈答」を意味し、祝宴に招いた人たちに対して、お返しができないほどの贈り物を渡す儀礼を指します。ポトラッチでは、時に大切な毛布を燃やしたり、銅製品を粉々に破壊したりします。そして、主催者とその親族は、気前のよさを最大限に発揮して、その地位を誇ります。

これは後継者の[7]披露、結婚、葬礼などのときに行われ、周囲の別の社会集団が客として招かれます。主催者にとっては、自分たちの寛大さを誇示する儀礼なのですが、大量の贈答物をもらった社会集団は、どういう状態に置かれるでしょうか？

――「こんなにもらったら、返せない」。

この「ギフト」には、明らかに「毒」が含まれています。主催者は、贈り物を与えていると同時に、相手に「負債感」を付与しています。いっぱいもらってしまったことの[8]「負い目」こそが相手に与えられており、この作用を通じて、相手集団よりも優位な地位を獲得するという意図が含まれています。

もらった側は、いずれ子孫を含めて返済しなければならないと考えます。そのため、何かの機会に盛大な祝宴を開いて答礼しようとします。しかし、答礼が十分でない場合には、相手の奴隷身分に落とされることもあり、服従を余儀なくされます。まさに「贈与」が持つ支配／被支配の論理ですね。

給付を与えたのに、それへのお返しがあらかじめ規定された方式（法的方式であれ経済的方式であれ、あるいは儀礼的方式であれ）によってなされないならば、給付の与え手はもう一方に対して優位に立つことになるのだ。

私たちは「贈り物」をもらったとき、どういう気持ちになるでしょうか。心から「ありがとう」と思い、[A]、「うれしい」という感情が湧き上がり、相手に対する感謝の念が湧き起こると思います。涙が流れることもあります。

[B]、少し時間が経つと別の感情が湧いてくることになります。

「とてもいいものをもらったのだから、お返しをしないといけない」。

今度は自分があげる番だ。もらったものに5ヒッテキするものを「返礼」として渡さないといけない。そんな思いに駆られるのではないでしょうか。

これは結構なプレッシャーです。

今はインターネットという便利なものがあり、もらったものの価値や値段が、検索すればすぐにわかってしまいます。

例えば、もらったものが、一万円で売られているものだとわかったとしましょう。この瞬間、二つの引き裂かれた感情が湧き上がるのではないでしょうか。それは「えっ！そんなに高価ないいものをくれたんだ」というれしさと、「そんな高価なものをもらったんだから、自分も高価なものを返さなくてはいけない」というプレッシャーです。この両方が同時に押し寄せてくるだろうと思います。

もし、自分に金銭的余裕がなく、十分なお返しができない場合、プレッシャーはさらに大きなものになります。そして、実際にお返しを渡すことができないでいると、自分の中で「負い目」が増大していきます。本当はプレゼントとしてもらったのに、なぜかそれが「負債」のような感覚になり、心の錘（おもり）になっていったりします。

この本は、文化人類学の見地から資本主義的交換とは異なる「贈与」という行為について、その意味を探究したものです。モースが『贈与論』を着想した背景には、第一次世界大戦(一九一四年―一九一八年)とスペイン風邪の流行(一九一八年―一九二〇年)があったと考えられます。

モースは、資本主義経済の限界にぶつかり、それとは異なる経済のあり方を模索しました。この本の最終章では、協同組合の可能性が追究されていますが、『贈与論』がスペイン風邪後の世界のあり方を模索するアクチュアルな本であったことに注目する必要があります。「ポストコロナ」という課題に向き合う私たちにとって、モースの百年前の問いは、とても参考になります。

モースは古今東西、様々な贈与体系・慣習を比較することで、その価値を再評価したのですが、『贈与論』は手放しの「贈与礼賛論」ではありません。むしろ、4贈与の持っている危険な側面も、同時に追究している点が重要です。

モースは、『贈与論』出版の前年に「ギフト、ギフト」という論文を書いています。彼は冒頭で次のように述べます。

　さまざまなゲルマン語系の言語で、ギフト(gift)という一つの単語が「贈り物」という意味と「毒」という意味と、二つの意味を分岐してもつようになった。

ん？何気ない一文ですが、とても物騒なことが書かれていますよね。「ギフト」という単語には二つの意味があり、一つは「贈り物」、そしてもう一つは「毒」だと述べられています。

「贈り物」は、一般的に相手に対する好意に基づいて行われると思われています。実際、私たちも、確かに「贈り物」をする際には、「喜んでくれるかな」とか、「めでたいのでお祝いをしたい」とか、思いますよね。

しかし、この「贈り物」の中には、時に「毒」が含まれていると、モースは指摘します。一体、どういうことでしょうか？

確かに相手は、頭木さんに「おいしいものを食べさせたい」という利他的な思いがあったのでしょう。だから、自分で店を予約し、お勧めの料理を前もって注文するという手間のかかることを行ったわけです。

ただし、いくら他者のことを思って行ったことでも、その受け手にとって「ありがたくないこと」だったり、「迷惑なこと」だったりすることは、十分ありえます。実際、頭木さんにとって、食べられないものを食べるように勧められることは、迷惑どころか、場合によっては命の危険にさらされる危険な行為です。当然、受け入れることはできません。

しかし、相手の「お勧め」を断ると、場が気まずくなります。そして、自分の思いが受け入れられなかった相手は気分を害し、徐々に「利他」の中に潜んでいた「利己」を[3]前衛化させていきます。頭木さんの病気を熟知している上、「食べられないものだ」ということを知らされても、時間が経つと「少しぐらい大丈夫なんじゃないですか」と言って、自己の行為を押し付けようとします。こうなると、「この料理を食べさせてあげたい」という「利他」が、「自分の思いを受け入れないなんて気に入らない」「何とかおいしいと言わせたい」という「利己」に覆いつくされ、頭木さんに襲いかかってきます。利他的押し付けは、頭木さんにとっては恐怖でしかありません。

このエピソードは、利他を考える際、大切なポイントをいくつも含んでいます。

まず考えなければならないのは、「支配」という問題です。「利他」行為の中には、多くの場合、相手をコントロールしたいという欲望が含まれています。頭木さんに料理を勧めた人の場合、「自分がおいしいと思っているものを、頭木さんにも共有してほしい」という思いがあり、それを拒絶されると、「何とかおいしいと言わせたい」という支配欲が加速していきました。相手に共感を求める行為は、思ったような反応が得られない場合、自分の思いに服従させたいという欲望へと容易に転化することがあります。これが「利他」の中に含まれる「コントロール」や「支配」の欲望です。

ここでとても参考になる古典があります。*マルセル・モースが一九二五年に出版した『贈与論』です。

三　次の文章を読んで、後の問に答えよ。

「利他」の問題を考える際、私がとても重要だと考えている一冊があります。頭木弘樹（かしらぎひろき）さんの『食べることと出すこと』です。頭木さんは、二十歳のときに潰瘍性大腸炎（かいようせいだいちょうえん）を患い、五十代になった今も、病気と付き合いながら生活しています。そのため、何でも食べられるわけではなく、「これを食べると激しい腹痛や下痢になる」というものがあります。

あるとき、頭木さんは仕事の打ち合わせで、食事をすることになりました。指定の店に行くと、すでにお勧めの料理が注文されており、頭木さんが選ぶことができない状態でした。注文された料理が出てくると、それは食べることができないものでした。

相手は「これおいしいですよ」と、頭木さんに勧めます。ちなみに、その人は頭木さんが難病を抱えており、食べることができないものがあることを知っています。頭木さんは「すみません。これはちょっと無理でして」と答え、食べられないものであることを伝えました。

相手は「ああそうですか。それは残念です」と答え、その場はいったん収まったものの、しばらくすると、また同じものを勧めてきました。「少しくらいなら大丈夫なんじゃないですか」と言って、食べることを促します。難病を抱える頭木さんにとって、その料理を口にすることは、いくら「少しくらい」であっても、大変な不調をきたすことにつながり、どうしてもできません。そのため、手を付けないままにしていると、周りの人まで「これ、おいしいですよ」とか「ちょっとだけ食べておけばいいじゃないですか」とか言いながら、同調圧力[2]を強めてきます。その場は、気まずい雰囲気になり、結局、その相手からは仕事の依頼はなくなったと言います。

この相手の行為は、「利他」と「利己」の問題を考える際、重要な問題を含んでいます。

⑤ 気の毒に思って

問十　本文の内容と合致していないものを、次の①～⑤から一つ選び、記号をマークせよ。解答欄番号は 18 。

① 宇多上皇は、平定文を大井川への逍遥に連れ出し、そのまま二晩宴を催して過ごした。
② 平定文は、女が出家したことを知って、その事実を悲しみ、泣きながら女の手紙への返事を書いた。
③ 女の使者は、平定文に女が出家したことを伝え、女が美しい髪を切ったことを悲しんだ。
④ 女は、平定文がやむを得ず自分を訪ねられなかったことを察して、出家したことを悔いた。
⑤ 右兵衛督は、平定文を遠方への逍遥に連れ出し、平定文が女に使者を遣わすことの妨げになった。

問十一　『大和物語』よりも先に成立した作品を、次の①～⑤から一つ選び、記号をマークせよ。解答欄番号は 19 。

① 『宇治拾遺物語』
② 『狭衣物語』
③ 『伊勢物語』
④ 『源氏物語』
⑤ 『栄花物語』

せよ。解答欄番号は 15 。

① 6「べし」＝推量　8「べき」＝適当
② 6「べし」＝過去　8「べき」＝可能
③ 6「べし」＝可能　8「べき」＝意志
④ 6「べし」＝伝聞　8「べき」＝過去
⑤ 6「べし」＝意志　8「べき」＝推量

問七　傍線部7「たまう」の敬意の対象として最適なものを、次の①～⑤から選び、記号をマークせよ。解答欄番号は 16 。

① 武蔵守の娘
② 使
③ 平定文
④ 宇多上皇
⑤ 右兵衛督

問八　空欄 A にはそれぞれ共通する助詞が入る。その助詞を二字で書け。**解答用紙（その2）を使用。**

問九　傍線部9「いとほしさに」の意味として最適なものを、次の①～⑤から選び、記号をマークせよ。解答欄番号は 17 。

① 情けなく思って
② ふさわしくないと思って
③ 心外に思って
④ 愛おしく思って

問四　傍線部4「今日だに日もとく暮れなむ」とあるが、そのように平定文が思ったのはなぜか。その説明として最適なものを、次の①〜⑤から選び、記号をマークせよ。解答欄番号は 13 。

①　大井川の素晴らしさを今日のうちに女に伝えたかったから。
②　女への思いを手紙にしたためるには長い時間がかかるから。
③　明日になると女は出家して会えなくなってしまうから。
④　一刻も早く無沙汰であった事情を女に説明したかったから。
⑤　緊張を強いられる場から解放されて自宅に帰りたかったから。

問五　傍線部5の和歌の説明として最適なものを、次の①〜⑤から選び、記号をマークせよ。解答欄番号は 14 。

①　「あまの川」の水を「涙」に擬えた比喩が用いられており、七夕伝説のように年に一度の逢瀬でも良いから会いたいと訴えている。
②　「あまの川」の「あま」は「天」と「尼」の掛詞であり、出家はこれまで他人事として聞いていたと詠んで現状を嘆いている。
③　「あまの川」に平定文を喩えた擬人法の歌であり、自分を訪ねないまま別の女性たちのもとに通っていた好色さを恨んでいる。
④　「あまの川」は本来「空」にあるものだが「目のまへ」にあったと詠み、ようやく便りを得たことへの感動を伝えようとしている。
⑤　「あまの川」に続く上の句は下の句の「わが」を導く序詞であり、大井川に出かけて自身を訪ねなかったことへの不満を詠んでいる。

問六　傍線部6「べし」と傍線部8「べき」の文法的な意味の組み合わせとして最適なものを、次の①〜⑤から選び、記号をマーク

① 無理を言って
② 非難して
③ 大騒ぎして
④ 酔いつぶれて
⑤ 駆け回って

問二　傍線部2「たまは」の敬意の対象として最適なものを、次の①～⑤から選び、記号をマークせよ。解答欄番号は 11 。

① 武蔵守の娘
② 使
③ 平定文
④ 宇多上皇
⑤ 右兵衛督

問三　傍線部3「いかにおぼつかなくあやしと思ふらむ」の意味として最適なものを、次の①～⑤から選び、記号をマークせよ。解答欄番号は 12 。

① どれほど恨めしく悲しいと思っているだろうか。
② どれほど気がかりで変だと思っているだろうか。
③ どれほどきまり悪く見苦しいと思っているだろうか。
④ どうして待ち遠しく不思議だと思うことがあろうか。
⑤ どうしてみじめで情けないと思うことがあろうか。

御ぐしを」と言ひて泣く時に、男の心地いといみじ。なでふ、かかるすき歩きをして、かくわびしきめを見るらむと、思へどかひなし。泣く泣く返りごと書く。

　世をわぶる涙ながれてはやくともあまの川にはさやはなる[8]べき

「いとあさましきに、さらにものも聞えず。みづからただ今まゐりて」と　A　言ひたりける。かくてすなはち来にけり。そのかみ女は*塗籠(ぬりごめ)に入りにけり。ことのあるやう、さはりを、つかふ人々に言ひて泣くことかぎりなし。「ものをだに聞えむ。御声をだにしたまへ」と言ひけれど、さらにいらへをだにせず。かかるさはりをば知らで、なほただ[9]いとほしさにいふとや思ひけむとて　A　、男はよにいみじきことにしける。

（注）

＊平中…平定文。

＊つかさのかみ…役所の長官。平定文が所属する右兵衛府(うひょうえふ)の長官、右兵衛督(うひょうえのかみ)藤原清経を指すと考えられる。

＊亭子の帝…宇多上皇。

＊大井…大井川。京都市北西部を流れる川。

＊この女…武蔵守の娘。

＊尉の君…平定文のこと。右兵衛少尉(うひょうえのしょうじょう)であったことによる呼称。

＊塗籠…周囲を壁土で塗りこめた部屋。

問一　傍線部1「ののしりて」の意味として最適なものを、次の①～⑤から選び、記号をマークせよ。解答欄番号は 10 。

⑤　人類学が提示する他者理解は科学的に検証されるようなものではない。

二　次の文章は、平定文と武蔵守の娘の恋を語る『大和物語』一〇三段の一節である。二人は市で出会って逢瀬を交わしたが、一夜の後、男から女のもとに手紙が送られてくることはなく、音沙汰のないまま五、六日が経過し、女は身の上を辛く思い出家してしまった。以下は、それに続く文章である。本文を読んで後の問に答えよ。

かかりけるやうは、*平中(へいちゅう)、そのあひけるつとめて、人おこせむと思ひけるに、*つかさのかみ、にはかにものへいますとて寄りいまして、寄りふしたりけるを、おひ起して、「いままで寝たりける」とて、逍遥(せうえう)しに遠き所へ率ていまして、酒飲み、[1]ののしりて、[2]さらに返したまはず。からうじてかへるままに、*亭子(ていじ)の帝(みかど)の御ともに*大井(おほゐ)に率ておはしましぬ。そこにまたふた夜さぶらふに、いみじう酔ひにけり。夜ふけてかへりたまふに、*この女のがり行かむとするに、方(かた)ふたがりければ、おほかたみなたがふ方へ、院の人々類していにけり。この女、[3]いかにおぼつかなくあやしと思ふらむと、恋しきに、[4]今日だに日もとく暮れなむ。行きてありさまもみづから言はむ。かつ、文をやらむと、酔ひさめて思ひけるに、人なむ来てうちたたく。「たそ」と問へば、「なほ*尉(ぞう)の君にもの聞えむ」と言ふ。さしのぞきて見れば、この家の女なり。胸つぶれて、「こち、来(こ)」と言ひて、文をとりて見れば、いと香ばしき紙に、切れたる髪をすこしかいわがねてつつみたり。いとあやしうおぼえて、書いたることを見れば、

[5]あまの川空なるものと聞きしかどわが目のまへの涙なりけり

と書きたり。尼になりたるなる[6]べしと見るに、目もくれぬ。心肝(こころぎも)をまどはして、この使に問へば、「はやう御ぐしおろし[7]たまうてき。かかれば御たちも昨日今日いみじう泣きまどひたまふ。下種(げす)の心地にも、いと胸いたく　A　。さばかりに侍りし

のここでの意味の説明として最適なものを、次の①～⑤から選び、記号をマークせよ。解答欄番号は 7 。

① 虚実入り混じる客観性に欠ける議論が重ねられているということ
② 原住民の視点や人類学者の視点などさまざまな視点から構成されているということ
③ すでにできあがったものとして提示されており修正の余地がないということ
④ 一貫して人類学者の立場から見た解釈で作り上げられているということ
⑤ 実態とは乖離した無理のある解釈が積み重ねられているということ

問十　傍線部8「言語の力の不平等」とはここではどういう意味か。説明として最適なものを、次の①～⑤から選び、記号をマークせよ。解答欄番号は 8 。

① 調査対象者は人類学者が書いたテクストを読めないということ
② 人類学者は多くの言語を話せるが、調査対象者はそうではないということ
③ 人類学者は調査対象者が書いたテクストを翻訳できるが、調査対象者はそれができないということ
④ 人類学者は調査対象者の母語を知っているが、調査対象者は人類学者の母語を知らないということ
⑤ 人類学者は多くの人に理解してもらえる言語でその文化を記録できるが、調査対象者はそうではないということ

問十一　本文の内容と合致していないものを、次の①～⑤から一つ選び、記号をマークせよ。解答欄番号は 9 。

① ギアツの解釈人類学は人類学の自己批判の嵐を呼び込んだ。
② ギアツの解釈人類学は「文化の翻訳」の問題をうまく回避している。
③ 人類学が提示する「解釈」は必ずしも現地の人が明確に意識しているわけではない。
④ 実験的民族誌では現地の多様な声が重視される。

② 矛先
③ 槍玉
④ 矢面
⑤ 余地

問八　傍線部6「もはや異文化についての人類学の他者理解が科学的な正確さをもつ客観的で中立的な知識であると受けとめることは不可能になった」のはなぜか。理由として最適なものを、次の①〜⑤から選び、記号をマークせよ。解答欄番号は 6 。

① 過去の研究が批判的に検討されるようになったことで、人類学の他者理解が主観的なものばかりで客観的な手法を用いていないということが次々と明らかになったため。
② フリーマンによるミード批判やサイードによるオリエンタリズム批判など、人類学者同士の苛烈な批判の応酬が続いたことで、人類学の権威性が失墜したため。
③ 西洋と非西洋では異なる文化があり、両者の文化を同じように研究することはできないということがサイードらの指摘によって強く認識されるようになったため。
④ ギアツの著作から人類学を学んだ若い世代を中心に起こった議論によって文化の一貫性という前提が崩れ、多声性が重視されるようになったため。
⑤ 人類学者の民族誌自体が検討すべきテクストとして再解釈されるようになったことで、人類学の研究に潜む権力性や不平等性が浮き彫りになったため。

問九　傍線部7「構築された原住民の、構築された視点から見た、構築された理解のみである」で繰り返されている「構築された」

④ 宗教的鍛錬によって磨き上げられる部分と礼儀作法によって磨き上げられる部分

⑤ 経験の感知できる領界と人間行動の観察しうる領界

問四 傍線部4「演劇的自己」の説明として最適なものを、次の①〜⑤から選び、記号をマークせよ。解答欄番号は 3 。

① バリの複雑な呼び名や称号をつかうときに一時的に発揮される自己

② 他者と関わりを持ちながら人生という演劇の主役を演じる自己

③ バリの文化の中で一定の地位を占める類型的・公的な存在としての自己

④ 他者との関係を円滑にするために自身の内面を偽った外向きの自己

⑤ 人前で演劇をしている時のような、普段の生活とは異なる側面を持った自己

問五 空欄 A 、空欄 B に入る語句の組み合わせとして最適なものを、次の①〜⑤から選び、記号をマークせよ。解答欄番号は 4 。

① A ローカル B 包括的

② A グローバル B 統一的

③ A 抽象的 B 総合的

④ A 具体的 B 厳密

⑤ A 特別 B ミクロ

問六 傍線部5「ヨウゴ」のカタカナを漢字で記せ。**解答用紙(その2)を使用。**

問七 空欄 C に入る語句として最適なものを、次の①〜⑤から選び、記号をマークせよ。解答欄番号は 5 。

① 大合唱

（注）

＊『日記』…マリノフスキがフィールド調査中に記した日記が出版されたもの。フィールドでの経験や感情の機微が赤裸々につづられている。

＊『マーガレット・ミードとサモア』…デレク・フリーマンによる著書。アメリカの文化人類学者マーガレット・ミードが描いたサモアの若者の姿が、ミードの誤解と偏見にもとづいたものであることを鋭く批判した。

問一　傍線部1「テイ」のカタカナを漢字で記せ。**解答用紙（その2）を使用**。

問二　傍線部2「「解釈学的転回」」の説明として最適なものを、次の①～⑤から選び、記号をマークせよ。解答欄番号は 1 。

① 人類学者の役割が「意味の網」としての文化の普遍性を明らかにすることだと解釈されるようになった。
② 人類学の目的が人々にとっての文化の意味を解釈することであると考えられるようになった。
③ 人類学の営みが解釈学的な文学研究の一環として理解されるようになった。
④ 人類学の可能性は解釈次第で無限にあると考えられるようになった。
⑤ 人類学が自分たちとは異なる他者を科学的に理解する学問として位置づけられるようになった。

問三　傍線部3「その二面性」の内容として適切でないものを、次の①～⑤から一つ選び、記号をマークせよ。解答欄番号は 2 。

① 自己の感情の側面と行動の側面
② 自己の磨き上げられた部分と荒削りな部分
③ 自己の内部の領界と外部の領界

なった。マーカスらは、こうした批判を乗り越えようとする実験的試みを検討し、文化の一貫性という前提が崩れ、多声性が重視されはじめたことを指摘する。

ときに矛盾をはらむような現地の多様な声は、これまで民族誌の作者という権威的な単一の声に従属させられてきた。実験的民族誌では、調査者と被調査者との対話にもとづき、人類学者の一方的解釈だけでなく、さまざまな声が提示されるようになった。そんな実験的民族誌を書いた一人であるヴィンセント・クラパンザーノは、『文化を書く』で、ギアツのバリの闘鶏についての論文「深い遊び（ディープ・プレイ）」を痛烈に批判している。「『深い遊び』の中には原住民の視点から見た原住民の理解など実は存在しない。あるのはただ、7構築された原住民の、構築された視点から見た、構築された理解のみである」。人類学者は住民の後ろに隠れながら、理解のヒエラルキーの頂点に君臨してきたのだ。

文化を書くことには非対称的な力関係が潜んでいる。それは同書でタラル・アサドが提起した「文化の翻訳」の問題でもあった。人類学者と調査対象者のあいだには8「言語の力の不平等」が存在する。人類学者だけが異文化を科学的テクストに翻訳できるからだ。その書かれたテクストは、人びとの声よりも権威あるものとして歴史に刻まれる。アサドは、この「文化の翻訳」には避けがたく権力が入り込み、「汚されたものになりうる」と論じた。

（中略）たとえどんなに理路整然とした理解を提示したとしても、それがいかなる他者との権力関係のもとでの言説かを意識していない議論はもはや受け入れられなくなったのだ。

人類学者が人類学者の仕事に苛烈な批判の言葉を投げかける。この自己批判の嵐は、一九九〇年代の日本の人類学界にも大きな波紋を広げた。私自身、そんな暗い時代に人類学を学んだ。人類学者は他者を理解できるのか。そのことへの懐疑は、その後よりいっそう深まっていく。

（松村圭一郎『旋回する人類学』による）

表現様式や象徴体系を読みとり、解釈する能力こそが重要なのだ。

ギアツの解釈人類学は、人類学に急旋回をもたらした。だがその旋回も、すぐにさらなる大きな渦にのみ込まれた。

一九八〇年代、人類学の歴史上、最大の危機が訪れる。批判と実験の時代の到来だ。従来の人類学が根底から批判され、それを刷新しようとする実験的試みが生まれた。

ギアツの解釈人類学は、この変革を呼び込む予兆でもあった。ギアツの著作から人類学を学んだ若い世代が議論の中核を担っていただけではない。人類学者が異文化を解釈すべきテクストとして読み解くように、人類学者の民族誌自体が検討すべきテクストとして再解釈されるようになった。もちろん、ギアツの著作も批判の［C］に立たされた。

一九八六年、この時代を象徴する二冊の本がアメリカで出版される。ジョージ・マーカスとマイケル・フィッシャーが書いた『文化批判としての人類学』、ジェイムズ・クリフォードとマーカスが編集した『文化を書く』だ。

『文化批判としての人類学』の冒頭、マーカスらは、人類学が陥った窮地を象徴する二つの論争をとりあげる。エドワード・サイードが一九七九年に出した『オリエンタリズム』、そしてフリーマンの*『マーガレット・ミードとサモア』がもたらした論争だ。

（中略）フリーマンのミード批判は、人類学者が書くものへの信頼を大きく失墜させた。さらに『オリエンタリズム』では、人類学者が異文化を研究することの正当性すらも否定された。

エルサレム生まれのパレスチナ人であるサイードは、西洋人が非西洋を描く「表象」に潜む権力性を告発した。異文化を理解し、表現する特権はもっぱら西洋人にだけある。アラブ人など非西洋社会の人びとは意見を述べる権利を剥奪されている。それは西洋による植民地主義的な「知」の支配がいまも継続していることを意味する。このサイードのオリエンタリズム批判は、西洋の人類学者が非西洋社会を研究し、その文化を書くこと自体が権力の行使に他ならないと断罪するものだった。

6 もはや異文化についての人類学の他者理解が科学的な正確さをもつ客観的で中立的な知識であると受けとめることは不可能に

としてどう定義するのか、どんな「自己」の概念をもっているのかだ。ギアツはそれぞれの場所で人びとが自分や仲間に対して用いる言葉やイメージ、制度、行動といった「象徴」の形態をもとに、それを分析した。

たとえば、ジャワでは「内（バティン）」と「外（ライール）」、「磨き上げられた（アルース）」と「荒削りな（カサール）」という二つの対比が自己の概念をかたちづくっている。「内」は、経験の感知できる領界のことで感情生活全般を指す。「外」は、人間行動の観察しうる領界のことで目に見える動きや姿勢、会話などを指す。内なる領界では瞑想など宗教的鍛錬によって、外なる領界では事細かに定められた礼儀作法によってそれぞれ「磨き上げられた」状態が達成される。この静止させられた感情の内部世界と型にはめられた行動の外部世界とがはっきりと異なる二領域をなし、3その二面性をもった自己が概念化されている。

イスラム化されたジャワが内省的な静かさをもつとしたら、ヒンドゥー教が存続したバリには華麗さや演劇性がある。バリの人びとは複雑な呼び名や称号の体系のなかに位置づけられ、その地位の役を演じている。人は私的な運命をたどる個人ではない。規格化された地位の類型を代表し、演じる存在なのだ。それは、人びとにもっとも〈近い＝経験〉としては「レク」という観念にあらわれる。舞台の上で「緊張する＝あがる」という意味だ。人びとは文化的位置によって要請される公の演技を演じ損ない、仮面の下にある個人性が表に出て、みなが居心地悪くなることをとても恐れている。バリの人びとにとって4演劇的自己という感覚は、つねに守られねばならないのだ。

こうした「解釈」を現地の人が明確に意識しているわけではない。ギアツは「解釈」をするときに大切なのは、［ A ］な文脈における細部である〈近い＝経験〉と、それを意味づける［ B ］な概念である〈遠い＝経験〉とのあいだを行きつ戻りつする「解釈学的循環」だと強調する。

マリノフスキの『日記』は、異文化に共感できない人類学者の姿をさらけだした。ギアツは、他者の主観性を理解し説明するために、そうした他者への感情移入や仲間意識はかならずしも必要ないとして、マリノフスキを5ヨウゴしている。むしろ人びとのギアツは、文化を「意味の網」ととらえた。人間は、その自分自身がはりめぐらした意味の網にかかっている動物であり、人類学者の役割は、その意味を解釈することだ。それは普遍的な法則性を探究する実験科学とは全く異なる。ギアツはそう主張した。

この「解釈学的転回」[2]ともいわれる潮流は、人類学のあり方を大きく揺るがした。人間の行為は意味を帯びた記号である。それはつねに現地の人によっても解釈されている。人類学者は、その人びとが読みとる意味をさらに解釈する。それは科学的な研究というより、文学作品を読み解いていく作業に近い。（中略）

人類学者が綿密なフィールドワークをもとに描く「民族誌的事実」は科学的に検証されうる「事実」ではない。ギアツは、その解釈は証明されない仮説にとどまり、つねに未完のものだという。それに「自然科学の実験に基づくような権威を与えるのは、単に方法論上のごまかしに過ぎない」。解釈とは、抽象的な規則性や法則をとりだすことではない。人類学者のやるべき仕事は、そこで何が起き、どう受け止められているのか、具体的な脈絡をたどり、その意味を探る「厚い記述」をすることだ。

ギアツはマリノフスキの『日記』*にも言及している。『日記』が提起したのは、人類学者の道徳上の問題ではない。それは住民の視点からものを見るときに、無理なく自然に理解できる〈近い＝経験〉と、学問的で専門的な概念という〈遠い＝経験〉をどう使い分けるか、という問題である。ギアツは言う。

〈近い＝経験〉だけに自己限定すれば民族誌学者は身近なものに流されて、卑俗な言葉で足がもつれることになる。〈遠い＝経験〉だけに自己限定すれば抽象の内にさ迷い、難解な専門用語の中で窒息することになる。

ギアツは、自身が研究してきたインドネシアのジャワとバリ、そしてモロッコの例をあげる。焦点は、人びとが自分自身を人

国語

▲日本文学科A方式・英米文学科C方式▼

（日本文学科A方式　九〇分
英米文学科C方式　六〇分）

（注）日本文学科A方式は一〜四、英米文学科C方式は一〜三を解答すること。

一　次の文章を読んで、後の問に答えよ。

文化人類学は、十九世紀末から少しずつ制度化されてきた「若い」学問分野である。だからこそ草創期には、一貫して人類文化を解明する科学としての地位を確立しようとしてきた。自分たちとは異なる他者を科学的に理解すること。それが、進化論者であれ、文化決定論者であれ、人類学の使命であり、学問の正統性の根拠だった。ところが一九六〇年代、人類学が自然科学と同じような科学であることに疑問がテイ[1]されるようになった。

その転回を主導したのが、ルース・ベネディクトやマーガレット・ミードの次の世代を代表するアメリカの人類学者、クリフォード・ギアツ（一九二六―二〇〇六）だ。

解答編

英語

◀英米文学科Ａ方式▶

Ⅰ　解答　1－③　2－④　3－①　4－③　5－②　6－④
7－②　8－①　9－②　10－②

全訳

《印刷技術の発達に伴う図書館の歴史》

1　エジプトのアレクサンドリアにあった古代ギリシア時代の図書館についてわかっていることは，後世の書物収集家を触発してきた。その後に続く古代ローマ帝国が書物にそれほどの敬意を払っていなかったことはちょっとした驚きである。こうした武を重んじる有能な人たちは，今日まで存続している道路の建設のような優れた工学技術を持つことで知られているが，図書館の目的を完全に理解することができなかったのである。ローマの図書館の壮大な蔵書は無計画のうちにそろってきたものであり，さまざまな場所から盗まれ，ローマ軍が他国を占領した後でその荷物の中に放り込まれてきたものである。こうした書物の保管や整理の仕方について計画性はほとんどなかった。ギリシアの哲学者アリストテレスのすばらしい蔵書はこうしてローマにやって来たのであり，保存されていたのも偶然のようだ。

2　征服されたさまざまな民族や国家から貴重な書物をただ盗み出すというローマ人のこうした無計画なやり方に追随する者が数多く出てくる。17世紀にスウェーデン人は征服したドイツの都市の図書館から書物を持ち去り，スウェーデンに持ち帰った。こうした書物の多くは今でもウプサラの大学図書館の中にある。19世紀の最初の10年間にもなって，現在のヨーロッパの大半を征服していたナポレオンが行ったことは，フランス人作家のスタンダールというただひとりの人物を雇って，フランス国立図書館のためにイタリアとドイツの図書館から気に入った書物を選ばせただけなのである。フランス国立図書館の組織は最終的にその書物を所有者に返還するように求められることとなる。

3　ローマ帝国の崩壊以降に存続した主要なローマの図書館はない。しかし，古代ローマは書物の収集の歴史と将来の図書館に対するひとつの重要な貢献を世界に残している。それは重要な文書の保存をパピルスから羊皮紙に移行させたことである。パピルスは，水生植物の茎を平らなシート状につぶして一枚の長いシートや巻物にのり付けするという形で，古代エジプトで作られた材料である。パピルスの巻物は丸めて保存したり，2つの丸い木に両サイドを巻きつけて読んだりすることが可能だった。保管は容易だったが，非常に傷みやすくもあり，使っているうちにすぐにだめになってしまうことがあった。ところが，羊皮紙は通常は牛や子羊，ヤギなどの動物の皮で作られていた。こうした皮は入念に洗浄され，一枚一枚の形，つまりページの形に裁断され，折りたたまれることで本としてまとめられた。こうした羊皮紙の本はパピルスよりもはるかに長持ちしたのである。

4　しかし，こうしたものは，印刷技術がまだ生まれていないため，現在あるような印刷された本ではなかった。こうした手書きや写本の作品はていねいに本にされていたが，大半は宗教的なもので，文章とともにきれいな挿絵が描かれている本であった。こうした作品は当時も現在も非常に貴重なものであり，羊皮紙の中にこそ，ローマの学問がヨーロッパでその後1000年以上存続したのである。その多くは今日に至るまで存続している。14世紀には，美しい羊皮紙の書物に関する非宗教的な市場がすでに存在しており，こうした作品の収集はヨーロッパ社会の富裕層や権力者が自分の文化的嗜好（しこう）の高尚さを誇示するさらなる手段となった。今日，こうした写本は，安全な保管法を見いだした主要な図書館の蔵書の中の貴重な財産の一部となっているが，残っていないものも多い。

5　15世紀半ばのヨーロッパでは，ヨハネス＝グーテンベルクらが，写本作成に要する時間の数分の1で本の印刷を可能にする機械印刷法の実験を開始した。政府や司法当局，学者および収集家が求める書物の数が増えていったが，その数がこうした書物でまかなえるようになっていく。しかし，グーテンベルクらの初期の印刷業者は当初は書物を売るのに苦労した。グーテンベルクの印刷された書物は当初はその技術で読者に大きな感銘を与えたが，挿絵の少なくなったシンプルな白黒の文章は挿絵が豊富な写本の代用品として妥当であることを，著名な富裕層の収集家たちに納得させることは依然として困難であった。何千部ものこうした印刷された書物を，ヨーロッパ中に広がる読者のマーケットに流通させる方法を見いだすことも困難であった。ところが，こうした初期の問題が解決すると，活字本はより安価な活字本を購入できる新たな収集家が現れる可能性をもたらした。

6　アフリカや中東，東アジアの写本の文化は印刷物の大量生産に関しては当初はヨーロッパに追随することはなかった。オスマン帝国は印刷物をほぼ完全に無視した。中国は，木版印刷の初期の実験はめざましいものであったが，金属活字に関しては大きな働きをしていなかった。中国で主として開発された重要な発明のひとつは紙で，紙がヨーロッパの新しい印刷産業を全面的に変えたのである。

7　このタイプの紙は木ではなく布で作られていた。私たちの基準からするとまだ高価ではあったが，羊皮紙よりもはるかに安価であり，大量かつ短時間で作ることができるので印刷機により適していたのだ。印刷機を紙と組み合わせることで，書物の生産と収集が膨大に増加することとなる。しかし，ヨーロッパとその植民地以外では，書物の収集は，生産コストのかかる稀少な写本を手に入れることができる富裕層の特権にほぼとどまっていた。その後3世紀にわたって，多くの読者層に向けての私立および公立図書館の設立はヨーロッパ諸国とその植民地の内部にほぼとどまっていた。

8　ヨーロッパでは個人所有の蔵書が増加し，単なる富裕層の収集家の枠をはるかに超えて広がった。当然のことながら，識字率も着実に向上していった。教会の内部だけでなく教育機関においても書物の収集が増加した。聖職者はもちろんのこと，商人や事務員，弁護士や医師など，仕事に関して読書が必要となる人が増えていった。印刷や紙は知識階級や専門職階級の機関と人に対して，さらに手頃な価格の書物を数多く所有，収集する機会を提供することとなった。やがて，新興中産階級の一般市民は，写本時代であれば王だけが可能だったような，ひょっとしたら数百冊分の規模の個人的な蔵書を手に入れることになったのである。

9　かつては稀少で貴重であったものを広く利用できるようにすることは，人間の歴史でたびたび起こることではあるが，手頃な価格の活字本が利用できるようになることで，大きな公共図書館の発展が遅れることになってしまったのかもしれない。16 世紀の神聖ローマ皇帝マクシミリアン２世は，自分の富や上品な趣味や重要性の印として誇示する価値がもはやなくなったために活字本を倉庫にしまわせてしまった。実際に，それほど多くの書物が手に入るようになると，貴族は 300 冊の蔵書があったとしても，地元の織物職人でもそれくらい持っているのであれば，そのことで人々に感心してもらえるとは当然思えなくなってきたのである。絵画や彫刻，極端な場合はライオンを買うほうが強い印象を与えることができたのである。かつては稀少で高価であった書物が今では安価になったという事実に対して，裕福な収集家の間では怒りの気持ちさえわき上がってきた。王や君主たちは新たな図書館の建設や図書館の蔵書を支援する必要性を感じなかった。もちろん，時が経つにつれて，大きな私立および公立図書館がどんどん出現していくのは事実だが，その過程には多くの障害があり，書物がその歴史の大半を通して，富裕層と権力者の競争と協力の中で存続することができたのは本当に偶然なのである。図書館の歴史は実に驚くほど不安定な歴史なのである。

解説

1.「古代ローマ人は（　　）」

①「図書館の建設方法を含む工学技術に通じていなかった」

②「アレクサンドリアの図書館に触発されて，同じような図書館を建てたいと考えた」

③「工学技術には長けていたが図書館が必要な理由は知らなかった」

④「征服した場所で書かれた本にしか関心がなかった」

第１段第２・３文（It comes as … library was for.）に，古代ローマ帝国の人々は優れた工学技術を持つことで知られているが，図書館の目的を完全に理解することができなかった，とあるので，③が正解。

2.「戦争と書物の収集に関して，（　　）」

①「侵略軍は通常，征服した国の書物を破壊した」

②「帝国や王国は征服した国の書物をあまり気にかけることはなかった」

③「書物を盗むことが戦争の主な動機だった」

④「征服した国から書物を盗む帝国や王国もあった」

第２段第１文（Many people would …）に，征服されたさまざまな民族や国家から貴重な書物をただ盗み出すというローマ人のやり方に追随する者が数多く出てくる，とあり，同段第2・3文（In the seventeenth … library of Uppsala.）でスウェーデンの具体例が，そして同段第4・5文（As late as … to their owners.）ではフランスの具体例が述べられているので，その内容に一致する④が正解。

3.「パピルスと羊皮紙の大きな違いは（　　　）ことである」

①「パピルスは傷みやすいが，羊皮紙はずっと長持ちする」

②「パピルスは保管が難しいが，羊皮紙は保管しやすい」

③「パピルスは動物の皮を必要とするが，羊皮紙は木材だけでよい」

④「パピルスは水草の茎を必要とするが，羊皮紙はその葉を必要とする」

第3段第5文（They were easy …）および同段最終文（Such parchment books …）にある，パピルスは保管は容易だが，非常に傷みやすく，羊皮紙はパピルスよりもはるかに長持ちした，という内容と一致する①が正解。

4.「羊皮紙に関して，本文によれば（　　　）」

①「ローマ時代の羊皮紙で作られた作品は後世の収集家に無視された」

②「ローマ時代の羊皮紙で作られた作品は宗教的な市場でのみ好まれた」

③「後世の収集家は自分の趣味がよいことを示すために羊皮紙で作られた作品を求めた」

④「後世の収集家は羊皮紙に書かれた挿絵入りの作品を買おうという気持ちがなかった」

第4段第5文（By the fourteenth …）に，14世紀には，美しい羊皮紙の書物の収集はヨーロッパ社会の富裕層や権力者が自分の文化的嗜好の高尚さを誇示するさらなる手段となった，とあるので，③が正解。

5.「最初の印刷された書物が登場した直後，収集家は（　　　）」

①「印刷された書物はすばらしいもので挿絵入りの写本よりはるかに優れていることがわかった」

②「ほとんど白黒の印刷された書物よりも挿絵入りの写本のほうを好んだ」

③「内容に関心がないので印刷された書物を欲しいとは思わなかった」

④「印刷された書物を読むのは大変だったが，とにかく収集はした」

第5段第3文（But Gutenberg and …）に，印刷された書物は，挿絵の少なくなったシンプルな白黒の文章が挿絵の豊富な写本の代用品として妥当であることを，収集家たちに納得させることは困難であった，とあるので，②が正解。

6.「金属活字を用いたヨーロッパの印刷機に対する当初の反応は（　　）というものであった」

①「オスマン帝国はすぐに同じ方法で本の印刷を開始した」

②「アフリカ諸国は印刷を採用しなかったが，より優れた紙を開発した」

③「印刷は中東では採用されたが，中国ではされなかった」

④「中東，東アジアおよびアフリカは当初は印刷に関してはヨーロッパに追随しなかった」

第6段第1文（The manuscript cultures …）にある，アフリカや中東，東アジアの写本の文化は印刷物の大量生産に関しては当初はヨーロッパに追随することはなかった，という内容に一致する④が正解。

7.「紙の発明は（　　　）ことで，ヨーロッパの印刷を変えることになった」

①「印刷された作品により多くの挿絵を入れることを可能にする」

②「書物の増産に大きく貢献する」

③「ヨーロッパ以外でも印刷された書物が収集されるようになる」

④「書物がより高価になり，エリート層にしか入手できなくなる」

第6段最終文（One significant invention …）に，紙の発明がヨーロッパの新しい印刷産業を全面的に変えた，とあり，その具体的内容は第7段第3文（The combination of …）に，印刷機を紙と組み合わせることで，書物の生産と収集が膨大に増加することとなる，とあるので，この内容と一致する②が正解。

8.「印刷機と紙の発明以降，（　　）」

①「書物の収集はよりさまざまな種類の人々によって行われた」

②「富裕層が活字本のみを収集するようになった」

③「挿絵入りの写本収集の価値が低下した」

④「聖職者が収集するには書物はあまりに高価であり続けた」

第8段第1文（Privately owned collections …）に，それ以降は，ヨーロッパでは個人所有の蔵書が増加し，単なる富裕層の収集家の枠をはるかに超えて広がった，と書かれているので，その内容に一致する①が正解。

9.「大きな公共図書館の建設は，（　　　）によって遅れた」

①「文字を読めるようになる人々の数があまりにも少なかったこと」

②「富裕層が書物を誇示することに興味を失ったこと」

③「専門職の人々が書物の収集を制限されたこと」

④「商人が公共図書館よりも絵画を求めたこと」

最終段第1～6文（Making widely available … support library collections.）に，活字本が安価になり，職人でも大量の活字本を所有することができるようになったため，皇帝や貴族たちは書物によって自分の富や上品な趣味を誇示することができなくなったことから，新たな図書館の建設や図書館の蔵書を支援する必要性を感じなくなって，大きな公共図書館の発展が遅れることになったのかもしれない，とあるので，その内容と一致する②が正解。

10.「図書館の歴史は（　　　）ので，不安定な歴史である」

①「書物はあまりに傷みやすいため，長期間安全に保管することができない」

②「歴史上，図書館が存続していることは偶然に過ぎない」

③「歴史上，図書館の建物はたいてい不完全に設計されている」

④「現在，世界の図書館で保管できないほど活字本の数が多くなっている」

最終段最終2文（Over time many … surprisingly delicate history.）にある，多くの障害にもかかわらず，書物が存続することができたのは偶然であり，図書館の歴史は不安定な歴史なのである，という内容に一致する②が正解。

全訳下線部参照。

全訳

《他人の行為にイライラし過ぎることをやめる方法》

1 日常的に起こるささいなこと，長い目で見れば本当はたいしたことではないのに一日が台無しになりかねないことに対して心を悩ませることをやめるためにはどうしたらよいのかをたびたび考えてきた。ささいなことに必要以上に煩わされないためにはどうしたらよいのか？　例をひとつ挙げよう。先月，コンビニでスナックを買うことにした。入り口の所まで来ると私の前に別の客がいた。その客は振り返らずに自分のためにドアを開け，ドアが私の顔に当たりそうになった。

2　何て失礼だ，と私は思った。誰だって後ろの人のためにドアを開けておくのが道理だろう！　私はスナックを買って車に戻り，その出来事のことを考え続けた。あまりにいらついて，そのことを考えないわけにはいかなかったのだ。私のことが見えなかったのだろうか？　わざとそうしたのだろうか？　車を走らせながらそればかり考えていた。こうした考えがさらにその後数日間に及び続いていた間，私はあの男性がどんなに失礼だったかを考えていたのである。

3　このテーマに関する専門家による本を何冊か読んでみた。誰かがあなたに嫌な思いをさせたり，腹を立てさせたり，失礼なことをしたりするような状況に置かれたら，反応する前に数秒の間一時停止させてくれる時計が頭の中にあるふりをするのがよいことがわかった。そう，自分の感情を認識しながらも，自分の反応が相手に及ぼす影響のことを考える前に行動してはいけないのである。その人の気持ちを傷つけるようなことは何も言わないほうがいい。それから，その人の生活の他の場面で何が起こっていて，そうした行動をとらせるようになったのかを考えてみるのである。コンビニでドアを開けておいてくれなかった客の話に戻ろう。彼は私のことが目に入っていたに違いないと私は思い込んでいたが，私がそこにいることに気づかなかったかもしれない。

4　イェール大学のメンタルヘルスの専門家であるイーサン＝クロスによれば，ネガティブ思考のわなとそれを回避する方法は存在する。クロスによれば，立ち止まって他の可能性を考えてみないと，私たちは「ネガティブ思考ループ」にはまり込むかもしれず，問題に対するよい解決策を見つけて人生をさらに歩み続ける能力に影響しかねないのだ。

5　結局，その客が私の目の前でドアを閉めるような行為を行った理由をちょっと考えてみると，わざとそうしたのだと考えることをやめることができた。そして，その出来事についてのわだかまりが次第に薄れてくるのを感じた。だから，こうした瞬間を別の視点から見るように訓練をしなければならない。嫌な発言や嫌な行為をそれでも無視できないとしたら，頭の中でそのことから距離を置くようにしてみることができる。

6 変わったアプローチのように思えるかもしれないが，専門家によれば，こうした考え方をすることで，このような感情に対処がしやすくなったのだという。自分自身を離れたところから眺めるという，こうしたまったく異なる視点は，感情に邪魔されることなく，その出来事についてより明確に考える上で有益であることがわかった。

7 また，場合によっては嫌な思いをさせるようなことをした人物と腰を据えて正直に話し合うこともできる。自分に悪い印象を与えたり，悪影響を及ぼしたりした人と話すことを排除してはいけない，とアディア＝グッデンは語る。正直に会話をすることで自分が抱いているかもしれない思い込みが解消され，起こったことについて新たな視点が提供されるかもしれない。

8 相手のとった行動に関して怒りの言葉を向けるのではなく，相手に納得してもらおうとしてみるのがよいかもしれない。ここからは，腹を立てることもなく相手とその問題について話し合いを始めることができる。いくつかの戦略を用いて自分の自信を高めておくのもよいかもしれない。ささいな出来事が起きてもそれほど感情的にならないようにしてくれるという点で自信は大いに役に立つ，とリスナーが自己イメージを高めて自信を深める手助けをするポッドキャストのホストでもあるグッデンは語る。

9 自分は善良で有能な人間であると考えれば，誰かに敬意を持って扱われない場面でも気分を害することが少なくなる。自信を高めるためには，自分を大切にしてくれて敬意を持って接してくれる人の周囲で過ごす時間を増やすのがよいとグッデンは語る。また，ポジティブな言葉を自分に対して繰り返しかけることも勧めている。こうした行為は本当に自分を尊重することに役に立つと彼女はさらに語っている。

解説

found の目的語が that this completely different viewpoint … get in the way という名詞節となっているのが主節の構造である。that 節の主語は this completely different viewpoint「こうしたまったく異なる視点」で，動詞は helps である。主語の直後に in which I see myself from a distance という非制限用法の関係代名詞節が挿入されている。

which の先行詞は直前の this completely different viewpoint であり，which を先行詞で置き換えて，in the viewpoint I see myself from a distance のように考えると訳出しやすい。from a distance は「離れたところから，距離を置いて」という意味の表現。なお，in which 以下を英文通りに「こうしたまったく異なる視点は，自分自身を離れたところから眺めることになり，…」とする訳し方もできるだろう。

helps me think は help *A do* の形で「*A* が～するのを助ける，*A* が～するのに役立つ」の意。incident は「出来事」という意味の語。without letting my emotions get in the way は think を修飾する副詞句。emotion は「感情」，get in the way は「邪魔になる」という意味の表現なので，without 以下は「感情に邪魔されることなく」の意。

III 解答例 One of my classmates never responded whenever I said hi to him. His rude behavior disturbed me. However, I assumed that there must be some reason for his behavior and continued to treat him as usual. One day, he voluntarily greeted me. This experience made me realize the importance of not taking things too seriously.（50 語程度）

解説

「筆者の体験と類似した自分の体験を述べ，どのように処理したかを述べること」という問いに 50 語程度で答える問題。〔解答例〕では，挨拶を返してくれないクラスメートのことでイライラしていたが，彼の行動には何かしら理由があると考えて普段通り接していたところ，ある日，向こうから挨拶されたという体験が述べられている。最後に，この体験から深刻に考え過ぎないことの大切さを学んだと結ばれている。

respond「応答する」 disturbed「イライラした」 voluntarily「自発的に」 greet「～に挨拶する」 take *A* seriously「*A* を深刻に考える」

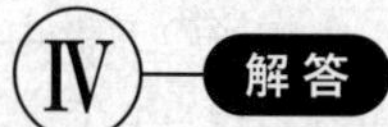

11—④　**12**—②　**13**—①　**14**—②　**15**—②　**16**—①
17—②　**18**—①　**19**—③　**20**—④

解説

11.「冒頭で発言者は（　　）と語っている」

第 1 段第 4 文（But others have…）で，急激な環境の変化は近代初期に当たる 1400 年から 1800 年の間に深い原因があると述べられているので，

④「環境の変化は19世紀以前に生じている」が正解。

12.「(　　)ので過去の環境の変化を今では特定できる」

第1段最終文（Recently, scientists, …）で，科学者や地理学者，歴史学者の専門的意見と証拠が組み合わさることで近代初期の環境の変化が明らかとなったと述べられているので，②「科学者と他の分野の専門家が協力し合った」が正解。

13.「近代初期の環境の変化は（　　）バクテリアとウイルスのために悪化したのかもしれない」

第2段第1・2文（No environmental changes … the New World.）で，ヨーロッパの探検家らが持つバクテリアとウイルスが船で新大陸に持ち込まれたことによる環境の変化ほど顕著なものはなかったと述べられているので，①「ヨーロッパの船と身体を通して運ばれた」が正解。

14.「virgin soil population『未伝播地住民』という表現はこの文脈では（　　）人の集団を表す」

第3段第2文（In the Americas, …）から，virgin soil populationとは，ヨーロッパから持ち込まれたウイルスを経験したことがない南北アメリカの住民であることがわかるので，②「南北アメリカ原住の」が正解。

15.「過去の地球寒冷化の原因の可能性があるのは（　　）だった」

第4段（As millions of … far smaller scale.）から，南北アメリカで大量の原住民が命を落としたことで，植物が生い茂り，膨大な量のCO_2を吸収したため現代と逆の状態，つまり寒冷化が進行したことがわかる。したがって，②「南北アメリカにおける大量の死」が正解。

16.「小氷河期はまず（　　）によって引き起こされた」

第5段第2文（Beginning in the …）および第6段第1～3文（Also in the … and 18th centuries.）で，地球の軌道がわずかに変わったことと火山の噴火により小氷河期が始まったと述べられているので，①「地球の軌道の変化と火山の噴火の増加」が正解。

17.「小氷河期は（　　）に始まった」

第5段第2文（Beginning in the …）から，13世紀に太陽活動の低下が始まると同時に太陽エネルギー量が減少したことがわかり，第6段第1～3文（Also in the … and 18th centuries.）で，同じく13世紀に火山が放出した二酸化硫黄により冷却効果のあるほこりの幕が大気中に生み出され，気温が低下したことで海洋と大気の動きに大きな変化が起き，これが小氷河期の始まりであったとあるので，②「1500年代以前」が正解。

18.「北半球の現在の気温は（　　　）」

第6段最終文（By comparison, greenhouse…）から，北半球を含む地球の現在の気温は温室ガスの影響で20世紀半ばの平均値と比べて1度ほど上昇していることがわかるので，①「20世紀半ばと比べて高い」が正解。

19.「近代初期のパンデミックの結果は（　　　）人々の移動だった」

第7段第1文（Cooling temperatures shortened…）および同段第3～5文（Since bodies without… production to recover.）から，近代初期に起きたパンデミックの結果，大勢の人々が田舎から都会に移動することで都会にも病気の大流行をもたらし，農業生産力が回復することが一層困難になったことがわかるので，③「農業生産力を停滞させる田舎から都会への」が正解。

20.「話し手の重要な論点は（　　　）ということである」

最終段（We can learn… companies, and individuals.）に，近代初期の環境問題から学べることは多く，最悪の災害は強欲な政府や企業，個人が原因で一層ひどくなった，とあるので，④「環境の変化は自然に起こるものだが，人間によってより極端なものになりかねない」が正解。

V　解答例

World leaders should start working on renewable energy research and invest much money to make it possible to shift from countries' dependence on fossil fuels, which has contributed to global warming. Moreover, they should prioritize the planet's well-being over corporate profits since greedy companies have been partly responsible for past environmental problems. (50語程度)

解説

「世界各国の指導者たちは環境と気候の変動がもたらす影響を減らすために何をすべきか，または何をすべきではないか」という内容について，Ⅳのリスニングの内容をもとに50語程度で答える問題。〔解答例〕では，地球温暖化の一因ともなっている化石燃料への各国の依存から転換するために，再生可能エネルギーの研究に対する取り組みを始め，多くの投資を行うべきだと述べている。さらに，リスニングの内容に述べられているように，過去の環境問題の責任の一部は強欲な企業にもあるので，世界の指導者たちは企業利益よりも地球の安寧を優先すべきであるということも述べている。

renewable energy「再生可能エネルギー」 make it possible to shift … の it は形式主語で to shift 以下の内容を表している。shift from ～「～から転換する」 fossil fuels「化石燃料」 prioritize「～を優先する」 well-being「安寧」 corporate「企業の」 greedy「強欲な，欲深い」

講評

2024 年度は 2023 年度と同様の大問 5 題の出題で，試験時間は 70 分であった。

I の読解問題は文字を記す媒体と印刷技術の導入に伴う図書館の歴史が述べられている内容の英文で，比較的読みやすい。10 個の選択式の内容説明も段落順の設問となっており，ごく標準的な出題であった。

II の読解問題は，「他人の行為にイライラし過ぎることをやめる方法」の重要性を説く内容の英文で，日常誰もが遭遇するような内容が述べられており，英語自体の語彙や構造も難度の高いものはないので，内容理解は容易である。英文和訳のみの出題であるが，文構造をとらえる力と，重要単語および表現の知識が問われる出題となっている。

III は **II** の英文の内容に関する英作文であった。語数は 50 語程度と少ないが，**V** と合わせると，書くべき英文の全体量は決して少なくない。

IV はリスニング問題で，設問は 10 個の選択式の内容説明となっている。英文の内容は現代の環境問題の中にはその原因を過去の時代にさかのぼって考えることが可能なものもあるという趣旨で，具体的な事例が詳しく述べられている。そうした事例をしっかりと把握すれば，設問に答えることは困難ではない。

V はリスニング英文内容に関するテーマ英作文であった。語数は 50 語程度となっている。

全体としては例年通りの出題レベルであるが，リスニング問題はテーマ英作文を含め，70 分という試験時間の一部を使って解答しなければならないので，語彙・単語力の増強はもちろん，バランスのよい英語力の向上に努める必要があるだろう。

◀英米文学科B・C方式▶

I　解答　1—③　2—②　3—③　4—①　5—③　6—③　7—④　8—①　9—③　10—①

全訳

《社会全体のローコンテクストへの移行》

1　2010年に『タイム』誌は，フェイスブックの使命は「怒った群衆を手なずけて，孤独で反社会的な偶然の世界を友好的な世界に変えること」であると述べた。インターネットが広く使用されるようになった最初の10年間では次のようなことが世間一般に信じられていた説だった。他人とコミュニケーションできる人が増えるほど，友好的で思いやりを持つようになり，公の場での会話もより健全なものになるだろう。今世紀が30年目を迎えるにあたり，そうしたビジョンは痛ましいほどおめでたいものに思われる。怒りを抱いた人々は昼も夜も衝突している。インターネットは人々をつなぎはするが，友情を生み出すとは限らないのである。最悪の場合には，争いや分断を作り出す機械のように思えてしまうこともある。

2　ポール＝グレアムは，インターネットは意見の相違を意図的に作り出すメディアであると述べている。デジタルメディアのプラットフォームはまさにその性質上インタラクティブなものであり，人々は争いを好むのである。グレアムが言うように，「人々は，同意することには同意しないことほどモチベーションがわかない傾向がある」のである。読者は異論がある場合のほうが記事や投稿にコメントする傾向が高く，異論があるときのほうが言うべきことが増えるのである（「同意する」という言い方が実際それほどたくさんあるわけではない）。また，異論があるときのほうがより興奮しやすい傾向があるため，通常は怒るということになる。2010年にデータサイエンティストのチームはBBCのディスカッションフォーラムにおけるユーザーの活動を調査し，ユーザー18,000人による250万近い投稿に見られる感情を測定した。長い議論ほど否定的なコメントによって活発に続けられており，全体的に極めて活動的なユーザーほど否定的な感情を表現しがちであるということがチームにより判明した。

3　意見の相違が至るところに存在し，人々が攻撃的で腹を立てる頻度が高まり，語るということがはるかに増える一方で，耳を傾けることはずっと少なくなっている世界に私たちは暮らしているのだ。コミュニケーションを取り合うために使用するテクノロジーがこうした私たちの姿を作り上げることに関与していることは明白だが，問題をフェイスブックやツイッターのせいだと思いたくなるかもしれない一方で，それでは何十年も，あるいは数世紀をかけて形成されてきた人間の行動のより広範で深い変化の意味を見落としてしまうことになるだろう。電子だけではなく社会の面でも一方的な経路は少なくなってきている。誰もが他のすべての人に対して言い返すようになってきているのだ。私たちがより気難しくなっているとしたら，それは現代の生活では本音を語ることが要求されているからである。

4　アメリカの人類学者エドワード＝ホールはコミュニケーション文化にはハイコンテクストとローコンテクストの２種類があるという考えを提唱している。ローコンテクスト文化では，コミュニケーションは明確で直接的である。発言することはその人の思考と感情の表現であるとみなされる。メッセージを理解するために，誰がどのような状況で発言しているかのようなコンテクストを理解する必要はない。ハイコンテクスト文化は，はっきりと口に出すことはほとんどなく，メッセージの大半はそれとなく伝えられるような文化である。各メッセージの意味はある部分は言葉そのものにあり，ある部分はコンテクストにある。コミュニケーションは微妙であいまいである。大まかに言えば，ヨーロッパや北米の文化はローコンテクストである一方で，アジアの文化はハイコンテクストである。一例を挙げれば，ぶぶ漬けは京都で評判の素朴な日本料理で，ご飯にお茶やだし汁をかけたものである。京都人の家でぶぶ漬けを勧められた場合，自分が空腹かどうかに基づいて「はい」か「いいえ」で答えようと判断するかもしれない。しかし，京都では，ぶぶ漬けの勧めは客に帰る時間であることを示す伝統的な方法なのである。そのメッセージを理解するためには，コンテクストがわかっていなければならないということになるだろう。

5　日本のようなハイコンテクスト社会は，より伝統的でフォーマルな傾向がある。よいコミュニケーションとは共有されたシンボルや年長者への敬意のような暗黙の了解やマナーを深く理解することである。コミュニケーションの第一の目的は，情報を交換することや自分が満足するために何かを発言することではなく，むしろ良好な関係を維持することである。ハイコンテクストのやりとりでは，聞き手は言われている内容を理解するために行間を読まなければならないので，聞くことに重点が置かれる。ハイコンテクスト文化の話し手はごく限られた単語しか使用せず，間を気にすることもなく，自分の発言する番が来るのを喜んで待つだろう。アメリカのようなローコンテクスト文化はそれほど伝統的ではなく，より多様性がある。そうした文化では人間関係はより短期的であり，変化も多い。話すことや聞くことに関しては，伝統や習慣や地位に関する知識はあまり役に立たない。誰もが自分の考えを述べるのである。コンテクストを信頼することができないので，人々は言葉そのものに頼るのである。ローコンテクストのコミュニケーションが示すのは，ある学者の言葉を借りれば「絶えず言葉を使用して，ときには言葉の使用は終わることがないもの」なのである。意図を明確にし，願望を表現し，説明を行う。人々はファーストネームを使い，世間話をたくさんする。話を遮ったり同時にしゃべったりすることが多くなり，そして議論も増える。

6　このことから，ハイコンテクスト文化とローコンテクスト文化の最も重要な相違点と言える，それぞれの文化がどれほどの対立を生み出すかという話につながってくる。アジアの文化では自分の意見を直接はっきりと述べることは普通ではない。そんなことをしたら，失礼であるとか攻撃的であると思われかねない。ヨーロッパやアメリカ合衆国の人々のほうが直接的な言い方をして対立を恐れない。意見の相違が対立を生み出す場合でも，それは当然のことと思われている。こうした違いは相対的なものであり，たとえヨーロッパでも，食卓では政治や宗教の話をしない習慣があるように，行き過ぎた議論を回避するための文化的戦略が発達している。ところが，そうした伝統が薄れていくにつれて，対立が増えてくるのだ。

7　私は大まかに国同士の比較をしているが，ホールのハイコンテクストモデルとローコンテクストモデルは規模にかかわらず有効なものだ。誰もが知り合いである村に住む人々は，異なる背景を持つ他人との出会いに慣れている大都会に住む人々よりもハイコンテクストのコミュニケーションを行う。確立された組織では，新人を戸惑わせるようなやり方でスタッフが意思を伝え合うことが可能であるかもしれない一方で，できたばかりの会社では，はっきりと口に出さなければ何も聞き入れてもらえないかもしれないのだ。個人ではハイコンテクストモードとローコンテクストモードを切り替えている。家族や友人といるときはハイコンテクストのコミュニケーションが多いだろうが，コールセンターの人と話すときはローコンテクストに移行する。ローコンテクスト文化のほうが多様性とイノベーションのレベルが高い，変化を遂げる社会には適している。しかし同時に，非人間的でうまく対処するのが困難に感じられ，対立の可能性がより多く包含されていることもある。

8　都会に移り住み，見知らぬ人たちとビジネスを行い，スマートフォンで会話をするようになるにつれ，私たちの大半は世界のどこにいようとも，ますますローコンテクスト化した生活を送るようになっている。国によってコミュニケーション文化は依然として異なってはいるものの，ほとんどすべての国は商取引やテクノロジーがグローバル化して行われるという同じ状況に関与しているのだ。そうした状況は伝統を弱体化させ，議論の可能性の幅を広げていく原動力である。私たちがこうした状況に対する準備が本当にできているかどうかは定かではない。人類という種は，存在してきた期間の大半を通してハイコンテクスト社会で暮らしてきた。私たちの祖先は伝統を共有する小さな村に暮らしていたが，今では自分たちとは異なる価値観や習慣を持つ人々と頻繁に出会うようになっている。同時に，私たちは今まで以上に平等であろうと努める傾向がある。どこを見渡しても，誰もが対等な発言権を持つのは当然と考えているようなやりとりが見られる。結婚がどう変化したかを考えてみよう。70年前には，どちらがどの家事をするか，どちらが子供の面倒を見るかのようなことをパートナー同士が話し合うことはほとんどの結婚では見られることはなく，こうしたことは文化全体の中ですでに決められていたのである。男女平等が台頭することで，現代の家庭ではコミュニケーションと交渉がますます必要になってきている。洗濯をするのは誰かということをコンテクストが決定づけることはもはやない。私のように，これは本当によい変化であると信じることも可能だが，けんかになりかねない領域の可能性を広げていると認識することもできる。

9　この状況は社会全般において非常に似通っている。子供が親の言うことを黙って聞くことは少なくなっている。組織は共同作業により依存するようになり，命令に依存することは少なくなっている。ジャーナリストは読者が自分たちの言うことをただ信じてくれるとはもはや考えてはいない。

誰もが自分の意見を聞いてもらい，自分の自立性を認めてもらうことを期待している。こうした多様化した社会では，言っていいことと悪いことに関して，以前は当然と考えられていたルールがより緩やかで流動的なものとなり，消滅してしまう場合さえある。決断の指針となるコンテクストの減少に伴い，「全員一致する」ものの数は急速に減少している。

10 ローコンテクストへの転換は長い期間を要するものであったが，コミュニケーションテクノロジーの結果，現在は加速している。人間には表情や動作，口調から相手の意図を理解する能力がある。オンライン上ではそのようなコンテクストは除去されてしまう。スマートフォンのインターフェイスやオンラインプラットフォームは意図的にローコンテクストなものとなっており，ユーザーが一度に使えるのは限られた言葉や画像である。たとえ絵文字でメッセージが豊かになっても，テキストからは相手の意図の基本的な理解しか得ることはできないのだ。ローコンテクスト文化に対する極端な形の定義について考えてみよう。とめどなく続くおしゃべりや度重なる議論，そして誰もが自分の考えをしきりに相手に伝えることなどがそうだ。こうしたことはおなじみの風景であるはずだ。紛争解決の専門家であるイアン＝マクダフが言うように，「インターネットの世界はローコンテクストの世界にとてもよく似ている」のである。その一方で，私たちは20万年前の世界の紛争解決のスキルを用いているのだ。

解説

1.「インターネットが広く使用されるようになってからの10年間で世間一般に信じられていた説は，フェイスブックは（　　　）だろうということであった」

①「人々に互いにけんかをさせるような機械にすぐになる」

②「初めのうちは人々を怒らせるが，コミュニケーションを行うよりよい方法になる」

③「人々が互いにコミュニケーションを行って仲良くなる」

④「病人によい医療の助けを求めさせるように無作為に仕向ける」

第1段第2文（During the first …）にある，世間一般に信じられていた説は，他人とコミュニケーションできる人が増えるほど，友好的で思いやりを持つようになり，公の場での会話もより健全なものになるだろう，という内容と一致する③が正解。a popular theory の直後にコロンがあることから，コロンの直後がその内容であることがわかる。

2.「データサイエンティストのチームは（　　）ことがわかった」

①「人々はインターネットを使っていないときのほうがお互いに同意し合う傾向がある」

②「BBC のフォーラムでは否定的なコメントが議論を長続きさせる」

③「人々はインターネット上で同意をしたいと思っているが，BBC のフォーラムは意見が合わないように仕向けている」

④「インターネットが敵対的なのはデータサイエンティストがフォーラムのインタラクティブ性を下げようとしているためである」

第２段最終２文（A team of… express negative emotions.）にある，データサイエンティストのチームが BBC のディスカッションフォーラムにおけるユーザーの活動を調査したところ，長い議論ほど否定的なコメントによって活発に続けられていることがわかった，という内容と一致する②が正解。

3.「主に（　　）ために，至るところで意見の相違がある」

①「インターネットが私たちの精神を支配している」

②「ツイッターやフェイスブックが私たちにあまりにも多くのフォーラムを提供し過ぎている」

③「現代の生活では考えていることを口に出さなければならない」

④「ネット上でもそれ以外でも，一方通行の経路が多過ぎる」

第３段第１文（We live in…）にある，至るところで意見の相違があることの理由は，同段最終文（If we are…）にある，私たちがより気難しくなっているとしたら，それは現代の生活では本音を語ることが要求されているからである，という内容に一致する③が正解。

4.「ハイコンテクスト文化とは，（　　）文化である」

①「招いてくれた人から食事をもっと勧められたら帰るべきだという意味になるかもしれない」

②「人間関係はごくわずかしか暗示されておらず，自分の考えを口に出す」

③「話すことと聞くことがほとんど直接的である」

④「聞き手が意味を理解するためにはさらに議論が必要な場合が多い」

第４段第９～11文（To give an… guest to leave.）にある，ハイコン

テクスト文化の一例として，ぶぶ漬けという料理の勧めは客に帰る時間であることを示す伝統的な方法である，という内容に一致する①が正解。

5.「ローコンテクスト文化とは，（　　）文化である」

①「人々が同時にしゃべることが多いが会話を遮ることを避ける」

②「長期にわたる関係や伝統は重要ではない」

③「人々は対等であると感じ，議論が多い」

④「議論することは平等よりも重要である」

第5段第10文（Low-context communication shows…）および同段最終文（There is more…）にある，ローコンテクストのコミュニケーションでは議論が増えることと，第8段第1文（Most of us, …）および同段第6・7文（At the same … an equal voice.）にある，ますますローコンテクスト化した生活を送るようになっている私たちは今まで以上に平等であろうと努め，誰もが対等な発言権を持つのは当然と考えている，という内容に一致する③が正解。②に関しては，第5段第6・7文（Low-context societies, like … and more changes.）に，アメリカのようなローコンテクスト文化はそれほど伝統的ではなく，人間関係はより短期的とあるが，長期にわたる関係や伝統が「重要ではない」とは述べられていないので，一致しない。

6.「（　　）と一般的に認められている」

①「日本はハイコンテクストであるのに対し，他のアジア諸国はローコンテクストである」

②「アジアの人々は意見の違いが対立を生み出すとしてもそれを期待する」

③「ヨーロッパの人々はアジアの人々よりも直接的に意見を述べる傾向が高い」

④「ヨーロッパ諸国はハイテクストな伝統を維持している」

第6段第2文（In Asian cultures, …）および同段第4文（People from Europe…）にある，アジアの文化では自分の意見を直接はっきりと述べることは普通でなく，ヨーロッパやアメリカ合衆国の人々のほうが直接的な言い方をして対立を恐れない，という内容に一致する③が正解。

7.「（　　）のは本当である」

①「都会に住む人々がハイコンテクストであることが多い」

②「ローコンテクストの環境に暮らす人々はローコンテクストのままで通常あり続ける」
③「ハイコンテクストの環境に暮らす人々が都会に適応できない」
④「人々が異なる状況下でハイコンテクストからローコンテクストに移行することもある」

第7段第4文（Individual people shift…）にある，人々はハイコンテクストモードとローコンテクストモードを切り替えており，家族や友人といるときはハイコンテクストのコミュニケーションが多く，コールセンターの人と話すときはローコンテクストに移行する，という内容に一致する④が正解。

8.「ローコンテクストのコミュニケーションは（　　　）から生じることが多い」
①「都会の生活と平等な発言権への願望」
②「小さな町での生活と礼儀正しくありたいという願望」
③「結婚生活と伝統的な性別による役割分担を維持したいという願望」
④「結婚生活と都会から離れたいという願望」

第8段第1文（Most of us…）に，都会に移り住むにつれ，ローコンテクスト化は高まっていくとあり，同段第6・7文（At the same… an equal voice.）にある，平等であろうと努めることから対等な発言権を持つのは当然と考えるようになった，という内容に一致する①が正解。

9.「概して，現代社会においては（　　　）」
①「組織は無言の命令に依存する傾向が高まる」
②「子供は親を無視する傾向が高まる」
③「言っていいことと悪いことが以前ほど明白ではない」
④「ジャーナリストが命令を下すことがより可能になっている」

第9段第1文（The situation is…）から，現代社会の大まかな状況が後続箇所に述べられていることがわかり，同段第4文（In this diverse…）にある，言っていいことと悪いことに関するルールがより緩やかで流動的なものとなり，消滅してしまう場合さえある，という内容に一致する③が正解。②に関しては，同段第2文（Children are less…）に，子供が親の言うことを黙って聞くことは少なくなっている，とあるだけで「無視する」わけではないので，一致しない。

10.「コミュニケーションテクノロジーは（　　　）によってローコンテクストのコミュニケーションへの転換を現在加速している」

①「コミュニケーションから表情や口調を取り除くこと」

②「スマートフォンのような小さ過ぎるデバイスであまりに多くの画像を提供すること」

③「ハイコンテクストなソーシャルメディアのプラットフォームから絵文字をデザインし直すこと」

④「より迅速な紛争解決プラットフォームを使用すること」

最終段第1文（The low-context shift …）に，ローコンテクストへの転換はコミュニケーションテクノロジーの結果，現在は加速している，とあり，その理由として，同段第2・3文（Humans have an … is taken away.）にある，人間には表情や動作，口調から相手の意図を理解する能力があるが，オンライン上ではそのようなコンテクストは除去されてしまう，という内容に一致する①が正解。

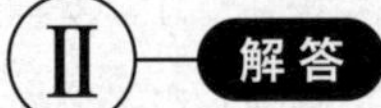

全訳下線部参照。

全訳

《ファッションの持つ意味合いの変化》

1 ルネサンスの頃には，地元のドレス職人が服を作っていた。そのため，スーツやドレスのパーツをさまざまな店から購入した後に，それらを組み合わせる人たちが仕立てていたために，よい服を買うことが時間のかかるプロセスとなることもあった。服の購入パターンは国によって異なっていた。英国では流行を先取りした服を買うために近くの町や都市に出向くことが多かった。しかし，イタリアでは政治と地理が分断されていたことで，地域ごとのファッションは異なっていたため，それぞれの村により多様な店が存在していた。

2 17世紀には，東インド会社がアジアとの貿易関係を改善した。18世紀中頃になると，例えばインド産の綿が日常的な布地となっていた。綿ははやりの布地で，さらに重要なことに安価で洗濯が容易だったため，あらゆる階級の人々の清潔さの度合いを高めることとなった。船による移動が改善されていたために，こうした商品を世界中に輸送することができた。当時の理想的な外見と行動に合わせてスタイリッシュできちんとした格好を望む人が増えるにつれて，はやりの布地に対する需要も高まった。東インド会社は絹や綿，白無地の布を輸入することで新しく変化する布地のデザインに対する人々の欲望を満足させた。商人たちはおしゃれな社交の場に最新の商品を身に着けて行くようにファッションリーダーに働きかけ，そのことがファッション雑誌で報道されることで，新しいファッションを広めていった。

3　18世紀には，農作業が向上し，富が分配されるようになり，はやりの服を買いたいと思う人々が多くなった。店主たちは売り物の陳列や見せ方や客へのアプローチにより時間をかけるようになっていった。1780年代には，ガラス窓が注目を集める陳列方式をもたらし，店内の陳列もより魅力的なものへと変化していくようになっていった。おしゃれなショッピングはすでに都市の地理を方向づけていた。広告や新製品のニュースを広める方法も開発されていた。印刷広告には特定の店が扱う服の範囲がどれほど大きいかが示されていた。ファッション雑誌には最新のトレンドに関する詳細な説明やイラストが載り，工場のオーナーはファッションリーダーに自分が自社製品を身に着けている姿を見てもらうように奨励した。個人のアイデンティティーの意識が高まるのと同時にショッピングが発達していたのだ。おしゃれな服は自分のアイデンティティーを視覚的に表現する手段を提供し，流行を求めてどこでどのように買い物をすべきかを知っておくことがこの目標を達成するための鍵であった。

解説

コロン（：）以前の構造としては，主節の主語はPrinted advertisementsで，動詞はshowed，how large a particular shop's range of clothing wasが目的語という基本構造をつかむ。主語はprinted「印刷された」という過去分詞由来の形容詞がadvertisements「広告」を修飾している構造。目的語は疑問詞howで始まる間接疑問で，程度を問うhowが使われているため，ここではhow largeという形でlargeという形容詞を伴っている。節内の主語はa particular shop's range of clothingで，range of～は「～の範囲」，clothingは「服，衣類」なので，「特定の店の扱う服の範囲（＝品ぞろえ)」となる。目的語全体で「特定の店が扱う服の範囲がどれほど大きいか」となる。コロン以下の構造はfashion magazines… the latest trends と factory owners … their products という節が等位接続詞 and によって結ばれている。detailed は「詳細な」，latest は「最新の」という意味。encourage *A* to *do* は「*A* に～するように奨励する」という意味の表現で，*A* の位置に fashion leaders が，*do* の位置に be seen wearing their products がきている。to 不定詞の内容は to be seen と受動態になっており，この部分は see fashion leaders wearing their products「ファッションリーダーが自社製品を身に着けているのを見る」という〈知覚動詞＋目的語＋現在分詞〉の形が受動態で用いられていることをつかむ。

III　解答例　I don't think that having a sense of fashion is very important. What we wear represents our outward appearance and not the inner qualities that count more. Moreover, everyone has their own preferences in fashion; therefore, giving top priority to fashion is not a good idea. Character precedes appearance.（50 語程度）

解説

「ファッションセンスは自分の生活で重要であると考えているか？　そうであればその理由を，そうでなければその理由を説明せよ」という設問について 50 語程度で答える問題。〔解答例〕では，ファッションセンスはそれほど重要なものではなく，身に着けるものが表現するのは外見だけであり，より大切である内面ではないと述べている。さらにファッションは人それぞれであることから，ファッションを第一に考えることは得策ではなく，人間としての中身のほうが重要であると述べている。

represent「～を表す」 outward「外面的な」 inner「内面的な」 count「重要である」 preference「好み」 give top priority to ～「～を最優先する」 character「性格，人格」 precede「～より重要である」

IV　解答　**設問 1．11－③　12－④　13－①　14－③　15－②**
設問 2．16－③　17－②　18－④　19－①　20－④

解説

設問 1．11.「マリア：今日，会社のカフェテリアでは選べる日替わり定食が 2 種類あります。ジェイミー：どんなものですか？　マリア：チキンかスープ付きサラダのいずれかです」

ジェイミーの発言から，マリアは2種類の日替わり定食を具体的に説明するはずである。either *A* or *B*「*A* か *B* のいずれか」の意味になる③の Either chicken or が正解。①以下は節になっておらず，②はそもそも The both とは言えないため文法的に不可。④は「魚でもスープ付きサラダのどちらでもない」という意味なので意味を成さない。

12.「サラ：何か食べ物を探してキッチンの冷蔵庫の中に手を伸ばしても食べ物は全部賞味期限が切れているよ。ソフィ：あら，私は食べ物を無駄にするのがもったいなくて。国連によれば，私たちが育てた食べ物の3分の1が最終的に廃棄されてしまうということなの」

end up in ～ は「最終的に～に行き着く」という意味の定型表現なので，end up in the rubbish bin で「最終的にはゴミ箱行きとなる，最終的にはゴミとして廃棄される」という意味になる④が正解。他の選択肢は表現として意味を成さない。

13.「ジョージ：昔からことわざで『この世は金次第』ってよく言うよね！　メグ：お金がなければ起こりえないようなことが多いって言いたいのね。そうね，私たちはみんなお金は必要だけど，最近は自分たちのお金ではそんなに多くのものを買えそうにないことに気づいてる？」

メグの発言の第2文に but とあることから，but 以下はジョージの述べたことわざとは別の内容がくることが予想できる。空所の直後の so much「それほど多くのこと」は空所に入る動詞の目的語なので，①の buy が正解。②の sell では意味的に成立せず，③・④は表現として成立しない。be worth ～ なら「～の価値がある」という意味になるので，④は be worth となっていれば使用可能。

14.「ベン：推理小説でくつろげるの？　ジュディ：正確にはくつろげるというわけじゃないけれど，殺人犯は誰かを解明しようとして物語に本当に夢中になってしまうの。結局わかるのは最後のページなんだけれど」

get involved in ～ は「～に夢中になる，～に引き込まれる」という意味の定型表現なので，③が正解。他の選択肢は表現として成立しない。

15.「ナオミ：朝はブルーがいい，それともジョー1杯のほうがいい？　マット：そうだね，もし『ブルー』と呼ばれることもある紅茶1杯か，『ジョー1杯』と呼ばれることもあるコーヒー1杯のどちらがいいかということを言っているのだとしたら，朝はコーヒー１杯のほうがいいよ」

brew と joe という俗語的な表現を用いて朝の飲み物の好みを尋ねるナオミに対して，マットは確認を行っている。refer to～で「～に言及する，～のことを言う」という意味になり，whether は「～かどうか」という意味の接続詞なので，②が正解。他の選択肢は文法的に成立しない。

設問２． 対話１．２人の友人がアミールというクラスメートについて話をしている。

ジェイソン：アミールは自分がどんなに失礼な態度だったか気づきさえしなかったみたいで，ずっとその調子だったんだ。

フランシスカ：本当？　でもあんなにひどいことを言っていたのよ！

ジェイソン：そうなんだよ！　でも友だちにやめるように言われてやっと意味がわかると，ずいぶんと謝っていたよ。

16. ジェイソンがどういう意味で the penny dropped と述べたのかが問われている。the penny dropped は「やっと意味を理解した」という意味の表現だが，下線部の直前に，アミールは友だちにやめるようにと言われたとあり，その後の部分に，彼は大いに謝罪をしたとあるので，やっと自分がしていることの意味がわかったという内容が推測できるため，③「ようやくアミールはそのことを理解した」が正解。figure *A* out「*A* を理解する」①「アミールは失礼だったためお金を失った」②「アミールの友人は彼の手から財布をたたき落とした」④「アミールの友人のペニーは彼に腹を立てていた」

対話２．同じ会社で働いている同僚同士でおしゃべりをしている。

マック：昇進して５年ぐらいしたら自分の家が買えると思う。その時までにたくさんお金を貯めておかないと。

ジェイムズ：楽観的過ぎる見方を改めたほうがいいかもしれない。この景気じゃ家なんか買えないよ。

マック：その通りだね。すでにだいぶ努力して貯金しているんだけれど，今さら嘆いてもどうしようもないと思う。何か別のことにそのお金は使えるね。

17. ジェイムズは take off the rose-colored glasses することで，マックにどんな提案をしているのかが問われている。take off the rose-colored glasses は「楽観的過ぎる見方を改める」という意味の表現だが，ジェイムズの発言の第2文ではマックに対し，この景気では家を買うことは無理だと伝えていることから，現実を見るように提案しているという内容が推測できるため，②「現実を認識する」が正解。①「ピンク色の家を買わない」 ③「目の検査をする」 ④「新居にバラを植える」

18. マックは water under the bridge で何を述べているのかが問われている。water under the bridge は「過ぎたことを嘆いてもしかたがない」という意味の表現だが，マックの2番目の発言の第3文で，別のことにそのお金は使えばよい，と言っていることから諦めの気持ちが述べられているとわかるので，④「彼は家を買うことができることに関してもはや希望を持っていない」が正解。be hopeful about ～「～について希望を持っている」 ①「彼は家を買うことができる望みを今でも抱いている」 ②「代わりに橋を買うことを検討するつもりだ」 ③「時は川の中の水のように流れる」

対話3．ふたりの学生がテストの結果について話している。

ジャン-リュック：先週あったあの数学の試験は落第点だった。

ケイコ：なぜ？　勉強しなかったの？

ジャン-リュック：勉強はしたけど，5章と6章が試験範囲に入ってることを知らなかったんだ。

ケイコ：授業中ぼうっとしていたの？

ジャン-リュック：そうみたいなんだ。頑張る必要があるよね。

19. ケイコは space out という表現で，ジャン-リュックが何をしていた可能性があると言いたいのかが問われている。space out は「ぼうっとする」という意味の表現だが，ジャン-リュックの2番目の発言から彼が試験範囲をしっかり覚えていなかったことが判明したので，その確認として，直後でケイコが授業中に space out していたのかどうかをジャン-リュックに問いただしていることがわかる。したがって，①「ぼうっとしていた」が正解。wander は「さまよう」の意味で，全体で「心をさまよわせる」=「ぼうっとする」となる。②「SNS のメッセージをチェックしていた」 ③「寝てしまっていた」 ④「おしゃべりし過ぎていた」

20. ジャン-リュックは step up my game と述べて何が必要だと言いたいのかが問われている。step up *one's* game は「もっと頑張る」という意味の表現だが，ジャン-リュックは最後の発言でまず，I guess I did.

とぼうっとしていたことを認め，You know～「～だからね」という相手の同意を求める表現を使っていることから，ぼうっとしていたことを反省し，今後自分が努力することの必要性を述べていると推測することができる。したがって，④「授業中は先生の言うことをもっと注意して聞くこと」が正解。pay closer attention to～「～をもっと注意して聞く」①「努力するのをやめること」②「授業中にゲームをするのをやめること」③「自分が必要としていることを理解してくれる数学の先生」

V　解答　**Part Ⅰ. 21―① 22―③ 23―② 24―① 25―② 26―④ 27―② 28―③ 29―④ 30―①**
Part Ⅱ. 31―① 32―③ 33―② 34―③ 35―① 36―① 37―④ 38―② 39―③ 40―①

解説

Part Ⅰ. スクリプト参照。

Part Ⅱ. 31.「世界人権宣言は（　　）権利を含んでいる」
①「いかなる国でも難民認定を要求する」
②「いつでも好きな国に入国する」
③「国の周りに壁を築く」
④「いかなる国でも市民権を獲得する」

クリス＝ヘイズの第1発言第6文（That document also…）で，世界人権宣言には難民として入国を要求する権利が含まれていると述べているので，①が正解。

32.「1850年代と1910年代の間に，ヨーロッパの人口のおよそ（　　）がアメリカ合衆国に移住した」

スケトゥ＝メフタの第1発言第6文（And in the…）で，19世紀の半ばから1914年ごろまでに少なくともヨーロッパの4分の1の人口がアメリカ合衆国に移住したと述べられているので，③の25％が正解。

33.「世界の国境が開かれていれば，（　　）」
①「移民が急激に減少することが予想されるかもしれない」
②「GDPの急激な上昇が予想されるだろう」
③「世界の老人の数が減るだろう」
④「世界の出生数が増加するだろう」

スケトゥ＝メフタの第2発言第1文（Exactly, the …）から，国境が開かれていることを前提とした話をしていることがわかり，同じ発言の第4文（First of all …）では，GDP が大きく成長するだろうと述べられていることから，②が正解。

34.「日本は高度な技能を持つ移民の入国を許可する政策をとっているが，（　　　）」

①「ビザの取得が非常に困難であるため置換率は達成不可能である」

②「日本南部の多くの村は野生動物の攻撃を今でも受けている」

③「彼らにとって環境がよくないため来る人があまりいない」

④「日本北部には環境問題が多い」

スケトゥ＝メフタの第3発言最終文（They're trying to …）では，日本は高度な技術を持つ移民の採用を許可する政策をとってはいるが，彼らにとって環境がよくないと思われているために日本に来たがる人の数が十分ではない，と述べていることから，③が正解。

35.「市民権の不平等というのは，（　　　）ということだとスケトゥ＝メフタは言う」

①「人生は持っているパスポートで決まる」

②「市民は非市民よりも権利が多い」

③「豊かな人だけが市民権を獲得する」

④「市民権という概念全体が不道徳なものである」

スケトゥ＝メフタの第4発言第1・2文（The central point … or she holds.）から，市民権の不平等とは持っているパスポートで人生が予測できてしまうことだとわかるので，①が正解。

36.「移民の大半は（　　　）移住した」

①「貧しい国から少しだけより豊かな国へ」

②「貧しい国からはるかに豊かな国へ」

③「豊かな国から少しだけそれほど豊かでない国へ」

④「豊かな国からはるかに貧しい国へ」

スケトゥ＝メフタの第5発言第2文（The vast majority …）では，世界の移民の圧倒的多数は貧しい国から少しだけそれほど貧しくない国へ移住した，と述べていることから①が正解。

37.「反移民政策や反移民感情のある場所として（　　　）は言及されて

いない」
①ハンガリー
②イタリア
③ポーランド
④スウェーデン

クリス＝ヘイズの第7発言第2文（We've seen it…）では，そうした場所として，ポーランドとハンガリーが，同じ発言の第4文（We've seen it…）ではイタリアが挙げられているため，④が正解。

38.「（　　）が人々が祖国から移住する理由としてスケトゥ＝メフタが挙げている理由である」
①「悪い政府と祖国に対する嫌悪」
②「悪い政府と気候変動」
③「気候変動と文化的抵抗」
④「文化的抵抗と金持ちになりたいという願望」

スケトゥ＝メフタの第7発言最終2文（Why are they…and climate change.）では，移住するのは，悪い政府と気候変動が原因であると述べているので，②が正解。

39.「スケトゥ＝メフタは，（　　）が地球の大気中の過剰炭素の原因であると考えている」
①「途上国」
②「アメリカ合衆国以外の先進国」
③「アメリカ合衆国とEU」
④「EUではなくアメリカ合衆国」

スケトゥ＝メフタの第9発言第1～3文（Americans are four…It's our responsibility.）では，大気中の過剰炭素の3分の1はアメリカ，4分の1はEUが排出しており，両者の責任であると述べているので，③が正解。

40.「スケトゥ＝メフタは，移住は（　　）と考えている」
①「必要であり，誰にとってもよい」
②「必要でもなければ誰にとってよいものでもない」
③「必要ではあるが受け入れ国の人にとってはよくない」
④「必要ではあるが移民の祖国に残された人々にとってはよくない」

スケトゥ＝メフタの第9発言第5～7文（We benefit because…move

everyone benefits.）から，受け入れ国，移民，移民の祖国の三者にとって，移住は必要であり，誰もが恩恵を受けることがわかるので，①が正解。

Ⅵ　解答例　Developed countries should allow greater immigration. As Suketu Mehta said, developed countries are mainly the reasons that motivate people to migrate, so accepting them is their moral obligation. Furthermore, increased immigration enables developed countries to solve the labor shortage problem. Immigrants with diverse skills can also lead to economic growth.（50語程度）

解説

「先進国は移民をもっと受け入れるべきだと思うか？　そうであればその理由を，そうでなければその理由を説明せよ」という問いに，Ⅴのリスニングの内容をもとに50語程度で答える問題。〔解答例〕では，移民をもっと受け入れるべきだという立場を取っている。まず，リスニングのインタビューの中で，スケトゥ＝メフタが語っていたように移民のきっかけとなる原因は主に先進国にあるため，先進国が受け入れることは道義的義務であるという理由が述べられている。次に，移民が増えることが先進国の労働力不足問題の解決につながる点を挙げ，最後には，さまざまな技能を身につけた移民が来ることで経済成長も期待できるという点を述べている。

motivate *A* to *do*「*A* に～するきっかけを与える」 migrate「移住する」 obligation「義務」 labor shortage「労働力不足」 diverse「多様な」 lead to～「～をもたらす」

講評

2024年度は2023年度と同様の大問6題の出題で，試験時間は100分であった。

Ⅰの読解問題は，社会全体がローコンテクストへ移行しつつある現状を論じたものである。ハイコンテクスト文化とローコンテクスト文化の違いをしっかりと把握しておけば，筆者の述べる社会全体の流れを把握することは困難ではない。10個の選択式の内容説明も段落順であり，標準的な出題となっている。

Ⅱの読解問題は，ファッションの持つ意味合いの変化に関するもので，標準的な難易度の文章であり，話の流れはつかみやすい。英文和訳のみの出題であるが，構文がつかみにくく訳出しにくい文が選ばれているため，ある程度難解な構文を把握する力と文脈から意味をくみ取る力が問われている。

Ⅲは**Ⅱ**の英文の内容をテーマとする英作文であった。語数は50語程度。

Ⅳでは，設問1で対話を完成させる空所補充問題が出題された。会話の流れをつかむことはもちろん重要だが，イディオムや文法，語法の知識も要求されている。また，文法・語法的に排除できる選択肢も見られるので，基本的な文法・語法の力は必須である。設問2は長めの対話の内容に関する選択問題である。本文中の下線部には難度の高いイディオムが多く含まれてはいるが，対話の流れと前後関係から容易に正解を導くことができるものばかりである。

Ⅴは2023年度と同様にリスニング問題が出題された。設問はPart ⅠとPart Ⅱにわかれており，Part Ⅰは10カ所の空所に入るべき語句を聞き取ってそれに相当するものを選択する問題。空所の語数が多いものもあり，注意を要する。Part Ⅱは英文の内容に関する10個の選択式の設問に答える形となっている。英文はどちらも移民政策に関するものである。Part Ⅰは移民問題と移民政策に関する説明で，スケトゥ＝メフタがどのような人物かの導入にもなっている。Part Ⅱはスケトゥ＝メフタが実際にインタビューに答える形式となっている。インタビューの発言内容の英文量は多いが，スケトゥ＝メフタの主張を理解しておけば，流れを失うことはない。この意味で，しっかりとしたリスニング対策が必要である。

ⅥはⅤのリスニング英文の内容に関する意見論述が出題された。語数は50語程度。

全体としては，語彙・熟語力の増強はもちろん，リスニング力を含めたバランスのよい英語力の向上に努め，すばやく解答を導き出す練習を重ねる必要があるだろう。

日本史

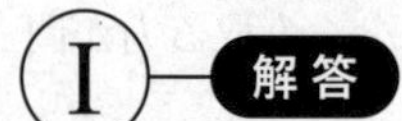

問1．① 問2．③ 問3．④ 問4．① 問5．②
問6．伸展葬 問7．④ 問8．② 問9．⑤
問10．③ 問11．④ 問12．① 問13．比企能員 問14．②

解説

《原始・古代～中世の社会・文化・政治》

問1．①正解。旧石器時代の人骨として，静岡県浜北，沖縄県港川，沖縄県白保竿根田原洞穴，沖縄県山下町第一洞穴で発見された人骨が知られる。

問2．③正解。小さい石器を木や骨の柄にはめ込んで，組み合わせて使う細石器は，旧石器時代末期に発達した。中国東北部やシベリアなどに分布するものと共通している。

問3．④正文。犬歯や門歯などを左右対称に抜き取る抜歯や，三叉状に歯を砕く叉状研歯などは，縄文時代にみられる風習である。

①誤文。土偶は女性をかたどったものが多い。

②誤文。鳥形木製品は弥生時代から出現する。

③誤文。シカの肩甲骨を焼いて，そのひび割れの形で吉凶を占うことは，太占と呼ばれ，古墳時代にみられる。

問4．①正解。土井ヶ浜遺跡は山口県にある渡来系弥生人の墳墓跡であり，300体以上の人骨が出土している。②の唐古・鍵遺跡は奈良県にある環濠集落遺跡，③の菜畑遺跡は水田跡などが出土した佐賀県の遺跡，④の大塚遺跡は神奈川県にある環濠集落遺跡である。

問5．②誤文。イモガイ製の貝輪は，南西諸島など暖かい海でしか採ることのできない貝で作られている。

問6．縄文時代には手足を折り曲げた屈葬が多かったが，弥生時代には手足を伸ばしたまま葬る伸展葬が普及した。

問7．④誤り。再葬墓は死者の骨を洗ったあとで，壺に入れて改めて葬った墓であり，主に東日本に分布していた。

問8．②正文。『漢書』地理志から，倭人が楽浪郡に使者を送っていたことがわかる。

①誤文。邪馬台国が帯方郡を通じて魏に朝貢していたことが「魏志」倭人伝からわかる。

③誤文。奴国の使者が赴いたのは，長安ではなく洛陽である。

④誤文。奴国は九州北部の国と考えられている。登呂遺跡は，静岡県にある弥生時代の集落跡である。

問9． ⑤正解。Ⅲ．多量の銅鏡を副葬品としたのは古墳時代前期（3世紀中頃～4世紀後半）。→Ⅰ．巨大な前方後円墳が上毛野や日向などにもみられるようになるのは古墳時代中期（4世紀末～5世紀末）。→Ⅱ．装飾古墳がつくられるようになったのは古墳時代後期（6～7世紀）。

問10． ③正文。斉明天皇（皇極天皇の重祚）の時代に，阿倍比羅夫が大船団を率いて秋田・能代・津軽方面の蝦夷を征討したと『日本書紀』が伝えている。

①誤文。犬上御田鍬らが遣唐使として派遣されたのは舒明天皇の時代である。

②誤文。渟足柵が設けられたのは孝徳天皇の時代である。

④誤文。近江令が制定されたのは天智天皇の時代である。

問11． ④誤り。能楽は，猿楽や田楽などの民間芸能を集成して南北朝期に成立した。

問12． ①誤文。侍所の初代別当には，和田義盛が任じられた。

問13． 有力御家人の比企能員は娘を源頼家に嫁がせたことで将軍の外戚として力をもったが，1203年，北条時政は比企氏を滅ぼし，頼家の妻子を殺害した。

問14． ②正解。Ⅰ．正文。承久の乱後，幕府は仲恭天皇を廃し，後堀河天皇を即位させた。幕府は皇位の継承や朝廷の政治にも干渉するようになった。

Ⅱ．誤文。新補地頭の得分として，11町につき1町の免田，段別5升の加徴米，山や川からの収益の半分とされた。

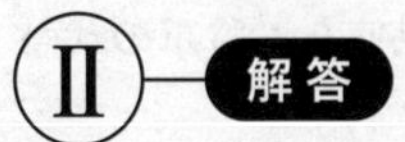

問1． 徳政　**問2．** ④　**問3．** ①　**問4．** ②
問5． ④　**問6．** ②　**問7．** ②　**問8．** ③　**問9．** ①
問10． 一地一作人　**問11．** 唐人屋敷　**問12．** 新井白石　**問13．** ②
問14． ④　**問15．** ③　**問16．** ③　**問17．** ④　**問18．** ①

解説

《中世～近世の社会・政治・外交》

問1・問4． 史料Aでは，京都近辺の庶民が蜂起して，徳政と主張して借金の帳消しを要求し，酒屋・土倉・寺院を襲い，売買や貸借の証文を焼き捨てたと述べている。正長の土一揆（徳政一揆）に関する史料である。

問5． ④正解。『大乗院日記目録』は，尋尊が大乗院所蔵の日記類を選出してまとめたもので，正長の土一揆を取り上げている。①の『塵芥集』は伊達氏の分国法であり，②の『蔭凉軒日録』と③の『実悟記拾遺』は加賀の一向一揆を取り上げている。

問6． ②正解。太閤検地では六尺三寸（約191cm）四方を一歩とした。それ以前は六尺五寸（約197cm）四方が一歩だった。

問7． ②正解。太閤検地では三百歩を一反（段）とした。

問8． ③誤文。斗代（石盛）とは米の収穫量のことであって，代金のことではない。

問9． ①正解。豊臣秀吉は京枡を公定の枡とし，この枡で全国の枡を統一した。

問10． 豊臣秀吉は一地一作人の原則にもとづき，検地帳に登録した生産者である百姓に田畑・屋敷の所持を認め，年貢収入の責任を負わせた。その結果，荘園などにみられた一つの土地に数人の者が権利をもつ複雑な土地関係は整理された。

問11． 長崎の中国人は，当初日本人と雑居していたが，1689年に設置された唐人屋敷に居住させられることになった。

問12． 新井白石は1715年に海舶互市新例を出して長崎貿易の額を制限した。

問13． ②誤文。対馬の宗氏が毎年20隻の貿易船を朝鮮に派遣し，釜山に設置された倭館において貿易を行った。

問14． ④正解。雨森芳洲は江戸で木下順庵に入門し，1689年から対馬藩に仕え，得意の朝鮮語をいかして日朝親善外交に尽力した。

問16． ③誤文。琉球王国は，国王の代替わりごとに謝恩使を，将軍の代替わりごとに慶賀使を幕府に派遣した。

問17． ④正解。イギリス人・オランダ人が紅毛人と呼ばれたが，イギリスはオランダとの日本市場をめぐる競争に敗れ，1623年に平戸の商館を閉鎖して引き上げている。

問18. ①正解。1804年，ロシア使節レザノフが長崎に入港して通商を求めたが，幕府はこれを拒否した。

Ⅲ 解答 **問1.** ④ **問2.** ① **問3.** ③ **問4.** ③ **問5.** ①
問6. 立憲改進党 **問7.** ④ **問8.** ④ **問9.** ③
問10. ④ **問11.** ② **問12.** ② **問13.** 改造 **問14.** ③

解説

《民権運動と社会運動》

問2. ①正文。大隈重信はイギリスをモデルとした議院内閣制を採用して国会を早期に開設することを主張していたが，1881年，政府から追放された（明治十四年の政変）。その直後に板垣退助を党首とする自由党が組織された。翌年には大隈重信が立憲改進党を結成している。

②誤文。訪日中のロシア皇太子が警備の巡査に切りつけられ負傷した事件（大津事件）は，1891年の出来事である。

③誤文。紀尾井坂で大久保利通が暗殺された事件（紀尾井坂の変）は，1878年の出来事である。

④誤文。右大臣の岩倉具視が征韓派に襲撃された事件（赤坂喰違の変）は，1874年の出来事である。

問3. ③正解。1884年，茨城県加波山に福島・栃木・茨城の自由党員が集まり，政府高官襲撃を計画したが，準備不十分のまま蜂起して失敗に終わった（加波山事件）。

問4. ③正解。原敬は新聞記者，外務官僚を経て，立憲政友会創設に参画した。自由党結成の関係者ではない。

問5. ①正解。立志社の憲法草案である「日本憲法見込案」は，一院制，基本的人権の保障，抵抗権など，民主主義的傾向が強い。②の「大日本国国憲按」（「東洋大日本国国憲按」）は植木枝盛，③の「国憲意見」は福地源一郎，④の「五日市憲法」は千葉卓三郎の憲法草案である。

問6. 史料Bは立憲改進党趣意書である。自由党系の急進主義と政府系の保守主義を批判し，改良的漸進主義を主張している。

問7. ④正解。政府が言論取り締まりのため1887年に公布した法令は，保安条例である。三大事件建白運動が急速に広がったため，運動弾圧のために公布された。中江兆民・星亨・尾崎行雄らが東京から追放されている。

問8．④正解。1898年，片山潜・幸徳秋水・安部磯雄らが社会主義研究会を組織し，1900年には社会主義協会と改称した。1901年には木下尚江も加わって，社会民主党が結成された。

問9．③正解。安部磯雄はキリスト教社会主義の立場から1898年に社会主義研究会に参加した。1926年に社会民衆党，1932年に社会大衆党に参加し，無産政党右派を指導した。①は幸徳秋水，②は木下尚江，④は堺利彦に関する説明である。

問10．④正解。1901年に日本最初の社会主義政党である社会民主党が結成されたが，ただちに治安警察法により解散を命じられた。警察から手渡された命令書には「安寧秩序に妨害ありと認むるを以て，治安警察法第八条二項に依り，其結社を禁止する」とあった。

問11．②正解。日露戦争後の1906年に日本社会党が結成され，第1次西園寺公望内閣はこれを認めた。しかし，1907年に党内での直接行動派と議会政策派の対立が深まるなかで，前者の意見が過激であるという理由で解散を命じられた。

問12．②正解。史料Dは『日本改造法案大綱』であり，著者は北一輝である。

問13．『日本改造法案大綱』で，北一輝は国家社会主義にもとづく日本の国家改造を主張している。

問14．③正解。1936年の二・二六事件を起こした集団は，北一輝の国家改造論を信奉する皇道派青年将校らが中心となっていた。

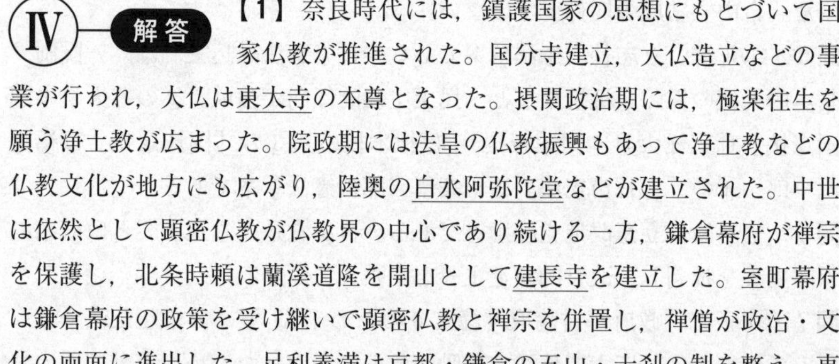

Ⅳ　解答

【1】奈良時代には，鎮護国家の思想にもとづいて国家仏教が推進された。国分寺建立，大仏造立などの事業が行われ，大仏は東大寺の本尊となった。摂関政治期には，極楽往生を願う浄土教が広まった。院政期には法皇の仏教振興もあって浄土教などの仏教文化が地方にも広がり，陸奥の白水阿弥陀堂などが建立された。中世は依然として顕密仏教が仏教界の中心であり続ける一方，鎌倉幕府が禅宗を保護し，北条時頼は蘭溪道隆を開山として建長寺を建立した。室町幕府は鎌倉幕府の政策を受け継いで顕密仏教と禅宗を併置し，禅僧が政治・文化の両面に進出した。足利義満は京都・鎌倉の五山・十刹の制を整え，東

福寺などを京都五山，建長寺などを鎌倉五山とした。(300 字程度)

【2】朝鮮戦争でアメリカが日本の戦略的価値を認識したことで，日本を西側陣営に編入させる動きが加速し，サンフランシスコ講和会議が開かれ，日本と 48 カ国との間で講和条約が調印された。同日，日米安全保障条約が調印された。日本国憲法では 9 条 1 項で「国際紛争を解決する手段」としての戦争を放棄しているが，安保条約では自衛権が前提とされ，防衛用の暫定措置として米軍の駐留を認めた。独立後も米軍が「極東の平和と安全」のために駐留することになったが，「極東」の定義は不明確で，米軍の日本防衛義務は明示されなかった。条約に付随する日米行政協定では，日本による駐留経費の一部負担など米軍の日本での特権的地位が認められた。(300 字程度)

解説

《奈良時代から室町時代にいたる仏教と政治の関係，日米安全保障条約》

【1】〔解答の指針〕

▶設問の要求

(主題) 奈良時代から室町時代にいたる仏教と政治の関係

(条件) 東大寺，白水阿弥陀堂，建長寺，東福寺の語句を用いる

▶論述の構成

奈良時代は，鎮護国家の思想が強まり，国家の保護により仏教が栄えた時期である。聖武天皇は鎮護国家の思想にもとづき，741 年に国分寺建立の詔を，743 年には大仏造立の詔を出している。大仏造立は紫香楽宮で着工されたが，都が平城京に戻ったことで，平城京に場所を移し，東大寺の本尊として 752 年に開眼供養が行われた。指定語句の「東大寺」は，大仏との関連で説明したい。

指定語句にある「白水阿弥陀堂」は浄土教の地方普及を示す建築物である。まず，国風文化期の浄土教について説明し，それが院政期に地方にも拡大したという流れで説明したい。仏教文化の地方普及の要因として，民間の布教者である聖や寺社勢力の活動は大きいが，今回の論述で求められているのは「政治」との関係であるため，法皇の仏教振興を優先して書きたい。

鎌倉時代の仏教では鎌倉新仏教が注目されがちだが，顕密仏教が依然として仏教界の中心であることに留意したい。その中で臨済宗の祖とされた

栄西は幕府の庇護を受けて建仁寺を創建している。北条時頼は禅宗の保護に踏み切って「建長寺」を開き，北条時宗は円覚寺を建立した。こうして禅宗が発展していき，朝廷も禅宗を認めるようになった。

室町幕府は鎌倉幕府の仏教政策を受け継いでいるが，禅僧は政治・文化の両面において大きく進出した。夢窓疎石は足利尊氏の帰依を受けて，天龍寺を開いている。また，足利義満は南宋の官寺の制にならって五山・十刹の制を整え，禅寺を統制した。指定語句の「東福寺」は京都五山第四位である。禅僧は外交文書作成や外交使節，政治顧問としても幕府に重用された。

仏教と政治の関係を説明することが求められているので，指定語句を中心に仏教文化の特徴を説明しただけでは高得点は得られない。各時代で政治との関係を意識して答案を作成したい。

【2】〔解答の指針〕

▶設問の要求

（主題） 日米安全保障条約の調印

（条件） 9条1項，日米行政協定，極東，講和条約の語句を用いる

▶論述の構成

まず指定語句の中で最初に使用するのは「講和条約」である。ここでサンフランシスコ講和会議の内容，サンフランシスコ平和条約の内容について多くの字数を割くのではなく，日米安全保障条約につながる内容にしぼって論述したい。安保条約が日米間の軍事同盟として締結されたことを考慮し，アメリカが冷戦期の軍事的事情によって，日本を西側陣営に編入する動きを加速させたことを指摘したい。

「9条1項」の使い方が難しいと感じた人が多かったのではないだろうか。日本国憲法の第9条については，さまざまな解釈がある。全ての戦争について放棄したものであり外国軍との共同行動もできないという解釈もあれば，自衛権は認められており個々の国民が外国軍との共同行動に参加することはできるという解釈もある。日米安全保障条約では，明らかに後者の解釈を前提としている。

「極東」という指定語句については，安保条約の条文で，米軍が「極東の平和と安全」のために駐留を続けると定められている。ここで在日アメリカ軍の行動範囲である「極東」の定義が不明確であることも指摘したい。

また，米軍は日本の防衛に「寄与」するという表現であり，防衛が「義務」として明示されていないことも指摘したい。

「日米行政協定」は，安保条約が調印された1951年の翌1952年に締結され，日本は駐留軍に基地を提供し，駐留費用を分担することになった。

講評

大問数は4題で2023年度と変わりなく，解答個数も変わらず47個だった。選択問題が38問，記述問題が8問，論述問題が1問となっている。2024年度は史料問題が増加し，ⅡとⅢで複数の史料が取り上げられた。

難易度は全体としては標準的であり，ほとんどの設問は教科書中心の学習で解答が可能である。

時代・分野別ではⅠが原始・古代～中世の社会・文化・政治，Ⅱが中世～近世の社会・政治・外交，Ⅲが近代の政治・社会であった。Ⅳの論述問題では古代～中世の文化・政治，現代の政治・外交の2つのうちから1問を選んで解答することが求められた。時代別では原始～現代まで幅広く出題され，分野別では政治史・外交史・社会経済史・文化史から幅広く出題されているので，全時代・全分野の学習をしっかりしておきたい。

Ⅰは原始・古代～中世の社会・文化・政治に関する出題であった。問4は土井ヶ浜遺跡を選ばせる問題で，やや細かい知識であったが，その他の設問は標準的な問題で占められていた。

Ⅱは「正長の土一揆」「丈量の統一と石盛法」「ロシア使節への返答書」という3つの史料からの出題であった。教科書中心の学習と基本史料の学習ができていれば解答可能な設問で占められていた。

Ⅲは「自由党盟約」「立憲改進党趣意書」「社会民主党の結成」「日本改造法案大綱」という4つの史料からの出題であった。2023年度のⅢの近現代からの出題ではいくつか難問がみられたが，2024年度はおおむね標準的な問題であった。問9では安部磯雄がどのような人物であったかが問われており，やや細かい知識が必要である。

Ⅳの論述問題は，奈良時代から室町時代にいたる仏教と政治の関係，日米安全保障条約の調印という２つの設問から１問を選択して解答する形式がとられている。難易度に大きな差はなく，いずれも教科書に十分な説明が掲載されているテーマである。

問題のほとんどは教科書の内容を基礎として出題されているので，まずは全時代・全分野にわたって，教科書の範囲内で解ける問題を取りこぼさないように学習することが重要である。近現代史については，年度によって難しい設問が多いこともあるので，特に十分な時間をかけて学習したい。

世界史

Ⅰ 解答

問1．クロマニョン人　問2．バビロン捕囚
問3．ゾロアスター教　問4．『アヴェスター』
問5．アフラ＝マズダ　問6．最後の審判　問7．タレス
問8．ウルバヌス2世　問9．ビザンツ帝国　問10．セルジューク朝
問11．サラーフ＝アッディーン〔サラディン〕　問12．リチャード1世
問13．ラテン帝国　問14．インノケンティウス3世
問15．ジョン＝ボール

解説

《A．終末観　B．十字軍》

問6． ミケランジェロ作「最後の審判」は，バチカンのシスティナ礼拝堂に描かれた祭壇画。中央で裁きを下すイエスの左側に天国に昇る人々，右側に地獄に堕ちる人々が描かれ，キリスト教の終末観が表現されている。

問7． 小アジアのミレトスに生まれたタレスは，「万物の根源を水」として，世界の生成を神話的思考から理性による理解へと転換させたことでイオニア自然哲学の祖とされる。

問10． セルジューク朝は，シリア・アナトリアに侵攻し，1071年アナトリア東部のマンジケルトの戦いでビザンツ帝国軍を破った。

Ⅱ 解答

問1．④　問2．③　問3．③　問4．②　問5．③
問6．①　問7．④　問8．③　問9．②　問10．①
問11．④　問12．③　問13．④　問14．③　問15．④　問16．④
問17．④　問18．①　問19．②　問20．③

解説

《A．中央アジアの政治・文化などの変遷　B．1900年前後の東アジアをめぐる国際情勢》

問11． 三国干渉により日本を遼東半島から排除したロシアは，清から東清鉄道の敷設権を獲得したことで，沿海州からの朝鮮進出を企てており，これを背景として朝鮮宮廷内では日本・ロシアのいずれと連携するかで対立

が深刻化した。

問18. やや難。義和団戦争（義和団事件）に際して出兵した8カ国連合軍は，日本とロシアが主力となったが，残りの6カ国はなかなか覚えにくい。覚え方としては，帝国主義列強の2極対立を形成した三国同盟（ドイツ・オーストリア・イタリア）と三国協商（イギリス・フランス・ロシア）の計6カ国に，日本・アメリカ合衆国を加えた形と覚えるとよいだろう。

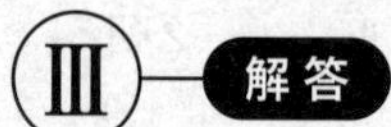

問1. ③ **問2.** ① **問3.** ④ **問4.** ① **問5.** ①
問6. ② **問7.** ③ **問8.** ① **問9.** ④ **問10.** ④
問11. ② **問12.** ③ **問13.** ④

解説

《18世紀のヨーロッパ》

問6. a．正文。ヨーゼフ2世は，宗教寛容令によりプロテスタント・ギリシア正教徒に信仰の自由を認めた。

b．誤文。ヨーゼフ2世は，農奴解放令により農奴の人格的自由を認めた。

問8. やや難。①正文。

②誤文。魔女狩りは，16～17世紀の近世において最も激しかった。その後，18世紀に啓蒙思想の台頭によって沈静化している。

③誤文。18世紀のイギリスの工場では，女性は安価な労働力として酷使された。

④誤文。フランスで女性参政権が実現したのは，1944年のことである。

問10. dのシュレジエンは，オーストリア継承戦争によりプロイセンがオーストリアから獲得していたが，七年戦争でその領有が確定した。

問11. a・d．ともに正文。

b．誤文。イギリスは，藩王国廃止政策がインド大反乱の原因の一つとなったことから，反乱鎮圧後，この政策を取りやめた。

c．誤文。1819年にシンガポールを買収して植民地化したのはイギリス。

問12. a．誤文。大量の奴隷は，アフリカから南北アメリカに移送された。

b．正文。

問13. b．タスマンは17世紀前半にニュージーランドに到達した。→c．リヴィングストンがヴィクトリアの滝を発見したのは19世紀半ば。→a．ピアリが北極点に到達したのは20世紀初頭。

Ⅳ A **解答** 正統カリフのアリー暗殺後，661年シリア総督ムアーウィヤがカリフとなり，ダマスクスを都にウマイヤ朝を建てた。ウマイヤ朝は聖戦で広大な版図を実現したが，アラブ人に特権が与えられ，非アラブ人はイスラーム教に改宗してもジズヤ（人頭税）は免除されずアラブ帝国といわれた。こうした支配に対する非アラブ人改宗者やシーア派などの不満を背景にして，ウマイヤ朝が倒され750年アッバース朝が成立した。アッバース朝ではアラブ人の特権が廃止され，イスラーム法に基づくムスリムの平等が実現し，イスラーム帝国と呼ばれた。都バグダードはイスラーム世界の中心として繁栄したが，10世紀にはエジプトのファーティマ朝とイベリア半島の後ウマイヤ朝がカリフを自称し，イランのシーア派政権ブワイフ朝がバグダードを占領するなど地方政権が台頭した。（350字以内）

解説

《7世紀後半から10世紀にかけてのイスラーム諸王朝の展開とその性質の変化》

◆設問の要求

（主題） 7世紀後半から10世紀にかけてのイスラーム諸王朝の展開と性質の変化

◆論述の方向性

イスラーム諸王朝の展開としては，指定の時期が「7世紀後半から10世紀」なので，ウマイヤ朝からアッバース朝への王朝交替と，アッバース朝からの地方政権の自立までを述べる。また，性質の変化については，ウマイヤ朝とアッバース朝の政策の違いを王朝交替の背景とともに述べればよいだろう。

◆指定語句の整理

①ウマイヤ朝とアラブ人の特権

ムアーウィヤ…メッカのクライシュ族の名門ウマイヤ家出身。正統カリフ時代に第2代正統カリフのウマルからシリア総督に任命され，第4代正統カリフのアリーと敵対した。アリーの暗殺後，661年ダマスクスにウマイヤ朝を創設し，次のカリフに実子を指名したことでカリフ世襲化の道を開いた。

ダマスクス…シリアの中心都市で，古くはアラム人の内陸中継貿易における交通上の要衝であった。シリア総督であったムアーウィヤは，自らの拠点であるダマスクスに都をおいてウマイヤ朝を開いた。

ジズヤ（人頭税）…イスラーム法に定められた非ムスリムに課される税。ウマイヤ朝は聖戦の主力であったアラブ人の特権を重視し，非アラブ人でイスラーム教に改宗した者（マワーリー）に対してもジズヤを課したことから，非アラブ人改宗者の不満が高まった。

②アッバース朝とムスリムの平等

アッバース朝…ハーシム家の流れをくみ，ウマイヤ家と敵対していたアッバース家が，非アラブ人改宗者やシーア派の反ウマイヤ運動に乗じて樹立した王朝。

イスラーム帝国…アラブ至上主義をとり「アラブ帝国」と呼ばれたウマイヤ朝と比べ，アッバース朝は非アラブ人改宗者へのジズヤ徴収を廃止するなど，ムスリムの平等を実現したことから「イスラーム帝国」と呼ばれた。

バグダード…アッバース朝第２代カリフのマンスールが，ティグリス河畔に建設した新首都。イスラーム帝国の政治・経済・文化の中心として繁栄し，1258年モンゴル軍に攻略されるまでカリフの所在地であった。

③地方政権の自立

後ウマイヤ朝…ウマイヤ朝の滅亡後，その一族がイベリア半島に逃れて756年に建てた王朝。10世紀にエジプトのファーティマ朝がカリフを称したのに対し，君主アブド＝アッラフマーン３世もカリフを自称した。これにより，アッバース朝を含めて「３カリフの鼎立」となり，アッバース朝カリフの権威は低下した。

◆論述の構成

①ウマイヤ朝とアラブ人の特権

シリア総督ムアーウィヤが661年ダマスクスに創設したウマイヤ朝が，聖戦により広大な版図を形成したことに触れたい。これは王朝が多民族を内包したことを意味する。ウマイヤ朝の特質としてアラブ人の特権を明記し，その例として，非アラブ人改宗者に対するジズヤ（人頭税）の課税に言及する。

②アッバース朝とムスリムの平等

アッバース家によるウマイヤ朝打倒の背景として，非アラブ人改宗者やシーア派との反目に触れる。そして，アッバース朝がイスラーム法のもとでムスリムの平等を実現したことから「アラブ帝国」から「イスラーム帝国」へと発展したという点を指摘したい。

③地方政権の自立

「10 世紀」までという時期設定から，イベリア半島の後ウマイヤ朝とエジプトのファーティマ朝のカリフ自称と，イラン系ブワイフ朝のバグダード占領（946 年）に触れることで，地方政権の自立化に言及したい。

Ⅳ B　解答

1517 年ルターが始めた宗教改革が波及したヨーロッパでは，各地でカトリック教徒と新教徒の対立が起こり，16 世紀中頃以降宗教戦争に発展した。フランスではユグノー戦争の結果，ナントの王令でカルヴァン派新教徒の信仰が認められ，ドイツではシュマルカルデン戦争の後，1555 年アウクスブルクの宗教和議で領邦ごとのルター派選択が認められたが，その後も宗教対立は残った。1618 年ベーメンの新教徒反乱を機に起こったドイツの三十年戦争は，新教国のデンマーク・スウェーデンに続き，旧教国のフランスが新教側で参戦したことにより，宗教対立を超えた国際戦争となった。戦争はウェストファリア条約で終結し，ドイツでカルヴァン派が追加公認されたほか，ドイツ諸領邦の国家主権が列国に承認されたことで，ヨーロッパに主権国家体制が形成された。(350 字以内)

解説

《16～17 世紀のヨーロッパにおける宗教対立の展開》

◆設問の要求

(主題) 16～17 世紀のヨーロッパにおける宗教対立の展開

◆論述の方向性

ルターの宗教改革の影響として，ヨーロッパ各地でカトリックと新教の宗教対立が起こったこと，それが宗教戦争となり，戦後に新教が容認されたことに触れる。そして宗教対立が継続するなか，ドイツで三十年戦争が起こり，これが国際戦争化したことを述べる。主権国家体制の形成については，ウェストファリア条約の内容から言及すればよいだろう。

なお，資料１・資料２ともにドイツに関するものであるが，問題の設定が「ヨーロッパの宗教対立」なので，解答がドイツ史に偏らないように注意したい。

◆指定語句の整理

①ルターの宗教改革と宗教対立

ルター…1517 年『九十五カ条の論題』を発表してローマ＝カトリック教会の贖宥状販売を批判。神聖ローマ皇帝カール5世と対立するザクセン選帝侯らルター派諸侯が連合し，宗教対立が激化した。

カトリック…ローマ教皇と結ぶ神聖ローマ皇帝・フランス王などの君主と，これに従う諸侯・貴族など守旧勢力で，新教徒と対立した。

②宗教戦争と新教の容認

カルヴァン派…カルヴァンの教説を信奉する新教の一派。フランスではユグノーと呼ばれ，ユグノー戦争の結果，ナントの王令で条件つきではあるものの，その信仰が認められた。また，ドイツではアウクスブルクの宗教和議でカルヴァン派は認められなかったが，三十年戦争を経たウェストファリア条約で，その信仰が認められている。

アウクスブルクの宗教和議…ドイツの宗教戦争であるシュマルカルデン戦争（1546～47 年）が終結した後，1555 年アウクスブルクの帝国議会で結ばれ，ルター派の信仰が認められた（資料1）。しかし，この和議ではルター派以外の新教諸派は認められず，宗教対立は残った。

③三十年戦争と主権国家体制

三十年戦争…カトリック強制に対するベーメンの新教徒反乱に起因する最大の宗教戦争。勢力拡大を狙う周辺諸国の介入を招き，旧教国フランスが新教側で参戦したことで，宗教対立を超えた国際戦争となった。

ウェストファリア条約…三十年戦争の講和条約。神聖ローマ皇帝・ドイツ諸侯・交戦諸国などが参加した国際会議で結ばれた。この条約で，ドイツでカルヴァン派が追加公認され，領邦が国家主権を認められた（資料2）。

主権国家体制…ウェストファリア条約により成立したヨーロッパの国際体制。個々の国家が，ローマ教皇や神聖ローマ皇帝など旧来の普遍的権力から自立して独自の内政・外交権を行使した。

◆論述の構成

①ルターの宗教改革と宗教対立

ルターの宗教改革によりヨーロッパ各地でカトリックと新教の宗教対立が起こったことに触れる。そしてこの対立が，国王とその反対勢力の政治的な争いと結びつき，いくつかの宗教戦争に発展していくことになる。

②宗教戦争と新教の容認

指定語句のカルヴァン派とアウクスブルクの宗教和議より，宗教戦争としてフランスのユグノー戦争とドイツのシュマルカルデン戦争を指摘することができる。そして前者の結果，ナントの王令でカルヴァン派の信仰が認められ，後者の後，アウクスブルクの宗教和議でルター派が公認されたことに言及したい。

③三十年戦争と主権国家体制

アウクスブルクの宗教和議後も続いた宗教対立が三十年戦争につながったが，旧教国フランスが新教側で参戦したことで，戦争が宗教対立を超えた国際戦争となったことに触れる。そして国際会議で結ばれたウェストファリア条約においてドイツ諸領邦の国家主権が認められたことで，ヨーロッパに主権国家体制が形成されたことに言及すればよい。

講評

Ⅰ. A.「終末観」とB.「十字軍」の2テーマで構成されており，どちらも基本的な用語を問うている。資料として，Aで視覚資料「最後の審判」，Bで史料「クレルモン宗教会議での教皇ウルバヌス2世の演説」，サラーフ＝アッディーンとインノケンティウス3世の肖像画が扱われているが，どれも設問文にヒントがあり，解答しやすい。

Ⅱ. A.「中央アジアの政治・文化などの変遷」とB.「1900年前後の東アジアをめぐる国際情勢」の2テーマで構成されており，解答はすべて語句選択。ほとんどが基本～標準レベルであるが，問18の義和団事件で共同出兵しなかった国は，消去法を用いてもやや難であった。

Ⅲ.「18世紀のヨーロッパ」を啓蒙主義と戦争の観点から概観する問題。資料の「権利の章典」の内容を読み取る問4は，入試改革を意識した出題と思われる。正文・誤文選択問題が多いため時間配分に注意したい。

Ⅳ. A・Bともに指定語句をすべて用いて350字以内で論述する問題であるが，2024年度は指定語句の数がA・Bともに7個であった。出題された分野としては，Aが前近代のアジアで2023年度と同様，Bは近世ヨーロッパの政治史であった。指定語句はどれも基本的・標準的な事項なので，教科書を丁寧に学習してあれば対応できる。

総合問題

◀英米文学科Ｂ方式▶

I **解答例** Gender roles have changed significantly since the period described in the passage. In the nineteenth century, many people regarded women getting more freedom in urban life as a significant threat to their status. However, further urbanization has challenged traditional roles, and women can now participate in activities, such as sports and leadership, which were once limited to men, and also speak out freely on issues wherever they are. They are no longer concerned about what the opposite sex thinks of them. While some problems persist, the former male-oriented view has almost disappeared as women have begun to achieve economic independence. (100 語程度)

全訳

《女性を抑圧するシステムの 19 世紀近代都市》

1　女性は近代の都市にとっては問題であるとずっとみなされてきた。19 世紀には，ヨーロッパの都市は急成長し，さまざまな社会階級と移民が混乱を招くほどに混じり合った状態でそうした都市の路上に引き寄せられてきた。当時の社会規範の中には，階級間に厳格な境界を維持することが含まれていた。裕福な白人女性はしかるべき服装と振る舞いをし，純粋で上流階級出身であることを示す行動を行うことになっていた。都会では，より狭い場所での男女の接触や，上流階級の女性と都会の多くの労働者階級や貧しい人々との接触が増えることで，そうした身なりや振る舞いが脅かされることとなった。ロンドンの街や他の場所では，特に安全性に関する議論に関して，女性が公共の都市生活の一部となる区域がすでに開かれていた。

2　しかし，大勢の人が田舎から都会へ，そしてある国と文化から別のところへ移動していたこの混乱期は，人々の社会的レベルを見極めることがますます困難になってきたことを意味していた。街角にいる女性は身なりや行動がどんなによくても，最悪の侮辱を受ける可能性があった。女性が人前でどれほど目にされるかに関するこうした懸念は，上流階級の多くの人が，自分たちの社会的地位，つまり，高い階級の親の元に生まれたことの当然の結果として考えていたレベルに対する脅威としてみなしていたものの一部であった。自分たちは尊敬されるべき人々であり，こうした「品位」は小さな町や田舎では誰の目にも明らかであったが，自分が誰かをはっきりと知っているわけでもない未知の他人が大勢いる大都市では明らかではなかったのである。金持ちと貧乏人の境界線は都会ではそれほど明確に示されてはおらず，女性のあるべき振る舞い方も都会の生活では不明確なものだった。

3　19 世紀のこうした変化の時代の多くの作家は，特に女性に関しては，都会での大都市生活そのものが文明に対する脅威であると考えていた。女性の多くは都会のほうが自分たちに自由を与えてくれることに気づき始めていたからである。こうした自由は好ましくないものとみなされることが多かった。大都市を囲むように新たに拡大していく生活圏とともに，田舎は中流階級と上流階級にとってより安全で快適な場所を提供することとなり，最も重要なことに，女性は引き続き品位を保ち続けることになった。

4　都会の無秩序から保護される必要がある女性もいれば，管理して再教育を施し，場合によっては罰を与える必要さえある女性もいた。都会生活に対する関心が高まると，労働者階級の状況がより明らかとなり，上流階級にとってはますます受け入れがたいものとなった。彼女たちは工場や裕福な家庭の家政婦の仕事を探して都会にやって来たのである。給料のもらえる職に就いた女性はある程度自立できるようになったが，当然のことながら，家庭の責任，つまり育児や料理，掃除などの務めを果たす時間は減っていたのである。貧しい女性は働かなければならないために出来損ないとみなされており，家庭での責任を果たしていくことができないことが下層階級における悪い生活条件の原因となっていた。こうした悪条件はもちろん犯罪やその他の公私ともに好ましくない行為をもたらすことになった。こうした好ましくない振る舞いはすべて不自然なものとみなされていた――女性は慎ましく純粋であるべきだとされており，第一の関心事は自分の家の務めを果たすことであった。

5 男性の持つ伝統的性役割を支援し，促進する手助けをするように都市は設計されており，男性の経験だけが「正常」であり，都市が女性に対して障壁を設けて都市における女性の日常的経験を無視している様子はほとんど考慮されてこなかったのである。

解説

「筆者が述べている時代と比べて，現代では性役割はどう変化したと思うか？　具体例で解答の根拠を示せ」という指示が出されている。この設問について，自分なりの答えを明確に述べる英文を100語程度で書く問題。〔解答例〕では，まず，当時と比べて性役割は大きく変化していると全体的な内容を述べ，第2～4文では具体的な根拠を挙げている。第2文では，19世紀には女性が都会の生活でより多くの自由を手にすることは自分たちの地位に対する重大な脅威であるとみなされていたことを当時の状況として述べ，続く第3・4文では，都市化がさらに進んでいく中で，男女の伝統的役割は疑問視されるようになり，男性だけに限られていた活動に現在では女性は参加できるようになり，さまざまな問題に関してもはっきりと意見が言えるようになって，もはや男性からどう思われるかを気にしていないという，変化した現状を具体例とともに述べている。続く第5文では，問題点は残っているとしたうえで，女性が経済的自立を達成するようになるにつれて，以前の男性中心の考えはほとんど姿を消していると述べている。

gender role「性別による役割，性役割」 significantly「大いに，大幅に」 regard *A* as *B*「*A* を *B* とみなす」 *A* の位置には women getting more freedom in urban life がきており，women は動名詞 getting の意味上の主語。threat「脅威」 urbanization「都市化」 challenge「～に異議を唱える」 be limited to ～「～に限られている」 speak out「はっきりとものを言う」 be concerned about ～「～を気にする」 the opposite sex「異性」 ここでは内容的に「男性」を指す。persist「いつまでも続く」 former「以前の」

Ⅱ　解答例　Working from home is definitely good. This could contribute to making Keynes's prediction (the 15-hour working week) come true. Working in physical workplaces keeps people occupied for much longer than necessary. First, by getting rid of commuting time, you can spend more time with your family and enjoy your pastimes. Second, there will be fewer distractions since no talkative coworkers or interfering bosses are around. Third, you don't have to attend drinking parties, which is considered a part of "work culture" in Japan, enabling you to save more money and time. Although it may blur the boundaries between personal and professional life, it has numerous benefits.（100語程度）

全訳

《ケインズの未来予測が実現していない理由》

1　世界経済が極めて深刻な状態であった大恐慌が始まって1年が経過すると，ジョン＝メイナード＝ケインズは自分の孫たちの経済状況に関する執筆に取りかかった。世界経済は破綻していたが，この英国の学者は前向きな姿勢を取り続けた。1930年に書かれたエッセイの中で，100年後には（つまり2030年には）社会は多く前進を遂げており，私たちはほとんど働く必要がなくなるだろうと予測している。ケインズは未来の予測が非常に苦手だったようだ。1930年において，アメリカやイギリス，オーストラリアおよび日本の平均的労働者は毎週45時間から48時間を仕事に費やしていた。今日ではこの数字は38時間であるが，ケインズの予測をいまだにはるかに上回るものである。

2　1930年代の人々と同程度の生産を望むのであれば，誰もが週に15時間さえも働く必要はないだろう。生産量の増加を調整すれば，アメリカやイギリスの労働者は毎週わずか7，8時間で同じ量の材料を生産できるだろう。こうした生産量の増加は1世紀に及ぶ技術の進歩から来ている。この意味では現在の先進国はケインズの予測を超えている。では，週30時間から40時間の労働時間がいまだに職場の標準となっているのはなぜだろうか？

3　その答えのひとつは，人間にはより多くを求める強い願望があるからである。住む場所と基本的な食料だけがあればいいという選択をする人はほとんどいないだろう。新しい服やお金のかかる休暇のような贅沢のためにお金を稼ぐことを断念すれば，週15時間労働で楽に済むことだろう。このことはすでに周知のことかもしれないが，私たちの生活は，他の多くの重要な面でも向上しており，それに伴って，必要ではないが楽しむための余計なものを得たいというさらなる願望が生じているのだ。私たちは曾祖父母たちがよい生活と考えたものでは満足できないだろう。

4 また，単に基本的な必要を満たすだけでなく，それより数段階上の給料がもらえる仕事に就く人も増加している。経済発展のスピードが増し，雇用は農場や工場での物の生産から他人へのサービスの提供へと移行している。進歩のおかげで，ほんのわずかな労働力ですべてのニーズを満たすことができるようになっている。このように私たちは自由に他のことができるようになっているのである。今日多くの人々が就いているのは，1930年代には広く存在していない，あるいはまったく存在していない仕事である。メンタルヘルスの専門家や視覚効果アーティスト，会計士，それにユーチューバーのような仕事は豊富にある。ケインズは，将来はサービス業や創造的な仕事に就けるようになる人が増加すると主張し，基本的ニーズのために仕事をすることと，仕事を通じて理想や希望を実現することは異なるものであることをほのめかしている。実際，仕事の世界は実に拡大を遂げ，さらに多くの種類のサービス業や創造的な仕事を包括している。ところが，私たちが現在必要とみなしているものが増え，手に入るようになっているために，こうした仕事に人々が毎週費やしている時間はケインズの予測よりもいまだに多いままなのである。

5 最後に，社会的不平等が続いているために，私たちの時間の中で平均週40時間（近く）の時間が維持されているということもある。1930年代とは違って，社会全体ですべての人に十分なものを生産することは可能であるが，家賃を払ったり，食料を買ったりするためだけにより長時間の労働をしなければならない人は多い。最近の生産の増加は企業経営者や地位の高い人々を利するだけである。ケインズは，エッセイの中で，資源とお金を十分に生み出して，その余剰の恩恵を共有することが可能になるような世界を考えていた。実際，私たちはケインズの未来に関する考えの一部が事実となるのを目にしてきた。先進国は基本的なニーズを満たすことができない人々にお金や住居，食料を実際に提供している。しかし，こうした「セーフティネット」はすべての人を貧困から救い出すには十分とは言えず，すべての人がよい生活を送れるようにするというケインズの理想にかなうものではない。

6 先進国には現在，誰もが仕事を減らしたとしてもよい生活を送ることができる技術やツールがある。しかし，労働の未来に関する今日の議論はこうした目標に焦点を当てておらず，将来は，私たちが恩恵を得る一方で仕事はすべてロボットが行うといった話ばかりに終始している。好ましいのは，仕事に関する議論がケインズを超え，新テクノロジーが週単位の長い労働時間からどのように私たちを解放してくれるかということに関する現在の議論も超えていくようになってくれることであろう。そうした議論よりも，私たちは本当は何のために働いているのだろうかということを問う必要がある。よい人生という概念がなく，労働時間を減らしてくれるものを進歩とみなす方法がなければ，ケインズが予測した週15時間労働という目標に達することは永遠にできないだろう。

解説

「最近では世界中で在宅勤務ができる人がますます増加している。これはよいことか悪いことか？　自分の意見に対する具体的な理由を挙げよ」という指示が出されている。この設問について，自分なりの答えを明確に述べる英文を100語程度で書く問題。〔解答例〕では，まず，在宅勤務を肯定的にとらえて，週15時間労働というケインズの未来予測の実現に貢献することになるかもしれない，と述べている。次に，実際の職場で行う勤務は必要以上に人々を拘束している，という現実的状況を第3文で述べ，第4文では，通勤時間がなくなり，それにより家族と過ごす時間や趣味に費やす時間が増えることを具体的な理由として挙げている。続く第5文では，職場で同僚や上司から邪魔されることがなくなり，仕事に専念できるという利点を述べている。第6文では，日本で「仕事文化」の一環とみなされている飲み会に参加する必要がなくなり，お金と時間の節約になることを挙げている。そして最終文では，公私の区別がつきにくくなるという問題点はあるにせよ，数多くの恩恵が得られるという結論を述べている。

make *A* come true「*A* を実現させる」 occupy「～を拘束する」 get rid of～「～をなくす，取り除く」 commuting time「通勤時間」 pastime「趣味，娯楽」 distraction「注意をそらすもの」 interfering「干渉する」 blur「～を不明瞭にする」 boundary「境界」 numerous「数多くの」

講評

英米文学科B方式の総合問題は，英文を読んだ後，英文の内容に関する設問に 100 語程度の英語で答える形式で試験時間は 60 分である。2022 年度は 1 つの長めの英文に対して要約とテーマ英作文が求められたが，2023・2024 年度は 2 つの英文が出題され，それぞれの英文に関連する意見論述が出題されている。英文は「女性を抑圧するシステムの 19 世紀近代都市」と「ケインズの未来予測が実現していない理由」について述べたもので，どちらも語彙や構文に関しては標準的なものではあるが，前者に関しては内容がやや難解な部分があるので，本文の内容をしっかりとつかまないと書きにくい。後者に関しては内容も比較的容易で，設問も比較的書きやすい内容が指示されている。

筆者の意見を受けて自分の考えを述べる場合、一般に、筆者に全面的に賛同する、反論する、一部に賛同しつつ別の意見を述べる、の三パターンの解答例がありうる。どのパターンを選ぶ場合でも、まずは本文の論旨を正確に理解したうえで、論理的に思考し、根拠を示して明確な文章で表現しなければならない。

起きている。第十二段落で述べられているように、人々は国家のような「大きな物語」を持たない「データベース的動物」となることで自身の正統化ができなくなり、エコーチェンバーがつくる「小さな物語」で弱いエゴを守り必死で勝ち残ろうとするしかなくなる。そのことが「ぼくたちの生を、精神的にますます貧しいものにしている」と述べられている。それに対して第十三・十四段落で、人々の生を貧しくする信念なき「データベース的動物」の状態から脱して、政治＝国家のなかで「よき生」をめざす「政治的動物」に戻るため、筆者は「ぼくたちはふたたび世界にパラロジーを導入し、観客を複数化し、ゲームを複数化しなければならない」、つまりインターネットのアルゴリズムによらない新しい政治のあり方と市民の共同体をつくり育てなければならないと主張するのである。この内容をまとめて、「ぼくたち自身の生の自由」のために「パラロジー」が必要だという筆者の考えを説明すればよい。

【手順Ⅲ】 続いて、**【手順Ⅱ】** でまとめた筆者の考えに対し、自分の考えを展開していく。〔解答例〕では、筆者の考えに賛同する内容でまとめていった。エコーチェンバーの例としては、陰謀論を挙げるのがわかりやすい。また、ヘイトスピーチも特定の人々に対する悪意あるフェイクニュースに端を発することがあり、エコーチェンバーの産物と言っても差し支えないだろう。これらの実例を念頭に置きながら、エコーチェンバーによって作られた「小さな物語」で弱いエゴを守ることが生を貧しくしているという筆者の主張と結びつける必要がある。この「小さな物語」と、近代社会の「大きな物語」との違いは、「大きな物語」が人々の思考や行動を正統化していたのに対し、「小さな物語」では正統化をしないという点である。陰謀論を真に受ける人々の行動も、特定の人々に関する誤情報を信じる人々のヘイトスピーチも、正義感や信念に基づいた正統化しうる行為ではなく、これらの「小さな物語」はゲームに勝ち残るための手段でしかない。そのことこそが生を精神的に貧しくしているとし、筆者の主張を支持する解答にした。そして筆者が〈生を自由にするためにパラロジーが必要だ〉と主張する点については、パラロジーが実現すればたがいに異なるルールを信じる複数の共同体が接触し、各々の「小さな物語」が絶対視されることはなくなるので生の自由度が高まる、という結論に導いた。

る。設問は傍線部の言い換えや説明ではなく、「政治が『大きな言語ゲーム』と見なされる理由」を求めているので、〈「ゲームは観客なしには持続しない」（または「持続させるためには、観客を生み出さなければならない」）が、政治も「他者」=「観客」=「市民」を必要とするから〉という枠組みでまとめる。八〇字という制限字数なので、第五段落にある、なぜ観客なしでは持続しないのかという内容も加えるとよい。アーレントの「政治とはその活動が現れる場なのだ」という主張は、政治とゲームの類似点には関係がないので解答に盛り込む必要はない。

問三　問われているのは、「パラロジー」について、本文の内容を踏まえ、筆者による「ぼくたちはいま、科学的な知の生産性を守るためだけではなく、ぼくたち自身の生の自由を守るためにこそ、パラロジーを必要としているのだ」という主張に対する自身の考えを述べることである。手順としては、まず本文における「パラロジー」の意味するところを把握し（【手順Ⅰ】）、先に挙げた筆者の主張の内容を理解したうえで（【手順Ⅱ】）、自身の考えを述べていく（【手順Ⅲ】）。

【手順Ⅰ】「パラロジー」については、第七・八段落の内容を中心に説明すればよい。本文における「パラロジー」の意味は「複数の言語ゲーム（=政治）の衝突と重ね合わせ」である。政治というゲームが観客としての市民を生み出すので、市民の単一化を解消するには政治の複数化が必要だということが述べられている。

【手順Ⅱ】筆者の主張について、【手順Ⅰ】でまとめた「パラロジー」の意味に即しつつ説明していく。筆者は第九～十二段落で、ポストモダンにおいては、近代社会の「大きな物語」が終焉を迎えた後、複数のゲームが育ちパラロジーが生まれると唱えたリオタールの考え通りにはいかなかったことを述べている。複数のゲームが育たなかったのは、大きな物語の支配が失われても、単一のデータベースが支配的になることで、期待されたような複数の観客の共同体が維持されなかったためである。とりわけ現代のオンライン・コミュニケーションでは、「ユーザー」（ゲームにおける観客、政治における市民）が好むもの以外の選択肢があらかじめほぼ見えなくなっている」（=主観的にも複数の観客が存在しない）ため、ユーザーの「最初の信念が強化され極端になっていく」状態（=「エコーチェンバー」）がなぜならパラロジーが生まれるということは、異なるゲームを信じる複数の共同体が、衝突を起こすにせよ重ね合わせを起こすにせよ、接触するということである。接触することでそれぞれの「小さな物語」は、人々にとって絶対的なものではなくなるだろう。その時、我々は初めて「大きな物語」からも単一のデータベースからも自由になり、統御されない生を獲得すると考える。（八〇〇字以内）

解説

《データベース的動物は政治的動物になりうるか》

問一 **x**、「正当化を失った人間は、［x］や利益で動く」から「動物と形容される」とある。人間を動物と形容するということは、人間らしい理性ではなく生理的欲求のみで動くということである。生理的欲求にあたる語として、第五段落後半に「快楽」、第十三段落に「欲望」がある。

y、現代における「［y］」は、「人々を大きな物語に導くことではなく」「パラロジーに導くこと」だとあるので、かつて「大きな物語」に導いていたものに当てはまる語を探せばよい。本文中には「大きな物語」の直前に「啓蒙や革命といった」という表現が二回あるため（第八・十一段落）、「啓蒙」か「革命」だと推測できる。さらに、「パラロジーに導くこと」からは「革命」は想定できないので、「啓蒙」が正解となる。

問二 傍線部(A)の直前に「ぼくたちはここから、逆に」とある。「ここ」が指すのは直前の「活動はかならず他者を必要とする。観客を必要とする。それはさきほどまで議論してきたゲームの概念に似ている」である。直前の第六段落には、「ゲームは観客なしには持続しない。裏を返せば、ゲームを持続させるためには、観客を生み出さなければならない」とある。つまり、政治は「かならず他者（＝観客）を必要とする」が、それはゲームの「観客なしには持続しない」という概念と類似する。この類似点から、政治が「大きな言語ゲーム」と見なされるのである。傍線部直前に「逆に」とあるのは、第六段落の「裏を返せば」と同じで、「ゲームを持続させるためには、観客を生み出さなければならない」を政治に当てはめて「（政治は）市民と呼ばれる観客を生み出すために続けられる」と表現したものであ

▲フランス文学科B方式▼

問一 x、快楽（欲望）　y、啓蒙

問二 ゲームを持続させるためにはルールの恣意的変更や唐突にゲームを終えることを許さない観客を生み出さなければならないが、政治も同様に、観客である市民を必要とするから。（八〇字以内）

問三 〔解答例〕パラロジーとは、複数のゲームが差異を抱えたまま育つことによって起こる衝突と重ね合わせのことを指す。複数のゲームが存在すれば、一つの「大きな物語」に統御されることなく、異なったルールを信じる観客の共同体が複数存在し続ける。

筆者は、現在のオンライン・コミュニケーションで起きているエコーチェンバーが「小さな物語」を作り出しているとする。それらの「小さな物語」にはゲームを正統化する力がない。複数のたがいに異なる信念を抱く共同体が維持される状態を生むこともなく、人々が単一の大きなデータベースに依存して「小さな物語」をゲームに勝ち残るためだけの手段にしている。そうしたデータベース的動物になり下がった人間の生は、不自由で精神的に貧しいものになっている、とする。だからこそ筆者は、パラロジーが我々の生の自由を守るために必要だと主張していると考えられる。

私は筆者の主張に賛同する。エコーチェンバーによって作り出される「小さな物語」の中には、陰謀論や特定の人々を悪に仕立て上げる誤情報が含まれる。これらを信じる人々は、正義や道徳のために思考し行動するのではない。ただ自分が損をしないため、自分が搾取されないため、あるいは憂さ晴らしのためだというような弱いエゴしか持たない利己的な人間の生が、不自由で貧しいことは言うまでもない。そうしたデータベース的動物の状態から脱して我々の「生の自由」を求めるにはパラロジーが必要だ。

問八　**1**、アルジェリア戦争によってフランスから独立を果たした。ケニア、ナイジェリア、エジプトはイギリスから独立している。ナミビアは南アフリカ共和国から一九九〇年に独立している。

2、アフリカ縦断政策のイギリスとアフリカ横断政策のフランスが、スーダンのファショダで衝突した事件。

問九　ヘレニズム文化については第一～三段落で説明されている。第三段落の最後に「ヘレニズムの文化的空間の境界は開いていた」とある。また、第四段落以降はキリスト教についての説明となっている。第四段落に、キリスト教は、ユダヤ教の「閉じた文化的精神的空間の境界を外に向かって開いた」とある。

(3)「シンメトリー」は〝左右が対称・同形であること〟。「二、三字程度」の指定であるから、「対称」でもよいだろう。

問四「古代ユダヤ人」は「古代ギリシャ人」と対照的であるとして挙げられている。「古代ギリシャ人」は「異文化に対して開かれた空間」に住み（第一段落）、「高度の普遍性」に到達する（第三段落）。ユダヤ人について説明されている第四段落からこれと対照的な表現を探すと、四文目に「閉じた文化的精神的空間」とある。なお、「古代ユダヤ人」の歴史について説明した二文目に「多文化……を吸収する過程であるよりは……自己同一性を確立してゆく過程」とあるので、「周辺的存在としての自己同一性」も可。

問五 **ア**、一つ目の空欄の前に「自己と他者を峻別し、民族共同体の境界を明確にし」とある。自らの文化のみに存在し他者とは異なる部分を確立していくさまを指す言葉が入る。二つ目の空欄の後の「普遍」の対義語である。

イ、「帝国主義を推進」する「二つの要因」の一つ。二つ目の空欄後に、特徴として「限界のない拡大再生産」とある。資本主義は市場経済により経済の発展を指向し続けるものである。

問六 キリスト教は第四段落にあるとおり、ユダヤ人以外のすべての人々も救済するとされる。「普遍的な救済原理と合理的な『正義』の観念を説く」ため、この理念のもとでは時代、地域、民族を問わず制限なく布教が行われる。よって、空欄Ⅱには「原理」が入る。それに対して、航海術など「技術」の発展がなければ布教活動が世界に拡大するのは制限される（空欄Ⅰ）。そしてその布教活動は、宗教的な教えから離れると（＝「世俗」的表現をすると）、ヨーロッパ人が野蛮と考える非ヨーロッパに「文明」（社会文化、科学技術等）をもたらさねばならないとする「文明化の使命」であったということ。

問七 第六段落最後に「このような欧米帝国主義の膨張政策」とある。空欄後の英仏やロシア、北米の例はいずれも植民地支配を科学技術的な優位を背景に拡大していく例である。なお、〔解答〕に示した別解でも可だが、原典では「膨張」となっている。

問五　**ア**―③　**イ**―④

問六　⑤

問七　膨張（「拡大」「越境」も可）

問八　**1**―③　**2**―②

問九　④

解説

《ヨーロッパ文明の空間》

問一　第一段落に「異文化に対して開かれた空間」では「越境（＝異文化との接触）は……不断に行われていた」とある。また、同段落末に「異なる文化のなかでも常に妥当すると彼らがみなした考えや意見を語らざるをえなかった」とある。これが「言説の普遍妥当性」の必要性である。「普遍妥当性」は〝いつでも、どこでも、だれにでも有効であること〟である。また、具体例は第二段落に幾何学や論理学が挙げられている。「普遍妥当性」を持った言説として「外国人を説得できるような観念とその体系」と説明がある。傍線部の表現はなるべく置き換え、順に説明していった上で具体例を〈……のように、のような、といった〉の形で加える。

問二　**A**、「言説の普遍妥当性」の要請に応えられない例が空欄後のフェニキア人。

B、空欄前の「対話」以外の神との関わり方を空欄後に「神との双務的な『契約』に従」う、と示している。ユダヤ人は神との契約（＝律法）を遵守し、割礼など生活上の決まりに従って生活する。そうしたユダヤ人のみが救われるとされるのがユダヤ教である。

C、空欄前の「二つの要因」を具体的に説明するのが空欄後の「資本主義」と「キリスト教」である。上述のことを別の言葉で説明する際に用いるのは「すなわち」。

問三　**(2)**　「モティーフ（モチーフ）」は、美術においては〝主題、題材、描写対象〟のこと。「主題」でもよいだろう。

とで〝規準や規則〟の比喩に用いられる。

F、「……如何」で〝……がどうであるか〟の意味。文法規則が守られているかどうかということ。

G、直後に「彩りを添える」とあるとおり、文章の飾り、すなわち修辞技巧のことである。直後の一文に「こうした伝統的な作文技術」とあるので「修飾」では限定的。

問七 第四・五段落を中心にまとめる。解答の核になるのは「抵抗」である。第四段落で表現に対して「言語の抵抗」が働き、結果として思想が「堅固な客観性を獲得」するとある。さらに第五段落で「自分の文章を書く」ために「集合的な（言語の）規範から何とか逸脱しようというこちらの抵抗」の結果、言葉が「張りつめた靭い思考」となり、「逸脱への限界点において自分自身を言葉の構造体として成型してゆく」ことになるとある。これは最終段落で「自分のものの考えかたが鍛え上げられてゆく」とも表現されている。これらをまとめるが、注意すべきは「こうした体験」が指すのは、「母国語においても」得られる体験であることである。フランス語の訓練のみに当てはまる表現は避ける。

問八 「桎梏」は〝手かせ、足かせ〟の意味で、自由を縛るものを指す。「規範」という言葉と迷うかもしれないが、自由を縛るものの比喩的表現として同じ「桎梏」の方を選ぶ。「規範」は「枷」の具体的内容である。

Ⅱ 解答

問一 境界の開かれた文化圏では、異文化との不断の交流があり、ユークリッド幾何学やアリストテレス論理学のように、どの文化でも常に有効で異文化の人々を説得できるような観念とその体系が必要とされたということ。（百字程度）

問二 **A**―④ **B**―⑥ **C**―②

問三 **(2)**題材（「意匠」「模様」なども可） **(3)**対称性

問四 閉じた文化的精神的空間（「周辺的存在としての自己同一性」も可）

ろ、 国の最高学術機関が長い間精錬させてきたということで、「正統（＝社会で権威があり最も標準とされるもの）的」が適当。「歴史的」では権威という要素が足りない。

は、 空欄前の「知識」や「技術」と対比される語が入る。

に、 空欄後の「他者と共有可能な……客観性」と対比される。「私的な夾雑物（＝余計なもの、不純物）」で〝個人的な主観〟といった意味。

ほ、 空欄の後で「論旨のさらなる明快さ」とある。第二段落にも「論理的な連鎖」とある。

問二 スイス、ベルギーの他、モナコ、ルクセンブルクも該当する。スイスもベルギーも国境を接する国と同じ言語が複数公用語になっている。

問三 「このような」の指示内容は第一段落を参照。「意思疏通の手段として……それなりに許容される」、「『規範』からの偏差・逸脱」、「逸脱を互いに許容し合い」、「自己表現と相互理解のための便宜的な道具」、「『国際語』として用いる」などを押さえる。次に「柔軟な可塑性」というやや難しい表現をわかりやすく言い直す。「可塑性」は〝形を変えることができる性質〟の意で、具体的には指示内容の中の規範からの逸脱が許容される性質を指す。

問四 ③「ナントの勅令」を発布したのはアンリ四世。プロテスタントの信仰の自由を認めてユグノー戦争を終わらせた。ルイ十四世はナントの勅令を廃止した（フォンテーヌブローの勅令）。

問五 「中華思想」は、かつて漢民族が自分たちが周辺の民族より優れていると考え、自分たちの文化を世界の中心とした思想。「フランス中華思想」は傍線部前の一文の「自国語至上主義」を指す。具体的にはその前の文の「自分たちの言葉が世界一美しい言語だと信じて」いる様子（事実ではない）を指す。

問六 **C、** 空欄直前の一文の「右往左往」、「何とか……行きたい方向へ進もうともがく」さまを指す語が入る。

D、 空欄前の「他者と共有可能な」意思疎通のための道具を表す比喩を選ぶ。

E、 個性を抑えて型にはめることの比喩的表現。「鋳型にはめる」などという。「規矩」はコンパスとかねじゃくのこ

総合問題

▲フランス文学科A方式▼

Ⅰ　解答

問一　**い**—⑤　**ろ**—③　**は**—⑥　**に**—①　**ほ**—⑦

問二　**A・B**、スイス・ベルギー（順不同）

問三　自己表現と相互理解のための便宜的な道具すなわち国際語として機能するかぎり、本来の言語の規範からの逸脱が許容されるという融通性。（六〇字程度）

問四　③

問五　④

問六　**C**—③　**D**—③　**E**—①　**F**—④　**G**—①

問七　個人の思想を表現するとき、言語の規範の抵抗が働くことで思想の客観性が高まるとともに、規範から何とか逸脱しようと限界まで抵抗するところに、より強靱な思想が形成されるという体験。（八〇字程度）

問八　桎梏（「拘束」も可）

問九　(a)—①　(b)—③　(c)—②　(d)—④　(e)—①

解説

《フランス語の規範意識からの逸脱》

問一　**い**、空欄直前「自己表現と相互理解のため」に〝都合のよい〟の意味の語が入る。

解説

《音楽作品は楽譜に演奏家の解釈が加わって成立する》

課題文の論旨を正確に捉えた上で、それを自分の関心分野におきかえて説明することが要求されている。まずは課題文を読み、以下の流れをつかみたい。

①文学作品には、不確定箇所を想像力で補って解釈する読者の存在が構造的に組み込まれている（第一段落）

②音楽作品は、演奏家が楽譜の不確定箇所を想像力で補って具体化することで成立する（第二段落）

③音楽作品は、楽譜を基盤としながら、その不確定箇所を補う演奏家の存在を構造的に組み込んでいる（第三段落）

文章における筆者の主張は、最終文に集約されている。答案としては、一段落目でまず、インガルデンの「作品」概念をまとめた上で、その妥当性や「作品」の本質を言い尽くしているかどうかについて自分の考えを述べ、その上で、二段落目では、一段落目で述べた「作品」概念が音楽作品以外でも妥当性があるかどうかについて、自分の考えを述べるとよい。また、設問で「具体的な作品を例に」挙げることが求められているため、「音楽作品」の例ならば一段落目、「造形芸術や舞台・映像芸術」の例ならば二段落目で、自分の考えを補強する材料として具体的な作品を挙げるとよい。

〔解答例〕では、「受け手の解釈」という点に注目し、その重要性がわかりやすい具体例として『4分33秒』『泉』を挙げた。これにより、課題文の概念における「受け手の解釈」という点に賛成しつつ、「楽譜」や「演奏家」を重視する点は作品の本質としては「当てはまらない」という立場で意見を述べる形になっている。

二〇二四年度は、自分の関心分野から具体的な作品を取り上げて、筆者の主張をふまえて自分なりの言葉で論じる問題であった。したがって、芸術に関してどのような観点で述べられた主張でも正確に読み取ることができ、さらに、どのような観点でもそれに合致する具体的な作品を挙げて説明できる必要がある。そのためには、幅広い作品の知識に加え、作品を様々な観点で分析・説明する力を身につけたい。

論　述

解答例　課題文によれば、インガルデンの「作品」概念は、モノ自体ではなく、受け手の解釈によって成立するものである。特に音楽作品は、楽譜を基盤としながら、そこに演奏家の解釈が加わることで成立するとされる。私は、「受け手の解釈」の重要性については、「作品」の本質を言い尽くした説明であり、妥当であると考える。なぜなら、あるモノが「作品」とされるには、作り手を含めた誰かの耳目にそのモノが触れ、「作品」として認識されることが必要だからだ。ただし、彼の音楽作品の考え方では、楽譜が重視され、受け手の位置に演奏家をおいている点で、すべての音楽作品に当てはまるわけではない。アメリカの音楽家ジョン・ケージの作品に『4分33秒』というものがある。この作品では、演奏家は何も演奏せず、聴衆は4分33秒の間、その場で生じる物音を聞く。楽譜も演奏家の解釈も存在せずに「作品」が成立しているのは、聴衆という受け手が存在するからだ。したがって、「作品」の本質とは「受け手の解釈」であり、音楽作品におけるその「受け手」は聴衆だと考える。

音楽作品以外に目を向けてみても、「作品」の本質は同様だ。フランスの芸術家マルセル・デュシャンの有名な作品に『泉』がある。単なる男性用小便器が「作品」として成立するのは、それを展示する会場とそれを鑑賞する人々という「受け手」が存在するからである。それは、絵画や彫刻、舞台や映画でも同様だと考える。モノ自体には、素材や作り手の意図や工夫といった様々な要素が含まれるが、それはインガルデンの音楽作品の考え方における楽譜や音響自体と同様、本質的なものとはいえない。最終的には、モノがどのような性質であっても、それを「作品」として認める受け手の存在こそが重要だと考える。したがって、彼の「作品」概念は、「受け手の解釈」を重視する点においては、音楽作品以外にも当てはまるといえる。（八〇〇字以内）

……い深読みが問われているので、前後の表現を含めた解釈の力が必要である。

問十五　①は「逢瀬の喜びを吐露した」が不可。「薫」は苦しみを吐露してはいるが、「喜び」の吐露はどこにも示されていない。②は「平安時代には仏教的な意味合いはなかった」が不可。『源氏物語』の「総角」巻の「暁に殷々と響く鐘の音」について「仏教的な諦念や寂寥という色合いを帯びることになる」と説明している。④は「鐘の音が救済する」が不可。「救済」としての「鐘の音」の説明はどこにもない。⑤は「現在の時刻に置き換えることはできない」が不可。日付が変更される時刻を「午前三時」だと特定して説明している。

様子」「俗世を厭う心」が不可。③は「近景の雲を振り払う様子」「仏法による救済」が不可。④は「扉を閉ざした庵で」「悟りそのものである鐘の音」が不可。⑤は「真の悟りの状態」が不可。

講評

『〈悪女〉論』や『あやかし考』でもよく知られる、中世文学を専門とする国文学者田中貴子の最新の著書『いちにち、古典』からの出題。〈あさ〉〈ひる〉〈ゆう〉〈よる〉〈まよなか〉という観点から日本古典文学に示されてきた時間感覚を論じており、専門的ながらも読みやすい、古典の必読入門書といえる新書である。

問題文は、その〈あさ〉の中の「暁の別れ」に焦点をあてた一節から採られている。本文は総じて読みやすい。『源氏物語』『枕草子』『とはずがたり』『後拾遺和歌集』『風雅和歌集』から本文や和歌の引用が多くなされており（設問の都合でそのうちの半分ほどは省略されてもいる）、もともとの筆者による口語訳が添えられてもいるので、古文問題として読み取りが難しいということはない。文学史の設問にしても、本文にヒントがあり、それを手掛かりにすれば詳しい知識がなくても解ける常識的なレベルの問いになっている。ただし、内容説明の記述問題が五十字と三十字との二問あり、難しい内容ではないが、短時間でまとめる記述力は必須である。問十四の和歌の読み取り問題だけは、やや難しい。和歌の口語訳も添えられており、消去法でも対処できる選択肢問題になってはいるが、口語訳だけでは理解できなのだったと説明されている。また、空欄Bの直前に「愛し合っている男女ならば短い夜を惜しむ気持ちもあろうが」とあり、「愛し合って」はいない二人の場合はそうではない（惜しむ気持ちはない）ことが示唆されてもいる。つまり、「暁の鐘」も「後深草院」の「明けてもなお出て行こうとはしない」態度も、「二条」の「不本意な」気持ちを反映した、マイナスの感情が向けられていると考えられる。よって、空欄Bには「行き場のない」か「やりきれない」のどちらか、空欄Cには「かすかな嫌悪」か「いとわしさ」のどちらかが入ることになるので、④が正解となる。

問十二 直前に「平安時代、『あかつきの別れ』は男女の別れの時間を指していたが、……『とはずがたり』では、鐘の音という要素が加わることによって、恋愛だけではない大切な人との永遠の別れをも意味するようになる」「暁の仏教的な意味も加わって、別れにともなう人の世の無常を感じさせるから」と説明がある。設問は、「傍線部の「和歌の世界」で起こっている「同じこと」の説明を求めているので、傍線部の直後に「暁の鐘」について平安時代には「もっぱら恋の歌」を表していたが、中世の和歌では「次第に恋の気配を消して」ゆき「釈教歌のような仏教色が感じられる」ものになったと説明されているのに基づき、「暁の鐘」を主語として、その意味の変化をまとめることになる。

問十三 「ましかば」は反実仮想の助動詞「まし」の用法で、〝もし～ならば〟と事実に反する仮定を示す。「入相」とは夕暮れを指すので、「暁の鐘」の音が〈夕暮れの鐘〉の音であったならよかったのに、という思いを表現していることになる。和歌の最後の一節なので、解答は単に「もし思うならば」だけで止めず、その後に表現としては省略され言葉になっていない〈よからまし〉などを補い、そこまでを訳として示すことが望ましい。

問十四 祝子内親王の和歌の「暁の鐘」は恋人が帰る時間を告げる音ではなく、麓の寺院から聞こえる鐘である。夜が明けきらない暗さの中でどこからともなく響いてくる鐘の音に、この世の無常を感じるという解釈であると考える。「釈教歌」とは仏教を題材とした和歌で『千載和歌集』以降は部立ての一つになっているが、この歌については筆者が「釈教歌のような仏教色」を感じているだけで「釈教歌」として詠まれたわけではない。②は「遠くまで響き渡るで格別な悲しみがここには表現されていると説明されている。よって、①が正解。

問七　『枕草子』の引用では、「暁に帰らむ人」の様子に焦点を当てられ、「装束などいみじううるはしう」ときらびやかな衣装をまとっていながらも、「烏帽子の緒、元結固めず」と、しっかりとは結ばれていない結紐や、「いみじくしどけなく、かたくなしく、直衣、狩衣などゆがめたり」と、少しだらしなくなっている衣服、さらに「わりなくしぶしぶに起きがたげなる」ところを早く起きて出なさいと急かされ「うち嘆くけしき」という男の姿に対して、「あかず物憂くもあらむかし」と、意地悪く喜んで見ているところが示されている。よって、③が正解。①は「わざと」「風流」が不可。⑤は「遅刻し、欠勤までする」が不可。

問八　「艶な風情のある『あかつきの別れ』」に「暁の勤行を知らせる鐘の音」が「もう一つの要素」となって加わることで「沈静的な内面」が表現されることになる。直後の「総角」巻の引用を受けて「暁に殷々と響く鐘の音には人の世の無常や儚さを象徴」「美しく艶麗な風情であった『あかつきの別れ』が、仏教的な諦念や寂寥という色合いを帯びることになる」と説明されているのを、字数内にまとめる。「沈静的な内面」とは「あかつきの別れ」の際の悲しみ（特に『源氏物語』では）に「人の世の無常や儚さ」への「諦念や寂寥」を含んだ感情が重なった状態を言うことになる。

問九　本文に「『源氏物語』から約三百年後の『とはずがたり』では」とある。よって、『とはずがたり』は鎌倉時代末期頃の作だとわかり、『徒然草』とほぼ同時代の作品ということになる。勅撰の漢詩文集『経国集』は平安時代初期。『今昔物語集』は平安後期頃。『千載和歌集』は藤原俊成撰なので平安末期。南北朝時代の内乱を描く『太平記』は室町時代。

問十　『源氏物語』の中の歌を思い出し、それを「」で引用して示している。一般的に「引歌」という修辞技法はないが、表現方法として考えれば、「反復法」「対句」「掛詞」「序詞」のどれでもないので、「引歌」が正解となる。

問十一　「後深草院からあながちに関係を迫られ」て「二日目その手に屈した二条」にとってこの関係は「不本意な」も

問十五　③

要旨

「あかつき」と「あけぼの」「しののめ」との時間的順序の問題は複雑で、「あかつき」は元来夜を「宵」「夜中」「あかつき」に三分したときの時間帯を指していたが、小林氏により日付が変わる午前三時から午前五時までと特定された。平安時代から中世にかけて、「あかつきの別れ」は「鐘の音」を伴い、男女の別れの悲しさを示すものから、人の世の無常を嘆く仏教的な諦念をも同時に表すものへと変わっていった。中世の和歌になると、「暁の鐘」は恋の気配を消して仏教色を強めたが、「あかつき」という時間帯が象徴していた「男女の別れ」のつらさは仏教の「愛別離苦」と重なることで人の世の儚さを表すものになったのであって、そこには思想の深化があったのかもしれない。

解説

問三　②の「『しののめ』よりも後であり」が不可。『日本国語大辞典』（小学館）の説明では、「あかつき」は「もともとは、夜を三つに分けたうちの『宵』『夜中』に続く部分」だが、「しののめ」は「明ける一歩手前の頃」だとされているので、「あかつき」の時間帯の一部、夜明け直前の頃が「しののめ」になる。なお、文中の「中古」という時代区分はほぼ平安時代を指すので、⑤の「平安期以後に『あかつき』となった」という説明は間違っていない。

問四　「しののめ」は、夜明け前の時間帯だけでなく、明け方に東の空にたなびく雲も指す。夜明けのきざしを東の空に求めるとき、雲がほんのり見えてくるところを思い浮かべれば「東雲」と漢字を当てる理由もわかる。

問五　「日が昇って空の色が変わる」状況のとらえ方と、「日付が変わるのは午前三時だったから」というとらえ方との対比的説明になっている。後者が「時刻」を基準としたとらえ方であるのに対して、前者は「空の色が変わる」のを目で見て確認するという「視覚」を基準としたとらえ方になる。

問六　「『あかつきの別れ』は歌に詠まれる情緒纏綿たる時間であった」ことを描く名場面として、「六条御息所と光源氏の別れ」を描くこの箇所が引用され、「伊勢に行ってしまう六条御息所とはもう逢えないかもしれない」という意味

▲日本文学科B方式▼

出典　田中貴子『いちにち、古典――〈とき〉をめぐる日本文学誌』〈Ⅰ　あさ　暁の別れ〉（岩波新書）

解答

問一　a、情緒　b、希求

問二　c、おうせ　d、ふもと

問三　②

問四　④

問五　⑤

問六　①

問七　③

問八　鐘の音が加わることで、別れの悲しみに、儚い人の世の仏教的な寂寥感が重ねられているということ。（五十字以内）

問九　④

問十　②

問十一　④

問十二　「暁の鐘」が恋愛ではなく人の世の無常を表すものになること。（三十字以内）

問十三　もし思うことができたならば（よかったのに）

問十四　①

かりになるさまが描かれながら、そこが「すばらしい」と賛美されているので、その論理をつかまないと、全体の話としての統一性が見えてこない可能性がある。細部の読み取りで注意すべきは、否定語を伴う表現の意味のとり方である。例えば冒頭部の「人にも語り伝へ、世に言ひふらすばかりのもの思は〉ざらむは」のように、〈〉部分の意味を先に読み取ったうえで、〃〈〉ということはしないような者は〃と全体の意味をとることになる。文の構造に合わせて読むことが、このような否定文の読み取りのコツである。構造的に文章を読む、というのは現代文だけでなく、古文や英語の文章でも、きわめて重要なのである。

測もできる。

講評

一は、文化人類学の専門家が入門書として書いた『旋回する人類学』からの出題。文化人類学が、西洋から非西洋への差別的な視線の上に築かれてきたことを根底から批判され、学問としてのあり方を変えざるをえなくなった経緯を、サイードの「オリエンタリズム批判」を中心に簡潔に指摘する内容で、まさに現代世界の至るところで指摘されている人種差別の問題に通じる、大学で学ぶべき内容を、先取りして示す意味もありそうである。設問はおおむね標準的なレベルにあるが、問三の「二面性」を問う設問はやや難しく、選択肢の作り方に工夫があり、論理構造を大きくとらえる力が必要である。

二は、平安時代の歌物語『大和物語』からの出題。歌物語となれば定番の和歌についての設問と文学史問題とが出題されているが、基本的な知識があれば解くのは難しくない。設問も、敬語、助詞や助動詞の用法、和歌の修辞法等、さまざまに基礎力を問うものになっていて、基本学習の成果が反映しやすい問題になっている。

三は、社会に向けて積極的に問題提起も行っている政治学者中島岳志の『思いがけず利他』からの出題。本文は語り口調の文体になっておりきわめて読みやすい。問十の「クギ」の漢字を問う問題が相応の読書量を反映する難易度の高い出題となっている以外は、およそ基礎的な読解力を問う平易な問題である。一の『旋回する人類学』もこの『思いがけず利他』も近年の話題書からの積極的な出題となっている。

四は、物語評論『無名草子』からの出題。設問の前書き説明をよく頭に入れたうえで読まないと、全体の構造をとるのに戸惑う可能性があり、やや難しい文章である。本文全体は、女房たちが話し合っている体裁で、話し手の女房が入れ代わっている。そのうえ、最初の「宮の宣旨」という女性が、「定頼中納言」に見捨てられても恋心が募り狂わんばき故人を挙げての推量表現になるので、「む」が用いられた「はべらむ」が入る。よって、④が正解。

問八　両方とも、直前に連体形での結びを要求する係助詞「や」があるので、空欄Bには「ある」が入り、空欄Eには、「めでたかるべき」が入る。よって、①が正解。

問九　宇多天皇が出家し「寛平法皇」となると、その宇多天皇の寵愛を受けていた「伊勢の御息所」も〈もの思い〉に深くとらわれ、世を味気なく思って家にこもってひっそりと、しかし風情あふれるさまで暮らしていた。その様子を、「たぐひなくいみじく」思ったというのである。

問十　「聞きはべるなどこそ」の係助詞「こそ」の結びになるので、下二段動詞「おぼゆ」を已然形に活用させる。

問十一　女性の手になる琵琶の音色に心引かれる気持ちを説明する文脈である。「奥ゆかし」は〈強く心を引かれ、もっと〜したいと思われる〉気持ちを表す。琵琶の名手としても名高く秘曲の伝授で知られた「博雅三位」や、彼にもまさるほどだと評判になった「兵衛内侍」という女性の琵琶弾きが宮中に伝わる名器「玄上」で奏でた音が「陽明門まで聞こえける」例をも思い浮かべて、その気持ちを表している。

問十二　①は「伊衡大輔を使いとしてその妻の伊勢の御息所に」が意味不明。「伊勢大輔」と「伊衡中将」が混同され、誰のことだかわからない。「伊勢の御息所」という呼び名も、宇多天皇の寵愛になったゆえである。③は「伊勢の御息所は出家し」が不可。出家したのは宇多天皇である。④は「満足している」が不可。最終段落に「いみじくさしいらへもせまほしきこと多かれど」とあり〈口出ししたいことも多い〉と異論があることを漏らしており、「満足している」とは言えない。⑤は「琵琶を博雅から習った兵衛内侍」が不可。そのような師弟関係はどこにも書かれていない。②だけは、最終段落に「」付きで女房の誰かの発言として「管絃の方など」について「いづらは末の世にその音の残りてやははべる」と反語表現で言われていることに合致している。

問十三　『無名草子』は鎌倉時代初期の成立。作者は藤原俊成女とされるが未詳。登場人物について、注に「平安中期」とあり、宮中に仕える女房たちの人物評という内容からも、平安時代後期あたりから鎌倉時代の初期あたりまでと推問」を導く序詞になっていて、〝遠く野の茂みの陰に見え隠れして細々と流れている忘れ水のように〟と「定頼中納言」が自分のもとへ通ってこなくなり姿を見なくなったことをたとえつつ「絶え間絶え間を嘆く」気持ちを詠んでいる。よって、④が正解。

問三　「定頼中納言」の訪問が「かれがれ」（＝途絶えがち）だったものが、「ほどに」を経て「絶え果てたまひて」（＝まったく来なくなって）なので、「ほどに」は時間の経過を表している。

問四　「きこえ」は、上一段動詞「見る」の連用形「見」に接続して補助動詞として用いられている下二段動詞「聞こゆ」の連用形で、謙譲の意を添えている。「宮の宣旨」が、自分のもとに来なくなった「定頼中納言」が恋しくて、賀茂神社に参詣するという話を耳にしたので、その姿をもう一度遠目からでも目にしたいと思い（「よそながらも今一度見まほしさに」）、こっそりと見にいったのである。「見る」の謙譲表現になっていればよいので、「拝見しても」でもよい。

問五　「思はぬ」の「ぬ」は打消の助動詞「ず」（未然形接続）の連体形で、「誰々か」と呼応し反語の意味〝いったい誰が～しないだろうか、いや、誰もがそうする〟を形成している。この反語表現で強調されているのは〈ほどほどにつけてもの思ふ〉ことで、「ほどほどに」は〝その人に相応の〟程度を表す。つまり〈人はそれぞれに相応のもの思いをするものだ〉ということを反語表現で強調しているのである。なのに、「宮の宣旨」は、「現し心もなきほど」（＝正気を失うくらい）の、それ相応という程度を超えた〈もの思い〉にとらわれた。その恋心の激しさを「いとありがたくあはれに」感じたのである。よって、①が正解。③は「考え」が不可。④は「折々につけ」が不可。

問六　直前では、〈もの思い〉の「いみじくおぼえ」る例として、「宮の宣旨」の「定頼中納言」に対する「現し心もなきほど」になる〈もの思い〉が挙げられていたのだから、②が正解。

問七　空欄Aは、赤染衛門や伊勢大輔の詠んだ和歌という目に見える根拠に基づく推量なので、「めり」が用いられた「はべるめり」が入り、空欄Cには、「いみじく心にくくあらまほしきためし」として「伊勢の御息所」という今は亡ないことでございます。歌などを詠み、（それが）すばらしくて、当時の人に褒めたたえられる例は、昔も今もたいそう多くあります。（兵衛内侍の）このことは、たいそう珍しくうらやましいことでございます」などと言うようです。さまざまに、心のありようが見えて、たいそう興味深く聞きどころもあるので、目も覚めてしまい、よくよく横になりながら聞いておりますと、ひどく口出しもしたくなることも多くあるけれども、言っても仕方がないので、じっと身じろぎさえもしないで、寝たふりをしていますと、また（他の女房が）、「そうだけれども、そのようなことは、自分がこの世に生きている限りのことであって、死んだ後にまでとどまって、後の世の人々が見聞きして伝えてゆくことがないのは、残念でなりません。男でも女でも、管弦の方面などは、そのときにおいては優れた例も多いけれど、どこに末の世にまでその音が残っていることがありましょうか（どこにもありません）。歌も詠み、漢詩も作って、自分の名を書き記しておいたものこそは、百年も、千年も経って見ても、たった今、その作者に向かい合っている気持ちがして、たいそうしみじみと趣深く感じるものです。ですから、たった一言でも、後の世に残るほどの一節を書きとどめることが必要だ、とは思われます」

解説

問一　「世に言ひふらすばかりの」が「もの」にかかり、その「もの」は「もの思ふ」（＝もの思いをする）という複合動詞を形成している。「ざらむは」は〈打消「ず」の未然形「ざら」＋婉曲・仮定の「む」の連体形＋は〉で〝〜ないような人は〟の意。〈世間で評判になるほどのもの思いをしないような人〉はつまらないものだと述べながら、語り手は、「宮の宣旨」という女房が男に見捨てられながらもなお恋しく思う気持ちを詠んだ歌に心動かされ、その女房を「いみじくおぼえはべれ」（＝ほんとうにすばらしく思われます）と賛美しているのである。よって、③が正解。

問二　「宮の宣旨」を「いみじく」思う理由を説明する文脈である。まず「定頼中納言、かれがれになりてはべりけるに」とあるので、「定頼中納言」が次第に「宮の宣旨」のもとへ通ってこなくなった（＝「かれがれになりて」）ので、そのことへの嘆きの気持ちを詠んだのが「はるばると」の歌になる。「はるばると野中に見ゆる忘れ水」までが「絶えうことが難しいようですね』と詠んだのも、身のほどにふさわしくたいそう心引かれるものですよね。

本当に評判を得て、たいそう心引かれ理想的な例としては、伊勢の御息所ほどの人は、どうして昔も今も存在しましょうか。寛平法皇が出家なさって、（寵愛を受けていた伊勢の御息所は）もの寂しくて（家にひとりで）こもって暮らしていたという様子は、耳にしたりしますが、他にないほどすばらしいものに思われます。庭は（散り敷かれた桜の花びらで）白く覆われているのに、（緑の）苔が所々に固まって生えていて、帽額の簾には所々破れがあって、古びてもの寂しそうな様子であったところに、（醍醐天皇の）延喜の御代に、若宮の御袴着のお祝いの御屛風に添える歌を、今すぐにお詠みして献上するようにと、伊衡中将が御使いとなって（伊勢の御息所に天皇が）おっしゃったところ、

散ったのか散ってないのか聞きたいので、奈良の都の桜の花を見て帰る人でも（ここに）居てほしいものです

とお詠み申し上げたときの（その場の）情況などは、さぞかし何とも心だてもお言葉もすばらしいものに思われます」と言うようであるので、

また（他の女房が言うには）、「必ず歌を詠み、物語を編み、恋愛の情趣を好むことだけが、たいそうすばらしいものでしょうか（そうとは限らないでしょう）。何事であっても、歌の道に十分優れていることだけが、たいそうすばらしいことでございましょうか（そんなことはありますまい）。その中でも箏の琴は、女のたしなみと思われて、親しみ深くしみじみと感じられる音色ではあるけれども、身分の低い新参の女房・子ども・侍などまでが、大概は下手なつま弾き方で音を鳴らして、おおよそ耳に慣れ親しませているのが、ひどく残念です。琵琶は総じて弾く人が少なく、まして女などは、ごくたまに習う様子を聞くのもたいそうすばらしく、趣深くて、聞いてみたいと思われてなりません。博雅三位が、逢坂の関へと百夜詣でをして、蝉丸（本人）の手から琵琶を習い伝えなさったということは、思うだにたいそうめったにないことですばらしいのですが、兵衛内侍といった琵琶弾きが、村上天皇の御代の相撲の節会で、（名器の）玄上を賜って演奏しもうしあげたその音色が、陽明門にまで聞こえたということなどは、たいそうすばらしいことです。『博雅三位でさえこれほどの（すばらしい）音色はお弾きなさらない』と、当時の人は褒めたたえましたことこそ、女の身にはめったに

問十三　⑤

全訳

（ある女房が言うには）「宮の宣旨こそ、たいそうすばらしい方に思われます。男でも女でも、人々にも語り伝え、世間に評判になるほどのもの思いをしないような方は、実に情愛に欠けていて残念なことに違いないのです。定頼中納言（の通い）が、途絶えがちになりましたときに、

　はるか遠く野の茂みの陰を細々と流れる忘れ水のように（あなたのお姿が）途絶え途絶えになるのを嘆かわしく思う今日このごろです

と詠んでいたうちに、まったく通いが絶えておしまいになった後、賀茂神社に参詣なさると聞いて、遠くからでも今一度（お姿を）目にしたいあまりに、（彼女も）参詣して（遠目からお姿を）見もうしあげても、

　遠目からでもお姿を拝見すると心はいっこうに落ち着きもせず、賀茂の川の流れがいっそう波立つように、私の心もあなたを恋い慕う激しい気持ちで波立ってくることです

それにしても、（お姿を目にしたことは）よりいっそう涙があふれてくるもととなるのでした。

　恋しさをじっと我慢し抑えつけることもできなくて、正気を保っていることもできなくなってしまいました

と詠んだことは、本当にすばらしくて心引かれるものです。いったい誰が、自分の身のほどに応じたもの思いをしないことがあるでしょうか（誰もが我が身に相応のもの思いをするものなのです）。そうではあるけれども、正気を失うほどに（激しい恋の）もの思いにとらわれたというのは、まったくもってめったにないことでしみじみと心引かれることだと思われるのです」

　（別の女房が言うには）「そうではあるけれども、そのような激しいもの思いは、昔からずいぶん多くあるようです。赤染衛門が、『（住吉の）松ではないが住みやすい所で待っていますとはそこにとどまっている人が言ったのでしょうか』と詠んだのも、伊勢大輔が、『（海藻が）近江の海には（生えるのが）難しいように（近江の石山寺におこもりになって）逢

と限定している点が不可。

問十一 ②は、「贈り物を貰った人」は「大きな利益を得たと認識するのみ」、「与える側も利他のみ意識して贈与する」が不可。③は、「与える側」も「負債感を持つ」としている点が不可。④は「相手を慮って行動したのであれば」「利他的行為と判断せざるを得ない」が不可。⑤は「自分の思惑通りに服従させたいと願う」ことを「『利他』の感情」として説明している点が不可。

四

出典　『無名草子』

解答

問一　③
問二　④
問三　⑤
問四　見もうしあげても
問五　①
問六　②
問七　④
問八　①
問九　③
問十　おぼゆれ
問十一　⑤
問十二　②

表に現れて「頭木さんに襲いかか」るのだから、①の「表面化」が正解。

問四 モースは『贈与論』で「この『贈り物』の中には、時に『毒』が含まれて」いることを指摘している。「贈り物」は「相手に『負債感』を付与」し、その相手の「負い目」を通じて「相手集団よりも優位な地位を獲得する」ことを意図しているからである。「答礼が十分でない場合には、相手の奴隷身分に落とされることもあり、服従を余儀なくされ」ることさえある。これが「贈与の持っている危険な側面」である。よって、③が正解。

問五 「贈り物」が贈られた相手に起こる心の変化を説明する文脈。「『うれしい』という感情が湧き上が」るのが最初の反応で、それが「少し時間が経つと別の感情が湧いてくることにな」る（「負い目」）。空欄Aには贈り物を受け取ったときの素直な反応を導く「当初」「まずは」が、空欄Bにはその「うれしい」が変わってしまうことを導く「しかし」「次第に」が入るので、③が正解。①の「A＝とりあえず」は、一時的なものであることを前提とした表現なので不可。「B＝ついに」も、途中にさまざまな変化の過程があったことを前提とする表現になるので不可。②の「B＝ひいては」は、そのものが発端となって同類の他のものにまでひろく及ぶさまを言う表現（延いては）なので不可である。

問七 「メビウスの輪」とは、帯状の細長い紙などの両端を一ひねりして貼り合わせることで表と裏とが連続してつながるようになった輪を言う。当初「利他」を目的としていた行為が、いつの間にか「利己」を目的とするものになっている自然な連続性を、表がいつの間にか裏になっている「メビウスの輪」にたとえていると考えられる。よって、④が正解。

問九 ポトラッチは「お返しができない程の贈り物を渡す儀礼」であり、その贈り物によって「相手に『負債感』を付与し」、「この作用を通じて、相手集団よりも優位な地位を獲得するという意図」を持つ、と前後に説明されている。その結果、「答礼が十分でない場合」には、「相手の奴隷身分に落とされることもあり、服従を余儀なくされ」ることもある、というのである。よって、②が正解。④は初めから「相手とその子孫を奴隷の身分に追放するための儀礼」だ

問十　④
問十一　①

要旨

「利他」の問題を考える際、頭木さんの『食べることと出すこと』に書かれている食べられない料理を無理に勧められた経験の事例は重要である。利他的な思いがその思いを押し付ける利己的な欲望に転化する「支配」の問題が示されているからである。マルセル・モースは『贈与論』の中で、「贈り物」が相手にそれに対する「返礼」を要求し、それによって相手に生じた「負い目」「負債感」が両者の間に優劣の支配関係をもたらすことを「贈り物」の「毒」として指摘している。北米の先住民の儀礼「ポトラッチ」は、この「贈与」「利他」に含まれる支配の構造の典型例である。

解説

問一　「『利他』の問題を考える際」に重要なことが『食べることと出すこと』には書かれているとしたうえで、おすすめ料理をめぐる出来事の記述を紹介し、「このエピソードは、利他を考える際、大切なポイントをいくつも含んでいます」と筆者は指摘している。「『利他』の中に含まれる『コントロール』や『支配』の欲望」が問題なのだというのである。よって、②が正解。

問二　「頭木さん」が、病気ゆえに食べられない料理だからと断っているのに、相手のみならず周囲の人までそれを知りながらもその料理を「食べておけばいいじゃないですか」と勧めてくる態度を指して「同調圧力」と呼んでいる。「同調」とはこの場合、みなと同じようにその料理を食べることを指し、「圧力」とはそれをしつこく勧めてくることを指す。よって、⑤が正解。

問三　直後に、「頭木さんの病気を熟知して」いて「食べられない」とわかっているのに「少しぐらい大丈夫なんじゃないですか」と「自己の行為を押し付けようと」することだと具体的に説明されている。「この料理を食べさせてあげたい」という「利他」に根ざした思いの中から「自分の思いを受け入れないなんて気に入らない」という「利己」がく返事も何も返さないのは、事情を理解しないままに、ただ男が真の愛情からではなく一時的な「いとほしさ」から言い募っているだけのことだと軽く思っているからではないか、と平定文は女の心理を推測しているのである。この場合の「いとほしさ」は、単なる憐れみの気持ちを言い、定文は、自分が女からそれほどに浮薄な口先だけの男だと思われているのではないかと思い、自分の愛情を信じてもらえないつらさから「よにいみじきこと」と嘆いたのである。

問十　武蔵守の娘の気持ちを表す記述はないので、④の「察して、出家したことを悔いた」が明らかに違っている。

問十一　成立年代は正確には判明していないが、平安時代の中ごろに成立した歌物語の系譜として『伊勢物語』『平中物語』『大和物語』の順序で挙げられている点から正解は導ける。

出典　中島岳志『思いがけず利他』〈第三章　受け取ること〉（ミシマ社）

解答

問一　②
問二　⑤
問三　①
問四　③
問五　③
問六　匹敵
問七　④
問八　ひろう
問九　②

問六　傍線部6の「べし」は〈尼になった〉と示唆されている歌意に基づく確かな推測を表している。傍線部8は、あまりに急いで尼になってしまった女の行動を悲しみ嘆き、責める気持ちが詠まれた歌の一部である。「さやはなるべき」は、〈指示の副詞「さ」+疑問の意を強める係助詞「や」「は」の組み合わせ+四段動詞「なる」の終止形+適当の意の助動詞「べし」の連体形（係助詞の結び）〉となる。「世」は男女の仲を指すので、〝二人の仲をつらく思う涙が流れ、それがいかに激しかろうとも、それほどすぐに男女の間を隔てる天の川の流れになってよいものでしょうか〟という表の意味に、〝それほどすぐに俗世との縁を切る尼になって私との関係も断ち切ってよいものでしょうか〟という裏の意味を重ねた歌になっている。やむを得ない事情があったのに、事情も聞かず愛情も信じずに出家してしまったことへの恨み言になっている。

問七　「御ぐしおろしたまうてき」の「御ぐし」は髪の毛、「おろし（おろす）」は長い髪を切ることを表す語である。つまり、「武蔵守の娘」からの手紙を届けにきた侍女に、主人は本当に尼になってしまったのかを問いただし、その返事の言葉が「御ぐしおろしたまうてき」なのである。「てき」は〈強意の助動詞「つ」の連用形「て」+直接経験に対する過去推量の助動詞「き」の終止形〉で、自らの見聞として女主人が髪を自分で下ろしてしまったことを証言しているのである。「たまう」は尊敬の補助動詞の用法で、「おろし」の動作主である「武蔵守の娘」に対する敬意を表している。

問八　二つ目と三つ目の空欄Aの用法がわかりやすい。Aに言葉が入らなくても前後の文はそのままつながり、意味をとることができるうえに、二つ目の場合は「言ひたりける」の「ける」が、三つ目の場合は「男はよにいみじきことにしける」の「ける」が、文末なのに連体形に結ばれていることから、Aには強意の係助詞「なむ（なん）」が入るとわかる。一つ目の空欄Aの場合は、「なむ」の直後の表現（「侍る」など）が省略された形で、〝自分のような身分の低い者の心にも、ひどく胸の痛むことでございます〟と述べている箇所である。

問九　やむを得ない事情があって手紙を送ることができなかっただけなのに、いくら事情を説明してお願いしてもまったたりすることを言う。夫婦の契りを交わした翌朝、女に手紙を送らなくてはならないのに、「つかさのかみ」にいきなり連れ出され二、三日経ち、やっと帰ったと思ったら今度は「亭子の帝」のお供として大井川に連れて行かれて酒宴を重ね、ようやく都へ帰ることができそうだと思ったら、方塞(かたふさ)がりで肝心の都の方角に行くことができないので、一同は別の方角の場所へ行って日が改まるのを待つことになる。結果的に平定文は五、六日ほども女に何の連絡もしないままになってしまったので、女の気持ちを「いかにおぼつかなくあやしと思ふらむ」と思いやっているのである。

④は反語表現になっているので不可。

問四　「暮れなむ」は〈下二段動詞「暮る」の未然形「暮れ」＋願望の終助詞「なむ」〉で、形容詞「疾し」の連用形「とく」が副詞化したものと「なむ」とが呼応して〝早く〜てほしい〟という意味になる。結ばれ、妻となったばかりの「武蔵守の娘」に後朝の文を送るつもりが、いきなり連れ出されて五、六日も手紙を送ることができず、女がどれほど待ちわび、奇妙に感じ、不審を抱いていることだろうかと思うと、気が急いて、自ら女の家に出向いて事情を説明しようとまで考えている場面である。日が改まれば「方ふたがり」もなくなるので、「今日だに日もとく暮れなむ」と思ったのである。副助詞「だに」は「なむ」と呼応しており、〝せめて今日だけでいいから〟という最小限の希望を表している。

問五　直後に「尼になりたるなるべしと見るに」とあり、「あまの川」の「あま」に「尼」が掛けられていることがわかる。「空なるもの」の「なる」は断定の助動詞「なり」の連体形で、存在を表している。歌意は〝天の川は空にあるものだと聞いていたけれども、私の日の前に流れている（涙の）川なのでした〟という表側の意味に、〝尼になるということはどこかよその人に起こることだと思っていたけれど、他ならぬ我が身に起こることだとは思いもしませんでした〟という裏の意味が重ねられたもので、他の男は退け平定文だけを夫として受け入れたのに、何日待っても手紙も何も届かないので、そのまま見捨てられてしまったのだと思い込み、絶望して髪を下ろし出家してしまったという嘆きが歌われている。

る女を求める行動をして、これほどにつらい目を見ることになるのだろうかと、思いはするけれどどうしようもない。泣く泣く返事の手紙をしたためる。

二人の仲をつらく思う涙が流れ、その流れがいかに速くても、それほどすぐに間を隔てる天の川になってよいものでしょうか（＝それほどすぐに俗世との縁を切る尼になって私との関係も断ち切ってよいものでしょうか）

と書いて送った。

「たいそう突然のことに驚いて、まったく申し上げる言葉もありません。私自ら今すぐ参上し事情を申し上げますので」と書いて送った。こうしてすぐさま（女のもとに）やってきたのだった。そのころ女は塗籠に閉じこもってしまっていた。（平中は仕方なく）事の次第について、どれほどの差し障りがあったかを、お仕えしている侍女たちに説明してこの上なく涙を流す。「お話だけでも直接申し上げさせてください。せめてお声だけでもいいからお聞かせください」と言ったのだが、まったく返答さえもしない。このような（やむを得ない）差し支えがあったことを知らないで、やはりただ気の毒に思う（だけの）気持ちから（言い訳を）言うのだと思ったのだろうかということで、男は（女とのすれ違いを）ひどくつらいことに思ったのだった。

解説

問一　四段動詞「ののしる」は〝大声で騒ぐ〟意。平定文は、念願かなって夫婦の契りを結んだ女（武蔵守の娘）に後朝（きぬぎぬ）の文（ふみ）（手紙）を送らなくてはならないその朝、寝ていたところを起こされ、遠出に連れ出されてしまい、そこでの酒宴が大いに盛り上がり、なかなか家に帰してもらえなくて、女のもとを訪れることも、手紙を送ることさえもできないでいるのである。

問二　「つかさのかみ」に連れ出された平定文が、なかなか家に帰してもらえないことを言う部分。「返したまはず」の「たまは」は尊敬の補助動詞の用法になるので、「返し」という動作の主体への敬意を表す。「つかさのかみ」が平定文を家に「かへす」意なので、「返し」の動作主は「つかさのかみ」すなわち「右兵衛督」である。

問三　「おぼつかなし」は気がかりではっきりしないさまを、「あやし」は理解できない物事を奇妙に思ったり不審に感じ使いを送ろうと思ったところ、役所の長官である右兵衛督が、急にとあるところへお出かけになるということで（平中の家に）お寄りになって、（まだ平中が）寝ていたところを、たたき起こして、「今ごろまで寝ていたとは」と（あきれて）言って、そぞろ歩きをしに遠方へ連れていらっしゃって、酒を飲み、大騒ぎをして、まったく（平中を家へ）帰そうとなさらない。（平中が）やっとのことで帰るやいなや、（今度は）亭子の帝（＝宇多上皇）がお供として（平中を）大井川にお連れになってしまった。そこでまた二晩お仕えいたすと、ひどく酔ってしまった。夜更けになって（御所に）お戻りになるということで、（平中は）この女のもとへ行こうとすると、（都の方角が）方塞がりになったので、大方の人はみな方違いの方角へと、御所のご一同で連れ立って行ってしまった。（今ごろ）この女が、（何の連絡もないことを）どれほど気がかりで変なことだと思っているだろうと、恋しく思われるので、せめて今日だけでもいいから日が早く暮れてほしいものだ。行って事情を自分の口から説明しよう。同時に、手紙を書いて送ろうと、酔いもさめて思っていたところ、人が来て（表戸を）しきりにたたく。「どなたか」と問うと、「ぜひとも少尉の君に申し上げたい」と言う。のぞき込んで見ると、この（女の）家の侍女である。胸騒ぎがして、「こっちへ、来なさい」と言って（招き入れ）、手紙を受け取って見ると、たいそうかぐわしい紙に、切り取った髪を少し輪の形に束ねて包んであった。たいそう奇妙に思われて、書いてあることを見ると、

天の川は空にあるものだと聞いていたけれども、私の目の前に流れる涙がそうであったとは（＝尼になり俗世と隔てられるのは遠い他人に起こることだと思っていたけど、自分の身に起こることだったとは思いもしませんでした）

と書いてあった。（女が）尼になってしまったということに違いないと思って（手にしている手紙を）見ると、（自分も）目の前が真っ暗になってしまった。混乱した気持ちで、この使いの者に尋ねると、「もう御髪をお下ろしになってしまいました。このようなことになったのでお仕えする方々も昨日今日とたいそう涙を流し混乱なさっています。（身分の低い）私のような者の心にも、ひどく胸を痛めております。あれほど（長くて美しいもの）でございました御髪を（お切りになってしまうとは）」と言って泣くそのときに、男の気持ちはどれほど痛ましいものだったか。どうして、このような愛す

説明しているのに合致する。③は、空欄Aの直前にある「こうした『解釈』を現地の人が明確に意識しているわけではない」に合致する。④は傍線部6の次の段落にある「実験的民族誌では、……さまざまな声が提示されるようになった」に合致する。⑤は、最終段落の「人類学者は他者を理解できるのか。そのことへの懐疑は、その後よりいっそう深まっていく」という表現に合致する。

二

出典　『大和物語』〈一〇三段〉

解答

問一　③
問二　⑤
問三　②
問四　④
問五　②
問六　①
問七　①
問八　なむ〔なん〕
問九　⑤
問十　④
問十一　③

全訳

このようになった事情は、平中（＝平定文）は、その（女と）一夜を共にした翌朝、（家から女のもとへ手紙を託した）

断罪されるに至ったことを受けている。それによって「人類学の他者理解」そのものが疑われるようになったのである。よって、⑤が正解。①の「客観的な手法を用いていない」は、客観的な手法が存在することを前提とした表現なので不可。

問九　サイードの「オリエンタリズム批判」は「西洋人が非西洋を描く『表象』に潜む権力性を告発」するもので、「西洋の人類学者が非西洋社会を研究し、その文化を書くこと自体が権力の行使に他ならない」と断罪している。それがそのまま「ギアツの解釈人類学」にも当てはまり、ギアツの文章には「原住民の視点から見た原住民の理解など実は存在しない」という指摘に示されているのである。傍線部の「構築された」は、西洋人が非西洋世界を書くときにはそのすべてにわたって働いている「解釈」の言い換えである。よって、④が正解。

問十　直前に「文化を書くことには非対称的な力関係が潜んでいる。それは……『文化の翻訳』の問題でもあった」とあり、その「『文化の翻訳』の問題」とは、傍線部の「言語の力の不平等」でもあり、その「不平等」は「人類学者だけが異文化を科学的テクストに翻訳できるから」という点にある、と説明されている。つまり、西洋人の「人類学者」は非西洋の文化（例えばジャワの、あるいはバリの）を西洋語に「翻訳」説明するテクストを作り、それを西洋世界や西洋世界につながる世界に伝える（それが傍線部の一行後の「人びとの声よりも権威あるものとして歴史に刻まれる」こと）ことができるが、非西洋社会の人びとの「言語」は、そのような力もなく、仕組みもない。それが「言語の力の不平等」である。よって、⑤が正解。③は「調査対象者が書いたテクストを翻訳できる」が不可。単なる翻訳の問題ではないし（例えば非西洋社会の例を〈日本〉にとればわかる）、調査対象者がテクストを書くわけでもない。

問十一　「合致して**いない**もの」を選ぶ点に注意。②は、傍線部7の段落でギアツの論文「深い遊び」への批判が指摘され、次の段落で「『文化の翻訳』の問題」だと説明されていることに、明確に反している。①は、空欄Cの段落に「ギアツの解釈人類学は、この変革を呼び込む予兆」で、「人類学者の民族誌自体」が検討・批判の対象となった、と上げられた」状態と「荒削りな」状態とは、「内」と「外」との「二面性」とは別の基準による「二面性」の表現なのである。よって、②が答えとなる。

問四　傍線部の前の部分に、「バリの人びとは複雑な呼び名や称号の体系のなかに位置づけられ、その地位の役を演じている」「人は私的な運命をたどる個人ではない。規格化された地位の類型を代表し、演じる存在なのだ」と説明され、「公の演技を演じ損ない、仮面の下にある個人性が表に出て、みなが居心地悪くなることをとても恐れている」ので、この「演劇的自己」は「つねに守られねばならない」感覚なのだとされている。よって、③が正解。

問五　ギアツは、人類学者は「そこで何が起き、どう受け止められているのか、具体的な脈絡をたどり、その意味を探る『厚い記述』をすること」（第五段落）が重要で、「無理なく自然に理解できる〈近い＝経験〉と、学問的で専門的な概念という〈遠い＝経験〉をどう使い分けるか」（第六段落）が問題だと指摘している。ジャワやバリの例は、この「そこで何が起き、どう受け止められているのか」の「具体的な脈絡」にあたる〈近い＝経験〉の例であり、〈遠い＝経験〉は、その具体的事例に対し「学問的で専門的な概念」によって「意味を探る『厚い記述』をすること」を言うことになる。よって、Aには「ローカル」か「具体的」かが、Bには「包括的」か「総合的」かが入り、①の組み合わせが正解となる。

問七　「一九八〇年代」の「批判と実験の時代」になって、「ギアツの解釈人類学」も、「検討すべきテクストとして再解釈されるようになった」ことを言う文脈で、「ギアツの解釈人類学」自体が批判の対象となったことを言う慣用表現を考える。対象となることを言うのは「槍玉」か「矢面」だが、「〜に立つ」という述語に対応するのは「矢面」である。

問八　傍線部の「もはや」は、「人類学者の民族誌自体が検討すべきテクストとして再解釈されるように」なり、西洋人の人類学者が非西洋人に対して持っている「誤解と偏見」（ミード批判についての注）が指摘され、サイードによる「オリエンタリズム批判」によって「西洋の人類学者が非西洋社会を研究し、その文化を書くこと自体」の権力性が

要旨

十九世紀末より人類文化を解明する科学として制度化された文化人類学は、一九六〇年代に、文化を「意味の網」ととらえるギアツによって「解釈学的転回」を遂げた。〈近い＝経験〉と〈遠い＝経験〉とを往還して文化の意味を探るギアツの解釈人類学は、しかし、すぐに批判と実験の時代を迎える。西洋による植民地主義的な「知」の支配を断罪するサイードの「オリエンタリズム批判」によって、非西洋を描く「表象」の権力性が告発され、人類学の研究の正当性が否定されたのである。実験的民族誌は文化の多声性を提示することでこの批判の乗り越えを試みているが、非対称的な力関係の下で他者の文化を書くことの権力性を逃れられない人類学者への懐疑は深まるばかりである。

解説

問二　「転回」以前とは、「文化人類学」が「一貫して人類文化を解明する科学としての地位を確立しようとしてきた」時期を言い、「自分たちとは異なる他者を科学的に理解すること」を目指していたのだが、「一九六〇年代」にそのあり方に対する疑問がギアツから提示され、意味の「転回」が起こった。ギアツは「文化を『意味の網』」ととらえ、「人間は、その自分自身がはりめぐらした意味の網にかかっている動物」で、「その意味を解釈すること」が人類学者の役割だとされた、というのである。よって、②が正解。

問三　「適切でないもの」を選ぶ点に注意。ジャワでは自己の概念が「内（バティン）」と「外（ライール）」との対比、「磨き上げられた（アルース）」と「荒削りな（カサール）」との対比によって形成されているさまを「二面性」と呼んでいる。「内」は、「経験の感知できる領界のことで感情生活全般」を指し、「瞑想など宗教的鍛錬によって」「磨き上げられた」状態が達成される、「静止させられた感情の内部世界」だと説明されている。一方で、「外」は、「人間行動の観察しうる領界のことで目に見える動きや姿勢、会話など」を指し、「事細かに定められた礼儀作法によって」「磨き上げられた」状態が達成される、「型にはめられた行動の外部世界」だと説明されている。注意すべきは、両方とも「磨き上げられた」状態として説明されている点で、「内」にも「外」にもそれぞれ「磨き上げられた」状態と「荒削りな」状態とがあることになる。「磨き

国語

▲日本文学科A方式・英米文学科C方式▼

一

出典　松村圭一郎『旋回する人類学』〈2章　他者理解はいかに可能か　3　存在論へ〉（講談社）

解答

問一　呈

問二　②

問三　②

問四　③

問五　①

問六　擁護

問七　④

問八　⑤

問九　④

問十　⑤

問十一　②

一般選抜（個別学部日程）：教育人間科学部

問題編

▶試験科目・配点

〔教育学科〕

テスト区分	教　科	科目（出題範囲）	配　点
大学入学共通テスト	外国語	英語（リーディング，リスニング）	100 点
	国　語	国語	100 点
独自問題	小論文	文章・図表などに基づいて読解・論述する問題を課す。	100 点

＊大学入学共通テストの「英語」と「国語」の合計点に基準点を設け，基準点に達した者のうち，「小論文」の得点の上位者を合格とする。

〔心理学科〕

テスト区分	教　科	科目（出題範囲）	配　点
大学入学共通テスト	外国語	英語（リーディング，リスニング）	100 点
	国　語	国語	100 点
独自問題	小論文	日本語の文章やデータを読み，物事を論理的に考察し，自分の考えを的確に表現できる力を総合的に問う論述等を課す。	100 点

＊大学入学共通テストの「英語」に基準点を設け，基準点に達した者のうち，総合点の上位者を合格とする。

▶備　考

- 大学入学共通テストの得点を上記の配点に換算する。英語の得点を扱う場合には，リーディング 100 点，リスニング 100 点の配点比率を変えずにそのまま合計して 200 点満点としたうえで，上記の配点に換算する。
- 試験日が異なる学部・学科・方式は併願ができ，さらに同一試験日であっても「AM」と「PM」で異なる試験時間帯に実施される学部・学科

・方式は併願ができる。

試験日	試験時間帯	学　部	学科（方式）
2月13日	AM	文	英米文（A）・日本文（B）
		教育人間科	教育
	PM	文	フランス文（B）
		教育人間科	心理

小論文

◀教育学科▶

（90分）

I 以下の問いに日本語で答えなさい。

問1

下の表は小学校，中学校の教員の１日当たりの業務時間の内訳である。教員がどのような業務にどのくらいの時間を費やしているかについて，200字以内で論述しなさい。

表　教員の１日当たりの業務時間の内訳

［単位　時間：分］

		平日		土日	
		小学校	中学校	小学校	中学校
授業等	朝の業務	0:41	0:44	0:00	0:00
	授業（主担当）	4:13	3:16	0:02	0:01
	授業（補助）	0:20	0:23	0:00	0:00
	授業準備	1:16	1:23	0:10	0:11
	学習指導	0:21	0:13	0:00	0:00
	成績処理	0:25	0:36	0:04	0:12
生徒指導等	生徒指導（集団１）	0:56	0:49	0:00	0:00
	生徒指導（集団２）	0:02	0:05	0:00	0:00
	生徒指導（個別）	0:04	0:14	0:00	0:00
	部活動・クラブ活動	0:03	0:37	0:01	1:29
	児童会・生徒会指導	0:02	0:05	0:00	0:00
	学校行事	0:15	0:15	0:04	0:03
	学年・学級経営	0:19	0:27	0:01	0:02
その他の業務	学校経営	0:17	0:17	0:02	0:02
	職員会議・学年会などの会議	0:19	0:18	0:00	0:00
	個別の打ち合わせ	0:05	0:06	0:00	0:00
	事務（調査への回答）	0:04	0:04	0:00	0:00
	事務（学納金関連）	0:01	0:01	0:00	0:00
	事務（その他）	0:15	0:17	0:02	0:03
	校内研修	0:09	0:04	0:00	0:00
	保護者・PTA対応	0:06	0:09	0:00	0:00
	地域対応	0:00	0:00	0:00	0:00
	行政・関係団体対応	0:01	0:01	0:00	0:00
	校務としての研修	0:08	0:09	0:00	0:00
	会議	0:03	0:05	0:00	0:00
	その他の校務	0:08	0:09	0:00	0:02
	総計	10:45	11:01	0:36	2:18

注１）数値は小数点以下を切り捨てて表示しているため，合計は総計と一致しない。

注２）「生徒指導（集団１）」とは，正規の授業時間以外に行われる，給食・栄養指導，清掃指導，登下校指導・安全指導，遊び指導（児童生徒とのふれ合いの時間），児童生徒の休み時間における指導を指す。

注３）「生徒指導（集団２）」とは，正規の授業時間以外に行われる，生活指導，健康・保健指導（健康診断，身体測定，けが・病気の対応を含む），全校集会，避難訓練など「生徒指導（集団１）」以外の集団指導を指す。

（文部科学省『教員勤務実態調査（令和４年度）【速報値】』(2023) より作成）

問２

表１は，大学生１人当たりが年間に支出する学費および生活費を，大学（昼間部）の設置者別に示したものである。表２は，学生の居住形態の違いを，大学（昼間部）の設置者別に割合で示したものである。

表１および表２から，国立，公立，私立，それぞれの学費・生活費の支出額の異同について述べたうえで，なぜその違いが生じるのかを考察し，300字以内で論述しなさい。なお，解答に際して，項目名を挙げるときはⒶ，Ⓑ等と書けばよい。

（表１，２ともに，独立行政法人日本学生支援機構『令和２年度学生生活調査結果』(2022) より作成。なお，いずれの表も，大学（夜間部），短期大学，大学院の調査結果は含まない。）

表１　設置者別の学生生活費

［単位　円］

区分	学費			生活費			合計
	Ⓐ 授業料，その他の学校納付金	Ⓑ 修学費，課外活動費，通学費	小計	Ⓒ 食費，住居・光熱費	Ⓓ 保健衛生費，娯楽・し好費，その他の日常費	小計	
国立	490,900	101,100	592,000	534,800	305,000	839,800	1,431,800
公立	506,000	99,000	605,000	449,400	318,500	767,900	1,372,900
私立	1,195,700	115,000	1,310,700	303,100	314,800	617,900	1,928,600
平均	1,036,900	111,800	1,148,700	350,900	313,400	664,300	1,813,000

表２　居住形態別学生数の割合

［単位　％］

区分	自宅	学寮	下宿，アパート，その他
国立	35.7	6.2	58.1
公立	43.7	3.3	53.0
私立	65.2	7.2	27.6

Ⅱ 次の文章を読み，以下の問いに日本語で答えなさい。

現在「古典論」と言えば，自然科学の分野では「ニュートン力学」を指す。ニュートン力学のもっている意味は，少くとも「古典的」な――そこから逸脱するのは，量子力学と相対論的力学である――範囲では，実に明瞭であった。すなわち，この自然界に生起するすべての現象は，質量をもった点（「質点」）とその運動に還元できるのであり，同時に，その質点の運動状態は，厳密に一義的に，ニュートンの運動の第二法則と呼ばれる $f=m\dfrac{dv}{dt}$ によって規定される，ということであった。この法則に外れる現象はあり得ない，という確信と，自然現象を構成要素の運動に還元しようとする着想とが合体すると，自然現象は究極的には，第二法則に一義的に規定された構成要素の振舞い〈behaviour〉として記述することができる，という論理が生れてくる。もちろん，われわれ人間は，無知と無能力のために，この世界に生起するすべての現象を支えるすべての構成要素を知らないし，またそれらの構成要素の運動状態を規定する条件（換言すれば，$f=m\dfrac{dv}{dt}$ という一般式に与えられる個別的な条件）を知らない。しかし，それを知り得る存在にとっては，そしてそうした存在は発案者の名を冠して「ラプラスの魔」と呼ばれるが，その「ラプラスの魔」にとっては，この自然界に生起する現象は，過去，現在，未来の別なく，完全に知ることができる。古典的な因果的決定論は，こうしたコンテクストのなかから生れてきたものである。

すでに述べたように，人間は全能ではない。だから，われわれは，現象のもつ表面的な特性に従って，自然現象を分類し，生物学，化学，物理学，といったカテゴリーや，そのサブ・カテゴリーのなかで，特異な法則や規則性を一般化している。それはそれで仕方がないと言える。だが，原理的に言えば，そうした法則性は，現象的，偶然的，表面的なものであって，究極的には，ニュートンの運動の第二法則さえあればよい。

もし，こうした態度――ときに多少の諧謔（かいぎゃく）(注)をこめて，「物理学帝国主義」などと呼ばれる。生物学や化学などは，本国たる物理学の植民地的出店に過ぎない，というわけである――が正しいとすれば，科学の統一は，結局，物理学の手で行われるものであり，分化現象は，植民地の増加をこそ示すものであっても，科学の本質にとって妨げでもなく，瑕瑾（かきん）(注)ともならない。

（中略）もちろん，多くの科学者は，「物理学帝国主義」を漠然と否定したり，漠然と肯定したりしている――実際上は，すべての現象を完全に物理学に還元することができないことはだれでも認めている。けれどもまた一方では，のちに述べるように，物理学的原理に還元され得ないような何らかのもの，というのは，科学の眼から見ると，どこか怪し気な観が残るのを免れない。したがって，この辺の見解はどうしても「漠然」たる根拠にしか基づかない——が，そこでは，位階構造の上位に属する現象を，下位に属する術語や法則で完全に記述することができるか否かで，見解が分れることになる。しかし，「物理学帝国主義」を否定する人でも，専門の科学者である限り，実は，「物理学帝国主義」とその論理構造は変っていないとも言える。なぜなら，たとえば，その人の扱うレヴェルが高分子だとすれば，彼の高分子を扱う目的は，決してそれ自体にあるのではなく，最終的には，遺伝や発生，進化や免疫といった，高分子的現象よりはるかに上位の現象，つまり一言で言えば「巨視的」な現象を，高分子レヴェルの術語や法則類で完全に記述することにこそあり，その目的のために高分子レヴェルまで分析の段階を降りてきているはずだからである。ということは，科学者は，ある意味ですべて，自分の「専門領域」に関する「帝国主義」者なのである。そしてその論理の裏には，「分析」という自然科学特有の道具が，絶対的な価値をもって君臨している。

もちろん，自然科学が，そうした論理にのみ依存しようとすることに対して，繰り返し批判があった。とくに，生命現象において，そして，そこにもう一つ付け加えれば心理現象において，その批判は著しかった。(中略) 生気論〈vitalism〉でいう「生命特有の原理」は，結局，分析によって下位レヴェルの概念とその従うべき法則に一つずつ置換され，「いやそれでも何らかのXが残る」といっても，それは，もはや，科学の分析には関わらない神秘的なものか，やがては科学の分析が明らかにしてくれるものか，のどちらかであり，前者であれば，科学はもはや口出しをすることはできず，後者であれば「生気論」は，「無知の表白」にほかならない。このようなわけで，生気論的発想は，何か怪し気である，という印象を科学の世界はもつのである。

しかし，そうした印象が成り立つためには非常に大きな暗黙の前提があることを忘れてはならない。それは，「科学的である」ということの定義として，「分析的である」ということをとっている，という点である。「分析的である」という表現をもう少し正確に言い直せば，「現象を，ただ現象としてとらえるのではなく，その現象を，それを成り立たせている何らかの要素群に分解し，その要素群が，時間－空間のなかでどのように振る舞うか，その有様を記述することによって，もとの現象を説明する」ということになろう。科学の専門領域は，結局，その「構成要素」をどこに求めるかによって決ってくる。その意味で，最も微細な物質構造にまで分析の段階を降りて行く物理学，なかんずく素粒子論が，「帝国主義」を主張することは，あながち理に外れたことではないのである。

(中略)

しかし，問題はまさしく，そこから生れてくる。その問題を見てとるためには，いったん科学の外に視点を移して科学を眺めなければならない。

ヨーロッパの近代科学が，分析による還元主義〈reductionism〉を尖鋭化して行った過程は，それなりに歴史がある。それと同じ論理構造を求めて歴史を遡れば，おそらくギリシアのデモクリトス，エピキュロスによって代表される「原子論」〈atomism〉にたどりつく。近代の市民社会の生成とともに，「個人」という概念が確立され，社会も「個人」の集合として把握されるに至って，すべての思想の前線に「個体主義」〈individualism〉(〈individuum〉というラテン語は〈atom〉というギリシア語の直訳形と言ってもよい）が拡散するに従って，時あたかもＰ・ガッサンディらの手で紹介されたエピキュロスの「原子論」的発想は，いわば，そうした歴史の流れと完全に並行して形成されつつあった近代科学の基本前提として機能することになった。したがって，すでに述べたように，自然現象を分析し，より原理的な要素の振舞いとして記述しようとするときに，その分析のメスをどこで止めるか，という点に並行して，科学はしだいに分化，専門化への道をたどることになったのである。

けれども，なるほど，そうした歴史的な一種の必然性があるからとはいえ，いやむしろ，そのような歴史的な過程に縛られているのだからなおのこと，「科学的である」ということをドグマティック(注)に「分析的である」と定義しておいてよいのだろうか。それから外れるものをすべて「非科学的」として斥けることが正しいのであろうか。

自然科学といえども，歴史の所産である。社会の，時代の，思考の準拠枠に従って，変化し，変動する人類の知的営みの一部であることは，他の領域と本質的に変らない。われわれは，その意味で，また歴史の子である。だから，「科学的」＝「分析的」というドグマ(注)から逃れられないとも言える。しかし，また，歴史の子は，未来の歴史の母でもある。とすれば，われわれは，「科学的」に対して，「分析的」以外の定義を（それは必ずしも「分析的」との二者択一を迫るようなものである必要はない）与えることもできるのではないであろうか。そしてそうしたまったく新しい論理構造のなかに科学を位置づけたとき，専門化や分化に伴う弊害も，まったく新しい視点から見直すことができるのではないか。

そうした問題意識を整理するには，医学はまことに好便である。（中略）

医学は「科学的」であるか。またあり得るか。

この問は，決して見かけほどナンセンスではない。とくに「科学的」という言葉の定義をすでに見たような形で与えておくことを前提とする限りでは。

なるほど，科学の発達とともに，人体に関する科学的知見は，驚くほど増大した。たとえば，皮膚の感覚受容器に対する機械的刺激がどのようにして神経のネットワークを経て中枢や反射弧に伝えられるか。刺激の伝達というマクロな現象は，カルシウム・イオンのポンピングとか，それによる電位差など，よりミクロな概念によって把握される物質の振舞いから記述される。そうした知見が，実際の医療にどのように利用されるか，ということは，一応ヌキにして，マクロな現象を，分析によってミクロな世界へ還元しようとする「科学」の論理は，医学においても，つねに，徹底的に行われる。病原体と病気との関係も，そうした論理の適用の結果でもあるし，免疫などの抗原・抗体反応を高分子レヴェルで解明することも，まさしくその結果の一つである。かくして医学は，立派に科学的ではないか。

しかしながら，それで全部というわけにはいかない。もともと，病気はギリシア語ではパテーマ〈pathema〉と呼ばれた。病理学〈pathology〉の語源である。パテーマとは「苦しみ」とか「苦しみを受けること」とかいった意味に関わる語である。ちなみに，キリストの受難やそれを扱った楽曲，劇などがパシォン〈passion〉と呼ばれるのも，ペーソスやパセティクといった語が「悲哀」の含意をもつのも，語源が同じだからである。病気とは，まさしく苦しみである。

しかし，それでは苦しみとは一体何だろう。苦しみは，傍の人がそれと指せるような，つまり「客観的」なものではない。百日咳の咳込みは，見ていてもいかにも苦しそうだ。自動車事故による骨折や挫傷はいかにも痛そうだ。しかし「苦しい」のと「苦しそうだ」とは違う。「痛い」と「痛そうだ」とは違う。「苦しみ」や「痛み」は「客観的」にはなり得ない。だれも，咳込んでいる百日咳の小児の苦しみを苦しむことはできない。ベッドの上で呻吟（しんぎん）する事故負傷者の痛みを痛むことは，たとえ患者の最愛の妻や母親であっても他人にはできない。「他人の苦しみを自分の苦しみとする」という言葉は，表現としては判るが，論理的に不可能である。「他人の苦しみを自分の苦しみ」として本当に感じる人があるとすれば，もはやその人の感じている「苦しみ」は，決して「他人の」ものではなく，まさしく「自分の苦しみ」にほかならない。

「苦しみ」「痛み」は，主観的なものである。どれほど「苦しみを共にする」こと，つまり〈sympathy〉(同情）があったとしてもそれは変らない。とすればそもそも，「苦しみ」や「痛み」は「科学」の対象にはなり得ないのではないか。

そんなことはない。痛みの作用機序(注)はかなり判っているではないか。だが，ちょっと待っていただきたい。受容器としての神経細胞の膜の透過性が，刺激によって突然変化を起す，するとイオンの平衡状態が崩れて，膜の内外に電位差が生ずる，……痛みは，そうした形で「科学的」に記述され説明される。だが，それが「痛み」なのだろうか。明らかにそうではない。「痛み」は主観の側の感覚の現象である。しかし前述のごとき「痛みの説明」は客観的物質現象である。われわれは，たとえ前述のごとき客観的現象が起っていなくても，主観の現象としては「痛んで」いる，という可能性を永久に排除できない。客観的には，その人の「痛み」は絶対に知り得ないものだからである。

それゆえ，医学は，「科学的」であり得る部分もあるが，しかもなお，永遠に，従来の歴史的規定の枠内での「科学的」ではあり得ないところが残ることは明らかである。神経，筋肉，器官，細胞，ミトコンドリア，DNAなど，それぞれの分析段階に応じて，相対的にミクロな知見が積み重ねられ，それぞれの領域における専門的な理論体系ができ上がって行く。その理論体系は，そのレヴェルよりも少くとも一段階高次のレヴェルでの概念や法則を詳細，かつできる限り完全に記述・説明できるものである。だから，医学は科学的でないとはもちろん言えない。それにもかかわらず，医学は，その出発点において，患者の苦しみを取り除くという大前提を忘れるわけにはいかない。それを忘れたとき，医学は医学としての存立基盤を失うからである。そして，「苦しみ」は，科学的分析からは決して検出されない。「苦しみ」は，人間という一個の全体的な存在の主観的側面としてある。もし「先後関係」という概念を使うとすれば，つねに「苦しみ」が先にあり，その科学的分析（「その」という指示形容詞が「苦しみ」そのものを直接指すことができないのは，すでに述べたことのなかに明らかであろう）は後である。

「苦しみ」は，主体という人間の形成する全体的な「場」の一つ一つにおいて，はじめて登場する。足を一本とり出して，針で突ついて「痛いですか」ときくことはできない。しかし，切り取ってしまってもうないはずの右足のつま先が「痛みますか」と人にきくことは，場合によっては十分意味がある。痛みや苦しみは，時間－空間のキャンバスのなかに分析された物質要素の振舞いを詳細に描き上げることで済むものではない。

そして，このことは，あたかも医学においてのみ本質であるかのように見えるかも知れないが，しかし，実は，科学全般の，あの「分析の論理」について多かれ少かれあてはまる。現象のレヴェルを降りれば，降りただけ何かが失われる。医学の場合，どうしても「苦しみ」を感ずる「場」としての一個の全体的人間という現象のレヴェルから，下降することができない，という実際上の足かせをはめられている特殊事情がある。それゆえにこそ，医学者は自らの分科〈Fach〉に専門としての分析的な眼と頭とをもつと同時に，全体的な人間という統合的な視点を不可欠なものとして要求される。医学界の現状が，この要求をどこまで満たしているかはまた別の問題である。だが，科学一般もまた，同じ掣肘(せいちゅう)(注)の中に本来あるはずなのだ。

科学の発展の原動力は，未知のものへの好奇心であったり，実際的な要求であったり，名誉欲であったり，種々様々だろう。だが，その最終的な目標が，ちょうど医学のそれが「患者のために」あるように，「人類のために」というところにないのなら，人類の知的営みとしては，自己破産せざるを得ない。そして，科学は，まさにそこに統合化の視点をもっているはずなのである。

具体的なプログラムとしては，「分析と総合」という「科学的」な思考法の前提を疑ってみる作業が必要であろう。それは「分析的である」ことを否定するのではなく，それ以外の自然現象への迫り方を「非科学的」として頭から峻拒(しゅんきょ)(注)してしまわない，という意味である。全体的な現象把握，現象を現象としてそのままとらえる，という方法を，どこかで探さなければならない。というより，その発想を，すべての「分析」の出発点にしなければならない。「分析」は科学の一つの手段ではあっても目的ではないからである。目的を回復するための新しい発想が切に望まれているゆえんでもある。

（中略）

分析を方法とする限り，科学内部での専門化は不可避であり，それは否定されるべきことではない。問題の核心は，平凡な結論のようだが，科学的であることと分析的であることとを等置と考えるドグマから脱却し，科学に対して，より柔軟な論理構造の枠組みを許すことにある。そうした柔構造が，結果的に，「人類のために」という科学の目標を，科学の外部にではなく，科学の内部に，改めて設定させることになるだろう。そのときわれわれは，専門分化の弊をのり越えたと言えるのではないか。

（村上陽一郎『近代科学を超えて』（講談社，1986年），一部改変）

(注)

諧謔(かいぎゃく)：おどけた滑稽なことば。また，おどけた滑稽なこと。

瑕瑾(かきん)：恥，不名誉。

ドグマティック：独断的。

ドグマ：独断。独断的な説。

機序：しくみ，メカニズム。

掣肘(せいちゅう)：そばから干渉して自由な行動を妨げること。また，その妨げ。

峻拒(しゅんきょ)：きっぱりと拒絶すること。きびしくこばむこと。

(『日本国語大辞典』第二版 小学館，一部改変)

問1

文章を200字以内で要約しなさい。

問2

下線について，その背景や意義に触れつつ，複数の具体例を挙げながら自分の考えを600字以内で論述しなさい。

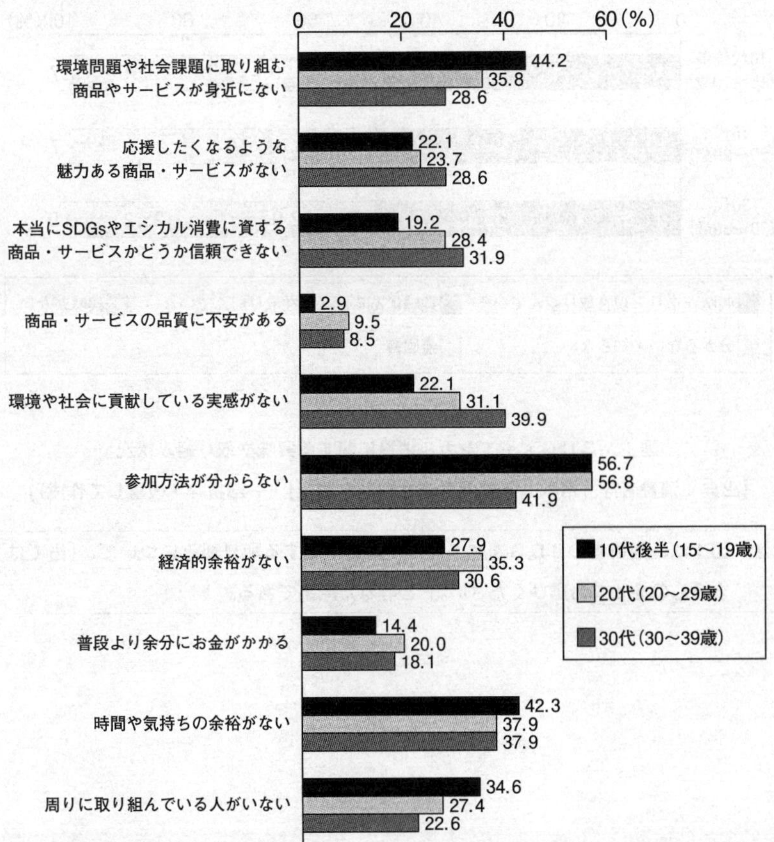

図２　ＳＤＧｓやエシカル消費に関する取り組みに「興味はあるが、現在取り組んでいない」理由

【出典：消費者庁「令和３年度消費者意識基本調査」(一部抜粋・改編して作成)】

注１：図２は、図１で「興味はあるが、現在取り組んでいない」と回答した人に、「『興味はあるが、現在取り組んでいない』理由として、当てはまるものを全てお選びください。」と尋ねた結果である。図に示された項目について複数選択できる回答形式であり、横棒の長さは各項目の選択率を示したものである。

注２：「その他」および「無回答」の結果の表記は省略した。

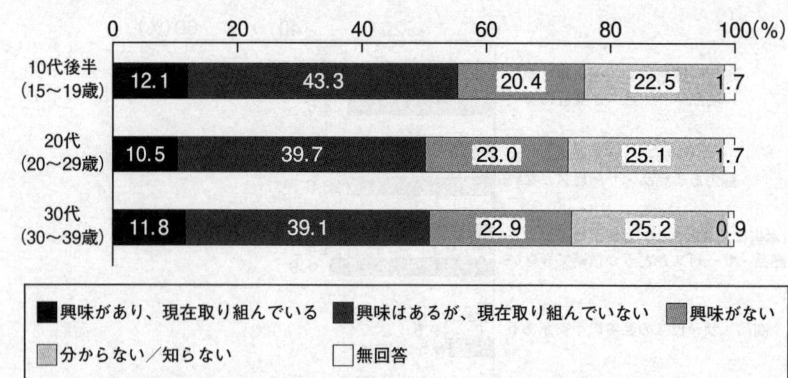

図１　ＳＤＧｓやエシカル消費に関する興味や取り組み状況
【出典：消費者庁「令和３年度消費者意識基本調査」（一部抜粋・改編して作成)】

注：図１は、回答者のＳＤＧｓやエシカル消費に関する取り組みについて、「当てはまるものを1つお選びください。」と尋ねた結果である。

問2　（2）の文章に基づいて、Cさんの誕生日を答えなさい。

問3　問1と問2の解答に至る思考過程を説明し、両者の考え方の共通点を八〇〇字以内で指摘しなさい。

設問Ⅱ　図1と図2は、消費者庁が実施した「令和三年度消費者意識基本調査」（全国の満十五歳以上の日本国籍を有する者が対象、有効回収数五四九三人）の結果の一部である。ＳＤＧｓやエシカル消費に関する取り組みについて尋ねた項目に対する、十代後半、二十代、三十代の回答を示している。

ＳＤＧｓとは、国連サミットで採択された十七の持続可能な開発目標のことであり、例えば、目標1「貧困をなくそう」、目標3「すべての人に健康と福祉を」等がある。エシカル消費とは、より良い社会に向けた、人や社会、環境に配慮した消費行動のことであり、ＳＤＧｓの目標12「つくる責任　つかう責任」にも深く関連している（調査票より引用）。

問1　図1と図2から読み取れることを三〇〇字以内でまとめなさい。

問2　ＳＤＧｓやエシカル消費に取り組む人を増やすための方法として、どのようなことが考えられるか。図1と図2に基づき、三〇〇字以内で述べなさい。

5月15日、5月16日、5月19日
6月17日、6月18日
7月14日、7月16日
8月14日、8月15日、8月17日

そのうえで、Cさんは、Aさんには「月」の正解だけを、Bさんに対しては「日」の正解だけを教えました。

Aさん、Bさんは、互いにその正解を教え合うことはできません。そのうえで、AさんとBさんのあいだで、次のような会話が交わされました。

Aさん「私はCさんの誕生日がまだ分かっていないけれども、BさんもCさんの誕生日がまだ分かっていないということは分かっています。」

Bさん「最初は、Cさんの誕生日が分かっていなかったけれども、Aさんの発言を聞いて、いま分かりました。」

Aさん「それならば、私もCさんの誕生日が分かりました。」

さて、Cさんの誕生日は、10通りの候補のうちの、どの日だったのでしょうか。

【出典　二〇一五年シンガポール&アジア数学オリンピック(SASMO)】

問1　(1)の文章の□に入る数を答えなさい。

Bさん「そうですか。答えが分かりました。勝ったのは、□人ですね。」
Aさん「当たりです！」

※　グーの場合は0本、チョキの場合は2本、パーの場合は5本として数える。
　□を答える際には、下の表を参考にしなさい。

【出典　https://twitter.com/ikeikey/status/1540468363540979715?s=20】

〔2〕

Aさんと Bさんは、Cさんの誕生日を知りたいと思っています。
Cさんは、自分の誕生日をAさんとBさんに当ててもらうために、以下の候補日を提示しました。

勝負のつき方／勝者の数	グー＞チョキ（0＋2＝2）	チョキ＞パー（2＋5＝7）	パー＞グー（5＋0＝5）
5人	2本	15本	25本
4人	4本	18本	20本
3人	6本	21本	15本
2人	8本	24本	10本
1人	10本	27本	5本

小論文

▲心理学科▼

（九〇分）

設問Ⅰ　次の文章（1）と（2）を読んで、問1〜問3に答えなさい。

（1）

AさんとBさんが、以下の会話をしている。

Aさん「昨日6人でジャンケンをしたら、1回で勝ちと負けが分かれました。私は負けたのですが、勝ったのは何人だと思いますか？」

Bさん「何もヒントがないのでは、分かりませんよ。」

Aさん「そのとき6人が出した手の〈伸びている指の本数※〉を合計したら、あなたの弟の年齢とちょうど同じになりました。」

Bさん（しばらく考えたあと）「私の弟の年齢と同じだと言われても、まだ分かりませんね。」

Aさん「ちなみに、Cさんも負けました。」

解答編

小論文

◀教育学科▶

I **解答例**

問1． 教員は，授業等に多くの時間を使っている。最も時間を費やしているのは授業と授業準備であり，小学校は1日当たり6時間弱，中学校は5時間強である。また，生徒指導等にかける時間は，平日で小学校1時間半強，中学校2時間半強であるが，中学校では休日も1時間半以上費やしている。これは部活動・クラブ活動のためである。その他の業務については，個々の時間は長くないが，細かい業務が多く，合計1時間半強である。(200字以内)

問2． 表1の学費のⒶに注目すれば，私立が国立・公立の2倍以上高く，学費全体でも私立が国立・公立の2倍強の金額となっている。一方，生活費のⒸは，国立が最も高く，次いで公立，私立の順となっており，生活費全体でも，国立が最も高く，私立が最も安くなっている。また，表2によれば，「学寮」と「下宿，アパート，その他」を合わせた，一人暮らしの学生の割合が，国立では6割強，公立では5割強と多く，一方，私立では3割強と少なく，自宅から通う学生の割合が6割強となっている。以上から，一人暮らしの学生が多いほど，生活費が高くなり，特に，私立は学費が高い分，自宅から通う学生の割合が高くなると考えられる。(300字以内)

解説

《教員の業務時間の内訳・国公私立大学の学費と生活費の違い》

問1． 小学校，中学校の教員の1日当たりの業務時間の内訳を示した表をもとに，教員がどのような業務にどのくらいの時間を費やしているか，論述する問題である。

まず，表の内訳は「授業等」「生徒指導等」「その他の業務」に分類されているので，小学校，中学校でそれぞれ分類ごとにどの程度の時間が費やされているかを計算する。平日の場合，小学校は「授業等」に7時間16分，「生徒指導等」に1時間41分，「その他の業務」に1時間36分となる。中学校は「授業等」に6時間35分，「生徒指導等」に2時間32分，「その他の業務」に1時間40分となる。さらに，長時間費やされている業務に着目すると，小学校・中学校ともに最も長いのは，授業（主担当），次いで授業準備であり，授業（補助）を足すと，小学校は5時間49分，中学校は5時間2分となる。また，小学校・中学校ともに3番目に長いのは，生徒指導（集団1）であり，生徒指導（集団2），生徒指導（個別）と合わせると，小学校は1時間2分，中学校は1時間8分となる。また，中学校で特徴的なのは，部活動・クラブ活動であり，平日の生徒指導等にかかる時間が長くなる要因となっており，さらに土日も1時間29分と，長時間が費やされている。また，「その他の業務」の内訳を見ると，ひとつひとつの業務の時間はそれほど長くないが，合計すると「生徒指導等」に匹敵する時間が費やされている。以上の内容をまとめるが，制限字数が200字と短いため，分類別の時間と同種の業務をまとめて言及し，教員の業務時間の概要がわかるよう整理しよう。

問2． 国公私立別の大学の学費・生活費の年間支出を示した表1と，国公私立別の大学の居住形態別学生数の割合を示した表2をもとに，国立，公立，私立，それぞれの学費・生活費の支出額の異同について述べたうえで，その違いが生じる理由を考察することが求められている。まず表1で学費・生活費の分類ごとに金額の大小を比較したうえで，表2をもとにその違いが生じる理由を考察すればよい。

まず表1の学費の支出額に着目すると，Ⓐ（授業料，その他の学校納付金）は国立が最も安く，490,900円，次いで公立が506,000円，そして私立が国公立の2倍以上となる1,195,700円となっている。Ⓑ（修学費，課外活動費，通学費）は，国公立が10万円前後，私立は115,000円で大きな差はなく，学費全体では，国立が最も安く，私立が国公立の2倍強で最も高くなっている。次に，生活費を見ると，Ⓒ（食費，住居・光熱費）は，国立が534,800円で最も高く，次いで公立が449,400円，私立が303,100

円となっている。Ⓓ（保健衛生費，娯楽・し好費，その他の日常費）は，国公私立とも31万円前後で大きな差はなく，生活費全体では，国立が839,800円で最も高く，次いで公立が767,900円，私立が617,900円となっている。したがって，私立は，学費は最も高いが生活費は最も安く，反対に国立は，学費は最も安いが生活費は最も高く，公立は，学費は国立と同程度だが，生活費は国立と私立との中間となっていることがわかる。

次に，表2の国公私立別の大学の居住形態別学生数の割合を見ると，自宅生は私立が最も多く65.2%，次いで公立43.7%，国立35.7%となっている。学寮に住んでいる学生と「下宿，アパート，その他」に住んでいる学生を合わせた，一人暮らしをしている学生の割合は，逆に国立が最も多く64.3%，次いで公立56.3%，私立34.8%となっている。この結果から，国立や公立に通う大学生は，一人暮らしをする割合が高く，反対に私立に通う大学生は，自宅から通う割合が高いことがわかる。

以上をふまえ，国公私立の学費・生活費の違いについて述べて，その理由を考察するとよい。これも制限字数が300字と短いため，具体的な数値を挙げるのは最小限にとどめ，国公私立でどのような違いがあるかを端的に説明できるよう気をつけよう。

Ⅱ　解答例

問1．自然科学においては，現象を要素群に分解することで，もとの現象を説明する「分析」が絶対的な価値をもつが，医学において「苦しみ」が科学的分析からは検出されないように，科学全般においても，分析により現象のレヴェルを降りれば何かが失われる。「分析と総合」という「科学的」な思考法の前提を疑い，「分析」以外の自然現象への迫り方を峻拒することなく，全体的な現象把握をすべての「分析」の出発点にしなければならない。（200字以内）

問2．分析的であることに価値を置くことで，近代科学は発展し，現代の科学技術文明を築き上げた。一方で，自然現象を専門化・分化し，要素だけによって分解し記述する手法では，人間や自然の全体を捉えることができず，科学の副作用とも言える問題を引き起こすに至った。

例えば，フロンガスは，開発された当初は化学的に安定した分解されにくい性質から，「夢の物質」と言われ広く活用されてきた。しかし，分解されにくいという性質は，成層圏でオゾン層を破壊するという問題につながった。専門化・分化が進みやすい要素還元主義的な近代科学は，他領域にまたがる問題を予想しにくいためである。

また，近年地球規模で多発している，気候変動による自然災害の激甚化も，要素群に分解し現象を説明する分析的手法だけでは解明が難しい。温室効果ガスや地球温暖化などの環境に関する領域だけではなく，気象学，地質学，地理学など，さまざまな領域を横断し，「地球全体」を統合的に見て，他の問題との関係を全体的にとらえていくことが求められる。

現在，私たちは多くの複雑な課題に直面している。分析的手法だけを科学の手段とするのではなく，人類のため，地球のためという統合化の視点も重要である。全体をとらえる柔軟な枠組みをもつことこそ，直面する課題を乗り越えるうえで必要なことであると考える。(600字以内)

解説

《科学的であることと分析的であること》

問1． 本問で要求されているのは，課題文を200字以内で要約することである。

課題文のポイントは次の通りである。

(第1～3段) 「物理学帝国主義」とは何か

- 自然現象は究極的には，ニュートンの運動の第二法則によって規定される。
- この「物理学帝国主義」が正しいとすれば，科学の統一は物理学の手で行われるものであり，分化現象が科学の本質にとって妨げでもなく瑕瑾ともならない。

(第4・5段) 自然科学特有の道具としての「分析」

- 専門の科学者である限り，「物理学帝国主義」とその論理構造は変わらない。→「巨視的」な現象を記述するために，専門領域のレヴェルまで分析の階段を降りる。
- 「分析」＝自然科学特有の道具が，絶対的な価値をもって君臨している。
- 「物理学帝国主義」の論理にのみ依存することへの批判もある（生命現象，心理現象）が，科学の分析には関わらない神秘的なものか，やがては科学の分析が明らかにしてくれるもの。→何か怪し気であるという印象。

(第6・7段) 「分析的である」ことの問題

- 上記の非常に大きな暗黙の前提：「科学的である」ということの定義として，「分析的である」ということをとっている。
- 「分析的である」＝現象を，ただ現象としてとらえるのではなく，それを成り立たせている要素群に分解し，その要素群の時間－空間のなかでの振る舞いの有様を記述することで，もとの現象を説明する。
- 最も微細な物質構造にまで分析の段階を降りて行く物理学，素粒子論が「帝国主義」を主張するのは理に外れたことではない。→しかし，問題はそこから生まれてくる。

（第 8 ～10 段）「分析的」以外の論理構造の必要性

- 近代科学の分析による還元主義の尖鋭化の過程には歴史がある。→「原子論」にたどりつく。
- 歴史の流れと並行して，科学は分化，専門化への道をたどることになった。
- だが，「科学的である」ことをドグマティックに「分析的である」と定義しておいてよいのか，それから外れるものを「非科学的」として斥けるのは正しいのか。→われわれは，「科学的」に対して「分析的」以外の定義を与えることもできるのではないか。新しい論理構造のなかに科学を位置づけたとき，専門化や分化に伴う弊害も，新しい視点から見直すことができるのではないか。

（第 11～20 段）医学を例とした「分析」の問題点

- 医学は「科学的」であるか。→マクロな現象を，分析によってミクロな世界へと還元しようとする「科学」の論理は，医学においても，徹底的に行われる。→医学は，立派に科学的ではないか。
- 「苦しみ」とは一体何だろう。→苦しみは「客観的」なものではない。→「苦しみ」や「痛み」は「科学」の対象になり得ないのではないか。
- 医学は，「科学的」であり得る部分もあるが，「科学的」ではあり得ないところが残る。→医学は科学的ではないとは言えない。だが，「苦しみ」は，科学的分析からは決して検出されない。

（第 21・22 段）科学における統合的な視点の必要性

- 科学全般についても，医学同様，現象のレヴェルを降りれば，降りただけ何かが失われる。
- 医学の場合，一個の全体的人間という統合的な視点を不可欠なものとして要求されるが，科学一般もまた，同じ掣肘の中に本来あるはず。

・科学の発展の最終目標が，「人類のために」でないのならば，自己破産せざるを得ない。→科学は，そこに統合化の視点をもっているはずなのである。

（第23・24段）「科学的」な思考法のあり方への提案

・「分析と総合」という「科学的」な思考法の前提を疑ってみる作業が必要であろう。→「分析的である」ことを否定するのではなく，それ以外の自然現象への迫り方を「非科学的」として峻拒してしまわない。→全体的な現象把握，現象を現象としてそのままとらえる方法を探さなければならない。その発想を「分析」の出発点にしなければならない。→「分析」は科学の一つの手段ではあっても目的ではない。

・科学に対して，より柔軟な論理構造の枠組みを許すことが，「人類のために」という科学の目標を，科学の内部に，改めて設定させることになる。

要約にあたっては，自然科学特有の道具としての「分析」**（第4・5段）**，「分析的である」ことの問題**（第6・7段）**，医学を例とした「分析」の問題点**（第11～20段）**，科学における統合的な視点の必要性**（第21・22段）**，「科学的」な思考法のあり方への提案**（第23・24段）**を中心に，「科学的である」=「分析的である」と定義することの問題点を整理したい。200字と制限字数が少ないので，表現はできるだけ簡潔にしよう。

問2． 課題文の下線について，背景や意義に触れ，複数の具体例を挙げながら自分の考えを述べることが求められている。まず下線の「背景」については，課題文の論旨をふまえれば，科学的であることと分析的であることが等値とされることで専門化や分化が進み，その弊害が起こっていること，分析ではとらえきれない「何か」があることなどをもとに，具体的に考えればよいだろう。また，「意義」については，下線の直後の「『人類のために』という科学の目標を，科学の外部にではなく，科学の内部に，改めて設定させる」こと，「専門分化の弊をのり越えた」という記述が参考になる。これらの「背景」と「意義」が当てはまる具体例を複数挙げたうえで，こうした科学の新たなあり方について考えを述べればよい。

〔解答例〕では，フロンガスの問題と気候変動による自然災害の激甚化を，分析的な手法ではすべてを把握できない問題の具体例として挙げ，統合化の視点から全体をとらえる柔軟な枠組みをもつことこそ，今直面する課題を乗り越えるうえで必要なことだと述べている。分析的な手法では対応できず，全体的，統合的な視点が求められる課題としては，他にも公害，生態系の危機，人体や脳，資源・エネルギー問題，感染症の増加などが挙げられるだろう。いずれの例を挙げる場合でも，なぜそれが具体例として妥当かを説明したうえで，科学に求められる新たなアプローチについて論じられていればよい。

◀心理学科▶

問1． 3

問2． 7月16日

問3．〔解答例〕問1のBさんに与えられた情報は，①Aさんが負けた，②〈伸びている指の本数〉の合計がBさんの弟の年齢と同じ，③Cさんも負けた，の3つで，①の時点で分かることは，勝者の数が最大5人ということのみである。次に，②の情報を得てもBさんが正解できなかったのは，その時点で考えられる〈伸びている指の本数〉の合計の中で，「Bさんの弟の年齢」が重複しているためと考えられ，したがって，表の中の「一度しか登場しない数」は除外できる。残る〈伸びている指の本数〉の合計は10本，15本だが，③の情報によって，勝者の数が5人のケースが除外されるため，弟の年齢を知るBさんには勝者が3人であることが分かったのである。

問2のAさん，Bさんには，Cさんの誕生日の「月」「日」の情報がそれぞれ与えられているが，Aさんの「自分には分からないが，Bさんにも分かっていないことは分かる」との発言より，候補日から一度しか登場しない「日」が除外され，さらに，その時点でBさんが誕生日を特定できたことから，Aさんに与えられた情報の中に残る「日」の重複が除外され，Cさんの誕生日が判明している。

両者の考え方の共通点は，「自身の知りえない情報を持つ他者が正解を導けないこと」が類推の鍵となるということである。その情報とは，問1では「Bさんの弟の年齢」であり，問2ではCさんの誕生日についてAさん，Bさんそれぞれが与えられていない，「日」「月」である。その情報を持っていれば直接正解にたどり着けるはずの他者が正解を導けないのは，その時点で答えが重複しているからであることに気づくことができれば，消去法によって「重複しない情報」を除外して候補を絞ることが可能となる。このように，自身には直接情報が与えられていない場合であっても，他者が正解を導ける／導けないという状況をもとに，与えられた情報を類推し正解を導くような思考過程が，両者の共通点といえるであろう。(800字以内)

解説

《2つの論理パズルに共通の思考過程》

問1. Aさんの発言を解析して論理パズルを解き，ジャンケンに勝った人数を答えることが求められている。以下にAさんの発言を整理する。

- ジャンケンをした人数：6人
- Aさんは負けた→勝者は最大で5人
- 1つ目のヒント：6人が出した手の〈伸びている指の本数〉の合計はBさんの弟の年齢と同じ
- 2つ目のヒント：Cさんも負けた→勝者は最大で4人

Bさんは自分の「弟の年齢」を知っていると仮定する。問題文には，参考として「勝者の数」を縦軸，勝負のつき方を横軸とする〈伸びている指の本数〉の表が掲載されているが，「弟の年齢」がこの中に一度しか登場しない数と等しいとすれば，Bさんは1つ目のヒントが提示された時点で，ジャンケンの勝者の数を答えることができるはずである。しかし，Bさんは，（しばらく考えたあと）「私の弟の年齢と同じだと言われても，まだ分かりませんね」と答えているため，表の中に一度しか登場しない，〈伸びている指の本数〉は除外される。

勝者の数＼勝負のつき方	グー＞チョキ	チョキ＞パー	パー＞グー
5人	2本	15本	25本
4人	4本	18本	20本
3人	6本	21本	15本
2人	8本	24本	10本
1人	10本	27本	5本

この時点で残った〈伸びている指の本数〉は

10本（勝者は1人または2人），15本（勝者は3人または5人）

の2つに絞られる。

次に，2つ目のヒントで「Cさんも負けた（勝者は最大で4人）」ことが明かされ，Bさんは勝者の数を答えて正解している。Bさんは勝者の数が3人か5人かで迷っていたが，2つ目のヒントで15本（勝者は5人）のケースが除外されたため，正解を答えることができたのである。

ポイントは，この問題の解答者とBさんとが異なる知識を持っている＝「Bさんは自分の弟の年齢を知っている」ということである。解答者がAさんの発言から分かるのは，「AさんとCさんが負けた」ことのみなので，〈伸びている指の本数〉は，10本（勝者は1人または2人）でも15本（勝者は3人または5人）でも成立するが，前提としてBさんは自分の弟の年齢を知っており，1つ目のヒントが与えられた時点で，〈伸びている指の本数〉＝15本の中での2択になっている。したがって，正解は「3人」である。

問2． Aさん，Bさんの発言を解析して論理パズルを解き，Cさんの誕生日を答えることが求められている。以下に状況および条件を整理する。

- AさんはCさんの誕生日について，「月」の正解を知っている。
- BさんはCさんの誕生日について，「日」の正解を知っている。
- Aさん，Bさんは，互いにその正解を教え合うことはできない。

誕生日の候補日は以下の通り。

	5月15日	5月16日			5月19日
			6月17日	6月18日	
7月14日		7月16日			
8月14日	8月15日		8月17日		

まず，Aさんは「月」の情報しか持っておらず，5月，6月，7月，8月のいずれにも複数の候補日があるため，この時点でCさんの誕生日を答えることはできない。しかし，Aさんは「BさんもCさんの誕生日がまだ分かっていないということは分かっています」と断言している。10通りの候補のうち，「日」の情報さえあれば誕生日を特定できる候補日は，5月19日と6月18日だが，Aさんが「BさんもCさんの誕生日が分かっていない」と言っていることから，Aさんが持っている「月」の情報に5月と6月が含まれない（Aさんが教えられた「月」は7月か8月である）ことが分かる。この時点での候補日は以下の通り。

7月14日		7月16日			
8月14日	8月15日		8月17日		

Aさんの発言により，5月と6月が除外されたことで，Bさんは「いま分かりました」と発言している。仮に，Bさんが持っている「日」の情報

が「14 日」ならば，7月と8月で重複しているため，解答はできないはずであるが，Bさんはこの時点でCさんの誕生日を特定できているため，7月14日と8月14日が除外されて，候補日は以下の3通りとなる。

		7月16日			
	8月15日		8月17日		

最後に，Aさんが「それならば，私もCさんの誕生日が分かりました」と答えている。「月」の情報を持っているAさんが，この時点でCさんの誕生日を特定できたということは，Aさんの持つ「月」の情報が「日」の情報が重複しない7月だったからである。したがって，正解は「7月16日」となる。

問3． 問1と問2の思考過程を説明したうえで，両者の考え方の共通点を指摘することが求められている。問1・問2それぞれの〔解説〕で見たように，両者の思考方法は，Aさん，Bさんがある時点で「正解を断言できないのはなぜか」，あるいは「正解を断言できたのはなぜか」と考える点で共通している。「断言できない」=正解の候補が重複している，「断言できる」=候補の重複が解消された，と考えることで，情報が直接的には与えられていなくとも，解答を類推することが可能となるのである。

Ⅱ　解答例

問1． 図1からは，どの年代でも約半数の人々がSDGsやエシカル消費に興味を持っており，特に10代後半の若い世代で割合が大きいが，「現在取り組んでいる」のはそのうちの約1割に過ぎず，約4割が実際には取り組んでいないことが読み取れる。図2の「『興味はあるが，現在取り組んでいない』理由」で大きな割合を占めるのは，「環境問題や社会課題に取り組む商品やサービスが身近にない」，「時間や気持ちの余裕がない」などで，特に「参加方法が分からない」の割合が大きいことから，興味は持っているものの，SDGsやエシカル消費に関する商品やサービスにアクセスできておらず，結果として取り組みに参加していないということが読み取れる。(300字以内)

問2． SDGsやエシカル消費に取り組む人を増やすには，まずそれらがどのようなものかを具体的に示すことが必要である。例えば，地元で作られた地域の特産品を購入する「地産地消」は，地域の活性化を図るだけでなく，移動や配送にかかるエネルギーを抑えることができ，環境保護にもつながるエシカル消費だが，その地域の消費者に有効な情報が届いていないために，購入に至っていないようなケースが考えられる。地元商店街などが地域を挙げて積極的にSDGsやエシカル消費についてアピールしていくことで，実際には身近にそのような商品やサービスが多く存在し，消費行動を変えることで取り組みに参加できることを示すことが可能となるはずである。(300字以内)

解説

《SDGsやエシカル消費に関する取り組み》

問1． 図1・図2から情報を読み取り，まとめることが求められている。設問文にあるように，「SDGsとは，国連サミットで採択された十七の持続可能な開発目標のことであり，例えば，目標1『貧困をなくそう』，目標3『すべての人に健康と福祉を』等がある」，「エシカル消費とは，より良い社会に向けた，人や社会，環境に配慮した消費行動のこと」である。

図1は，「SDGsやエシカル消費に関する興味や取り組み状況」を10代後半，20代，30代の年齢別の割合で表したグラフである。いずれの年代でも，「興味があり，現在取り組んでいる」が約1割であるのに対し，「興味はあるが，現在取り組んでいない」の割合が最も大きく，10代後半で43.3%，20代で39.7%，30代で39.1%と，約4割を占めていることが読み取れる。

図2は，「SDGsやエシカル消費に関する取り組みに『興味はあるが，現在取り組んでいない』理由」を表したグラフである。理由の中で最大の割合を占めるのは，「参加方法が分からない」で，10代後半と20代で5割以上，30代で約4割となっている。その他にも，「環境問題や社会課題に取り組む商品やサービスが身近にない」，「時間や気持ちの余裕がない」も比較的高い数値となっている。総合すれば，どの年代でも約半数の人々がSDGsやエシカル消費に興味を持っているが，参加方法が分からない，時間や気持ちに余裕がないなどの理由で，そのような商品やサービスにアクセスできず，結果として実際には取り組みに参加できていないということが読み取れる。以上の内容を字数内にまとめる。

問2． 図1と図2に基づき，SDGsやエシカル消費に取り組む人を増やすための方法を述べることが求められている。問1で見たように，実際には

SDGs やエシカル消費に取り組んでいない最大の理由は，「参加方法が分からない」ことである。確かに「SDGs やエシカル消費」とだけ聞いても漠然としたイメージでしかなく，具体的にどのような商品やサービスを利用することが「取り組み」といえるのか分からない。したがって，取り組む人を増やすには，まず SDGs やエシカル消費に関する商品やサービスがどのようなもので，どのように購入・参加できるものなのかを効果的に周知する必要があるだろう。〔解答例〕ではエシカル消費のひとつとして，「地産地消」を取り上げたが，その他にも「被災地で作られた商品の購入（被災地支援）」や「ソイミートなどの代替肉（環境への負荷が少ない商品）の購入」などがあり，代替肉商品については，コンビニエンスストア等でも購入できる場合があり，意外に身近にあるものである。以上の内容を字数内にまとめる。

//////////////////// · memo · ////////////////////

2023年度

問題と解答

■一般選抜（個別学部日程）：文学部

問題編

▶試験科目・配点

〔英米文学科〕

方　式	テスト区分	教　科	科目（出題範囲）	配　点
A方式	大学入学共通テスト	外国語	英語（リーディング，リスニング）	100 点
		国　語	国語	100 点
		地理歴史または公　民	日本史B，世界史B，地理B，現代社会，倫理，政治・経済，「倫理，政治・経済」のうち1科目選択	100 点
	独自問題	外国語	コミュニケーション英語Ⅰ・Ⅱ・Ⅲ，英語表現Ⅰ・Ⅱ（リスニング含む）	200 点
B方式	独自問題	外国語	コミュニケーション英語Ⅰ・Ⅱ・Ⅲ，英語表現Ⅰ・Ⅱ（リスニング含む）	200 点
		総合問題（英語による）	記述式問題，および小論文	100 点
C方式	独自問題	外国語	コミュニケーション英語Ⅰ・Ⅱ・Ⅲ，英語表現Ⅰ・Ⅱ（リスニング含む）	200 点
		国　語	国語総合（漢文を除く）	100 点

〔フランス文学科〕

方　式	テスト区分	教　科	科目（出題範囲）	配　点
A方式	大学入学共通テスト	外国語	英語（リーディング，リスニング），ドイツ語，フランス語のうち１科目選択	200点
		地理歴史または公　民	日本史Ｂ，世界史Ｂ，地理Ｂ，現代社会，倫理，政治・経済，「倫理，政治・経済」のうち１科目選択	100点
	独自問題	総合問題	文章読解を中心とし，読解力，論理的思考力，言葉の知識，外国の文化・社会についての理解を問う総合問題。	200点
B方式	大学入学共通テスト	外国語	英語（リーディング，リスニング），ドイツ語，フランス語のうち１科目選択	200点
	独自問題	総合問題（論述）	文化・社会等に関する長文読解を課し，言葉の知識・思考力，論述力を問う。	200点

〔日本文学科〕

方　式	テスト区分	教　科	科目（出題範囲）	配　点
A方式	大学入学共通テスト	外国語	英語（リーディング，リスニング）	100点
		地理歴史	日本史Ｂ，世界史Ｂのうち１科目選択	100点
	独自問題	国　語	国語総合・古典Ｂ	150点
B方式	大学入学共通テスト	外国語	英語（リーディング，リスニング）	100点
	独自問題	国　語	国語総合・古典Ｂ	150点

〔史学科〕

<table>
<tr><th>テスト区分</th><th>教　科</th><th>科目（出題範囲）</th><th>配　点</th></tr>
<tr><td rowspan="3">大学入学
共通テスト</td><td>外国語</td><td>英語（リーディング，リスニング），ドイツ語，フランス語，中国語，韓国語のうち１科目選択</td><td>100 点</td></tr>
<tr><td>国　語</td><td>国語</td><td>100 点</td></tr>
<tr><td>地理歴史
または
公　民
または
数　学
または
理　科</td><td>日本史Ｂ，世界史Ｂ，地理Ｂ，現代社会，倫理，政治・経済，「倫理，政治・経済」，「数学Ⅰ・Ａ」，「数学Ⅱ・Ｂ」，物理，化学，生物，地学のうち１科目選択または，物理基礎，化学基礎，生物基礎，地学基礎のうちから２科目選択（基礎を付した科目は２科目を１科目分とみなす）</td><td>100 点</td></tr>
<tr><td>独自問題</td><td>地理歴史</td><td>日本史Ｂ，世界史Ｂのうち１科目選択。記述・論述を含む。</td><td>150 点</td></tr>
</table>

〔比較芸術学科〕

<table>
<tr><th>テスト区分</th><th>教　科</th><th>科目（出題範囲）</th><th>配　点</th></tr>
<tr><td rowspan="3">大学入学
共通テスト</td><td>外国語</td><td>英語（リーディング，リスニング）</td><td>100 点</td></tr>
<tr><td>国　語</td><td>国語</td><td>100 点</td></tr>
<tr><td>地理歴史</td><td>日本史Ｂ，世界史Ｂのうち１科目選択</td><td>100 点</td></tr>
<tr><td>独自問題</td><td>論　述</td><td>芸術にかかわる評論を読み，そのテーマに沿って具体的な例をあげながら，考えるところを論述する。800 字程度。</td><td>150 点</td></tr>
</table>

▶備　考

- フランス文学科Ｂ方式は，「総合問題（論述）」に基準点を設け，基準点に達した者のうち，大学入学共通テストの「外国語」の得点の上位者を合格とする。
- その他の学科の合否判定は総合点による。ただし，場合により特定科目の成績・調査書を考慮することもある。
- 大学入学共通テストの得点を上記の配点に換算する。英語の得点を扱う場合には，リーディング 100 点，リスニング 100 点の配点比率を変えずにそのまま合計して 200 点満点としたうえで，上記の配点に換算する。

- 大学入学共通テストの選択科目のうち複数を受験している場合は，高得点の１科目を合否判定に使用する。
- 試験日が異なる学部・学科・方式は併願ができ，さらに同一日に実施する試験であっても「AM」と「PM」の各々で実施される場合は併願ができる。
- 試験時間帯が同じ学部・学科・方式は併願できない。

試験日	試験時間帯	学　部	学科（方式）
2月13日	AM	文	英米文（A）・日本文（B）
		教育人間科	教育
	PM	文	フランス文（B）
		教育人間科	心理
2月14日	終日	文	英米文（B・C）
	AM	文	フランス文（A）・史
	PM	文	日本文（A）・比較芸術

英語

◀英米文学科 A 方式▶

(70 分)

問題 I 次の英文を読んで，設問に答えなさい。

Americans have been taught to think of the European settlement of the continent as having progressed from east to west, expanding from the English settlements of Massachusetts and Virginia to the shores of the Pacific. Six generations of pioneers with British roots pushed into the wilderness, controlling nature and its native people to achieve their goal of a unified republic stretching from sea to sea inhabited by a virtuous, freedom-loving people. Or so most nineteenth-century historians would have us believe. The truth of the matter is that European culture first arrived from the south, brought by the soldiers and missionaries of Spain's expanding New World empire.

The Americas, from a European's point of view, had been discovered by a Spanish expedition in 1492, and by the time the first Englishmen stepped off the boat at Jamestown in present-day Virginia a little over a century later, Spanish explorers had already passed through the plains of Kansas, seen the Great Smoky Mountains of Tennessee, and stood at the edge of the Grand Canyon. They had mapped the coast of Oregon and the Canadian East Coast —not to mention Latin America and the Caribbean—and given names to everything from the Bay of Fundy (Bahia Profunda) in the far North to Tierra del Fuego in the far South. In the early 1500s, Spaniards had even established short-lived colonies on the shores of Georgia and Virginia. In 1565, they founded St. Augustine, Florida, now the oldest European city in the United States. By the end of the sixteenth century, Spaniards had been living in the southwestern deserts of Sonora and Chihuahua for decades, and their colony of New Mexico was marking its fifth birthday.

Indeed, the oldest European culture in the United States is not to be found on the Atlantic shores of Cape Cod or the Lower Chesapeake, but in the dry hills of northern New Mexico and southern Colorado. Spanish Americans have been living in this part of El Norte since 1595 and remain fiercely protective of their heritage, taking offense at being mistaken for Mexican Americans, who appeared in the region only in the nineteenth and twentieth centuries. Their leaders have a passion for legacy that rivals that of people whose ancestors sailed from England on the ship known as the Mayflower, and share the same sense of heritage and culture. In 1610, they built Santa Fe's Palace of the Governors, now the oldest public building in the United States. They held on to the traditions, technology, and religious customs of seventeenth-century Spain straight into the twentieth century, working fields with wooden tools, transporting wool in crude carts, and carrying on the medieval Spanish religious practices.

Spain had an advantage over its sixteenth-century rivals because it was then the world's superpower, so rich and powerful that the English looked upon it as a serious threat to Protestants* everywhere. In 1493, Pope Alexander Ⅵ, who came to consider Spain "the most Catholic" of Europe's many kingdoms, granted it ownership of almost the entire Western half of the known world, even though the American mainland had yet to be discovered. It was a gift of unbelievably large size: 16 million square miles an area eighty times greater than Spain itself, spread across two continents and populated by perhaps 100 million people, some of whom had already built complex empires. Spain, with a population of less than seven million, had received the largest gift of land in human history, with just one requirement attached: Pope Alexander ordered it to convert all the inhabitants to the Catholic faith and "train them in good morals." This ambitious mission would inform Spanish policy in the New World, greatly influencing the political and social institutions of the southern two-thirds of the Americas. It would also push Europe into perhaps the most terrible of its many wars and, in the Americas, trigger what historians now believe was the largest destruction of human lives in history.

History has tended to inaccurately portray the native peoples of the Americas as mere extras or scenery in a Western drama dominated by actors of European and African descent. Although this historical perspective often focuses on the groups of people that have come to dominate North America, it is important to consider the New World's native cultures. Before contact, many had a standard of living far higher than that of Europeans; they tended to be healthier, better fed, and more secure. Their civilizations were complex: most practiced agriculture, and were part of a wide-ranging trade network, and some built sophisticated urban centers.

The Pueblo people the Spanish encountered in New Mexico were not Stone Age hunter-gatherers; they lived in five-story houses, with basements and balconies, surrounding spacious markets. The Aztecs' capital in Central Mexico, Tenochtitlan, was one of the largest in the world, with a population of 200,000, a public water supply fed by stone water systems, and palaces and temples that were larger than anything in Spain. The Americas were then home to more than a fifth of the world's people. Central Mexico, with 25 million inhabitants, had one of the largest populations on Earth at the time.

But by 1630, the population of the Americas had crashed by 80 to 90 percent as disease and war spread as a result of European contact. From the forests of Maine to the jungles of Peru, Indian settlements were covered with dead bodies, as there were not enough survivors to bury them. Most Europeans viewed the defeat of the native population as supported by God. The reaction of the Spanish soldier Bernal Díaz del Castillo was typical: "When the Christians were exhausted from war," recalled this soldier from the campaigns against the Aztecs and Maya, "God saw fit to send the Indians disease."

In fact, the swift defeat of the Aztec and Mayan empires and the subsequent discovery of gold mines and an entire mountain of silver convinced the Spanish kings that not only had God smiled upon them, but God also wanted them to press on to create the "universal kingdom" that would bring about Judgment Day.* Philip Ⅱ, Spain's king in the late sixteenth century, used the riches pouring in from the Americas to build massive armies and an enormous navy with which to fight Protestant Europe. When he put them into action, Europe was pushed into a series of religious wars that lasted almost a century, destroyed the economy of the Spanish state, and left millions dead. During this campaign, his son, Philip Ⅲ, was advised that the end of time was fast approaching, and that he must beat the Turks* and press on to Africa, Asia, Calcutta, China, Japan and all the nearby islands, dominating all before it is too late. It turned out to be poor advice. By the end of the Thirty Years' War in 1648, the Protestant powers were stronger than ever, and Spain was weak, in debt, and slowly losing its influence.

註

Protestants: 16世紀の宗教改革後，ローマカトリック教会に対立して成立したキリスト教の新しい教派。

Judgment Day: 世の終わりに人類が神によって裁かれること。キリストが再臨し千年王国の後，善人は永遠の祝福に，悪人は永遠の刑罰に定められるとの思想に基づく。

Turks: トルコ人

設問 本文の内容から考えて，下線部を埋めるのに最も適切な選択肢を①～④の中から1つ選び，その番号を解答欄1から10にマークしなさい。解答用紙（その1）を使用。

出典追記：American Nations by Colin Woodard, Viking Books

1. Americans have been taught to think that the process of European settlement was ______________.

① started by Spanish soldiers and missionaries from the south

② a battle of good vs. evil starting in the West

③ a western progression of pioneers with British roots

④ complicated by six generations of conflict over water

2. Before the 1600s, European settlement in America had been ______________.

① conducted by the Spanish as they mapped many parts of North America

② carried out by Canadian East Coast settlers

③ established by Englishmen

④ motivated by Latin and Caribbean settlers looking for riches

3. According to the author, the oldest European culture in America can be traced to ______________.

① the Atlantic shores of Cape Cod or the Lower Chesapeake

② Santa Fe's Palace of the Governors and the Mayflower

③ Mexican Americans moving north

④ the dry hills of northern New Mexico and southern Colorado

4. Spain was able to have an advantage over other European nations because ______________.

① Pope Alexander VI gave Spain the support of the Catholic Church

② Spain was not a threat to Protestants

③ Spain was populated by 100 million people

④ Spain incorporated beliefs and technologies from those they conquered

5. The author states that prior to European contact, the native peoples of the Americas ______________.

① were mere extras in a Western drama

② had healthier lifestyles than most Europeans

③ used only Stone Age technology

④ were starting to convert to Christianity

6. When the Spanish arrived, the Pueblo people in New Mexico ______________.

① lived in large well-designed houses with basements and balconies

② were primitive hunter-gatherers

③ built spacious marketplaces with five-story churches

④ introduced European water systems

7. By 1630, the native population in the Americas ______________.

① had increased by 90 percent

② was greatly decreased by disease and war

③ had mostly converted to Protestantism

④ accepted their defeat as the will of God

8. The Spanish kings believed that the swift defeat of the Aztec and Mayan empires ______________.

① was due to the discovery of a mountain of silver

② created a universal king

③ unified Europe under Christianity

④ happened because they had been favored by God

9. King Philip Ⅱ of Spain used the acquired riches ______________.

① to expand his armies and navies

② to establish trade with the Turks

③ to fund the spread of the Protestant powers

④ to pay back Native Americans for the cruelty they suffered

10. The Spanish invasion of the Americas was claimed to have ultimately resulted in ＿＿＿＿＿＿.

① the growth of the Spanish Empire for 300 years

② the decline of Spanish influence

③ the decline of the British Empire

④ the growth of Incan and Aztec societies

問題Ⅱ　**次の英文を読んで，下線部を日本語に訳しなさい。解答用紙(その２)を使用。**

"Rewilding" refers to efforts to restore and protect ecosystems* and wilderness areas. This includes connecting natural areas that have been separated by roads and the manmade environment, and protecting or reintroducing animals that have become rare or have disappeared entirely. Following their disappearance, some types of animals can return to their areas of origin by themselves. Others, however, need help from humans in order to come back to areas where they were once present. Animals which are usually the focus of rewilding efforts are those at the top of the food chain, such as wolves, and animals which transform and enrich environments in profound ways, such as bison and beavers.

When nature is healthy, we are healthier too. We rely on the natural world for water, food, and air. There is a growing realisation that connecting with wild nature makes us feel good and keeps us mentally and physically well. Rewilding is about reconnecting a modern society with wilder nature. There is no clear end point for rewilding. It takes time and space. Rewilding is about moving up a scale of wildness, where every step moving up this scale is seen as progress. Rewilding can also be critical to our very survival as a species.

In the Russian Far Eastern republic of Sakha, an experiment is taking place on a massive scale, with the potential to change the earth's climate for the better. Pleistocene Park is a nature reserve near the settlement of Chersky. The park was founded by Sergey Zimov, a Russian geophysicist who specialises in Arctic environments to test whether large plant-eating animals — such as elk, moose, reindeer, and bison — can bring back vast grassy areas called the mammoth steppe. These animals may eat large amounts of grass, but they more than make up for it by leaving their waste, making the land richer for the growth of grass.

If successful, it would, over many years, replace the current unproductive northern landscapes with highly productive pastures which have a large population of animals. Moreover, these ecosystems in the Arctic promote climate cooling. Currently, Pleistocene Park consists of an enclosed area of 20 square kilometers that is home to several major plant-eating animals: reindeer, moose, bison, yaks, sheep, camels, and goats.

The mammoth steppe ecosystem that they are trying to recreate dominated the northern parts of Eurasia and North America for 2 million years, until the end of the last Ice Age some 13,000 years ago, when the landscape turned to tundra* mixed with lightly forested areas. By restoring the mammoth steppe, it is believed that the large animals would help to maintain the permafrost* even as the atmosphere warms. By keeping the permafrost intact, the massive amount of greenhouse gases it stores can be kept in the ground.

<u>Considering the seriousness of the consequences, as global temperatures rise year by year, many believe that it is necessary to take big risks, even if the goal seems almost impossible to achieve.</u>

註

ecosystems: 生態系

tundra: ツンドラ; 凍原

permafrost: 永久凍土

問題Ⅲ **問題Ⅱの英文を読んで，次の設問について50語程度の英文を書きなさい。解答用紙(その2)を使用。**

設問

Make your own plan for a rewilding project in Japan. You are expected to make a plan different from the one mentioned in the text.

問題Ⅳ **リスニング問題**

聞き取った内容から考えて，下線部を埋めるのに最も適切な選択肢を①～④の中から1つ選び，その番号を解答欄11から20にマークしなさい。音声は1回しか流れません。解答用紙(その1)を使用。

11. Ocean plankton produces ______________ of the earth's oxygen.

① a quarter

② less than half

③ over half

④ three fourths

12. Out of all the water on the earth's surface, the waters that have been explored make up ______________ percent of the total.

① 5

② 70

③ 95

④ 96

13. The science fiction writer, Arthur C. Clarke, implied that ________ would be a more appropriate name for our planet.

① Earth

② Ocean

③ pale blue dot

④ blue ball

14. NASA's "follow the water" strategy is connected to their efforts to ________.

① identify an ingredient of life other than water

② search for an alternative universe

③ find evidence of life outside of Earth

④ ensure that humans have clean water to drink

15. 80% of the people on earth live within 60 miles of the coastline of ________.

① a lake, pond, or sea

② a river, lake, or ocean

③ a lake, ocean, or bay

④ a stream, glacier, or lake

16. Eating more shellfish and fish may have helped human beings to ________.

① have a better developed brain

② travel further from land

③ enjoy living near bodies of water

④ find more complete sources of protein

17. The amount of water that makes up the human body ＿＿＿＿＿＿.

① is the same in all our organs

② decreases as we age

③ increases as we age

④ does not change through the lifespan

18. The mineral concentration of sea water is ＿＿＿＿＿＿ that found in human cells.

① 78 percent of

② far from

③ close to

④ 80 percent of

19. It is claimed that ＿＿＿＿＿＿ has been used for thousands of years to mend the body and mind.

① taking romantic trips to the sea

② writing about water

③ listening to waves on the shore

④ relaxing in warm water

20. The speaker thinks that water ＿＿＿＿＿＿.

① has few connections to poetry, art, and literature

② means something different to everyone

③ should not be used to create electricity

④ rhythmically hitting against the shore can be annoying

英米文学科A方式 問題Ⅳ リスニング・スクリプト

今から、水の重要性に関する英語の音声を流します。音声は1回しか流れません。

では，始めます。

There's something about water that attracts and fascinates us. No wonder: it's the most abundant substance on Earth and, along with air, the primary ingredient for supporting life as we know it. To begin with, ocean plankton—tiny life forms that drift or float in the salty waters of the ocean—provide more than half of our planet's oxygen. Of all the water on Earth, 96 percent of it is salty. Although water covers more than 70 percent of Earth's surface; 95 percent of those waters have yet to be explored. From one million miles away our planet looks like a small blue ball; from one hundred million miles it's a tiny, pale blue dot. The science fiction writer, Arthur C. Clarke, once commented how inappropriate it is to call this planet Earth when it is quite clearly Ocean.

That tiny blue ball is a powerful reminder that we live on a watery planet. Without water, life would be impossible on earth, and that seems to be the case all over the universe. So, it's reasonable for NASA to use a "follow the water" strategy to describe our search for other life in the universe. While it may not be the only ingredient for life, it certainly makes a great one since there is a lot of it, it's liquid over a broad temperature range, it floats when solid, allowing for ice-covered lakes and moons, and it's what is used here on Earth for life to flourish.

Whether searching the universe or traveling around here on earth, humans have always tried to be near water. It's estimated that 80 percent of the world's population lives within sixty miles of the coastline of an ocean, lake, or river. Over half a billion people owe their livelihoods directly to water, and two-thirds of the global economy is derived from activities that involve water in some form. Approximately a billion people worldwide rely primarily on water-based sources for protein. It's very possible that increased consumption of fish and shellfish played an important role in the development of the human brain. We use water for drinking, cleansing, working, and traveling. Each person in the United States

uses eighty to one hundred gallons of water every day for our "basic needs." In 2010 the United Nations declared that safe and clean drinking water is a human right essential to the full enjoyment of life.

When we're born, our bodies are approximately 78 percent water. As we age, that number drops to below 60 percent—but the brain continues to be made of 80 percent water. In its mineral concentration, the water in our cells is similar to that found in the sea. Science writer Loren Enseley once described human beings as "a way that water has of going about, beyond the reach of rivers."

We are inspired by water—hearing it, playing in it, walking next to it, painting it, surfing, swimming in it, writing about it, photographing it, and creating lasting memories along its edge. Indeed, throughout history, you see our deep connection to water described in art, literature, and poetry. "In the water I am beautiful," the writer Kurt Vonnegut declared. Water can give us energy, whether its electricity created by waterpower, the energizing effect of cold water splashed on the face, or the mental refreshment that comes from the gentle, rhythmic sensation of hearing waves on the shore. Bathing quietly in warm water has been used for thousands of years to restore the body as well as the mind. Water drives many of our decisions—from the seafood we eat, to where we live and the sports we enjoy. Water is something that humanity has treasured since the beginning of history, and it means something different to everyone. We know instinctively that being by water makes us healthier, happier, reduces stress, and brings us peace. When will you next have an encounter with a body of water? It will probably be sooner than you think.

出典追記：Blue Mind by Wallace J Nichols, Little, Brown and Company

問題Ⅴ　**問題Ⅳのリスニングの内容をもとに次の設問について 50 語程度の英文を書きなさい。解答用紙(その 3)を使用。**

設問

Describe your relationship to nature and what it means to you.

◀英米文学科B・C方式▶

（100分）

問題 I　次の英文を読んで，設問に答えなさい。

The branch of science that attempts to have computers understand and display affect, or emotions, was born in 1995 when Rosalind Picard, a thirty-three-year-old assistant professor at MIT, published an important paper, "Affective Computing." At a time when iPhones and the virtual assistant Siri had not even been imagined by Steve Jobs, Picard laid out a vision for how computers could be equipped with the ability to detect and communicate emotions. "Most people were pretty uncomfortable with the idea," Picard (now head of MIT's Affective Computing Lab) recently recalled. "Emotion was still believed to be something that made us less rational. . . something that was undesirable in day-to-day functioning." However, evidence from brain research shows that emotions are not a luxury; they are essential for rational human performance.

Bjorn Schuller can confirm that, in the early 2000's, the idea of "emotional computers" was met with distrust and even laughter. Now a professor of Artificial Intelligence at Imperial College, London, and the president of a fast-growing computer voice-emotion start-up company, Schuller first became interested in computerized vocal emotion at age nine, when he saw the American TV drama *Knight Rider* and its artificially intelligent talking car, KITT. In the first episode he watched, Schuller recalls that KITT said to its human owner, "since you're now rather upset, you should let me take over the driving." Schuller was fascinated by the notion that the car could "hear" that its owner was irritated. The future scientist wondered whether this was just ridiculous science fiction or if it might become a reality someday.

When Schuller started his advanced studies in computer science at the Technical University of Munich in 2000, his focus was on speech recognition — the effort to transform spoken words and sentences into written text using computers. It is a harder task than it might sound, given the way we put sounds together differently depending on what letters come before or after them. The two "c's" in the word "concave," for instance, are completely different sounds because of how you round your lips in preparation for the upcoming *o* when you say the first *c*, and how you pull back your lips in expectation of the *a* that comes after the second *c*. We think they are the same sound because we are fooled by the fact that the letters are the same, but computers know the sounds are not the same. This led to all sorts of odd errors. For example, the computer would confuse the phrase "A cruelly good M.C." for "I truly couldn't see," and "Back to work" for "Book tour." To avoid such mistakes, programmers had to input, for example, every possible variation for how *c*, *d*, or *n* can sound in the various contexts in which they might appear in speech. The *n* in "noodle," "needle," and "pan" is completely different, so the computer had to be programmed to recognize those differences. Programmers had to do this for every sound combination in the language — a huge task that left some doubt as to whether any computer, anywhere, could ever make sense of the human voice and represent it in text, to say nothing of the still harder task of accurately reproducing it in computer-generated speech.

That all started to change at around 2005 with the start of machine learning, a new way to write software. Instead of having to input thousands of speech sounds, software engineers started to write code that would instruct a computer how to teach itself by listening to huge amounts of human speech, analyzing it, and storing in memory the particular way the individual sounds are pronounced when placed next to other sounds in particular contexts (or "coarticulated," as linguists put it). When Bjorn Schuller started his studies in speech recognition, it was thought that reliable speech-to-text transcription* by computer would not be realized for decades; but within only a couple of years the coarticulation problem was close to being solved.

Schuller began to look for new challenges and, recalling his childhood fascination with KITT the talking car, he began to wonder if there was a way to make computer voices actually sound human — that is, by correctly "reading" and imitating the rhythms and intonations of human speech. Most people considered this an idle dream. Nevertheless, when Schuller heard a fellow student complain that she had foolishly accepted the challenge from a tech company to create a video system that could read the emotions in facial expressions, he took the opportunity. He knew that, at the time, computer vision systems could not detect emotions in the face effectively. But, as he was studying speech — and he knew there was audio on his colleague's videos — he wondered whether it might be possible to have computers read the emotions in the way that KITT did, from features of the voice rather than from visual input. So, Schuller asked her to give him the data to work with.

A program was written by Schuller for detecting some basic changes in sound quality, volume, and pace. It was used to analyze the emotional content in the audio portion of the videos. As it worked well enough for him to feel that he was on the right track, he instantly switched his studies from speech recognition to speech emotion recognition. His colleagues made fun of him and wouldn't take him seriously until about 2007 or 2008. By then, computers had, thanks to increased processor speed and computing power, essentially mastered the coarticulation problem, no longer having much trouble distinguishing "use cream" from "you scream," for example. Big Tech companies such as Google, Apple, and Microsoft were hungry for the next new thing and began to turn their attention to what was missing in computer speech: emotion. By 2012, the landscape had changed completely. Schuller's area of research, speech emotion recognition, came to be in fashion.

Researchers, including Schuller, began to use machine learning to make computers teach themselves the rhythms and intonation that communicate emotion in actual speech. Samples of speech, accurately labeled as expressing underlying anger, sadness, or surprise, are fed into the computer's learning software. The machine does the rest... and computers are learning fast. At present, they can recognize specific vocal emotions at a 65 to 70 percent rate of accuracy, about the same as humans — astonishing progress given that the field is less than a decade old.

Klaus Scherer was a pioneering voice-emotion researcher who had spent 50 years recording and analyzing the speech of actors expressing a wide range of emotions. He was thrilled by the sudden widespread interest in a subject to which he had devoted his life, but he was disappointed that today's computer engineers did not take the slightest interest in the data he had gathered: careful measurements of actors' voices, with numbers representing their volume, rhythm, and pace. Computer engineers like Bjorn Schuller do not have to know anything about the precise vocal adjustments that distinguish anger from fear, or joy from anxiety. They need only to input recordings of properly labeled voice emotions into the computer's learning software. The results based on this machine learning are amazing. However, Scherer is sad that it doesn't really contribute anything to our understanding of how it all works.

Scherer is also frustrated that speech emotion researchers study only a handful of "basic" emotions: fear, anger, joy, sadness, boredom, and surprise. Complex, blended emotions are considered too difficult at present to label and simulate. Scherer doubts that any technology will ever be able to decode the most complex vocal emotions, such as the worry underlying a doctor's "cheerful" voice when informing a patient that his condition is more serious than expected. To accurately recognize emotions like that, we must notice what is called "channel gap," when the voice quality and the rhythms of speech communicate opposite things. From that inconsistency the listener makes "educated guesses" about the psychological state of the speaker.

When the doctor cheerfully greets the patient and the patient responds

"What's wrong?" he has not detected what's wrong, but he has noticed that something is wrong. The patient's fear of the unknown may have prepared him to be particularly sensitive to vocal clues that come through in this channel gap, leading him to ask, "it's worse than you suspected, right?" Although humans can do this easily and unconsciously, Scherer believes that computers will never be able to comprehensively understand the complex interplay between voice feature analysis, psychological guess work, and emotional projection involved in such acts of hearing. The ability to make such educated guesses on the basis of vocal clues may be unique to humans and allow them to maintain an advantage over computers... at least for now.

註

transcription: 書き起こし

設問　本文の内容から考えて，下線部を埋めるのに最も適切な選択肢を①～④の中から1つ選び，その番号を解答欄1から10にマークしなさい。解答用紙（その1）を使用。

1. In 1995, there were mixed feelings about the idea that __________.
   ① SIRI could become a useful virtual assistant
   ② a young, female professor could publish an important paper
   ③ computers would be able to identify and express emotions
   ④ emotions had almost no connection to rational thinking

2. After seeing KITT in the TV drama *Knight Rider*, Bjorn Schuller __________.
   ① was attracted by the fact that the car seemed to know its owner's emotional state
   ② wanted a self-driving car of his own someday

出典追記：This Is the Voice by John Colapinto, Simon & Schuster

③ started to fear that cars might become just as smart as humans

④ knew that KITT was pure science fiction and would not become a reality

3. Computers had to be programmed to recognize that ______.

① the two c's in the word "concave" are pronounced identically

② it is a simple matter to input every possible variation for how *c*, *d*, or *n* sound

③ "A cruelly good M.C." and "I truly couldn't see" are basically the same expression

④ particular letters and letter combinations might be pronounced differently in various contexts

4. Machine learning allowed ______.

① computers to realize reliable speech-to-text transcription sooner than expected

② Bjorn Schuller to start his studies on an equal footing with computers

③ computers to teach software engineers how to improve their pronunciation

④ engineers to achieve dependable speech-to-text transcription in just decades

5. Bjorn Schuller wanted to work with his classmate's data to see whether computers could identify emotions based on ______ input.

① visual

② vocal

③ facial

④ missing

6. Google, Apple, and Microsoft came to ＿＿＿＿＿＿.

① join Schuller's colleagues in making fun of his unusual research interests

② have less interest in how computers felt and more interest in how they reasoned

③ share Schuller's interest in how computers could detect emotions

④ the conclusion that they could not make progress unless they cooperated

7. Presently, computers can recognize particular emotions conveyed through the voice at a rate ＿＿＿＿＿＿.

① greater than humans who are asked to identify the emotion

② similar to that of humans who are asked to identify the emotion

③ below that of humans who are asked to identify the emotion

④ that has not improved over the previous 10 years

8. Klaus Scherer's disappointment arose from the fact that ＿＿＿＿＿＿.

① the volume and rhythm of actors' voices could not be reproduced by computers

② he had to compete with so many other researchers who were now also interested in voice-emotion research

③ although machine learning is effective it does not give us insight into how emotions are interpreted

④ the actors he recorded expressing a wide range of emotions would be out of work since computers could mimic them

9. Blended emotions pose difficulties for the technology designed to decode them because computers ＿＿＿＿＿＿.

① are not good at identifying emotions such as fear, anger, or joy

② must recognize seemingly contradictory information

③ cooperate on channels which are not understood

④ cannot be trusted to identify serious health conditions accurately

10. The final paragraph of the passage suggests that computers may not, for now, be able to ____________.

① beat humans on psychological tests

② effectively analyze accents

③ guess which vocal features are unique to humans

④ achieve some things that humans do effortlessly

問題Ⅱ　次の英文を読んで，下線部を日本語に訳しなさい。解答用紙(その２)を使用。

It's no secret that the Internet is filled with information of all kinds, and much of the information is of low or no quality. Yet, before we know it, this information makes the rounds without being confirmed. It is all too easy to believe the latest gossip or to get lost in YouTube videos featuring pets and jokes. Unfortunately, there is another, darker dimension to information found online — there is an excessive amount of web-based information that is harmful and even dangerous. Even if such information is corrected or disproved, the audience's attention has long shifted, the damage has already been done, and the original misinformation continues to float around online.

It is now said that we live in a post-truth era — an era in which audiences are increasingly likely to believe information that appeals to their emotions and their personal beliefs, as opposed to seeking and accepting information that is regarded as factual and objective. Many people's information consumption is being increasingly guided by emotion, as opposed to rational thought. This post-truth reality is one of the reasons why fake news has become so inescapable, and consequently, why it's so hard to combat and interrupt the production and spread of intentionally false information.

The phenomenon of fake news is not new, nor is the concept of post-truth. The Colbert Report introduced us to the concept of "truthiness" over a decade ago, warning us, though comically, of the danger of accepting information and stories because they appeal to our emotions and not because they are supported by any real evidence or facts. Today, journalists and the media remain on high alert and are warning people about the confusion that surrounds the media landscape. <u>Lies that are claimed as facts are spread daily, and fact-based information or reporting that contradicts the audience's worldview is quickly and incorrectly labeled as fake news, further confusing citizens who should know better.</u>

問題Ⅲ **問題Ⅱの英文を読んで，次の設問について 50 語程度の英文を書きなさい。解答用紙（その 2）を使用。**

設問

How can you judge whether the news you get is true or not?

出典追記：［問題Ⅱ］ Fake News and Alternative Facts: Information Literacy in a Post-Truth Era by Nicole A. Cooke, American Library Association

問題Ⅳ　以下の設問に答えなさい。

設問 1

次の 11 から 15 の英文の下線部に入る最も適切な語句を①～④から選び文章を完成させなさい。解答は解答欄の 11 から 15 に番号をマークしなさい。解答用紙（その 1 ）を使用。

11. **Sarah**: John said that he would go to ______ to succeed in the university entrance examination.

Sophie: Oh, I see. That's why I haven't seen him lately.

① a long way round　② useful means
③ an easy course　④ great lengths

12. **Dad**: The boy has three cats, doesn't he?

Mom: Yeah. That's right. I wonder why he wishes he ______ another one.

① could have　② have had　③ has　④ does have

13. **Tom**: Why did Joy call?

Meg: She wants ______ her load some boxes into her car.

① that we help　② us help　③ us helping　④ us to help

14. **Joe**: Why are you so mad?

Naomi: You ______ me you were coming late to dinner.

① should tell　② should have told
③ should told　④ should had told

15. **Ben**: I trained all day because I'm going to be on center stage in tomorrow's ballet performance.

Judy: ＿＿＿＿＿＿＿

Ben: Thanks. I'll try my best.

① That's awful.　② It must be a bad day.

③ Break a leg!　④ No kidding!

設問 2

以下の英語での会話を読み，下線部を埋める最も適切な選択肢を①〜④の中から 1 つ選び，その番号を解答欄 16 から 20 にマークしなさい。解答用紙(その 1)を使用。

Dialog 1: *Two friends are talking about a classmate named Tony.*

John: Did you hear what happened to Tony?

David: No, what?

John: Well, as usual, he was picking on one of the smaller kids in his class. Tony thought the guy would be easy to boss around because he was rather short and didn't look strong. But, it turns out the guy was on the boxing team.

David: In that case, I guess Tony got a taste of his own medicine.

John: Exactly! Tony got a black eye, but the kid he picked on left without a scratch.

16. When David says that Tony probably "got a taste of his own medicine," he means that ＿＿＿＿＿＿＿.

① the kid Tony picked on forced him to drink medicine

② Tony got treated the way he had been treating others

③ Tony found out how much he had in common with the smaller kid

④ drug use led to Tony's downfall

Dialog 2: *Colleagues working at the same company are chatting with each other.*

Gloria: Brian, you've been working overtime a lot lately. You should be careful not to burn the candle at both ends or your health will suffer.

Brian: Thanks for your concern, Gloria, but I'm fit as a fiddle. I've never felt better in my life.

Gloria: Stress can take its toll in the long run even if you do feel healthy at the moment. I'd recommend that you take all your vacation days.

17. When Gloria warns Brian not to "burn the candle at both ends" she is suggesting that he should __________.

① not push himself so much

② stop smoking cigarettes

③ take fire safety more seriously

④ not do things so carelessly

18. The expression "take its toll" means "__________" in the context of this dialog.

① lessen the burden

② have a negative effect

③ cause ringing in the ears

④ lead to slower running times

Dialog 3: *Peter and Mary are trying to decide which café to visit.*

Peter: Do you have any special café you'd like to try?

Mary: How about Alfie's Tea Room?

Peter: Isn't that one of those fashionable bubble tea places? Don't tell me you've jumped on the bandwagon and become crazy about bubble tea too? I thought you were more of a free thinker.

Mary: Can I help it if I love bubble tea? Come to think of it, weren't you on the pancake café bandwagon just a few years ago when Hawaiian pancakes were at the height of their popularity? You couldn't get enough of them! Isn't this a case of the pot calling the kettle black?

19. When Peter accuses Mary of having "jumped on the bandwagon" he is implying that she ____________.

① is in the habit of jumping to the wrong conclusion

② only goes to cafés that play her favorite music

③ mindlessly follows the latest trends

④ is quick to criticize others

20. In this dialog, Mary's expression that Peter is a "pot calling the kettle black" suggests that although ____________.

① Peter was critical of bubble tea, he actually liked it

② she was criticizing him, she was just as bad

③ he was criticizing her, he was just as bad

④ the pot and kettle are both black, that's their only similarity

問題V　リスニング問題は，２つのパートに分かれています。パートⅠでは，音声を聞いて空所を補充します。パートⅡでは，４つの選択肢の中から最も適切な答えをえらびます。それぞれのパートで，音声は１回しか流れません。

Part I　Intensive Listening

音声を聞いて，空所を埋めるのに最も適切な選択肢を１つ選び，その番号を解答欄21から30にマークしてください。まず，Part Ⅰの英文に目を通してください。音声は１分後に流れます。解答用紙(その１)を使います。

Much of the world knows that John Lennon was the guiding spirit of the Beatles, who were one of most popular influencers in the 1960s, before ___(21)___ in 1970. Some fans blamed the breakup on Yoko Ono, who was said to have had a strong influence over Lennon, and with whom he ___(22)___ the 1970s. By 1975, John and Yoko had become unavailable to the press, but John decided to come forward ___(23)___ and to promote an album he made with Yoko, *Double Fantasy*. I interviewed Lennon for the September 1980 issue of the Rolling Stone Magazine.

21. ① break in an upbeat
② breaking up bitterly
③ breaking up fittingly
④ ending up bitterly

22. ① worked closely with throughout
② worked closely without
③ works close with throughout
④ worked closely without thought

23. ① to miss varied rumors

② to diminish various rumors

③ to list various rumors

④ to dismiss various rumors

At the beginning of my interview, he was still quiet and sleepy. He waited for the coffee to take hold of a body that was ___(24)___ on sushi, French cigarettes, and chocolate bars. Lennon was far more open, honest, and humorous than I had expected him to be. He was prepared to talk frankly about everything. ___(25)___, the complicated and misunderstood relationship between John Lennon and Yoko Ono emerged as the primary factor in both of their lives. John sincerely wondered why people didn't believe them when they said, "___(26)___."

24. ① otherwise used operating

② another wise operation

③ otherwise used to operating

④ other prize used to operate

25. ① As the interview was processed

② As the interview progressed

③ As the interval progressed

④ As the interview pressed on

26. ① We're simply in love

② We're symbols of love

③ Weird symbol of love

④ We're seemingly in love

Yoko Ono was born in 1933 in Tokyo. Her father, Eisuke, came from a long line of samurai warrior-scholars, and he was a classical pianist before becoming a banker. Her parents, ___(27)___ Yoko's musical talent, enrolled her in piano lessons from the age of 4. She also attended kabuki performances with her mother, Isoko, ___(28)___ shamisen and koto. Yoko joined her family in New York in 1952 and began to study at the prestigious Sarah Lawrence College. Ono's parents approved of her college choice, but disapproved of her lifestyle and scolded her for making friends with people whom ___(29)___. John Lennon first met Yoko Ono's parents in 1971, a year after the Beatles split up. Despite being world famous, Yoko's parents were not impressed by John, who ___(30)___ of the family's nobility or prestige.

27. ① determining to develop
② determine to envelope
③ determined development
④ determined to develop

28. ① whose trained in
② who was trained in
③ who was training in
④ who would train in

29. ① they followed beneath her
② they felt were breathing hard
③ they fell beneath her
④ they felt were beneath her

30. ① didn't have any idea
② did nothing to think
③ didn't have ideas
④ didn't note half ideas

Part II　Multiple Choice

ここでは，インタビューを聞いて，空所を埋めるのに最も適切な選択肢を 1 つ選び，その番号を解答欄 31 から 40 にマークして下さい。まず，Part II のそれぞれの問題に目を通してください。音声は 3 分後に流れます。解答用紙(その 1)を使います。

31. At the beginning of the interview, John complains that ＿＿＿＿＿＿.
① everyone keeps asking him for bread baking recipes
② he cannot concentrate on his music because of the noisy baby
③ caring for a baby and baking bread is not appreciated more
④ he never won a gold medal for the music he made with the Beatles

32. John became a househusband because he ＿＿＿＿＿＿.
① could not return to the music world after his time in prison
② desperately needed a break from the life of rock 'n' roll
③ did not think he could become a musician like the ones he admired
④ knew that the public did not have a high opinion of him anymore

33. John implies that Paul McCartney ＿＿＿＿＿＿.
① puts out an album every six months because he is expected to
② got inspiration from the artist Van Gogh
③ did not like to drink as much as the poet Dylan Thomas
④ would never be a slave to the image of what an artist is supposed to do

34. John appreciated Yoko for convincing him that he ＿＿＿＿＿＿.
① had done his best to keep the Beatles together
② should leave the housework and childcare to her
③ should never neglect his work commitments
④ did not have to continue a rigid schedule of record production

35. After John became a househusband, people ______.

① often asked Yoko what she was doing

② could not believe he was only taking care of household matters

③ knew that he still engaged in high-level business negotiations

④ criticized Yoko for neglecting the housework

36. In the interview, John says that ______ are no longer a mystery to Yoko.

① insults and threats

② legal matters and politicians

③ counting and showing attitude

④ public speaking and direct communication

37. The negative media reports critical of Yoko ______.

① did not affect John and Yoko because they could ignore it

② never left any doubt in their minds that they would be able to cope

③ hurt the feelings of John and Yoko because they are both sensitive

④ was less hurtful than the rocks that were sometimes thrown at her

38. There had been criticism that ______.

① Yoko was controlled by John

② John was controlled by Yoko

③ John and Paul spent too much time together

④ John was controlled by Paul

39. John thought Yoko Ono's art was ______.

① a good investment for a wealthy pop star like him

② boring and negative

③ interesting enough to make him want to stay longer in the gallery

④ too intellectual

40. When John met Yoko for the first time in an art gallery, she ________.

① tried to sell John a hammer

② thought that John was a rich art patron

③ recognized him as one of the Beatles

④ did not recognize him as anyone rich or famous

英米文学科B・C方式 問題V リスニング・スクリプト

Part I Intensive Listening

Much of the world knows that John Lennon was the guiding spirit of the Beatles, who were one of most popular influencers in the 1960s, before 21) breaking up bitterly in 1970. Some fans blamed the breakup on Yoko Ono, who was said to have had a strong influence over Lennon, and with whom he 22) worked closely with throughout the 1970s. By 1975, John and Yoko had become unavailable to the press, but John decided to come forward 23) to dismiss various rumors and to promote an album he made with Yoko, *Double Fantasy*. I interviewed Lennon for the September 1980 issue of the Rolling Stone Magazine.

At the beginning of my interview, he was still quiet and sleepy. He waited for the coffee to take hold of a body that was 24) otherwise used to operating on sushi, French cigarettes, and chocolate bars. Lennon was far more open, honest, and humorous than I had expected him to be. He was prepared to talk frankly about everything. 25) As the interview progressed, the complicated and misunderstood relationship between John Lennon and Yoko Ono emerged as the primary factor in both of their lives. John sincerely wondered why people didn't believe them when they said, 26) "We're simply in love."

Yoko Ono was born in 1933 in Tokyo. Her father, Eisuke, came from a long line of samurai warrior-scholars, and he was a classical pianist before becoming a banker. Her parents, 27) determined to develop Yoko's musical talent, enrolled her in piano lessons from the age of 4. She also attended kabuki performances with her mother, Isoko, 28) who was trained in shamisen and koto. Yoko joined her family in New York in 1952 and began to study at the prestigious Sarah Lawrence College. Ono's parents approved of her college choice, but disapproved of her lifestyle and scolded her for making friends with people whom 29) they felt were beneath her. John Lennon first met Yoko Ono's parents in 1971, a year after the Beatles split up. Despite being world famous, Yoko's parents were not impressed by John, who 30) didn't have any idea of the family's nobility or prestige.

出典追記：Interview with John Lennon and Yoko Ono, Playboy Magazine, January 1981

Part II　Multiple Choice

DAVID: David Logan here interviewing John Lennon for the Rolling Stone Magazine. The word is out: John Lennon and Yoko Ono are back in the studio, recording again for the first time since 1975, when they vanished from public view. What have you been doing, John?

LENNON: I've been baking bread and looking after the baby.

DAVID: And what secret projects are going on in the basement?

LENNON: That's what everyone else has asked me over the last few years:" But what else have you been doing?" To which I say, "Are you kidding?" Because bread and babies, as every housewife knows, is a full-time job. After I baked the bread, I felt like I had conquered something. But as I watched the bread being eaten, I thought, well, Jesus, don't I get a gold medal or something?

DAVID: Why did you become a househusband?

LENNON: There were many reasons. I had been under obligation or contract from the time I was 22 until well into my 30s. After all those years, it was all I knew. I wasn't free. I was boxed in. It was like being in prison. I felt that I had to face myself and face that reality. To continue a life of rock 'n roll meant going up and down with the highs and lows of performing and of the public's opinion of you. Rock 'n roll was not fun anymore. I chose not to take the standard options in my business—going to Las Vegas and singing your greatest hits, if you're lucky, or getting buried by drugs and alcohol. I had become a producer and I could have continued being a producer. I respect producers, but I don't really like being one just to prove I can go on dishing things out.

DAVID: You're talking about records, of course.

LENNON: Yeah, to make them mechanically, like a machine, because I was expected to, like so many people who put out an album every six months because they're supposed to.

DAVID: Would you be referring to Paul McCartney?

LENNON: Not only Paul. But I had lost the freedom of the artist by becoming a slave to the image of what the artist is supposed to do. A lot of artists kill themselves because of it, whether it is through drink, like the poet Dylan Thomas, or through insanity, like Van Gogh.

DAVID: Most people in your position would have kept making records, if for no other reasons than to keep making money and to remain the talk of the town. How were you able to see a way out?

LENNON: Most people don't live with Yoko Ono.

DAVID: Which means?

LENNON: Most people don't have a companion who will tell the truth and refuse to live with a dishonest fake artist, which I was pretty good at being. I can lie to myself and everybody around me. Yoko didn't allow me to do that anymore. She helped me find my way out.

DAVID: What did she do for you?

LENNON: She showed me the possibility of the alternative. "You don't have to do this," she'd say. "I don't? Really?", I'd reply. I kept saying "but…but…but" and making excuses. Walking away is much harder than carrying on. I've done both. On demand and on schedule, I have turned out records from 1962 to 1975. Walking away seemed like what guys go through at 65, when suddenly they're not supposed to exist any more and they're sent out of the office: "Your life is over. Time for golf."

DAVID: How did Yoko feel about you becoming a househusband?

LENNON: Well, I guess she had mixed feelings about it. When Yoko and I would go out, people would come up and say, "John, what are you doing?" but they never asked Yoko, because, as a woman, she wasn't supposed to be doing anything. When I was cleaning up after the cat and feeding our son Sean, she was sitting in rooms full of smoke with men in three-piece suits engaged in high-level business negotiations. She handled the business with record companies and made new investments.

DAVID: Did Yoko have previous experience handling business matters at that level?

LENNON: She learned on the job. The law is not a mystery to her anymore. Politicians aren't either. She's not scared of the big bosses anymore. At first, her own accountant and lawyer would not deal with the fact that she was telling them what to do. There was a bit of an attitude that this is John's wife, but surely she can't really be representing him.

DAVID: So Yoko wasn't shown respect at first or seen as your legitimate representative?

LENNON: Exactly. She took a lot of insults initially. She heard things like," But you don't know anything about law; I can't talk to you." She would reply, "All right, talk to me in a way I can understand. I am a director, too." They can't stand it. But they have to stand it, because she represents us.

DAVID: Why are you returning to the studio and public life?

LENNON: We want to make music together—simply that. It's not like I'm some wondrous, mystic prince from the rock-'n'-roll world, creating strange music with this exotic, Oriental dragon lady, which was the picture projected by the press before.

DAVID: How do you feel about the negative media that's been directed through the years at Yoko, your "dragon lady," as you put it?

LENNON: We are both sensitive people and we were hurt a lot by it. When you're in love, when somebody says something like, "How can you be with that woman?" you say, "What do you mean? I am with this goddess of love, the fulfillment of my whole life. Why are you saying this? Why do you want to throw a rock at her or punish me for being in love with her?" Our love helped us survive it, but there were a few times when we nearly went under. Fortunately, we managed to survive and here we are. Thank you, thank you, thank you, Yoko.

DAVID: But what about the charge that John Lennon is under Yoko's spell, under her control?

LENNON: Well, that's nonsense, you know. Nobody controls me. I'm uncontrollable. The only one who controls me is me, and that's just barely possible. Nobody ever said anything about Paul putting a spell on me or me putting one on Paul and I spent a lot of time with Paul. If you think less of Yoko, that's your problem. What I think of her is what counts! Because you don't know what's happening. I'm not here for you. I'm here for me and her and our baby!

DAVID: Let's start at the beginning. Tell us the story of how the wondrous mystic prince and the exotic Oriental dragon lady met.

LENNON: It was in 1966 in England. I'd been told about this "event" — this Japanese avant-garde artist, Yoko Ono, coming from America. I was looking around the gallery and I saw this ladder and climbed up and got a look through this spyglass at the top of a ladder. You felt like a fool after getting to the top, looking through the spyglass and seeing the word "Yes" printed on a card. It just said, "Yes." Now, at the time, all the avant-garde artists were smashing pianos with hammers, and breaking sculptures. It was all anti- this and anti- that. It was all boring negative stuff, you know. And just that word "Yes" made me stay in the gallery.

DAVID: How did you manage to strike up a conversation with Yoko?

LENNON: Well, the gallery was full of hammers and nails. There was a sign that said, "Hammer A Nail In." So I asked, "Can I hammer a nail in?" But Yoko said no, because the show wasn't opening until the next day. But the owner came up and whispered to her, "Let him hammer a nail in. You know, he's a millionaire. He might buy it. Don't you know he's one of the Beatles." And so there was this little conference, and finally she said, "OK, you can hammer a nail in for five dollars." So sarcastic me says, "Well, I'll give you an imaginary five dollar bill and hammer an imaginary nail in." And that's when we really met. That's when we locked eyes and she got it and I got it and, as they say in all the interviews we do, the rest is history.

DAVID: Thank you so much for this engaging chat and for your candid answers.

LENNON: It was an OK experience. You made me a little nervous but I think we kept it real.

出典追記：Interview with John Lennon and Yoko Ono, Playboy Magazine, January 1981

問題Ⅵ　問題Ⅴのリスニングの内容をもとに，次の設問について50語程度の英文を書きなさい。解答用紙（その3）を使用。

設問

John and Yoko's relationship pre-dated social media. If social media had existed then, how do you think it might have affected their lives and careers?

■日本史■

（90分）

I 次のA～Cの文章を読んで，後の問に答えなさい。**解答番号 1 ～ 14 は解答用紙（その1）を用いること。**

A　日本列島では縄文時代ⓐの終わり頃，九州北部で水稲農耕が始まり，弥生時代ⓑには「クニ」と呼ばれる小国が各地に誕生した。こうした小国は，邪馬台国を中心に連合を形成したが，その邪馬台国が九州北部にあったのか，近畿にあったのか，今も議論は続いている。3世紀中頃から4世紀中頃にかけて，前方後円墳などの古墳ⓒが列島の東西に出現し，とりわけ大規模なものは奈良県（大和）に多く見られることから，その時期の政治連合はヤマト政権と呼ばれる。4世紀後半から5世紀には，巨大な前方後円墳は近畿（中央）のみならず，関東・中国・九州などでも確認され，ヤマト政権における地方豪族の存在感がうかがえる。5世紀後半から6世紀，中央の権力が拡大していくと，［ア］の磐井が大規模な戦乱を起こすなど地方豪族の抵抗も見られたが，しかしヤマト政権はそうした勢力を軍事的に服属させ，彼らを［イ］に任じ，政権に奉仕ⓓさせていった。

問1　下線部ⓐについての記述として誤っているものを，次の①～④の中から一つ選んでマークしなさい。［1］

① 大型動物が絶滅し，動きの速いニホンシカ・イノシシなどが多くなった。

② 海面が上昇する海進の結果，漁労が発達した。

③ 代表的な遺跡に，群馬県の岩宿遺跡がある。

④ 黒曜石やサヌカイト・ヒスイの交易など，遠隔地との往来・交流が盛んに行われた。

問２　下線部ⓑについての記述として誤っているものを，次の①～④の中から一つ選んでマークしなさい。［2］

①　弥生文化は北海道・南西諸島にはおよばず，北海道では貝塚文化，南西諸島では続縄文文化と呼ばれる縄文以来の文化が継続した。

②　鉄器や青銅器などの金属器が用いられ，島根県の荒神谷遺跡や加茂岩倉遺跡からは多くの銅鐸・銅剣が出土している。

③　小国の分立状況は，中国の歴史書である『漢書』地理志に，「分れて百余国と為る」と記されている。

④　中国の歴史書・『後漢書』東夷伝には，奴国王の使者が中国に赴き，印綬を賜ったことが記されている。

問３　下線部ⓒに関連して，全国最大規模の古墳Ｘ，および，第４位の古墳Ｙと，その所在地ａ～ｄの組み合わせとして正しいものを，下の①～④の中から一つ選んでマークしなさい。［3］

Ｘ　大仙陵古墳

Ｙ　造山古墳

ａ　京都府　　ｂ　大阪府　　ｃ　岡山県　　ｄ　広島県

①　Ｘ－ａ　Ｙ－ｃ　　②　Ｘ－ａ　Ｙ－ｄ

③　Ｘ－ｂ　Ｙ－ｃ　　④　Ｘ－ｂ　Ｙ－ｄ

問４　空欄［ア］に入る語句として適切なものを，次の①～④の中から一つ選んでマークしなさい。［4］

①　毛　野　　②　丹　後　　③　出　雲　　④　筑　紫

問５　空欄［イ］に入る語句を漢字で書きなさい。**解答用紙（その２）を用いること。**

問６　下線部ⓓに関連して，中央と地方の関係についての記述として誤っているものを，次の①～④の中から一つ選んでマークしなさい。［5］

①　ヤマト政権の大王は，地方豪族にその子女を舎人・采女として出仕さ

せ，地域の特産物も貢納させた。

② 大王は，自らの直轄領である田荘や，直轄民の部曲を，地方豪族に管理させた。

③ 6世紀末頃，地方では大規模な前方後円墳が見られなくなっていった。

④ 7世紀中頃になると，中央の大王にのみ固有の墓である八角墳が造られた。

B 7世紀中頃から8世紀にかけて，倭(日本)では，大王(天皇)を中心に中央集権化が図られていった。全国は<u>畿内・七道</u>ⓐに区分され，各地に国・郡・里(郷)が置かれた。ⓑ<u>それぞれの国には中央から貴族が派遣され，役所である国府(国衙)を拠点に政務や儀礼が執り行われた</u>。また，外交・防衛上の重要地点である九州北部には［ ウ ］が設けられた。奈良時代から平安時代にかけて，中央は支配領域を拡大させ，ⓒ<u>東北や九州南部も日本の版図に組み込んでいった</u>。しかし，10世紀頃には，国家による支配体制の行き詰まりが露わとなり，地方では，自らを新皇とし，東国の自立を目指したとされる［ エ ］をはじめ，中央と対立する者たちが登場した。こうした勢力を打倒し，11世紀，新たに地方，とりわけ，東国に進出した一族が，ⓓ<u>清和源氏</u>であった。

問7 下線部ⓐについての記述として誤っているものを，次の①～④の中から一つ選んでマークしなさい。［6］

① 摂津は，畿内である。

② 伊勢は，東海道である。

③ 播磨は，山陽道である。

④ 紀伊は，西海道である。

問8 下線部ⓑについての記述として誤っているものを，次の①～④の中から一つ選んでマークしなさい。［7］

① 国の長官は，守(カミ)と呼ばれ，終身制であった。

② 国府(国衙)の近くには，国分寺や国分尼寺が建立された。

③　10世紀頃，現地に赴く者は巨大な権限と責任を負い，受領と呼ばれるようになった。

④　10世紀後半，尾張の藤原元命は，地域の人々から暴政を訴えられた。

問9　空欄 ウ に入る語句として適切なものを，次の①～④の中から一つ選んでマークしなさい。 8

①　弾正台　　②　大宰府

③　鎮西奉行　　④　異国警固番役

問10　下線部ⓒに関連する文Ⅰ，Ⅱについて，その正誤の組み合わせとして正しいものを，下の①～④の中から一つ選んでマークしなさい。 9

Ⅰ　出羽国が置かれ，その地に多賀城が築かれた。

Ⅱ　隼人と呼ばれた人々が服属し，薩摩国・大隅国が設置された。

①　Ⅰ　正　Ⅱ　正　　②　Ⅰ　正　Ⅱ　誤

③　Ⅰ　誤　Ⅱ　正　　④　Ⅰ　誤　Ⅱ　誤

問11　空欄 エ に入る人名を漢字で書きなさい。**解答用紙(その2)を用いること。**

問12　下線部ⓓに関連して，後三年合戦で藤原(清原)清衡をたすけた人物として正しいものを，次の①～④の中から一つ選んでマークしなさい。 10

①　源満仲　　②　源頼信　　③　源頼義　　④　源義家

C　11世紀から12世紀，院政期ⓐ・平氏政権を経て，源頼朝による鎌倉幕府が成立する。東国武家政権の誕生である。幕府は諸国に守護・地頭を置き，13世紀前半の承久の乱後には，京都に オ を設けて朝廷の動きを監視・警備した。鎌倉幕府は，13世紀後半の蒙古(モンゴル)襲来ⓑや，14世紀前半の悪党蜂起などの中で滅びたが，鎌倉幕府を打倒した足利尊氏・直義らは，1336年，その政治方針を明らかにした カ の中で，新たな幕府の所在地に関して，元のように鎌倉にするか，それとも別の場所(京都)にするか，議論・思案していたことが知られている。鎌倉は武家にとって「吉土」とされていたからである。結果的に幕府は京都に置かれたが，室町幕府は鎌倉を重視して「鎌倉府」を設け，東国の支配を任せた。ⓒ鎌倉府は室町幕府と同じような組織を持ち，巨大な権力も有したため，東西両府の関係は次第に悪化し，やがて対立へと至り，そして時代はⓓ戦国へと突入していくことになる。

問13　下線部ⓐに関連して，建築の名称X・Yと，その所在地a～dの組み合わせとして正しいものを，下の①～④の中から一つ選んでマークしなさい。 11

X　白水阿弥陀堂

Y　富貴寺大堂

a　岩手県　　b　福島県　　c　鳥取県　　d　大分県

①　X－a　Y－c　　②　X－a　Y－d

③　X－b　Y－c　　④　X－b　Y－d

問14　空欄 オ に入る語句を漢字で書きなさい。**解答用紙(その2)を用いること。**

問15　下線部ⓑに関連する文Ⅰ，Ⅱについて，その正誤の組み合わせとして正しいものを，下の①～④の中から一つ選んでマークしなさい。 12

Ⅰ　アイヌのうち，サハリン(樺太)にいた人々は，モンゴルと交戦していた。

Ⅱ　モンゴルの侵攻から逃れて来日した中国の人々によって，宋や元の文化が伝えられた。

①　Ⅰ　正　Ⅱ　正　　②　Ⅰ　正　Ⅱ　誤

③　Ⅰ　誤　Ⅱ　正　　④　Ⅰ　誤　Ⅱ　誤

問16　空欄 カ に入る語句を漢字で書きなさい。**解答用紙(その2)を用いること。**

問17　下線部ⓒについての記述として誤っているものを，次の①～④の中から一つ選んでマークしなさい。 13

① 室町幕府・鎌倉府は，政所・侍所・評定衆などの組織を持った。

② 室町幕府の将軍は，直轄領(御料所)と直轄軍(奉公衆)を有した。

③ 室町幕府の守護は，地方にいることが基本原則とされていた。

④ 鎌倉府の管領(関東管領)は，上杉氏がつとめた。

問18　下線部ⓓについての記述として誤っているものを，次の①～④の中から一つ選んでマークしなさい。 14

① 大内氏の城下町・一乗谷には，京都の戦乱を逃れてきた文化人が多く集まった。

② 肥後の菊池氏や薩摩の島津氏は，桂庵玄樹を招いて，儒学の講義を聞き，学んだ。

③ 万里集九は，中部・関東をまわり，地域の人々と交流して，優れた漢詩文を残した。

④ 関東では，足利学校が再興され，集った人々に教育が施され，多数の本も収集された。

Ⅱ 次のA・Bの文章を読んで，後の問に答えなさい。**解答番号 15 ～ 26 は解答用紙(その1)を用いること。**

A　徳川家斉は，1787年4月第11代将軍に就任した。同じ年の6月［ア］が老中首座，翌年将軍補佐を兼務し，ⓐ田沼時代の政策を改め，幕政改革を推進した。飢饉で危機的状況にあったⓑ農村の復興政策，都市政策，対外政策，ⓒ出版・思想統制，倹約，風俗取締りなどを進め，一時的に幕政の引き締めに成功したが，民衆の反発を招き，さらにⓓ朝廷問題の処理をめぐって将軍と対立し，1793年老中を罷免された。家斉はⓔ文化・文政期を中心におよそ［イ］年間の長期にわたって将軍職にあったが，退任した後も数年は［ウ］として権力を握り続けたため，この時代を［ウ］時代と呼んでいる。

B　天保年間に入ると凶作が続くようになり，特に1836年の飢饉は深刻で，ⓕ幕領で大規模な一揆が発生した。大坂では，ⓖ幕府の元役人が幕府の飢饉に対する処置に不満をもち，ⓗ門弟や民衆を動員して武装蜂起したが，鎮圧されるという事件も発生した。

また，対外問題も続き，1837年には，日本人漂流民の送還と通商交渉のために浦賀に来航したⓘアメリカ商船を撃退する事件が発生した。［エ］は，この時期の状況を内憂外患が深まったとして憂慮し，幕政改革を要求する上書「戊戌封事」を提出した。

問1　空欄［ア］に該当する人名を漢字で書きなさい。**解答用紙(その2)を用いること。**

問2　下線部ⓐについて，この時代の政策として，正しいものはどれか。次の選択肢の中から一つ選んでマークしなさい。15

① 諸物価上昇の原因をつくっているとして，株仲間を解散させた。

② 長崎貿易で多くの金銀が流出したので，海舶互市新例を発令した。

③ 蝦夷地に最上徳内らをメンバーとする調査隊を派遣し，開発を模索した。

④ 金二朱として通用する銅銭を発行した。

問 3　下線部ⓑに関する記述として正しいものを，次の選択肢の中から一つ選んでマークしなさい。 16

① 旗本・御家人の救済のため，棄捐令を出して，両替商への借金を破棄させた。

② 江戸に流入した没落農民に資金を与えて，帰村・帰農を奨励した。

③ 小石川に人足寄場を設置し，無宿人を収容して，職業訓練を行った。

④ 節約した町費の一割を積み立てて，江戸町会所で運用させ，飢饉・災害時の貧民救済に備えた。

問 4　下線部ⓒに関する記述として正しいものを，次の選択肢の中から一つ選んでマークしなさい。 17

① 湯島聖堂の学問所で，朱子学以外の講義や研究を禁止した。

② 『戊戌夢物語』を幕政批判とみなして弾圧した。

③ 学問所の儒官として，柴野栗山・尾藤二洲・佐藤信淵が任命された。

④ 出版統制令が出され，山東京伝・恋川春町・為永春水らが弾圧された。

問 5　下線部ⓓは，朝廷が天皇の実父に太上天皇の尊号宣下の同意を幕府に求めたところ，定信が拒否した一件であるが，この時の天皇は誰か。次の選択肢の中から一つ選んでマークしなさい。 18

① 桃園天皇　② 光格天皇

③ 後桜町天皇　④ 後水尾天皇

問 6　空欄 ア が辞任したあとも，その方針を継承し幕政を主導した老中たちを「寛政の遺老」と呼ぶが，該当する人物を次の選択肢の中から一人選んでマークしなさい。 19

① 荻原重秀　② 間部詮房　③ 松平信綱　④ 松平信明

問 7　下線部ⓔについて，この時期に関する記述として，正しいものはどれか。次の選択肢の中から一つ選んでマークしなさい。 20

① 関東農村では，無宿人や博徒が横行し，治安が乱れたため，代官の手代・手付の中から新たに大目付を任命し，犯罪者の取締りにあたらせた。

② 元禄金銀以来初めての貨幣改鋳が行われ，幕府財政が潤い，将軍や大奥の生活が華美になった。

③ 文政年間に入ると，江戸市中では，諸物価が下落し，商人の経済活動が低迷した。

④ 関東農村では，地域の治安・風俗を取り締まり農村の秩序を維持するため，領主の違いを越えて，近隣の村々を組み合わせた寄場組合を結成した。

問 8　空欄 イ に入る数字を，次の選択肢の中から一つ選んでマークしなさい。 21

① 20　② 30　③ 50　④ 70

問 9　空欄 ウ に入る語句を漢字で書きなさい。**解答用紙(その2)を用いること。**

問10　下線部ⓕについて，この年に甲斐国で発生した一揆はどれか。次の選択肢の中から該当するものを一つ選んでマークしなさい。 22

① 郡内一揆　② 元文一揆

③ 加茂一揆　④ 三閉伊一揆

問11　下線部ⓖについて，この人物が主催した家塾はどれか。次の選択肢の中から該当するものを一つ選んでマークしなさい。 23

① 懐徳堂　② 明倫堂　③ 古義堂　④ 洗心洞

問12　下線部ⓗについて，その武装蜂起の様子を描いたものはどれか。次の選択肢の中から該当するものを一つ選んでマークしなさい。 24

① 『出潮引汐奸賊聞集記』　② 『夢の浮橋』

③ 『幕末江戸市中騒動図』　④ 『武道伝来記』

問13　下線部ⓘについて，この幕府の対応を批判したために，弾圧されたのは誰か。次の選択肢の中から該当する人物を一人選んでマークしなさい。 25

① 佐久間象山　② 渡辺崋山　③ 吉田松陰　④ 大原幽学

問14　空欄 エ に該当する人物は誰か。次の選択肢の中から一人選んでマークしなさい。 26

① 徳川慶喜　② 徳川光圀　③ 徳川斉昭　④ 徳川宗勝

Ⅲ 次のA・Bの文章を読んで，後の問に答えなさい。**解答番号 27 ～ 38 は解答用紙(その1)を用いること。**

A　長谷川町子は1920年ⓐに佐賀で生まれた。1928年に父が病を得たことをきっかけに，母が教会に通うようになり，後年，家族全員が洗礼を受けた。父が死去すると，1934年に上京，「のらくろ」ⓑで有名な田河水泡に弟子入りした。15歳で漫画家デビューし，19歳で『国民新聞』ⓒに連載を持つなど，人気漫画家になった。1944年に東京から福岡に疎開した。そこで終戦を迎え，1946年に『夕刊フクニチ』に漫画「サザエさん」の連載を開始した。「サザエさん」ⓓは様々な新聞や雑誌で連載され，約28年間続いた。また，「サザエさん」はテレビアニメ化され，日本人に親しまれている。長谷川が1992年に亡くなった後，ア を受賞した。現在のところ，漫画家で唯一の受賞者である。

問1　下線部ⓐ1920年代は様々な雑誌が創刊された時期に当たる。雑誌に関して，以下のⅠ～Ⅲを，古いものから年代順に並べたものはどれか，次の選択肢のなかから一つ選び，マークしなさい。 27

Ⅰ　総合雑誌の『改造』が創刊された。

Ⅱ　雑誌の『戦旗』が創刊された。

Ⅲ　週刊誌の『サンデー毎日』が創刊された。

① Ⅰ－Ⅱ－Ⅲ　② Ⅰ－Ⅲ－Ⅱ　③ Ⅱ－Ⅰ－Ⅲ
④ Ⅱ－Ⅲ－Ⅰ　⑤ Ⅲ－Ⅰ－Ⅱ　⑥ Ⅲ－Ⅱ－Ⅰ

問２　下線部ⓑは1931年から『少年倶楽部』で連載が開始された。連載開始年に起きた出来事として誤っているのはどれか，次の選択肢のなかから一つ選び，マークしなさい。 28

① 日本政府は重要産業統制法を制定した。
② 浜口雄幸が亡くなった。
③ 東北で大凶作が発生し，困窮した農家で娘の身売りが発生した。
④ 社会大衆党が結成された。

問３　下線部ⓒ『国民新聞』に関係する文章として，正しいものはどれか，次の選択肢のなかから一つ選び，マークしなさい。 29

X　創設者は，日清戦争を機に，その政治的な立場を一変させた。
Y　戦時中に他の新聞と合併し，『東京新聞』となった。

① X－正・Y－正　② X－正・Y－誤
③ X－誤・Y－正　④ X－誤・Y－誤

問４　下線部ⓓに関して，下の漫画は，ある年の出来事を描いている。その年に起きた出来事として正しいものはどれか，次の選択肢のなかから一つ選び，マークしなさい。 30

出典：『別冊太陽　長谷川町子』（平凡社，2021年）

① この年までに四大公害訴訟で被害者側が勝訴した。

② 海外渡航者が100万人を超えた。

③ 第一回先進国首脳会議が開催された。

④ 戦後初のマイナス成長となった。

問5 ［ア］に当てはまる語句とそれを受賞した人物の組み合わせとして正しいものはどれか，次の選択肢のなかから一つ選び，マークしなさい。［31］

X ノーベル賞　Y 国民栄誉賞　Z 大勲位菊花章頸飾

a 真鍋淑郎　b 吉野彰　c 大谷翔平

d 王貞治　e 中曽根康弘　f 安倍晋三

① X－a　② X－b　③ Y－c

④ Y－d　⑤ Z－e　⑥ Z－f

B 戦前・戦後には，様々なテロが発生した。

戦前は，政治家に対するテロが多発した。現職の総理大臣や重要閣僚が亡くなることもあった。条約改正交渉の折に，その交渉内容が漏れると，当時の外務大臣が爆弾を投げつけられた⓪ⓔ。対外関係では，伊藤博文元首相が，韓国の独立運動家に暗殺されたⓕ。政党政治の時期になると，現役の首相が次々と襲撃された。ⓖ井上準之助のような，政党の有力者も暗殺された。ⓗ二・二六事件を契機に，政党内閣は長い中断を余儀なくされた。

戦後の1960年代は高度経済成長の時期に当たる。経済的には豊かになる一方で，ⓘ岸信介首相や，野党第一党の党首［あ］，さらに出版関係者に対するテロも発生した。1990年代にもⓙ首都でテロが発生した。さらに，ⓚ21世紀に入ると，発生したテロへの対応が迫られた。このように，現在でも，テロは日本の国内外に大きな影響を与え続けている。

問6 下線部ⓔに関して，爆弾を投げた人物が所属していた団体はどれか，次の選択肢のなかから一つ選び，マークしなさい。［32］

① 玄洋社　② 黒龍会　③ 困民党　④ 自由党

問 7　下線部ⓕに関して，伊藤が暗殺された場所を，下記の地図上の，次の選択肢のなかから一つ選び，マークしなさい。 33

① a　　② b　　③ c　　④ d

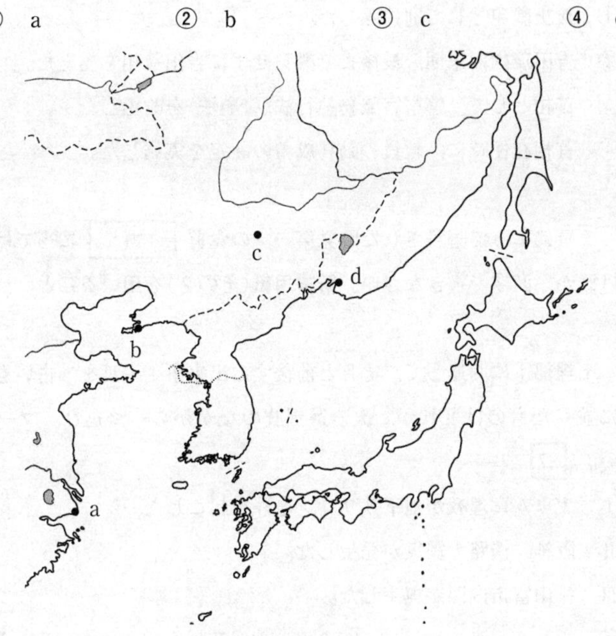

問 8　下線部ⓖに関して，その所属している政党について述べた文のうち，正しいものはどれか，次の選択肢のなかから一つ選び，マークしなさい。 34

X　金輸出解禁を実施し，金本位制に復帰した。

Y　金融恐慌に際して，モラトリアムを実施した。

① X－正・Y－正　　② X－正・Y－誤

③ X－誤・Y－正　　④ X－誤・Y－誤

問 9　下線部ⓗに関して，このとき襲撃されなかった人物は誰か，次の選択肢のなかから一つ選び，マークしなさい。 35

① 岡田啓介　　② 鈴木貫太郎

③ 吉田茂　　④ 渡辺錠太郎

問10　下線部ⓘに関して，正しい説明はどれか，次の選択肢のなかから一つ選び，マークしなさい。 36

① A級戦犯として刑に服した。

② 吉田茂内閣末期，最後まで離党せずに吉田首相を支えた。

③ 首相として，警察官職務執行法(警職法)を改正した。

④ 首相在任時に，教員の勤務成績の評定を実施した。

問11　テロによって暗殺された野党第一党の党首 あ に当てはまる人物は誰か，漢字で書きなさい。**解答用紙(その2)を用いること。**

問12　下線部ⓙに関連して，それと前後する出来事Ⅰ～Ⅲを，古いものから順に並べたものはどれか，次の選択肢のなかから一つ選び，マークしなさい。 37

Ⅰ　オウム真理教が地下鉄サリン事件を起こした。

Ⅱ　阪神・淡路大震災が発生した。

Ⅲ　村山富市内閣が誕生した。

① Ⅰ－Ⅱ－Ⅲ　② Ⅰ－Ⅲ－Ⅱ　③ Ⅱ－Ⅰ－Ⅲ

④ Ⅱ－Ⅲ－Ⅰ　⑤ Ⅲ－Ⅰ－Ⅱ　⑥ Ⅲ－Ⅱ－Ⅰ

問13　下線部ⓚに関して，その頃の世界の動きX・Yと日本の動きa・bについて，組み合わせとして正しいものはどれか，次の選択肢のなかから一つ選び，マークしなさい。 38

X　9・11同時多発テロ事件が発生した。

Y　クウェートに侵攻したイラクが多国籍軍と戦い，敗退した。

a　テロ対策特別措置法が成立し，海上自衛隊を派遣した。

b　イラク復興支援特別措置法に基づき，陸上自衛隊を派遣した。

① X－a　② X－b　③ Y－a　④ Y－b

問14　前の問いを踏まえ，2000年代初頭にテロ対応を行い，日朝平壌宣言を発表した総理大臣は誰か，漢字で書きなさい。**解答用紙(その2)を用いる**

こと。

IV 以下の設問【1】・【2】のうち，一つを選んで解答しなさい。**解答用紙（その3）を用い**，解答用紙には設問番号を記入すること。また数字はアラビア数字を用い，数字2つで1マスを使用すること。

【1】

4世紀中頃からの朝鮮半島や中国との交渉によって，倭国は大きく変化した。そうした交渉にふれつつ，倭国で受容された大陸・半島の技術や文化，渡来人がヤマト政権で果たした役割や貢献について，350字以内で説明しなさい。

【2】

幕末において諸外国と締結された諸条約は，日本にとって不平等な条項を含むとして，明治政府は，その改正の努力を続けた。この条約改正の経過につき，不平等な条項，明治初年から行われた主な改正交渉の時期と担当者，改正が最初に成功した時期と担当者ならびに条約名，さらに一応終了した時期と改正担当者などを記しながら，350字以内で説明しなさい。

世界史

(90分)

〔Ⅰ〕 次の文章は，あるインドの政治家が獄中から娘に向けて，世界の歴史を説明するために書いた手紙である。文章を読んで以下の設問に答えなさい。引用した資料には，省略したり，改めたりしたところがある。**解答用紙は(その2)を使用すること。**

書簡43 ハルシャ・ヴァルダナと(A)について 1932年5月11日付

インドに戻りましょう。フン族(ア)は撃退されましたが，一部はインドに残りました。偉大なるグプタ朝(イ)はバーラーディティヤ王の後に衰え，北インドには多くの王国が生まれました。南では，プラケーシンがチャールキヤ朝を建てました。…

(A)はプラヤーグのクンブ・メーラー(*ヒンドゥー教の祭り)について記しています。今後このメーラーを見るときには，1300年前に(A)が訪れたこと，当時でも，この祭りがヴェーダの時代から続く古いものであったということを思い出してください。この古い祭りに比べれば，我々の町アッラーハーバードはほとんど昨日に出来たようなものです。この町はアクバル(ウ)によって造られてから400年も経っていません。

書簡66 デリーの奴隷王朝(エ)について 1932年6月24日付

私は(B)のスルタン・マフムードについて，また，マフムードの求めで(C)をペルシア語で書いた詩人フェルドゥースィーについて説明しました。しかし，マフムードと共にパンジャーブに来た偉大な人物の話はまだしていませんでした。その人物，学者アル・ビールーニーは，当時の獰猛で狂信的な戦士たちとは大きく異なっていました。彼はインドを旅し，その国と人々を理解しようと努めました。彼はインドの思想を大いに評価し，サンスクリット語(オ)を学んでヒンドゥー教(カ)の基礎的な書物を読みました。彼はインドの哲学や，そこで教えられていた科学や芸術を学びました。『バガヴァット・ギーター』は彼のお気に入りになりました。彼は南のチョーラ朝(キ)を訪問し，そこで見た立派な灌漑施設に驚嘆しました。インドの驚異についての彼の記録は，我々が今でも読むことができる過去の偉大な旅行記の中の1冊です。

問1　空欄（　A　）に入る，ハルシャの時代にインドに滞在した僧侶の名前を解答欄(1)に，また，彼が滞在した北インドの僧院の名称を解答欄(2)に記しなさい。人名は漢字で答えること。

問2　空欄（　B　）に入る，王朝名にもなっているアフガニスタンの都市名を解答欄(3)に記しなさい。

問3　空欄（　C　）に入る作品名を解答欄(4)に記しなさい。

問4　下線部(ア)の「フン族」とは，グプタ朝の衰退の原因となった遊牧民を指している。この遊牧民の名称を解答欄(5)に記しなさい。

問5　下線部(イ)の最盛期の王の名前を解答欄(6)に記しなさい。

問6　下線部(ウ)がムガル帝国に導入した位階制度の名称を解答欄(7)に記しなさい。

問7　下線部(エ)の創始者の名前を解答欄(8)に記しなさい。

問8　下線部(オ)で戯曲『シャクンタラー』を著した詩人の名前を解答欄(9)に記しなさい。

問9　下線部(カ)の寺院として12世紀に建設され，のちに仏教寺院に改修されたカンボジアの寺院の名称を解答欄(10)に記しなさい。

問10　下線部(キ)の王朝を建てたドラヴィダ系の民族の名称を解答欄(11)に記しなさい。

問11　この手紙を書いた政治家はインド共和国の初代首相となった。その名前を解答欄(12)に，彼が率いた政党の名称を解答欄(13)に記しなさい。

問12　この手紙の宛先である娘も，のちにインド共和国の首相となった。その名前を解答欄(14)に，また，彼女の在任中にパキスタンから分離した国の名称を解答欄(15)に記しなさい。

問13　この手紙が書かれた頃のインド独立運動について述べた次の文章の空欄（　a　）〜（　d　）を埋めなさい。

1929年，現在のパキスタンにある都市（　a　）で，完全独立を意味する（　b　）が決議された。1930年にはガンディーの主導で，イギリスの専売打破をめざす（　c　）が行われた。これらの動きを受け，イギリス政府はロンドンで3回にわたって（　d　）を開催した。

（　a　）に入る都市の名称は解答欄(16)に記しなさい。
（　b　）に入る語句は解答欄(17)にカタカナで記しなさい。
（　c　）に入る運動の名称は解答欄(18)に記しなさい。
（　d　）に入る会議の名称は解答欄(19)に漢字で記しなさい。

問14　1940年に，都市（　a　）でムスリムの分離・独立を唱えた全インド＝ムスリム連盟の指導者の名前を解答欄(20)に記しなさい。

〔Ⅱ〕 地中海世界が展開し，その後南北アメリカ大陸と出会い，植民地化するまでの歴史的経緯に関し，以下の設問に答えなさい。**解答用紙は（その1）を使用すること。**

問1 地中海世界は東方のオリエントから多くの影響を受けた。2つの世界をつなぐ役割を果たした東地中海で活動した民族名と，その拠点都市名の組み合わせとしてもっとも適切なものを一つ選び，その番号をマークしなさい。 1

① アラム人　　ダマスクス
② フェニキア人　　リディア
③ アムル人　　バビロン
④ カナーン人　　カルタゴ

問2 古代ギリシアもまた，東地中海地域を経由してオリエントとのつながりを有していた。以下の説明のうちもっとも適切なものを一つ選び，その番号をマークしなさい。 2

① クレタ文明では，エジプトやシリアとの貿易を通じて鉄器文化が栄えた。
② クレタ王国の中心にあるクノッソス宮殿は，フレスコ技法による写実的な壁画で飾られていた。
③ バルカン半島南部や沿岸部では，土着のアイオリス人がミケーネ文明を生み出した。
④ ミケーネ文明は小アジアのミレトスをめぐってフェニキア人と争い，滅ぼされた。

問3 地中海とその周辺は東西交流の場であると同時に，多くの戦争の舞台ともなった。以下の説明のうちもっとも適切なものを一つ選び，その番号をマークしなさい。 3

① ペロポネソス戦争においてアテネは，ペルシアの支援をえたにもかかわらず，ギリシア諸都市の盟主であるスパルタに敗北した。

② マケドニアのアレクサンドロスはイッソスの戦いでペルシア軍を破った。

③ イタリア半島の先住民であるエトルリア人は紀元前6世紀，フェニキア人に征服された。

④ 帝政によって政治的安定を達成したローマは，ポエニ戦争でフェニキア人の拠点であるカルタゴを滅ぼした。

問4　アレクサンドロスの東征は，地中海世界で生まれたヘレニズム文化の諸要素を中央アジア以東へと伝えることとなった。そうした文化伝搬の事例としてもっとも適切なものを一つ選び，その番号をマークしなさい。 4

① ベヒストゥーン碑文　　② ガンダーラ仏

③ アジャンター石窟寺院　　④ ボロブドゥール寺院

問5　ローマの拡大は東西文化の融合を促した。カエサルが制定したユリウス暦はもともと東地中海地域で生まれたもので，文化の融合を象徴している。この暦が生まれた町として，もっとも適切なものを一つ選び，その番号をマークしなさい。 5

① イェルサレム　　② アンティオキア

③ ペルガモン　　④ アレクサンドリア

問6　キリスト教はしだいにローマ帝国内を西へと広がっていった。この過程において起きた以下の出来事Ａ～Ｄが年代の古いものから順に正しく配列されているものを一つ選び，その番号をマークしなさい。 6

Ａ　ミラノ勅令によるキリスト教の公認

Ｂ　ネロ帝によるキリスト教徒迫害

Ｃ　ユリアヌス帝による異教復興

Ｄ　ニケーア公会議におけるアリウス派の異端認定

① Ａ→Ｂ→Ｃ→Ｄ　　② Ａ→Ｃ→Ｂ→Ｄ

③　B→A→D→C　　④　B→D→A→C

問 7　キリスト教ネストリウス派は東へと拡大し，唐にまで達した。唐におけるその呼称を一つ選び，その番号をマークしなさい。 7

①　景教　　②　祆教　　③　回教　　④　拝火教

問 8　476 年の西ローマ帝国滅亡の要因の一つになったのは，紀元後 4 世紀に本格化するゲルマン人の大移動だった。ゲルマン人は複数の集団に分かれていたが，以下のなかで西ローマ帝国の滅亡と直接の関係のない民族名としてもっとも適切なものを一つ選び，その番号をマークしなさい。 8

①　ヴァンダル人　　②　ゴート人

③　ブルグンド人　　④　ケルト人

問 9　7 世紀に東方アラビア半島に起こったイスラーム教徒の勢力は地中海世界へと進出し，8 世紀にはイベリア半島をほぼ征服するにいたった。この過程に関する説明として**適切ではないもの**を一つ選び，その番号をマークしなさい。 9

①　ムハンマドはメッカで教えを説き始め，たちまち大半の市民を改宗させた。

②　ムハンマドの死後，後継者たる歴代カリフは，ササン朝ペルシア，シリア，エジプトを 20 年あまりで征服した。

③　ダマスカスを本拠としたウマイヤ朝はイベリア半島まで征服し，地中海を，アラビア語の通じるイスラーム世界の一部とした。

④　アッバース朝に滅ぼされたウマイヤ朝の親族はイベリア半島に逃れ，後ウマイヤ朝を建てた。

問10　イスラーム勢力は東へも勢力を広げ，東アジアからイベリア半島，アフリカ内陸部におよぶ商業ネットワークを構築した。このネットワークを通じ，15 世紀までに東洋から西洋に流入するようになった産品や技術としてもっとも適切なものを一つ選び，その番号をマークしなさい。 10

①　茶　②　じゃがいも　③　羅針盤　④　たばこ

問11　ムラービト朝は，サハラ砂漠を南下し，11 世紀後半に西アフリカの王国の首都を攻略した。これは金産地へのアクセスを確保することにつながったが，この王国名を一つ選び，その番号をマークしなさい。 11

①　ナスル朝　②　ガーナ王国

③　マリ王国　④　ソンガイ王国

問12　ポルトガル，スペインは 15 世紀に入り，イスラーム勢力による貿易ネットワークの独占を打ち破るべく，アジアを目指して大西洋に乗り出した。アメリカ大陸の「発見」はこの流れに位置付けられる。アメリカ大陸の古代文明に関する説明としてもっとも適切なものを一つ選び，その番号をマークしなさい。 12

①　インカ帝国は鉄製武器を用い，広大な領土を獲得した。

②　チャビン文化は，紀元前 10 世紀ころに始まった。

③　アステカ王国は，テオティワカンを滅ぼし，テノチティトランに都を定めた。

④　マヤ文明地域の大半は，軍事力にまさるアステカ王国に併合された。

問13　スペイン，ポルトガルなどによるアメリカ大陸の植民地化やアジアへの進出に関する以下の出来事A～Dが年代の古いものから順に正しく配列されているものを一つ選び，その番号をマークしなさい。 13

A　ポルトガル人のカブラルがブラジルに漂着した。

B　イングランドのヘンリー７世に派遣されたカボットは，北アメリカ大西洋岸に到達した。

C　ポルトガルは明との交易拠点としてマカオの居住権を承認された。

D　スペイン人のコルテスはアステカ王国を征服した。

①　A→B→C→D　②　A→B→D→C

③　B→A→D→C　　④　D→C→B→A

問14　スペインはアメリカ大陸におけるキリスト教の布教に力を入れた。スペイン領アメリカ植民地での布教に従事した人物として適切なものを一つ選び，その番号をマークしなさい。 14

①　ザビエル　　②　モンテ・コルヴィノ

③　シャンプラン　　④　ラス・カサス

〔Ⅲ〕　次の文章【A】【B】を読んで，以下の設問に答えなさい。**解答用紙は(その1)を使用すること。**

【A】

ナポレオン戦争ののち，第一次世界大戦まで，およそ1世紀の間，ヨーロッパの中心部では大きな戦争はなかった。この「平和」を実現したのは，「ヨーロッパの協調」といわれるヨーロッパ大国間の協調関係であった。

この「協調」の最初の時期は，ウィーン会議(a)に基づいたウィーン体制の時期である。ウィーン体制は，五大国の連携を基調とし，「正統主義」と「勢力均衡」を基本思想としていた。君主主導のウィーン体制に対して，フランス革命以降展開してきた自由主義(b)やナショナリズムに基づいた思想や運動が対立していた。

協調体制が揺らいだのは，1848年革命によってであった。また，クリミア戦争(c)は，大国間の「協調」を脅かした。さらに，イタリアとドイツの統一国家の成立(d)は，大国間の関係を変化させることとなった。

問1　下線部(a)について述べた文として**誤っているもの**を一つ選び，その番号をマークしなさい。 15

①　ドイツ連邦が設立された。

②　スイスの永世中立が認められた。

③　ポーランドが共和国として復活した。

④　ロシア皇帝によって，神聖同盟が提唱された。

問２　下線部(b)について述べた文としてもっとも適切なものを一つ選び，その番号をマークしなさい。 16

① 個人の自由を尊重し，国家の干渉を排除しようとする。

② 労働者を中心とした平等な社会を目指す。

③ 国王の権利は不可侵であるとする。

④ 共産主義や民主主義を攻撃し，暴力的な独裁を行う。

問３　下線部(c)の開戦理由について述べた文としてもっとも適切なものを一つ選び，その番号をマークしなさい。 17

① オスマン帝国内の正教徒の保護を口実に，ロシアが開戦した。

② オスマン帝国内のカトリックの保護を口実に，フランスが開戦した。

③ オスマン帝国からのギリシア独立に介入して，ロシアが開戦した。

④ ロシアの南下政策を防ぐために，イギリスが開戦した。

問４　下線部(c)の結果について述べた文としてもっとも適切なものを一つ選び，その番号をマークしなさい。 18

① オスマン帝国の領土分割が行われた。

② 黒海が中立化された。

③ ウクライナの独立が認められた。

④ イェニチェリが解体された。

問５　下線部(d)のイタリア統一の際，南イタリアを征服した人物を一つ選び，その番号をマークしなさい。 19

① カヴール　　② ガリバルディ

③ ヴェルディ　　④ マッツィーニ

問６　下線部(d)のドイツについて述べた次の文ａ～ｃが，年代の古いものから順に正しく配列されているものを一つ選び，その番号をマークしなさい。 20

ａ　ドイツ関税同盟が結成された。

b　デンマーク戦争が起こった。

c　プロイセン改革が行われた。

①　a→b→c	②　a→c→b
③　b→a→c	④　b→c→a
⑤　c→a→b	⑥　c→b→a

問7　下線部(d)の周辺諸国への影響について述べた文として最も適切なものを一つ選び，その番号をマークしなさい。 21

①　イギリスで，第一回選挙法改正がおこなわれた。

②　ロシアで，農奴解放令が出された。

③　フランスで，第二帝政が成立した。

④　オーストリアで，アウスグライヒ(和協)が行われた。

【B】

「協調」が曲がりなりにも復活したのは，二つのベルリン会議であった。一つ目のベルリン会議は，ロシア＝トルコ戦争の講和条約である(e)サン・ステファノ条約をめぐる列国の利害調整を行った。もう一つは，(f)ベルリン＝コンゴ会議とも呼ばれ，アフリカのコンゴ地域における列強の利害対立の調停であり，ヨーロッパ列強による(g)アフリカ分割の方式を定めた。

他方で，大国の陣営化が進んだ。ドイツ帝国成立以降，フランスとの関係が悪化した。そのため，(h)ビスマルクは，フランスの孤立化を目指し，三帝同盟を形成した。しかし，オーストリアとロシアの利害が対立したことから三帝同盟は瓦解し，イタリアを巻き込んで，三国同盟が形成された。他方で，ロシアはフランスと接近し，また，ロシアとの関係が改善したイギリスもロシアと協商関係を結んだことで，三国協商が成立した。このように形成された二つの陣営は，第一次世界大戦の対立構図へとつながっていくこととなる。

大国の二大陣営化が進む一方で，非ヨーロッパ世界からの抵抗に対しては，ヨーロッパ諸国は，支配を行う側である(i)帝国主義列強として協調した。(j)義和団鎮圧の際の(k)八か国連合軍がその典型であるといえるだろう。

問8　下線部(e)のサン・ステファノ条約によって独立が承認された国を一つ選び，その番号をマークしなさい。 22

① ギリシア　② アルバニア
③ ルーマニア　④ ユーゴスラヴィア

問9　下線部(e)について，ベルリン会議における利害調整の結果について述べた文として**誤っているもの**を一つ選び，その番号をマークしなさい。 23

① オーストリアが，ボスニア・ヘルツェゴヴィナの行政権を認められた。
② イギリスが，キプロス島の統治権を得た。
③ セルビアの独立が承認された。
④ フランスが，アルジェリアを領有した。

問10　下線部(f)について，この会議でコンゴ自由国を私有することとなったのはどの国の君主か。その国を一つ選び，その番号をマークしなさい。 24

① オランダ　② ベルギー
③ スウェーデン　④ イギリス

問11　下線部(g)について，20世紀初頭までに列強によって支配されなかった地域を一つ選び，その番号をマークしなさい。 25

① リベリア　② 南アフリカ
③ コートジボアール　④ アンゴラ

問12　下線部(h)の事績について述べた次の文aとbの正誤の組合せとして正しいものを一つ選び，その番号をマークしなさい。 26

a 「文化闘争」を展開し，プロテスタントを抑圧した。
b 社会保険制度を実施して労働者の支持を得ようとした。

① a ― 正　b ― 正
② a ― 正　b ― 誤

③　a — 誤　　b — 正

④　a — 誤　　b — 誤

問13　下線部(i)について述べた次の文の空欄に当てはまる語句の組合せとして正しいものを下の選択肢から一つ選び，その番号をマークしなさい。 27

帝国主義とは，1880年代以降のヨーロッパ列強の対外膨張と勢力圏の獲得行動のことをいう。その原因について，レーニンは，資本主義が発展して集中が進んだことで生じた［ア］の圧力によるとしている。また，アジア人脅威論である「黄禍論」のような［イ］を利用して，国内の不満を国外に向けるために，帝国主義的侵略がなされたという側面も指摘されている。

①　ア — 国有企業　　イ — 権威主義的な強権

②　ア — 国有企業　　イ — 人種主義的な排外意識

③　ア — 金融資本　　イ — 権威主義的な強権

④　ア — 金融資本　　イ — 人種主義的な排外意識

問14　下線部(j)について述べた文としてもっとも適切なものを一つ選び，その番号をマークしなさい。 28

①　女性を含めた耕地の均分化を行った。

②　黒旗軍を中心に，フランスへ抵抗した。

③　「扶清滅洋」を掲げて，北京へ進出した。

④　日本を模した立憲君主制を目指した。

問15　下線部(k)について，連合軍に加わっていたヨーロッパ以外の国の組合せを一つ選び，その番号をマークしなさい。 29

①　韓国，日本

②　オーストラリア，日本

③　アメリカ合衆国，日本

④　アメリカ合衆国，オーストラリア

〔Ⅳ〕　次の設問A，Bのうちから一つを選び，答えなさい。設問記号欄に選択した問題の記号(AあるいはB)を記すこと。**解答用紙は(その3)を使用すること。**

【A】　中国における「典礼問題」の内容を紹介しながら，16世紀から18世紀における中国とヨーロッパ諸国やロシアの関係について，350字以内で説明しなさい。以下の語句をすべて使用し，初出の箇所には下線を引くこと。

<語句>

円明園	マテオ・リッチ	ネルチンスク条約
広州	徐光啓	雍正帝

【B】　冷戦の歴史的展開について，東西陣営の間の緊張と緩和という観点から，350字以内で論じなさい。以下の語句をすべて使用し，初出の箇所には下線を引くこと。

<語句>

マーシャル・プラン	東方外交	スターリン批判
アフガニスタン侵攻	キューバ危機	朝鮮戦争
コミンフォルム		

総合問題

◀英米文学科B方式▶

(60分)

問題 I

次の英文を読んで，設問に答えなさい。

It sometimes seems like advertising is everywhere we look. Ads pop up on your computer or phone, on professional sports team jerseys, in public restrooms, and even on motion sickness bags on airplanes. But Jason Sadler, a 34-year-old based in Jacksonville, Florida, may just win the prize for creative advertising ideas. In 2009, he founded IWearYourShirt.com, through which he was paid by different companies to post attention-grabbing photos and videos of himself engaged in various activities while wearing a t-shirt with their logo and name on it. A few years later, he auctioned off the rights to use his name, and for the price tag of $45,500, he legally became, for 12 months, Jason Headsets.com to promote headsets produced by a particular company. Ridiculous? Perhaps. But the president of the company Headsets.com has claimed that the investment yielded his company more than $6 million in media attention and name recognition. And one year after that, a weather app for surfers also made the decision to hire Jason or, as he became known for a period of time, Mr. SurferApp.

It is easy to laugh at the lengths to which advertisers will go, brushing them off as absurd, but harmless, attempts to influence our attitudes and behaviors. We should keep in mind, though, that advertising can have powerful effects. Consider the history of cigarette ads. In the 19th century, most consumer goods, including tobacco products, were made and sold locally. But as the Industrial Revolution led to the mass production of many consumer products, manufacturers sought broader markets. Advertising was the natural result. In the 1880s, cigarettes were being mass-produced for the first time, and business leaders such as James Buchanan Duke began to market their brands aggressively. Duke placed ads in newspapers, rented space on thousands of billboards, hired famous actresses to promote his brands, and gave gifts to retailers who stocked his products. Other cigarette manufacturers soon followed suit.

These efforts were phenomenally successful, as sales of cigarettes went up in the United States. But there remained a large new market — namely, women. Until the early 20th century, men bought 99% of all cigarettes sold. It was socially unacceptable for women to smoke; those who did were considered to have questionable morals. This began to change with the growing women's rights movement and the fight to achieve the right to vote. Ironically, smoking cigarettes became a symbol of women's freedom. Cigarette manufacturers were happy to encourage this view by targeting women in their advertisements.

Because it was unacceptable for women to smoke in public, early cigarette ads never showed a woman actually smoking. Instead, they tried to associate smoking with elegance or convey that cigarettes helped control weight with slogans like "Reach for a Lucky instead of a sweet." By the 1960s, cigarette advertisements were making a direct link between women's liberation and smoking, and new brands were created, such as Virginia Slims, specifically for this purpose, using the slogan "You've come a long way, baby." Women began to purchase cigarettes in large numbers. In 1955, 52% of men and 34% of women in the United States smoked. Fortunately, the overall smoking rate has decreased since then, but the gap between men and women has narrowed. As of 2015, 21% of adult men smoked, compared to 14% of adult women.

To make up for this shrinking market in the United States, tobacco companies now have begun aggressively marketing cigarettes in other countries. The World Health Organization estimates that 50,000 teenagers a day begin smoking in Asia alone, and that smoking may eventually kill one-quarter of the young people currently living in Asia.

設問

Describe how advertising has influenced you or someone you know.

Write about 100 words in English using Answer Sheet 1［解答用紙(その１)］.

問題Ⅱ

次の英文を読んで，設問に答えなさい。

Each of us evaluates the world around us. We form likes and dislikes of virtually everything we encounter. Indeed, it would be odd to hear someone say, "I feel completely neutral toward anchovies, chocolate, Lady Gaga, and Donald Trump." For most people, at least one of those subjects would produce strong attitudes. Simply put, attitudes are evaluations of people, objects, or ideas. Attitudes are important because they often determine what we do — whether we eat or avoid anchovies and chocolate, download Lady Gaga songs, or vote for a particular candidate on Election Day.

One challenging answer to the question of where attitudes come from is that they are linked, in part, to our genes.* Evidence for this conclusion comes from the fact that identical twins share more attitudes than do fraternal twins,* even when the identical twins were raised in different homes and never knew each other. One study, for example, found that identical twins had more similar attitudes than fraternal twins did toward exercise, being the center of attention, riding roller coasters, or religion. Now, we should be careful how we interpret this evidence. No one is arguing that there are specific genes that determine our attitudes; it is highly unlikely, for example, that there is a "roller coaster" gene that determines your amusement park preferences. It appears, though, that some attitudes are an indirect function of our genetic makeup. They are related to our personality, which is directly related to our genes. People may have inherited genes connected to risk-taking from their parents that make them prefer roller coasters to merry-go-rounds, for example.

Even if there is a genetic component, our social experiences clearly play a major role in shaping our attitudes. Social psychologists have focused on these experiences and how they result in different kinds of attitudes. They have identified three components of attitudes: the cognitive component, or the thoughts and beliefs that people form about a certain object; the affective component, or people's emotional reactions toward the object; and the behavioral component, or how people act toward the object. Importantly, any attitude can be based on any one of these components or some combination of them.

Sometimes our attitudes are based primarily on the relevant facts, such as the objective merits of a car. How many miles per gallon does it get? What are its safety features? To the extent that an evaluation is based primarily on beliefs about the properties of an object, we say it is a cognitively based attitude. An attitude of this kind allows us to classify the pluses and minuses of an object so that we can quickly determine whether we want to have anything to do with it. Consider your attitude toward a basic object like a vacuum cleaner. Your attitude is likely to be based on your beliefs about the objective merits of various brands, such as how well they clean up dirt and how much they cost — not on more emotional considerations such as how happy they make you feel.

An attitude based more in emotions and values than on an objective judgement of pluses and minuses is called an affectively based attitude. Sometimes we simply like a car regardless of how many miles per gallon it gets. Occasionally we even feel strongly attracted to something, such as another person, in spite of having negative beliefs about him or her, for example, knowing the person is a "bad influence."

註

gene　遺伝子

fraternal twins　二卵性双生児

設問

How do facts, feelings, or experiences shape your attitudes toward things such as food, politics, or music? Explain.

Write about 100 words in English using Answer Sheet 2［解答用紙(その２)］.

出典追記：[問題Ⅰ・問題Ⅱ] Social Psychology by Timothy D. Wilson, Samuel R Sommers, Robin M. Akert, and Elliot Aronson, Pearson Education

ば、書くという行為は岩壁でも大地の上にでも成立するが、その積み重ねの上に作られる小説は、活字化され、複製された書物となって手渡されることで、社会的に認知された。(イ)書物は、小説を支える生態系としてある。

（紅野謙介『書物の近代』ちくま学芸文庫、一九九九年）

れなければ意味がとれなくなる。日本の書物は、文字を上から下へ、行を右から左へ読んでいくのだから、視線の動きからすると、横書きも右からが自然なのだが、その配列だけ西洋ふうに左からになった。そしてその不自然が今や私たちの身体の自然となったのである。書物はその起源から、読むための道具・機械だった。道具・機械を作り出すことによって、人はそのつど、みずからの生きる空間と時間とを少しずつ変えていった。そうした人と機械の歴史的な相互作用は書物という装置においても例外ではない。しかも、その界面ではたえず外的な諸条件による力の介入と［ b ］があった。

書物はただその物質的な変容を［ c ］にして、「読む」ことの再編をもたらしたばかりではない。それまでのいかなる時代、社会もそうであったが、それ以上に、近代の社会システムは情報の一元的かつ迅速、広範囲にわたる伝達を不可欠とした。その近代において言葉をはじめとするさまざまな言説の体系を大量に複製し、［ d ］する書物は機能に応じて、きわめて政治的な役割をになうことになった。書物出現ののちにあらわれ、書物をおびやかした新聞・雑誌のような伝達速度の高いメディアがともすれば情報の受け渡しに比重をかけるのに対して、書物は多い情報量とともに、どのように情報を処理し、どのようにふるまい、どのように語り、読み書くかを教えるメディアとしても作動した。近代社会の一員としての日常的な生活実践が教育されたのである。その端的なあらわれとして、書物自身にどう接するかを示唆する書物がある。

「読むための機械」あるいは「読ませる機械」から、さらには「読み方を教える機械」へ。こうした多機能を備えた書物の近代史のすべてを［ e ］することはできないが、すぐれて身体的な「読む」行為と結びついていたはずの小説に限定することによって、それゆえに見えてくる光景があるはずだ。造本の変質は小説に何をもたらしたか。装幀や紙面はどう変わったのか。それぞれの小説家たちはみずからの小説をいかなる書物にしようとしたか。そして小説のなかで書物に対する接触の回路がいかに指導されたのか。みずからの書いた言葉が印刷されて、書物になって読者にとどいていくまでの過程をどのようにとらえていたのか。「読む」ことは必然的に「書く」ことに連動する。印刷術の発明と前後して、小説というジャンルは生まれた。いったん文字を習得したならり忘れ去られてしまう。

しかし、読書の基底にあるのは、言葉の音と形を、舌・目・耳・手でモノとして感じとめながら、同時にそれに呼応して想像の世界においてもう一つの身体が未知の時間と空間とをなぞり、モノとして受けとめることである。松谷みよ子の『龍の子太郎』も忘れられない愛読書だったが、太郎の母親が龍に変身してしまったのは、禁じられていた分の「イワナ」まで食べてしまったためであった。変身の戦慄的な魅惑と恐怖とに結びついて、その「イワナ」という川魚の音と「岩」の「魚」という漢字表記とにどれだけおびやかされたか。「イワナ」を食べるときには必ずといっていいほど龍への変身譚(たん)を記憶の底から甦らせた。「読む」という行為にはそうした(ア)一連の生々しい身体的な知覚活動がこめられている。当然、文字表記のレベルのみならず、文字の配列や紙面全体のレイアウト、口絵や挿絵、写真、装幀といった書物をめぐるさまざまな構成要素が「読む」ことを支えるモノの諸条件を形作っているのだ。

歴史をかえりみれば、現在、私たちがふだん読む書物の形態は、西洋では十五世紀のグーテンベルクによる印刷機発明、十八世紀の洋紙の生産量増大によって可能になったものであるし、日本では明治以後、せいぜい百二、三十年たらずのものである。日本もそれまでは、俗に巻物と言われる巻子本や折り畳み式の折本などの書物が一部の［ a ］に読まれ、やがて木版印刷が普及して和紙和装の冊子本が江戸時代に出回るようになった。早まわしの機能の使えないヴィデオテープのような巻物と、さっとめくることのできる冊子形式とでは、「読む」行為に変質が起きてくるのは当たり前だ。ぱっと全体を眺めわたすことができる点で、冊子はコンパクトディスクやレーザーディスク以上の機能をもたらした。西洋のテクノロジーが輸入されることによって活版洋装という現在の書物の形態が生まれたが、その移行が大きな変質をもたらさないはずがない。

洋書を初めて手にしたとき、文字が横に配列され、左から右へ視線を移動させ、右から左へページをくるという読む作法にとまどいと驚きを感じたひとは多いはずだ。日本においても、ある時期までは横書きの文字が右から左へ書かれていたため、今では慣ところを探すときに思わず動いた指の感覚を、自分でもまざまざと実感するように思ったものだった。

　書物の記憶は、内容ばかりではない。必ずそこにはそのとき読んだ書物の形の記憶がはりついている。ルパンものの本がたいてい鮮やかな多色刷りの絵の入ったブックジャケットにおおわれていて、それをはがすと単色の貧相な表紙があらわれてくるのが奇妙だった。『アーサー・ランサム全集』は反対に、岩波書店の児童向けの本が多くそうであったように、すべて函入りという豪華な造本だった。本棚に並べると他の本とつりあいがとれないぐらい立派で、日本でのみ発達したという「函」のパッケージが、いかにも帙（ちつ）を開いて中から書物を取り出してみるかのような宝物の容器に見えた。

　モノとしての書物は、お話に夢中になる前のもっと幼い頃の関心の対象でもあった。絵本は、ページをくるごとに見たことのない新たな色彩にあふれた光景を展開した。なかに平面の二次元から飛び出して、目の前に立ち上がってくる絵本もあった。予想外の飛び出す絵本のページに、思わず感嘆の声をあげ、なぜ立体的になるのか不思議でたまらず、何度もそのページを開いてみせたことがある。何も逃げ出すものがないように、目をこらしてゆっくりと少しずつ開いたページの合間をのぞきこむ。手を加えて前後左右に動かしたり操作したりすると、光景が変わる絵本にも、魅せられたものだ。子供の自分にとっては、書物はお話以前のモノとしての魅力に満ち、触覚的で、可塑的なオブジェでもあったのだ。決して収斂（しゅうれん）することのない拡散的なまなざしが、書物を逆にながめ、斜めにかしげ、ページからページへ飛び交い、逆流する。そのふるまいは、書物への新たな接触の回路を探り出そうとする行為だと言っても差し支えはないだろう。

　考えてみれば文字との出会いもそうだったはずである。書き言葉としての文字の習得は、線と点をみずからの目と手でなぞり、自分がクレヨンやローセキや鉛筆で生み出したそれらの痕跡と戯れたり、会話したりすることに始まる。そのなぞりと戯れのなかで、次第にひとまとまりの文字を言葉として了解し、使いこなすようになって文字運用のプログラムを獲得していく。そのかぎりにおいて、文字もまたオブジェとしての記憶を有していたはずだが、プログラムが成立したとたんに、生み出された過程はすっか

▲フランス文学科B方式▼

（九〇分）

次の文章を読んで以下の問いに答えなさい。

問一　a ～ e に入る適当な語を以下から一つ選び、漢字に直して書きなさい。**解答用紙（その一）を使用**

ハイキ　　サンプ　　シャショウ　　ケイキ　　シュンジュン
サイキ　　カイソウ　　ガイカン　　カットウ　　ハイジョ

問二　傍線部（ア）において筆者が述べている「一連の生々しい身体的な知覚活動」とはどのようなものですか。「「読むこと」は純粋に知的な行為ではなく、」に続ける形で一〇〇字以内でまとめなさい。**解答用紙（その一）を使用**

問三　傍線部（イ）の内容を本文の論旨に即して簡潔に説明した上で、「小説を支える生態系」としての書物が今後どのように変化していくか、あなたの考えをまとめなさい。全体で八〇〇字以内に収めること。**解答用紙（その二）を使用**

書物には快楽とおびえの記憶がないあわさっている。小学生の頃、モーリス・ルブランのルパンものの一冊『黄金三角』を読んで、地下室に閉じ込められた登場人物に一体化してすっかり胸苦しくなってしまい、眠れないほどの恐怖を覚えたことがあった。一方、アーサー・ランサムのツバメ号シリーズを読んでは、湖面を疾走するヨットの速度と、ハシバミの木を握って地下水のある

③　言語が虚像化したのである。

④　言語が実体化したのである。

問七　空欄 [z] に該当する語を答えなさい(二字)。**解答用紙(その3)を使用。**

問八　筆者が主張する芸術的虚構の特徴について、ウソと比べた上で五〇字程度で説明しなさい。**解答用紙(その3)を使用。**

号は［9］。

① イソップ寓話（童話）
② ペロー童話集
③ グリム童話
④ アンデルセン童話

問四　空欄［い］から［に］に入る表現として最も適切なものをそれぞれ①～⑥から選び、その番号をマークしなさい。解答欄番号は［10］～［13］。

① 儀式的　② 間接的　③ 社会的
④ 童話的　⑤ 本質的　⑥ 現実的

問五　空欄［ア］から［エ］に入る表現として最も適切なものを①～④からそれぞれ選び、その番号をマークしなさい。解答欄番号は［14］～［17］。

① また
② したがって
③ すなわち
④ しかし

問六　空欄［y］に入る文章として最も適切なものを①～④から選び、その番号をマークしなさい。解答欄番号は［18］。

① 言語が遊戯化したのである。
② 言語が現実化したのである。

フィクションが一般に物語性を具えた形式を藉りることが多いために、虚の言語による架空の世界であるべきものが現実と混同されるようになってしまう。虚構と現実の区別が忘れられて、表現の迫真性がうんぬんされる。芸術的虚構と人生的現実が一体化することは双方にとって決して幸福なことではないが、二種のウソの弁別がはっきりしていない社会は、虚構と現実が合致しなければならないように考えがちである。

言語に文化的創造の機能があるのは、虚像化された言語によるフィクションが可能だからである。［エ］、言語の実体化があまりに進行することは警戒しなくてはならない。実体化を緩めるはたらきをするのがフィクションであるが、オオカミが来たといった少年の話は、虚言の発見には、いかに大きな［ウ］に抵抗と混乱がつきものであるかを象徴しているように思われる。

（外山滋比古「虚構について」より、一部改変）

問一　空欄［A］から［C］に該当する語をそれぞれ文中から抜き出しなさい（各二字）。**解答用紙（その3）を使用。**

問二　空欄［x］に当てはまる諺として最も適切なものを①〜④から選び、その番号をマークしなさい。解答欄番号は［8］。

①　備えあれば憂いなし
②　覆水盆に返らず
③　待てば海路の日和あり
④　案ずるより産むはやすし

問三　下線部⑴の童話のうち、フランスの作品として最も適切なものを①〜④から選び、その番号をマークしなさい。解答欄番である。

実体化している言語と事象の癒着関係は簡単には断ち切ることができない。オオカミ来るの虚報もはじめのうちの何度かは本当にされる。ウソがウソらしく見えるには虚言がくりかえし使用されてはじめて可能になるのである。はじめのうちのオオカミが来たは、日常言語の意味をもっている。その意味をすてるには、オオカミが来ないのに、来たということをくりかえしいわなくてはならない。くりかえし同じ言語表現を使用することで、実際的機能が払いとられて、［は］機能が生じる。呪文となるのである。言語が虚像で用いられるようになるのには相当のソフィスティケイションが必要だということである。ウソがいえるのは生やさしいことではない。

そのウソがひとたび確立すると、こんどは、人々は言語にはいつも［B］がないときめこんでしまいがちになる。本当にオオカミが来たときの少年の救急はだれにも信用されなかったという話は、儀式化されたことばは、ただちに実用言語へはもどらないこと、言語の虚実の転換が容易でないことを象徴している。

ウソが様式となれば、実体化のともなわない虚の言語が確立したことになる。そして、事物や現実の拘束から［C］になった言語が意識されるが、ここにおいてはじめて、ことばそのものの発見が可能になるのである。ものごとあってのことばではなく、言葉としてのことばの認識である。逆にいうと、こういう虚の言語が発達しないうちは、ウソをつくこともできないし、フィクションの世界を描き出すこともできない。

道徳や宗教がしばしば芸術と対立するのは、それぞれのもっている言語の性格が根本的に異なっているからである。それを考えると、ウソにも二種あることに気づくであろう。［ウ］、実体言語によるウソと虚の言語によるウソである。前者は［z］と矛盾、衝突をきたすため、社会的、道徳的に否定されなくてはならないが、後者は、もともと実体を捨てた言語のための言語であるから現実の支障などのあろうはずはない。この後者のウソが芸術的フィクションになるのである。

る。現実を言語やイメージが先取りしてしまっていることを、「［x］」という諺はうまくとらえている。心配の方が実際を上まわり、事実によって影響される以上に、その事実をあらわす想念、したがって、言語に左右される。教育の程度が高くなればなるほど、ことばによって影響される度合が大きく、「産む前の心配」がたいへんになるのは、教育としても一考を要する点である。

ことばの実体化がすすみ、ことばと事象が分ちがたく結ばれるようになると、それを常用する人たちに、この実体化を喜ばない気持が芽生える。ひとつになってしまっていることばとその指示物を切離そうとする作用がはたらくようになる。

この段階で一種の超現実的表現が歓迎されるのはおもしろい現象である。子供がおとぎ話を喜ぶのがそれである。言語と事象の癒着がつよまるにつれて、両者の関係に自由な［い］な世界が興味をひくのは、人間の言語を小さな現実にだけしばりつけておかないようにする実際的効果をもっている。

［ア］、言語の実体化の進行は童話[(1)]による超現実への関心の刺激くらいではとうてい阻止できない。童話よりももっと明確なことばと現実の切断、両者の自由な関係の確保が必要になってくる。それに応えるのが［A］である。

オオカミが来たといって村の人たちを驚かせていた［中略］少年がはじめてオオカミガキタという虚報を伝えたとき、村人たちはもちろんこれを信じて大さわぎをした。少年は自分のしたことが言語の実体化にもとづく混乱であることを知らない。［イ］、言語と現実との間には［ろ］な必然的結合はないということも知らない。ただ、ことばだけで大人たちが大さわぎするのがおもしろかっただけであろう。

おとぎ話の中から、オオカミが来ようが、お化けが出ようが、だれも逃げ出したりはしないのに、日常生活の中だと、同じことばがどうしてこれほど違った反応を起すのか。そんなこともわからないまま、ただおもしろいから、少年は同じ悪戯を何度もくりかえした。しかし、そのうち人々はもう驚かなくなった。少年のいうことが実のないウソとしか受けとられなくなったから

④　井伏鱒二
⑤　三島由紀夫

問十一　空欄 C に入れるのに最も適切な語を①～⑤から選び、その番号をマークしなさい。解答欄番号は 7 。
①　しらじらしさ
②　おもおもしさ
③　いまいましさ
④　ふてぶてしさ
⑤　ういういしさ

Ⅱ

次の文を読み、以下の問いに答えなさい。

子供がことばを覚えるのは、ことばとそれが示す事物、概念を結合させる作業であるが、その際、ことばそのものよりもことばの意味するものへの関心の方が大きくなりがちである。そして、ある程度、ことばが自由に使えるようになると、言語そのものについての意識はさらに薄れる。母国語が空気のようなものに感じられるのはそのためである。
ことばとそれが指し示すものごとの関係は、ことばに習熟すればするほど密接に感じられるようになる。言語の実体化が進むのである。そうなると、人間はことばによって、それが示すものごとと同じような作用、影響を受けることが可能になってくる。試験に不合格になるという言語的イメージが実際の失敗と同じように、ときには、それ以上におそろしいものに思われてく

② 美
③ 異
④ 劣
⑤ 消

問八　傍線部(6)「イデスを捨てたとき、おそらく荷風は恋愛なるものを永遠に捨て去ったのだ」とあるが、ここでいう荷風にとっての「恋愛なるもの」を著者はどのようなものとして考えているか、本文に即して三〇字程度で説明しなさい。**解答用紙（その2）を使用。**

問九　空欄 B に入れるのに最も適切な語を①～⑤から選び、その番号をマークしなさい。解答欄番号は 5 。

① 相対
② 客観
③ 主観
④ 恣意
⑤ 思想

問十　傍線部(7)「キタ・セクスアリス」の表題を持つ短編小説（明治42年『スバル』7月号に発表された）の作者名を①～⑤から選び、その番号をマークしなさい。解答欄番号は 6 。

① 森鷗外
② 夏目漱石
③ 永井荷風

問三　傍線部(2)「そうする」の内容を本文に即して三〇字程度で説明しなさい。**解答用紙(その2)を使用。**

問四　傍線部(3)「フランスの詩」について、フランスの詩人を①～⑤から選び、その番号をマークしなさい。解答欄番号は 2 。

① モネ
② ボードレール
③ ド・ゴール
④ ナポレオン
⑤ ドビュッシー

問五　傍線部(4)「上の空なり」の意味上の主語は何か、本文中から抜き出しなさい。**解答用紙(その2)を使用。**

問六　傍線部(5)「ボヘミアン神話」の意味として最も適切なものを①～⑤から選び、その番号をマークしなさい。解答欄番号は 3 。

① 現在のチェコの西部・中部地方に伝わる世界と人類の創生を語った物語。
② 社会的常識から自由に生きる、ロマ人と呼ばれる人々の価値観。
③ 芸術家は社会的道徳に囚われずに生きるものだと信じられていること。
④ 芸術家の活動にはそれを支援する者の存在が必要不可欠だということ。
⑤ ボヘミアの芸術を至上のものと考え、他の文化圏の芸術を排除すること。

問七　空欄 A に入れるのに最も適切な語を①～⑤から選び、その番号をマークしなさい。解答欄番号は 4 。

① 風

得させる力が、そこには立ちこめている」。肉体の力。言われるとおり、それは女の肉体の魔力でもあるのだが、それ以上に生々しい肉体性を感じさせるのは、私のみるところ、貞吉その人なのである。貞吉のすることなすことすべてに、観念ではなく「肌で知っている」者の強さ、一種のなれなれしさが感じられるのだ。

たとえばそれは、一緒に暮らしたロザネットに愛想づかしをする場面である。「貞吉は、今夜一晩、泣いたり怒つたりする面倒臭いロザネットの傍に居るのが、つくづく厭やに思はれた。七拾法は愚か百でも、二百でも金で済む事なら其れを置いて、外をぶらぶら何処かで又更に新しい、風の変つた女に出逢ひたくて堪らない」。こう思う男は女になれた男である。女のおいしさを肉体で知っていて、感情という「面倒臭い」ものに(e)拘泥しようとしない。肉体は肉の悦楽を嘗めればよいのであって、恋愛感情のもつれなどという小うるさいものに足をとられたくない……。貞吉には情事の場数を踏んだ男の　C　がある。

ここに荷風を重ねあわせて、欧米の女の感情教育に身も心も鍛えられた男を想像するのはまちがっているだろうか。

（山田登世子『「フランスかぶれ」の誕生』より）

問一　傍線部(1)「パリ」を流れる河川を①～⑤から選び、その番号をマークしなさい。解答欄番号は　1　。

①　ライン川
②　テムズ川
③　ドナウ川
④　テヴェレ川
⑤　セーヌ川

問二　傍線部(a)～(e)の読み仮名を記しなさい。**解答用紙（その2）を使用。**

く流れて来る、遠い会堂の讃美歌の声をば、自分はアーマと二人、如何なる深い感動を以て黙聴したであらう」。

イデスと荷風との恋は、『西遊日誌抄』に言葉少なに綴られているだけで、真相はわからない。「放蕩」という小説に読者がその恋を重ねて想像するだけでしかないのだが、思わず読み重ねてしまうほどに、この小説は男と女の官能の惑溺をリアルに感じさせるのである。菅野昭正の評をひこう。この作品が「それまで見られなかった小説的な厚みを感じさせるのは、恋愛の魔的な呪縛力(c)がかつてない濃密さで表象されているからである。別の言いかたをするならば、アーマもロザネットも、金次第の恋愛ということを抜きにして、拒むに拒めない濃厚な官能の呪縛力を投げかける」ように描かれているからである。

そう、荷風は本気で愛に溺(d)れたのだ。イデスと荷風の恋はまさしく「恋愛」だったのである。そうして、イデスを捨てた時、おそらく荷風は恋愛なるものを永遠に捨て去ったのだ(6)。このとき荷風二十八歳。明治四十年のことである。

もともと「恋愛」とは欧米渡来の明治の新風俗であった。女学生たちはこの恋に憧れて、「ラブ」という言葉を使っていた。恋愛はまだ熟せぬ言葉であって、当時は「自由恋愛」と呼ばれていたものである。外来思想であった「恋愛」は観念的なものであり、かかるものとして　B　性を帯びていた。北村透谷が「恋愛は人世の秘鑰(ひやく)なり」の名高い文章で始まる「厭世詩家と女性」を「女学雑誌」に発表したのは明治二十五年のことである。

それから十五年あまり。恋愛の本場である欧米に渡った荷風は、娼婦にせよ、彼の地の女と熱烈に愛しあった。想像にすぎないが、女は異国の青年に西欧の愛を教えたにちがいない。荷風にとってそれは「感情教育」であり、さらにいうなら「ヰタ・セクスアリス」(7)の真髄でもあったのではなかろうか。繰り返し言うがイデスとのことはただ想像にすぎないけれども、そう思わせるものが「放蕩」にあるからである。

ふたたび菅野昭正の言葉を借りよう。「アアマにせよロザネットにせよ、その「魔力」、「誘惑の力」には、肉体の深い襞から湧きだしてくるかのような、強度の肉感性が感じられる。小山貞吉が放蕩の深遠に誘いこまれるのも、決して不思議ではないと納野昭正の卓抜な荷風論『永井荷風巡歴』が言うように、アーマとの恋は『西遊日誌抄』に綴られているイデスとの恋を思わさずにはいない。日本の青年に熱い恋情をそそいですべてをさしだしたイデスの愛に、若き荷風もまた身も心も熱く燃やしたことだろう。

その二人の前に、パリ転勤の話が降りかかる。父の差配であった。憧れの芸術の都パリ。芸術か恋愛か、青年は二つの間をゆれうごく。「今余の胸中には恋と芸術との、激しき戦ひ布告せられんとしつゝあるなり」「あゝ男ほど罪深きはなし」(『西遊日誌抄』)。恋か芸術かと思い悩む心の一極には、いっそイデスの望むとおり、異国の娼婦に養われて「醜業婦で衣食する不良の遊民専門」になってしまってもいいという思いもある。名士である厳父に背いて墜ちてゆきたいという願望がいつもわだかまっているからだ。

だがそうする[(2)]にはあまりにパリは憧れの芸術の国であった。渡米中もフランス語を習い、原書で[(3)]フランスの詩や小説を読み耽った荷風である。フランスの魅力は女の魅力よりはるかに強かった。イデスは捨てられるのである。「イデスと別盃をくむ。此の夜の事記するに忍びず。彼の女は巴里にて同じ浮きたる渡世する女に知るもの二三人もあればいかにしても旅費を才覚しこの冬来らざる中に巴里に渡りそれより里昂(リヨン)に下りて再会すべしといふ。あゝ然れども余の胸中には最早や芸術の功名心以外何物もあらず、イデスが涙ながらの繰り言きくも上の空なり[(4)]」。「芸術の功名心」にひかれてイデスと別れ、フランスに渡った荷風は、[(5)]ボヘミアン神話を地で行ったのである。

けれども、ここで注目したいのはそのことではない。荷風はこのとき深く思い悩み、愛する女との別れに懊悩した。タンホイザーさながらに彼は惑う。「あゝタンホイゼルの恨み。彼が罪の歓楽より身を脱せんとして脱し得ざる肉と霊との悩みは直ちにこれ余が身の上の苦悶[(b)]にあらずや。余はいかにしてイデスを捨つべきか」。小説中に追憶としてよみがえる別れの恋情は、時をへて【A】化されているだけになおさら読む者の胸にしみる。「あゝ、あの時に、静なワシントンの街の、何処からともな

■総合問題■

◀フランス文学科A方式▶

（九〇分）

Ⅰ　次の文を読み、以下の問いに答えなさい。

（なお、この文章は、永井荷風の小説『ふらんす物語』について山田登世子が論じたものである。山田は、菅野昭正の論を引用しつつ、『西遊日誌抄』に綴られた荷風の実生活と重ね合わせた読解の可能性について述べている。）

『ふらんす物語』の冒頭に置かれた「放蕩」は、外交官を主人公にして三人称で書かれた小説だが、一人称で語る他のどの作品にもまして青年荷風の真実を生々しく感じさせる作品である。

ワシントンからロンドンを経て(1)パリに転任してきた貞吉は、真面目に外交官の職務に任じているわけでもなく、「巴里（パリ）でなければ出来ない独身者（ガルソン）」の「浮浪的（ボエーム）の生活」を楽しんでいる。［中略］

自分の腕を枕に眠る女をよそに、ひとり目覚めた貞吉は昔の恋を思いだす。「アーマは必ずかう云ふ風に、自分の腕を下にしなければ、寝付かれないと云つて居たつけ。（…）アーマ、あのアーマによつて初めて西洋婦人の激しい恋を経験したのだ」。菅著作権の都合上、省略。

（エルンスト・H・ゴンブリッチ『美術の物語』河出書房新社、二〇一九年より）

著作権の都合上、省略。

■論述■

（九〇分）

問　次の文章を読み、美術・音楽・演劇映像の中から、自分が関心を持つ分野をひとつ選んだうえで、その芸術分野の歴史において示された「芸術の法則」または「一定のルール」にどのようなものがあるか、一例を挙げて説明しなさい。つぎに、その「芸術の法則」または「一定のルール」に反して、「新しい調和」を示した作例を選び、それがどのような作品か、とりわけその「調和」がいかなるものであるかを詳しく論述しなさい（八〇〇字以内）。

著作権の都合上、省略。

問十　傍線部6「付会」の意味を、十字以内で記せ（句読点は含まない）。**解答用紙（その2）を使用。**

問十一　傍線部7「「逢坂」の由来は、「好事家」たちの空想の産物だった」とあるが、文章全体によると、その空想の動機はどのように分析できるか、五十字以内で述べよ（字数には句読点やカッコ、カギカッコなどを含む）。**解答用紙（その2）を使用。**

問十二　傍線部8「世阿弥」の作ではないものを次の①～⑤から一つ選び、記号をマークせよ。解答欄番号は 6 。

①　無名抄　②　風姿花伝　③　三道　④　砧　⑤　清経

問十三　次の一文は、本文中の〔Ⅰ〕〔Ⅱ〕〔Ⅲ〕〔Ⅳ〕〔Ⅴ〕のいずれかの箇所に入る。この一文が入る最適な箇所を、次の①～⑤から選び、記号をマークせよ。解答欄番号は 7 。

世阿弥自筆『雲林院』と、『江戸砂子』の「逢坂」のエピソードは、同じ源から別れた姉妹関係に当たる。

①　〔Ⅰ〕　②　〔Ⅱ〕　③　〔Ⅲ〕　④　〔Ⅳ〕　⑤　〔Ⅴ〕

問十四　この文章の説明として、適切ではないものを、次の①～⑤から一つ選び、記号をマークせよ。解答欄番号は 8 。

①　優美な王朝文化が東国の近世へ移植される際に、中世文学が繋ぎ役となった例として『徒然草』を示している。

②　『続江戸砂子』の「狸橋」のような珍談が生まれる要因として、江戸の「小石川」と『徒然草』中の「小川」といった名称の類似も重要であった。

③　中世に作られた『伊勢物語』の注釈書が空想的な内容であったため、近世には一掃され実証的な創作が好まれた。

④　『冷泉家流伊勢物語抄』にはさねかづらの名前が見えないことから『江戸砂子』の「逢坂」の記述には三条の右大臣の古歌の存在も関わっていると考えられる。

⑤　『雲林院』の中で、春日野を武蔵野と呼ぶことや武蔵塚について説明がないことを考えると、世阿弥に影響を与えた作品が見えてくる。

④　庶民は『源氏物語』が作り話であることを知っていたため、それを利用した『江戸砂子』を非難した。
⑤　著名な作品と重ね合わさることで文化的価値が加わった右衛門桜の存在により、新たに作品が生み出されていった。

問三　空欄 B に入る語として最適なものを、次の①～⑤から選び、記号をマークせよ。解答欄番号は 2 。
①　同情的　②　否定的　③　妄信的　④　肯定的　⑤　楽観的

問四　傍線部2「カンキ」、傍線部9「イッダツ」を漢字に改めよ。**解答用紙(その2)を使用。**

問五　空欄 C に入る語として最適なものを、次の①～⑤から選び、記号をマークせよ。解答欄番号は 3 。
①　立体化　②　具体化　③　等質化　④　抽象化　⑤　対立化

問六　傍線部3「奔放」の読みを、ひらがなで記せ。**解答用紙(その2)を使用。**

問七　空欄 D に入る語として最適なものを、次の①～⑤から選び、記号をマークせよ。解答欄番号は 4 。
①　インセプション　②　イミテーション　③　イニシエーション　④　イマジネーション　⑤　イリュージョン

問八　傍線部4「今日はな焼きそ」を、十五字以内の現代語に改めよ(句読点は含まない)。**解答用紙(その2)を使用。**

問九　傍線部5「名にし負はば逢坂山のさねかづら人に知られでくるよしもがな」の和歌の文法や修辞法の説明として、最適なものを次の①～⑤から選び、記号をマークせよ。解答欄番号は 5 。
①　「名にし負はば」の「し」は過去の助動詞の連体形である。
②　この和歌に掛詞は用いられていない。
③　「人に知られで」の「で」は格助詞である。
④　三句までは五句「くる」を導く序詞である。
⑤　末尾の「もがな」は詠嘆を表す終助詞である。

やがて、『伊勢物語』の注釈書が、『伊勢物語』から出て『伊勢物語』からイツダツ[9]したように、江戸文化は都の文化を乗り越えようとする。都人の柏木が関東で死んだ塚から、大輪の右衛門桜が花開き、茴香にも似た江戸の匂いで人々を魅了した。それは、江戸の文化人たちの見果てぬ夢だったろう。いつの日か、大田南畝の文学に即して、その夢が実現するプロセスを見届けたいと思っている。

（島内景二『伊勢物語』―東下りする京文化」による）

＊茴香…茴香の実を蒸留して採った芳香油。
＊本居宣長の奥墓…三重県にある宣長の墓。背後に桜が植えられている。
＊帰るさの道もせ…帰るときの道も狭くて、の意。
＊若草山…奈良県にある山。
＊雛罌粟…ひなげし。
＊片桐洋一氏…日本文学研究者。

問一　空欄 A に入る作品名を答えよ。**解答用紙（その2）を使用。**

問二　傍線部1「江戸の庶民たちはそれで納得しなくなる」とあるが、その後の右衛門桜に関わる動きとして、最適なものを次の①～⑤から選び、記号をマークせよ。解答欄番号は 1 。

① 柏木の墓に青草が生じたという『源氏物語』の記述を、桜が生じたと書き換えた本文が読まれていった。
② 武田右衛門が樹医となり、『源氏物語』に因んで植えられた桜の古木を蘇生させることとなった。
③ 頻繁に右衛門桜の見物に出掛けた大田南畝により、『江戸砂子』の記述が偽りであることが明らかになった。

『角田川』も、観る者の魂の奥底を揺さぶる傑作である。それは、これらの作品が『伊勢物語』から出発していながら、その重力の外へ抜け出しているからだろう。その「解放感」は、既に片桐洋一氏たちが指摘したことではあるが、『伊勢物語』に奔放な解釈を示した注釈書の影響なのでもある。

さて、『伊勢物語』から抜け出した謡曲に、『雲林院』がある。これには、現行曲の外に、8世阿弥自筆の原作が伝わっている。世阿弥自筆の『雲林院』では、何と「武蔵野」が「春日野」の中にあることが大前提となっている。そして、春日野の中にある「武蔵塚」を舞台として、業平と二条の后の逃亡の失敗が語られる。后の兄の藤原基経が「鬼」となって、妹を奪還したのだった。

〔Ⅰ〕世阿弥原作『雲林院』には、「小野美作吾」の名前は出てこない。むろん、春日野を武蔵野と呼ぶ理由も、春日野の中に武蔵塚が築かれている理由も語られていない。だが、「春日野＝武蔵野」と「武蔵塚」を自明の前提としている点に、世阿弥が『冷泉家流伊勢物語抄』から受けた影響の大きさが感じられる。〔Ⅱ〕

世阿弥は、中世の『伊勢物語』注釈書に基づいて、人間の救いようのない恋の妄執を描き上げた。〔Ⅲ〕后を盗む男（業平）の心も、夫である清和天皇を裏切って臣下の男と逃避行を断行した女（二条の后）も、自分の権力維持のために鬼となって妹の恋を引き裂いた男（基経）も、彼らの心は修羅そのものだった。〔Ⅳ〕

『江戸砂子』の記す「逢坂」の伝説を誰が創作したのか、よくわからない。世阿弥が『冷泉家流伊勢物語抄』に芸術的創作意欲を掻き立てられて『雲林院』を作ったように、江戸の文化プランナーも『冷泉家流伊勢物語抄』に創作エネルギーを感じて、『百人一首』と合成した悲恋の物語を作りあげたのだろう。〔Ⅴ〕美女「さねかづら」は、江戸に生まれ変わった「二条の后」なのだ。

本稿では、『江戸砂子』『続江戸砂子』に記された三つの地名「右衛門桜」「貍橋」「逢坂」を手がかりとして、江戸文化の成熟への第一歩を見届けた。都の一流の文化人たちが大挙して東来した時代に、『源氏物語』や『伊勢物語』や『徒然草』という古典作品の精神までも一緒に東漸していたのだった。在原業平や柏木だけでなく、擬人化された「京の都の文化」が「東下り」を敢行したのだ。

ただし、『冷泉家流伊勢物語抄』には、小野美作吾が愛した武蔵の国の女の名前が書かれていない。彼女に「さねかづら」という名前が与えられ、彼女が死んだ小野美作吾と再会できたので「逢坂」と名づけられたという説明になるためには、もう一つの淵源として、

5 名にし負はば逢坂山のさねかづら人に知られでくるよしもがな

という、『百人一首』の三条の右大臣（藤原定方）が詠んだ古歌が必要である。

けれども、『百人一首』の古歌が先にあって、『冷泉家流伊勢物語抄』が後から加わったのでは絶対にない。『冷泉家流伊勢物語抄』が先に骨格を作ったあとで、『百人一首』が仕上げの肉付けを行ったのだ。

『江戸名所図会』では、『江戸砂子』の記述をさらに詳しくした物語的叙述を行っている。そして、「また地名を逢坂と言ひ、女の名を『さねかづら』と言ふ、好事の人の6付会せること、知るべし。されど、伝ふること久しければ、やむことを得ずして、ここに出だす」とコメントしている。

牽強付会とも言える7「逢坂」の由来は、「好事家」たちの空想の産物だったと言っているわけである。その「好事家」とは、たとえば都では虚構の物語である『源氏物語』に登場する夕顔の陋屋の所在地を突き止めたり、江戸では柏木の墓標を特定したりする、そういう好奇心あふれる文化人だったのである。彼ら好事家は、『源氏物語』にも『伊勢物語』にも『徒然草』にも通暁していたし、『伊勢物語』の注釈書である『冷泉家流伊勢物語抄』にも精通していた。

なお、戸田茂睡の『紫の一本』にも、「逢坂」に関して、小野美作吾と「さねかづら」の悲恋が記されている。茂睡は歌学者であるが、『冷泉家流伊勢物語抄』の存在を知らなかったようで、三条右大臣の逢坂は近江の国、こちらは武蔵の国なので、違っているなどと述べるに留まっている。

ここで少し『江戸砂子』から、視点を移すことにしよう。『伊勢物語』を題材とした謡曲には、名作が多い。『井筒』も『杜若』も

武蔵野は今日はな焼きそ若草のつまもこもれり我もこもれり(『伊勢物語』)

これらの歌は、近代の女性歌人・与謝野晶子の絶唱、

ああ皐月(さつき)仏蘭西(フランス)の野は火の色す君も雛罌粟*(コクリコ)われも雛罌粟

の本歌でもあり、火の中で燃えさかる愛の情熱を高らかに謳いあげている。

この二首は、なぜ武蔵野と春日野が、置き換わっただけなのだろうか。まるで、武蔵野と春日野が同じ場所だと言わんばかりではないか。

謎を解く鍵は、『冷泉家流伊勢物語抄』という注釈書である。鎌倉時代末期から室町時代にかけて書き継がれた、大変に不思議な『伊勢物語』の注釈書である。この本の文学的生命を発見した功績は、片桐洋一*氏にある。片桐氏は、この『冷泉家流伊勢物語抄』が中世の文学の源流となった事実を具体的に明らかにした。平安時代の王朝文化が、中世の注釈書というダムに一度ストックされ、そこから中世後期と近世文化へと向かって放流されたのだ。

『伊勢物語』第一二段の注釈として書かれている『冷泉家流伊勢物語抄』は、次のような文章である。さきほどの『江戸砂子』の「逢坂」のくだりと比較しながら読んでいただきたい。

『日本紀』に云く、文武天皇の御時、小野美作吾といふ人、武蔵の守にて多年在国したりけるに、京に上りて病しける時、子を呼びて云く、「我、武蔵の国にて果てなむと思ひしに、思ひのほかにここにて死なむこと、心にかかれり。されば、我をば武蔵の国へ送るべし」、と言ふ。死後に、武蔵へやらずして、春日野に埋みぬ。後に祟りをなしければ、武蔵より土を運びて、墓を築きて、武蔵塚と言ひて、宣旨を誦みかけたり。そのほとりを、武蔵野と言ふ。

いかがだろう。『江戸砂子』に書かれた「逢坂」の由来は、この『冷泉家流伊勢物語抄』を一つの淵源にしていると断言できるのではないだろうか。

としか言えないような注釈書を中世の文学者たちに作らせた。それが、そのまま近世に手渡され、新しい文化の創造に燃えている江戸の文化プランナーに、ヒントを与える。……

私が手がかりとしたいのは、『江戸砂子』の「逢坂（おうさか）」という坂の記述である。江戸に坂が多いのは周知のことであるが、どの坂をとってみても、名前の付け方には味がある。文学的な味わいである。前置きはこのくらいにして、本文を引用しておこう。

逢坂、ゆうれい坂の西。美男坂、逢坂の東。

古き物語に云（いは）く、昔、奈良の帝の御宇（ぎょう）、小野美作吾（みさご）といふ人、武蔵守に任じて、当国に下る。この所に、玄及藤（さねかづら）といへる美女あり。美作吾、思ひそめて、取り迎へたり。日月経て、召しにより、南都に上る。*若草山の麓に住む。美作吾、かのさねかづらを焦がれ死にする期に至り、云く、「我、死にて後、亡骸を武蔵の国へ送りて、さねかづらが住みしあたりに葬るべし」と也。しかれども、遠国なれば、その事なく、若草山の麓に葬り、その所を武蔵野と名づけたる也。

また、さねかづらも、美作吾を慕ひ、明け暮れ神に祈りしかば、まさしき夢の告げありて、この坂に来りて、美作吾を待ちしに、ありしに変はらぬ姿にて来り、現ともなくしばらく語らふと思ひて、消え失せぬ。それより、この坂を逢坂と言へり。かの女も、坂の麓の川に入りて、死にたりしとなり。

同様の説明が、現在も逢坂の「標識」（新宿区教育委員会設置）に書かれていて、神楽坂近くのこの坂を訪れる人々の心に、ロマンチックで悲劇的な恋への共感を掻き立てている。

この悲恋のエピソードは、奈良の「春日野」の中に、本来は東国にあるべき「武蔵野」がある、という点に眼目がある。ここから、『古今和歌集』と『伊勢物語』へと、話がさかのぼってゆく。

『古今和歌集』と『伊勢物語』とに、類似する和歌が二首ある。

春日野は今日はな焼きそ[4]若草のつまもこもれり我もこもれり（『古今和歌集』）

　と言へり。この説も、つれ〴〵草の文談によりて、言ひ伝へなるべし。

と、貍橋の話の出所を推測している。兼好の『徒然草』が、ものの見事に、江戸に舞台を移している。江戸の地名は、都で書かれた古典文学の話をそのまま受け入れることがあった。そのことによって、江戸が都となる。あるいは、都が江戸になるのだ。東と西の文化は、かくて［　C　］してゆく。

『徒然草』が江戸の庶民に広く読まれていたからこそ、その「文談」が書物を離れて、現実の小石川のエピソードへと抜け出したのだろう。むろん、『徒然草』で連歌師が転落した「小川」と、江戸の「小石川」との類似も、この珍談が発生する重要なファクターだったに違いない。

『江戸砂子』の記述からうかがわれるのは、近世の江戸を何とかして「王朝の都」と重ね上げたいという江戸の文化人たちの欲求の強さである。

ただし、右衛門桜のような例があるとしても、『源氏物語』で代表される優美な王朝文化が、直ちに東国の近世に移植できるはずはない。そこで、『徒然草』の滑稽な笑い話に代表される中世文学が、東と西の二つの文化圏の「接着剤」として有効に機能することになった。

さて次には、『伊勢物語』の注釈書に着目してみたい。『伊勢物語』は、むろん王朝物語文学の傑作である。「昔男」、こと在原業平の東下りが語られているので、「隅田川」「言問橋（こといばし）」「都鳥」など、江戸の下町文化の醸成に大きく貢献している。

『伊勢物語』は、江戸時代には版本として出版され、広く庶民に読まれた。ただし、それ以前の中世においては、この物語の「注釈書」が重要な役割を果たしている。『伊勢物語』のテキストから直接に中世文化が発生することもあるが、『伊勢物語』の注釈書に触発されて中世の謡曲やお伽草子が創作されることも多かった。

男と女の恋愛物語として、[3]奔放な人間絵巻を華麗に描いた『伊勢物語』。それが、読者の自由な［　D　］に強く訴え、物語氏物語』由来説には［　B　］な口ぶりである。だが、庶民は江戸の地名と都の文化とを重ね合わせることを、大いに楽しんでいる。『源氏物語』と重なるからこそ、文化的プレミアムの加わった「右衛門桜」は有名になり、仮名草子『武蔵国柏木右衛門桜物語』のような作品が創作されたのである。

　江戸時代後期の文人・大田南畝は、ことのほか右衛門桜に関心を持ち、何度も右衛門桜の見物に出かけている。南畝の旧蔵書であった『武蔵国柏木右衛門桜物語』は現在、早稲田大学図書館の所蔵となっているが、インターネット上で全ページが写真で公開されている。

　なお、「仮名草子集成」第七巻にも、『ゑもん桜物語』として翻刻されている。『江戸砂子』とは別系統の敵討ちのストーリーなので、「右衛門桜」がさまざまな想像力を[2]カンキしたことがわかる。一読すれば、『源氏物語』の世界を巧みに利用しているのが明らかである。

　次に挙げるのは、小石川にあった「狸橋」についての『続江戸砂子』の説明である。この橋の名前は、「タヌキバシ」ではなく、「ネコマタバシ」と発音する。

　むかし、この辺に狸(ねこまた)ありて、夜な夜な、赤手拭をかぶり踊るといふこと、子ども、昔の物語あり。先つ頃(さい)か、大塚辺に愚なる道心者ありしが、巣鴨の辺へ非時*に招かれ、帰るさの道もせ、薄(すすき)・刈萱(かるかや)のいと寂しきたそがれ、あとより白き獣の追ひ来るを、「すは、かの狸よ」と、息を限りに逃れしが、この川に転び入りて、身のさま水に浸し、辛うじて庵に帰り、「愚僧こそ、今宵かの物語の狸に逢ひたり」と語る。それより、誰言ふともなく狸川と言ひ、狸橋と言ふとぞ。

一読して気づくように、これは『徒然草』第八九段の「ねこまた」の話の換骨奪胎である。「先つ頃＝先日」とあるが、とんでもない。『続江戸砂子』にも、先ほどの記述に引き続いて、

　つれ〴〵草に、行願寺の辺にありし連歌師の、ねこまたに逢ひて小川(こかは)に転び入りたること、書けり。日頃飼ひける犬なり、

たり。他の花よりは遅し。或る人の曰く、「この木、初めは名も無かりしが、色香深きにより、盛りの頃は諸人賞翫す。近きあたりに、武田右衛門といふ浪人、勝れてこの花を愛す也。この木、老木にして、木々の枝、枯れたり。かの右衛門、嘆きて、新たに若枝を接ぐ。接木の上手なれば、枝は栄えて、花も昔の色香をなせり。右衛門が接木の桜なれば、いつとなく右衛門桜と言ふ」。幸なるかな。所は柏木村なれば、『源氏』の柏木右衛門にちなみて、名高き銘木とはなれり。又の説、「柏木の右衛門、東に下りし時、植ゑられたる桜也」と言へり。不詳。又、柏木の墓標とも言へり。この所にて死にたることか、知らず。

柏木の古りたる塚は見えねども昔を残す花桜かな　遺佚

「遺佚」は、元禄四年(一六九一)に刊行された戸田茂睡の地誌『紫の一本』に登場する案内人の名前である。浅井了意の『江戸名所記』にも、このエピソードは書かれている。かなり早い時期から、有名な桜だったことがわかる。武田右衛門という人物が、現代で言うところの「樹医」となって蘇生させた桜の古木だから、人々は「右衛門桜」と呼んだ。これが、正しい語源である。

ところが、右衛門桜が有名になるにつれ、1江戸の庶民たちはそれで納得しなくなる。『源氏物語』の登場人物である「柏木衛門督」が植えた木であるとか、柏木衛門督の墓の目印として植えられた木であるとかの新説が(あるいは「珍説」に近いかもしれない)、発生するに到った。

『源氏物語』のキャラクターである柏木は、桜の花が盛りの庭で、蹴鞠をしていて憧れの女三の宮の姿を見てしまい、破滅の恋へと突き進んでゆく。桜の花は、運命の恋のシンボルであり、「右衛門桜」の官能的な色香とイメージ的に重なる。

そして、『源氏物語』では、恋に生き恋に死んだ柏木の墓(塚)には、「青草」が生じたという。この墓標が、*本居宣長の奥墓のように、「桜」の木であってもおかしくはないわけだ。

人々は、むろん『源氏物語』がフィクションであり、作り話であることを知っていた。その証拠に、『江戸砂子』の著者も、『源

◀日本文学科B方式▶

（六〇分）

次の文章を読んで後の問いに答えなさい。

徳川家康が幕府を開いた江戸は、新開地だった。武蔵野や隅田川は、平安時代から和歌に詠まれつづけた「歌枕」だが、文字通りの「東路の道の果て」（『　A　』）であった。都の文化が江戸に根づき、成熟して独自の江戸文化を開花させるには、長い年月が必要だった。

先鞭を切った林羅山に引き続き、京から江戸に東来してきた人物の名前と、時期を示しておこう。画家の住吉具慶、延宝七年（一六七九）。神道家の吉川惟足（きっかわこれたる）、天和二年（一六八二）。和学者の北村季吟、元禄二年（一六八九）。彼らが東漸（とうぜん）してやっと、江戸にも都の文化が移植されたのだった。

『江戸砂子（えどすなご）』は、享保一七年（一七三二）に初編が刊行された江戸の地誌である。三年後に、続編も刊行された。幕末に近い『江戸名所図会』よりも、一〇〇年くらい以前の刊行である。江戸文化の成熟と爛熟にはまだ程遠いが、新開地でなくなって「都」の文化が根づき始めた時期に当たる。

この『江戸砂子』が、文化的にはなはだ興味深い。例えば、四谷の「右衛門桜（えもんざくら）」の由来。

右衛門桜　四谷の末、柏木村。真言延正寺薬師堂の前にあり。花は大輪にして、蘂（しべ）長く、匂ひ勝れて高く、＊茴香（ういきやう）の香に似び、記号をマークせよ。解答欄番号は 34 。

① 風情があって良い　② ぴったり貼りついている　③ 適切な感じがする
④ かわいいと感じられる　⑤ 美しく立派である

問十三　傍線部13「まろなくて、騒がしまゐらせたりけるいとほしさ」とはどのような意味か。最適なものを、次の①〜⑤から選び、記号をマークせよ。解答欄番号は 35 。

① 自分がいない時にあわてふためいた様子は、さぞかわいかったであろう。
② 自分がいなかったために、女房たちが大騒ぎをしたのは不都合であった。
③ 自分がいなかったにもかかわらず、落ち着いて避難したのは立派であった。
④ 自分がいない時にこのような騒動が起こって、気の毒であった。
⑤ 自分がいないというだけで対応が混乱してしまったのは不届きであった。

問十四　この作品は建保七年(一二一九)頃の成立と考えられているが、これと成立年代の近い作品を次の①〜⑤から選び、記号をマークせよ。解答欄番号は 36 。

① 大鏡　② おくのほそ道　③ 讃岐典侍日記　④ 徒然草　⑤ 方丈記

ほうへ車を持ってこさせたということ。

問九　傍線部9「親宗が不覚」の「不覚」を現代語に置きかえるとすれば、どのような語が適切か。五文字以内の現代語で答えよ。

解答用紙（その2）を使用。

問十　傍線部10「大方、今も今もかからむことは」の意味として最適なものを、次の①～⑤から選び、記号をマークせよ。解答欄番号は 32 。

①　だいたいこういう時にはこうするものなのです。
②　今までこんなひどい目にあったことはありません。
③　このような非常の場合ですから、仕方がないでしょう。
④　今このときにそんなことを言っている場合ではありません。
⑤　よくこんなに早く駆けつけてくれたものです。

問十一　傍線部11「事のまぎれに、君の御恩なれば、庇の車にも乗りぬ」の意味として最適なものを、次の①～⑤から選び、記号をマークせよ。解答欄番号は 33 。

①　手違いがあったおかげで、門院様と一緒に立派な車に乗ることができました。
②　どさくさ紛れに、門院様のおかげでこのような立派な車に乗ることができました。
③　門院様が手配してくださったおかげで、庇の車に乗ることができました。
④　これまで一生懸命ご奉公してきたおかげで、立派な車で逃げることができました。
⑤　騒ぎに紛れて、親宗様が用意してくださった車に乗ることができました。

問十二　傍線部12「折につけてはつきづきしく聞こえしにや」の「つきづきしく」の意味として最適なものを、次の①～⑤から選

問七　傍線部7「や」は、発言した作者のどのような気持ちを表しているのか。最適なものを、次の①～⑤から選び、記号をマークせよ。解答欄番号は 30 。

① 「取り残された私たちはどうしたらいいのでしょう」と、門院に心細さを訴える気持ち。
② 「車が間に合ってよかったです」と、門院が無事に乗車できたことを喜ぶ気持ち。
③ 「ここを離れてはいけません」と、脱出しようとする門院を制止する気持ち。
④ 「先に行ってしまわれるのですか」と、車に乗った門院を非難する気持ち。
⑤ 「どうぞご無事で」と、門院が安全な場所に移動することを願う気持ち。

問八　傍線部8「庇の御車、寝殿の階隠しに設けて、上達部列に立ちたるをば知らで、こなたより出でさせたまひにけり」とあるが、これはどのような状況を述べたものか。その説明として最適なものを、次の①～⑤から選び、記号をマークせよ。解答欄番号は 31 。

① 庇の御車が寝殿に準備されていることを、上達部たちが知らなかったため、門院は別のほうから脱出してしまったということ。
② 建春門院のために上達部たちが車を用意して待機していたのに、門院はそれに気づかず、自ら進んで別の出口へ向かってしまったということ。
③ 上達部が立っているのに気づかず、門院は寝殿の階隠しに寄せた庇の御車にさっさと乗ってしまったということ。
④ 建春門院の脱出のために御車を用意して、上達部たちが待機していたのに、親宗がそれに気づかず別のほうへ門院たちを誘導してしまったということ。
⑤ 門院のための御車が寝殿のところに用意されていたのに、そこには上達部たちが立ち並んでいたため、西の御車寄せの

④　建春門院が自分を呼んだことに応えることば。
⑤　建春門院が無事かどうかを確かめることば。

問四　傍線部4「ただの折は「御所」とのみこそ申すに、騒ぎたるほどもしるし」とはどのような意味か。最適なものを、次の①～⑤から選び、記号をマークせよ。解答欄番号は 27 。

①　いつもは「御所」とばかりお呼びしているのに、騒いでいたため声が聞こえなかった。
②　いつもは「御所」とばかりお呼びしているのに、「御前」と呼びかけたのはあわてていたからだろう。
③　いつもは「御所」とばかりお呼びしているので、騒然たる中で誰が来たかがはっきりとわかった。
④　いつもは「御所」とばかりお呼びしているので、騒がしい中で他の人と間違えたらしい。
⑤　いつもは「御所」とばかりお呼びしていて、「御前」とは呼ばない奇妙さが露呈してしまった。

問五　傍線部5「それ」は何を指しているか。最適なものを、次の①～⑤から選び、記号をマークせよ。解答欄番号は 28 。

①　建春門院　②　御衣　③　車　④　親宗の弁　⑤　作者

問六　傍線部6「やがてたてまつるところにて思ひ出づれば」の意味として最適なものを、次の①～⑤から選び、記号をマークせよ。解答欄番号は 29 。

①　そのまま立ち去ろうとして、急に思い出したのは
②　車に乗ろうとして、不意に思いついたのだが
③　車に乗ることになっている場所を思い出してみると
④　やっとのことで衣を着ることに思い至ると
⑤　門院がお乗りになる時になってふと気づくと

＊　南殿＝後白河法皇の御所。
＊　重盛＝平重盛。平清盛の長男。
＊　火のもとに入りて、柱を切り散らして消ちたる＝火勢を弱め類焼を食い止めるため、柱を切り倒す。

問一　傍線部1「言ふかひなく寝にけり」の意味として最適なものを、次の①〜⑤から選び、記号をマークせよ。解答欄番号は 25 。

① あどけない様子でおやすみになっていた。
② ひと言も発せずに眠ってしまった。
③ ふがいなくも寝てしまっていた。
④ 油断しないように気を配って寝ていた。
⑤ 立派なさまで横になっておられた。

問二　傍線部2「御前のおぼつかなくて」を、「御前」が誰を指すかを明確にしつつ、二十字以内で現代語訳せよ(句読点を含む)。**解答用紙(その2)を使用。**

問三　傍線部3「御前は、やや」とは、どのような気持ちを表すことばか。その説明として最適なものを、次の①〜⑤から選び、記号をマークせよ。解答欄番号は 26 。

① 建春門院に火事の模様を伝えることば。
② 建春門院がひどい姿であるのを嘆くことば。
③ 建春門院に対する挨拶のことば。

ほしさ」とぞ、仰せごとありし。

［注］

＊ 院の御方＝後白河法皇。
＊ 今日吉＝後白河法皇が勧請した社。
＊ 御所の引き物＝門院の部屋の帳（とばり）。
＊ 衣架の間＝衣をかけておく衣桁のある部屋。
＊ 帥殿＝建春門院付きの女房の名。以下、この場面に登場する大和殿・堀川殿・三条殿・宣旨殿・冷泉殿・大納言・内侍殿・卿の殿・新大夫はいずれも建春門院付きの女房の名。
＊ 「それは」とて＝「それはお召しになりにくいであろう」と言って。
＊ 親宗の弁＝平親宗。建春門院の弟。
＊ 御太刀、御守りの筥＝建春門院の守り刀とお守りを入れた箱。
＊ まづ乗りたるも、返り降りず＝三条殿は御太刀と御守りの筥を受け取って車に乗ったが、そのまま降りようとしない。
＊ ここまでは頼もしかりつる心弱さに＝ここまでは気が張っていたのが、急に弱気になって。
＊ 「衣着たらむ人」＝「まともな恰好をしている人から、先に乗りなさい」の意。
＊ 新院＝建春門院が生んだ皇子六条院。当時は十歳で、七条殿に同居していた。
＊ 庇の御車＝屋形の出入り口に庇をつけた車。身分の高い人が乗る。
＊ 階隠し＝寝殿正面の階を覆っている庇。

れしさに、そなたへ参りたれば、また人も候はず、*帥殿ぞ御衣とりて、たてまつらせける。大和殿、ただ今灯を持ちて取らせたるを、持ちて立ちたれば、帥殿の参らする物の具重なりたる御衣を、*「それは」とて、若楓の綿抜きたる御衣をたてまつるほどに、括り高く上げたる男の、あさましく騒ぎて、3「御前は、やや」と問ふを見れば、*親宗の弁なり。4ただの折は「御所」とのみこそ申すに、騒ぎたるほどもしるし。

5それを先に立てて、西の二棟ざまへおはします。灯をば碁盤の上に置きて、*御太刀、御守りの筥を持ちて参る。二棟の障子のもとに、堀川殿、紅の匂ひの衣の綿抜きたるに、青き単衣、袴、もとのがすこし萎えたりける上に、今ひとつ着重ねたりけり。差し合ひて、御守りの筥は取りつ。西の御車寄せの妻戸を開けむとすれば、錆びつきにけり。からうじて開けたるに、見れば、女房のある限り、かねて集まり来にけり。誰々とだに見えず。御車寄せたるに、三条殿、「御太刀、御守りの筥入れむ」とて、*まづ乗りたるも、返り降りず。6やがてたてまつるところにて思ひ出づれば、この御車にえ乗るまじきにと思ふに、*ここまでは頼もしかりつる心弱さに、御袖をひかへまゐらせて、7「や」と申せば、御覧じ返りて、「親宗、この女房たち、とくとく車に乗せよ」とおほせらる。宣旨殿、冷泉殿乗られぬるに、この人々みな騒ぎて、衣もとりあへざりけり。*「衣着たらむ人」とおほせらるるに、心かしこうまうけて、堀川殿参りぬるだに狭きに、*新院を、人抱きまゐらせて出で来たり。さらに引き出だす御車を寄せて、押し入れまゐらす。次に寄せたる車に、大納言と騒ぎ乗る。内侍殿、帥殿、卿の殿、新大夫ぞ乗りたりし。

8*庇の御車、寝殿の*階隠しに設けて、上達部列に立ちたるをば知らで、こなたより出でさせたまひにけり。9「親宗が不覚」とぞ、院はおほせごとありしかど、10「大方、今も今もかからむことは」とぞ申しし。その庇の御車、のちに寄せたるに、大和、人より果てに一人残りて、11「事のまぎれに、君の御恩なれば、庇の車にも乗りぬ」と言ひてぞ、こと静まりては笑はるる。

*南殿へおはしましぬれば、院もやがて渡りおはします。御所は、右大将とは*重盛の侍どもの、*火のもとに入りて、柱を切り散らして消ちたると聞こえしも、12折につけてはつきづきしく聞こえしにや。院は、13「まろなくて、騒がしまゐらせたりけるいと

③　ほとんどの俳句が持つ魅力は、子供のように主観的な視点で情緒豊かに描かれている部分にあり、海外でも賞賛されているから。

④　ほとんどの俳句が持つ魅力は、日本の伝統的な季節感に深く根づいているため、四季折々の情景が多様に描かれ理解しやすいものとなっているから。

⑤　ほとんどの俳句が持つ魅力は、日本文化固有の側面のみにあるのではないため、国外の人々も理解可能なものとなっているから。

以下の問題は、日本文学科の受験生のみ解答すること

四　次の文章は、後白河法皇の后建春門院に仕えた女房が書いた『たまきはる』の一節で、建春門院が住む御所（七条殿）の近くから出火し、類焼の恐れがあったため、門院とその女房たちが急いで避難するという場面である。これを読んで後の問に答えよ。

＊院の御方に、＊今日吉に籠らせたまひたるほど、一所おはしますに、七条殿の寝殿の辰巳にあたりたる萱の御所に、火出で来にけり。例の上に臥したるに、1言ふかひなく寝にけり。うちおどろきたれば、うたてく寝たりつる人一人もなし。端は開きたるに、見れば、空にこまかなる火の、ひらひらと雪のやうに散るに、ものおぼえねど、思ひもあへず縁に這ひ出でぬ。只絹の白き衣の単衣も重ねぬに、樺桜の宿直物を重ねて、寝たるままのあきれ心地に、2御前のおぼつかなくて、東の台盤所へ入りて、＊御所の引き物引き開けたれば、御前は暗し、御寝所のそばの＊衣架の間に、「その火はいかにや」とおほせらるる御声を聞きつけたるう

①　酷評　②　卑下　③　激賞　④　示唆　⑤　配慮

問六　傍線部2「技巧的」と筆者が英詩について述べているのに対し、俳句の特徴として述べられている最適な表現を三文字以内で抜き出しなさい。**解答用紙(その2)を使用。**

問七　傍線部3「ゼンシン」を漢字にしたとき最適なものを、次の①～⑤から選び、記号をマークせよ。解答欄番号は 22 。

①　善心　②　前身　③　全身　④　禅心　⑤　漸進

問八　傍線部4「非終結性が著しい」の意味として最適なものを、次の①～⑤から選び、記号をマークせよ。解答欄番号は 23 。

①　原句の持つ意味に忠実に解釈される部分が比較的大きい。
②　書き手の解釈に委ねられる部分が比較的大きい。
③　読み手の解釈に委ねられる部分が比較的大きい。
④　読み手の写象力に委ねられる部分が比較的大きい。
⑤　書き手の翻訳力に委ねられる部分が比較的大きい。

問九　傍線部5「俳句に内在する日本文化の魅力は、朔太郎が思っていたよりも、もっと多種多様だったのである」と筆者が主張する理由として正しいものを、次の①～⑤から選び、記号をマークせよ。解答欄番号は 24 。

①　ほとんどの俳句が持つ魅力は、人の生死や情緒が多種多様な手法で描かれている部分にあり、直感的に理解しやすいものとなっているから。
②　ほとんどの俳句が持つ魅力は、日本文化の中でも写実性の強い側面にあり、うどやとろろなどに象徴される固有のものとなっているから。

② A＝かつ　B＝がゆえに
③ A＝そのため　B＝からか
④ A＝その上　B＝とすると
⑤ A＝ところが　B＝にもかかわらず

問二　傍線部1「蕪村の句を英訳で読む欧米人と、現代日本語の解説つきで読む日本人とでは、それほど大きな差異はない」とはどういうことか。最適なものを、次の①〜⑤から選び、記号をマークせよ。解答欄番号は 18 。
① 母語で書かれたものでも、母語以外の言語で書かれたものでも、意味を解釈するという点では大きな違いはない。
② 日本語も外国語も注釈があれば理解できるという意味で、大きな違いはない。
③ 母語で書かれたものでも、母語以外の言語で書かれたものでも、翻訳されていない作品がある点では大きな違いはない。
④ 日本語も外国語もその言語固有の言葉があるという意味で、大きな違いはない。
⑤ 母語で書かれたものでも、母語以外の言語で書かれたものでも、写象性・禅・児童詩的と魅力の点では大きな違いはない。

問三　空欄 C に入れるのに最適な語を、次の①〜⑤から選び、記号をマークせよ。解答欄番号は 19 。
① 仰々しい　② 白々しい　③ 目新しい　④ 望ましい　⑤ 堅苦しい

問四　空欄 D に入れるのに最適な語を、次の①〜⑤から選び、記号をマークせよ。解答欄番号は 20 。
① 自然　② 客観　③ 写実　④ 現実　⑤ 主観

問五　空欄 E に入れるのに最適な語を、次の①〜⑤から選び、記号をマークせよ。解答欄番号は 21 。

発句だが、その発句は脇句によって意味が解体され再構築された。だから発句と同様、4俳句も非終結性が著しい。そして、前述のように、日本人だって俳句を読むとき、一人一人が原句を「翻訳」して理解しているのだ。その翻訳されたものは、各読者のあいだで微妙に、あるいは大きく違う。

とすると、「俳句は英訳できるのか」という問いにたいする答えも、おのずから浮かんでくる。俳句は英訳できるのである。もちろん、うどやとろろの句のように、注釈つきの翻訳でなければならないような場合も、一部にはたしかに存在する。しかし大部分の俳句は、とろろ的日本文化から離れたところで魅力をもっているのであって、それは英訳でも伝わってくる。その魅力とは禅であり、写象詩や児童詩の要素であり、もっとほかの多くの要素である。そして実のところ、それらは深いところで日本文化につながっている。禅は明らかに日本文化の一部だし、写象詩にしても児童詩にしても、抑制の美学とか童心の美学とか、古来の日本文化の伝統と深くかかわっている。しかもこれらのものは、味噌汁や緑茶が嫌いで、うどやとろろなど見たこともない人たちにも伝わってくる。その点において萩原朔太郎は、思い違いをしていた。5俳句に内在する日本文化の魅力は、朔太郎が思っていたよりも、もっと多種多様だったのである。

（上田真「俳句は英訳できるのか―翻訳という営みの本当の意味を考えるために」芳賀徹編『翻訳と日本文化』による）

＊括弧内は出題者による注を示す。

問一　空欄［A］、空欄［B］に入れるのに最適な語の組合せを、次の①～⑤から選び記号をマークせよ。解答欄番号は［17］。

①　A＝ひいては　　B＝のでないなら

So bright -
Beneath, the warriors darkling lie,
Their splendid dreams this afterglow.

不立文字を唱える禅の詩にしては少し冗漫な訳だとも思えるが、草の輝きを中心部に据え、詩前半の草のイメージと後半の屍のイメージを連結させようとした点、訳者の解釈を反映したものになっているといえよう。

英米人が俳句に感じる主要な魅力の三番目は、児童詩的な要素である。具体的にいえば、童心の純粋さ、観察の新鮮さ、小さなものへの興味、素直な驚き、表現の平明さ、言葉遊び性などであろう。「俳諧は三尺の童にさせよ」と芭蕉はいったそうだが、俳句のこうした性格は、英訳を通しても十分に伝わってくる。英文学にもウィリアム・ブレイクとかウォルター・デ・ラ・メアとか、児童詩めいた詩を書いた詩人たちがいるけれども、一般に英詩は長くて技巧的[2]で、韻律が複雑である。弱強五歩格とか英雄並韻とかいっても、子どもたちにはわかりにくい。そこへいくと俳句は、ただ五七五のシラブルになっていればいいのだから、単純明快である。アメリカの国語（つまり英語）教科書に俳句が出てきたり、教育学雑誌に「詩の手ほどきとしての俳句」とか「俳句—子どもたちの新しい詩体験」とかいう論文が散見されるのも、そんな理由による。

さきの英訳例は、はなはだ個性的な訳である。日本人からはかなり批判が出るのではないか。しかし、訳者の読みに忠実であって、その点では間然するところがない。それでは、この訳は誤訳もしくは悪訳なのであろうか。俳句は日本人が読むように読まれるべきであるとか、俳句は作者が意図したように読まれるべきであるとかという考えに固執するかぎり、この訳は不十分な訳としてしか考えられないであろう。しかし、文学作品の意味を決定づけるのは読者であるというふうな、いわゆる受容理論の立場をとればどうであろうか。ことに俳句はもともと、読者に意味の空白を埋めさせる性格をもっている。俳句のゼンシン[3]は好きなのだ。なぜ好きかというと、それはこの句に情緒がないという、まさにその一点によってである。彼の説明では、「（西洋の）詩人はいつも天気をひどく個人的に考えすぎるんだよ。彼らはいつも情緒のないものに情緒を押し込めようとしている」ということになる。英詩では作者が感情を強く吐露して読者に訴えようとするが、俳句ではイメージが提示されるだけで、読者は各自でそのイメージに反応する自由をもつ。そこのところが好ましいのである。

次に禅による俳句解釈であるが、これは一九五〇年代からはじまった英米の禅ブームに端を発したものである。アラン・ワッツやR・H・ブライスなど外国における禅の紹介者たちは、俳句を禅の文学的表現として考えたから、英訳俳句の読者もその観点に親しむことになった。たとえば、芭蕉が『奥の細道』の旅の途上、平泉でつくった有名な句「夏草や兵（つはもの）どもが夢の跡」だが、これを禅に結びつけて解釈する日本人はまずいないだろう。ところが、フランク・L・ハントレーというアメリカの学者は、禅の相対性超越原理を暗示するものとしてこの句を解釈した。彼によれば、この句の中心にあるのは生い茂った夏草のイメージである。照りつける太陽のもと、草はまばゆいばかりに輝いて、生の象徴そのものである。しかし、その草の根方には、暗く横たわる武士たちの屍があり、その屍にまつわる過去の夢がある。その夢を現実に、死を生に、過去を現在につなぐものがすなわち夏草のイメージであり、そのイメージを中心に据えたのが芭蕉の俳句である、というふうにハントレーは読んだらしい。藤原氏三代の栄華とか義経主従の運命など、句の歴史的な背景について、ハントレーは何も触れない。

ハントレーの英訳は、英詩に近寄った形をとっている。

In summer fields the grasses grow
Startlingly lush and high.

この言葉はそのまま、「節季候(せきぞろ)の」とか「白梅や」の句が英訳されていないことの説明になっている。

私もこのキーン説に同感するものだが、考えてみると、これは翻訳の問題であると同時にテキスト解釈の問題でもある。節季候(せきぞろ)や鴻臚館(こうろかん)は欧米人に理解不可能だというけれど、はたして現在の日本人の何人が理解できるであろうか。現に、いま一般に読まれている芭蕉句集や蕪村句集には、すべて丁寧な注釈がついている。一般人向きの『竹西寛子の松尾芭蕉集・与謝蕪村集』(集英社)となると、「白梅や」の句には3ページもの長い注解がついている。欧米人に理解できない俳句は、日本人にも理解が難しいのだ。日本人にも、竹西寛子らによる「翻訳」が必要なのだ。

結局のところ、読むという行為そのものが一種の翻訳なのである。かつてH・G・ガダマーは「読むことがすでに翻訳することであって、外国語訳は二回目の翻訳である」と述べたし、オクタヴィオ・パスは「ある単語の意味を幼児が母にたずねるとき、幼児はその未知の単語が母によってやさしい言葉に翻訳されるよう求めているのである。この意味で、一国語内での翻訳は、異国語間での翻訳と本質的に違うところがない」と主張して、その立場から翻訳論を展開した。とすれば、[1]蕪村の句を英訳で読む欧米人と、現代日本語の解説つきで読む日本人とでは、それほど大きな差異はないことになる。

＊(欧米人が俳句に感じる魅力に関して)主要なものを三つ挙げるとしたら、写象性・禅・児童詩的な要素ということになろうか。英訳された俳句にこれらのなかの一つがあれば、多くの読者はその句に強い魅力を感じるのであって、萩原朔太郎の言うような日本的情感が伝わってこなくても、それは問題にならないのである。

俳句が写実的な詩であるというのは、子規の写生論以来よく言われてきたことで、日本人にとって［C］ことではない。だが、［D］性の強い英詩を読み慣れた人々には、これはきわめて斬新なものとして映る。たとえば「やがて死ぬけしきは見えず蝉の声」という芭蕉の句だが、この句は日本ではあまり高く評価されていない。内藤鳴雪など、「詩趣はほとんど零に帰した」と［E］しているほどである。ところが、サリンジャーの短編『テディ』に出てくる天才少年テディは、この句が大詩人萩原朔太郎の言葉である。「俳句は翻訳できない」と題したエッセイの一節だが、かなり多くの日本人が同感を覚えるのではないだろうか。季語を生命とする俳句の情感は、日本の伝統的な季節感に深く根づいているから、風土のまったく異なった土地で生まれ育った欧米人には理解が困難であろうことは、容易に想像できる。早い話、「雪間より薄紫の芽独活かな」(芭蕉)とか、「奥飛騨の仏事に泊るとろろ汁」(蕉雨)とかいうような俳句が、うど・とろろを見たこともなければ食べたこともない欧米人にわかるとも思えない。

[A] 現実を見てみると、俳句の英訳は実に多く出版され、またよく読まれている。

ここでまず注目すべきは、数多くの翻訳者が数多くの俳句を英訳している [B] 、まったく英訳されていない俳句も少なくないという事実である。さきほど例に挙げた、うどやとろろの俳句など、英訳を見たことがない。芭蕉の「節季候の来れば風雅も師走かな」とか、蕪村の「白梅や墨芳しき鴻臚館」とかは、日本ではかなり高く評価されている句だけれども、私の知るかぎり英訳されていない。

実はこの問題にたいする一つの答えは、もう二〇年以上も前、ドナルド・キーンによって出されている。一九六四年にワシントンで日本文学翻訳者会議が開かれたとき、彼はこういった。

日本語で書かれたものを翻訳する技術の大半は、何が翻訳できないかを知ることにあります。もし米国人の俳句理解に疑問をもつ日本人客員教授が、とろろとか、うどとか、日本固有の野菜が俳句に出てきたらどう英訳するのかと詰問してきた場合には、そう答えればいいのです。とろろによって汚されていない俳句は、数多くあります。日本の詩歌を一つ残らず翻訳する義務など、私どもにはありません。

② 中納言のことはこれから先忘れようと思って

③ 中納言が日本に帰ってしまう悲しみは振り切って

④ 中納言ともう一度会おうということは断念して

⑤ 前世からの因縁の厭わしさを考えないようにして

問八 傍線部8「人」とは誰か。最適なものを、次の①～⑤から選び、記号をマークせよ。解答欄番号は 15 。

① 女王の君　② 中納言　③ 后　④ 皇子　⑤ 若君

問九 『浜松中納言物語』とほぼ同じ頃の作品を、次の①～⑤から一つ選び、記号をマークせよ。解答欄番号は 16 。

① うつほ物語　② 源氏物語　③ とりかへばや物語

④ 和泉式部日記　⑤ 夜の寝覚

三 次の文章を読んで後の問に答えよ。

俳句の詩趣を理解する為には、すくなくとも読者自身が、日本の紙の家に住み、畳の上に坐り、味噌汁を啜り、緑茶を飲み、そして尚且つ、先祖代々の伝統する文化に生活せねば駄目である。あの空気の乾燥した、カビや青苔の全く生えない、カラカラした西洋の気候の中で、石と金属の家に住んでる欧米人等に、到底如何にしても俳句の理解できる筈がない。俳句の翻訳といふことは、かうした根本的の問題に於て、絶望的に不可能だといふ外ない。

⑤　何とかして　　⑤　不思議なことで

問四　傍線部4「わが言ひ出でたることとはなくて」の解釈として最適なものを、次の①〜⑤から選び、記号をマークせよ。解答欄番号は 12 。

①　自分が中納言に事実を告げた、というようにではなくて。
②　自分が中納言に后との対面を勧めた、というようにではなくて。
③　自分から進んで后への報告をする、というようにではなくて。
④　中納言から后への伝言を頼まれた、というようにではなくて。
⑤　中納言から何も聞かなかった、というようにではなくて。

問五　傍線部6「見知られ」の「れ」と同じ意味の助動詞「る」を含むものが、文中の二重傍線部ア〜オの中にある。それはどれか。次の①〜⑤から一つ選び、記号をマークせよ。解答欄番号は 13 。

①　焦られ(ア)
②　知られ(イ)
③　知らるれ(ウ)
④　知らるる(エ)
⑤　便なかる(オ)

問六　空欄 A に入る最適な一語を、ここより前の部分から抜き出し、二文字で書け。**解答用紙(その2)を使用。**

問七　傍線部7「おぼし消ちて」の意味として最適なものを、次の①〜⑤から選び、記号をマークせよ。解答欄番号は 14 。

①　女王の君との親戚づきあいはやめようと思って

② 若君を自分（中納言）と一緒に日本に連れて行こう。
③ 若君と女王の君を后のもとへ連れて行こう。
④ 女王の君が若君を后のもとへ連れて行ってほしい。
⑤ 女王の君が若君と自分（中納言）を后のもとへ連れて行ってほしい。

問二 傍線部2「知りながら」とあるが、何を「知りながら」なのか。その内容として最適なものを、次の①～⑤から選び、記号をマークせよ。解答欄番号は 9 。

① 中納言がまもなく日本に帰ること。
② 中納言が后に好意を持っていること。
③ 逢瀬の相手が后であるということ。
④ 后に真実を告げなければいけないということ。
⑤ 若君が后の子であるということ。

問三 傍線部3「いかで」、傍線部5「あさましく」の意味として最適なものを、それぞれ次の①～⑤から選び、記号をマークせよ。解答欄番号は、3「いかで」＝ 10 、5「あさましく」＝ 11 。

3「いかで」
① なぜか
② どうすれば
③ どのようにして
④ いつになれば

5「あさましく」
① 不愉快で
② みっともなく
③ 心外な思いで
④ あきれたことで

父——中納言
転生
唐帝＝后——中納言
皇子　若君

（注）
＊長里＝女王の君と若君のいる所。
＊この世＝ここは、「この国」という意味。
＊菊の花御覧ぜし夕べ＝中納言が初めて琴を弾く后の姿を見た折。
＊宮＝后のいる所。
＊未央宮の月の宴＝この半月ほど前、帰国する中納言への餞（はなむけ）として帝が催した宴。そこで帝は、后に、本人であるとわからないようにして、琴の演奏をさせた。
＊同じ世＝「この国」という意味。

問一　傍線部1「率て渡りなむ」の訳として最適なものを、次の①〜⑤から選び、記号をマークせよ。解答欄番号は［8］。

①　若君を自分（中納言）が后のもとに連れて行こう。

と、泣く泣く責めわたりたまふ。

女王の君聞きわびて、*宮に参りて、わが言ひ出でたることとはなくて、（女王の君）「この中納言、菊の花御覧ぜし夕べの琴の音をも聞き、御ありさまをも見たてまつり知りたまひければ、あやしと思ひわたりながら、さしもやはと思ひさだめがたく思ひわびしを、*未央宮の月の宴の日、御琴をも聞き、ほのかにも見たてまつり合はせてければ、たづねおはして、若君をも見たてまつり、かたがたなむ、いとわりなく責め焦られたまふ」と申すに、いとあさましく、知られたまはでやみなむをだに、たけきことにせむとこそおぼしつれ、くやしく口惜しうも見知られにけるかな、げに人のおこたりにもあらず、さるべきにこそは、と思ひ知らるれど、さりとては、わが心に知る知る、今ひとたびの行き逢ひはあべいことかは、とおぼし絶えたり。

（后）「げに、のたまはする先の世の［A］、のがれがたく思ひ知らるることなれども、さりとてわがため人のため、今さらいとあいなく、便なかるべきわざなるを、皇子いとあはれにおぼし乱れ、惜しみ聞こえたまふさまなどの、この世ならずあはれなるを見るにも、よろづの思ひ知らるること多くはべれども、*同じ世にだに、いま幾日かは聞きかはしたてまつるべきにもあらず。夢のやうなりける先の世の契りのほどぞかし」とばかり、おぼし消ちてやみたまひぬれど、さすがにいとあるべかしうなつかしきものから、思ひ寄らず言ひ放ちたまふ。（中納言は）いふかひなくかなしけれど、かばかり恐ろしかめる知らぬ世に、げにいささかもことの聞こえ出で来なば、わがため人のため、いみじう便なかるべきことぞかしと、思ひとどむるしも、いふかたなく、せきがたく堪へがたきに、すがすがしう出で立たむともおぼえず、ただ人知れず若君を見たまひつつ、思ひさまし、胸のひまをもあけつつ過ごしたまふ。

② 公共性が高く社会的影響力のある分野ではカタカナ語の導入には慎重でありたい。

③ カタカナ語に限らず漢字・漢語も含めて日本語はそもそも外来語によって成立してきた。

④ 意味範囲の広い外来語は既存の語が持つ「しがらみ」から比較的に自由である。

⑤ カタカナ語への馴染み深さは人によって異なりコミュニケーション不全の原因となる。

二　次の文章は、『浜松中納言物語』の一節である。主人公の中納言は、亡父が唐の帝の皇子として転生していることを知り、皇子に会うために唐に渡り、皇子と対面した。しばらくして、皇子と一緒にいた皇子の母后の琴を弾く姿を見て、心ひかれた。中納言は、その後、別の場所で后とよく似た人物（実は后本人）と契りを結び、二人の間には若君が生まれた。その若君は、后の親族の「女王の君」という女性のもとで暮らし、中納言は、女王の君から、契りを結んだのは実は后であった、と告げられた。次の文章は、その少し後の時点から始まる。中納言は、すでに約二年間唐に滞在し、あとひと月ほどで日本に帰国する予定である。これを読んで後の問に答えよ。

かくて後は、明け暮れ、この*長里におはしつつ見たまふに、若君いとよう馴れて、いみじう付きまとはしたまひて、出でなむとするにも、慕ひて泣きたまへば、見捨つべきにもあらで、[1]率て渡りなむとおぼす。（中納言）「*この世にはべらむこと、ただしばしなり。今ひとたび聞こゆべきこと一言なむはべるを。[2]知りながら、すきずきしきあやまちならばこそ、罪も負ひはべらめ。*菊の花御覧ぜし夕べより、また[3]いかで見たてまつらむとばかり、心にしめて思ひわたりはべりしかども、かうまでは思ひかけず、のがれがたき契りのほど、さりともおぼし知るらむを、この世にかくてめぐらひはべらむほど、今ひとたび聞こえさせせむ」

① 目くじら　② 聞き耳　③ 小腹　④ 眉間　⑤ 筋道

問六　傍線部5「ひどく乱暴な主張だ」とあるが、その理由として最適なものを、次の①〜⑤から選び、記号をマークせよ。解答欄番号は 5 。

① 漢字や漢語も本来は外来語であり、カタカナ語を無理に漢字表記にすることは甚だ短絡的だから。
② 定着する前からカタカナ語の濫用を危惧することは、合理性に乏しい杞憂にすぎないから。
③ 従来からカタカナ語は日本語として生活に根付いており、これから撤廃することは無謀だから。
④ カタカナ語には多面的な奥行きがあり、むしろこれからは大いに多用すべきだと思われるから。
⑤ いくら言語を浄化しようとしても、外来語を根こそぎにすることは歴史的に見て不可能だから。

問七　空欄 B に入れるのに最適な語句を次の①〜⑤から選び、記号をマークせよ。解答欄番号は 6 。

① 特殊性や非特殊性
② 社会的弱者や強者
③ 地位や身分
④ 世代間や分野間
⑤ 年収や環境

問八　傍線部6のカタカナを漢字で記せ。**解答用紙（その2）を使用。**

問九　空欄 C に入れるのに最適な語句を★印以降の段落から五字以内で抜き出して記せ。**解答用紙（その2）を使用。**

問十　本文の内容と合致していないものを、次の①〜⑤から一つ選び、記号をマークせよ。解答欄番号は 7 。

① 既に定着しているカタカナ語をすべて漢字・漢語に変更するのは乱暴なやり方である。

④　新しいカタカナ語が言い換え提案以前から独特の位置を獲得していたから。
⑤　言葉の強引な言い換えは自由中心主義の表れだから。

問二　傍線部2「繙く」の読みを平仮名で記せ。**解答用紙(その2)を使用。**

問三　傍線部3「「しがらみ」がない」とはここではどういう意味か。説明として最適なものを次の①〜⑤から選び、記号をマークせよ。解答欄番号は 2 。
①　外来語の「分かりにくさ」が意味を固定化させているということ。
②　カタカナ語は既成の日本語から縛られない柔軟性があるということ。
③　既存の言葉による日本語の体系を破壊してしまうということ。
④　漢字による表記法を本質的に拒んでいるということ。
⑤　様々な言葉と共起して使える範囲が限定されているということ。

問四　傍線部4「固有の意味合いを帯びている」とはどういうことか。説明として最適なものを、次の①〜⑤から選び、記号をマークせよ。解答欄番号は 3 。
①　漢語・漢字がそもそもの日本語の基礎を構築してきたということ。
②　曖昧さが日本語の長所であり一語で重複した意味を持ちうるということ。
③　年齢や専門性を超えた汎用性がカタカナ語にはあるということ。
④　個々の日本語の単語を横断するような意味を持つということ。
⑤　日本語には外来語を吸収しつつ発展していく性質があるということ。

問五　空欄 A に入れるのに最適な語句を次の①〜⑤から選び、記号をマークせよ。解答欄番号は 4 。

活にすでに深く根を張っているカタカナ語については、急に引っこ抜こうとすべきではない、ということだ。そうした乱暴な仕方では、その分だけ日本語自体を貧しくさせ、私たちの表現力――ひいては、言葉を用いた私たちの思考力――を低下させてしまう。

それからもうひとつは、はじめが肝心ということだ。たとえば、「インフォームドコンセント」という長ったらしく分かりにくい言葉であっても、医療従事者などによって継続的に使用され、私たちの生活のなかに入り込んで他のさまざまな言葉と結びつき、さらに、「インフォームドアセント」、「インフォームドディシジョン」、「インフォームドチョイス」といった言葉も次々に流入してきている現状にあっては、時すでに遅く、取り返しがつかない。たとえ「納得診療」のような代替語が今後提案されても、もはや言い換えは難しいだろう。

それゆえ、特に医療や行政など、公共性が高く社会への影響が大きい領域においては、カタカナ語の導入に際して、あるいは導入の初期段階で、本当にその言葉でなければならないのか、ほかに適当な言葉がないのか、じっくりと慎重に吟味する機会があるべきだろう。

（古田徹也『いつもの言葉を哲学する』による）

問一　傍線部1「その多くが一般に普及しなかった」のはなぜか。説明として最適なものを、次の①～⑤から選び、記号をマークせよ。解答欄番号は 1 。

① すでにカタカナ語が普及しており提案が遅すぎたから。
② 新しい外来語を既成の日本語に置き換えたため混乱をまねいたから。
③ 代替語は堅苦しく多くの日本人にはなじめなかったから。

同様のポイントを、もうひとつ、「ケア」という言葉をめぐって確認しよう。これは英語のcareに由来するカタカナ語であり、国語研究所による言い換え提案では、「手当て」、「介護」、「看護」、「手入れ」などに置き換えうると説明されている。ただし、同提案において、「かなり定着が進んでいる語で、そのまま使って大きな問題はないと思われる」ともコメントされているように、「ケア」はすでに他のさまざまな言葉と [C] を生み出しつつ、私たちの生活に深く根を張っている。そして、そのことには相応の理由があるように思われる。

英語のcareという概念は、相手——それは人とは限らず、物や事である場合もある——のことが気にかかるという受動的なあり方と、相手のことを気にかけるという能動的なあり方、そして、相手のことを大切に思うという献身的なかかわり方、その三つのあり方から構成されている。つまり、careは、相手に一方的に影響を及ぼすのではなく、むしろ、相手によって注意を引きつけられ(気にかかり)、こちらから注意を向け(気にかけ)、献身を伴うような深い関心を向けていく(大切に思う)、という多面的な意味を備えているということだ。

それゆえに、careは「気にかかる」「気にかける」「大切に思う」のどの言葉にも完全に置き換えることはできないし、まして、「手当て」、「介護」、「看護」、「手入れ」といったより限定された言葉では、それぞれcareのさらに限られた一面しか掬い取ることができない。そして、careという言葉にそのような〈相手ありきでその状態や要望を気遣い、持続的にかかわり合っていく〉という固有の意味合いがあるがゆえに、日本の医療や介護の現場などに「ケア」という新たな言葉を導入する動きがあったのだろう。また、導入後も、この言葉を「世話」や「保護」、「手入れ」、「気遣い」などの言葉に言い換えようという試みが数々あったにもかかわらず、いまに至るまで「ケア」のまま生き残り続けたのも、このカタカナ語に元々のcareの意味合いが響いてきたからだろう。

以上のことから引き出せる結論のひとつは、定着したカタカナ語、すなわち、他の言葉と多様な仕方で結びつき、私たちの生き起こしてきた。

では、私たちはカタカナ語の氾濫にどう向き合えばよいのだろうか。

★ 十九世紀末から二〇世紀前半にかけてドイツ語圏で活躍した作家カール・クラウス(一八七四―一九三六)は、外来語の見境のない排斥は私たちにとって有害なものだと批判している。

当時、彼の生きたオーストリアにおいても、定着した外来語を母語の言葉に言い換えるべきだと主張する運動が興っていた。たとえば、Coupé(コンパートメント)をAbteil(車室)に、Zervelat(ソーセージ)をSchlackwurst(腸詰め挽肉)に置き換える、といった具合である。これは、いわゆる「言語浄化主義」――母語を浄化して純粋なものにすべきだとする思想――の典型的な運動のひとつだが、この種の運動に抗してクラウスは次の点を強調している。すなわち、定着した外来語も含め、「すでにありとあらゆる仕事や関係に奉仕してきた言葉たちは、相互浸透を生み出すという仕方で置かれている」ということである。

クラウスの言う通り、私たちがよく馴染んでいる言葉たちは、外来語であれ固有語であれ、互いに複雑な仕方で結びつき、相互浸透を生み出しながら、長い時間をかけて私たちの生活のなかに息づいてきた。にもかかわらず、急に別の言葉に換えてしまえば、そうした結びつきは断ち切られる。6シイテキにあてがわれた言葉は、私たちには自然に使いこなすことができず、私たちが意味して伝え合うことのできる内容も、その分だけ貧しいものになってしまう。

たとえば、仮に国の機関から、「サービス」という外来語は今後は使用を中止し、「奉仕」や「接待」、「応接」といった言葉に適宜言い換えるようにせよ、と言われたとしても、私たちにはそうした切り替えはすぐには困難だし、無理に切り替えても、相当ぎこちない仕方でしかこれらの言葉を使えないだろう。そして、何よりそこでは、「サービス」という言葉がいまやもっている豊かな奥行きないしは多面性が失われ、私たちはさまざまな事柄の重要なニュアンスを適切に表現できなくなってしまうだろう。たとえば、「サービス残業」という問題の根深さや、「サービスする」という行為の特異性、「サービス業」の特徴等々である。

の方がメリットを得た」という風に、「～が生じる」、「～がある」、「～を得る」等々の言葉と「メリット」は共起しやすく、「利点」よりも高い頻度で使用される傾向がある。その一方で、「利点」という言葉の方は、「点」という語を含むこともあって、「利点を挙げる」とか、「利点が多い」という風に、数を把握するケースでは「メリット」よりも使用頻度が高い。しかし、「点」とのこうした強固な結びつき——先の引用の言い方を借りれば、既存の語がもつ「しがらみ」——があるために、「メリット」ほど自由にさまざまな語と結びつくことができない。そのため、自ずと「メリット」は、「利点」にはない種類の独特のニュアンスを帯びるようになった。すなわち、「～が生じる」とか「～がある」といった言葉とより強固に結びつき、行動選択の結果として生じるものや、特定の状況下で有無が判断されるものを表す、というニュアンスである。

　同様のことは、日本語のなかに深く定着した他の多くのカタカナ語にも当てはまるだろう。たとえば、「サービス」という言葉は、日本語に取り入れられて以来、「～がよい」、「～する」、「～業」、「～残業」等々の言葉と自由に結びつき、生活のさまざまな場面で用いられてきた。そのなかで、この「サービス」という言葉はいまや、「接待」や「応接」、「給仕」、「奉仕」といった意味を備えつつ、しかし、これらの言葉に完全に言い換えることもできないような、4固有の意味合いを帯びているのである。

　このように、カタカナ語のなかには私たちの生活のなかで欠かせない役割を果たしているものも多い。そもそも、漢語・漢字も広い意味で外来語であり、日本語は外来語を積極的に吸収しながら発展していくところに大きな特徴があるとも言えるのだから、カタカナ語の広範な使用にそれほど　A　を立てる必要はないのかもしれない。それこそ、カタカナ語はすべて漢字表記などに言い換えるべき、などというのは5ひどく乱暴な主張だ。

　とはいえ、いまのカタカナ語の濫用は目に余るという指摘にも頷ける面がある。個々のカタカナ語に対する馴染み深さには、高齢者とそれ以外、特定分野の専門家とそれ以外など、　B　などでときに大きな隔たりがある。そして、この隔たりがしばしば人々の間のコミュニケーション不全の原因となり、医療や介護、福祉、公衆衛生など、多くの公共的な場面で問題を引かったということだ。

現在、同研究所のウェブサイトに掲載されている「『外来語』言い換え提案」を繙く[2]と、たとえば「アーカイブ」は「保存記録」「記録保存館」、「アメニティー」は「快適環境」「快適さ」、「インフォームドコンセント」は「納得診療」「説明と同意」、「ケア」は「手当て」「介護」、「ライフサイクル」は「生涯過程」という言い換え語が提案されているが、それから十五年経った現在、どれもカタカナ語の方が依然として広く使用されている。

なぜ、これらのカタカナ語が、言い換えの提案をものともせず今も生き残っているのか。大きな理由のひとつとして挙げられるのは、これらのカタカナ語が、少なくとも特定の領域において言い換えの提案以前からよく用いられており、すでに独特の位置を獲得している、という事実だ。

国語研究所がカタカナ語の言い換え提案と並行して行った調査研究をまとめた報告書『公共媒体の外来語』のなかに、以上の点にかかわる重要な指摘がある。

外来語は……意味が不透明なものであり、これがカタカナ語の「分かりにくさ」の元凶であるのだが、その反面、既存の語が持つ[3]「しがらみ」がないので、比較的自由にさまざまな語と共起できるという特徴がある。

たとえば「メリット」というカタカナ語は、「利点」に言い換えられる場合も多いが、同報告書に示されている用例調査と分析によれば、「メリット」の方が「利点」よりも多くの言葉と共起している（＝多くの語とともに使用されている）ということが分かった。つまり、「メリット」の方が使える範囲が広いのだ。

たとえば、「運賃の値下げにより、乗客にメリットが生じた」、「彼にはこの方式を採るメリットがある」、「合意によって相手

国語

◀日本文学科A方式・英米文学科C方式▶

（日本文学科A方式　九〇分
英米文学科C方式　六〇分）

（注）日本文学科A方式は一～四、英米文学科C方式は一～三を解答すること。

一　次の文章を読んで、後の問に答えよ。

国立国語研究所は、二〇〇二年から二〇〇六年にかけて「外来語」委員会を設置し、公共性の高い媒体で使用されているカタカナ語一七六語を別の言葉遣いに言い換える提案を行っている。また同時に、そうした提案を支える調査研究として、カタカナ語の使用実態や使用者の意識などを詳しく調査している。

興味深いのは、国語研究所による言い換えの提案は、綿密な調査と議論に基づいた丁寧な仕事であり、提案された言い換え語も、その用例や手引きなどを含んだ提示の仕方も、とても工夫されたものであるにもかかわらず、1その多くが一般に普及しな

解答編

英語

◀英米文学科Ａ方式▶

I　解答　1－③　2－①　3－④　4－①　5－②　6－①
7－②　8－④　9－①　10－②

◆全　訳◆

≪新大陸開拓におけるスペインの役割≫

アメリカ人は，ヨーロッパ人の大陸への入植はマサチューセッツとバージニアのイギリス人入植地から太平洋沿岸に広がるように，東から西へと進んできたと考えるように教えられてきた。英国にルーツを持つ6世代にわたる開拓者たちが荒野を押し進み，高潔で自由を愛する民族が居住する，海から海へと広がる統一共和国を作るという目標を達成するために自然と先住民を支配していった。あるいはそのように 19 世紀の歴史家は私たちに信じ込ませてきたのだ。本当の現実は，ヨーロッパ文化は南からまず到来したのであり，スペインの拡大する新世界帝国の兵士や宣教師がもたらしたものである。

ヨーロッパ人から見れば，南北アメリカ大陸は 1492 年にスペインの遠征隊によって発見され，それから1世紀余り後に最初のイギリス人が現在のバージニア州のジェームズタウンで船を下りるころには，スペインの探検家たちはカンザス平原をすでに通過し，テネシー州のグレートスモーキー山脈を目の当たりにし，グランドキャニオンの端に立っていたのである。中南米やカリブ海は言うまでもなく，オレゴン州の海岸やカナダの東海岸の地図を作成し，はるか北のファンディ湾（Bahia Profunda）からはるか南のティエラ・デル・フエゴに至るあらゆる場所に名前をつけていたのだ。1500 年代初頭にスペイン人はジョージアとバージニアの海岸沿いに短期的な入植地さえ作り上げていたのだ。1565年にはアメリカ最古のヨーロッパ人の都市である，フロリダ州のセント・オーガスティンを建設している。16世紀末にはスペイン人は南西部の砂漠地帯であるソノラやチワワに数十年暮らしていることになり，ニューメキシコの植民地は5年目の誕生日を迎えようとしていた。

実際に，アメリカ最古のヨーロッパ文化が見られるのはケープコッドやチェサピーク南部の大西洋沿岸ではなく，ニューメキシコ北部やコロラド州南部の乾燥した丘陵地帯なのである。スペイン系アメリカ人は1595年以来，エル・ノルテ（米国）のこの地域で暮らしながら，自分たちの遺産をしっかりと守り続けており，19世紀や20世紀になってようやくその地域に登場することになるメキシコ系アメリカ人と間違えられることに腹を立ててきたのだ。メイフラワー号として知られる船に乗ってイギリスからやって来た先祖を持つ人々に匹敵する遺産への情熱を彼らの指導者は持っており，遺産と文化に対する同じ感覚を共有しているのだ。1610年に彼らはサンタフェの総督邸を建設したが，これは現在アメリカで最古の公共建築物である。彼らは17世紀のスペインの伝統や技術，宗教的慣習を20世紀までずっと守り続け，木製の道具で畑を耕し，粗末な荷車で羊毛を運び，スペイン中世の宗教的慣習を継承してきたのである。

スペインが16世紀のライバル諸国と比べて優位であった理由は，当時世界の超大国であったためで，英国がスペインを世界各地のプロテスタントに対する深刻な脅威とみなすほどの豊かさと力を持っていたのだ。1493年に，ローマ教皇アレクサンデル6世はスペインをヨーロッパの多くの王国の中で「もっともカトリック的である」とみなすようになり，その時点ではアメリカ本土はまだ発見されていなかったのだが，既知の世界の西側ほぼ全域の所有権をスペインに認めたのである。それは信じ難い規模の大きな贈り物だった。1600万平方マイルに及ぶスペイン自体の80倍の面積で，ふたつの大陸にまたがり，1億に達するかもしれない人々が住み，中には複雑な帝国をすでに築いていた人々もいた。人口が700万に満たないスペインは，人類史上最大の土地の贈り物を受けていたことになるが，それには条件がひとつだけついていた。アレクサンデル教皇は全住民をカトリック信仰に改宗させ，「すぐれた道徳心を身につけさせる」ことをスペインに命じたのである。この大掛かりな使命はスペインの新世界政策を特徴づけ，南北アメリカ大陸の南部の3分の2の政治および社会制度に大きな影響を及ぼすことになる。ヨーロッパを数ある中でもっとも悲惨と言えるかもしれない戦争に追い込むことにもなり，南北アメリカ大陸において，歴史家の現在の考えによれば史上最大の人命の犠牲となるものを引き起こすきっかけになってもいくのである。

歴史は，南北アメリカ大陸の先住民を，ヨーロッパ系やアフリカ系の俳優が中心となる西洋のドラマの単なるエキストラや風景として不正確に描写する傾向があった。こうした歴史的観点では北米を支配するようになった人々の集団に焦点が当たりがちだが，新世界の先住民の文化について考えることも重要である。接触以前は，ヨーロッパの人々よりも生活水準がはるかに高い人が多く，より健康で，よい物を食べ，暮らしもより安定していたのである。彼らの文明は複雑であった。農業を営むものが大半で，広範囲に及ぶ交易ネットワークの一部となっており，洗練された都市中心部を築いたものもあった。

スペイン人がニューメキシコで遭遇したプエブロ族は石器時代の狩猟採集民ではなかった。地下室とバルコニーのある5階建ての家に住み，広々とした市場を取り囲むようにして暮らしていたのだ。中央メキシコのアステカの首都テノチティトランは世界最大級のもので，人口20万人をかかえ，石で造られた水道システムで公共用水を供給し，スペインにあるどんなものよりも巨大な宮殿と寺院が建てられていた。当時南北アメリカ大陸には世界人口の5分の1以上が住んでいた。中央メキシコの住民は2500万人で，当時は地球上で最大級の人口を有していた。

ところが，1630年までには，ヨーロッパ人と接触した結果，病気や戦争が蔓延するようになり，南北アメリカ大陸の人口は80%から90%激減していたのだ。メイン州の森林からペルーのジャングルに至るまで，先住民の集落は死体で覆いつくされていた。埋葬する生存者の数が足りなかったためである。ヨーロッパの大半の人々は先住民の敗北は神の支持を受けていると考えていた。スペインの軍人ベルナル＝ディアス＝デル＝カスティリョの反応は典型的なものだった。「キリスト教徒が戦争で疲弊すると，神はインディアンに病気をもたらすのがよいと判断してくださったのだ」とアステカ族とマヤ族との戦闘を振り返って，この軍人は回想している。

実際，アステカ帝国とマヤ帝国を素早く打破し，その後いくつかの金鉱とまるごとひとつの銀山を発見したことで，スペインの王たちは神が自分たちに祝福を授けてくれているだけではなく，最後の審判をもたらすであろう「神の王国」の創造を目指して前進することを願ってもおられる，と確信していた。16 世紀後半のスペイン王フェリペ 2 世は南北アメリカ大陸から流れ込む富を利用してプロテスタントのヨーロッパと戦うための大規模な陸軍と巨大な海軍を組織した。フェリペ 2 世がこうした軍隊を動かすと，ヨーロッパは一連の宗教戦争に巻き込まれることとなり，その戦争は 1 世紀近く続き，スペインの国家経済を破綻させ，数百万の死者を出すことになった。この戦いの最中に息子のフェリペ 3 世は，時の終わりは間近に迫っており，トルコ人を倒して，アフリカ，アジア，カルカッタ，中国，日本および近隣のすべての島にまで前進し，手遅れになる前に全地域を支配しなければならないとの助言を受けた。これはまずい助言であることが後で判明する。1648 年に三十年戦争が終結するまでにプロテスタント勢力はかつてないほどの力を持つようになり，スペインは弱体化して負債を抱え，徐々に影響力を失うようになっていった。

◀解　説▶

1.「アメリカ人はヨーロッパ人の入植の過程は（　　　）と考えるように教えられてきた」

①「スペインの兵士と宣教師によって南部から開始された」

②「西洋で始まる善と悪の戦い」

③「イギリスのルーツを持つ開拓者の西への前進」

④「6 世代にわたる水をめぐる紛争によって複雑化した」

第 1 段第 1 文（Americans have been …）にある，アメリカ人はヨーロッパ人の大陸への入植はイギリス人入植地から太平洋沿岸に広がるように，東から西に進んできたと考えるように教えられてきたという内容と一致する③が正解。

2.「1600 年代以前は，アメリカのヨーロッパ人の入植は（　　　）」

①「スペイン人が北米の多くの地域の地図を作りながら行った」

②「カナダの東海岸の入植者によって行われた」

③「イギリス人が確立した」

④「富を求めるラテンとカリブ海の入植者たちから刺激を受けてなされた」

第2段第1～3文（The Americas, … Georgia and Virginia.）にある，アメリカ大陸を発見したスペイン人は最初のイギリス人が到着する頃にはすでに各地の地図を作成しながら，入植地を創り上げていたという内容と一致する①が正解。

3．「筆者によれば，アメリカの最古のヨーロッパ文化は（　　）にまで遡ることができる」

①「ケープコッドやチェサピーク南部の大西洋沿岸」

②「サンタフェの総督邸とメイフラワー号」

③「北に移動するメキシコ系アメリカ人」

④「ニューメキシコ北部やコロラド南部の乾燥した丘陵地帯」

第3段第1文（Indeed, the oldest …）にある，アメリカ最古のヨーロッパ文化が見られるのはケープコッドやチェサピーク南部の大西洋沿岸ではなく，ニューメキシコ北部やコロラド州南部の乾燥した丘陵地帯であるという内容に一致する④が正解。

4．「（　　）ので他のヨーロッパ諸国と比べてスペインは優位であることができた」

①「ローマ教皇アレクサンデル6世がスペインにカトリック教会の援助を与えた」

②「スペインはプロテスタントにとって脅威ではなかった」

③「スペインの人口は1億だった」

④「スペインは征服したものたちから信仰や技術を取り入れた」

第4段第1・2文（Spain had an … to be discovered.）にある，スペインが16世紀のライバル諸国と比べて優位であった理由は，世界の超大国であったためで，教皇アレクサンデル6世がスペインをもっともカトリック的であるとみなして，新たに発見される膨大な土地の所有権はスペインにあると認めてくれたおかげで超大国となり得たという内容に一致する①が正解。②は第4段第1文（Spain had an …）にある，スペインを世界各地のプロテスタントに対する脅威と英国はみなしていたという内容と矛盾する。③は第4段第4文（Spain, with a …）にある，スペインの人口は700万に満たなかったという内容と矛盾する。

5．「筆者は南北アメリカ大陸の先住民はヨーロッパ人と接触する前に（　　）と述べている」

①「西洋のドラマの単なるエキストラだった」
②「ほとんどのヨーロッパ人よりも健康的な暮らしぶりをしていた」
③「石器時代の技術しか持っていなかった」
④「キリスト教に改宗し始めていた」

第5段第3文（Before contact, many …）にある，接触以前はヨーロッパの人々よりも生活水準がはるかに高い人が多く，より健康で，よい物を食べ，暮らしもより安定していたという内容と一致する②が正解。

6.「スペイン人が到着したとき，ニューメキシコのプエブロ族は（　　）」
①「地下室やバルコニーのあるすぐれた設計の大きな家に暮らしていた」
②「原始的な狩猟採集民だった」
③「5階建ての教会と共に広々とした市場を築いた」
④「ヨーロッパの水道システムを導入した」

第6段第1文（The Pueblo people …）にある，プエブロ族は石器時代の狩猟採集民ではなく，地下室とバルコニーのある5階建ての家に住み，広々とした市場を取り囲むようにして暮らしていたという内容に一致する①が正解。③は教会とあるので本文の内容と一致しない。

7.「1630年までには南北アメリカ大陸の先住民の人口は（　　）」
①「90％増加していた」
②「病気と戦争によって大幅に減少していた」
③「ほとんどがプロテスタントに改宗していた」
④「敗北は神の意志として認めていた」

第7段第1文（But by 1630, …）にある，1630年までにはヨーロッパ人との接触の結果，病気や戦争が蔓延するようになり，南北アメリカ大陸の人口は80％から90％激減していたという内容に一致する②が正解。

8.「スペインの王たちは，アステカ帝国とマヤ帝国がすぐに敗北したことは（　　）と信じていた」
①「銀山の発見のためだ」
②「全世界の王を作り出していた」
③「キリスト教の元でヨーロッパを統一した」
④「自分たちが神の恩寵を受けていたために起こった」

第8段第1文（In fact, the …）にある，アステカ帝国とマヤ帝国を素早く打破し，金山と銀山を発見したことで，スペインの王たちは神が自分たちに祝福を授けてくれているだけではなく，最後の審判をもたらすであろう「神の王国」の創造を目指して前進することを願ってもおられる，と確信していたという内容に一致する④が正解。①銀山の発見は敗北の原因ではないので一致しない。②第8段第1文（In fact, the …）の“universal kingdom”は「（キリスト教の）神の王国」という意味だが，universal king という表現は登場しない。

9.「スペインのフェリペ2世は（　　）ために獲得した富を用いた」

①「陸軍と海軍を拡大する」

②「トルコ人との貿易を確立する」

③「プロテスタント大国の拡大に資金を提供する」

④「アメリカ先住民に彼らが受けた残虐な行為の借りを返す」

第8段第2文（Philip II, Spain's …）にある，フェリペ2世は南北アメリカ大陸から流れ込む富を利用してプロテスタントのヨーロッパと戦うための大規模な陸軍と巨大な海軍を組織したという内容と一致する①が正解。

10.「南北アメリカ大陸をスペインが侵略した結果，最終的には（　　）がもたらされることになったという主張が述べられている」

①「300年に及ぶスペイン帝国の成長」

②「スペインの影響力の低下」

③「大英帝国の衰退」

④「インカ社会とアステカ社会の成長」

第8段最終文（By the end …）にある，プロテスタント勢力はかつてないほどの力を持つようになり，スペインは弱体化して負債を抱え，徐々に影響力を失うようになったという内容に一致する②が正解。

II　**解答**　全訳下線部参照。

◆全　訳◆

≪「再野生化」の重要性≫

「再野生化」とは生態系や原生自然環境を修復し保護する取り組みのことである。その中には，道路や人工的環境によって切り離された自然区域をつなぎ合わせることや，稀少化した動物や完全に姿を消した動物の保護や再導入も含まれている。姿を消した後に自力で元の場所に戻ることができる種類の動物もいる。しかし，かつていた場所に戻ってくるためには人間の手を借りなければならない動物もいるのである。再野生化活動の中心となるのは，通常はオオカミのような食物連鎖の頂点にいる動物や，バイソンやビーバーのように環境を大きく変えて豊かなものにしてくれる動物である。

自然が健康であれば私たちもより健康になる。私たちは水と食料と空気を自然界に依存している。手つかずの自然とつながることで気分はよくなり心身の健康を保つことができるという認識が高まっている。再野生化は現代社会をより手つかずの自然と再び結びつけることなのである。再野生化には明確な終着点があるわけではない。それには時間と空間が必要である。再野生化は野生化の段階を進めていくことであり，この段階の一歩一歩の積み上げが進歩とみなされるのだ。再野生化は私たちの種としての存続そのものにも不可欠であるかもしれない。

ロシア極東のサハ共和国では，実験が大規模に行われており，地球環境を改善する可能性を秘めている。更新世パークはチェルスキーという集落近郊の自然保護区である。その公園は，北極圏の環境を専門とするロシアの地球物理学者セルゲイ＝ジモフが，エルクやムース，トナカイ，バイソンのような大型草食動物がマンモスステップと呼ばれる広大な草原を復活させることができるかどうかを検証するために設立したものである。こうした動物は草を大量に食べるかもしれないが，排泄物を残すことでそれを十二分に埋め合わせて，草が生長できるように土地をより豊かにしてくれているのである。

成功すれば，何年もかかることにはなるが，現在の不毛な北方の地形が多くの動物が生息する生産性の高い牧草地に置き換わっていくことだろう。さらに，北極圏のこうした生態系は気候の寒冷化を促進する。現在，更新世パークはトナカイ，ムース，バイソン，ヤク，ヒツジ，ラクダ，ヤギなどの主要な数種の草食動物が生息する 20 平方キロの囲われた区域から成る。

彼らが再生しようとしているマンモスステップの生態系は 200 万年に渡ってユーラシア大陸と北米大陸の北部を占めており，およそ 13,000 年前の最終氷河期が終わるまで続いた。その後，地形はまばらな森林地帯が混在するツンドラに変わっていった。マンモスステップを復活させることによって，大気が温暖化していても大型動物が永久凍土の維持に貢献できそうだと考えられている。永久凍土をそのままに維持することで，凍土が蓄える大量の温室効果ガスを地中にとどめておくことが可能なのである。

その結果がもたらす深刻さを考えると，地球の気温は年々上昇しているため，目標の実現がほぼ不可能と思われるとしても，大きな危険を冒すことが必要だと信じる人は多い。

◀解　説▶

主節の主語は many で many people の意。主節の動詞は believe でその目的語が that 以下という基本的構造をつかむ。considering ～ は「～を考えると，考慮すると」という意味の表現。～の部分に相当する the seriousness of the consequences は「その結果がもたらす深刻さ」という意味。as global temperatures rise year by year の as はここでは「理由」を表す接続詞として考えることができる。global temperatures は「地球の気温」，year by year は「年々，年ごとに」の意。that 以下の it は形式主語で to take big risks を表す。even if ～ は「たとえ～としても」という意味の従属接続詞。impossible to achieve は「実現するのが不可能」という意味。

III　**解答例**　One rewilding project for Japan could be to reintroduce wolves into remote forests in Japan. These days, the number of herbivores like deer has been increasing, and they eat up so much vegetation and destroy the ecological balance of forests. Those predators regulate the population of deer and help increase the biodiversity of forests. (50語程度)

◀解　説▶

「日本の再野生化プロジェクトに対する自分なりの計画を立てなさい。本文に述べられたものとは異なる計画を立てること」という問いに50語程度で答える問題。〔解答例〕では，日本の森林生態系がシカの数が増えすぎているために危機にさらされている問題を解決するために，捕食者であるオオカミを人里離れた森林に再導入する計画を述べている。本文中にオオカミという語は登場するが，本文に述べられた計画はオオカミに関するものではない。オオカミを再導入することでシカの数は正常値となり，森林の生物学的多様性も回復すると考えられる。reintroduce「～を再導入する」 remote「人里離れた」 herbivore「草食動物」 eat up ～「～を食べ尽くす」 vegetation「植物，草木」 predator「捕食動物」ここではオオカミのこと。regulate「～を制御する」 population「個体数」 biodiversity「生物学的多様性」

Ⅳ 解答

11―③　12―①　13―②　14―③　15―②　16―①
17―②　18―③　19―④　20―②

◀解　説▶

11.「海洋プランクトンは地球の酸素の（　　）を作り出す」

第 1 段第 3 文（To begin with, …）で，海洋プランクトンは地球の酸素の半分以上を提供していると述べられているので，③「半分以上」が正解。

12.「地球の表面のすべての水の中で，調査されている水域は全体の（　　）％を占めている」

第 1 段第 5 文（Although water covers …）で，地球の 95％の水域はいまだに調査されていないと述べられているので，①「5」が正解。

13.「SF 作家のアーサー＝C. クラークは（　　）のほうが私たちの惑星にとってより適切な名前になるだろうとほのめかしていた」

第 1 段最終文（The science fiction …）で，この惑星は海洋だらけであることは明らかなのに地球と呼ぶのは不適切であるとのクラークの指摘があるので，②「海洋」が正解。

14.「NASA の『水の追跡』戦略は（　　）ための彼らの努力と関連している」

第 2 段第 3 文（So, it's reasonable …）で，宇宙の他の生命体の探究の説明に「水の追跡」戦略という表現を使うのは妥当であるとあるので，③「地球外の生命体の証拠を見つける」が正解。

15.「地球の人々の 80％は（　　）の沿岸から 60 マイル以内に暮らしている」

第 3 段第 2 文（It's estimated that …）で，世界人口の 80％は海洋や湖や川の沿岸から 60 マイル以内に暮らしているとあるので，②「川や湖や海洋」が正解。

16.「魚介類を食べる量が増えることで人間の（　　）ことに貢献したかもしれない」

第3段第5文（It's very possible …）で，魚介類の消費の増加が人間の脳が発達する上で重要な役割を果たした可能性は十分にあるとあるので，①「脳がさらに発達する」が正解。

17.「人体を構成する水の量は（　　）」

第4段第1・2文（When we're born, …80 percent water.）で，生まれたときは体の約78%は水であるが，年を取るにつれてその割合は60%未満に低下するとあるので，②「年を取るにつれて減少する」が正解。

18.「海水のミネラル濃度は人体細胞に見られるものに（　　）」

第4段第3文（In its mineral …）で，ミネラル濃度に関して人体細胞の水は海水に類似しているとあるので，③「近い」が正解。

19.「（　　）は数千年もの間，心身を回復させるために使われてきたと主張されている」

第5段第5文（Bathing quietly in …）で，温かいお湯に静かにつかることは数千年の間，精神だけでなく肉体の回復のためにも用いられてきたとあるので，④「温かいお湯の中でくつろぐこと」が正解。

20.「話し手は水は（　　）と考えている」

第5段第7文（Water is something …）で，水の持つ意味合いは人によって異なるとあるので，②「人によって異なる意味を持つ」が正解。

V

解答例 I am a city dweller and rarely feel the connection with nature. However, when I have a chance to get in touch with nature, it provides me with a sense of happiness and shows me where I stand in nature, making me realize that we have the responsibility to protect it. (50語程度)

◀解　説▶

「自分と自然との関係と自然が自分に対して持つ意味を述べよ」という問いにⅣのリスニングの内容をもとに50語程度で答える問題。〔解答例〕では，都会に暮らしているため，自然との結びつきを感じることはめったにないが，自然と触れ合う機会があるときには，幸福感を感じ，自然界の中の自分の立ち位置を知ることができ，自然保護の責任があることも実感させてくれるという自然との関係と自然の持つ意味が述べられている。
city dweller「都会の住民」 get in touch with nature「自然に触れる」
where I stand「自分の立場」

❖講　評

2023 年度は 2022 年度と同様の大問 5 題の出題で，試験時間は 70 分であった。

Ⅰの読解問題は新大陸の発見と入植に関してスペイン人の果たした役割が述べられている内容の英文で，比較的読みやすい。10 個の選択肢の内容説明も段落順の設問となっており，ごく標準的な出題であった。

Ⅱの読解問題は，「再野生化」の重要性を説く内容の英文で，「再野生化」がどのようなものであるかを本文から読み取ることができれば，内容理解は容易である。英文和訳のみの出題であるが，文構造をとらえる力と，重要単語および表現の知識が問われる出題となっている。

ⅢはⅡの英文の内容に関する英作文であった。語数は 50 語程度と少ないが，Ⅴと合わせると，書くべき英文の全体量は決して少なくない。

Ⅳはリスニング問題で，設問は 10 個の選択式の内容説明となっている。英文の内容は地球の大部分を占める水の重要性について述べたものである。地球が水の惑星であるという内容から始まり，人間の肉体のみならず，精神に及ぼす恩恵にも触れている。数字に関する設問が見られるので，数値をしっかりと把握しておくことが求められている。

Ⅴはリスニング英文内容に関するテーマ英作文であった。語数は 50 語程度となっている。

全体としては例年通りの出題レベルであるが，リスニング問題はテーマ英作文を含め，70 分という試験時間の一部を使って解答しなければならないので，語彙・単語力の増強はもちろん，バランスのよい英語力の向上に努める必要があるだろう。

◀英米文学科B・C方式▶

I **解答**　1－③　2－①　3－④　4－①　5－②　6－③
7－②　8－③　9－②　10－④

◆全　訳◆

≪機械が音声から感情を読み取る可能性≫

コンピュータに情動，すなわち感情を理解させ，表示させようという科学分野が誕生したのは1995年のことで，MITの33歳の助教授ロザリンド＝ピカードが『感情コンピューティング』という重要な論文を発表したときであった。iPhoneや仮想アシスタントのSiriをスティーブ＝ジョブズが想像さえしてない時点で，ピカードは感情を検知して伝達する能力をコンピュータに持たせることができる方法に関するビジョンを掲げた。「ほとんどの人はその考えにかなりの違和感を感じていました」とピカード（MIT感情コンピューティング研究室現室長）は最近当時を振り返って語っている。「感情は私たちをより理性的でないものにするもの……日常生活を営む上では好ましくないもの，と依然として考えられていたのです」ところが，感情は贅沢品ではなく，理性的な人間の能力発揮のためには不可欠であることが脳研究から得られる証拠から明らかになっている。

ビョルン＝シュラーは2000年代初頭に「感情コンピュータ」という考えは，不信感を抱かれたり，嘲笑の対象になったりすることさえあったことは確かだと述べている。現在ロンドンのインペリアル・カレッジにおける人工知能の教授であり，急成長中のコンピュータによる音声感情を扱うスタートアップ企業の社長でもあるシュラーは，アメリカのドラマ『ナイトライダー』に登場する人工知能搭載の話す車KITTを目にした9歳のときにコンピュータによる音声感情に初めて関心を抱くようになったのである。最初に見たエピソードで，KITTが人間の持ち主に対して「あなたは今かなり腹を立てているようだから，私に運転を代行させたほうがいい」と話しかけたことをシュラーは覚えている。持ち主がイライラしていることが車に「聞こえる」という考えにシュラーは魅了されたのだ。これは荒唐無稽なSFに過ぎないのか，それともいつの日か現実のものになるのだろうか，と将来の科学者は思いをめぐらしたのである。

シュラーが 2000 年にミュンヘン工科大学でコンピュータサイエンスの高度な研究を始めたころは，音声認識――話し言葉や文をコンピュータを用いて文字に変換しようという試み――に注目していた。音の前後にどの文字が来るかによって音の組み合わせ方が異なることを考えると，音声認識はその言葉から得られる印象よりも困難な作業である。たとえば，「concave」という語の 2 つの「c」は，最初の「c」を発音するときには次の「o」に備えて唇を丸め，2 番目の「c」は後に来る「a」を予測して唇を引くために，まったく異なる音になる。私たちが同じ音と思うのは，文字が同じであるという事実にだまされているからであり，同じ音ではないことはコンピュータにはわかっている。このためにさまざまな奇妙なエラーが生じている。たとえば，コンピュータは「A cruelly good M. C.（めちゃくちゃ上手な MC）」という表現を「I truly couldn't see（まったくわからない）」と混同したり，「Back to work（仕事に戻る）」を「Book tour（ブックツアー）」と混同したりしたものだ。このようなミスを避けるためには，プログラマーは，たとえば「c」や「d」や「n」が話し言葉の中で現れるさまざまな前後関係での聞こえ方のバリエーションの可能性をすべて入力しなければならなかったのである。「noodle」と「needle」と「pan」の「n」はまったく異なるものなので，そうした違いを認識できるようにコンピュータをプログラムしなければならなかったのだ。プログラマーはその言語におけるすべての音の組み合わせに対してこの作業を行わなければならず，人間の声を理解して文字に表すことが可能なコンピュータなど一体どこに存在するのか，という若干の疑念が残ることになる膨大な作業だった。コンピュータが生成した音声でそれを正確に再現するというさらに困難な作業については言うまでもなかった。

2005 年ごろに機械学習という新たなソフトウェアの開発方法が現れると，事態は一転する。ソフトウェアエンジニアは何千もの話し言葉の音を入力しなければならない代わりに，膨大な量の人間の声を聞いて分析し，特定の前後関係で他の音と並んだとき（あるいは言語学者が言うところの「同時調音される」とき）に個々の音がどう発音されるかを記録して自ら学んでいく方法をコンピュータに指示するようなコードを書くようになったのである。ビョルン＝シュラーが音声認識の研究を始めた頃は，コンピュータによる音声から文字への信頼度の高い書き起こしは数十年待たなければ実現しないと思われていたのだが，わずか2，3年のうちに同時調音の問題は解決に近づいていたのだ。

シュラーは新たな課題を求め始めて，話す車KITTに子供の頃に夢中になったことを思い出しながら，コンピュータの声を実際に人間らしく聞こえるようにする――つまり，人間の話し言葉のリズムやイントネーションを正しく「読み取って」模倣することでそうする――方法はあるだろうかと考え始めたのである。ほとんどの人はそれをたわいのない夢だと考えていた。それにもかかわらず，表情から感情を読み取ることができるビデオシステムの構築というテクノロジー企業からの難題を愚かにも受けてしまったとこぼす同級生の話を聞きつけると，シュラーはそのチャンスを手にしたのである。当時はコンピュータのビジョンシステムでは表情から感情を効果的に感知することはできないことはわかっていた。しかし，彼は話し言葉の音声を研究しており，仲間の動画に音声があることはわかっていたので，視覚入力ではなく声の特徴から，KITTがしているようにコンピュータに感情を読み取らせることが可能であるかどうかを考えた。そこで，シュラーは取り組むべきデータを渡してほしいと仲間に頼んでみた。

音質や音量，速度面でのいくつかの基本的変化を感知するためのプログラムをシュラーは書いた。そのプログラムを用いて動画の音声部分の感情の内容を分析した。ある程度うまく行って方向性が正しいと感じたため，彼は音声認識から音声感情認識へと自分の研究を直ちに切り替えた。2007年か2008年ごろまでは仲間からはからかわれたり，真面目に受け止めてもらえなかったりした。その頃にはプロセッサー速度と計算能力が向上したおかげで，コンピュータは同時調音の問題を基本的には克服しており，たとえば「use cream（クリームを使う）」と「you scream（あなたは叫ぶ)」を区別するのにもはやそれほど苦労はしなくなっていた。グーグルやアップル，マイクロソフトのようなテクノロジー大企業は次に来る新しいものを強く求めており，コンピュータ音声に欠けているもの，つまり感情に関心を向け始めていたのである。2012年には状況は一変していた。シュラーの研究分野である音声感情認識の流行が到来したのである。

シュラーを始めとする研究者は機械学習を用いて，実際の音声の中にある感情を伝えるリズムやイントネーションをコンピュータに学習させ始めた。内在する怒りや悲しみや驚きを表すものとして正確に分類された音声サンプルがコンピュータの学習ソフトに送り込まれていく。残りは機械におまかせ……しかもコンピュータの学習速度は速い。現在では，人間とほぼ同じ 65%から 70%の精度で特定の音声感情を認識することができ，10 年足らずの分野であることを考えれば驚くべき進歩である。

クラウス＝シェーラーはさまざまな感情を表現する俳優の言葉を 50 年に渡って録音し分析し続けてきた音声感情研究の先駆者であった。彼は自分が生涯を捧げてきたテーマに対して急激に関心が広まったことをとてもうれしく思っていたが，収集したデータに対して今日のコンピュータエンジニアがまったく関心を示してくれないことに失望していた。彼は俳優の声を慎重に測定し，音量やリズムや速度を数字で表していたのである。ビョルン＝シュラーのようなコンピュータエンジニアには怒りと恐怖，喜びと不安を区別する正確な音の調整についての知識は必要ない。正確に分類された音声感情の録音をコンピュータの学習ソフトに入力するだけでよいのである。こうした機械学習に基づいた結果は驚くべきものである。しかし，シェーラーは私たちがすべての仕組みを理解するためにはそれではあまり役に立たないことが残念でならないのだ。

シェーラーは音声感情の研究者は恐怖や怒り，喜び，悲しみ，退屈，驚きなどの，ごく一部の「基本的」感情しか研究していないことも不満に感じている。複雑で混じり合った感情を分類してシミュレートすることは現時点ではあまりに困難であると考えられている。たとえば，予想より深刻な病状を患者に伝えるときの医者の「明るい」声の根底にある懸念のような，極めて複雑な音声感情の解読が可能な技術が登場することはないだろうとシェーラーは考えている。そうした感情を正確に認識するためには，声質と音声のリズムが正反対のものを伝達するいわゆる「チャンネル・ギャップ」に気づかなければならない。そうした矛盾から，聞き手は話し手の心理状態を「経験から推測する」のである。

医者が患者に明るく声をかけ，患者が「何か問題があるのですか？」と応じるとき，患者は問題が何かを察知しているわけではないが，何か問題があることには気がついている。患者は未知のことに対して恐怖心を抱いており，こうしたチャンネル・ギャップから漏れてくる音声的手掛かりに対して特に敏感になるような状態にすでになっていたために，「先生が思われていたよりも悪いのでしょうか？」と尋ねることになったのかもしれない。人間はこうしたことを意識せずに容易に行うことができるが，コンピュータはこうした聴覚行動に伴う音声特徴分析や心理的推測，感情投影の複雑な相互作用を包括的に理解できるようになることは決してないだろうとシェーラーは考えている。音声的手掛かりに基づいてこのように経験から推測していく能力は人間特有のものであり，そのためにコンピュータよりも優位性を維持することができるのかもしれない……少なくとも当面の間は。

◀解　説▶

1.「1995年には（　　　）という考えについて複雑な感情が抱かれていた」

①「SIRIは有益な仮想アシスタントとなりうる」

②「若い女性の教授が重要な論文を発表できる」

③「コンピュータは感情を特定し表現できるようになるだろう」

④「感情は合理的思考とほとんど無関係である」

第1段第1文（The branch of …）からこの段落で1995年の様子がつかめることがわかる。同段第2・3文（At a time … recently recalled.）にある，感情を検知して伝達する能力をコンピュータに持たせることができる方法に関するビジョンが述べられたが，ほとんどの人はその考えにかなり違和感を感じていたという内容に一致する③が正解。①は同段第2文（At a time …）にある，仮想アシスタントのSiriは想像さえされていなかったとあるので矛盾する。④は同段第4文（"Emotion was still …）に，感情は人間をより理性的でないものにするものと考えられていたとあるので矛盾する。

2.「テレビドラマ『ナイトライダー』でKITTを目にすると，ビョルン=シュラーは（　　　）」

①「持ち主の感情の状態が車にわかるようだという事実に魅了された」

②「いつの日か自分用の自動運転車がほしいと思った」

③「車が人間とちょうど同じくらい頭がよくなるかもしれないと恐れ始めた」

④「KITTはSFに過ぎず，現実のものにはならないと知っていた」

第2段第4文（Schuller was fascinated …）にある，持ち主がイライラしていることが車にわかるという考えにシュラーは魅了されたという内容に一致する①が正解。④は同段最終文（The future scientist…）から，SF に過ぎないのか現実のものになるのかと思いをめぐらした，とあるので一致しない。

3.「(　　　) ことを認識するようにコンピュータをプログラムしなければならなかった」

①「『concave』という単語のふたつの『c』は同じ発音である」

②「『c』と『d』と『n』の聞こえ方のバリエーションのあらゆる可能性を入力することは容易なことである」

③「『A cruelly good M.C.』と『I truly couldn't see』は基本的には同じ表現である」

④「特定の文字と文字の組み合わせはさまざまな前後関係で異なった発音になるかもしれない」

第3段第2文（It is a…）にある，音の前後にどの文字が来るかによって音の組み合わせ方が異なるという内容と，同段第7文（To avoid such…）にある，ミスを避けるためにプログラマーは，話し言葉の中で現れるさまざまな前後関係での聞こえ方のバリエーションの可能性をすべて入力しなければならなかったという内容に一致する④が正解。

4.「機械学習は（　　　）を可能にした」

①「コンピュータが音声から文字への信頼度の高い書き起こしを予想よりも早く実現すること」

②「ビョルン＝シュラーがコンピュータと同じ条件で研究を始めること」

③「コンピュータが発音の上達方法をソフトウェアエンジニアに教えること」

④「エンジニアがたった数十年で音声から文字への信頼できる書き起こしを成し遂げること」

第4段第1文（That all started…）に，機械学習で事態は一転したとあり，同段最終文（When Bjorn Schuller…）にある，コンピュータによる音声から文字への信頼度の高い書き起こしは数十年待たなければ実現しないと思われていたが，わずか2，3年で解決に近づいていたという内容に一致する①が正解。

5.「ビョルン＝シュラーは（　　　）入力に基づいてコンピュータが感情を特定できるかどうかを確かめるために同級生のデータに取り組みたい

と思った」

①「視覚に関する」

②「音声に関する」

③「表情に関する」

④「欠落した」

第5段第5・6文（But, as he … to work with.）にある，仲間の動画に音声があることはわかっていたので，視覚入力ではなく声の特徴から，コンピュータに感情を読み取らせる可能性を確かめるために取り組むべきデータを渡してほしいと仲間に頼んだという内容に一致する②が正解。

6.「グーグルやアップル，マイクロソフトは（　　）ようになった」

①「シュラーの仲間と一緒になって彼の珍しい研究内容をからかう」

②「コンピュータがどのような感情を抱くかに対して関心を低下させ，どのように推論するかに対して関心を高める」

③「コンピュータがどのように感情を感知するかについてシュラーと同じように関心を抱く」

④「協力しなければ進歩することはできないという結論に達する」

第6段第6文（Big Tech companies …）および同段最終文（Schuller's area of …）にある，グーグルやアップル，マイクロソフトのようなテクノロジー大企業は感情に関心を向け始め，シュラーの研究分野である音声感情認識の流行が到来したという内容に一致する③が正解。

7.「現在コンピュータは（　　）割合で音声によって伝えられる特定の感情を認識することができる」

①「感情を特定するように頼まれた人間以上の」

②「感情を特定するように頼まれた人間と同様の」

③「感情を特定するように頼まれた人間以下の」

④「過去10年間進歩していない」

第7段最終文（At present, they …）にある，現在ではコンピュータは人間とほぼ同じ精度で特定の音声感情を認識することができ，10年足らずの分野であることを考えれば驚くべき進歩であるという内容に一致する②が正解。

8.「クラウス＝シェーラーの失望は（　　）という事実に起因していた」

①「俳優の声の音量とリズムはコンピュータで再現できない」
②「音声感情の研究にも現在関心を抱いている他の多くの研究者と競合しなければならない」
③「機械学習は効果的ではあるが，感情を解釈する方法への理解を提供しない」
④「彼が記録したさまざまな感情を表現する俳優はコンピュータがそのまねをすることができるため失業してしまう」

第 8 段最終 2 文（The results based … it all works.）にある，機械学習に基づいた結果は驚くべきものであるが，すべての仕組みを理解するためにはあまり役に立たないことが残念でならないという内容に一致する③が正解。

9.「混じり合った感情は，コンピュータは（　　）ために解読を意図して創られた技術にとって難題となっている」
①「恐怖や怒りや喜びのような感情を特定するのが得意ではない」
②「一見矛盾しているような情報を認識しなければならない」
③「理解されていない経路で協力する」
④「深刻な健康状態を正確に特定することを任せられない」

第 9 段第 2 文（Complex, blended emotions …）には，複雑で混じり合った感情を分類してシミュレートすることはあまりに困難であると考えられているとあり，同段第 4 文（To accurately recognize …）にある，感情を正確に認識するためには，声質と音声のリズムが正反対のものを伝達する「チャンネル・ギャップ」に気づかなければならないという内容に一致する②が正解。

10.「本文の最終段はコンピュータは当面の間は（　　）ことはできないかもしれないと示唆している」
①「心理テストで人間に勝利する」
②「効果的に訛りを分析する」
③「どの音声特性が人間特有のものかを推測する」
④「人間が楽に行えることをいくつか成し遂げる」

最終段最終 2 文（Although humans can … least for now.）にある，人間は音声的手掛かりから相手の感情を推測することが容易にできるが，コンピュータには当面できないだろうという内容に一致する④が正解。

Ⅱ 解答　全訳下線部参照。

◆全　訳◆

≪フェイクニュースの見分け方≫

インターネットにはあらゆる種類の情報があふれており，その情報の多くは質が低かったり無価値であったりすることは周知の事実である。しかし，いつの間にか，こうした情報は確認されることもなく拡散しているのである。最新のゴシップを信じたり，ペットやジョークを扱うYouTube動画に夢中になったりするのはいかにもやりがちなことだ。残念なことに，ネットで見つかる情報には別のさらに暗い側面もあるのだ──有害で危険ですらあるネット情報もとてつもない量で存在するのだ。そのような情報は訂正されたり誤りであることが証明されたりしたとしても，受け手の関心はすでに別のところに移行しており，ダメージはすでに与えられてしまっており，元の誤情報がネット上を漂い続けるのである。

私たちはポスト・トゥルースの時代，つまり，事実や客観的であるとみなされる情報を追求して受け入れるのではなく，受け手が自身の感情や個人的信念に訴えかける情報を信じる傾向が強くなってきている時代に暮らしていると現在言われている。多くの人の情報消費は，合理的な思考ではなく，感情によって導かれることが多くなってきているのだ。こうしたポスト・トゥルースの現実がフェイクニュースがこれほど避けられなくなった理由のひとつであり，それゆえに，意図的な虚偽の情報の生産と拡散に対抗し，それを阻止することが非常に困難な理由でもある。

フェイクニュースという現象は新しいものでもなければ，ポスト・トゥルースという概念も新しいものではない。『コルベア・レポート』が10年以上前に「真実であってほしいこと」という概念を紹介し，笑いを通じてではあるが，本当の証拠や事実に裏づけられているからではなく，私たちの感情に訴えかけるものであるという理由で情報や物語を受け入れてしまうことの危険性を私たちに警告した。今日，ジャーナリストやメディアは極めて慎重な姿勢を貫き，メディアの現状を取り巻く混乱について人々に警告を発している。事実であると主張される嘘が日々拡散し，受け手の世界観と矛盾する事実に基づく情報や報道がフェイクニュースとしての不正確なレッテルをたちまち貼られ，分別があるはずの市民を一層混乱させている。

◀解　説▶

Lies that are claimed as facts are spread daily では，主節の主語は Lies，動詞は are spread ということになる。that are claimed as facts は先行詞 Lies を修飾する関係代名詞節である。be claimed as ～ は「～として主張される」，are spread は「拡散される」の意。ここでの daily は are spread を修飾する副詞である。fact-based information or reporting that contradicts the audience's worldview is quickly and incorrectly labeled as fake news では，主節の主語は information or reporting で，それを that contradicts the audience's worldview という関係詞節が修飾している。contradict は「～と矛盾する」，audience は「視聴者，受け手」，worldview は「世界観」の意。be labeled as ～ は「～としてレッテルを貼られる」の意で，それを quickly と incorrectly という副詞が修飾している。further confusing citizens who should know better は分詞構文で，confusing の意味上の主語はコンマ以前の内容であるので，前から訳していったほうがよい。further「さらに」 confuse「～を混乱させる」 know better「分別がある，愚かではない」

III **解答例** To avoid fake news, it is crucial to decide on our own whether what the news says is logical or not. Just because the news is going viral online, it does not always mean that it is true. We should be always critical and look for evidence before judging if it is true. (50 語程度)

◀解　説▶

「自分が接するニュースが本当かどうかはどうしたら判断できるのか？」という問いに 50 語程度で答える問題。〔解答例〕では，ニュースの内容が論理的であるかどうかを自分で見極めることが極めて重要であると述べている。ネット上で拡散する情報が必ずしも真実であるとは限らず，常に批判的姿勢をもって，証拠を探すことの大切さを述べている。crucial「極めて重要な」 on *one's* own「自分の力で」 Just because ～, it does not …「～であるからといって…ではない」 critical「批判的な」

Ⅳ 解答

設問1．11―④　12―①　13―④　14―②　15―③
設問2．16―②　17―①　18―②　19―③　20―③

◀解　説▶

設問1．11.「サラ：ジョンは大学入試に合格するためには何でもやると言っていました。ソフィー：なるほど。それで最近彼を見かけないのですね」

ソフィーのジョンを最近見かけないという発言からジョンは受験勉強でとても忙しいと推測できる。go to great lengths to *do* は「～するためにはどんなことでもする」という意味の表現。

12.「父：あの子はネコを3匹飼っているんだろ？　母：ええ，その通り。もう1匹飼えたらいいなんてどうして思っているんでしょう」

父親の発言から少年はすでに十分すぎる数のネコを飼っているという気持ちが伺え，母親もそのことに同意している。したがって，母親も少年がもう1匹飼えたらいいという気持ちに対して疑問を抱いている。wish SV の V は仮定法なので，文法的にも①しか成立しない。

13.「トム：どうしてジョイは電話をくれたんだろう？　メグ：箱を車に積むのを私たちに手伝ってほしいのよ」

want O to *do* で「O に～してもらいたい」の意になるので，④が正解。他の選択肢は語法的に成立しない。

14.「ジョー：どうしてそんなに怒っているの？　ナオミ：夕食に遅れると言ってくれてもよかったのに」

ジョーが夕食に遅れたのは過去のことなので，過去のことに対する非難を表す should have＋過去分詞「～すべきだったのに」を用いる。

15.「ベン：明日のバレエ公演でセンターに立つので一日中練習したんだ。ジュディ：がんばってね！　ベン：ありがとう。最善を尽くすよ」

ベンが明日バレエを披露することを聞いたジュディが言いそうな表現は舞台に出る人に対して用いられる定型表現の③ Break a leg!「がんばって！」である。①「それはひどい」 ②「ひどい日に違いない」 ④「まさか！」

設問2．対話1．2人の友人がトニーという名のクラスメートについて話をしている。

ジョン　　：トニーに何が起きたか聞いた？

デイビッド：いや，何が起きたの？

ジョン　　：そう，いつものようにクラスの小さな子のひとりをいじめていたんだ。その子は小柄で強そうに見えなかったから，威張り散らすのは簡単だとトニーは思ったんだよ。でも，その子はボクシングチームにいたことが判明するんだ。

デイビッド：そうだとしたら，トニーは同じような形で仕返しされたんじゃないの。

ジョン　　：その通り！　トニーは目の周りにあざができていたけれど，彼がいじめた子はかすり傷も負わずに去って行ったんだ。

16. トニーがおそらく「got a taste of his own medicine」するとは，ディビッドはどのような意味で言ったのかが問われている。get a taste of *one's* own medicine は「同じような形で仕返しされる」という意味の表現だが，会話の流れから，小柄な子をいじめようとしたトニーが，逆にその子から痛めつけられたという内容が推測できるため，②「トニーは人に対して行ってきたやり方で扱われた」が正解。the way SV「～するように」 ①「トニーがいじめた子は無理矢理彼に薬を飲ませた」 ③「トニーは小柄な子との共通点がとても多いことがわかった」 ④「薬物使用がトニーの転落をもたらした」

対話 2．同じ会社で働いている同僚同士でおしゃべりをしている。

グロリア　：ブライアン，最近残業をたくさんしているのね。無理をしないように気をつけてね。そうしないと身体に悪いわ。

ブライアン：心配してくれてありがとう，グロリア，でもとっても元気だから。今までで一番調子がいいくらいだよ。

グロリア　：今は確かに健康だと感じるとしても，長期的にはストレスが悪影響をもたらすことがあるわ。休暇を全部消化することをお勧めするわ。

17. グロリアはブライアンに「burn the candle at both ends」しないように忠告しているが，彼女はどんなことを提案しているのか。burn the candle at both ends は「無理をする，自分を酷使する」という意味の表現だが，グロリアがまず，ブライアンが残業をたくさんしていると述べ，burn the candle at both ends しないようにしないと身体を壊すかもしれないと忠告していることから，①「あまりがんばりすぎない」が正解。

push *oneself* は「がんばる」の意。②「タバコを吸うのをやめる」 ③「火災予防をもっと深刻に考える」 ④「そんな不注意に行動しない」

18. この対話の文脈では「take its toll」という表現は何を意味するのか。take *one's* toll は「悪影響を及ぼす」という意味の表現だが，グロリアは，今は自分が健康だと思っていても，ストレスは長期的には（in the long run），take its toll することがある，と述べていることから，そうした意味を連想することができる。したがって，②「悪い影響をもたらす」が正解。①「負担を軽減する」 ③「耳鳴りを引き起こす」 ④「稼働時間が遅くなる」

対話3．ピーターとメアリーはどのカフェに行くべきか決めようとしている。

ピーター：特に行ってみたいカフェはある？

メアリー：「アルフィーズ・ティー・ルーム」はどう？

ピーター：そこは例の流行っているタピオカティーの店のひとつじゃないの？　まさか，君もブームに乗ってタピオカティーに夢中なんじゃないよね？　君はもっと自分なりの考え方をする人だと思っていたよ。

メアリー：私がタピオカティーが大好きなんだからしょうがないでしょう。そう言えば，数年前ハワイアンパンケーキが人気絶頂だった頃，あなたはパンケーキカフェブームに乗っかっていたんじゃないの？　パンケーキならいくらでも食べられるって！　これは五十歩百歩じゃないかしら？

19. メアリーが「jumped on the bandwagon」したとピーターは責めているが，どのような意味で使っているのか。jump on the bandwagon は「ブームに乗る」という意味の表現で，下線部直後の発言から，独自の考え方をする人（a free thinker）はそのようなことをしそうもないことがわかる。また，メアリーの最後の発言（Can I help …）の中で，on the pancake café bandwagon という表現が用いられ，そこではピーターはパンケーキが大人気のときにパンケーキばかり食べていた，とある。このような内容から，③「最新の流行に何も考えずに従う」が正解。①「慌てて間違った結論を出す癖がある」 ②「大好きな音楽がかかっているカフェにしか行かない」 ④「すぐに他人を批判する」

20. この対話でメアリーはピーターが「pot calling the kettle black」であるという表現を用いているが，どのような意味で使っているのか。この表現は「五十歩百歩，どっちもどっち，目くそ鼻くそを笑う」という意味の表現だが，メアリーは確かに自分もブームに乗ってタピオカティーを飲みたいと思っているかもしれないが，ピーターもかつてはブームに乗ってパンケーキを食べていたことから，ピーターも人のことをとやかく言う資格はないということを言おうとしている。したがって，③「彼は彼女を批判しているが，彼も同じぐらいひどかった」が正解。①「ピーターはタピオカティーを批判していたが，実際には好きだった」 ②「彼女は彼を批判しているが，彼女も同じくらいひどかった」 ④「なべとやかんはどちらも黒いが，それだけが唯一の共通点である」

V 解答

Part I. 21－② 22－① 23－④ 24－③ 25－② 26－① 27－④ 28－② 29－④ 30－①

Part II. 31－③ 32－② 33－① 34－④ 35－② 36－② 37－③ 38－② 39－③ 40－④

◀解　説▶

Part I. スクリプト参照。

Part II. 31.「インタビューのはじめに，ジョンは（　　　）ことに対して不満を述べている」

①「パンを焼くレシピについてみんなから質問を受け続けている」

②「赤ん坊がうるさくて音楽に集中できない」

③「赤ん坊の世話とパンを焼くことがあまり評価されない」

④「ビートルズとして作った音楽で金メダルをもらったためしがない」

ジョン＝レノンの第 1 発言（I've been baking…）および第 2 発言第 1 〜 4 文（That's what everyone … had conquered something.）で，パンを焼いたり，赤ん坊の世話をしたりしていると言うと，そうしたことはまるで重要ではないかのように，他には何をしていたかと聞かれ，ジョン＝レノンはあきれてどちらも立派な仕事だと述べていることから，③が正解。

32.「ジョンは（　　　）ので主夫になった」

①「収監後に音楽の世界に戻ることができなかった」

②「ロックンロールの人生と決別することがどうしても必要だった」

③「あこがれるミュージシャンのような存在になれないと思った」
④「世間は彼をもはや高く評価していないとわかった」

デイビッドの第3発言（Why did you…）で主夫になった理由が問われているので，それに対する回答であるジョン＝レノンの第3発言第8・9文（To continue a…not fun anymore.）で，ロックンロールの人生を続けることはパフォーマンスや世間からの評価の浮き沈みに左右されるということで楽しいものではなくなっていたとあることから，②が正解。

33.「ジョンは，ポール＝マッカートニーは（　　）とほのめかしている」
①「期待されているので6カ月ごとにアルバムを出す」
②「画家のファン＝ゴッホから着想を得た」
③「詩人のディラン＝トマスほど酒を飲むのが好きではなかった」
④「アーティストはこうあるべきというイメージの奴隷になることは決してないだろう」

デイビッドの第5発言（Would you be…）に，ポール＝マッカートニーのことを話しているのか，とあるのでその前後にあるジョン＝レノンの回答が手掛かりとなる。ジョン＝レノンの第4発言（Yeah, to make…）および第5発言第1文（Not only Paul.）で，そうするものだと思われているので6カ月ごとにアルバムを出すのはポール＝マッカートニーだけではないと述べていることから，ポール＝マッカートニーはそうしているということがわかるので，①が正解。

34.「ジョンは自分が（　　）ということを確信させてくれたことに対してヨーコに感謝していた」
①「ビートルズをまとめていくことに最善を尽くした」
②「家事と育児をヨーコに任せるべきだ」
③「仕事への責任をおろそかにすべきではない」
④「レコード製作の厳しいスケジュールを続ける必要はない」

ジョン＝レノンの第6発言（Most people don't live…），第7発言（Most people don't have…），および第8発言（She showed me…）から，ヨーコのような本音を言うパートナーと暮らすことで，厳しいスケジュールのもとでレコード製作をし続けなければならないという呪縛から離れることができたことがわかるので，④が正解。

35.「ジョンが主夫になった後で，人々は（　　）」

①「ヨーコに何をしているのかとよく尋ねた」
②「ジョンが家のことだけをしているということを信じなかった」
③「ジョンは高度なビジネス交渉に今でも関わっていると知っていた」
④「家事をおろそかにしていることに対してヨーコを責めた」

デイビッドの第 9 発言（How did Yoko …）でジョン＝レノンが主夫になった後のことが問われているので，それに対する回答であるジョン＝レノンの第 9 発言第 2 文（When Yoko and …）に，彼とヨーコが外出すると，人々は彼に対してのみ，今は何をしているのか，と聞いてきたとあることから，人々はジョンが家事以外のこともやっているのではないかと思っていたことが推測できる。したがって，②が正解。

36.「インタビューの中で，ジョンは（　　　）はヨーコにとってはもはや理解できないことではないと語っている」
①「侮辱と脅迫」
②「法的事項と政治家」
③「計算と強硬な態度を見せること」
④「人前で話をしたり，直接話し合ったりすること」

ジョン＝レノンの第 10 発言第 2・3 文（The law is … Politicians aren't either.）に，ヨーコはもはや法律が理解できないということはなく，政治家に関しても同様であるとあるので，②が正解。

37.「ヨーコを批判するマスコミの批判的報道は（　　　）」
①「ジョンとヨーコが無視することができたのでふたりに影響を与えなかった」
②「ふたりはなんとか対処できるということに対して彼らの心に疑いを残すことはなかった」
③「ジョンとヨーコはどちらも繊細であるため，ふたりの気持ちを傷つけた」
④「彼女に対して時として投げつけられた石ほどの痛みはなかった」

デイビッドの第 13 発言（How do you …）に，ヨーコに向けられたマスコミの批判的報道についてどう思うかとあるので，それに対する回答である，ジョン＝レノンの第 13 発言の内容に注目する。第 1 文（We are both …）に，自分たちはとても繊細でとても傷ついたとあるので，③が正解。

38.「(　　　)という批判があった」
①「ヨーコはジョンに支配されていた」
②「ジョンはヨーコに支配されていた」
③「ジョンとポールは一緒にいる時間が長すぎた」
④「ジョンはポールに支配されていた」

デイビッドの第14発言(But what about…)に，ジョン＝レノンはヨーコに支配されているという批判についてどう思うか，とあるので，②が正解。

39.「ジョンはヨーコ＝オノの芸術は(　　　)であると思っていた」
①「自分のような裕福なポップスターにとっての有効な投資」
②「退屈で否定的なもの」
③「興味深いので，画廊にもっと長くいたいという気を起こさせるもの」
④「あまりにも知的なもの」

ジョン＝レノンの第15発言第3～最終文(I was looking…in the gallery.)に，今まで見飽きてきた作品と違って，「Yes」とだけ書かれたヨーコの芸術作品に魅了され，画廊に留まった，とあるので，③が正解。

40.「ジョンが画廊で初めてヨーコに出会ったとき，ヨーコは(　　　)」
①「ジョンにハンマーを売ろうとした」
②「ジョンは金持ちの芸術の後援者だと思った」
③「ビートルズのひとりだとわかった」
④「ジョンは金持ちだとも有名人だとも認識していなかった」

デイビッドの第16発言(How did you…)で初めて会話を交わしたときの様子が問われているので，それに対するジョン＝レノンの回答である第16発言第5～8文(But the owner…of the Beatles.")から，オーナーから言われるまでジョン＝レノンが大金持ちであることもビートルズのメンバーであったこともヨーコは知らなかったことが推測できるので，④が正解。

VI

解答例 I think people might have gossiped much more about their relationship, and some would have even criticized them a great deal. Even then, they were under scrutiny by people and the media. Groundless rumors and slander on social media would have influenced their lives and careers in a more negative way since they were really sensitive. (50 語程度)

◀解　説▶

「ジョンとヨーコの関係はソーシャルメディアが生まれる以前のものだ。当時ソーシャルメディアが存在していたら，ふたりの人生とキャリアにどのような影響を与えたと思うか」という問いにⅤのリスニングの内容をもとに 50 語程度で答える問題。〔解答例〕では，ふたりの関係に関する噂ははるかに多く，ふたりに対する批判さえも増えていただろうと述べている。当時でさえ，人々やメディアに注目されていたくらいなので，ソーシャルメディア上の根も葉もない噂や中傷は彼らの人生やキャリアにさらに悪影響を与えただろう，と続けている。その理由としてはリスニングの内容にあるように，ふたりは繊細な人物であるとしている。social media「ソーシャルメディア」 gossip about ～「～について噂をする」 be under scrutiny「注目されている」 groundless「根拠のない」 slander「中傷」 sensitive「繊細な」

❖講　評

2023 年度は 2022 年度と同様の大問 6 題の出題で，試験時間は 100 分であった。

Ⅰの読解問題は，人間の感情を音声からコンピュータに読み取らせることの可能性を論じたものである。ある程度まで実現可能にしたビョルン＝シュラーの考えとその実践，また，それに対してコンピュータが音声から人間の複雑な感情を読み取るのは非常に困難であるというクラウス＝シェーラーの考えをそれぞれ理解する必要がある。10 個の選択式の設問は内容説明で段落順に配置されており，標準的な出題となっている。

Ⅱの読解問題は，フェイクニュースに関するもので，非常に読みやすい英文であった。英文和訳のみの出題であり，構文把握力と基本単語の知識が問われている。

ⅢはⅡの英文の内容をテーマとする英作文であった。語数は 50 語程度。

Ⅳでは，設問 1 で対話の空所を完成させる補充問題が出題された。会話の流れをつかむことはもちろん重要だが，イディオム，会話表現，文法，語法の知識も要求されている。設問2では長めの対話の内容に関する選択問題である。本文中の下線部はいずれも難度の高いイディオムを含んでいるが，対話の流れと前後関係から容易に正解を導くことができるものばかりである。

Ⅴは2022年度と同様にリスニング問題が出題された。設問は**Part I**と**Part II**にわかれており，**Part I**では10カ所の空所に入るべき語句を聞き取ってそれに相当するものを選択する問題。空所の語数が多いものもあり，語彙・表現も難度の高いものが含まれているので注意を要する。**Part II**では英文の内容に関する10個の選択式の設問に答える形となっている。英文はどちらもビートルズのメンバーであったジョン＝レノンとそのパートナー，ヨーコ＝オノに関するものであり，**Part I**はインタビューアーによるインタビューの背景説明で，**Part II**はジョン＝レノンが実際にインタビューに答える形式となっている。**Part I**の内容をある程度踏まえておくと，**Part II**の内容が頭に入りやすくなる。英文が長く，把握しなければならない情報が多岐にわたり，ジョン＝レノンの発話にはくだけた表現も多いので，前後関係からしっかりと内容を把握し，インタビューアーの問いに対してジョン＝レノンがどのように答えているかを理解しなければならない。この意味で，しっかりとしたリスニング対策が必要である。

Ⅵ はⅤのリスニング英文の内容に関するテーマ英作文が出題された。語数は50語程度。

全体としては，語彙・熟語力の増強はもちろん，リスニング力を含めたバランスのよい英語力の向上に努め，すばやく解答を導き出す練習を重ねる必要があるだろう。

日本史

I

解答　問1．③　問2．①　問3．③　問4．④　問5．国造
問6．②　問7．④　問8．①　問9．②　問10．③
問11．平将門　問12．④　問13．④　問14．六波羅探題　問15．①
問16．建武式目　問17．③　問18．①

◀解　説▶

≪原始・古代～中世の政治と社会≫

問1．③誤文。群馬県の岩宿遺跡は旧石器時代の代表的な遺跡である。

問2．①誤文。北海道では続縄文文化，南西諸島では貝塚文化（南島文化）と呼ばれる縄文時代以来の文化が継続した。

問3．③正解。古墳の規模で1位は大仙陵古墳（仁徳天皇陵），2位は誉田御廟山古墳（応神天皇陵），3位は石津丘ミサンザイ古墳（履中天皇陵）であり，ここまではすべて大阪府にある古墳だが，4位の造山古墳は岡山県にあり，吉備の首長の力を示している。

問5．空欄には国造が入る。6世紀にヤマト政権は地方豪族を国造に任じ，地方の支配権を保障する一方，大王のもとにその子女を舎人・采女として出仕させ，地域の特産物も貢納させた。

問6．②誤文。大王の直轄領は屯倉，直轄民は子代・名代と呼ばれた。豪族の所領が田荘，私有民が部曲と呼ばれた。

問7．④誤文。紀伊は現在の和歌山県と三重県南西部の範囲であり，南海道に属していた。西海道には九州とその周辺の島々が属していた。

問8．①誤文。国司は，国ごとに守・介・掾・目の四等官の定員が決められ，任期は6年，のちに4年となった。

問9．空欄には大宰府が入る。九州北部に設けられた大宰府は，西海道を管轄しつつ外交・防備を担当した。律令政府の出先機関で，「遠の朝廷」とも呼ばれた。

問10．Ⅰ．誤文。多賀城は陸奥国に築かれ，陸奥国府と鎮守府が置かれた。

Ⅱ．正文。薩摩・大隅地方を中心に九州南部にいた住民は隼人と呼ばれ，

朝廷からは異民族とみなされた。政府は隼人を帰属させる過程で，702年に薩摩国，713年に大隅国を設置した。

問12．④正解。後三年合戦で藤原（清原）清衡をたすけた人物は源義家である。源義家は前九年合戦で父の源頼義とともに戦い，さらに後三年合戦を鎮圧したことで名声を高めた。その結果，源氏は東国の武士団との主従関係を強め，武家の棟梁としての地位を固めた。

問13．④正解。院政期に地方豪族が建てた阿弥陀堂の代表例として，平泉の中尊寺金色堂（岩手県），陸奥の白水阿弥陀堂（福島県），豊後の富貴寺大堂（大分県）がある。

問17．③誤文。室町幕府の守護の多くが在京して幕府の政務を分担し，領国支配を守護代に任せる形をとった。

問18．①誤文。大内氏の城下町は山口である。一乗谷は朝倉氏の城下町である。

問1．松平定信　問2．③　問3．②　問4．①
問5．②　問6．④　問7．④　問8．③
問9．大御所　問10．①　問11．④　問12．①　問13．②　問14．③

◀解　説▶

≪近世後期の政治と内憂外患≫

問2．③正文。老中の田沼意次は工藤平助の献策を受け，ロシアとの交易や蝦夷地開発を計画して，最上徳内らを蝦夷地調査に派遣した。

①誤文。株仲間の解散は，天保の改革の時期の政策である。

②誤文。海舶互市新例の発令は，正徳の政治の時期の政策である。

④誤文。田沼時代に金二朱として通用する南鐐二朱銀が発行されたが，銅銭ではなく銀貨である。

問3．②正文。寛政の改革で出された旧里帰農令の説明である。年貢の減収・打ちこわし多発化への対処として出されたが，大きな効果はなかった。

①誤文。旗本・御家人の救済のために出した棄捐令では，札差への借金を破棄させた。

③誤文。小石川ではなく，石川島に人足寄場を設置した。

④誤文。節約した町費の一割ではなく，七割を積み立てて，江戸町会所で運用させた。

問 4．①正文。寛政異学の禁と呼ばれる学問統制策の説明である。

②誤文。『戊戌夢物語』を著した高野長英が弾圧されたのは 1839 年の蛮社の獄であり，天保年間の出来事である。

③誤文。学問所の儒官として柴野栗山・尾藤二洲・岡田寒泉が任命され，この 3 人は寛政の三博士と呼ばれた。岡田寒泉の転任後は古賀精里が入った。

④誤文。寛政の改革の時期に，出版統制令によって山東京伝・恋川春町・林子平らが弾圧された。為永春水は天保の改革で取り締まりの対象となった。

問 6．④正解。松平定信の失脚後，松平定信の改革方針を継承した老中を「寛政の遺老」と呼ぶ。松平信明は寛政の遺老の中心人物であり，老中在任期間は 30 年近くに及んだ。

問 7．④正文。1827 年に幕領・私領を問わず数十か村が寄場組合に編成され，関東取締出役の下で治安維持にあたった。

①誤文。無宿人や博徒の横行による治安悪化への対応として，幕府は 1805 年に関東取締出役を設けた。

②誤文。文政年間に幕府は質を落とした文政金銀の大量鋳造による差益金などで財政難を切り抜けようとした。しかし，元禄金銀以来初めての貨幣改鋳ではなく，文政金銀以前に，正徳の政治における正徳金銀の発行，享保の改革における享保金銀や元文金銀の発行などがある。

③誤文。文政年間に入ると諸物価が上昇し，商人の経済活動は活発になった。

問 8・問 9．徳川家斉は将軍在職 51 年に及び，1837 年に徳川家慶に将軍職を譲ったのちも 3 年余り大御所として実権をふるった。

問 10．①正解。郡内一揆（郡内騒動）は，1836 年に天保の飢饉に苦しむ甲斐国の人々が起こした一揆である。②の元文一揆（磐城平藩一揆）は 1738 年に起こった全藩一揆，③の加茂一揆は 1836 年に三河で起こった世直し一揆，④の三閉伊一揆は 1853 年に南部藩で起こった一揆である。

問 11．④正解。下線部は天保の飢饉への幕府の対応に不満をもち，大坂で武装蜂起した人物なので，大塩平八郎である。大塩平八郎は大坂町奉行所与力を務め，私塾の洗心洞で陽明学を説いた。

問 12．①正解。『出潮引汐奸賊聞集記』では，大塩平八郎勢が「救民」の旗をおし立てて市中に火を放ちながら進撃する様子が描かれている。教科書や図説などに掲載されているので確認しておきたい。

問13. ②正解。下線部の内容はモリソン号事件と呼ばれる。モリソン号事件に関して，蘭学者の高野長英と渡辺崋山がそれぞれ『戊戌夢物語』『慎機論』を著して幕府の異国船打払い政策を批判した。

問14. ③正解。水戸徳川家の徳川斉昭は「戊戌封事」を幕府に提出し，海防強化などを説いた。

解答　問1. ②　問2. ④　問3. ①　問4. ①　問5. ④
問6. ①　問7. ③　問8. ②　問9. ③　問10. ④
問11. 浅沼稲次郎　問12. ⑥　問13. ①　問14. 小泉純一郎

◀解　説▶

≪長谷川町子の生涯，近現代のテロ≫

問1. ②正解。Ⅰ. 『改造』の創刊は1919年。→Ⅲ. 『サンデー毎日』の創刊は1922年。→Ⅱ. 『戦旗』の創刊は1928年。

問2. ④誤文。社会大衆党は1932年に，社会民衆党と全国労農大衆党が合同して結成された。

問3. X. 正文。『国民新聞』は1890年，徳富蘇峰が発行した日刊新聞である。徳富蘇峰は民友社を設立し，雑誌『国民之友』を発行して平民主義（平民的欧化主義）を提唱したことで知られるが，日清戦争・三国干渉を契機に国家主義に転向した。

Y. 正文。『国民新聞』は1942年，『都新聞』と合併し，『東京新聞』となった。

問4. 漫画の中の「中東せんそう」「原油」「エネルギー源」という言葉から，漫画は1973年に第4次中東戦争が勃発し，アラブ産油国が原油価格を大幅に引き上げたことを要因として起こった第1次石油危機について描かれていることがわかる。

①正文。1971年から1973年にかけて四大公害訴訟ではあいついで原告側（被害者側）が勝訴している。

②誤文。日本人の海外渡航者が100万人を超えたのは1972年である。

③誤文。第一回先進国首脳会議が開催されたのは1975年である。

④誤文。戦後初のマイナス成長となったのは1974年である。

問５．漫画家の長谷川町子は 1992 年に国民栄誉賞を受賞した。国民栄誉賞は福田赳夫内閣の下で創設され，本塁打世界記録を達成したプロ野球選手の王貞治が 1977 年に最初の受賞者となっている。

問６．①正解。条約改正交渉の内容が漏れて爆弾を投げつけられた外務大臣は，大隈重信である。大隈重信は，頭山満を中心とした超国家主義右翼団体である玄洋社に所属していた来島恒喜に爆弾を投げつけられ，負傷した。

問７．③正解。伊藤博文が暗殺された場所はｃのハルビンである。ａは上海，ｂは大連，ｄはウラジヴォストークである。

問８．Ｘ．正文。立憲民政党の浜口雄幸内閣は前日本銀行総裁の井上準之助を大蔵大臣に起用して金輸出解禁を実施し，金本位制に復帰した。当時，井上準之助は立憲民政党員ではなかったが，第２次若槻礼次郎内閣の退陣により立憲民政党が野党になってから総務として党を支えている。

Ｙ．誤文。金融恐慌に際して，モラトリアムを実施したのは立憲政友会の田中義一内閣である。

問９．③正解。二・二六事件では④の渡辺錠太郎（陸軍教育総監）の他に高橋是清（大蔵大臣）・斎藤実（内大臣）らが殺害された。②の鈴木貫太郎（侍従長）は重傷を負い，①の岡田啓介（首相）は首相官邸を襲撃されたが襲撃グループが他の人物を首相と誤認して殺害したことで難を逃れた。二・二六事件では天皇の重臣・政府要人を襲撃対象としており，当時外交官であった③の吉田茂は襲撃対象となっていない。

問 10．④正文。岸信介内閣は日本教職員組合（日教組）の弱体化をねらって教員の勤務評定を全国に実施した。しかし，学校現場は混乱し，反対運動が激化した。

①誤文。岸信介はＡ級戦犯として３年半拘留されたが，不起訴のまま釈放されている。

②誤文。岸信介は吉田茂首相の対米追従姿勢に反発して自由党を除名となり，日本民主党の結成に加わっている。

③誤文。岸信介内閣は警察官の権限強化を目指して警察官職務執行法の改正案を提出したが，広範な反対運動にあい審議未了となった。

問 11．空欄には浅沼稲次郎が入る。浅沼稲次郎は 1960 年に日本社会党の委員長となって安保闘争の先頭に立ったが，同年，右翼の少年に暗殺された。

問12. ⑥正解。Ⅲ. 村山富市内閣の誕生は1994年。→Ⅱ. 阪神・淡路大震災の発生は1995年1月。→Ⅰ. オウム真理教が地下鉄サリン事件を起こしたのは1995年3月。

問13. ①正解。X－a. 2001年，9・11同時多発テロ事件が発生したことを理由にアメリカがアフガニスタン攻撃に踏み切ると，小泉純一郎内閣はアメリカ支援を理由にテロ対策特別措置法を成立させ，海上自衛隊を派遣した。Yは湾岸戦争（1990～91年）に関する説明であり，20世紀の出来事である。bのイラク復興支援特別措置法は2003年にアメリカがはじめたイラク戦争支援のために小泉純一郎内閣が成立させた。

問14. 小泉純一郎内閣はアメリカの対外政策を支持し，テロ対策特別措置法，イラク復興支援特別措置法を成立させて自衛隊を戦地に派遣した。また，有事関連3法を成立させた。国交のない朝鮮民主主義人民共和国との国交正常化交渉も行い，2002年に首相が自ら訪朝して日朝平壌宣言を発表した。

Ⅳ　**解答**　【1】朝鮮半島南部の鉄資源を確保するために，倭国は加耶諸国と密接な関係を持っていた。4世紀後半以降，古墳に副葬される大陸の品は中国系の銅鏡から朝鮮系の武器・馬具類に移っている。『宋書』倭国伝が記す倭の五王が中国の南朝に朝貢したのも，朝鮮半島南部をめぐる外交・軍事上の立場を有利にするためであった。この間，朝鮮半島から多くの渡来人が海を渡り，鉄器・須恵器の生産，機織り・金属工芸・土木などの技術や，馬の飼育，乗馬の方法などを伝えた。ヤマト政権は渡来人を技術者集団に組織し，各地に居住させた。また，漢字を用いてヤマト政権の記録・文書の作成や財政上の事務を担当したのも，史部などと呼ばれる渡来人たちであった。6世紀には儒教，医・易・暦などの学術，仏教などが百済から伝えられ，倭国の文化に大きな影響を与えた。(350字以内)

【2】不平等な条項としては，領事裁判権の承認，関税自主権の欠如，片務的最恵国待遇の3つが問題となった。1870年代に米欧に派遣された岩倉使節団は条約改正予備交渉を使命としたが，成果はあげられなかった。その後，外務卿寺島宗則が税権の回復を目標とし，アメリカの合意を得たが，

イギリスなどが応じずに失敗した。1880 年代には井上馨と大隈重信が法権の回復を目標としたが，外国人判事任用への反対論により失敗した。1890 年代に入ると，青木周蔵外相がロシアの南下政策を警戒して日本に接近したイギリスを中心に交渉を進めたが，大津事件で引責辞任した。1894 年，日清戦争直前に陸奥宗光外相が日英通商航海条約に調印し，領事裁判権の撤廃，最恵国待遇の双務化などを実現した。税権の完全回復は日露戦争後の 1911 年，小村寿太郎外相により達成された。(350 字以内)

◀解　説▶

≪倭国が受容した大陸・半島の文化と渡来人が果たした役割，条約改正≫

【1】〔解答の指針〕

▶設問の要求

(主題) 倭国で受容された大陸・半島の技術や文化
　　　渡来人がヤマト政権で果たした役割や貢献

(条件) 4 世紀中頃からの朝鮮半島や中国との交渉にふれる

▶論述の構成

まず，主題の 1 つである「倭国で受容された大陸・半島の技術や文化」については，4 世紀中頃以降に大陸との交流がさかんになる中で，倭国が百済や加耶諸国などから何を学んだかを列挙していきたい。「技術」の面では，鉄器・須恵器の生産，機織り・金属工芸・土木などの諸技術が挙げられる。また，馬の飼育や，乗馬の方法も伝わっている。「文化」の面では，文字（漢字）の使用に必ず触れておきたい。漢字の音を借りて日本人の名や地名などを書き表すことができるようになった。また，6 世紀には朝鮮半島との活発な交流を通じて，中国の宗教や学問がさかんに受容されており，その中で儒教，医・易・暦，仏教が伝えられた。この時期に受容されたものは，その後の日本人の信仰や日本文化に大きな影響を及ぼしている。

「渡来人がヤマト政権で果たした役割」については，「倭国で受容された大陸・半島の技術や文化」の多くが渡来人によってもたらされたことに触れつつ，ヤマト政権が渡来人を組織に組み込んでいったことを説明する。ヤマト政権は渡来人たちを韓鍛冶部・錦織部・陶作部・鞍作部・馬飼部などの部に組織し，各地に居住させている。また，文筆に長じた者を史部として用いて，ヤマト政権の政治・外交に必要な記録・文書の作成や，財政上の事務を担当させている。字数を考えれば部の個別の名称を列挙する余裕はないと思うが，ヤマト政権が渡来人たちを組織に組み込み，技術面・文化面で渡来人たちが大きく貢献していることが伝わるようにまとめたい。

「4世紀中頃からの朝鮮半島や中国との交渉」にふれることが条件になっている。高句麗の好太王（広開土王）碑には，4世紀末から5世紀初め頃，諸国が朝鮮半島で対立する中で，倭が百済を支援して高句麗と戦ったことが記されている。ただし，今回求められているのは「交渉」なので，好太王碑について書くのではなく，ヤマト政権が何を求めて朝鮮半島に進出し，どのような交渉を行い，それによってどのように変化したのかを説明したい。ヤマト政権は朝鮮半島南部の鉄資源を求めていた。そのために早くから弁韓の地の加耶諸国の王と交渉し，影響力を及ぼそうとしていた。古墳に副葬される大陸の品が，4世紀後半に中国系の銅鏡から朝鮮系の武器・馬具類に移ることは，ヤマト政権の対外交渉の変化や政権の軍事的性格の増大に，東アジア情勢の変動が反映したことを示している。「中国との交渉」については，『宋書』倭国伝の記述に触れるが，倭の五王の遣使の説明で終わらせるのではなく，朝鮮半島南部をめぐる外交・軍事上の立場を有利にする目的があったことを指摘し，全体の内容に一貫性を持たせたい。

【2】〔解答の指針〕

▶設問の要求

（主題）幕末に諸外国と締結された諸条約に含まれる不平等な条項
明治初年から行われた主な改正交渉の時期と担当者
改正が最初に成功した時期と担当者ならびに条約名
一応終了した時期と改正担当者

▶論述の構成

「不平等な条項」については，領事裁判権の承認，関税自主権の欠如の2つだけでなく，片務的最恵国待遇も存在することに注意したい。また，最恵国待遇は双務的な場合もあるので，「片務的」という言葉を入れるなどしないと不平等な条項の説明にならないことにも注意したい。

「明治初年から行われた主な改正交渉の時期と担当者」について，政府が本格的な条約改正交渉を開始したのは外務卿寺島宗則のもとでの交渉からだが，「明治初年から行われた」とあるのでここは岩倉使節団から書きはじめたい。岩倉使節団，寺島宗則，井上馨，大隈重信，青木周蔵の名前を挙げつつ，改正交渉の時期を記す必要がある。西暦年を正確に記すことを求められているわけではないので，1870 年代・1880 年代・1890 年代と，〔解答〕には大まかな時期を記した。改正交渉の具体的な説明を詳細に記述すると制限字数を超えてしまうので，主な交渉相手国や税権と法権のどちらを優先させたかを記すにとどめておいた方がよいだろう。

「改正が最初に成功した時期と担当者ならびに条約名」について，まず時期は 1894 年という西暦年を書いてもよいが，日清戦争開戦の直前という表現を入れることで時期をイメージさせることができる。担当者は第 2 次伊藤博文内閣の外務大臣であった陸奥宗光である。条約名は日英通商航海条約であり，列国とも同様の条約を結んだことで，領事裁判権の撤廃，最恵国待遇の双務化，関税率の一部引き上げを実現した。

「一応終了した時期と改正担当者」については，日露戦争後の 1911 年，第 2 次桂太郎内閣の外務大臣であった小村寿太郎により，残された課題であった税権の完全回復が達成された。

❖講　評

大問数は 4 題で 2022 年度と変わりなく，解答個数は 1 個増加して 47 個だった。選択問題が 38 個，記述問題が 8 個，論述問題が 1 個となっている。

難易度は全体としては標準であり，ほとんどの設問は教科書中心の学習で解答が可能である。ただし，2023 年度はⅢの近現代史からの出題が難化した。

時代・分野別ではⅠが原始・古代〜中世の社会経済・政治・文化，Ⅱが近世の政治・社会経済・外交，Ⅲが近現代の政治・外交・文化であった。Ⅳの論述問題では古代の外交・政治，近代の外交の 2 つのうちから 1 問を選択して解答することが求められた。時代別では原始〜現代まで幅広く出題され，分野別では政治史・外交史・社会経済史・文化史から幅広く出題されているので，全時代・全分野の学習をしっかりしておきたい。

Ⅰは原始・古代〜中世の政治と社会に関する出題であった。全体的に標準的な問題で占められていた。高得点をねらいたい。

Ⅱは近世後期の政治と内憂外患をテーマとする出題であった。教科書を中心にしっかり学習していれば解答が可能な設問で占められていた。問6の松平信明は細かい知識だが，消去法で解答は可能である。

Ⅲは漫画家の長谷川町子の生涯を通して近現代について問われ，さらに戦前・戦後のテロをテーマとした出題が続いた。問1は1920年代の雑誌を年代順に並べなければならない設問であり，難問である。問3のYでは『国民新聞』が他の新聞と合併して『東京新聞』となったことを知っていなければ正誤の判断ができず，これも難問である。問5は国民栄誉賞に関して問われており，難問である。問11は浅沼稲次郎を記述問題で出題しており，やや難問である。問12は村山富市内閣の時期の3つの出来事を年代順に並べなければならず，やや難問である。問13と問14は2000年代からの出題であった。

Ⅳの論述問題は，倭国が受容した大陸・半島の文化と渡来人が果たした役割，条約改正という2つの設問から1問を選択して解答する形式がとられている。難易度に大きな差はなく，いずれも教科書に十分な説明が掲載されているテーマである。

問題のほとんどは教科書の内容を基礎として出題されているので，まずは全時代・全分野にわたって，教科書の範囲内で解ける問題を取りこぼさないように学習することが重要である。ただし，2023年度は近現代の問題が全体的に難化したので，近現代の学習には特に十分な時間をかけたい。

世界史

I **解答** 問1．(1)玄奘　(2)ナーランダー僧院
問2．(3)ガズナ
問3．(4)『シャー＝ナーメ』(『王の書』)
問4．(5)エフタル　問5．(6)チャンドラグプタ2世
問6．(7)マンサブダール制　問7．(8)アイバク　問8．(9)カーリダーサ
問9．(10)アンコール＝ワット　問10．(11)タミル人
問11．(12)ネルー　(13)国民会議派
問12．(14)インディラ＝ガンディー　(15)バングラディシュ
問13．(16)ラホール　(17)プールナ＝スワラージ　(18)塩の行進
(19)英印円卓会議
問14．(20)ジンナー

◀解　説▶

≪ネルーの手紙に書かれたインドの歴史≫

問2．やや難。マフムードは，ガズナ朝最盛期のスルタンで，北インドに侵攻して略奪やヒンドゥー教寺院の破壊などをおこなった。ガズナ朝は，サーマーン朝に仕えていたトルコ人奴隷が，10 世紀にアフガニスタンの都市ガズナに建国したトルコ系イスラーム王朝である。ガズナ朝を 12 世紀に倒したゴール朝は，アフガニスタンの都市ゴールから興った。

問4．エフタルは，5世紀の中央アジアで強大となった遊牧騎馬民族で，インドの記録には「白いフン」として登場する。手紙は，インド人の政治家ネルーのものなので，「フン族」という表現となったと考えられる。設問文の「グプタ朝の衰退の原因」からエフタルは判断できる。

問12．(14)インディラ＝ガンディーは，ネルーの娘でマハトマ＝ガンディーとの関係はない。戦後，インドとパキスタンはカシミールの領有をめぐり何度も戦ったが，インディラ＝ガンディーが首相であった 1971 年に起こったインド＝パキスタン戦争（第3次）は，西パキスタンの差別政策に不満を持つ東パキスタンがインドに接近したことも一因となった。戦争はインドが圧勝し，東パキスタンは(15)バングラディシュとして事実上独立し

た。

Ⅱ 解答

問1．① 問2．② 問3．② 問4．② 問5．④
問6．③ 問7．① 問8．④ 問9．① 問10．③
問11．② 問12．② 問13．③ 問14．④

◀解 説▶

≪地中海世界と南北アメリカ大陸≫

問2．②正文。クノッソス宮殿の壁画には，イルカなどの海洋生物や人物が生き生きと描かれている。「フレスコ技法」「写実的」は正誤判定が難しいので，消去法も用いて正文を絞り込みたい。

①誤文。クレタ文明は青銅器文明であった。

③誤文。ミケーネ文明を生み出したのは，アカイア人である。

④誤文。ミケーネ文明を滅ぼしたのは，一説に「海の民」とされる。フェニキア人ではない。

問3．②正文。アレクサンドロス大王は，前333年イッソスの戦いでダレイオス3世率いるペルシア軍を撃破した。

①誤文。ペロポネソス戦争でペルシアの支援を受けたのは，スパルタである。

③誤文。前6世紀にエトルリア人の王政を倒したのは，ローマ人である。

④誤文。ポエニ戦争でフェニキア人の拠点カルタゴを滅ぼしたのは，共和政ローマである。

問9．①誤文。ムハンマドはメッカで教えを説いたが，保守的な大商人層の迫害を受け，622年メディナに移住した。

問12．②正文。チャビン文化は，前10世紀頃ペルー北部に始まった文化でアンデス文明の1つであるが，始まった時期はやや細かいので，消去法を用いて正文を絞り込む必要がある。

①誤文。インカ帝国では，鉄器・馬・車両は使われなかった。

③誤文。「太陽のピラミッド」で知られるテオティワカンの繁栄は6世紀までなので，14～16世紀のアステカ王国に滅ぼされることはない。

④誤文。マヤ文明の中心はユカタン半島なので，メキシコ高原のアステカ王国はマヤ文明地域の大半を併合していない。

Ⅲ　解答

問1．③　問2．①　問3．①　問4．②　問5．②
問6．⑤　問7．④　問8．③　問9．④　問10．②
問11．①　問12．③　問13．④　問14．③　問15．③

◀解　説▶

≪ヨーロッパの協調≫

問1．③誤文。ポーランドは立憲王国として復活し，その王位はロシア皇帝が兼ねた。

問7．④正文。オーストリアは，1866年プロイセンとの戦争に大敗し，翌年アウスグライヒ（和協）によってオーストリア＝ハンガリー帝国を成立させた。

①誤文。イギリスの第一回選挙法改正は，1832年。

②誤文。ロシアの農奴解放令は，1861年と近い時期だが，この法令発布の契機はクリミア戦争の敗北にあるので，イタリアとドイツの国家形成過程に直接の関係はない。

③誤文。フランス第二帝政の成立は，1852年。

問9．④誤文。フランスがアルジェリアを領有するのは，1830年。復古ブルボン朝のシャルル10世が，国民の不満をそらせるためにおこなった対外政策であった。

問12．a．誤文。「文化闘争」は，南ドイツのカトリック中央党を抑圧するものであった。b．正文。

Ⅳ A　解答

16世紀半ば以降，イエズス会宣教師は，中国でのカトリック布教手段の1つとして西洋学術を紹介した。マテオ・リッチは，中国人信者の学者徐光啓と『幾何原本』を編纂して明代の実学に影響を与え，清に仕えたカスティリオーネは，西洋画法を伝え，バロック様式の円明園を設計した。またイエズス会は，中国人信者が孔子の礼拝や祖先の祭祀など伝統的典礼に参加することを認めたが，ローマ教皇がこれを否定したことから，清の康熙帝はイエズス会以外の布教を禁じ，次の雍正帝はキリスト教布教を完全に禁止した。さらに乾隆帝は1757年貿易港を広州一港に限定し，やがてイギリスなどの反発を招いたが，ロシアに対しては，1689年のネルチンスク条約，1727年のキャフタ条約を締結して国境を画定するとともに，交易の中継地を設定して通商

を拡大した。(350字以内)

◀解　説▶

≪「典礼問題」と16〜18世紀における中国の国際関係≫

◆設問の要求

(主題)「典礼問題」と16〜18世紀における中国の国際関係

◆論述の方向性

典礼問題への康熙帝・雍正帝の対応に，乾隆帝の対外貿易策を合わせてヨーロッパとの溝が生じていくことにふれ，これと対比するようにロシアと清の条約による国境画定と通商拡大について述べればよいだろう。

◆指定語句の整理

①イエズス会の布教活動

マテオ・リッチ…16世紀後半の万暦帝時代にやってきたマテオ・リッチは，利瑪竇という中国名を名乗り，中国語を話した。「坤輿万国全図」を作製して中国人に初めて世界地図をもたらし，カトリック信者となった官僚の徐光啓とともにエウクレイデス（ユークリッド）幾何学の漢訳書である『幾何原本』を著した。

徐光啓…明末の漢人官僚で，マテオ・リッチらイエズス会宣教師と親交するなかでカトリック信者となった。中国古来の農学をまとめた総合書の『農政全書』を著した。また，宣教師アダム＝シャールらと西洋天文学による改暦を試み，『崇禎暦書』を残した。

円明園…18世紀初頭に中国に渡り，清朝の康熙帝・雍正帝・乾隆帝に仕えたカスティリオーネ（中国名は郎世寧）が設計した，ヴェルサイユ宮殿に比するバロック様式の離宮。

②典礼問題

雍正帝…清の第5代皇帝。中国人信者が伝統的典礼に参加することを認めたイエズス会の布教方法を，他派やローマ教皇が否定したことに始まる典礼問題では，康熙帝がイエズス会以外の布教を禁じたのに続き，すべての宣教師の中国における布教を禁止した。

広州…唐代に初めて市舶司が設置された港市。中国の主要な港市としては最も南に位置することから，宋代以降も対外貿易の窓口であった。

③ロシアとの関係

ネルチンスク条約…1689年清の康熙帝がロシア皇帝ピョートル1世と締

結した，清がヨーロッパの国と結んだ最初の対等条約。アルグン川とスタノヴォイ山脈（外興安嶺）を両国の国境として画定し，両国の通商などを定めた。この条約の締結にあたっては，イエズス会の宣教師が通訳として同行している。

◆論述の構成

①イエズス会の布教活動

指定語句より，明代のマテオ・リッチと清代のカスティリオーネをあげる。マテオ・リッチについては，徐光啓を使って『幾何原本』にふれ，カスティリオーネについては，円明園の設計にふれる。イエズス会が西洋の技術・知識を教えて中国人に接近することを布教活動の一環としていたことにはふれておきたい。

②典礼問題

「典礼問題」の内容については，最後にイエズス会の布教方法をローマ教皇が否定したことにふれる。ローマ教皇の対応に怒ったのが康熙帝で，次の雍正帝も布教禁止策をとったが，両皇帝の布教禁止策は，明確に分けて記述する。1757 年乾隆帝が広州に貿易港を限定したことは，やがてイギリスとの対立を生じさせたことに言及したい。

③ロシアとの関係

17 世紀のネルチンスク条約が指定語句なので，18 世紀の条約としてキャフタ条約にもふれる。両条約の内容については，あまり字数をとれないが，中国とロシアの関係が問われているので，通商の拡大には言及する。

Ⅳ B 解答

1947 年共産主義の封じ込めに乗り出したアメリカは，マーシャル・プランでアメリカの経済支援による欧州復興計画を示したが，ソ連・東欧諸国はこれを拒否し，コミンフォルムを結成して対抗した。冷戦激化のなかで勃発した朝鮮戦争は緊張を高めたが，56 年ソ連のフルシチョフがスターリン批判のなかで表明した平和共存政策は，緊張緩和の気運を生んだ。62 年のキューバ危機が招いた核戦争の脅威は，米ソが交渉する契機となり，70 年代のデタントでは，西独のブラントは東方外交でソ連・東欧諸国との関係を修復した。ソ連によるアフガニスタン侵攻は，米レーガン政権と対立し，「新冷戦」と呼ばれる緊張をもたらしたが，80 年代後半ソ連にゴルバチョフが登場し，

新思考外交を展開すると，緊張緩和は一気に進み，89年のマルタ会談で冷戦は終結した。(350字以内)

◀解　説▶

≪冷戦時代における東西陣営の緊張と緩和≫

◆設問の要求

(主題) 冷戦時代における東西陣営の緊張と緩和

◆論述の方向性

冷戦の展開を，冷戦開始～1950年代，1960年代～1970年代，1980年代～冷戦終結の3つの時期に分け，各時期における緊張と緩和にふれていくかたちで文章を構成すればよいだろう。

◆指定語句の整理

①冷戦開始～1950年代

マーシャル・プラン…1947年のトルーマン・ドクトリンで共産主義に対する封じ込み政策に着手し，ギリシアとトルコを支援したアメリカは，同年マーシャル・プランで支援の対象を全ヨーロッパに拡大した。この経済復興計画を受け入れた西欧16カ国はOEEC（ヨーロッパ経済協力機構）を結成したが，東欧諸国はソ連の圧力もあり，これを受け入れる国はなかった。

コミンフォルム…1947年に設置された共産党情報局。ソ連・東欧6カ国以外では，フランス・イタリアの共産党が加盟した。

朝鮮戦争…「冷たい戦争」が「熱い戦争」となったことで緊張が高まったことから，米・ソはそれぞれの陣営の結束を強化するため，1951～55年に軍事同盟を結成した。日米安保条約もその1つ。

スターリン批判…朝鮮戦争で高まった緊張は，スターリン没後の1956年に開催されたソ連共産党第20回大会で共産党第一書記のフルシチョフがおこなったスターリン批判を機に緩和されていった。フルシチョフは，西側資本主義諸国との平和共存は可能であるとして，コミンフォルムを解散した。

②1960年代～1970年代

キューバ危機…世界を核戦争の恐怖に陥れたキューバ危機は，ソ連の譲歩によって回避されたが，ケネディとフルシチョフは交渉による協調の必要性を痛感し，1963年6月ホットラインを設置し，同年8月にはイギリスとともに部分的核実験禁止条約にも調印した。

東方外交…1970 年代は，1972 年に米ソが戦略兵器制限交渉（SALT Ⅰ）に合意するなどデタント（緊張緩和）の時代であった。西独のブラント（社会民主党）は，東方外交を展開してソ連・東欧諸国との関係を修復し，ソ連との武力不行使条約や東独との国連同時加盟を実現した。

③1980 年代～冷戦終結

アフガニスタン侵攻…ソ連軍のアフガニスタン侵攻を批判する西側諸国は 1980 年のモスクワ五輪をボイコットし，翌年アメリカに「強いアメリカ」を標榜するレーガン政権が成立したこともあり，世界は「新冷戦」と呼ばれる緊張の時代を迎えた。

◆論述の構成

①冷戦開始～1950 年代

1947 年のマーシャル・プランとコミンフォルムを併記することで，冷戦の激化を示した上で，朝鮮戦争による緊張にふれる。スターリン批判では，平和共存政策に言及することによって緊張緩和を引き出す。

②1960 年代～1970 年代

1962 年に起こったキューバ危機による緊張が，米ソの交渉を引き出したことにふれる。その上で 1970 年代のデタント（緊張緩和）が実現したことに言及し，その象徴としての東方外交を示す。

③1980 年代～冷戦終結

アフガニスタン侵攻を強行したソ連が，レーガン政権と対立して「新冷戦」となり，緊張をもたらしたことにふれる。そしてその緊張は 1980 年代後半のソ連にゴルバチョフ政権が登場したことで緩和が進み，1989 年の冷戦終結に至ったことに言及する。

❖講　評

Ⅰ．『父が子に語る世界歴史』は，獄中のネルーが娘のインディラにあてた手紙に書かれた書簡集で，その中からインドの歴史に関するものを史料として引用した問題。インド人が語るインドの歴史を史料としたことは斬新な切り口の記述法問題といえる。史料文にはやや細かい事項が含まれるが，設問文の説明で正解を誘導してあるので，難易度としては全体に標準的レベルといえる。

Ⅱ．「地中海世界と南北アメリカ大陸の関わり」をテーマとしているが，ギリシア・ローマ史はしっかり扱われており，単独のイスラーム史からの出題もある。南北アメリカ大陸に関する設問は 2 つだけで，問 12 ではチャビン文化の開始時期，テオティワカン文明の存続時期，アステカ王国の最大領域を知っていることが必要であり，また問 13 は細かい年号が必要となるので，ともに難易度はやや難のレベルであった。

Ⅲ．ウィーン会議から第一次世界大戦前までのヨーロッパの国際関係を問う問題。難易度は，どれも基本的または標準的なので，教科書を普通に勉強していれば，容易に対応できる。

Ⅳ．**A**・**B**ともに指定語句をすべて用いて 350 字以内で論述する問題であるが，2023 年度は指定語句の数が**A**で 6 個（2022 年度は 11 個），**B**で 7 個（2022 年度は 8 個）と減少した。出題された分野としては，**A**が 16～18 世紀の中国，**B**は現代の国際政治史であった。指定語句はどれも基本的・標準的な事項なので，教科書を丁寧に学習してあれば対応できる。

総合問題

◀英米文学科Ｂ方式▶

I **解答例** We seem to get bombarded by advertising wherever we are and hardly escape its powerful influence. Indeed, almost all the items in my house are things my family buys, more or less influenced by advertisements. Moreover, companies nowadays use a vast amount of information about our preferences and purchasing histories in their advertisements. Just because I wrote "I want to buy some cool shoes" on social media, for example, I had to see many advertisements for shoes on the site for a while. If companies develop new ways to collect and use big data, I am concerned that in the future, we will be even more susceptible to their manipulation.（100 語程度）

◆全　訳◆

≪広告のもたらす影響≫

どこに目を向けてもそこには広告があるように思えることがある。パソコン，携帯電話，プロスポーツチームのジャージ，公共トイレ，そして飛行機のエチケット袋にも広告が姿を現す。しかし，フロリダ州ジャクソンビルで活動する 34 歳のジェイソン＝サドラーはクリエイティブな広告のアイデアで賞をもらうことになるかもしれない。2009 年に，彼は，IWearYourShirt.com を設立し，さまざまな企業から資金提供を受けて，その企業のロゴと名前が入ったＴシャツを着てさまざまな活動に従事する写真や動画を投稿して注目を集めた。数年後に自分の名前の使用権をオークションにかけ，4 万 5500 ドルという金額で，合法的に 12 カ月の間は Jason Headsets.com となり，ある企業が製造するヘッドセットの宣伝をすることになった。ばかげたことだろうか？　そうかもしれない。ところが，Headsets.com の社長はその投資により，メディアの注目と知名度において600万ドル以上の利益が出たと主張している。そしてその1年後には，サーファー向けの天気予報アプリもジェイソン（一時期「ミスターサーファーアプリ」として知られるようになった人物と言ってもいいが）を雇うことに決めた。

広告主がここまでやるのかと笑って，私たちの考え方や行動に影響を及ぼそうという愚かではあるが無害な企てとしてそうしたことを片づけてしまうのは簡単である。しかし，広告が強力な効果を発揮することもあることを忘れるべきではない。タバコ広告の歴史を考えてみよう。19世紀にはタバコ製品を含むほとんどの消費財は地元で生産され販売されていた。ところが，産業革命により多くの消費財が大量生産されるようになると，メーカーはより広い市場を求めるようになった。広告は当然の成り行きだったのである。1880年代にタバコは初めて大量生産されるようになり，ジェームズ＝ブキャナン＝デュークのようなビジネスリーダーは自社ブランドのマーケティングを積極的に始めることになる。デュークは新聞広告を載せ，何千という広告掲示板のスペースを借り，有名女優を雇って自社ブランドの宣伝をさせ，自社製品を仕入れてくれる小売店にはプレゼントを贈ったのである。やがて他のタバコメーカーも追随することになった。

アメリカのタバコの売り上げは伸び，こうした努力は驚異的な成功を収めた。ところが，女性という大きな新しい市場が残っていた。20世紀の初期までは，販売されるタバコ全体の99%は男性が購入していた。女性の喫煙は社会的に認められておらず，喫煙女性は道徳的に問題があると考えられていたのだ。女性の権利を求める運動が広がり，選挙権を獲得する戦いが始まると，こうした状況が変化し始めた。皮肉にも，喫煙が女性の自由の象徴になったのである。タバコメーカーは広告で女性をターゲットにすることでこうした考えを喜んで助長したのである。

女性は人前での喫煙を認められていなかったので，初期のタバコ広告には実際にタバコを吸っている女性は見られなかった。その代わりに，喫煙はエレガントなものであると連想させたり，「手を伸ばすなら甘いものよりラッキーストライク」のようなキャッチフレーズを用いてタバコが体重管理に役立つことを伝えようとしたのである。1960年代には，タバコ広告は女性解放と喫煙を直接結びつけるようになっており，特にこの目的のためにバージニア・スリムのような新ブランドが作られるようになって，

「やっとここまで来たんだね，ベイビー」というキャッチフレーズが使われた。女性は大量にタバコを購入するようになった。1955 年にはアメリカ人男性の 52%と女性の 34%が喫煙者であった。幸いなことに，喫煙率はそれ以降全体的に減少しているが，男女差は狭まってきている。2015 年現在，成人女性の 14%に対して成人男性の 21%が喫煙者であった。

アメリカのこうした市場縮小を埋め合わせるために，タバコ会社は現在外国でタバコのマーケティングを積極的に開始している。世界保健機関の推定では，アジアだけで１日に５万人のティーンエイジャーが喫煙を始め，最終的には現在アジアに住んでいる若者の４分の１が喫煙により命を落とすかもしれないのである。

◀解　説▶

「広告があなたやあなたの知り合いにどのような影響を及ぼしているかを述べなさい」という指示が出されている。この設問について，自分なりの答えを明確に述べる英文を 100 語程度で書く問題。〔解答例〕では，どこに行っても広告という攻撃を受けているようで，その強力な影響からはほとんど逃れられないと主張している。具体的に，家庭にあるもののほとんどは多かれ少なかれ広告の影響で購入したものだと述べている。次に，近年企業は私たちの嗜好や購入歴に関する膨大な情報を広告に利用しているという内容が続く。例として，ソーシャルメディアで靴を購入したいと書き込んだだけで，しばらくサイト上で靴の広告を大量に見せられたという体験を挙げている。最後に，ビッグデータの新たな活用法が生まれれば，将来企業による操作をより受けやすくなるのではないかという危惧でまとめている。get bombarded by～「～に攻められる，攻撃される」 wherever we are「自分たちがどこにいても」 vast「膨大な」 purchasing history「購入歴」 social media「ソーシャルメディア」 big data「ビッグデータ（人間の行動パターンや傾向などを記録した膨大なデータ）」 be susceptible to～「～を受けやすい」 manipulation「操作」

II

解答例 The main factors determining my attitude toward things depend on whether they belong to the private or social sphere. When it comes to food and music, feelings and experiences are more influential than facts. I often eat dishes that suit my taste, even if I know they are high in calories. I like music that brings back pleasant memories. These things have a lot to do with my personality. Politics, on the other hand, is a social concern, and facts influence my judgment more. When I voted for the first time, I had carefully researched what and how the candidates would do for us in advance.（100 語程度）

◆全　訳◆

≪「態度」はどのように構築されるのか≫

私たちのひとりひとりは自分の周囲の世界を評価している。遭遇するほとんどすべてのものに対して好き嫌いの気持ちを作り出すのだ。実際に，「アンチョビやチョコレート，レディー＝ガガやドナルド＝トランプに対してまったく中立的な感情を抱いています」などと人が言うのを聞いたら変な気がするだろう。たいていの人にとって，こうした対象の少なくともひとつは強い態度を作り出すことだろう。簡単に言えば，態度とは人や物や考えに対する評価なのである。態度が重要なのは，態度が私たちが何をするかを決定することが多いからである。アンチョビやチョコレートを食べるのか，避けるのか，レディー＝ガガの歌をダウンロードするのか，選挙の日に特定の候補者に投票するのかどうか。

態度はどこから生まれるのかという疑問に対するひとつの興味深い答えは，態度は遺伝子と部分的に結びついているというものである。この結論の証拠は，一卵性双生児の方が二卵性双生児よりもより多くの態度を共有しているという事実にある。一卵性双生児が別々の家庭で育ち，お互いのことを知らない場合でもそうなのである。たとえば，ある研究によれば，一卵性双生児は二卵性双生児よりも，運動や注目されること，ジェットコースターに乗ること，あるいは宗教に対して同様の態度をより多く示すことがわかっている。さて，こうした証拠は慎重に解釈すべきである。私たちの態度を決定する特定の遺伝子の存在を主張している人などいないのである。たとえば，遊園地における好みを決定する「ジェットコースター」遺伝子というものが存在する可能性は非常に低い。だが，態度の中には遺伝子構成が間接的に関与しているものがあるように思えるのである。遺伝子と直接関係がある私たちの性格と関係があるのだ。たとえば，メリーゴーラウンドよりもジェットコースターを好むように導くリスクテイキングに関連した遺伝子を親から受け継いでいるかもしれない。

遺伝的要素があるとしても，私たちの態度を形成する上では社会経験が大きな役割を果たしていることは明らかである。社会心理学者はこのような経験と，その経験の結果，さまざまな種類の態度がどのようにして生まれるかということに注目してきた。彼らは態度の構成要素を 3 つ特定しており，ある対象に対して人々が形成する思考や信念である認知的要素，対象に対する人々の感情的反応である感情的要素，および対象に対する人々の行動の仕方である行動的要素である。重要なことは，どのような態度でもこうした要素のいずれかひとつ，あるいはその組み合わせに基づいていることがあるということだ。

たとえば車の客観的な長所のように，関連する事実に態度が主に基づいていることもある。1 ガロン当たり何マイル走るのか？　安全機能はどうなのか？　評価が対象の特性に関する信念に主に基づいている限りは，認知に基づく態度ということになる。こうした種類の態度のおかげで，その対象と関わりを持ちたいかどうかをすぐに決められるように対象の長所と短所を分類することができるのである。掃除機のような基本的な対象に対するあなたの態度を考えてみよう。あなたの態度は，どのくらい気分がよくなるかといったより感情的な理由ではなく，吸い取る埃の量や金額などの，さまざまな製品の客観的な長所に関する信念に基づいている可能性が高い。

長所と短所の客観的な判断よりも感情や価値観に基づいた態度は感情ベースの態度と呼ばれる。1 ガロン当たり何マイル走ろうと，単に車が気に入ってしまうということがある。時として，たとえばある人物が「マイナスの影響を与える存在」であることを知っていて，その人物に対して否定的な考えを持っているにもかかわらず，その人物など何かに強く惹かれることさえある。

◀解　説▶

「事実や感情や経験は食べ物や政治や音楽のようなものに対するあなたの態度をどのように形成しているのか？」が問われている。この設問について，自分なりの答えを明確に述べる英文を 100 語程度で書く問題。〔解答例〕では，態度を決める主な要因はそれが個人的あるいは社会的な領域に属するかによって異なるとまず述べ，その後で，食べ物や音楽に関しては感情や経験の影響力が大きいとしている。食べ物の例として，たとえカロリーが高いと知っていても，好みの料理を食べてしまうことが多いとしている。また，音楽の例として，楽しい思い出が蘇る音楽が好きだとしている。これらは自分の性格と深いかかわりがあると述べ，対比する形で政治は社会的な関心事であると述べている。政治では事実が自分の判断を左右するとして，初めて投票した時には候補者が自分たちに何をどのようにするのかをしっかり事前に調べたとした。determine「～を決定する」when it comes to～「～に関して言えば」candidate「候補者」in advance「事前に」

❖講　評

2021年度から導入された英米文学科B方式の総合問題は，英文を読んだ後，英文の内容に関する設問に100語程度の英語で答える形式で試験時間は60分である。2022年度は1つの長めの英文に対して要約とテーマ英作文が求められたが，2023年度は2つの英文が出題され，それぞれの英文に関連するテーマ英作文が出題されている。英文は「広告のもたらす影響」と「人間の態度はどのように構築されるのか」について述べたもので，語彙や構文の面では標準的である。テーマ英作文は前者に関しては比較的書きやすいが，後者に関しては，本文で述べられる態度を構築する要素に関してしっかりと把握しておかないと書きにくいテーマであるかもしれない。

を（賛否こそあれ）よりクリアに読者たちに伝えることになる可能性について述べる、といった方向性も考えられる。

物という生態系であるとまとめればよい。その際、とりわけ小説が「身体的な『読む』行為と結びついて」きたことを説明すること。

【手順Ⅱ】続いて【手順Ⅰ】の内容を受けながら〈書物の今後の変化〉について自分の考えを展開していく。おそらく、誰しもが思いつくのは「電子書籍」の登場が「書物」に与える影響であろう。以下では、〈解答例〉において、【手順Ⅰ】で述べた内容と【手順Ⅱ】をいかに結びつけていったか、三つの部分（〈解答例〉の第二～第四段落）に分けて説明していく。

A：第二段落

「読むための機械」から「読み方を教える機械」への展開の中に、電子書籍はどのように位置づけられるかについて述べていく。電子書籍の普及を通して私たちが「読むための機械」だけを享受することになる可能性を述べた。

B：第三段落

しかしながら、電子書籍の登場にもかかわらず、紙としての「書物」が健在であることは、現状、否定できない。ここでは、「読み方を教える機械」の機能が全く途絶えてしまったわけではないということを主張している。

C：第四段落

〈解答例〉では、A、Bを総合して、書物が小説読者を包む大きな生態系を構成していく道筋を示した。まず、筆者の提示する通時的な配置とは対比的に、書物の「読む」「読み方を教える」という二つの機能の共時的な配置を指摘し、そこに〈読者の選択の意志〉という主体的な要素を導入してみた。これにより、「読者は書物の機能を選択できるということになる」として、「今後どのように変化していくか」という問いかけへの解答とした。【手順Ⅱ】全体では、A、Bの分析をCで統合したことになる。

今後の変化の予想については、電子書籍の登場を可能にした諸技術が、動／画像、音声、振動、さらにはニオイなどを使うことで、むしろ読者の読書体験を身体的にさらにリアルにするということや、書き手が意図する「読み方」

書物を読む主体の意志を補充して考えたい。そうなると、小説というジャンルを媒介にして、読者が書物を選択し、書物が教えるという相互作用と共生が成立する。小説の読者も巻き込んで、多様な形態の書物が現れたり消えたりすることで、拡大された生態系を書物が構成してゆくことになるのではないか。（八〇〇字以内）

▲解　説▼

≪書物は今後いかに変化していくか≫

問二　傍線部の説明は、直前の「そうした」の指示内容、つまり傍線部(ア)の前を中心に解答を作成していきたい。この場合概念的な説明内容である冒頭一文が解答の土台となる。ここでは読書の基底にある「言葉と音の形」を「モノ」として受けとめる二つのあり方である。①前者は「言葉の音と形」を「モノとして感じとめる」こと、②後者は「想像の世界」において言葉を「モノとして受けとめる」ことである。前者の「言葉の音と形」は傍線部直後の一文で「当然、文字表記……書物をめぐるさまざまな構成要素」と補足して言い換えられている。また後者にはこれに、『龍の子太郎』の具体例が示している言葉をモノとして受けとめる〈リアルさ〉を加味しておけばよい。すなわち読書は、①〈書物を構成する諸要素をモノとして五感で感じ〉、②〈もう一つの身体が時間と空間をなぞり、言葉で語られた事物をリアルなモノとして受け取る〉ことである、という二点をまとめる。文末は解答の書き出しの条件に呼応させて、〈……行為である。〉としておけばよい。

問三【手順Ⅰ】まずは内容説明の部分である。「小説を支える生態系」に至るまでの本文の論旨を捉えていこう。筆者は第一～第五段落までで、書物のもつ共時的な構造を分析している。すなわち①〈書物は内容のみならず、物理的なモノ、また想像の世界で身体的な知覚活動によってリアルさを与える言葉というモノの側面をもつ〉ことである。次に第六～最終段落までで、書物の通時的な進化を分析する。すなわち、②〈書物は起源から読むための道具・機械だったが、近代システムの中で書物は、ふるまい方、語り方、読み書きの仕方を教えるという政治的な役割を担うようになる〉ことである。解答の書き出しは①・②がクロスするところに「小説」があると述べ、その小説を支えるのが書

▲フランス文学科B方式▼

解答

問一 a、階層 b、葛藤 c、契機 d、散布 e、概観

問二 「読むこと」は純粋に知的な行為ではなく、書物を構成する諸要素をモノとして五感で感じることで、想像の世界ではもう一つの身体が時間と空間をなぞり、言葉で語られた事物をリアルなモノとして受け取る行為である。

問三 〈解答例〉 書物は内容のみならず、物理的なモノ、また想像の世界で身体的な知覚活動によってリアルさを与える言葉というモノの側面をもつ。その書物は起源から読むための道具・機械だったが、近代システムの中で書物は、ふるまい方、語り方、読み書きの仕方を教えるという政治的な役割を担うようになる。中でも身体的な「読む」行為と深く結びついている小説は、複製された書物となって社会的に認知された。こうした意味で、書物はその小説を支える生態系なのだ、と筆者は言う。

この「読むための機械」から「読み方を教える機械」への進行が歩みを止めたかに見えることがある。「電子書籍」の登場がそれである。頁をめくる所作などを取り入れて書物の名残を留めているように見せているが、物的な基盤は機械の内部に収納されてしまっている。身体によって知覚されうるという面では純化といえるのではないか。だとすれば、書物は退化したのか。書物は失ったのだろうか。実はそうではない。近代社会の一員としての日常的な生活実践を教育する、「読み方を教える」機能を書物は失ったのだろうか。実はそうではない。依然として存在している紙の書物が、その手触りとともに、どのようにふるまい、語り、読み書くかを教える機能を担い続けている。

したがって、今起こっていることは共時的な機能の分化なのである。あるいは見方を変えれば、読者は書物の機能を選択できるということになる。小説を支える生態系として書物を考えるのが筆者の立場であったが、私はここに、

(二〇〇字以内)

それと逆で「矛盾、衝突をきたす」のである。「該当する語」として「現実」が適切。

問八　最後から三つ目の段落で、「ウソにも二種ある」として、「実体言語によるウソ」が一般的な「ウソ」で、「虚の言語によるウソ」が「芸術的フィクション（＝芸術的虚構）」だと述べられている。そしてこの「芸術的虚構」は「もともと実体を捨てた言語のための言語」から成るものであり、最後から二つ目の段落にあるように「虚の言語による架空」のものである。

ろ、ここは解答根拠が非常にわかりにくい。第一・二段落で、子供における「言語の実体化」について述べられているが、子供に限らず、もともとことばが習熟されず「言語の実体化」が進行する前は、「言語と現実との間」には「必然的結合はない」と筆者は言いたいのである。元来の性質ということで⑤「本質的」が適切。ここは消去法で対応する。

は、空欄前後にあるように、「オオカミ来るの虚報」は「くりかえし同じ言語表現を使用することで、実際的機能が払いとられ」「呪文」となったのである。この「呪文」を次段落では「儀式化されたことば」と言っているので、①の「儀式的」が適切。

に、二段落前に、「実体言語によるウソ」は「社会的、道徳的に否定されなくてはならない」とあるので、③「社会的」が適切。

問五　ア、直後の「言語の実体化」について、前段落では「おとぎ話（＝童話）」が「人間の言語を小さな現実にだけしばりつけておかないようにする実際的効果」をもつことを指摘しているが、空欄アの段落では「とうてい阻止できない」とそれが打ち消される内容になっているので、逆接の「しかし」が適切。④が正解。

イ、空欄イの直前に「……を知らない」とあり、直後に「……も知らない」とあるので、文と文の並列関係を示す「また」が適切。①が正解。

ウ、空欄ウの後では、直前で言及した〈二種のウソ〉について説明されているので、説明を導く接続詞「すなわち」が入る。③が正解。

エ、空欄エの直前の内容から、空欄直後で結論を導いている。接続詞「したがって」が適切。②が正解。

問六　空欄ｙの前に「少年のいうことが実のないウソとしか受けとられなくなった」とあり、次段落でこれを「言語が虚像で用いられるようになる」と表現している。よって③が正解。

問七　空欄ｚの次行に、二種のウソのうち、後者のウソは「現実の支障などのあろうはずはない」とある。前者のウソは

（五〇字程度）

▲解　説▼

《虚構と言語》

問一　A、空欄Aは、その前後で「ことばと現実の切断、両者の自由な関係の確保」に応えるものだと述べられている。次段落以降でオオカミ少年の寓話を紹介し、「実体化している言語と事象の癒着関係」（第八段落）を断ち切るものとして「ウソ」が説明されている。

B、空欄Bは、その前後にあるように〈ウソがひとたび確立すると、言語にはそれがないときめこまれるもの〉が入る。第十段落一文目に「ウソが様式となれば、実体化のともなわない虚の言語が確立したことになる」とあるので、「実体」を抜き出すのが適切。

C、第十段落の内容から、「ウソ」や「フィクションの世界」は「事物や現実の拘束」から解放されているものだと読み取れる。おとぎ話について述べられている第四段落の三文目に「両者（＝言語と事象）の関係に自由な……世界が興味をひく」とあるので、「自由」が適切。

問二　空欄ｘの後に「心配の方が実際を上まわ」るものとして「『産む前の心配』」が挙げられていることから、④「案ずるより産むはやすし」が適切。この意味は〝物事はあれこれ心配するより実行してみれば意外とたやすい〟ということ。

問三　①アイソポスの作として伝えられる古代ギリシャの寓話集。②フランスのシャルル・ペローの童話集。③ドイツのグリム兄弟の童話。④デンマークのアンデルセンの童話。

問四　い、空欄いは、直後にあるように「人間の言語を小さな現実にだけしばりつけておかないようにする実際的効果」をもつ。空欄の前に「超現実的表現」としての「おとぎ話」、次段落に「言語の実体化の進行」とは反対のものとしての「童話」が説明されているので、④「童話的」が適切。

「消化」ではどれも文意に合わない。

問八　傍線部(6)の次段落に「外来思想であった『恋愛』は観念的なもの」とある一方で、傍線部(7)の次段落に貞吉について「生々しい肉体性」「観念ではなく『肌で知っている』者の強さ、一種のなれなれしさ」とある。この「肉体性」は、傍線部(c)の段落でも「男と女の官能の惑溺」「拒むに拒めない濃厚な官能の呪縛力」と表現されている。以上から解答では、〈観念的な愛〉だけでなく〈濃厚な官能性、肉体性を伴う愛〉であることを押さえる必要がある。

問九　空欄Bの前に「外来思想であった『恋愛』は観念的なもの」とある。「観念」には〝物事について抱く考えや意識〟の意味があるので、⑤「思想（＝世界や生き方についての見解、体系的な思考内容）」が最も適切。

問十　森鷗外の小説。基本的な日本文学史の問題。

問十一　第十一段落最終文の「『肌で知っている』者の強さ、一種のなれなれしさ」、空欄Cの前の「情事の場数を踏んだ男」、最終段落の「欧米の女の感情教育に身も心も鍛えられた男」を踏まえれば、〝開き直ってずぶとい、遠慮がなく大胆不敵〟の意の④「ふてぶてしさ」が最も適切。

Ⅱ　解答

問一　A、ウソ　B、実体　C、自由

問二　④

問三　②

問四　い―④　ろ―⑤　は―①　に―③

問五　ア―④　イ―①　ウ―③　エ―②

問六　③

問七　現実

問八　ウソは実体言語によるものであるが、芸術的虚構はもともと実体を持たない虚の言語から成り立つものである。

◀解　説▶

≪『ふらんす物語』「放蕩」と荷風の実生活≫

問一　①スイスに発し、主にドイツを流れオランダに到る川。②イギリスの川。③ドイツに発し、東欧を流れる川。④イタリアの川。

問三　傍線部「そうする」は、前段落にあるように、「パリ転勤……父の差配であった」という状況下で、「異国の娼婦に養われて『醜業婦で衣食する不良の遊民専門』になってしまって」、「名士である厳父に背いて堕ちてゆ」くことを指している。パリに行かずどのような生活を送ることを指しているのかを考えればよい。

問四　それぞれフランスの、①画家、②詩人、③軍人・政治家、④皇帝、⑤作曲家。

問五　文の構成から主語は「余」（＝私）であるが、設問は「意味上の主語」と言っているので、「余」を意味する人物を探す。傍線部の前に「イデスが涙ながらの繰り言きくも」とあるので、「余」とはイデスと恋愛関係にある「荷風」である。第三段落にあるように、小説『ふらんす物語』の主人公「貞吉」の昔の恋人の名は「アーマ」であることに注意する。

問六　傍線部より前の部分で、荷風は「『芸術の功名心』にひかれて」、「熱い恋情をそそいですべてをさしだしたイデスの愛」（第三段落）を捨てて、「憧れの芸術の国」である「フランスに渡った」と述べられている。

また、傍線部の「ボヘミアン」はチェコ西部・中部地方のボヘミアの人々のことではなく、〝移動生活者・浮浪者として知られ、かつてはジプシーと呼ばれたロマの人々〟という意味の他に、〝社会の慣習に縛られず、芸術などを志して自由気ままに生活する人〟という意味があること、「神話」には〝人間の思惟や行動を非合理的に拘束し、左右する理念や固定概念〟の意味があることからも、③が適当であると判断できる。

問七　空欄Aの前後の「追憶としてよみがえる別れの恋情」「なおさら読む者の胸にしみる」「『あゝ、……深い感動を以て黙聴したであらう』」という感傷的な描写に最も結びつく語を考えると「美化」が適当。「風化」「異化」「劣化」

総合問題

▲フランス文学科Ａ方式▼

Ⅰ　解答

問一　⑤

問二　(a)たくばつ　(b)くもん　(c)じゅばく　(d)おぼ　(e)こうでい

問三　厳父に背いてパリに行かず、異国の娼婦であるイデスに養われ暮らすこと。（三〇字程度）

問四　②

問五　荷風（余）

問六　③

問七　②

問八　観念的なだけでなく、拒むに拒めない濃厚な官能の呪縛力を持つもの。（三〇字程度）

問九　⑤

問十　①

問十一　④

▲解　説▼

《優れた芸術家は法則に反しても新しい調和を達成できる》

課題文の論旨を正確に捉えた上で、それを自分の関心分野におきかえて説明することが要求されている。まずは課題文を読み、以下の流れをつかみたい。

①すぐれた芸術家は、法則に反しても、新しい調和を達成できる（第一段落）

②芸術家が目指した調和を深く味わう感性が大切だ（第二・三段落）

③美術作品を楽しむには新鮮な心が必要だ（第四段落）

基本的に、どの段落も①に共通する内容が述べられており、①が筆者の主張だと考えられる。答案の一段落目では、自分の関心分野から例を挙げて「芸術の法則」または「一定のルール」を説明する。二段落目では、その「芸術の法則」または「一定のルール」に反して、「新しい調和」を示した作例を挙げて、その作品と作品の「調和」について説明していく。作例を選択するにあたっては、まず、自分の関心分野の芸術史において、「大きな変化」があった時期を考える。そして、変化前のあり方を「法則」や「ルール」として説明し、変化後のあり方を「新しい調和」として説明すればよい。

〔解答例〕では、絵画史における「大きな変化」の一つとして、同一平面上に複数の視点で事物を描いた「キュビズム」の登場を取り上げた。この変化前のあり方は「一点透視図法」であり、この変化後のあり方、つまり、「キュビズム」の先駆けとして、ポール＝セザンヌの「リンゴの籠のある静物」を作例とした。そして、この作品が実現した新たな表現を「新しい調和」として説明している。

二〇二三年度は、自分の関心分野から作品を一つ取り上げて、筆者の主張に沿って自分なりの言葉で説明する問題が出題された。したがって、芸術に関してどのような観点で述べられた主張でも正確に読み取ることができ、さらに、どのような観点でもそれに合致する具体的な作品を挙げて説明できる必要がある。そのためには、幅広い作品の知識に加え、作品を様々な観点で分析・説明する力を身につけたい。

論述

解答例

私は美術分野に関心がある。この分野の歴史において示された「芸術の法則」として、一点透視図法を挙げる。一点透視図法とは、奥へ伸びる平行線が一点へ収束して映るというヒトの目の特徴を利用し、二次元平面に奥行きを感じさせる遠近法の一種である。ルネサンス期にレオナルド・ダ・ヴィンチらが完成したとされる。これにより、立体物や奥行きのある空間が、二次元平面上に描かれていたとしても、立体感があるものとして鑑賞者が見ることができるようになり、「人間が見たものを表現する」ことが可能になった。ルネサンス期以降、立体や奥行きのある空間を描く際の常識となっていった。

この「芸術の法則」に反して、「新しい調和」を示した作例に、ポール・セザンヌの「リンゴの籠のある静物」がある。セザンヌは、一つの対象を複数の視点を用いることで、「事物の真の実在」を表現しようとしたとされる。そのために、この作品では、机、籠、リンゴ、ボトルなどが、それぞれ微妙に異なる視点から見た角度や向きで描かれている。つまり、奥へ伸びる平行線を一点に収束させる一点透視図法という「芸術の法則」を無視して表現されているのである。しかし、この作品には「新しい調和」がある。それは、複数の対象物を異なる視点で描いたことで、鑑賞者に緊張感を与えながらも、一枚の絵として全体のまとまりを失っていない、ということだ。細部を見れば辻褄が合わないため、鑑賞者は無意識に違和感を与えられる。ただ、対象物の角度や配置、机の上の白い布を巧みに用いることで、対象物が同じ空間に存在している安心感も鑑賞者に与える。セザンヌは、このような緊張感と安心感を同時に鑑賞者に与えることで、事物の真の実在を表現することを目指したのであり、これこそが課題文の筆者が述べる「新しい調和」だと考える。（八〇〇字以内）

文学が、東と西の二つの文化圏の『接着剤』として有効に機能することになった」とある。②は空欄Cの次段落に「『徒然草』で連歌師が転落した『小川』と、江戸の『小石川』との類似も、この珍談が発生する重要なファクターだったに違いない」とある。④は傍線部5の段落に「彼女に『さねかづら』という名前が与えられ……『百人一首』の三条の右大臣（藤原定方）が詠んだ古歌が必要である」とある。⑤は終わりから五段落目に「世阿弥原作『雲林院』には……世阿弥が『冷泉家流伊勢物語抄』から受けた影響の大きさが感じられる」とある。

❖講　評

『源氏物語』などの中古文学を専門とする島内景二の「『伊勢物語』―東下りする京文化」からの出題。内容は近世の江戸文化に、いかにして「王朝の都」の文化が移植されたかについて論じた文章であるが、やや専門的な文学・文化論であるため、受験生にとっては決して簡単とはいえないだろう。本文が長く、古文や短歌の引用もあるため、内容理解にてこずるかもしれないが、難解な言い回しや語は多用されていないため、落ち着いて読めば読解できるレベルである。本問は現・古融合問題に分類されるが、古文は基本的な文法や修辞法の知識を問う出題にとどまり、設問はほとんど現代文に関する出題である。五十字以内の記述問題は、文章全体を俯瞰して解答することが求められる。また文学史に関する出題や語の意味を問う知識問題の出題も見られるが、それらは基本的な知識の問いにとどまっている。

いでくれ」「今日は焼いてくれるな」などの訳が適切。

問九 ①の「し」は強意の副助詞なので不適切、②は「さねかずら」の「さね」と「小寝（さね＝一緒に寝ること）」が、「くるよしもがな」の「くる」が「来る」と「繰る」の掛詞であるため不適切。③の「で」は打消の接続助詞であるため不適切。⑤の「もがな」は願望の終助詞であるため不適切。④は、モクレン科のつる性植物である「さねかづら」が、「（人を）たぐり寄せる（連れてくる）」という意味の「繰る」を導く序詞となっているため最適である。

問十 「付会」は〝こじつけること。無理に関係づけること〟を意味する。

問十一 傍線部7に続いて「その『好事家』とは……好奇心あふれる文化人だったのである」と続いている。本文中で「文化人」や同様の意味の「文化プランナー」について述べられている箇所を読むと、「近世の江戸を何とかして『王朝の都』と重ね上げたいという江戸の文化人たちの欲求の強さ」（空欄Cの二段落後）や「新しい文化の創造に燃えている江戸の文化プランナー」（空欄Dの段落）、「江戸の文化プランナーも『冷泉家流伊勢物語抄』に創作エネルギーを感じて」（終わりから三段落目）、などの記述がみられる。これらの内容から、設問の「空想の動機」をまとめればよい。

問十二 『無名抄』は鴨長明の作である。したがって①が適切。

問十三 世阿弥の『雲林院』と『江戸砂子』の「逢坂」双方について触れられている内容の後に入ると推測できる。この条件に当てはまるのは〔Ｖ〕のみであり、⑤が最適。

問十四 中世に作られた奔放な『伊勢物語』の注釈書について「平安時代の王朝文化が、中世の注釈書というダムに一度ストックされ、そこから中世後期と近世文化へと向かって放流された」（傍線部5の段落の三段落前）と述べられており、『江戸砂子』に記されている「逢坂」の伝説は『冷泉家流伊勢物語抄』と『百人一首』を合成して悲恋の物語を創作している、ともある（傍線部5の段落およびその前後の段落）。したがって、③の「近世には一掃され実証的な創作が好まれた」が適切でないとわかる。①は空欄Cの三段落後に「『徒然草』の滑稽な笑い話に代表される中世

◆要　旨◆

四谷の「右衛門桜」が『源氏物語』の柏木と関連づけられ、小石川の「貍橋」が『徒然草』の「ねこまた」の話と関連づけられるなど、江戸の地名と都の文化は重ね合わせられていた。ただ、王朝文化と東国の近世を結びつけるためには、中世文学を媒介とする必要があった。中世には、王朝物語文学である『伊勢物語』の自由奔放な注釈書が書かれたが、この奔放さは近世文化へと影響を与えた。注釈書の解釈が牽強付会な「逢坂」の伝説の由来になっており、世阿弥の『伊勢物語』を題材とした謡曲『雲林院』にも影響が見られる。こうして『伊勢物語』の注釈書は『伊勢物語』から逸脱したが、同様に江戸文化は都の文化と重ねられながらもそれを乗り越えようとしたのである。

▲解　説▼

問一　『更級日記』の冒頭部分「東路の道のはてよりも、なほ奥つかたに生ひいでたる人」からの引用である。

問二　第九段落に「『源氏物語』と重なるからこそ、文化的プレミアムの加わった『右衛門桜』は有名になり、仮名草子『武蔵国柏木右衛門桜物語』のような作品が創作されたのである」とあることから、⑤が最適とわかる。

問三　文頭の「その」が示すのは、前文にある「人々は、むろん『源氏物語』がフィクションであり、作り話であることを知っていた」である。フィクションの登場人物が植えた木が現実に存在するはずはないので、②が最適である。

問五　前文とその前文に「そのことによって、江戸が都となる。あるいは、都が江戸になるのだ」とあり、江戸と都が同様のものになるという意味の語が入るとわかる。したがって、質が同じになることを意味する③の「等質化」が最適だとわかる。

問七　①「インセプション」は〝発端、始まり〟という意味。②「イミテーション」は〝模倣、模造品〟という意味。③「イニシエーション」は〝通過儀礼〟という意味。⑤「イリュージョン」は〝幻影、幻想、錯覚〟などを意味する。空欄の直前にある「読者の自由な」という形容を考慮すると、④「イマジネーション」が最適である。

問八　禁止の副詞「な」＋動詞の連用形＋禁止の終助詞「そ」で、穏やかな禁止を意味する。したがって「今日は焼かな

◀日本文学科B方式▶

出典　島内景二「『伊勢物語』―東下りする京文化」（小林保治監修『中世文学の回廊』勉誠出版）

解答

問一　更級日記

問二　⑤

問三　②

問四　2、喚起　9、逸脱

問五　③

問六　ほんぽう

問七　④

問八　今日は焼かないでくれ（十五字以内）

問九　④

問十　こじつけること（十字以内）

問十一　近世の江戸を何とかして「王朝の都」と重ね上げたいという欲求と、新しい文化の創造に対する意欲。（五十字以内）

問十二　①

問十三　⑤

問十四　③

内容も受験生にとって親しみやすいといえる。設問の難易度もそれほど高くないため、論旨を整理しながら読めれば正解にたどりつけるであろう。

四は『たまきはる』からの出題。建春門院が住んでいる御所の近くで火事が起こり、門院と筆者を始めとする女房たちが慌てて避難する場面である。難易度も例年並みで、基本知識を押さえておけば解答できる問題が多いが、登場人物が多く、主語を見失うと内容が取れなくなってしまうので要注意。状況を正確に把握するためにも、敬語に着目して主語を見極めることが重要である。文学史も押さえておきたい。

奉公してきたおかげ」、⑤は「親宗様が用意してくださった」が不適切。
問十二「つきづきし」は〝ふさわしい、似つかわしい〟という意味。この意味に最も近いのは③である。
問十三　傍線部13「まろなくて、騒がしまゐらせたりけるいとほしさ」の「いとほし」は〝気の毒だ、かわいそうだ、かわいい、困る〟などの意味がある。ただし、火事という騒動の中で①の「さぞかわいかったであろう」は不適切である。②の「不都合であった」は「いとほし」と意味が異なる。③の「立派であった」も「いとほし」と合わない。⑤の「不届き」も文意と合わないため不適切。したがって、後白河法皇が建春門院に対して気の毒だと言ったという④が最適である。
問十四　①『大鏡』と③『讃岐典侍日記』は平安時代後期、②『おくの細道』は江戸時代、④『徒然草』は鎌倉時代末期、⑤『方丈記』は鎌倉時代前期とされている。したがって⑤が最適である。

❖講　評

一は哲学、倫理学の研究者である古田徹也が、日常生活で使う言葉について述べた文章からの出題。なぜカタカナ語の言い換えが浸透せず、カタカナ語が使われ続けているのかについて論じられており、受験生にとっても身近でわかりやすい内容といえる。選択問題の中には迷う問題もあるかもしれないが、全体としての難易度は例年と比べてもそれほど高いわけではない。選択肢を吟味して考えれば、正解にたどりつけると思われる。

二は『浜松中納言物語』からの出題。契りを結んだ女が后であったことを知った中納言が、后が身を寄せている女王の君に詰め寄り、それを受けて女王の君が后に中納言のことを伝える場面である。会話文の主語は記されているが、地の文の主語がわかりにくいため気をつけたい。例年と比べても難易度は大きく変わらず、設問も基本的な文法事項と単語、文学史の知識を必要とする問題の割合が多いため、これらの基礎知識をしっかり身につけておくことが重要である。

三は日本の詩歌を専門とする上田真が、俳句の英訳について論じている文章からの出題。論点は明確でわかりやすく、

問七　直前に「ここまでは頼もしかりつる心弱さに」があり、注にもあるように、急に弱気になったことがわかる。選択肢を確認すると、①には「心細さを訴える気持ち」とあり、最適だとわかる。また、直後の「親宗、この女房たち、とくとく車に乗せよ」という建春門院の言葉からも、①の「取り残された私たちはどうしたらいいのでしょう」という内容で矛盾がないと判断できる。

問八　傍線部8「庇の御車、寝殿の階隠しに設けて、上達部列に立ちたるをば知らで、こなたより出でさせたまひにけり」の前段落で、建春門院と新院、女房たちが続いて車に乗ったことが述べられている。また、傍線部8の直後に「親宗が不覚」とあり、親宗の弁に落ち度があったことがわかる。したがって④が最適。①は「上達部たちが知らなかった」が誤り。「上達部列に立ちたるをば知らで」は〝上達部が列に立っているのを知らないで〟という意味である。②は「門院はそれに気づかず、自ら進んで」が誤り。このことは門院ではなく親宗の弁の落ち度とされている。③は「寝殿の階隠しに寄せた庇の御車」が用意されていたのに門院はそれに乗らなかったので誤り。⑤は「上達部たちが立ち並んでいたため」が「立ちたるをば知らで」に合わない。

問九　「不覚」は〝愚かなこと、失敗を犯すこと〟を意味する。これを踏まえて五文字以内の現代語を考えればよい。

問十　傍線部10「かからむこと」は火事で避難したような事態を指す。後が省略されているが、〝火事のような非常事態では（段取りが悪く不覚があっても仕方がない）〟などと補う。「親宗が不覚」という非難に対して、平常時ならともかく、非常時は仕方ない、と弁護しているのである。したがって③が正解。

問十一　傍線部11「事のまぎれに、君の御恩なれば、庇の車にも乗りぬ」の「事のまぎれ」は、火事のどさくさにまぎれて、という意味になる。「君」は建春門院のことを指すので「君の御恩」は、建春門院のおかげで、という意味だとわかる。建春門院のために用意していた庇の車は、結局建春門院が乗ることはなかった。傍線部11の直前に「その庇の御車、のちに寄せたるに、大和、人より果てに一人残りて」とあるので、最後に一人残った大和が庇の車に乗ったということがわかる。したがって②が最適である。①は「一緒に」、③は「手配してくださった」、④は「一生懸命ご

▲解　説▼

問一　「言ふかひなし」は〝言っても仕方がない、言っても取り返しがつかない、ふがいない〟の意味がある。直後が「寝にけり」なので、文意を考えると③が適切。

問二　「御前」が指すのは建春門院である。「おぼつかなし」は〝はっきりしない、不審だ、気掛かりだ、心細い〟などの意味があるが、文意から考えると火事の中で建春門院のことを心配していると考えられる。

問三　傍線部3「御前は、やや」の直前の「あさましく騒ぎて」に注目する。「あさまし」は〝意外である、情けない、あきれるほどひどい、みっともない〟などの意味がある。「騒ぐ」は〝騒ぐ、忙しく動く、動揺する、騒動が起きる〟などの意味がある。状況から考えると、火事に動揺して慌てていると考えられるので、そうした状況下での気持ちを推測すると建春門院が無事かどうかを確かめようとしたと考えられる。したがって⑤が最適。

問四　傍線部4「ただの折は『御所』とのみこそ申すに、騒ぎたるほどもしるし」の「こそ」は係助詞で、強意と逆接の用法がある。「こそ」＋已然形＋読点（、）の形で文が続く場合は逆接の意味になるが、ここでは、結びの語が連体形接続の接続助詞「に」に続くため連体形「申す」となり、結びが消滅している。順接の③・④、単純接続の⑤は不適切。「騒ぐ」はここでは〝慌てる、動揺する〟という意味だと考えられる。「しるし（著し）」は〝はっきりわかる、明白である〟という意味の形容詞であり、以上を考慮すると②が最適。

問五　傍線部5「それ」の直前で話題になっていたのは、親宗の弁の慌てた様子であり、文の流れから考えて親宗の弁を指しているとわかる。

問六　傍線部6「やがてたてまつるところにて思ひ出づれば」の「たてまつる」は、〝差し上げる、参上させる〟などの謙譲語と、〝召し上がる、お召しになる、お乗りになる〟の尊敬語がある。直前の文に「まづ乗りたるも、返り降りず」とあり、直後には「この御車にえ乗るまじきにと思ふに」と続くので、文脈から〝お乗りになる〟が適当だとわかる。尊敬語が使われているということは、主語は建春門院であると推測できるため、⑤が最適である。

房が全員、すでに集まって来ていた。誰が誰かさえ見分けがつかない。御車を寄せたので、三条殿が、「守り刀、お守りの箱を入れよう」と言って、（守り刀とお守りの箱を受け取って）まず車に乗ったが、そのまま降りようとしない。続いて建春門院がお乗りになる時になってふと気づくと、（私は）この御車に乗ることができないはずなのにと思うと、ここまでは気が張っていたのが急に弱気になって、建春門院の御袖をお引き申し上げて、「あの」と申し上げると、振り返り御覧になって、「親宗、この女房たちを、はやくはやく車に乗せなさい」とおっしゃる。宣旨殿、冷泉殿がお乗りになったが、この人たちは皆慌てふためいて、着物も用意する余裕がなかった。（建春門院が）「まともな恰好をしている人から、先に乗りなさい」とおっしゃるので、賢明にも支度をして、堀川殿が参上したのさえ狭いのに、新院を、一人がお抱き申し上げて出で来た。さらに引き出す御車を寄せて、（その御車に新院を）押し入れ申し上げる。次に寄せた車に、大納言と慌てて乗る。内侍殿、帥殿、卿の殿、新大夫が乗っていた。

屋形の出入り口に庇をつけた御車を、寝殿正面の階を覆っている庇に用意して、上達部が列を作って立っていたのを知らないで、こちらから建春門院はお出でなさってしまった。「親宗の落ち度」と、（後で）後白河院にはお言葉があったけれども、「おおよそ、今や今やというこのようなこと（＝切迫した非常事態）は（仕方ないでしょう）」と申し上げた。その庇の御車は、後に（西の御車寄せに）寄せたところ、大和殿が、ほかの人より最後に一人残って、「火事の騒ぎにまぎれて、建春門院さまのお情けなので（＝建春門院さまのおかげで）、（身分不相応に立派な）庇の車にも乗った」と言って、（大和殿は）火事が収まったのちに笑われる。

後白河院の御所へ（建春門院が）いらっしゃったところ、後白河院もすぐにお渡りになる。御所（＝萱の御所）は、右大将というのは平重盛でその重盛の侍どもが、火元に入って、柱を切り倒し散らして火を消したと言われていたのも、時に応じてはふさわしいと評判になったのだろうか。後白河院には、「私がいなくて、慌てさせ申し上げていたのが気の毒で」と、お言葉があった。

問十二　③
問十三　④
問十四　⑤

◆全　訳◆

院の御方（後白河法皇）が、今日吉社にお籠もりになっている時、（建春門院が）お一人でいらっしゃると、七条殿の寝殿の東南の方角に位置している萱の御所で、出火した。いつものように建春門院の御座所近くで宿直していると、ふがいなく寝てしまった。ふと目を覚ますと、情けないことに寝ていた人はほかに一人もいない。端の方は開いているので、見ると、空に細かな火が、ひらひらと雪のように散るので、何が何だかわからないけれども、無我夢中で縁に這い出た。平織りの絹の白い衣で単衣も重ねていない上に、樺桜の襲の宿直する時の着物を重ねて、寝たままの茫然とした心地で、建春門院のことが気掛かりで、東の台盤所（女房たちの控え所）に入って、お部屋の帳を引き開けたところ、建春門院の御座所は暗く、御寝所の側の衣をかけておく衣桁のある部屋で、「その火事はどうなのか」とおっしゃる（建春門院の）お声を聞きつけたうれしさに、そちらへ参上したところ、ほかに女房も伺候しておらず、帥殿が御衣を取って、着せ申し上げた。大和殿が、たった今灯を持って（私に）渡したのを、持って立っていたら、帥殿が差し上げる打衣が重なった御衣を、「それはお召しになりにくいであろう」と言って、若楓の襲の綿を抜いた御衣をお召しになる時に、指貫の括りを高く上げ括った男が、ひどく慌てて、「御前は、おいおい」と尋ねるのを見ると、（建春門院の弟の）親宗の弁（＝平親宗）である。いつもは「御所」とだけ申し上げるのに、慌てた様子もはっきりわかる。

彼（親宗の弁）を先に行かせて、西の二棟の方へいらっしゃる。灯を碁盤の上に置いて、守り刀と、お守りを入れた箱を持って参上する。二棟の障子のもとに、堀川殿が、紅の匂襲の衣の綿を抜いたものに、青い単衣、袴は、もともと着けたのがすこし萎えていた上に、もう一枚着重ねていた。（堀川殿に）行き会って、御守りの箱は（堀川殿が）受け取って持った。西の御車寄せの妻戸を開けようとすると、錆び付いてしまっていた。やっとのことで開けたところ、見ると、女の多くの要素」で「それらは深いところで日本文化につながっている」と続く。ここで述べられている「とろろ的日本文化」は⑤の「日本文化固有の側面」と同様の内容であることから、⑤が最適だとわかる。①は「人の生死や情緒」が本文にないため不適切。②は俳句の魅力が「うどやとろろなどに象徴される固有のもの」だと述べられているので本文内容と逆である。③は「主観的な視点で情緒豊かに描かれている」が俳句の魅力の一つである「写象性」に反するため不適切。④も「日本の伝統的な季節感に深く根づいている」が本文内容の俳句の魅力と逆の内容であるため不適切。

四

出典　建春門院中納言『たまきはる』

解答

問一　③

問二　建春門院のことが気掛かりで（二十字以内）

問三　⑤

問四　②

問五　④

問六　⑤

問七　①

問八　④

問九　不手際、手落ち、落ち度、不行き届き　など（五字以内）

問十　③

問十一　②

問三　Cの直前に「子規の写生論以来よく言われてきたこと」とあり、Cの後には「ことではない」と打消しがくる。したがって当てはまるのは〝今までみたことがない新しさがある〟という意味の③だとわかる。①「仰々しい」は〝大げさであるさま〟を意味する。②「白々しい」は〝白くみえるさま、興ざめなさま、うそが見え透いているさま〟などの意味がある。④「望ましい」は〝そうあってほしい〟という意味。⑤「堅苦しい」は〝気楽なところがなく窮屈であるさま〟を意味する。

問四　Dには英詩の特徴を形容した語が入る。同じ段落に「英詩では作者が感情を強く吐露して読者に訴えようとする」とあるので、同じような内容になる語が入る。したがって⑤が最適である。②の「客観」は主観の反対語であり、〝個人的な感情から離れて存在するもの、またその立場から物事を見ること〟などを意味する。③の「写実」は〝実際のままに写すこと〟を意味する。④の「現実」は〝今実際に存在している状態や事実〟を意味する。

問五　Eの文の前文に「この句は日本ではあまり高く評価されていない」とあり、「詩趣はほとんど零に帰した」という評価と合わせて考えると、厳しい批評を意味する①が最適である。②「卑下」は〝自分を低い位置に引き下げてへりくだること〟を意味する。③「激賞」は〝盛んに褒めたたえること〟、④「示唆」は〝それとなく教えること〟を意味する。

問六　同段落に「児童詩的」とあるが字数が合わない。空欄C・D・Eの段落に「俳句が写実的な詩であるというのは……」とあり、「写実的」が最適。

問八　傍線部4「非終結性が著しい」という俳句の特徴は、発句と同様であると述べられている。発句は「脇句によって意味が解体され再構築された」という特徴がある。この文の前文には「俳句はもともと、読者に意味の空白を埋めさせる性格」をもつとあり、これらの内容から選択肢を考えると③が最適だとわかる。

問九　傍線部5を含む最終段落に「大部分の俳句は、とろろ的日本文化から離れたところで魅力をもっているのであって、それは英訳でも伝わってくる」とある。そして「その魅力とは禅であり、写象詩や児童詩の要素であり、もっとほか

問六　写実的
問七　②
問八　③
問九　⑤

◆要　旨◆

萩原朔太郎は、俳句は日本の風土を知らない人間には理解できないと述べたが、読むという行為を一種の翻訳だと考えれば、英訳で俳句を読む欧米人と現代日本語の解説つきで読む日本人とに大きな差異はない。欧米人が俳句に感じる魅力は、写象性・禅・児童詩的な要素であり、英訳された俳句にこれらの一つがあれば良いのである。そもそも俳句が読者に解釈を委ねる非終結性の強い文学であることを考えれば、日本的情緒を含まない英訳が誤訳だとは言えない。しかも欧米人が俳句に感じる魅力は、どれも日本文化の伝統と深くかかわっている。したがって萩原朔太郎の考えとは異なり、俳句は英訳できる。そして俳句に内在する日本文化の魅力は多種多様だったと言えるのである。

▲解　説▼

問一　Aの前後の文章は、俳句は欧米人には理解が困難だという内容と、英訳が多く読まれているという内容になっており、読み比べるとAには逆接が入るとわかる。選択肢の中でAに逆接が入るのは⑤である。

問二　傍線部1の段落には「読むという行為そのものが一種の翻訳」であり「一国語内での翻訳は、異国語間での翻訳と本質的に違うところがない」とある。つまり、母語で書かれたものであっても読んで解釈すること自体が翻訳であると言えるため、その意味で母語でも外国語でも同じだと述べているのである。したがって①が最適である。②は日本人にも注釈が必要とはあるが、「注釈があれば理解できる」とは述べられていないので不適切。③は翻訳されていない作品の有無は傍線部1とは無関係であるため不適切。④は日本語と外国語に対する言及で、傍線部1の内容と合わないため不適切。⑤の「写象性・禅・児童詩的」は、欧米人が俳句に求める魅力であるため不適切。

問七 「おぼし消つ」は〝無理にお忘れになる〟という意味。第二段落の終わりに、「わが心に知る知る、今ひとたびの行き逢ひはあべいことかは、とおぼし絶えたり」（＝自分の心に知りながら、もう一度会うのはあるべきことだろうか、いやそんなはずはない、と断念なさっている）とあることから④が最適。②が紛らわしいが、ここは「今ひとたび聞こえさせむ」という中納言の願いに応えるかどうかが問題となっているところであり、②の「…ようと思って」（意志）に当たる語が傍線部中に含まれていないことからも、④の方が適している。

問八 中納言が主語であり、直前の「わ」は中納言を指している。「ことの聞こえ出で来なば」と「いみじう便なかるべきことぞかし」と合わせて考え、「こと」が中納言と后の関係を指していることがわかれば、二人の関係が知られることが不都合になる人物は中納言の他には后しかいない。よって③が最適。

問九 すべて平安時代の作品である。平安時代中期の『源氏物語』との前後関係で考えればよい。『浜松中納言物語』は『源氏物語』から大きな影響を受け、平安時代後期に書かれた作品である。同じ時期に『源氏物語』の影響を受けて書かれたのが⑤『夜の寝覚』である。①『うつほ物語』は『源氏物語』より早い。④和泉式部は、『源氏物語』の作者紫式部と同時代人である。③『とりかへばや物語』は平安時代末期、一一八〇年頃の作品とされている。

三

出典 上田真「俳句は英訳できるのか―翻訳という営みの本当の意味を考えるために」（『国際交流』第一九巻一号 国際交流基金）

解答

問一 ⑤

問二 ①

問三 ③

問四 ⑤

問五 ①

を越えたい〟という意味になるとわかる。文意から考えると中納言が主語であり、目的語は若君である。したがって②が最適である。

問二　中納言の発言であることを踏まえて考える。「知りながら」の後に「すきずきしきあやまちならばこそ、罪も負ひはべらめ」とあるのに着目する。「すきずきし」は〝色好みらしい、好色めいた〟などの意味で、文全体は〝知っていながらの、色好みらしい過ちだったならば、罪も負うでしょう（が、知らなかったのだから罪はないはずだ）〟という意味になる。リード文によれば、契りを結んだのは実は后であった、ということを、中納言は女王の君に告げられるまで知らなかった。相手が后と知らなかったのだから罪はない、という理屈である。したがって正解は③。

問三　傍線部3「いかで」は願望・意志の語を伴うと〝何とかして〟の意味になる。意志の助動詞「む」を伴っているため⑤が最適。傍線部5「あさましく（あさまし）」は〝意外だ、あきれる、情けない、みすぼらしい〟などの意味がある。①・②・③・⑤は「あさまし」の意味からずれている。文意を考慮しても④が最適である。

問四　女王の君は傍線部4直後で、中納言が未央宮の月の宴の日に逢瀬の相手が后だと察した、と述べており、自分が中納言に真実を告げたことを隠していることがわかる。したがって①が最適。

問五　傍線部6の直前の「こそおぼしつれ」の係り結びは逆接の用法で、「知られたまはで…たけきことにせむ」とお思いになっていたのに、の意を表す。よって傍線部6「見知られ」の「れ」は受け身である。アの「れ」は下二段活用動詞「焦らる」の連用形活用語尾、イの「れ」は受け身、ウの「るれ」は自発、エの「るる」は自発、オの「る」は形容詞「便なし」のカリ活用連体形活用語尾である。したがって②が最適。

問六　空欄Aの直前に「のたまはする先の世の」があり、「のたまはする」は中納言がおっしゃったという意味で、中納言の発言を指している。「先の世」は前世を意味する。Aの直後には「のがれがたく」とあり、中納言の発言で同様の内容がある箇所を探すと「のがれがたき契り」がある。「のがれがたき契り」は、逃れられない前世からの因縁、という意味になり、「先の世」とも合致するため、Aに入る語は「契り」である。

少しだけお姿も拝見し（菊の花の夕べと）考え合わせて（后だとわかって）しまったので、お探しなさって、若君をも拝見し、ああだこうだと、全くわけがわからないほどに焦れてお責めになります」と申し上げるので、（后は）とてもあきれることで、せめて（中納言に）知られなさらないで終わりになるようなことだけでも、精一杯のことにしようとお思いになっていたのに、残念で不本意にも（中納言に）知られてしまったことだよ、本当に（中納言の言う通り）あの人の過ちでもなく、そうなるはずのこと（＝前世からの因縁）なのだ、と思い知られるが、だからといって、自分の心に知りながら、もう一度会うのはあるべきことだろうか、いやそんなはずはない、と断念なさっている。

（后は、）「本当に、（中納言が）仰せになる前世からの因縁は、逃れられないと思い知られることであるけれど、そうはいっても自分のためあの人のために、（もう一度会うのは）今さらとてもけしからぬことで、不都合にちがいない事態なので、皇子が（中納言の帰国を）とてもしみじみと悲しんでお心が乱れて、（別れを）惜しみ申し上げなさる様子などが、この世のものと思えずしみじみと悲しいのを見るにつけても、色々と思い知られることは多くございますけれども、同じ国にいてさえ、もう幾日も手紙を交わし申し上げることができるはずもない。（二人の仲は）夢のようであった前世からの因縁のありさまですよ」とだけ（女王の君に言って）、（中納言ともう一度会おうということは）断念して終わりになさったが、そうは言うもののやはり（中納言は后にとって）たいそう思い通りの心がひかれる人ではあるが、（中納言に）会うことは思いもよらないと言い放ちなさる。（中納言は、后にもう会えないことを）言っても仕方がなく悲しいけれど、これほど恐ろしそうな知らない異国で、本当にほんの少しでも（二人の関係に関する）噂が世に出てしまったら、自分のため后のために、とても不都合になるに違いないことだよと、思いとどめるのも、言いようもなく、涙を抑えられず堪えられないので、さっぱり思いきりよく出立しようとも思われず、ただこっそりと若君をご覧になっては、冷静に心を落ち着かせ、胸のすきまをも空けながら（＝胸のつかえを除きながら）お過ごしになる。

▲解　説▼

問一　「率る」は〝連れて行く〟という意味で「渡る」は〝越える、移動する〟などの意味がある。以上より〝連れて国

問五　②
問六　契り
問七　④
問八　③
問九　⑤

◆全　訳◆

こうしたことがあった後は、明け暮れ、（中納言が）この長里にいらっしゃっては（若君を）ご覧になると、若君が（中納言に）とてもよく馴れて、たいそう身の回りに付き添わせなさって（＝そばから離れないようにおさせになって）、（中納言が）出かけようとするにも、（若君が）慕ってお泣きになるので、見捨てられるはずもなくて、連れて（日本へ）渡ろうとお思いになる。（中納言は、）「この国におりますようなことは、（あと）ほんの少しの間だ。もう一度申し上げなければならないことが一言ございますよ。（逢瀬の相手が后であると）知っていながらの、色好みらしい過ちだったならば、罪も負うでしょう（が、知らなかったのだから罪はないはずだ）。（后が）菊の花をご覧になった夕べ（＝初めて琴を弾く后の姿を見た折）以来、もう一度何とかしてお会い申し上げたいとばかり、心にきざみこんで思い続けて参りましたけれども、ここまで（＝契りを結んで若君をもうけたこと）とは思いもかけず、（それなのにこうなったということは）逃れられない二人の前世からの因縁の深さを、（后も）いくら何でもおわかりになっていらっしゃるでしょうから、この国にこうして立ち交わっています間に、もう一度お話し申し上げたい」と、泣く泣く（女王の君を）責め続けなさる。

女王の君は聞きかねて、后のいるところに参上して、自分が言い出したこととしてではなくて（＝自分が中納言に事実を告げた、というようにではなくて）、「この中納言が、（后が）菊の花をご覧になった夕べの琴の音も聞き、ご様子をも拝見してお知りになったので、（后とよく似た人物が他にいたことを）不思議に思い続けながら、（逢瀬の相手が后とは）そんなことがあろうか、いやあるまいと思い決められず思い悩んでいたところ、未央宮の月の宴の日に、御琴をも聞き、相互浸透を生み出しながら、長い時間をかけて私たちの生活のなかに息づいてきた」とある。また空欄Cは、第十四段落の内容の具体例として「ケア」という言葉について説明した文の中にあり、「すでに他のさまざまな言葉と」と「を生み出しつつ、私たちの生活に深く根を張っている」に挟まれている。右に引用した第十四段落の文に対応させると「相互浸透」が入るとわかる。

問十　①は第九段落の「カタカナ語はすべて漢字表記などに言い換えるべき、などというのはひどく乱暴な主張だ」に合致する。②は最終段落の「公共性が高く社会への影響が大きい領域においては、カタカナ語の導入に際して……慎重に吟味する機会があるべき」に合致する。④は第五段落の引用部分に、外来語は「意味が不透明」だが「既存の語が持つ『しがらみ』がないので、比較的自由」とあり、合致する。「意味範囲の広い外来語」と「意味が不透明」が同じといえるかわかりにくいが、第六〜八段落の内容で外来語の方が使える範囲が広いことが述べられているので、合致すると考えられる。⑤は第十段落の「個々のカタカナ語に対する馴染み深さには……大きな隔たりがある」と「人々の間のコミュニケーション不全の原因となり」に合致する。③は第九段落で「日本語は外来語を積極的に吸収しながら発展していく」とあり、「日本語はそもそも外来語によって成立してきた」とは意味が異なるといえるため、合致していないといえる。

二

出典　『浜松中納言物語』

解答

問一　②

問二　③

問三　3—⑤　5—④

問四　①

には、「接待」「応接」「給仕」「奉仕」などの意味があるが、これらの語に完全に言い換えることができない意味も含まれる、ということが述べられている。そのことを説明できているのは④である。「個々の日本語の単語を横断するような意味を持つ」とは、個々の単語の意味を超えた意味を持つことを意味するので、傍線部4と合致する。①はカタカナ語の説明ではないので不適切。②は本文に書かれていないため不適切。③は第十段落で逆の内容が述べられているため不適切。⑤は第九段落で述べられているが、傍線部4の説明としては不適切。

問五　「目くじらを立てる」は〝ささいなことを取り立ててとがめ立てをする〟という意味。②の「聞き耳を立てる」は〝集中してよく聞こうとする〟という意味になるため不適切。③・④は「立てる」と結びつかないため不適切。⑤「筋道を立てる」は〝道理にかなうようにする〟という意味になるため不適切。

問六　「乱暴」には〝やり方、物の扱い、計画などが雑なこと〟という意味がある。傍線部5「ひどく乱暴な主張だ」が指す主張は「カタカナ語はすべて漢字表記などに言い換えるべき」というものである。それを「乱暴」という理由には第九段落の「そもそも、漢語・漢字も広い意味で外来語であり、日本語は外来語を積極的に吸収しながら発展していくところに大きな特徴がある」という記述があてはまる。つまり、カタカナ語はすべて漢字表記に言い換えるべきという主張は、漢字も外来語だったことなどを考慮していない、雑な考え方だ、ということになろう。この内容を説明できているのは①である。②は本文内容にはない。また〝心配しなくてもよい心配をする〟という意味の「杞憂」は、「乱暴」とは合わない。③は「撤廃することは無謀」が本文内容にないため不適切。④は「これからは大いに多用すべき」が本文にない内容なので誤り。⑤は「言語を浄化」が第十三段落で述べられる内容で、傍線部5の説明にはならず、「不可能」と「乱暴」も合わないため不適切。

問七　Bには直前の「高齢者とそれ以外、特定分野の専門家とそれ以外」に当たる内容が入る。この内容を説明できているのは④である。

問九　第十四段落に「私たちがよく馴染んでいる言葉たちは、外来語であれ固有語であれ、互いに複雑な仕方で結びつき、

◆要　旨◆

言い換えの提案が行われているにもかかわらず、依然としてカタカナ語は広く使用されている。カタカナ語の方が自由に様々な語と結びつくことで、固有の意味合いを帯びるようになり、言い換えができなくなっていることがその理由の一つだ。一方で、個々のカタカナ語に対する馴染み深さは人によって異なるため、カタカナ語の濫用が人々のコミュニケーション不全の原因にもなっている。公共性が高く社会への影響が大きい領域でのカタカナ語の導入は、慎重に吟味するべきである。

▲解　説▼

問一　傍線部1「その多くが一般に普及しなかった」の理由は、第四段落で述べられている。「大きな理由のひとつとして挙げられるのは、これらのカタカナ語が、少なくとも特定の領域において言い換えの提案以前からよく用いられており、すでに独特の位置を獲得している、という事実だ」とあり、合致するのは④である。①は、最終段落の前段落に「時すでに遅く、取り返しがつかない」とあり本文内容と外れてはいないが、この部分は〈カタカナ語の導入に際しては慎重であるべき〉という文脈の説明部分であり、傍線部1の説明としては最適ではない。②・③・⑤は本文に書かれていない内容。

問三　傍線部3「『しがらみ』がない」については、第七段落で触れられている。第六・七段落では「メリット」と「利点」との比較において、「メリット」の方が使える範囲が広いという内容が述べられている。第七段落で、「利点」は「点」という語との強固な結びつきがあるために「メリット」ほど自由にさまざまな語と結びつくことができない、とあり、これが「しがらみ」であると説明されている。したがって傍線部3を最も説明できているのは②である。①は「意味を固定化させている」が逆の内容になっているため不適切。③・④は本文に書かれていない内容で不適切。⑤は「使える範囲が限定されている」が逆の内容になっているため不適切。

問四　傍線部4「固有の意味合いを帯びている」は、「サービス」について説明された内容である。「サービス」という語

国語

▲日本文学科A方式・英米文学科C方式▼

一

出典　古田徹也『いつもの言葉を哲学する』〈第三章　新しい言葉の奔流のなかで〉（朝日新書）

解答

問一　④
問二　ひもと（く）
問三　②
問四　④
問五　①
問六　①
問七　④
問八　恣意的
問九　相互浸透
問十　③

■一般選抜（個別学部日程）：教育人間科学部

問題編

▶試験科目・配点

〔教育学科〕

テスト区分	教　科	科目（出題範囲）	配　点
大学入学共通テスト	外国語	英語（リーディング，リスニング）	100点
	国　語	国語	100点
独自問題	小論文	文章・図表などに基づいて読解・論述する問題を課す。	100点

＊大学入学共通テストの「英語」と「国語」の合計点に基準点を設け，基準点に達した者のうち，「小論文」の得点の上位者を合格とする。

〔心理学科〕

テスト区分	教　科	科目（出題範囲）	配　点
大学入学共通テスト	外国語	英語（リーディング，リスニング）	100点
	国　語	国語	100点
独自問題	小論文	日本語の文章やデータを読み，物事を論理的に考察し，自分の考えを的確に表現できる力を総合的に問う論述等を課す。	100点

＊大学入学共通テストの「英語」に基準点を設け，基準点に達した者のうち，総合点の上位者を合格とする。

▶備　考

- 大学入学共通テストの得点を上記の配点に換算する。英語の得点を扱う場合には，リーディング100点，リスニング100点の配点比率を変えずにそのまま合計して200点満点としたうえで，上記の配点に換算する。
- 試験日が異なる学部・学科・方式は併願ができ，さらに同一日に実施する試験であっても「AM」と「PM」の各々で実施される場合は併願ができる。

• 試験時間帯が同じ学部・学科・方式は併願できない。

<table>
<tr><th>試験日</th><th>試験時間帯</th><th>学　部</th><th>学科（方式）</th></tr>
<tr><td rowspan="4">2 月 13 日</td><td rowspan="2">AM</td><td>文</td><td>英米文（A）・日本文（B）</td></tr>
<tr><td>教育人間科</td><td>教育</td></tr>
<tr><td rowspan="2">PM</td><td>文</td><td>フランス文（B）</td></tr>
<tr><td>教育人間科</td><td>心理</td></tr>
</table>

小論文

◀教育学科▶

（90分）

I　以下の問いに日本語で答えなさい。

問1

下の表は「今後1年間，あなたはどのようなことを食育として実践したいと思いますか」という質問に対する回答結果（複数回答可）の一部である。Ⓐ～Ⓓの回答傾向を200字以内で論述しなさい。なお，解答に際して，項目名を挙げるときはⒶ，Ⓑ等と書けばよい。

表　今後1年間食育として実践したいこと

	Ⓐ栄養バランスのとれた食生活を実践したい	Ⓑ食品の安全性について理解したい	Ⓒ食事の正しい作法を習得したい	Ⓓ生産から消費までのプロセスを理解したい
計（2447人）	68.2	43.2	21.1	11.3
20〜29歳（204人）	65.2	26.0	36.8	7.4
30〜39歳（309人）	73.1	37.2	32.4	12.6
40〜49歳（400人）	66.5	37.8	27.5	11.0
50〜59歳（462人）	68.4	42.9	16.9	11.7
60〜69歳（428人）	68.7	49.8	15.2	11.9
70歳以上（644人）	67.5	50.8	13.7	11.5

（%）

（農林水産省『食育に関する意識調査報告書（令和4年3月）』（2022）より作成）

問2

図1〜4は，日本の小学校，中学校，高等学校，大学の学校数および在学者数を，1950年から2020年まで5年ごとに表したものである。図1は学校数の推移，図2は1950年の学校数を100としたときの推移，図3は在学者数の推移，図4は1950年の在学者数を100としたときの推移を表したものである。

図1〜4をもとに，学校数および在学者数について，学校の種類ごとに推移の特徴を指摘したうえで，両者を組み合わせて考察されることを300字以内で論述しなさい。

（図1〜4は，文部科学省『文部科学統計要覧（令和4年版）』（2022）より作成。なお，義務教育学校，中等教育学校，高等専門学校，短期大学は含まない。）

図１　学校数の推移

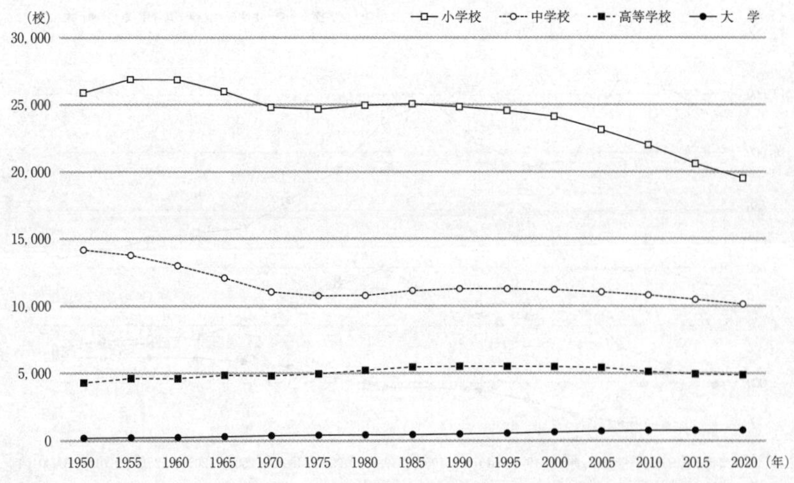

	1950	1955	1960	1965	1970	1975	1980	1985	1990	1995	2000	2005	2010	2015	2020
小学校	25, 878	26, 880	26, 858	25, 977	24, 790	24, 650	24, 945	25, 040	24, 827	24, 548	24, 106	23, 123	22, 000	20, 601	19, 525
中学校	14, 165	13, 767	12, 986	12, 079	11, 040	10, 751	10, 780	11, 131	11, 275	11, 274	11, 209	11, 035	10, 815	10, 484	10, 142
高等学校	4, 292	4, 607	4, 598	4, 849	4, 798	4, 946	5, 208	5, 453	5, 506	5, 501	5, 478	5, 418	5, 116	4, 939	4, 874
大学	201	228	245	317	382	420	446	460	507	565	649	726	778	779	795

（校）

図２　学校数の推移（1950 年の学校数を100 とした場合）

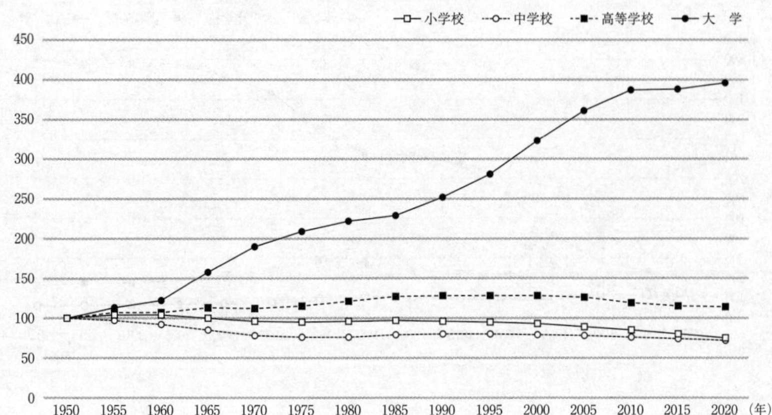

図 3　在学者数の推移

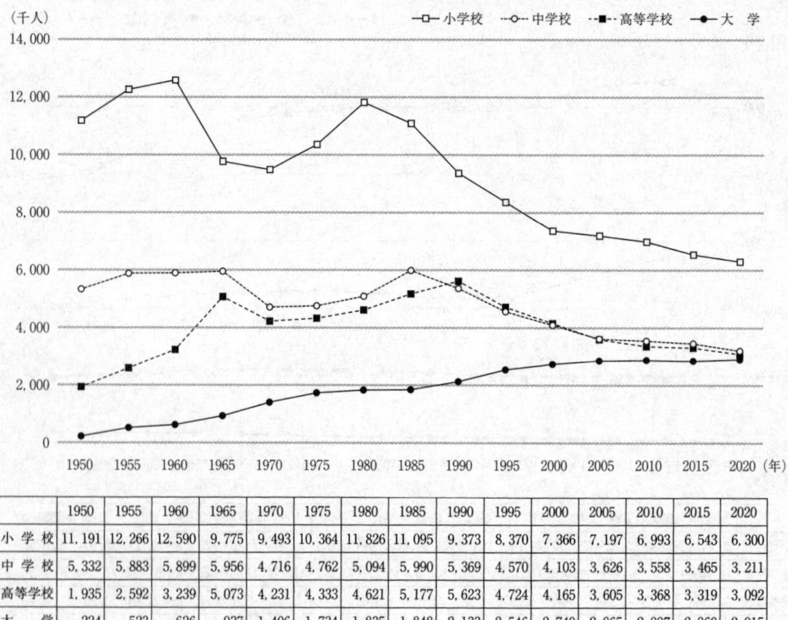

	1950	1955	1960	1965	1970	1975	1980	1985	1990	1995	2000	2005	2010	2015	2020
小 学 校	11,191	12,266	12,590	9,775	9,493	10,364	11,826	11,095	9,373	8,370	7,366	7,197	6,993	6,543	6,300
中 学 校	5,332	5,883	5,899	5,956	4,716	4,762	5,094	5,990	5,369	4,570	4,103	3,626	3,558	3,465	3,211
高等学校	1,935	2,592	3,239	5,073	4,231	4,333	4,621	5,177	5,623	4,724	4,165	3,605	3,368	3,319	3,092
大　学	224	523	626	937	1,406	1,734	1,835	1,848	2,133	2,546	2,740	2,865	2,887	2,860	2,915

（千人；千人未満は切り捨て）

図 4　在学者数の推移（1950 年の在学者数を 100 とした場合）

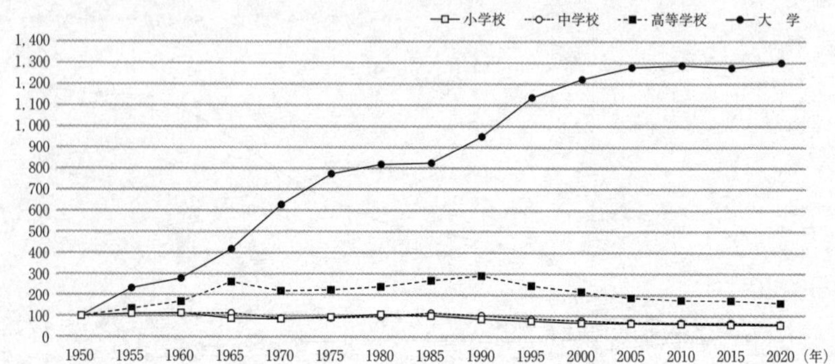

Ⅱ 次の文章を読み，以下の問いに日本語で答えなさい。

ここでわたしは，そもそもひとが総体的な世界像を思い描こうとすることには，いったいどういう意味があるのだろうかと問うてみよう。

まずもっとも基本的なことは，およそわたしたちがなんらかの〈世界像〉を思い描く行為は，わたしたちが日常の具体的な関係の世界から踏み出して，直接目に見，手で触れられない“抽象的”な関係の世界に入ってゆくことを意味している，ということだ。

子供の頃は誰でも，自分の家族や友だち，そして向こう三軒両隣の直接的な世界しか知らない。しかし，人間がこの社会で生きてゆくことは，そのむこう側にひろがっている世の中の，直接には目に見えない関係の網の目に，大なり小なり自分を関わらせることを含んでいる。学問するにしてもなんらかの仕事をするにしても，ひとはこの目に見えない網の目（社会の関係）を知識や情報のかたちでひとびとと共有することによって，はじめて社会的な共同生活を営むことができる。教育が果しているのはまさしくそういう役割であって，現代社会において人間は，必ず誰でも自分の具体的な日常世界のほかに，概念の網の目としての〈社会〉といういわば“言葉の国”を持っているのである。

わたしたちは，この社会に生きるうち，さまざまなものに成る（自己実現をとげる)。そのことによってこの社会の関係の中に編み込まれるが，それを実質的に支えているのは，驚くべきことに，あの概念（言葉）の網の目にほかならない。誰もが，自分の脳裡に知らず知らず編み上げている〈世界像〉に媒介されて，はじめて多くの見知らぬ人々と関係を結んでいるからである。

こう考えてみると，わたしたちがそれぞれ〈世界像〉を思い描くということは，単に思想という問題を超えて，現代社会の人間にとって基本的な事実であることがわかる。わたしたちは誰も決して社会から孤立して生きるわけにはいかないが，じつは社会という関係の中にひとをつなぎとめる役割を果しているのは，ただ個々の人間が観念の中に描きあげる〈世界像〉だけなのである。

すると，〈世界像〉を思い描く行為は，およそつぎのような意味を持っていることがわかるはずだ。

(1)〈自我〉の確定

(2)　社会への実践的操作の技術，権力操作

(3)　社会構造の改変の手だて

まず (1) については，たとえば学校で勉強の出来る人間は，学者や官吏その他になる道を選ぶし，スポーツの得意な人は，野球選手やオリンピックをめざすだろう。ところが，こういった自分のライフ・スタイルの思い描きそのものが，社会全体のイメージなしには決して成り立たない。それだけではない。ひとは若い頃からさまざまな〈世界〉を思い描いてそれに憧れるが，この〈世界〉への感受性のかたちが，友人や仲間との世界を形づくり，その共同性の中での自分の役割を確定してゆくうえでの唯一の土台になるのだ。

つまりひとが自分のうちになんらかの〈世界〉を思い描くことは，すでに社会の中に存在する〈世界〉の共同性の中に（たとえば文学の世界，芸術の世界，政治の世界，趣味，嗜好，等々）彼を導き入れ，その中で彼が〈自我〉のかたちを作りあげて生きてゆくための，基本の通路となるのである。

つぎに，〈世界像〉をつかむことは，現実の関係を把握し，それに働きかけ操作することにとって不可欠である。なんらかの仕事を果そうとする人間は，誰しもそれが孕んでいる関係の総体をまず頭の中で捉えて，どこに働きかけるのがもっともよい方法かを探ろうとする。正確な〈世界像〉をつかもうとする試みは，だから，それが社会全体に関わることであるほど不可欠なものとなる。また政治家や企業家にとってそれが是非必要なものであることは言うまでもない。権力を機能させるには，社会を総体として把握すること，それを操作可能なものとしてつかんでおくことが必要不可欠だからである。

このことに関連して，もうひとつ重要な〈世界像〉をもつことの意味がある。たとえば，かつて日本は大きな戦争を起して敗けたが，このとき多くのひとびとにとって，戦争は避け難い厄災のように訪れた。なぜ戦争が起るのかという問題は，ひとびとにとってほぼ日常の努力を超えたもののように現われていたからである。だがそういう事態が生活にとって耐え難いものとしてやってくるとき，当然人間は，この大きな苦しみの原因となっているものを思い描き，そのことによって以後それを避けようと努力するはずだ。

人間は，生活のうちでの耐え難い苦しみが，日常を超えた大きな社会の枠組からもたらされていると感じるとき，この社会の枠組を改変してゆこうと努力する。そのと

き社会の全体像を思い描き，その仕組をなんらかの形でとらえようとする。この場合，思い描かれた全体像が客観的に正しいかどうかはさしあたり問題ではない。ひとはともかく実験として大きな矛盾の原因と結果を思い描き，その原因に働きかけてみる。こういった思い描きを欠くならば，社会に対して実践的な関係をとるということそれ自身がそもそも不可能だからである。

さて，一般に人間が〈世界像〉を思い描くということには，今見たような意味がすでに含まれている。つまり，「世界について」なんらかの像を持つということは，じつは人間が現代社会で生きるうえで基本的な事実であり，人間はまさしくそのことによってのみ，〈社会〉という目に見えないもの（日常のむこうの世界）と自分とを関係づけているのである。だから〈世界像〉とは，じつは個々の人間のうちにあって，しかも個々の人間を社会的な存在として関係づけている根本の原理なのである。

しかし，まさしくこのような事情によって「世界について」考えることの意味は両義的であることがわかる。

わたしたちは誰も知らず知らずのうちに「世界について」考え，その全体像を思い描いているのだが，じつはこの〈世界像〉は自分自身で考えられ作り上げられたものというわけではない。つまり注意すべきなのは，どんな人間にとってもたいていは，彼の〈世界像〉はすでに社会の中に存在している一定の〈世界像〉の中から選びとられるにすぎない，という点なのである。これはどういうことだろうか。

〈世界像〉の本質は，それが個人を〈社会〉に関係づけ，彼を社会的存在として生かしめるという点にある。これを〈社会〉の側からみれば，〈社会〉は，いわば〈世界像〉という装置によって，ひとびとが個的な日常を離れて社会に参入し，社会の秩序を，維持，発展させてゆくような回路を作りあげている，ということになる。

だがそのために必要なのは，〈世界像〉がなるべく一定のものであること，またそれがつねに社会の本質を守ってゆくようなものとして形成されることである。こういう場面で〈世界像〉は，いわばイデオロギーの機能を果たすことになるのである。

〈世界像〉は単に社会総体の客観像をめざすだけでなく，必ず価値の関係像を含んでいる。いちばんわかりやすいのは，社会的に有用な人間が偉いという価値観がそうだ。この価値観は，ひとびとが抱いている〈世界像〉に一般的につきまとっているし，〈世界像〉の本質から言っても，そのことは必然的である。そしてこの一般的〈世界像〉から降りてくる人間の価値観が，今度は日常の世界をも染め上げているのである。

ひとびとは，誰でもまずはこの一般的〈世界像〉や価値観の中で生きてゆく。この〈世界像〉や価値観が，およそ人間の生活上の目標や意味を作り出し，その中でひとは具体的な生の理由を見出す。このことは一概によくないことと言えない。すでに社会が成立している限り，それはいつの時代においても人間に与えられている生の基本的な条件だからである。

人間の具体的な欲望は，この社会という生の形式の中においてだけかたちを与えられる。たとえばプロ野球の選手になりたいとか，芸術家になりたいとか，その他なんらかのものとして生きたいという人間の大きな欲望のかたちは，必ず社会的な本質を持ったものとして現われる。しかし，これらの欲望が，社会に規定されているという理由で拒否するわけにはいかない。なぜなら全く純粋で，全く自由な欲望のかたちというものは存在しないからである。

ひとはしばしば，この現実の欲望のかたちそのものを，一挙に純粋で正しいものに置きかえようと夢想するが，おそらくその考えには無理がある。わたしたちが，社会という大きな枠組に手を触れ，それを動かそうとする現実的な動機は，むしろ次のような経緯でやってくるからだ。

誰もはじめは，すでに成立している一般的な〈世界像〉や価値観の中に生み落(おと)される。そしてまさしくそのことによって，この世の中を生きる現実的，具体的な理由を見出してゆく。したがってこの〈世界像〉や価値観は，ひとびとが互いに関係し合って生きてゆくその基本のかたちを与えているのである。だが，ひとは，生活のなかで，この〈世界像〉や価値観が自分の生を生き難くし，大きな苦しみをもたらしていると感じるような場面にほぼ例外なく出合うことになる。

たとえば勉強も出来ず，スポーツも得意でない人間にとっては，教育制度が形成する価値観は，抑圧的なものと感じられる。むろんこの一般的価値観に対する違和感や抑圧感は，まだ，その人間固有のものであるにすぎない。しかし，その違和感や抑圧感が，自分一人のものでなく多くの人間にとって普遍的に現われているという感受があるときに，ひとびとは，いわば社会の“矛盾”を直観することになる。そしてそのことは正当な理由をもっているのである。

なぜなら，一般的な〈世界像〉や価値観は，ある意味ではひとびとが生きる上での現実的な理由を構成しているものだが，それがまた多くのひとびとにとって抑圧的なものと感じられるとき，そのことは，人間の生に形式を与えているこの〈世界像〉(つまり共通の了解事項）が，矛盾を孕(はら)み普遍性を失っていることを意味しているからである。そしてこういう場面で，ひとびとはこの〈世界像〉を編み変えてゆくべき現実的な動機を与えられるのである。

一般的に，「世界について」考える“思想”の動機は，こういう場面から発している。どんな思想も，そういった人間の現実の場面から立ち上り，時代の中で〈世界像〉の新しい普遍性をめざす。それはしたがって最終的に，ある社会的本質を持っている。しかし，思想の意味は，ただこの社会的普遍性を見出すということにのみ帰着するわけではない。

「世界について」考えることは，一面では人間の社会的な存在のありようの“合理”を求めることである。その意味では，それは自分を社会と関係づけるひとつの端的な方法である。だが，思想の行為そのものは，また違った側面を持っている。

ひとは，自分が現にある社会の枠組の中で，それなりに目標と意味を見出して生きる限り，あえていままで自分が持っている〈世界像〉を一から考え直してみる必要はない。ひとが深い意味で思想を問題とせざるを得なくなるのは，自らが抱えている一般的な〈世界像〉やその価値観そのものが，どうしても自分にとって和解し難いものと感じられるような場面においてである。

たとえば，アーサー・ミラーの『セールスマンの死』というドラマにおいて，父親のウィリイ・ローマンは，成功したセールスマンに人間の価値のモデルを置いており，それを息子のビフに押しつける。このドラマの悲劇は，能力のないセールスマンが，それにもかかわらず，あくまで資本主義的能力に人間の価値像を見つづけていることから来ている。父親がその価値観を捨てれば，家族たちは和解できるのだが，彼は決してそれを捨てようとしない。ここでは，彼の現実の存在と，彼の価値観が大きな確執を生じているのである。

こういうことは，およそ現在社会にあって人間の生き難さの普遍的な由来になっている。それは社会が人間の生一般に与えている基本的な条件でもある。思想は，人間が自分のうちに抱え込んでいる一般的な〈世界像〉に対する違和の意識から発し，この〈世界像〉や価値観に対する意識的な抗（あらが）いの行為である。彼は自分の中で，社会に重く蓄積されたこの〈世界像〉を編み変えようとすることを通じて，自分自身の生き難さを支える。だからわたしたちは，優れた思想のうちに，必ず，ひとりの人間が，与えられた生の条件の中をどのように生きようとしたかという，個人の生の痕跡をも見るのである。

ところで，わたしたちはしばしば思想を難解なものと考えるし，その難解さはある程度仕方のないものだと見なしている。思想の難解さには，時代や歴史がそれまでに織り上げていたあらゆる〈世界像〉に対するひとりの思想家の格闘の軌跡が，微妙なニュアンスをもって刻印されていると直観するからだ。

しかし，わたしの考えでは，どんな複雑なニュアンスを持った思想も，それがそれまでの〈世界像〉に対する編み変えの作業にすぎないという側面では，必ずもっともシンプルなかたちに翻案することができる。思想を要約したり翻案したりすることには，その思想家の独特なニュアンスを殺す危険があるということも本当だが，しかしどんな複雑難解な思想も，それがひとりひとりの読み手によって受け取られるときには，必ずその読み手の中で，一体今までの〈世界像〉のどこが編み変えられたかという要点が，いちばんシンプルな形に置き直されて受け取られているのである。

思想は一面で単純化されることを嫌う。思想のいのちは，概念をモザイクのように組み換える点にあるのでなく，思想家が彼の生の中でそれを組み換えることを促がされた，そのプロセスにあるからだ。しかし，思想はもう一面で，概念的な単純化の作業をこうむらないでは決してひとりひとりの人間に受け取られないという性質を持っている。つまり思想は，最終的には一般化（誰にも明瞭な意味として受けとられる形をとること）され得ない部分を持つのだが，しかし思想がそういう固有のニュアンスを伝え得るのは，それが一般化されるような場面を通してなのである。

（竹田青嗣『現代思想の冒険』（毎日新聞社，1987年）より一部改変）

問1

文章を200字以内で要約しなさい。

問2

下線について，その背景や意義に触れつつ，複数の具体例を挙げながら自分の考えを600字以内で論述しなさい。

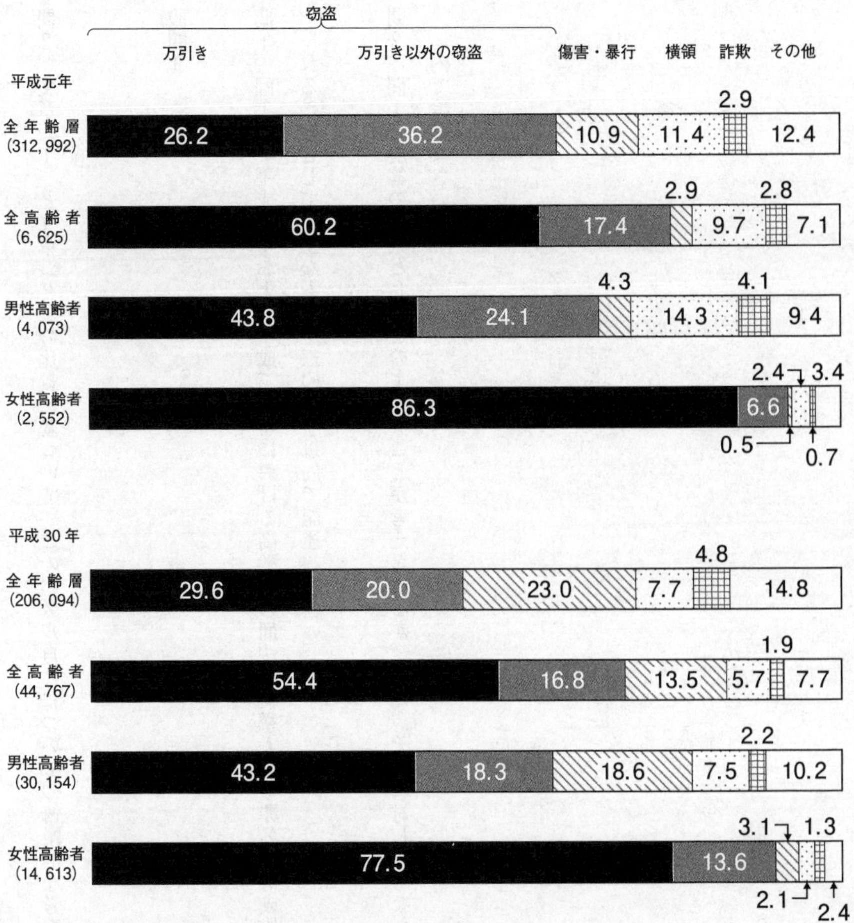

図 1　刑法犯：高齢者の検挙人数の罪名別構成比(%)

【出典：法務省「令和元年版　犯罪白書」(一部抜粋)】

注 1　「横領」は、遺失物等横領を含む。

注 2　(　　)内は人数である。

注 3　平成元年の人口(下 4 桁は四捨五入)は、全年齢層で 1 億 2326 万人、全高齢者が 1431 万人、男性高齢者が 574 万人、女性高齢者が 857 万人である。平成 30 年の人口は、全年齢層で 1 億 2644 万人、全高齢者が 3558 万人、男性高齢者が 1546 万人、女性高齢者が 2012 万人である。

問2　文章（1）と文章（2）の比較に基づいて、このパズル自体についての俯瞰的な考察を、四〇〇字以内で記述しなさい。

設問Ⅱ

問1　図1は、平成元年および平成三〇年における高齢者の刑法犯検挙人数の罪名別構成比を示したものである。図1から読み取れることとして、主なものを三〇〇字以内で記述しなさい。

問2　問1の解答の背景としてどのようなことが考えられるか。また、それに対してあなたや社会は何ができるのか。三〇〇字以内で論じなさい。

るなら、この一人を決めるために或る試験をしたいと思っている。

いまきみたちは三人いるが、ここに五枚の円板がある。そのうち三枚が白、二枚が黒というふうに、色だけによって区別されている。わたしはこのうちどれを選ぶか理由を言わないできみたちの背中に一枚ずつ円板を貼る。直接これを見ることはできない。ここには姿を映すようなものは何もないから間接的にも見える可能性はまったくない。

きみたちは、仲間とそれぞれのつけている円板はとくと見ることができる。もちろん、きみたちの見たものをお互いに言うことは許されない。きみたちの関心事だけは口どめされるわけだ。われわれの用意した釈放の処置の恩恵を受けるのは、最初に自分の色について結論をだしたものにかぎるからだ。

もうひとつ、きみたちの結論には論理的な理由づけが必要であって、単に蓋然性だけではいけない。このために、きみたちの一人が結論を言う準備ができたら、それを審議するための呼び出しを受けるためにこの戸口から出てもらいたい。」

この提案は受け入れられて、三人の囚人にはそれぞれ白い円板が貼られた。黒い円板はこのとき使われなかったけれども、それはもともと二枚だけ用意されていたことに留意していただきたい。

さて、囚人たちはこの問題をどのようにして解決できただろう。

【出典　(1) 入不二基義「あるパズル」抜粋、

(2) J・ラカン「論理的時間と予期される確実性の断言」佐々木孝次ほか訳『エクリI』弘文堂　抜粋】

問1　文章(1)のB君が「僕の帽子の色は赤だ」と答えたときの推理の仕方を、四〇〇字以内で記述しなさい。

このパズルを変形して、A君・B君・C君の三人の関係を「平等」にすると、もう少し複雑なパズルになる。つまり、三人を直線的に（階段状に）位置づけるのではなく、円を描くような関係にすると、もっと面白いパズルになる。

今度は、赤い帽子が三つ、白い帽子が二つあって、A君・B君・C君の三人は、みんな赤い帽子をかぶせられている。それぞれ自分の帽子の色は見えないが、自分以外の二人の帽子の色は見えているとする。しかも、全部で赤い帽子が三つ、白い帽子が二つであることは知らされている。そして、正しく自分の帽子の色を推理して分かった者は、すぐに答えることになっている。さて、三人とも黙った状態がしばらく続き、それからB君が突然「僕の帽子の色は赤だ」と答えた。B君はどのように推理して分かったのだろうか。

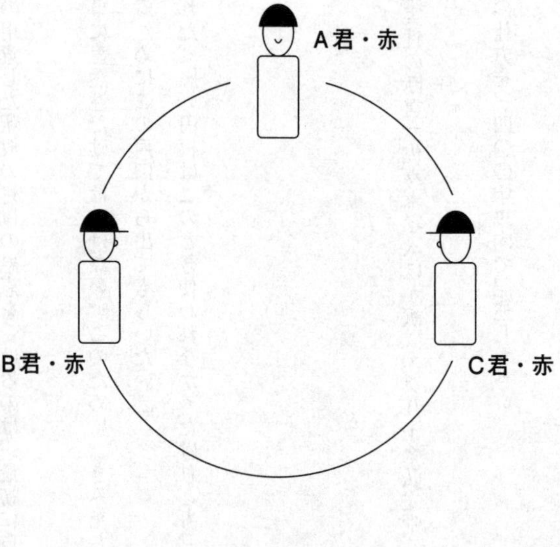

(2)

刑務所の所長が三人の囚人をとくに選んで出頭させ、次のような意見を伝えた。

「きみたちのうち一人を釈放することになった。その理由はいまここで言うわけにはいかない。そこで、もしきみたちが賛成すの前に座っている人の帽子の色は見えている。さて、しばらく時間がたってから、一人が自分の帽子の色を当てた。誰がどのように推理して、自分の帽子の色を当てたのか。

息子は、自分が答えを言いたくて仕方がないという様子だった。「答えはB君だよ。B君はこう考えたんだ。もしも自分が白だったら、A君には二つの白い帽子が見えているでしょ。そうすると、A君はすぐに自分が赤であることが分かるはず。それなのに、A君は答えなくて、しばらく時間がたっている。ということは、自分は白ではないんだ。だから、自分は赤だ。こんな風にB君は考えて、自分の帽子の色を赤だと当てたんだよ。」そう一気に言うと、彼はふーっとため息をついた。

このパズルの面白い点は、自分以外の人の視点を経由して推理すること、そして「しばらく誰も答えない」という「答えの不在」を推理に組み込んで背理法を使うところだろう。また、二人の帽子の色が見えているA君でもなくて、その中間のB君の方が、「情報の制限＋推理による補完」によって答えられるという点も、まったく見えていないC君でも、興味深い。

「でも、A君はただボーッとしていて答えなかっただけかもしれないじゃないか」と私が言うと、「そんなのダメだよ」と息子は口をとがらせた。B君の推理が成り立つためには、A君もまた自分と同じように答えを出そうとして考えていると仮定しなくてはいけないのだ。A君が黙っているのがボーッとしているせいだとすると、B君の推理は足もとから崩れてしまう。

小論文

◀心理学科▶

（九〇分）

設問Ⅰ　次の文章（1）と（2）を読んで、問1と問2に答えなさい。

（1）

小学生の息子が、こんなパズルを持ってきた。

赤い帽子が二つ、白い帽子が二つあって、A君・B君・C君は、図のように帽子をかぶせられている。三人とも自分の帽子の色は見えないが、全部で赤い帽子が二つ、白い帽子が二つあることは知っている。また、三人は階段状に座っているので、自分

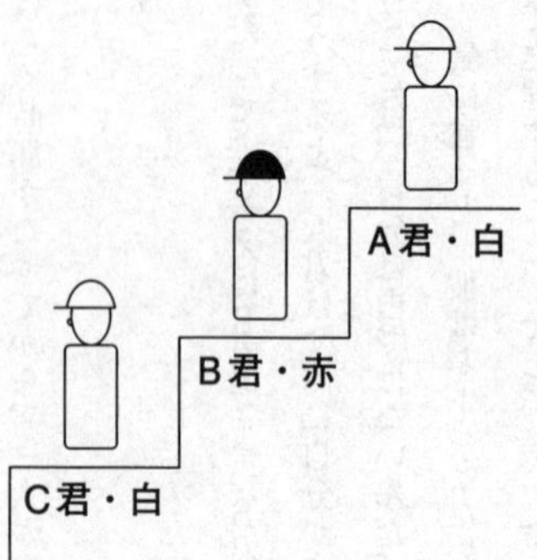

解答編

■小論文■

◀教育学科▶

I 解答例　問1．Ⓐでは，各年齢層とも7割前後が実践したいと回答しており，特に30代で多い。Ⓑでは，年齢層が上がるほど実践したいとの回答が多く，20代の26%に対して70歳以上では約51%であり，2倍近くの差がある。Ⓒでは，年齢層が下がるほど実践したいとの回答が多く，70歳以上の約14%に対して20代では約37%であり，2倍以上の差がある。Ⓓでは，各年齢層とも実践したいとの回答が1割前後にとどまっており，特に20代で少ない。(200字以内)

問2．学校数は，小中学校で全体的に減少傾向であり2020年には1950年の7割ほどになっている。高校でも1990年以降漸減しているが2020年の学校数は1950年を上回る。大学の数は増え続けているが2010年以降の増加ペースは鈍い。在学者数は，小学校で1980年，中学校で1985年，高校で1990年以降，減少傾向である。2020年の小中学生の数は1950年の約6割であるが，高校は1950年を上回る水準を保っている。大学生の数は増え続けているが2010年以降頭打ちである。これらより，少子化により小中学校で学校数や在学者数が減少する一方，進学率の上昇が高校と大学への少子化の影響を和らげ，大学の学校数と在学者数を増加させたが，近年ではそれも限界にある。(300字以内)

◀解　説▶

≪年齢層による食育への意識の違い，学校種別の学校数・在学者数の推移の特徴≫

問1．本問で要求されているのは，実践したい食育についての質問への回答結果を年齢層別にまとめた表をもとに，回答傾向を項目別に論述することである。表から読み取ることのできる各項目の傾向は次のとおりである。

Ⓐ栄養バランスのとれた食生活を実践したい：30 代が 73.1％と最も高い。他の年齢層も 65％を越えている。

Ⓑ食品の安全性について理解したい：年齢層が上がるほど回答が多くなる。最低は 20 代の 26％，最高は 70 歳以上の 50.8％である。

Ⓒ食事の正しい作法を習得したい：年齢層が下がるほど回答が多くなる。最低は 70 歳以上の 13.7％，最高は 20 代の 36.8％である。

Ⓓ生産から消費までのプロセスを理解したい：各年齢層で実践したいとの回答が 1 割前後にとどまっており，特に 20 代で少ない。

これらの内容をまとめるとよい。「傾向」であるから，要因・背景や対応策などの考察は不要である。年齢層別の回答結果であるから，Ⓐ・Ⓓについては各年齢層の共通点を明確に伝えること，Ⓑ・Ⓒについては年齢層による違いを大局的に伝えることがポイントである。

問 2．本問で要求されているのは，図をもとに，学校数および在学者数について，学校の種類ごとの推移の特徴（ⓐ）を指摘し，両者を組み合わせて考察されること（ⓑ）を論述することである。

まず，ⓐについて，図から次のような情報を読み取ろう。

〔学校数〕

- 小学校　：1950 年から 1960 年にかけてやや増加がみられるものの全体的に減少傾向であり（図 1），2020 年の学校数は 1950 年の 75％ほどである（図 2）。
- 中学校　：1975 年から 1990 年にかけて増加がみられるものの全体的に減少傾向であり（図 1），2020 年の学校数は 1950 年の 70％ほどである（図 2）。
- 高等学校：1990 年以降は減少傾向であるが（図 1），2020 年の学校数は 1950 年以上の数を維持している（図 2）。
- 大学　　：一貫して増加を続けており（図 1），70 年間で約 4 倍に達している（図 2）。ただし，2010 年以降から増加ペースは鈍化している（図 2）。

〔在学者数〕

図 3 を見ると，小学校と中学校と高等学校は同じような形のグラフを描いている。すなわち，小中高の在学者数は 2 つの山を描くように増減して

おり，２度目のピークを迎えた後は，減少傾向である。大学は，小中高とグラフの形が違っている。以下がより詳しいデータである。

- 小学校　：1960年と1980年がピーク（図３）。2020年には，在学者数は1950年の60％より少ない（図４）。
- 中学校　：1965年と1985年がピーク（図３）。2020年には，在学者数は1950年の60％ほどまで減っている（図４）。
- 高等学校：1965年と1990年がピーク（図３）。小中学校とは違って，2020年に至っても，1950年を上回る水準が維持されている（図４）。
- 大学　　：一貫して増加を続け（図３），70年間で約13倍となったが2010年以降は頭打ちである（図４）。

以上の情報をまず小学校と中学校に注目して整理すると，

- 小学校・中学校：学校数はおおむね減少傾向であり，在学者数は２度目のピークを作った後は減少傾向であり，2020年には，1950年の６割ほどになった（ⓐ）。

→このことから，少子化による児童・生徒減に対応し，学校の統廃合が進んだのであろうと考察できる（ⓑ）。

次に，高等学校に関してはこう整理できる。

- 高等学校：学校数は1990年以降減少傾向，在学者数は２度目のピークの後は減少傾向にある。しかし，小中学校とは異なり，学校数も在学者数も，2020年に至っても1950年の数を上回っている（ⓐ）。

→高等学校にも少子化の影響があったはずであるが，小中学校ほど学校数も在学者数も減っていない。この背景には，高等学校への進学率が関係していると考えられる。高等学校では，進学率の高さに支えられ，生徒数の減少や統廃合が小中学校ほどには進まなかったのであろう（ⓑ）。

最後に，大学は次のように整理できる。

- 大学　　：学校数は期間中増加を続けて70年間で約４倍に達し，在学者数も70年間で13倍となったが，どちらの増加ペースも，2010年以降は頭打ちである（ⓐ）。

→学校数と在学者数の増加の背景には，進学率の上昇が関係していると考えられる。しかし，近年，どちらも増加ペースが鈍っていることから，少子化の影響と大学進学率の伸び悩みを見てとれる（ⓑ）。

以上の内容をまとめることになる。考察にあたっては，義務教育である小中学校の在学者数と学校数は少子化の影響を直接的に受けるが，高等学校・大学は，進学率の影響も受けている点に留意したい。過去の推移の要因・背景だけでなく，将来の予測・展望も「考察」の範ちゅうだが，字数制限を考慮すると答案に盛り込むことは困難であろう。

Ⅱ　**解答例**　問1．ひとは，社会が用意している一般的世界像のもとで社会に関連づけられ社会的存在となる。誰もが一般的世界像の中で具体的な生の理由を見出すが，それに違和感や抑圧を覚えるひとが多くなると，ひとは一般的世界像の編み変えを試みる。思想はそのような抗いの行為であるから，どんなに難解複雑な思想であっても，一般的世界像に対する編み変えの作業としてシンプルに翻案でき，そのような単純化を通してのみ各人に受け取られる。(200字以内)

問2．私は，「決めきれない自分」に辟易していた。例えば，外食時のメニューは決まらないし，議論ではどっちつかずの意見しか言えなかった。そうしたなか，デリダという思想家についての入門書を読んで気づかされた。当時の私は，「剛毅果断」と「優柔不断」との二項対立に陥っていた。入門書の解説を私なりに理解すると，私は前者を「善」，後者を「悪」と決めつけていた。だが，思い直せば，私のように決めきれない者が出るほど魅力的なメニューだったとも言えるし，早急な議論に歯止めをかける役割を果たしていたとも言える。決めきれずに悩むことには，「剛毅果断」の否定としての消極的な価値しかないわけではない。そう考えると，前向きになれた。入門書の解説はデリダの思想をありのまま伝えてはいないし，私がその解説を受け取る過程で更なる単純化が起こっている可能性もある。しかし，〈二項対立の世界像〉の編み変えとしてデリダを単純化して受け取ることで，私は悩みから救われた。デリダの複雑な思想をありのまま理解しようとし，デリダを難解なものとして遠ざけてしまっている人は少なくない。そうした人は，「男らしさ」と「女らしさ」というような二項対立をほどくことができず，悩み傷ついているかもしれない。こうして，思想が個々の読者にシンプルな形で置き直されて受け止められることには，読者に思想との出会いと救いの機会を生むという意義があるのである。

(600 字以内)

◀解　説▶

≪〈世界像〉を思い描くこと≫

問１．本問で要求されているのは，文章を 200 字以内で要約することである。

課題文のポイントは次のとおりである。

(第１～５段)〈世界像〉を思い描くとはどういうことか

- 最も基本的なこと：〈世界像〉を思い描くことは，抽象的な関係の世界，言い換えれば，概念の網の目としての〈社会〉に入ってゆくことである。この行為を通して，わたしたちは，社会的な共同生活を営むことができるようになる。だから，社会にわたしたちをつなぎとめているのは，〈世界像〉である。

(第６～11 段)〈世界像〉を思い描く行為の意味

- 〈自我〉の確定：自分のライフスタイルの思い描きそのものが社会全体のイメージに依拠しているし，ある〈世界〉への憧れという感受性のかたちが，友人や仲間などの共同性の中で自分の役割を確定する唯一の土台である。
- 社会への実践的操作の技術，権力操作：何らかの仕事を果たすには，現実の関係の把握が必要であり，その把握のためには〈世界像〉をつかまなければならない。社会全体に関わる仕事であればあるほど，〈世界像〉をつかむことが必要になってくる。
- 社会構造の改変の手だて：人間は，戦争のような厄災に直面すると，その苦しみの原因を思い描き，それが社会の枠組みからもたらされると感じるとき，その枠組みを変えようと努力する。そのときに，社会の全体像を思い描くという行為が不可欠である。

(第 12～16 段)「世界について」考えることの意味の両義性

- 〈世界像〉とは，個々の人間のうちにあり，個々の人間を社会的存在として関係づける根本原理である。
- 個人の〈世界像〉：すでに社会に存在する一定の〈世界像〉の中から選び取られたもの。
- 〈世界像〉の本質：個人を〈社会〉に関係づけ，社会的存在として生かすこと。

- 〈社会〉にとっての〈世界像〉：ひとびとを社会参入させ，社会の秩序を維持・発展させるための装置。
- そのために，〈世界像〉は，社会の本質を守るべく一定のものとして形成され，イデオロギーとしての機能を果たすようになる。

（第17〜19段）〈世界像〉は価値の関係像を含む

- ひとびとは誰でも一般的〈世界像〉から降りてくる価値観から，具体的な生の理由を見出す。
- 人間の具体的欲望は，社会に規定されている。

（第20〜24段）〈世界像〉を編み変える現実的な動機

- 一般的〈世界像〉やその価値観に対して違和や抑圧を感じることが必ずある。
- 多くのひとに感受されると，〈世界像〉が矛盾をはらみ，普遍性を失う。
- 〈世界像〉を編み変えてゆくべき現実的な動機がひとびとに与えられる。

（第25〜28段）〈世界像〉の編み変えが生き難さを支える

- 思想：一般的〈世界像〉や価値観に対する違和感から発する，意識的な抗いの行為。
- 〈世界像〉の編み変えを通じて自分自身の生き難さを支える。
- わたしたちは，優れた思想に，ひとりの人間が与えられた生の条件の中でどのように生きようとしたかという，個人の生の痕跡をも見る。

（第29〜31段）複雑難解な思想の単純化の意味

- 思想のいのちは，思想家が彼の生の中で〈世界像〉の編み変えを促されたプロセス（だから，複雑難解）。
- しかし，概念的な単純化，一般化（ひとりひとりの読み手の中で，〈世界像〉のどこが編み変えられたのかという要点がシンプルな形に置き直されること）がなければ，ひとりひとりの人間に受け取られない。

要約にあたっては，〈世界像〉を思い描くとはどういうことか（第1〜5段），「世界について」考えることの意味の両義性（第12〜16段），〈世界像〉は価値の関係像を含む（第17〜19段），〈世界像〉を編み変える現実的な動機（第20〜24段），〈世界像〉の編み変えが生き難さを支える（第25〜28段），複雑難解な思想の単純化の意味（第29〜31段）については，柱として押さえたい。課題文では，同義の内容がまさに微妙なニュアンスをもって繰り返されているが，要約にあたっては，思い切ってシンプルな形に置き直すしかない。

問２．本問で要求されているのは，課題文の下線部について自分の考えを述べることである。条件として，背景や意義に触れること，複数の具体例を挙げることが求められている。

「背景」「意義」の解釈は様々に考えられるが，まず，「意義」については，“複雑難解な思想であっても，〈世界像〉編み変えという要点から捉えれば，思想はシンプルな形に置き直されて受け取られること”によってもたらされるメリットと解釈するとよいだろう。すると，「背景」としては，そのメリットが求められる要因，と想定することができる。

〔解答例〕では，第１段落において，優柔不断に辟易していたころの体験を複数の事例を挙げながら紹介している。第２段落では，ある書籍を介してデリダの思想に触れ，そのときの読書体験を，課題文を参考に，デリダ思想を「二項対立的な〈世界像〉の編み変え」として受容した出来事として紹介している。そして，第３段落で一般化を行っている。事例を挙げながら，思想を遠ざけているゆえに二項対立に苦しむ人がいるという「背景」を踏まえて，シンプルに置き直された思想の「意義」として，思想との出会いと救いを指摘している。

〔解答例〕では，デリダを取り上げたが，たとえば知識中心主義的な〈世界像〉のなかで，シンプルに置き換えられたソクラテスの思想（「無知の知」）が果たす意義を論じることもできるだろう。また，〔解答例〕では言及しなかったが，「意義に触れつつ」とあるので，思想の置き直しのプラス面ばかりでなくマイナス面を述べることもできる。いずれにしても，問１で要約した内容との矛盾や飛躍がないように留意したい。

きないことによるいら立ちや怒りと指摘して（ⓐ′）、社会ができることとして、ⓑと同じく、高齢者のための雇用の創出を挙げている（ⓑ′）。ただし、ⓑとⓑ′では意味合いが異なる。ⓑでは、労働は貧困から脱出して自活するための手段であるが、ⓑ′での労働は、社会との繋がりのなかで自尊心を回復させて、社会から取り残されたと感じて怒りやいら立ちを抱えている高齢者に心理的な余裕をもたせることを目的としている。

〔解答例〕では、ⓐ・ⓐ′を述べてからⓑ・ⓑ′を述べることで、一つの小論文としてまとまるように工夫した。字数に余裕があれば、男女高齢者に共通する対応として「高齢者の特性に対する理解」などを挙げて全体をまとめることもできる。

③「窃盗」の内訳（万引き）
- 全年齢層：二六・二％（平成元年）から二九・六％（平成三〇年）に微増。
- 全高齢者：六〇・二％（平成元年）から五四・四％（平成三〇年）と減少しているが、依然として半分以上。
- 女性高齢者：八六・三％（平成元年）から七七・五％（平成三〇年）に減少しているが、依然として高水準。

②「窃盗」の内訳（万引き以外の窃盗）
- 全年齢層：三六・二％（平成元年）から二〇・〇％（平成三〇年）にほぼ半減。
- 全高齢者：一七・四％（平成元年）から一六・八％（平成三〇年）とほぼ横ばい。
- 女性高齢者：六・六％（平成元年）から一三・六％（平成三〇年）に倍増。

③「傷害・暴行」の割合
- 全年齢層：一〇・九％（平成元年）から二三・〇％（平成三〇年）に倍増。
- 全高齢者：二・九％（平成元年）から一三・五％（平成三〇年）に四倍増。
- 男性高齢者：四・三％（平成元年）から一八・六％（平成三〇年）に四倍増。
- 女性高齢者：〇・五％（平成元年）から三・一％（平成三〇年）に六倍増。

これらの内容をまとめたのが〔解答例〕である。他にも取り上げられる事象はあるが、事象が多すぎると問２における論述が深められなくなることに留意したい。

問２　設問の要求は、問１の解答の背景として考えられること（ⓐ）、それに対して自分や社会ができること（ⓑ）について、三〇〇字以内で論じることである。

〔解答例〕では、女性高齢者の万引き以外の窃盗が目立ってきた背景として、高齢女性の貧困という問題を指摘し（ⓐ）、社会ができることとして、高齢者が適正な賃金で無理なく働き続けることのできる雇用の場の創出を示している（ⓑ）。また、高齢者の傷害・暴行が増加している背景についても述べ、それを、社会環境の急激な変化に適応でらだと考えられる。どちらの問題に対しても、高齢者が無理なく正当な賃金で働ける場の創出という取り組みが求められている。すなわち、労働を通して高齢者が自活できるようになるとともに社会と繋がりながら自尊感情を回復できれば、貧困に喘ぐ高齢女性や怒れる老人は減少すると期待できる。（三〇〇字以内）

◀解　説▶

《高齢者刑法犯の内訳の変化と背景、対応策》

問1　設問の要求は、高齢者の刑法犯検挙人数の罪名別構成比（平成元年・平成三〇年）を示した図から読み取れることとして、主なものを三〇〇字以内でまとめることである。

図の読み取りにあたっては、複数年のデータが示されているので、経年変化をとらえることは必須である。また、全年齢層のデータや男女別の内訳も掲載されているので、全年齢層との比較対照を行うこと、男女別の特徴を明らかにすることも必要である。そして、問2の内容を先取りすると、高齢者の犯罪への対応策が求められていることがわかるので、解答に盛り込むべきポイントは、高齢者の検挙人数に対して高い割合を占めている犯罪とか三〇年間で著しく増えている犯罪とかである。あわせて、グラフには検挙人数も括弧書きで書かれてある。一見したところ細かい情報に見えるが、高齢者の検挙人数が著しく増えていることがわかるので、見落とさないようにしよう。

主に読み取れることは以下の項目である。

①検挙人数
- 全年齢層：三一万二九九二人（平成元年）から二〇万六〇九四人（平成三〇年）まで減少。
- 全高齢者：六六二五人（平成元年）から四万四七六七人（平成三〇年）まで増加。

②「窃盗」の割合
- 全年齢層：六二・四％（平成元年）から四九・六％（平成三〇年）まで低下。
- 全高齢者：七七・六％（平成元年）から七一・二％（平成三〇年）まで減少。しかし、高水準を維持している。

三のパズルにはこの前提がないから、このパズルでは、論理的には、三人の囚人がみな、B君がしたのと同様の推理を「答えの不在」を根拠に推し進めて、同じ結論に同時に行き着くはずである。答えがわかれば戸口から出ることになるが、三人が同時に答えにたどり着くので、三人は同時に動き出そうとする。ところが、この状況は、他の二人が動いていないという「答えの不在」を覆す。だから、他の二人が動こうとするのを察知した各囚人は、推理の根拠が崩れたのを知り、立ち止まる。しかし、立ち止まると、「答えの不在」が生まれ推理が可能になる。三人はまた戸口から出ようとするだろうが、すでに述べたように、推理の根拠が崩れて動けなくなる。

このように、第三のパズルでは、三人が同時に動き出そうとしてはそれを止めることになり、膠着状態になる。したがって、誰か一人が先駆けて解答するのは、論理的には不可能である。第二のパズルでこのような膠着が起こらないのは、沈黙の後にB君が答えたという設定があるからなのである。前述の考察をまとめればよい。

Ⅱ

解答例

問1　全年齢での検挙人数が三〇年間で一〇万人以上減っている一方、全高齢者では三万人以上増えている。平成三〇年の全高齢者のグラフでは、検挙人数全体に対する窃盗の割合が七〇%を越えており、特に万引きが約五四%と目立つ。万引きは女性高齢者で突出しており、平成三〇年での検挙人数に占める割合は七七%を越えているが、三〇年前と比べると減少している。それに対して、万引き以外の窃盗の割合は三〇年間で倍増し一三%を越えている。全高齢者で近年顕著に増加している犯罪は傷害・暴行であり、検挙人数に占めるそれの割合は、三〇年間で四倍近く増加し約一三%になっている。男性高齢者の傷害・暴行が約四%から一八%台に増え、加えて、女性高齢者でも〇・五%から約三%に増加している。（三〇〇字以内）

問2　女性高齢者の万引き以外の窃盗が目立ってきた背景としては、現役時代に正規雇用につけなかった女性高齢者において特に、経済的困窮が深刻化していることが考えられる。一方、高齢者全体で傷害・暴行が近年増加しているのは、社会環境の急激な変化に適応できないことに由来するいら立ちや怒りを他者に直接ぶつける高齢者が増加しているかの上での考察を求められており、しかも、四〇〇字という字数制限を考えると、比較のポイントをできるだけ絞らなければならない。そこで、まず、文章（2）のパズル（第三のパズル）に着目し、それの概要を確認しよう。

【条件】
- 白い円板が三枚（○○○）、黒い円板が二枚（●●）ある。
- 背中に一枚ずつ円板を貼られた囚人が三人（自分の円板の色は見えないが、すべての円板の数・色は把握）がいる。
- 三人とも○の円板が貼られており、自分以外の円板の色は見えている。
- お互いに見たものを言うことはできない。
- 自分の円板の色について最初に正しく結論を出した者が釈放される。
- 結論には論理的な理由付けが必要。
- 結論が言えるならば、戸口から出る。

【問い】囚人たちはどのようにして問題を解決できたのか。

先のように整理すると、第三のパズルは、問1で考察した第二のパズルとほとんど同じであることに気がつく。すると、第三のパズルも、第二のパズルと同じように背理法を用いて推理が進むのだろうと推察できる。しかし、第三のパズルには、第二のパズルにあった、誰かが最初に答えたという設定がない。このように、第三のパズルを軸にすると、それと第二のパズルとの比較が可能になり、比較のポイントが定まってくる。〔解答例〕では、その上で俯瞰的考察を以下のように展開した。

第三のパズルでは、三人の囚人それぞれの視点から見えるのは○○であるので、三人は、周りを見ただけでは自身の円板の色を判断できず、考え込むだろう。そのとき、誰も戸口から出ようとはしないので、文章（1）で言う「答えの不在」が生まれている。これは、問1で示したのと同様の背理法の推理を展開するための根拠である。第二のパズルでは、設定上、この根拠を使って推理し答えに行き着いたのは、B君一人ということになっている。しかし、第

・正しく自分の帽子の色を推理してわかった者は、すぐに答える。
・三人とも黙った状態がしばらく続き、突然、B君が「自分は●」と回答した。

【問い】B君はどのように推理して、わかったのか。

以上を踏まえて、第二のパズルにおけるB君の推理を考察し、再現することになる。第一のパズルと同様に、B君は他者（A君）の視点に立って推理を行うのだが、そこから、また異なる他者（C君）の視点に立って推理を行うことが、このパズルのポイントである。

【推理の流れ】

・B君が「自分は○である」と仮定すると、A君には、自分（B君）○とC君●が見える。
・この場合、●二つと○一つが残っており、A君は自分の色を即断できないように思えるが、そうはならない。
・A君の視点に立って考え、A君が「自分は○である」と仮定したとする。
・この仮定の下では、C君にはB君○と自分（A君）○が見える
・C君はすぐに自分の帽子が●と判断できる→設定上、答えがわかればすぐに答えなければならない。
・しかし、C君は答えず黙っている。
・この矛盾から、A君は先の仮定が誤りで自分の帽子は●と判断できる。
・しかし、A君が先のように推理したとすると、A君はすぐに解答を言わなければならない。ところが、A君は答えず黙っている。この矛盾から、B君は、はじめの仮定が誤りで自分の帽子は●と判断した。

問２　問２の要求は、文章（１）と文章（２）の比較に基づいて、このパズル自体についての俯瞰的な考察を、四〇〇字以内で記述することである。

「俯瞰的」とは、「大局的」あるいは「客観的」ということである。二つの文章に登場するパズルを比較しながら、広い視野からの客観的な考察を展開することが求められていると解釈できる。さまざまな角度から比較できるが、比較

・この仮定の下では、A君には自分（B君）○とC君○が見える。
・すると、A君がすぐに自分が●と判断できて答えを言うはずである。
・しかし、A君は答えないまま、しばらく時間が経過している。
・仮定は誤りで、自分（B君）は○ではなく●と判断できる。
（第四段）第一のパズルの特色
・自分以外の人の視点を経由して推理すること。
・「答えの不在」（A君が答えない）を推理に組み込み、背理法（この場合は、○（白）が正しいと仮定し、その仮定の下でA君は答えられなければならないのに答えなかったという矛盾を導き、その矛盾から仮定が誤りで実際には●（赤）が正しいと結論）を使用。
・情報の制限が最も少ないA君でも最も多いC君でもないB君が、「情報の制限＋推理による補完」により解答。
（第五段）第一のパズルの限界
・「A君も自分と同じように答えを出そうと考えている」という前提条件があり、それが誤っていれば推理は成立しない。
（第六・七段）第二のパズルの概要
【条件】
・赤い帽子が三つ（●●●）、白い帽子が二つ（○○）ある。
・帽子をかぶせられた三人（自分の帽子の色は見えないが、すべての帽子の数・色は把握）が、円を描くように並んでいる。
・A君●、B君●、C君●であり、三人とも自分以外の帽子の色は見えている（はじめのパズルと異なり、三人の情報量は平等）。

に動いているから、推理の根拠である「答えの不在」が崩れる。三人は答えがわからなくなって立ち止まるが、これが根拠となって推理が再び可能になる。すると、三人は動き出そうとするが、やはり答えがわからなくなる。このように、文章（1）と（2）の比較からわかるのは、この種のパズルでは、一人が解答したという設定がなければ、一人が先行して解答するという状況は論理的に起こりえないという点である。（四〇〇字以内）

▲解　説▼

≪パズルにおける推理のあり方の考察≫

問1　問1の要求は、文章（1）のB君が「僕の帽子の色は赤だ」と答えたときの推理の仕方を、四〇〇字以内で記述することである。

まず、文章（1）の内容を確認しておこう。

（第二段）第一のパズルの概要

【条件】

- 赤い帽子が二つ（●●）、白い帽子が二つ（○○）ある。
- 帽子をかぶせられた三人（自分の帽子の色は見えないが、すべての帽子の数・色は把握）が、階段状に上からA君○→B君●→C君○の順に座っている。
- A君にはB君・C君、B君にはC君の帽子が見えるが、C君には誰の帽子も見えない。
- しばらく時間がたってから、一人が自分の帽子の色を当てた。

【問い】　誰がどのように推理して、自分の帽子の色を当てたのか。

（第三段）第一のパズルの解答・推理

【答え】　B君

【推理】　B君の仮定「自分は○である」

小論文

▲心理学科▼

I

解答例

問1　B君は、まず自分の帽子の色は白であると仮定した。しかし、この仮定は成り立たない。もし仮定が正しければ、A君からもC君からも、自分（B君）の白い帽子が見えていることになる。その場合、A君は自分の帽子の色を次のように推理する。「自分（A君）の帽子が白である」とすると、自分（A君）とB君の白い帽子が見えるC君は、「白い帽子は二つしかないのだから、自分（C君）の帽子の色は赤である」と判断するはずであり、しかも、自分の帽子の色を推理してわかったら即座に答えなければならない。それにもかかわらず、C君は黙っている。だから、自分（A君）の帽子の色が白であるという仮定は誤りであり、実際には赤である」。A君がこのように推理したとしたら、A君は即座に答えるはずである。ところが、A君もやはり黙っている。このようにして、B君は、自分の帽子が白であるという仮定は誤りであり、実際は赤であるという結論に至った。（四〇〇字以内）

問2　文章（1）の最後のパズルを①、文章（2）のパズルを②と呼ぶこととする。①と②はパズルとしてはほぼ同じであるが、①では一人が解答したという設定がある一方、②にはそれがない。この違いから、②では以下のようになると考えられる。問1で示したのと同様の推理は、論理的には、どの囚人にも可能であるから、②では三人の囚人全員が同時に答えに行き着くはずである。しかし、ある囚人が解答のために戸口から出ようとしても他の囚人も同じよう

2022年度

問題と解答

■一般選抜（個別学部日程）：文学部

問題編

▶試験科目・配点

〔英米文学科〕

方　式	テスト区分	教　科	科目（出題範囲）	配　点
A方式	大学入学共通テスト	外国語	英語（リーディング，リスニング）	100 点
		国　語	国語	100 点
		地理歴史または公　民	日本史B，世界史B，地理B，現代社会，倫理，政治・経済，「倫理，政治・経済」のうち1科目選択	100 点
	独自問題	外国語	コミュニケーション英語Ⅰ・Ⅱ・Ⅲ，英語表現Ⅰ・Ⅱ（リスニング含む）	200 点
B方式	独自問題	外国語	コミュニケーション英語Ⅰ・Ⅱ・Ⅲ，英語表現Ⅰ・Ⅱ（リスニング含む）	200 点
		総合問題（英語による）	記述式問題，および小論文	200 点
C方式	独自問題	外国語	コミュニケーション英語Ⅰ・Ⅱ・Ⅲ，英語表現Ⅰ・Ⅱ（リスニング含む）	200 点
		国　語	国語総合（漢文を除く）	100 点

〔フランス文学科〕

方　式	テスト区分	教　科	科目（出題範囲）	配　点
A方式	大学入学共通テスト	外国語	英語（リーディング，リスニング），ドイツ語，フランス語のうち１科目選択	200 点
		地理歴史または公　民	日本史Ｂ，世界史Ｂ，地理Ｂ，現代社会，倫理，政治・経済，「倫理，政治・経済」のうち１科目選択	100 点
	独自問題	総合問題	文章読解を中心とし，読解力，論理的思考力，言葉の知識，外国の文化・社会についての理解を問う総合問題。	200 点
B方式	大学入学共通テスト	外国語	英語（リーディング，リスニング），ドイツ語，フランス語のうち１科目選択	200 点
	独自問題	総合問題（論述）	文化・社会等に関する長文読解を課し，言葉の知識・思考力，論述力を問う。	200 点

〔日本文学科〕

方　式	テスト区分	教　科	科目（出題範囲）	配　点
A方式	大学入学共通テスト	外国語	英語（リーディング，リスニング）	100 点
		地理歴史	日本史Ｂ，世界史Ｂのうち１科目選択	100 点
	独自問題	国　語	国語総合・古典Ｂ	150 点
B方式	大学入学共通テスト	外国語	英語（リーディング，リスニング）	100 点
	独自問題	国　語	国語総合・古典Ｂ	150 点

〔史学科〕

テスト区分	教　科	科目（出題範囲）	配　点
大学入学共通テスト	外国語	英語（リーディング，リスニング），ドイツ語，フランス語，中国語，韓国語のうち１科目選択	100 点
	国　語	国語	100 点
	地理歴史または公　民または数　学または理　科	日本史Ｂ，世界史Ｂ，地理Ｂ，現代社会，倫理，政治・経済，「倫理，政治・経済」，「数学Ⅰ・Ａ」，「数学Ⅱ・Ｂ」，物理，化学，生物，地学のうち１科目選択または，物理基礎，化学基礎，生物基礎，地学基礎のうちから２科目選択（基礎を付した科目は２科目を１科目分とみなす）	100 点
独自問題	地理歴史	日本史Ｂ，世界史Ｂのうち１科目選択。記述・論述を含む。	150 点

〔比較芸術学科〕

テスト区分	教　科	科目（出題範囲）	配　点
大学入学共通テスト	外国語	英語（リーディング，リスニング）	100 点
	国　語	国語	100 点
	地理歴史	日本史Ｂ，世界史Ｂのうち１科目選択	100 点
独自問題	論　述	芸術にかかわる評論を読み，そのテーマに沿って具体的な例をあげながら，考えるところを論述する。800 字程度。	150 点

▶備　考

- フランス文学科Ｂ方式は，「総合問題（論述）」に基準点を設け，基準点に達した者のうち，大学入学共通テストの「外国語」の得点の上位者を合格とする。
- その他の学科の合否判定は総合点による。ただし，場合により特定科目の成績・調査書を考慮することもある。
- 大学入学共通テストの得点を上記の配点に換算する。英語の得点を扱う場合には，リーディング 100 点，リスニング 100 点の配点比率を変えずにそのまま合計して 200 点満点としたうえで，上記の配点に換算する。

- 大学入学共通テストの選択科目のうち複数を受験している場合は，高得点の１科目を合否判定に使用する。
- 試験日が異なる学部・学科・方式は併願ができ，さらに同一日に実施する試験であっても「AM」と「PM」の各々で実施される場合は併願ができる。
- 試験時間帯が同じ学部・学科・方式は併願できない。

<table>
<tr><th>試験日</th><th>試験時間帯</th><th>学　部</th><th>学科（方式）</th></tr>
<tr><td rowspan="4">2月13日</td><td rowspan="2">AM</td><td>文</td><td>英米文（A）・日本文（B）</td></tr>
<tr><td>教育人間科</td><td>教育</td></tr>
<tr><td rowspan="2">PM</td><td>文</td><td>フランス文（B）</td></tr>
<tr><td>教育人間科</td><td>心理</td></tr>
<tr><td rowspan="3">2月14日</td><td>終日</td><td>文</td><td>英米文（B・C）</td></tr>
<tr><td>AM</td><td>文</td><td>フランス文（A）・史</td></tr>
<tr><td>PM</td><td>文</td><td>日本文（A）・比較芸術</td></tr>
</table>

英語

◀英米文学科 A 方式▶

（70 分）

問題 I　次の英文を読んで，設問に答えなさい。

The creatures that kept whole generations awake at night and represented fears and anxieties that still trouble humanity today can be seen in classic monster movies. These films may not have been as violent as the monster movies of today but that does not mean they do not still have the power to fascinate and terrify. Besides, all the horror movies people love today would not exist if these movies had not laid the foundation by supporting the notion that science can stimulate ideas for monsters and also be used to create convincing ones.

In a scene from the 1931 horror classic *Frankenstein*, Dr. Frankenstein stands over the monster that he created from the parts of dead bodies. It is, of course, a dark and stormy night, lightning and thunder heightening the tension. Instruments give off strange sounds and send flames high into the air as the mad scientist is hard at work in his laboratory trying to bring the monster to life. Suddenly, Frankenstein's creature, previously lifeless, moves its fingers, then raises an arm. "It's alive! It's alive!" shrieks the doctor. The Universal Pictures film version of Mary Shelley's 1818 horror novel *Frankenstein; or, The Modern Prometheus*, starring Boris Karloff as the monster, was a big hit. Although the film breaks Shelley's narrative down to its components and makes some changes, it captures the evil of unrestrained scientific progress without morals, and the unexpected beauty of the odd and the strange, just as the novel does. The film sparked the public's attraction to cinematic horror and led to a string of monster movies, including *The Mummy*, *Dracula*, and *Creature from the Black Lagoon*.

Whatever these classic monsters sprung from, they were all rooted in the public's fascination with, and sometimes fear of, science. Though the monsters' look was the product of Universal Pictures' creative team, the public's scientific knowledge fed into the horror, no matter how limited their understanding may have been of sea life, mummies*, and the physical structure of living things. Without real science, these monsters would not have been as terrifying as they were. To one degree or another, all of these monsters had scientific origins. While Universal Pictures was unlikely to have made a serious effort to bring actual science into the movies, they were certainly looking at images of the tomb of the Egyptian pharaoh, King Tutankhamen, to find plans for the stage design to be used for mummy movies, as well as some real scientific instruments for Frankenstein's lab.

Shelley, who was only 18 when she wrote *Frankenstein* while vacationing on Lake Geneva, was fascinated by science. She often attended lectures to stay current with new developments and research, and was especially interested in an emerging field of study called "animal electricity," which studied the effects of electricity on animal tissue. She followed the work of Luigi Galvani, a scientist whose early experiments proved that an electrical charge could make a dead frog's legs move, and used his studies as inspiration for Dr. Frankenstein.

During the same period, scientists also began learning about how people who seemed to have drowned could sometimes be brought back to life by forcing air into them and pressing hard on their belly rhythmically, which came to be known as cardiopulmonary resuscitation (CPR)*. Early experiments that involved drowning animals yielded valuable insights into the relationship between breathing and how our bodies function. Shelley, whose own mother had been revived after jumping off a bridge into London's Thames River two years before her daughter's birth, was especially fascinated by this research. More than a century after Shelley had been inspired by real science, Universal Pictures made her novel into the *Frankenstein* movie, and then followed up with a tale of a life suspended and then revived: the 1932 classic *The Mummy*.

In 1922, a British scholar of ancient history and his team opened King Tutankhamen's tomb, which had been untouched for more than 3,000 years. The event captured the imagination of millions of people and sparked a global fascination with ancient Egypt. A decade later, when *The Mummy* was released, the public interest was still high. The film took a few liberties and left out some of the science that didn't fit neatly into the story line. For example, it does not show the processes Egyptians used to bury their dead. But it was informed by real science. All these films brought a spotlight onto science through visual reinterpretations of scientific discoveries, inventions, or observations.

"Monsters are always a mixture of reasonable fears and unconscious, perhaps irrational, fears," says Leo Braudy, author of *Haunted: On Ghosts, Witches, Vampires, and Zombies*. "Monster and horror movies arise from and help shape unconscious and vague fears in audiences," Braudy noted. Fear of the vampire's bite, for example, came through in the 1931 film *Dracula*, based on Bram Stoker's 1897 horror novel and the 1924 play *Dracula*, by Hamilton Deane and John L. Balderston. Vampire legends existed for centuries before Stoker published his novel, but scientists believe that the spread of two deadly diseases in the mid-1800s, cholera and tuberculosis*, may have popularized the myths and inspired reports of vampires. The vampire became the explanation when people lacked the scientific facts. If tuberculosis spread among people, vampires were blamed rather than bacteria. It was a way to explain the natural processes and fed into the monster narratives.

For *Creature from the Black Lagoon*, designer Milicent Patrick extensively researched sea life and prehistoric animals to shape her vision for "Gill-Man," also known as "the Creature." Patrick studied scientific illustrations of animals that lived on Earth 400 million years ago. Inspiration for the Creature also came from the film's director who had heard about the discovery of an unusual fish — named the coelacanth* — that is believed to be the ancestor of land animals. It had strange limb-like fins that may have helped it crawl from the ocean onto solid ground. Sea life and animals that spent part of their time in water and the remainder on land — coupled with a myth one of the producers had heard about a half-man, half-fish creature who lived in the Amazon River — made their way into Patrick's characterization of the Creature.

Science not only inspired the characters on screen, but also led to experimentation and invention in the more technical areas of moviemaking. In the creation scene in Frankenstein's laboratory, a set designer who had experience as an electrician came up with techniques for making lightning and electrical effects look real. It took artist Jack Pierce eight hours to apply the makeup for the leading actor of *The Mummy*. The lengthy procedure involved applying layers of a clay mixture called "fuller's earth" and 150 feet of bandages.

Ultimately, the science behind Hollywood's famous monsters, or gaps in scientific understanding, made the films of this golden age of horror even more terrifying. The rational part of moviegoers' minds knew that the monsters they watched on the big screen were not real. But the scientific basis for them created anxiety and forced people to consider: Could this really happen?

注

mummies ミイラ

出典追記：The Science Behind Hollywood's Movie Monsters, Smithsonian Magazine on October 28, 2019 by Jeanne Dorin McDowell cardiopulmonary resuscitation（CPR）　心肺機能回復法

cholera and tuberculosis　コレラと結核

coelacanth　シーラカンス（古生代から生息する魚）

設問　本文の内容から考えて，下線部を埋めるのに最も適切な選択肢を①～④の中から１つ選び，その番号を解答欄１から 10 にマークしなさい。解答用紙（その１）を使用。

1. The author claims that the horror movies made now ____________.

① are less violent than those of long ago

② would not exist were it not for the films that came before them

③ feature creatures that are less frightening than those in classic monster movies

④ are not effective in stimulating new ideas for monsters

2. Universal Pictures' 1931 version of Mary Shelley's *Frankenstein* ____________.

① had a much more complex story than that presented in the novel

② was identical to the novel in every respect

③ similarly expressed the evil of immoral scientific progress

④ could not match the popularity of the novel

3. According to the author, the public ____________.

① found the movie monsters even more frightening due to their scientific origins

② were more terrified of real science than they were of these movie monsters

③ would not have gone to see horror films unless they were interested in scientific discoveries

④ could not have been horrified by the "classic monsters" without understanding science deeply

4. Mary Shelley's interest in scientific discoveries ______________.

① made it difficult for her to concentrate on her fiction writing

② inspired some of the themes in her work

③ led her to follow Luigi Galvani to Geneva

④ was unrelated to experiments which made a dead frog's legs move

5. Mary Shelley's interest in techniques for bringing animals and humans back to life came from ______________.

① her life story and from her fascination with science

② cruelty that she and her mother experienced when she was a child

③ witnessing someone nearly drown after they fell from a bridge

④ an incident in which she saved her mother's life through CPR

6. By the time the film *The Mummy* was released, ______________.

① people had grown tired of things related to ancient Egypt

② there was still strong interest in stories about ancient Egypt

③ science had revealed all the secrets of the ancient Egyptians

④ King Tutankhamen's tomb still lay untouched

7. Legends of vampires ______________.

① did not exist until Bram Stoker's novel *Dracula* was published

② became popular when people were unable to explain how disease spread

③ were spread by people who saw the play *Dracula* by Deane and Balderston

④ came from the fear that bacteria from vampire bats could infect humans

8. Milicent Patrick's inspiration for the design of the *Creature from the Black Lagoon* came from __________.

　① a combination of scientific discoveries and a myth

　② stories of a fictitious fish named the coelacanth

　③ confirmed appearances of a half-man, half-fish creature

　④ her childhood trips to the sea and her love of dinosaurs

9. The process of creating movie monsters __________.

　① resulted in unfortunate accidents due to equipment failures

　② may have been inspired by science but did not contribute to it

　③ led to inventions and experimentation that improved film realism

　④ made it less time-consuming to apply makeup

10. From an intellectual point of view, those who watched monster movies __________.

　① were convinced that what they saw on screen could happen

　② learned more about science than they ever could in a classroom

　③ were terrified to find out that prehistoric animals lived millions of years ago

　④ understood that the monsters they saw were imaginary

問題Ⅱ 次の英文を読んで，下線部を日本語に訳しなさい。解答用紙（その2）を使用。

One of the most well-known researchers on the topic of human relations is British anthropologist and evolutionary psychologist Robin Dunbar. He told me that a primary way we maintain friendships is through "everyday talk." That means asking, "How are you?" and actually listening to the answer. According to Dunbar, there is a limit to the number of people you can realistically manage in a social network. He puts it at around 150. This is the number of people you are capable of knowing well enough to comfortably join for a drink if you ran into any of them at a bar. You don't have the mental or emotional capacity to maintain meaningful connections with more people than that.

But among those 150 people, Dunbar emphasized that there are "levels of friendship" determined by how much time you spend with the person. It's like a pyramid where the topmost level contains only one or two people — say, a partner and best friend — with whom you are most intimate and interact daily. The next level can hold at most four people for whom you have great affection and concern. Friendships at this level require weekly attention to maintain. Out from there, your friend circles contain more casual friends who you see less often, so your ties are less solid. Without consistent contact, they easily fall to the level of acquaintance. At this point, you are friendly but not really friends, because you've lost touch with who they are, which is always evolving. You could easily have a beer with them, but you wouldn't miss them terribly, or even notice right away if they moved out of town. Nor would they miss you.

An exception might be friends with whom you still feel extremely close even though you haven't talked to them for ages. According to Dunbar, these are usually friendships developed through extensive and deep listening at some point in your life, usually during an emotionally intense time such as college or early adulthood, or maybe during a personal crisis like an illness or divorce. It's almost as if you have saved up a lot of listening that you can use later to help you understand and relate to that person even after significant time apart. Put another way, having listened well and often to someone in the past makes it easier to communicate when you don't see each other for a long time, perhaps due to physical separation or following a time of emotional distance caused by an argument.

問題III　問題IIの英文を読んで，次の設問について 50 語程度の英文を書きなさい。解答用紙（その 2）を使用。

設問

Do you agree with Dunbar's view of friendship? Why or why not?

問題IV　リスニング問題

聞き取った内容から考えて，下線部を埋めるのに最も適切な選択肢を①～④の中から 1 つ選び，その番号を解答欄 11 から 20 にマークしなさい。音声は 1 回しか流れません。解答用紙（その 1）を使用。

11. Our mental maps tend to ＿＿＿＿＿＿.

① self-correct easily once we find out the truth

② have errors that others share

③ get more reliable as time goes by

④ be identical to the mental maps of animals

12. Nelson believes that people often think that South America is directly under North America partly due to their ＿＿＿＿＿＿.

出典追記：You're Not Listening: What You're Missing and Why It Matters by Kate Murphy, Celadon Books

① names

② sizes

③ shapes

④ maps

13. John Nelson and his parents were __________.

① never able to have conversations over dinner

② concerned that maps simplified reality too much

③ interested in mistaken ideas about geography

④ disappointed that they never traveled to South America

14. A common misconception is that Europe __________.

① lines up better with Canada than with the United States

② cannot line up with any other continent

③ is across the Atlantic Ocean from the United States

④ is further south than it is

15. Despite how far north it extends, Europe is relatively warm due to __________.

① how near it is to the lower 48 US states

② its average temperature of 48°

③ the Gulf Stream

④ the warmth of the Mexican people

16. When flattening a three-dimensional globe to make a convenient flat map __________.

① irregularities will disappear

② the earth will look more curvy

③ the expensive globe will be ruined

④ inaccuracies will appear

17. People often find it surprising that ______________.

① Brazil is almost as big as Canada

② Alaska is next to Canada

③ Alaska is bigger than Libya

④ Greenland cannot be found on most maps

18. The shortest way to get from Washington, D.C. to Shanghai would be to fly ______________.

① west, over the continental United States and Pacific Ocean

② over the North Pole

③ over the Atlantic Ocean and the continental United States

④ east, over Greenland

19. Mental maps ______________.

① are as complicated as the world actually is

② cannot be as useful as a summary of the geography

③ tend to be more complicated than subway maps

④ can be more useful than precise geographical reality

20. Geographers tend to ______________.

① lack mental maps

② intentionally fool people

③ also have inaccurate mental maps

④ prefer living in cities with subways

英米文学科A方式 問題Ⅳ リスニング・スクリプト

Most of us have a rough map of the world in our minds that we use any time we think about places. But these mental maps aren't necessarily reliable. In fact, many of the maps in our heads share the same errors, some of which are quite large—and surprisingly resistant to correction.

For instance, we all know that South America is south of North America, of course. But you may be surprised by the fact that virtually the entire South American continent is *east* of the US state of Florida, which is on the East Coast of the US. There are lots of possible reasons for mistaken ideas about geography like this one, says map maker John Nelson. According to Nelson, mental maps are necessarily simplifications, and Nelson suspects the misplaced Americas may be partly a result of their names. After all, it's not called *Southeast* America; it's called South America.

Nelson's father, who was a geography professor, wrote a paper on mistaken ideas about geography with some of his colleagues and advice from Nelson's mother, a high-school geography teacher. "I actually remember them talking about this research paper over dinners when I was younger," Nelson says.

North Americans tend to place Europe much farther south on their mental maps than it really is, placing it directly across the Atlantic from the United

States. But it actually lines up better with Canada.

Nelson suspects that climate might play a role in this mistaken idea because Western Europe is warmer than Canada, despite its relatively northward position on the globe, thanks to an ocean current called the Gulf Stream, which brings warmer water from the Gulf of Mexico across the Atlantic and gives Europe its mild climate. The warmer temperatures are more similar to the climate of the lower 48 US states than Canada's.

Locations aren't the only way our mental maps can be wrong; we also have mistaken notions about the relative size of things. This may be due in part to the nature of flat maps. Flattening a three-dimensional, or 3D, globe onto a flat surface isn't possible without some change, which might not reflect reality. This is especially true for maps that use certain projections—ways of representing the Earth's curved surface on a flat map—the kind that can be found on the walls of classrooms.

While you may have already been aware that Greenland's size is represented extremely inaccurately on some maps, other kinds of inaccuracies are more surprising. For example, Brazil isn't that impressive on many maps, but in reality it's bigger than the entire United States (if we exclude Alaska and Hawaii) and almost as large as Canada. Also, Alaska, which is a giant on many maps, is actually a little smaller than Libya.

Thinking about the world in two dimensions gives us mistaken ideas about how to get from one place to another. If you draw a line on a flat map from Washington D.C. to Shanghai, China, the most direct route appears to be west over the United States and the Pacific Ocean. But many of us have been on flights to Asia where people are surprised to hear the pilot say they'll be flying over the North Pole. When looking at a globe instead of a flat map, it makes sense though. That's far and away the shortest way to get there.

None of these mistaken ideas would be surprising for a student to have on the first day of geography class, but even once we've learned the truth, the errors on our mental maps tend to persist. One reason for this may be that our way of viewing the world is basically a summary of its actual geography. The mental map is a simplification, similar to the subway map of New York City. Sometimes getting close to the reality of the world, but not capturing it precisely, is often more useful and practical.

Mental map errors are so widespread that even professionals have them. A 1985 study of mental world maps found that geographers had the same mistaken ideas about the relative position of cities in North America and Europe as everybody else. If those who create and study maps are fooled, it's not surprising that the rest of us are too.

出典追記：Betsy Mason, Why your mental map of the world is (probably) wrong, National Geographic 一部改変

問題Ⅴ　問題Ⅳのリスニングの内容をもとに，次の設問について 50 語程度の英文を書きなさい。解答用紙(その 3)を使用。

設問

What is something you once believed that you later learned was wrong? How did you find out?

◀英米文学科B・C方式▶

（100分）

問題Ⅰ　**次の英文を読んで，設問に答えなさい。**

The Big Data economy promised unbelievable gains. A computer program could speed through thousands of job or loan applications in a second or two and sort them into neat lists, with the most promising candidates on top. This not only saved time but also was marketed as fair and objective. After all, it didn't involve humans with prejudices, just machines processing cold numbers. But the math-powered applications powering the data economy were based on choices made by human beings. Many of these models put human prejudice, misunderstanding, and bias into the software systems that increasingly managed our lives. These mathematical models were impossible to understand for outsiders, their workings invisible to all but computer scientists. Their choices, even when wrong or harmful, were beyond dispute or appeal. And they tended to punish the poor and the disadvantaged in our society, while making the rich richer.

Let's consider an example. In 2007, Washington, D.C.'s new mayor, Adrian Fenty, was determined to fix the city's underperforming schools. At the time, barely one out of every two high school students was making it to graduation, and only 8 percent of eighth graders were performing at grade level in math. Fenty hired an education reformer named Michelle Rhee to be chief administrator of the Washington, D.C. school system.

Rhee's theory was that the teachers weren't doing a good job. So in 2009, Rhee introduced a plan to get rid of low-performing teachers. This is the trend in troubled schools around the country: evaluate the teachers and get rid of the worst ones. This is one way to maximize the performance of the school system, which should be good for the kids. Rhee developed a teacher assessment tool called IMPACT, and then hired Mathematica Policy Research to make an evaluation system based on it together with other factors. At the end of the 2009-10 school year the district fired all the teachers whose scores put them in the bottom 2 percent. At the end of the following year, another 5 percent, or 206 teachers, were also fired.

Sarah Wysocki, a fifth-grade teacher, didn't seem to have any reason to worry. She was getting excellent reviews from her principal and her students' parents. One evaluation praised her attention to the children; another called her "one of the best teachers I've ever come into contact with." Yet at the end of the 2010-11 school year, Wysocki received a miserable score on her IMPACT evaluation. Her problem was a new scoring system known as value-added modeling. That score, generated by an algorithm*, outweighed the positive reviews from school administrators and the community. There is a logic to the school district's approach. Administrators, after all, could be friends with terrible teachers. They could admire their style or their apparent dedication. Bad teachers could seem good. So they would pay more attention to hard data from test scores in math and reading. The numbers would speak clearly; they would be more fair.

Wysocki, of course, didn't feel these numbers were fair, and she wanted to know where they came from. It turned out to be complicated. When Mathematica developed its assessment system, the challenge was to measure the educational progress of the students and then to figure out how much of it, good and bad, was the result of their teachers. This wasn't easy. Many factors could affect student outcomes, from socioeconomic backgrounds to the effects of learning disabilities. The algorithms had to take all of this into account, which was one reason they were so complex. It is no easy job to reduce human life to an algorithm. To understand the problem, imagine a ten-year-old girl living in a poor neighborhood. At the end of one school year, she takes her fifth-grade level performance test. Then she may have family or money problems or move to a new neighborhood. A year later she takes another test, this time a performance test for sixth graders. It's easy to calculate the difference between the results of the two years and compare them. But how much of the difference is because of the teachers?

It is extremely hard to say, especially with the kind of data Mathematica was using. Each teacher had only 25 or 30 students, an extremely small sample. If each of these students had other things going on in their lives that influenced their performance, it might be that their results tell us nothing about the teacher's skills at all. Larger samples are required to be sure that one is properly accounting for the data. Another thing needed is feedback on the models one creates. Without knowing where the system is definitely making errors, it's impossible to be sure whether one's system is giving the right results. But when Mathematica's system says Sarah Wysocki and 205 others are failures, they get fired. How does anyone check if it was right? They can't. The system has decided that they are failures, and so they are viewed that way; they're fired, and 206 "bad" teachers are gone. Instead of searching for the truth, the score itself comes to simply be the truth.

This is just one case in which the output of the system is used as new data for further use, making the problems worse. Employers, for example, increasingly use credit scores to evaluate people they might hire — scores indicating such things as how promptly people paid their debts. Those who pay their bills promptly, the thinking goes, are more likely to come to work on time and follow the rules. In fact, of course, there are plenty of good workers who suffer misfortune and see their credit scores fall. But those with low scores are less likely to find work because of the belief that bad credit and bad job performance are connected. Joblessness pushes them toward poverty, which makes their scores even worse, making it even harder for them to find a job. It's a downward spiral.

This exhibits another common feature of these kinds of algorithms. They tend to punish the poor. Wysocki's inability to find someone who could explain her terrible score, too, is understandable. The decisions of algorithms are not transparent. The model itself is a mystery, its contents a fiercely guarded corporate secret. This allows consultants like Mathematica to charge more, but it serves another purpose as well: if the people being evaluated don't understand the system, the thinking goes, they'll be less likely to try to use it to give themselves good scores. Instead, they'll simply have to work hard and follow the rules. But if the details are hidden, it's also harder to question the score or to protest against it.

The programmers and statisticians who build algorithms usually just let the machines do the talking, or at most make technical reports. But you cannot appeal to a machine. They do not listen; they do not change. They don't listen to persuasion or threats, or even to logic — even when there is good reason to question the data that feeds their conclusions. If it becomes clear that automated systems are making mistakes regularly, programmers will go back in and change the algorithms. But mostly the programs deliver harsh judgements, and the human beings using them can only shrug their shoulders.

Do you see the paradox? An algorithm processes statistics and comes up with a probability that a certain person might be a bad hire or a terrible teacher. That probability is turned into a score, which can turn someone's life upside down. And yet when the person fights back, no one will listen to them unless they can make a perfect argument. The human victims of these machines must meet a far higher standard of evidence than the algorithms themselves.

注

algorithm　アルゴリズム，計算や問題解決のためのコンピューター上の一連の指示

出典追記：Weapons of Math Destruction: How Big Data Increases Inequality and Threatens Democracy by Cathy O'Neil, Crown Books

設問　本文の内容から考えて，問いへの答えとして，または下線部を埋めるのに，最も適切な選択肢を①～④の中から１つ選び，その番号を解答欄１から10にマークしなさい。解答用紙(その１)を使用。

1. What problem with Big Data is indicated at the beginning of the article?
   ① It is too cheap to work effectively.
   ② It often reflects existing unfairness in society.
   ③ The conclusions drawn by Big Data applications are usually wrong.
   ④ Without expensive human supervision, this kind of analysis doesn't work.

2. Less than 10 percent of eighth graders enrolled in Washington, D.C. schools in 2007 were able to ＿＿＿＿＿＿.
   ① understand what "one out of every two" means
   ② enter high school
   ③ get an A in their math class
   ④ do math at an eighth-grade level

3. What did the school district do in order to improve the educational system?
   ① Maximize the test scores of students
   ② Use only teachers who got acceptable scores in IMPACT
   ③ Fire teachers who were disliked by parents
   ④ Fire teachers whose IMPACT scores were below 206

4. Which of the following was NOT a factor going into teacher evaluations using the new system in the 2010-11 school year, according to the article?

① Administrator reviews

② The opinions of parents

③ Test scores in math

④ The teacher's modeling experience

5. Why is the system used for teacher evaluation so complex, according to the author?

① It needs to be useful for a large range of different tasks.

② It's impossible to make a system that is completely objective and without problems.

③ There are a huge number of factors which have effects on student learning.

④ Each year, many students move from one house to another, especially in Washington, D.C.

6. What is the problem with feedback on the results of the Mathematica system?

① Its results become viewed as accurate, but their accuracy is impossible to check.

② It isn't genuinely mathematical, so giving feedback is impossible.

③ It overvalues administrator opinions even though they are sometimes friends with teachers.

④ There is no feedback form available on the Mathematica website.

7. What is the author referring to with the phrase "downward spiral"?

① The way in which one bad result in algorithmic systems can create problems in other areas of life

② The fact that the Mathematica system made the Washington, D.C. teaching situation worse

③ A technique in algorithm construction

④ The stress caused for poor people by face-to-face interviews

8. What is a benefit for employers of the lack of transparency of systems like the Mathematica one?

① It's cheaper because there's no need to produce manuals.

② The lack of information makes the release of new technical reports exciting.

③ Not knowing how the system works makes it hard to cheat it.

④ Lack of information about the system means that nobody disputes its judgements.

9. The "paradox" the author describes is __________.

① that machines are not viewed as objective

② that victims of bad judgements must meet a higher standard than machines in disputes

③ the mismatch between good credit scores and high personal income

④ the fact that probability is not a good way to make any kind of decision

10. Which of the following statements best represents the main idea of the text?

① Algorithms are useful, but they need human oversight and transparency.

② Algorithms should be used for rich people too, not only the poor.

③ Because math-powered applications are objective, they should be used more widely.

④ Good teaching is just too uncertain to be understood by machines.

問題Ⅱ 次の英文を読んで，下線部を日本語に訳しなさい。解答用紙(その2)を使用。

Imagine having everything you need — health centers, grocery stores, parks — just a few steps from home. It could make you healthier and build stronger bonds between you and your neighbors. After all, access to opportunities, to urban conveniences, to variety, and to other people is why people choose to live in cities in the first place. The easiest way to travel within an urban neighborhood is on foot or by bicycle since that means no parking issues, and no waiting for a bus or train.

This is the idea behind the 15-minute city. Here, people can get all the services they need within 15 minutes of home, on foot or by bike. This urban model is being developed in cities around the world, from Paris, France, to Portland, Oregon.

Ideally, walkable and bikeable neighborhoods will be common in the future, not the exception. To make these places more common, the simple yet powerful 15-minute city concept needs to play a role in how we conceive of cities. It is the urban planning equivalent of human-centered design: start by looking at where an individual lives and where they need to get to, and then figure out how to transform our neighborhoods and cities to get the kind of ease of access that makes urban living great.

Discussions of urban transportation often focus on travel speeds: enabling people to travel significant distances in short periods of time. This focus is mistaken. The history of cities shows that as travel speeds increase, our cities spread out. We end up spending as much time traveling as before, only at faster speeds over longer distances. <u>People unable to operate, or unable to afford, the faster mode of travel are left behind, able to meet fewer and fewer of their needs close to home</u>.

Access and nearness, along with safety, must be the concepts we build our cities around. If our planning focuses on reducing the need to travel, we may be able to avoid constantly adding expensive transport systems in a losing battle against traffic and overcrowded buses and trains.

問題Ⅲ　**問題Ⅱの英文を読んで，次の設問について 50 語程度の英文を書きなさい。解答用紙（その 2）を使用。**

設問

What do you think is important for a city besides what was brought up in the passage?

問題Ⅳ　**次の 11 から 15 の英文のかっこの中に，①～⑤の語を最も適切な順序に並べて入れなさい。そのとき（　＊　）に入る語の番号を解答欄の 11 から 15 にマークしなさい。解答用紙（その 1）を使用。**

11. He held (　　) (　　) (　　) (　　) (　＊　) he held hands with the actress.

① the　　② breath　　③ his
④ time　　⑤ first

12. You can hardly (　　) (　　) (　　) (　＊　) (　　) you on that point.

① with　　② expect　　③ agree
④ me　　⑤ to

出典追記：Introducing the 15-Minute City Project, :15 CITY on June 16, 2020 by Dan Luscher

13. The city's problems were caused ( ) ( ) ( ) ( ) (＊) management as by neglect.

① not ② poor ③ much
④ so ⑤ by

14. No ( ) (＊) ( ) ( ) ( ) to him than he put it into action.

① the ② had ③ sooner
④ occurred ⑤ idea

15. She would never turn her back ( ) (＊) ( ) ( ) ( ) I did, and it's the same for me.

① matter ② me ③ what
④ on ⑤ no

問題Ⅴ　リスニング問題では，英語のインタビューを3つのパートに分けて聞きます。Part Ⅰでは，空所を補充します。Part Ⅱでは，質問に対する答えを英語で書きます。Part Ⅲでは，4つの選択肢の中から最も適切な答えの番号を丸で囲みます。それぞれのパートで，音声は一回しか流れません。

Part I　Intensive Listening

音声を聞いて，空所を補充してください。まず，Part Ⅰの英文に目を通してください。音声は2分後に流れます。解答用紙(その3)を使います。

Alice Waters is a chef and author, but she is best known as the founder of Chez Panisse Restaurant. In the half century of the restaurant's ___(16)___ , she developed close relationships with local farmers who supply the ingredients for the dishes. Through those relationships she came to ___(17)(a)___ ___(17)(b)___ eating locally is healthier, tastier, and better for the earth. She became so influential that when Barack Obama became president, Alice Waters ___(18)___ Michelle in the planting of a White House vegetable garden that would grow food for the Obama family.

Her ___(19)___ awakening began in the 1960s during a movement for free speech when she was a student at the University of California, Berkeley. Following ___(20)___ , Waters spent a year studying at the International Montessori School in London before returning to California to teach. Both her activism and teaching influenced how she came to organize her restaurant and form her philosophy regarding food.

In the 1970s the United States was still years away from the transformation in eating habits which has brought farmers' markets and organic foods to a large audience. Alice Waters' passion for whole, unprocessed foods inspired her to ___(21)___ her restaurant in Berkeley despite having little money and no experience running restaurants. When

Chez Panisse opened in 1971, it was with a ___(22)___ untrained staff, a single set fixed-price menu that changed daily, and a policy that seemed to many at the time to be unrealistic: Waters wanted to create meals using only locally grown seasonal ingredients, and she wanted to have ___(23)(a)___ ___(23)(b)___ with the producers of those ingredients.

She didn't expect to spark a national movement toward local, organic food or to influence a ___(24)___ of chefs to follow in her footsteps. But she did.

Alice Waters has received many honors and awards for her ___(25)___ in addition to writing a number of cookbooks, and a book about her life, *Coming to My Senses: The Making of a Counterculture Cook*, was published in 2017.

Part II　　Short Answers

ここでは，音声を聞いて，質問に対する答えを英語で書きます。必要な情報は必ず解答に含めてください。まず，Part　II の質問をよく読んでください。音声は 1 分後に流れます。解答用紙(その 4)を使います。

26. What did Alice Waters think about people who took care of the land?

27. What was one way that Alice Waters got people to love Chez Panisse?

28. What were the relationships like among the cooking team at Chez Panisse?

29. How did her training in Montessori education influence the way Alice Waters ran her restaurant?

30. What are some of the questions that Alice Waters asks those who apply to work with her?

出典追記：Alice Waters, Britannica by Melissa Albert, Encyclopaedia Britannica Inc

Part III　Multiple Choice

ここでは，インタビューの最後のパートを聞いて，空所を埋めるのに最も適切な選択肢を①～④の中から 1 つ選び，その番号を丸で囲んで下さい。まず，Part　III のそれぞれの問題に目を通してください。音声は 3 分後に流れます。解答用紙（その 3）を使います。

31. Alice Waters thinks that the spread of supermarkets that specialize in natural foods, such as Whole Foods, __________.

① is a sign that her activism has been successful

② means that food selections will improve in the future

③ makes it unnecessary for her to go to the farmers' market

④ has led to confusion about terms such as "local" or "organic"

32. The Edible Schoolyard gives children a chance to __________.

① experience the whole cycle of eating

② learn how they can start their own restaurant

③ go from the garden to the kitchen senselessly

④ work in a kitchen and in the fields for reasonable wages

33. Alice Waters tries to persuade people to accept her new proposals by __________.

① setting them in a new place

② offering them a different fruit each day

③ serving a delicious meal to them

④ appealing to their sense of perfection

34. According to Alice Waters, the fast-food industry spreads the false idea that going to farmers' markets and cooking homemade meals is __________.

① all right as long as there is a McDonald's nearby

② not practical for lower income people

③ not difficult to do and a complete pleasure

④ the best way to take care of the land

35. It is possible for Alice Waters to run her restaurant and engage in activism because ______.

① she trusts the main chefs to run the restaurant as if it were theirs

② the restaurant staff are monitored by a hidden camera

③ all of her customers are activists

④ she needs to be in control all the time

36. After she retires, Alice Waters is thinking about ______.

① using the back of her mind to meditate deeply

② building a home where the elderly could be away from young people

③ doing work that is not too meaningful

④ starting a project that would bring together baking and publishing

37. Alice Waters' parents ______.

① were always doubtful of the success of her restaurant

② supported her efforts to start her own restaurant from the beginning

③ inspired her to start a restaurant through their work at the Institute of Social Research

④ did not begin to support her until it was clear that Chez Panisse would be successful

38. The two-chef system ______.

① led to a worsening of work conditions

② encouraged unhealthy competition among chefs

③ made it possible for the restaurant staff to work more flexibly

④ allowed the staff to bring family members to work once per month

39. There is only one Chez Panisse because ＿＿＿＿＿＿.

① there has not been popular demand for more of them to open

② Alice Waters likes to know the staff and customers deeply

③ other restaurants are too difficult to compete against

④ chefs who work at Chez Panisse leave to start their own businesses

40. The decision to use only ingredients that are in season ＿＿＿＿＿＿.

① led Chez Panisse to discover the many vegetables, grains, and beans that were available

② brought a more ethnically diverse group of people to patronize Chez Panisse

③ made it necessary to accept a more limited variety of greens, carrots, and turnips

④ forced Chez Panisse's chefs to pay more attention to the color of dishes than their taste

英米文学科Ｂ・Ｃ方式 問題Ｖ リスニング・スクリプト

Part I　Intensive Listening

Alice Waters is a chef and author, but she is best known as the founder of Chez Panisse Restaurant. In the half century of the restaurant's (16)existence, she developed close relationships with local farmers who supply the ingredients for the dishes. Through those relationships she came to (17a)realize (17b) that eating locally is healthier, tastier, and better for the earth. She became so influential that when Barack Obama became president, Alice Waters (18)advised Michelle in the planting of a White House vegetable garden that would grow food for the Obama family.

Her (19)political awakening began in the 1960s during a movement for free speech when she was a student at the University of California, Berkeley. Following (20)graduation, Waters spent a year studying at the International Montessori School in London before returning to California to teach. Both her activism and teaching influenced how she came to organize her restaurant and form her philosophy regarding food.

In the 1970s the United States was still years away from the transformation in eating habits which has brought farmers' markets and organic foods to a large audience. Alice Waters's passion for whole, unprocessed foods inspired her to (21)establish her restaurant in Berkeley despite having little money and no experience running restaurants. When Chez Panisse opened in 1971, it was with a (22)relatively untrained staff, a single set fixed-price menu that changed daily, and a policy that seemed to many at the time to be unrealistic: Waters wanted to create meals using only locally grown seasonal ingredients, and she wanted to have (23)close ties with the producers of these ingredients.

She didn't expect to spark a national movement toward local, organic food or to influence a (24)generation of chefs to follow in her footsteps. But she did.

Alice Waters has received many honors and awards for her (25)achievements in addition to writing a number of cookbooks, and a book about her life, *Coming to My Senses: The Making of a Counterculture Cook*, was published in 2017.

出典追記：Alice Waters, Britannica by Melissa Albert, Encyclopaedia Britannica Inc

Part II Short Answers

Interviewer: Thank you for coming to speak with us today, Alice Waters. It's truly an honor.

WATERS: Thanks for inviting me.

Interviewer: How did you shift from restaurant owner and chef to activist?

WATERS: Well, I'd been active before in the antiwar and civil rights movements in the 1960s. But after President Kennedy and Martin Luther King Jr. were shot, I just kind of dropped out. I wanted to do something I was passionate about and open a little restaurant and feed my friends the French food I'd fallen in love with when I went to Paris in the early '60s. In trying to find that food I ended up connecting with the local organic farmers. I depended on them, became friends with them, celebrated them. I realized that the people who take care of the land are precious and need to be paid for the hard work they do. I didn't think that was radical. To me, it seemed natural: We take care of the land; we celebrate the harvest; we use seasonal, local ingredients to cook together; and we sit down at the table to eat.

Interviewer: Aside from ingredients, how did Chez Panisse stand out?

WATERS: I was always looking to this French model of a little restaurant, not fancy, maybe one Michelin star, with every detail just so. People thought I cared too much about lighting, portion size, and everything else. And I was pretty uncompromising, but I was also always willing to listen to somebody with a better idea. I wanted people to love what we were cooking. That was most important. So I used as much olive oil as I wanted, and I was willing to give people more than they expected, and I never cared about making money. We had only one menu each night, and that forced us to discover new ingredients because we wanted to surprise people.

Interviewer: With no formal training in cooking technique, why did you think you could become a chef?

WATERS: I think I was empowered by the 1960's political movement that looked for alternatives to "business as usual" cultural values and ways of living, which said, "You can do whatever you want." It was in that spirit that my friends and I opened Chez Panisse. We didn't have to be chefs. We read about

French cooking and thought, *Well, if we make a mistake, we'll give people something else to eat.* If you burned the corn soup, you called it grilled corn soup. I was working together with a group of friends, and we tried to make something that was greater than the sum of the parts.

Interviewer: How do you encourage teamwork?

WATERS: Everybody on the cooking team can say something about what's being cooked. It's not a system where the vegetable choppers do all the prep work in the morning and the chefs cook in the afternoon. The chefs wash and dry the salad, too, and we all taste the dish. You learn something when you work with food from beginning to end, and if you are listening to people and considering their opinions, they feel like they're part of something bigger. The mission also empowers everybody—from the chefs to the dishwashers. They know we have a part to play in trying to change the food system in the United States.

Interviewer: You were trained in Montessori education. How did that influence the way you ran the restaurant?

WATERS: Montessori emphasizes learning by doing, using all the senses. You touch, taste, smell, look, and listen. I wanted the experience of the restaurant to be like that. So I would fan the smells of rosemary outside so that when people approached, they could already anticipate what was to come. I put beautiful flowers on the table and food on the counters. And then, of course, they could touch and taste what they were served but also come into the kitchen and see it being cooked.

Interviewer: What qualities do you look for in your team members?

WATERS: I hire people who bring different talents and cultivate a team spirit. When someone is too involved in their own work, it's very hard to have them in the kitchen. I ask people what they like to cook for themselves, where they shop, what books they read. I want to know if they've ever worked on a farm and whether they ate dinner with their family at night when they were little. I've always wanted a balance of men and women, and I treasure the people who come from other countries, who have traveled and speak other languages. We have a big internship program, which brings university students in, and I think that constant change keeps us alive.

出典追記：Life's Work: An Interview with Alice Waters, Harvard Business Review Magazine May-June 2017 issue by Alison Beard

Part III Multiple Choice

Interviewer: Now that Whole Foods supermarkets are everywhere, and so many restaurants follow your local-food model, do you feel you've succeeded?

WATERS: Sadly, I think a lot of big supermarkets have misused terms from this movement and confused people. The fruits and vegetables aren't all seasonal or local. The meat isn't all organic and grass-fed. So we still have to ask lots of questions: Where did the beef come from? Whose farm? Was it grass-fed all its life? I always go to the farmers' market, so I'm connected with the people who grow the food. And if I see sunflowers in December, I don't go back to that place, because I know they're using a very industrial system.

Interviewer: You've started a project called The Edible Schoolyard in order to teach children about their food and about their senses.

WATERS: I launched The Edible Schoolyard program as a way for kids to experience the entire cycle of eating, from the garden to the kitchen to the table, and then back to the garden again. If you give them a sense of that cycle, it changes their entire understanding of life and nature. The Edible Schoolyard is also an attempt to educate children's senses by putting them in a garden and a kitchen. They learn from having all their senses activated; the smell and feel of everything from the soil to the kitchen pots and pans seem to enter into their awareness.

Interviewer: When you're trying to promote a new idea, like Edible Schoolyards, how do you persuade people to get excited about your ideas?

WATERS: I think people sense my passion. But I also try to feed them the idea—literally. I make a meal, prepare a place setting, and serve healthy and delicious food. I make it irresistibly tasty. And then we can talk. When I was talking to President Clinton, I always thought that if I could give him a perfect peach, he would understand everything.

Interviewer: How do you respond to criticism that the way you shop and cook isn't really possible for people at lower income levels?

WATERS: That's a message coming from a fast-food industry that would prefer you buy packaged meals. It suggests that you don't want the hard work of cooking or going to a farmers' market or having a garden. But when you buy direct and cook yourself the money goes to somebody who is taking care of the land, and you're giving your family healthier food. I understand that when people don't know how to cook, it might be hard to imagine making three meals out of one expensive chicken. But it's not difficult to learn, and it's a pleasure. If we all learn basic cooking skills, we can make extremely affordable food.

Interviewer: Over the course of your career, how have you balanced running your restaurant, Chez Panisse, and your activism with the Edible Schoolyard project?

WATERS: I'm in conversation pretty much all the time with the main chefs at the restaurant. Even when I'm away, they're sending me their menus for comment. But I'm really very trusting, and I want them to run it as if it were theirs. I'm not trying to hold on to it. I trust the whole process. Whether I'm there or not is not important—although I do think my opinion is valuable.

Interviewer: Do you ever consider slowing down or retiring?

WATERS: I always promised I would start a project with my friends involving shared work and living space, and that's in the back of my mind. But again, it's always been about meaningful work for me. So maybe a project that would bring together people of different ages: a bakery and a printing press. We could print news about food education in an artful way and send the news out together with cookies. We'd have a place with an open space in the middle and housing around the edges, with the business in the front part. We, the older population, could take care of the children and the gardens, bake bread, and make ourselves useful.

Interviewer: Chez Panisse was something of a financial disaster the first couple of years. How did you turn it around?

WATERS: It was my father who did that. He was a manager at a large insurance company for nearly 30 years, then worked at the Institute of Social Research in Ann Arbor before starting his own consulting firm in Berkeley. He loved me and that I wanted to start a restaurant, and my parents mortgaged their house so I could. When we were in that crisis, he asked, "Do you want me to help?" and I said yes. He told me, "You need to get a computer," and we got one. Then he said, "You need a business manager," and he found somebody. Then, when he saw how we were buying food, he said, "You need a farm." He and my mother looked at all the farms within an hour of Chez Panisse, and he came back and presented three. But he really loved only one—run by Bob Cannard—so we connected, and now we've been working together for almost 30 years.

Interviewer: Your restaurant was revolutionary not just for its menus but for offering flexible work schedules for the staff. How did you weigh the costs and benefits?

WATERS: In the restaurant, café, and bakery, we have a two-chef system. It's hard for me to describe how valuable that is. It means you have a whole group of chefs who could take over in an emergency or if one person wants more time off. They also have time to be with their families and to research the food they're cooking. They can work days instead of nights. They can be home for dinner. And since we did that, the food has dramatically improved, because there's this healthy competition and collaboration that goes on. It really sparks the imagination. When I want to know something about food, I can ask six head chefs and six assistant chefs. We're all able to accept criticism. This has helped Chez Panisse survive. It's never on automatic.

Interviewer: Did you ever feel extra pressure as a woman working in a traditionally male-dominated industry?

WATERS: I never thought about it. But I did use my femininity, if you will, to get what I wanted. I'd go to the meat guy and sweetly ask, "Couldn't you help me?" He'd say, "Of course," and I'd get those nice chickens.

Interviewer: Why is there still only one Chez Panisse?

WATERS: Because what I like best is knowing the people I work with and the people who come into the restaurant, so it feels like a home. It's just such a personal thing for me. I cannot imagine having to fly to multiple restaurants; I'd rather eat in other people's.

Interviewer: As the saying goes "For everything there is a season." You put a lot of emphasis on foods that are in season, don't you?

WATERS: Absolutely. We eat differently in the winter than we do in the summer. At the restaurant, it wasn't until we decided to use only ingredients in season that we discovered what was really available. We have this bounty of greens, things that I'd never heard of before. We found all of these colored

carrots—yellow, orange, rose-colored and white carrots—and little turnips of every shape and stripe, as well as varieties of beans, such as the shell beans we use throughout the winter. Add the grains and you've got a beautiful palette of tastes and colors. When you don't pay attention, you miss out on this diversity.

Interviewer: I'm afraid that's all the time we have. Thank you so much for coming to speak with us today.

WATERS: It was my pleasure.

問題Ⅵ　問題Ⅴのリスニングの内容をもとに，次の設問について 50 語程度の英文を書きなさい。解答用紙（その 5 ）を使用。

設問

What do you think makes a good meal?

日本史

(90 分)

I 次のA～Dの文章を読んで，後の問に答えなさい。**解答番号 1 ～ 11 は解答用紙(その１)を用いること。**

A　日本列島では縄文時代ⓐや弥生時代ⓑの長い年月を経て，古墳時代には中国王朝と通交するような支配集団が形成されていた。5世紀後半に倭王の一人がⓒ中国王朝に使節を送った時の史料には「 ア 死して弟武立つ。自ら使持節都督倭・百済・ イ ・任那・加羅・秦韓・慕韓七国諸軍事安東大将軍倭国王と称す」と書かれているが，倭王はここで自らの支配が，高句麗を除く朝鮮半島にも及ぶことを主張している。これはそのままで認められなかったが，この時期の倭が朝鮮半島の国々と対抗する存在に成長したことを，この史料は物語っている。5世紀から6世紀にかけて，ⓓ倭の国内では地方支配が進展し，大和を中心とする政治体制が形成されていった。

問１　下線部ⓐについての記述として誤っているものを，次の①～④の中から一つ選んでマークしなさい。 1

① 氷河期が終わり，気温が現代と同じような程度に上昇した。

② 木や骨で作った軸に石片を埋め込んで使用する細石器がはじめて出現した。

③ それ以前と比べて植生が変化し，東日本では落葉広葉樹が広く普及した。

④ 植物性食物を煮るなどの道具として，土器が大量に作られるようになった。

問２　下線部ⓑについての記述として正しいものを，次の①～④の中から一つ

選んでマークしなさい。 2

① 特定の地位にある者に対しては，八角墳が作られた。

② 墓域を装飾するために形象埴輪が作られるようになった。

③ この時期には墳丘の周りに溝をめぐらした方形周溝墓が出現した。

④ この時期の集落の実態を伝える実例として群馬県黒井峯遺跡がある。

問3 下線部ⓒが記載された史料として正しいものを，次の①～④の中から一つ選んでマークしなさい。 3

① 宋　書　　② 史　記　　③ 三国志　　④ 漢　書

問4 空欄 ア に入る人名を漢字で書きなさい。**解答用紙(その2)を用いること。**

問5 空欄 イ に入る国名を漢字で書きなさい。**解答用紙(その2)を用いること。**

問6 下線部ⓓに関連して，大和王権の支配を実証する金石文について述べた文X・Yと，その所在地a～dの組合わせとして正しいものを，下の①～④の中から一つ選んでマークしなさい。 4

X 稲荷山古墳から「ワカタケル大王」の文字を記した鉄剣が発見された。

Y 江田船山古墳出土の鉄刀で「ワカタケル大王」の名が確認された。

a 群馬県　　b 埼玉県　　c 福岡県　　d 熊本県

① X－a　Y－c　　② X－a　Y－d

③ X－b　Y－c　　④ X－b　Y－d

B　7世紀後半，百済王朝が滅亡すると，倭は百済復興を目指して大軍を朝鮮半島に送ったが，唐・新羅連合軍との海戦で壊滅的な敗北を喫した。これ以後，倭は自国が唐や新羅から攻撃を受けることを想定し，国家体制の整備が進められた。7世紀後半には，天武天皇ⓐのもとで，豪族の再編や地方支配体制の整備を実施し，天皇を中心とする国家体制整備が進むが，やがてそれらは8世紀初頭の大宝律令として体系化される。律令制ⓑの国家とは一面で臨戦体制を指向する支配体制であった。しかし，8世紀半ばになって唐で安史の乱が起こり，それをきっかけに唐の弱体化が顕著になると，その脅威も次第に減少していった。この時期，［ウ］皇太后の後ろ盾を得た藤原仲麻呂ⓒが，新羅を征討する計画を立てるが，それはこうした唐の弱体化の間隙を衝いた政策である。その計画は実現しなかったが，この事件は，東アジアの政治情勢が日本の国内政治と密接に関係したことを示している。後に桓武天皇ⓓの時期には，一部の地域を除いて全国の農民から兵士を徴発する制度をやめ，郡司子弟からなる少数精鋭の［エ］制が採用された。

問7　下線部ⓐの時期の出来事として正しいものを，次の①～④の中から一つ選んでマークしなさい。［5］

① 難波長柄豊碕宮で，子代・名代を廃止することを宣言した。
② わが国で最初の戸籍である庚午年籍を作成した。
③ 仏教によって政治を安定させることを願い，興福寺を創建した。
④ 新たな宮殿として，飛鳥の地に飛鳥浄御原宮を造営した。

問8　下線部ⓑに関連して，律令時代の国名X・Yと，その行政区画a～dの組合わせとして正しいものを，下の①～④の中から一つ選んでマークしなさい。［6］

X　伯耆国　　Y　上野国

a　山陰道　　b　山陽道　　c　東山道　　d　東海道

①　X－a　Y－c　　②　X－a　Y－d
③　X－b　Y－c　　④　X－b　Y－d

問9　空欄［ウ］に入る語句を漢字で書きなさい。**解答用紙(その2)を用いること。**

問10　下線部ⓒに関連して，この前後の時期に起こった出来事Ⅰ～Ⅲについて，古いものから年代順に正しく並べたものを，下の①～⑥の中から一つ

選んでマークしなさい。 7

Ⅰ　藤原仲麻呂が大師(太政大臣)に任じられた。

Ⅱ　淳仁天皇を廃し，孝謙天皇が重祚して称徳天皇となった。

Ⅲ　謀反を企てたとして橘奈良麻呂らを処刑した。

①　Ⅰ－Ⅱ－Ⅲ　②　Ⅰ－Ⅲ－Ⅱ　③　Ⅱ－Ⅰ－Ⅲ

④　Ⅱ－Ⅲ－Ⅰ　⑤　Ⅲ－Ⅰ－Ⅱ　⑥　Ⅲ－Ⅱ－Ⅰ

問11　下線部ⓓの時期の出来事として誤っているものを，次の①～④の中から一つ選んでマークしなさい。 8

①　東北地方に進出するため，日本海側の拠点として渟足柵や磐舟柵を造営した。

②　坂上田村麻呂らを派遣し，胆沢城を築かせた。

③　長岡京への遷都を実施した。

④　藤原緒嗣と菅野真道に，天下の徳政を論じさせた。

問12　空欄 エ に入る語句を漢字2字で書きなさい。**解答用紙(その2)を用いること。**

C　10 世紀初めに唐が滅亡すると，やがて朝鮮半島でも国家の興亡が起こった。朝鮮半島では高麗が建国され，長年日本と友好的な関係を築いた オ も契丹(遼)に滅ぼされる。それに対し，日本では周辺国家との国交を行わず，冊封を受けることもないままに，いわば孤立的政策を採用した。しかし国交を閉ざしたにもかかわらず，中国大陸からの文物は交易を通じて熱心に受容され，ⓐ10 世紀後半から 11 世紀にかけての摂関時代にも，高級な中国製品が唐物と呼ばれて珍重された。こうした交易活動は，院政期にも発展し，12 世紀後半に政権を掌握した平清盛は，現神戸市の カ 泊を修築するなどして，中国商人を招来するために瀬戸内海航路を整備している。陸奥国のⓑ平泉では中国からの輸入品が出土しており，対外交易の活動が東北地方にも及んだことが知られる。

問13　空欄 [オ] に入る国名を漢字で書きなさい。**解答用紙(その2)を用いること。**

問14　空欄 [カ] に入る地名を漢字で書きなさい。**解答用紙(その2)を用いること。**

問15　下線部ⓐの時期の出来事として誤っているものを，次の①～④の中から一つ選んでマークしなさい。[9]

①　藤原道長は娘である彰子を一条天皇のキサキとした。

②　藤原頼通が宇治に寺院を造営し，仏師定朝に仏像を制作させた。

③　藤原良房が摂政に任じられ，清和天皇を補佐して政界を主導した。

④　三跡の一人である藤原行成が活動した。

問16　下線部ⓑに関連して述べた文として正しいものを，次の①～④の中から一つ選んでマークしなさい。[10]

①　奥州藤原氏の藤原秀衡の活動は，『陸奥話記』に詳しく記録されている。

②　奥州藤原氏の藤原清衡は中尊寺を創建した。

③　源頼朝は藤原基衡を攻撃し，奥州藤原氏を滅ぼした。

④　平泉は太平洋に面し，東北地方の海上交通の拠点であった仙台平野に位置した。

問17　平安時代の出来事Ⅰ～Ⅲについて，古いものから年代順に正しくならべたものを，下の①～⑥の中から一つ選んでマークしなさい。[11]

Ⅰ　後白河天皇が武士を動員して崇徳上皇らの勢力を打倒した。

Ⅱ　白河法皇が亡くなり，鳥羽上皇が院政を始めた。

Ⅲ　国守であった源頼義らが清原氏の助けを得て陸奥の安倍氏を倒した。

①　Ⅰ－Ⅱ－Ⅲ　　②　Ⅰ－Ⅲ－Ⅱ　　③　Ⅱ－Ⅰ－Ⅲ

④　Ⅱ－Ⅲ－Ⅰ　　⑤　Ⅲ－Ⅰ－Ⅱ　　⑥　Ⅲ－Ⅱ－Ⅰ

Ⅱ　次の文章を読んで，後の問に答えなさい。**解答番号 12 〜 23 は解答用紙（その1）を用いること。**

鎌倉時代には，農業の集約化と技術の進歩により生産力が拡大するとともに，農村向けの商品を生産・販売する手工業者もあらわれた。農業や手工業生産の発達は商業活動をおし進め，交通の要衝や寺社の門前などには生産された物資を交換・売買する市(a)が立った。また，商業活動が盛んになると交通網も発達し(b)，各地の港湾や都市では商品の保管や輸送，販売を請け負う［ア］が活動した。

このような経済の発展が見られる一方で，元寇(c)の頃には，本格化した貨幣経済に巻き込まれた御家人たちが窮乏するなど，幕府は様々な問題に直面していた。

室町時代には稲の品種改良，肥料の普及，灌漑・排水技術の改良などにより農業の生産性は向上し，絹織物や和紙など特産品の生産も各地で盛んになった(d)。また，同業者組合である［イ］の種類や数，商取引の場となる市の数や開催日も増加し，経済は発展した。しかし，貨幣の需要が増大したことにより，輸入銭や私鋳銭など様々な貨幣が市場に出回り，取引に混乱が生じるようにもなっていた(e)。

各地に戦国大名(f)が台頭するようになると，家臣のほか，商人や手工業者が城下町に集められ，領国経済の中心地となった。また，農村の市場や町が増加し，各地の一向宗(g)寺院・道場を中心に形成された［ウ］では，門徒の商工業者が集住した。このほか，豪商たちが自治組織をつくって市政を運営した堺や博多などは，自由都市として繁栄した(h)。このように，戦乱の世においても商業活動は活発に行われ，経済が発展した。

問1　下線部(a)に関連し，備前国福岡の市の様子が描かれた絵巻として適切なものを次の選択肢から一つ選び，マークしなさい。12

①　粉河寺縁起絵巻　　②　法然上人絵伝

③　春日権現験記絵　　④　一遍聖絵

問2　空欄［ア］に入る語句として適切なものを，次の選択肢から一つ選び，マークしなさい。13

① 借 上　② 車 借　③ 問 丸　④ 酒 屋

問 3　下線部(b)に関連し，鎌倉時代には各地で陶器生産が活発化し，製品は交通網を通じて流通した。この頃に焼かれた陶器として適切ではないものを次の選択肢から一つ選び，マークしなさい。 14

① 備前焼　② 伊万里焼　③ 瀬戸焼　④ 常滑焼

問 4　下線部(c)に関連し，肥後国の御家人 あ は元寇での戦功を記録するために，自身の姿を絵巻の中に描かせた。空欄 あ に入る人物名を漢字で記しなさい。**解答用紙(その 2)を用いること。**

問 5　下線部(d)に関連する文として適切ではないものを，次の選択肢から一つ選び，マークしなさい。 15

① 収穫時期に差のある早稲・中稲・晩稲の作付けが普及した。

② 全国的に二毛作が普及するとともに，畿内などでは三毛作も行われた。

③ 厩肥が普及したことで生産性が向上し，下肥は使用されなくなった。

④ この頃の特産品には西陣の絹織物，美濃の和紙，備前の刀剣などがある。

問 6　鎌倉時代の末頃から室町時代にかけて， い とよばれる農民の自治的な村落が形成されるようになる。 い では寄合を開いて村掟や農事などについて協議・決定した。空欄 い に入る語句を漢字で記しなさい。**解答用紙(その 2)を用いること。**

問 7　下線部(e)に関連する文Ⅰ，Ⅱについて，その正誤の組み合わせとして正しいものを，次の選択肢から一つ選び，マークしなさい。 16

Ⅰ　市場では，利用価値の高い私鋳銭や割銭などを選び，中国の官鋳銭の受け取りを拒否する行為が横行した。

Ⅱ　永楽通宝など輸入銭の流通量だけでは，増大する貨幣の需要を支えられなくなっていた。

① Ⅰ 正　Ⅱ 正　　② Ⅰ 正　Ⅱ 誤
③ Ⅰ 誤　Ⅱ 正　　④ Ⅰ 誤　Ⅱ 誤

問８　空欄 イ に入る語句として適切なものを，次の選択肢から一つ選び，マークしなさい。 17

① 本 所　② 座　③ 町 組　④ 講

問９　室町時代の商業活動に関連する文として適切ではないものを，次の選択肢から一つ選び，マークしなさい。 18

① 都市では見世棚(店棚)をかまえた常設店舗が見られた。
② 遠隔地商人のあいだでは為替手形の一種である割符の利用も盛んに行われた。
③ 交通の要地である大津や坂本などでは，運送業者の土倉が活躍した。
④ 連雀商人や振売と呼ばれた行商人が増加し，各地で活躍した。

問10　下線部(f)に関連する文Ⅰ，Ⅱについて，その正誤の組み合わせとして正しいものを，次の選択肢から一つ選び，マークしなさい。 19

Ⅰ　安芸の国人領主から戦国大名となった毛利元就は，山陰地方の尼子氏を倒して中国地方を平定した。
Ⅱ　堀越公方を滅ぼした北条早雲は，相模に進出して小田原を拠点とした。

① Ⅰ 正　Ⅱ 正　　② Ⅰ 正　Ⅱ 誤
③ Ⅰ 誤　Ⅱ 正　　④ Ⅰ 誤　Ⅱ 誤

問11　下線部(g)の開祖を，次の選択肢から一つ選び，マークしなさい。 20

① 法 然　② 親 鸞　③ 忍 性　④ 道 元

問12　空欄 ウ に入る語句として適切なものを，次の選択肢から一つ選び，マークしなさい。 21

① 門前町　② 寺内町　③ 宿場町　④ 港　町

問13　下線部(h)に関連し，『耶蘇会士日本通信』で堺の様子を「ベニス市の如く執政官に依りて治めらる」と紹介した人物を，次の選択肢から一つ選び，マークしなさい。 22

① ヴァリニャーニ　② ルイス＝フロイス
③ フランシスコ＝ザビエル　④ ガスパル＝ヴィレラ

問14　12世紀から16世紀にかけての出来事について述べた文Ⅰ～Ⅲについて，古いものから年代順に並べたものとして正しい組み合わせを，次の選択肢から一つ選び，マークしなさい。 23

Ⅰ　検地帳に登録した百姓に土地の耕作権を認め，年貢納入の責任を負わせる一地一作人の原則が確立した。

Ⅱ　加賀の一向宗門徒が守護の富樫政親を倒し，約100年間，加賀一国内を自治的に支配した。

Ⅲ　重源は大勧進職となって，南都焼打ちで焼失した東大寺の再建にあたった。

① Ⅰ－Ⅱ－Ⅲ　② Ⅰ－Ⅲ－Ⅱ　③ Ⅱ－Ⅰ－Ⅲ
④ Ⅱ－Ⅲ－Ⅰ　⑤ Ⅲ－Ⅰ－Ⅱ　⑥ Ⅲ－Ⅱ－Ⅰ

Ⅲ　以下の史料A・B・C・Dを読んで，後の問に答えなさい。**解答番号** 24 ～ 35 **は，解答用紙(その1)を用いること。**

【A】

一　異国江（え） a の外，舟遣（つかわ）すの儀，堅（かた）く停止の事。……

一　伴天連㋐訴人褒美の事。

上の訴人には銀百枚，それより下には，其忠にしたがい相計（はから）はれるべきの事。

一　異国舟につミ来り候白糸，直段（ねだん）を立候て，残らず五ケ所㋑へ割符仕るべき事。

一　薩摩，平戸㋒，其外いづれの浦に着候船も，長崎の糸の直段のごとくたるべし。長崎にて直段立候ハぬ以前，売買停止の事。

b 十年二月廿八日

（武家厳制録）

【B】

一　日本国御制禁成され候吉利支丹（きりしたん）宗門の儀，其趣を存知ながら，彼の法を弘（ひろ）むるの者，今に密々差渡（さしわた）るの事。……

自今以後，かれうた㋓渡海の儀，之を停止せられ訖（おわんぬ）。此上若し差渡るニおゐてハ，其船を破却し，幷（ならびに）乗来る者速に斬罪に処せらるべきの旨，仰せ出さるる者也。仍執達件の如し。

b 十六年卯七月五日

（御当家令条）

問１　下に掲げる史料【＊】も，史料A・Bと同様の法令であるが，発令された順番として正しいものを，次の選択肢の中から一つ選び，マークしなさい。 24

史料【＊】

一　異国江日本の船遣すの儀，堅く停止の事。

一　日本人異国江遣し申す間敷（まじく）候。若（もし）忍び候て乗渡る者之（これ）有るに於ては，其者は死罪，其の舟幷（ならびに）船主共ニとめ置，言上仕るべき事。

一　異国江渡り住宅仕り之有る日本人来り候ハヾ，死罪申し付くべき事。

（教令類纂）

① 【A】→【B】→【＊】　② 【A】→【＊】→【B】

③ 【＊】→【A】→【B】

問 2　史料Aの空欄 [a] にあてはまる語句を，次の選択肢の中から一つ選び，マークしなさい。[25]

① 朱印船　② 奉書船　③ 勘合船　④ 遣明船

問 3　史料中の空欄 [b] にあてはまる元号を記しなさい。**解答用紙(その2)を用いること。**

問 4　下線㋐の説明として適切なものを，次の選択肢の中から一つ選び，マークしなさい。[26]

① 26聖人(フランシスコ会宣教師・信徒)

② キリシタン大名

③ 日本人キリスト教徒

④ 宣教師

問 5　下線㋑に含まれないものを，次の選択肢の中から一つ選び，マークしなさい。[27]

① 京　都　② 堺　③ 江　戸

④ 大　坂　⑤ 兵　庫

問 6　下線㋒に当時来航した国として適切なものを，次の選択肢の中から一つ選び，マークしなさい。[28]

① ロシア　② オランダ　③ イギリス　④ スペイン

問 7　下線㋓とは何か，この場合に適切なものを，次の選択肢の中から一つ選び，マークしなさい。[29]

① ポルトガル船　② 中国船

③ スペイン船　④ ロシア船

【C】

第一条　凡(およ)ソ新聞紙及時々ニ刷出スル雑誌雑報ヲ発行セントスル者ハ，持主若クハ社主ヨリ其ノ府県庁ヲ経由シテ願書ヲ内務省(オ)ニ捧ゲ允准(いんじゅん)ヲ得ベシ。……

第十二条　新聞紙若クハ雑誌雑報ニ於テ，人ヲ教唆シテ罪ヲ犯サシメタル者ハ犯ス者ト同罪，其教唆ニ止マル者ハ禁獄五日以上三年以下，罰金十円以上五百円以下ヲ科ス。

第十三条　政府ヲ変壊シ国家ヲ顛覆スルノ論ヲ載セ，騒乱ヲ煽起セントスル者ハ，禁獄一年以上三年ニ至ル迄ヲ科ス，其実犯ニ至ル者ハ首犯ト同ク論ス。

(法令全書)

問 8　史料Cの法令と同時に出された法令を，次の選択肢の中から一つ選び，マークしなさい。 30

① 出版条例　② 新聞発行綱領
③ 讒謗律　④ 保安条例

問 9　史料Cを適用された人物に末広鉄腸がいるが，その人物が書いた政治小説を，次の選択肢の中から一つ選び，マークしなさい。 31

① 雪中梅　② 経国美談
③ 佳人之奇遇　④ 当世書生気質

問10　下線(オ)について，この官庁の初代長官について，正しい説明を次の選択肢の中から一つ選び，マークしなさい。 32

① 長州藩出身。討幕運動で活躍，台湾出兵の時に下野するも大阪会議で参議に復帰した。
② 土佐藩出身。征韓論争で敗れ下野する。第2次伊藤博文内閣の内務大臣となった。
③ 佐賀藩出身。明治14年に国会の早期開設を主張する意見書を提出。立憲改進党の総理となる。
④ 薩摩藩出身。岩倉使節団として視察した欧米から帰国後，征韓論に反対。台湾出兵では，日清互換条款の締結に功績があった。

【D】

第一条　政治ニ関スル事項ヲ講談論議スル為メ公衆ヲ集ムル者ハ，開会三日前ニ講談論議ノ事項，講談論議スル人ノ姓名，住所，会同ノ場所，年月日ヲ詳記シ，其会主又ハ会長，幹事等ヨリ管轄警察署ニ届出テ，其認可ヲ受クヘシ。

第六条　派出ノ警察官ハ，認可ノ証ヲ開示セサルトキ，講談論議ノ届書ニ掲ケサル事項ニ亘ルトキ，又ハ人ヲ罪戻（ざいれい）ニ教唆誘導スルノ意ヲ含ミ，又ハ公衆ノ安寧ニ妨害アリト認ムルトキ，及ヒ［ c ］ニ臨ムヲ得サル者ニ退去ヲ命シテ之ニ従ハサルトキハ全会ヲ解散セシムヘシ。

第七条　政治ニ関スル事項ヲ講談論議スル［ c ］ニ，陸海軍人，常備予備後備ノ名籍ニ在ル者，警察官，官立公立私立学校ノ教員生徒，農業工芸ノ見習生ハ，之ニ臨会シ又ハ其社ニ加入スルコトヲ得ス。

第九条　政治ニ関スル事項ヲ講談論議スル為メ，屋外ニ於テ公衆ノ［ c ］ヲ催スコトヲ得ス。　　(法令全書)

問11　史料Dの空欄［ c ］にあてはまる語句を記しなさい。**解答用紙(その2)を用いること。**

問12　史料Dが出される直前に結成された政治結社を，次の選択肢の中から一つ選び，マークしなさい。［33］

①　自由党　　②　立志社

③　愛国社　　④　国会期成同盟

問13　史料Dの第七条に関連して，「陸海軍人」の政治活動を戒めた勅語を，次の選択肢の中から一つ選び，マークしなさい。［34］

①　軍人勅諭　　②　教育勅語　　③　戊申詔書　　④　軍人訓戒

問14　史料Dは，自由民権運動を取り締まるものであったが，自由民権運動に参加する女性の結社も各地に生まれている。このうち，景山英子を中心とする結社を，次の選択肢の中から一つ選び，マークしなさい。［35］

①　新婦人協会　　②　愛甲婦女協会

③　岡山女子懇親会　　　④　仙台女子自由党

IV　以下の設問【1】・【2】・【3】のうち，一つを選んで解答しなさい。**解答用紙（その3）を用い**，解答用紙には設問番号を記入すること。また数字はアラビア数字を用い，数字2つで1マスを使用すること。

【1】

旧石器時代から縄文時代にかけて起こった気候や動物・植物相の変化をふまえながら，それぞれの時代の人々の食糧獲得手段や生業について実際に出土している遺物をあげて，以下の語句を用いて350字以内で説明しなさい。指定された語句には，下線を引くこと。

〈語句〉　落とし穴，間氷期，石錘，三内丸山遺跡，オオツノジカ

【2】

下記の史料A・Bは，ほぼ同じ時期に江戸幕府によって発令された法令の一部である。史料A・Bそれぞれが示す政策の内容と目的について述べなさい。さらに，これらの幕政改革を推進した中心人物，改革の背景，影響について，350字以内で簡潔に述べなさい。

史料A　「…何品にても，素人直売買勝手次第たるべく候。且又諸家国産類其外惣て，江戸表江相廻し候品にも，問屋ニ限らず，銘々出入のもの共引き受け，売捌候義も是又勝手次第ニ候…」(天保法制)

史料B　「在方のもの身上相仕舞い，江戸人別に入候儀，自今以後決して相成らず。…」(牧民金鑑)

【3】

1950年代の朝鮮戦争が日本政治に与えた影響を，300字程度で論じなさい。

世界史

(90分)

〔Ⅰ〕 ユーラシアの都市と物流・交易に関する以下の文章を読み，以下の設問に答えなさい。**解答用紙は(その1)を使用すること。**

現在のシリア・アラブ共和国(ア)の首都であるダマスクスは，世界最古の都市の一つとされる。紀元前11－10世紀にはアラム(イ)王国の都であり，ギリシア人やローマによる支配を経て，635年(ウ)にイスラーム勢力によって征服され，ウマイヤ朝(エ)時代には首都とされた。この支配勢力の変遷は，この地の宗教施設の変遷に反映されている。ダマスクスにあった雷神ハダドの神殿はローマ時代にユピテル神殿にされ，さらにキリスト教がローマ帝国の国教になった(オ)後に洗礼者ヨハネ教会となった。ウマイヤ・モスクは，ウマイヤ朝のワリードがこの教会を接収して建設したものである。ダマスクスはマムルーク朝の時代には王朝第二の都市として繁栄し，オスマン帝国(カ)下ではシリア州の州都とされた。メソポタミアとエジプト(キ)の中間点に位置するダマスクスは古来より交易の中心地であり，地中海世界とユーラシアの物品が集まる都市であった。独特の模様を持つダマスクス鋼のように，交易を通してこの都市の名前がつけられた物品もある。

問1　下線部(ア)が加盟した組織・機構として最も適切なものを一つ選び，その番号をマークしなさい。 1

① バグダード条約機構

② 石油輸出国機構（ＯＰＥＣ）

③ アラブ連盟

④ 中央条約機構

問2　下線部(イ)に関連して，アラム文字から派生した文字として最も適切なもの

を一つ選び，その番号をマークしなさい。 2

① 楔形文字　② ヒエログリフ

③ フェニキア文字　④ ソグド文字

問 3　下線部(ウ)と同時期のビザンツ帝国における出来事として最も適切なものを一つ選び，その番号をマークしなさい。 3

① ギリシア語が公用語とされた。

② 『ローマ法大全』の編纂が開始された。

③ プロノイア制が導入された。

④ 聖像禁止令が出された。

問 4　下線部(エ)の創始者として最も適切な人名を一つ選び，その番号をマークしなさい。 4

① ウマル　② ムアーウィヤ

③ マームーン　④ マンスール

問 5　下線部(オ)と同じ世紀の出来事として最も適切なものを一つ選び，その番号をマークしなさい。 5

① 大乗仏教が理論化された。

② 日本に仏教が伝来した。

③ カニシカ王が仏典の結集を行った。

④ 仏図澄が中国で仏教を布教した。

問 6　下線部(カ)の軍事活動について述べた文 a ～ c が，年代の古いものから順に正しく配列されたものを一つ選び，その番号をマークしなさい。 6

a　モハーチの戦いでハンガリーを破った。

b　プレヴェザの海戦に勝利した。

c　第一次ウィーン包囲を行った。

① a→b→c　　② a→c→b　　③ b→a→c

④ b→c→a　　⑤ c→a→b　　⑥ c→b→a

問7　下線部(キ)の王朝について述べた二つの文A，Bの正誤の組合せとして正しいものを一つ選び，その番号をマークしなさい。 7

A　古王国時代は，メンフィスに都がおかれた。

B　新王国時代に，ピラミッドが盛んに作られた。

① A―正　B―正　　② A―正　B―誤

③ A―誤　B―正　　④ A―誤　B―誤

大運河は，万里の長城(ク)と並び前近代中国における二大土木事業と称される。中国における運河の建設は春秋・戦国時代(ケ)に始まり，隋(コ)の時代には運河網の整備が行われ，杭州(臨安)から北京(サ)までを繋ぐ大運河が完成した。元の時代には南北をより短い距離で結ぶルートが開発され，明(シ)代以降の物流の大動脈となった。大運河の流路，特に運河の結節点や運河と河川の合流点には都市が発達した(ス)。戦国時代の魏が都とした大梁は大運河と黄河の合流点に位置し，のちに開封と改名されて五代の諸王朝(セ)や北宋の都となった。宋代(ソ)の開封は周囲30 kmほどの外城に囲まれ，城壁内には4本の運河が設けられていた。清明節を題材とした張択端の「清明上河図」には，最盛期に人口100万人を超えていたという開封の繁栄が描かれているとされる。

問8　下線部(ク)の大規模な改修が行われた15世紀に有力であった遊牧集団として最も適切なものを一つ選び，その番号をマークしなさい。 8

① ジュンガル　② 匈奴　③ オイラト　④ 西夏

問9　下線部(ケ)の時代に広く用いられるようになった物・道具として最も適切なものを一つ選び，その番号をマークしなさい。 9

① 鉄製農具　② 紙　③ 火薬　④ 青磁

問10　下線部(コ)を倒して唐を建てた人物として最も適切なものを一つ選び，その番号をマークしなさい。 10

①　李自成　　②　李淵　　③　李世民　　④　李斯

問11　下線部(サ)についての記述として最も適切なものを一つ選び，その番号をマークしなさい。 11

①　日中戦争中に，汪兆銘政権が置かれた。

②　洪武帝が紫禁城を建設した。

③　アロー戦争の最中に，独仏連合軍によって占領された。

④　順治帝が盛京(瀋陽)から遷都した。

問12　下線部(シ)と朝貢関係を結び，その国家制度を導入したとされるベトナムの王朝として最も適切なものを一つ選び，その番号をマークしなさい。 12

①　阮朝　　②　陳朝　　③　李朝　　④　黎朝

問13　下線部(ス)に関連して，地図上のA，Bと都市名の組合せとして正しいものを一つ選び，その番号をマークしなさい。 13

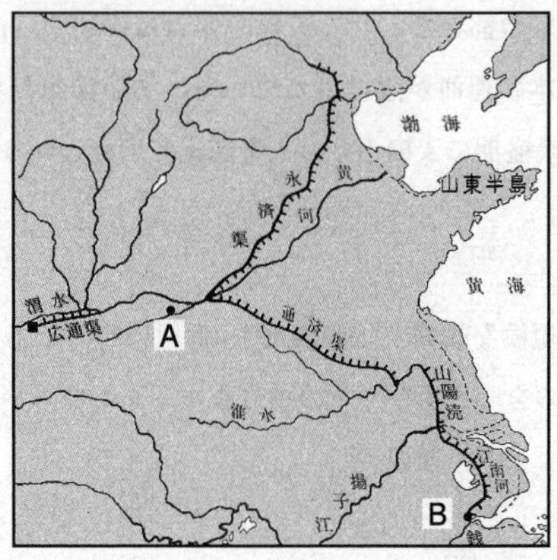

①　A ― 長安　B ― 揚州　　②　A ― 洛陽　B ― 揚州

③　A ― 長安　B ― 杭州　　④　A ― 洛陽　B ― 杭州

問14　下線部(セ)と同じ時期に成立した王朝について述べた文として適切なものを一つ選び，その番号をマークしなさい。 14

① 王建が立てた高麗は，漢城を都とした。

② 南詔の滅亡後，雲南に大理が成立した。

③ サーマーン朝は，トルコ系ムスリムの王朝である。

④ リューリクは，北フランスにノルマンディー公国を建てた。

問15　下線部(ソ)の時代に中国に使節を派遣した南アジアの王朝として最も適切なものを一つ選び，その番号をマークしなさい。 15

① ヴィジャヤナガル　　② アンコール朝

③ サータヴァーハナ朝　　④ チョーラ朝

南アジア西岸部には多くの港町が存在し，インド洋交易(タ)の拠点となってきた。キャンベイ湾に流れ込むタプティ川の河口部分に位置するスーラト(チ)とその外港スワーリー港は，そのような港町の一つである。16世紀(ツ)，グジャラートの地方王朝のもとでスーラトは徐々に発展し，1529－30年には，地元の王朝と争っていたポルトガル勢力からの襲撃を受けている。1572－73年のアクバルによるグジャラート征服の後，スーラトはムガル帝国(テ)第一の貿易港に成長した。スーラトはメッカ巡礼船の発着地でもあり，「王の船」と呼ばれたムガル皇帝やその一族の船は，多くの巡礼者や商品を載せ，アラビア半島と南アジアの間を航行した。また，イギリス東インド会社(ト)は1612年，オランダ東インド会社は1617年にスーラトに商館を建設している。

問16　下線部(タ)の拠点として栄えたアフリカ東岸の都市として**適切ではないもの**を一つ選び，その番号をマークしなさい。 16

① モンバサ　　② マリンディ

③ トンブクトゥ　　④ キルワ

問17　下線部(チ)の周辺地域を18世紀に支配した勢力として最も適切なものを一つ選び，その番号をマークしなさい。 17

① マイソール王国　　　　　　　② マラーター
③ アワド王国　　　　　　　　　④ シク王国

問18　下線部(ツ)の出来事について述べた文として最も適切なものを一つ選び，その番号をマークしなさい。 18

① カブラルが，ブラジルをスペイン領と宣言した。
② シェイクスピアが『随想録』を著した。
③ カボット(子)が，ハドソン湾に到達した。
④ ミケランジェロが，「最後の晩餐」を制作した。

問19　下線部(テ)について述べた文として最も適切なものを一つ選び，その番号をマークしなさい。 19

① アウラングゼーブがマンサブダール制を導入した。
② ウルドゥー語が公用語とされた。
③ プラッシーの戦いで，フランスがベンガル太守を支援した。
④ ジャハーンギールがタージ・マハルを建設した。

問20　下線部(ト)に関連する出来事a～cが，年代の古いものから順に正しく配列されているものを一つ選び，その番号をマークしなさい。 20

a　イギリス東インド会社の中国貿易独占権が廃止された。
b　オランダ東インド会社が解散した。
c　イギリス東インド会社が解散した。

① a→b→c　　② a→c→b　　③ b→a→c
④ b→c→a　　⑤ c→a→b　　⑥ c→b→a

〔Ⅱ〕 以下の設問に答えなさい。**解答用紙は(その1)を使用すること。**

問1　第一次世界大戦期に起きた次の出来事(ア)〜(ウ)は，下の年表の空欄①〜⑤のどこに入れるのが最も適切か，その番号をマークしなさい。(ア)は 21 ，(イ)は 22 ，(ウ)は 23 の解答欄にそれぞれマークしなさい。

(ア)キール軍港水兵の反乱　21
(イ)日本の参戦　22
(ウ)アメリカ合衆国の参戦　23

オーストリアがセルビアに宣戦
①
イギリスがドイツに宣戦
②
ソンムの戦い
③
ドイツが無制限潜水艦作戦を開始
④
ブレスト＝リトフスク条約
⑤
ドイツが休戦協定に調印

問2　ロシア革命について，以下のa〜cの出来事が年代の古いものから順に正しく配列されているものを一つ選び，その番号をマークしなさい。 24

a　ニコライ2世が退位した。
b　血の日曜日事件が発生した。
c　ソヴィエト社会主義共和国連邦が結成された。

①　a→b→c　②　a→c→b　③　b→a→c　④　b→c→a

問 3 第一次世界大戦後のヨーロッパ諸国について述べた次の①～④の文の中から<u>**適切ではないもの**</u>を一つ選び，その番号をマークしなさい。 25

① フランスでは，右派内閣がルール占領を強行した。

② イギリスでは，選挙法改正への反発から保守党の第一次マクドナルド内閣が成立した。

③ ドイツでは，シュトレーゼマン内閣がレンテンマルクを発行し，インフレを収束させた。

④ イタリアでは，ムッソリーニの率いるファシスト党が一党独裁体制を確立した。

問 4 世界恐慌後の各国について述べた次の①～④の文の中から最も適切なものを一つ選び，その番号をマークしなさい。 26

① イギリスは，オタワ連邦会議を開催し，連邦内での特恵関税制度を廃止した。

② 日本では，大陸での支配権拡大を主張する軍部が中国東北地方の柳条湖で鉄道爆破事件を起こした。

③ ドイツでは，議会の形骸化で勢力を伸ばしたナチスと共産党が連立内閣を結成した。

④ ソ連は，世界恐慌の被害から立ち直るために新経済政策(ネップ)を開始した。

問 5 第一次世界大戦中のイギリスによるパレスティナへの関与について，次の文の空欄(a)と(b)にはいる語の組合せとして正しいものを下の選択肢①～④から一つ選び，その番号をマークしなさい。 27

イギリスは，フランスおよび(a)との間で(b)を秘密裏に結び，オスマン帝国の領土を分割し，パレスティナを国際管理下におくことを決めた。

① a ロシア b フサイン・マクマホン協定

② a　ロシア　　　　b　サイクス・ピコ協定

③ a　オーストリア　b　フサイン・マクマホン協定

④ a　オーストリア　b　サイクス・ピコ協定

問 6　トルコ革命とトルコ共和国について述べた次の①～④の文の中から**適切ではないもの**を一つ選び，その番号をマークしなさい。 28

① ケマル・パシャはギリシアを撃退してイズミルを回復した。

② ケマル・パシャはセーヴル条約により不平等条約の撤廃に成功した。

③ トルコ共和国では女性参政権が認められた。

④ トルコ共和国ではアラビア文字にかわってローマ字が採用された。

問 7　第一次世界大戦後の西アジア地域の動向について述べた次の①～④の文の中から最も適切なものを一つ選び，その番号をマークしなさい。 29

① アフガニスタンは，第3次アフガン戦争でイギリスに敗北し，独立を失った。

② エジプトでは，エジプト王国が独立し，スエズ運河の管理権を回復した。

③ アラビア半島では，サウジアラビア王国が成立し，政教分離を推進した。

④ イランでは，レザー・ハーンがパフレヴィー朝を創始し，近代化改革を進めた。

問 8　インドの民族運動に関する次の出来事 a ～ c について以下の設問(ア)～(ウ)に答えなさい。

a　ローラット法が制定された。

b　ベンガル分割令が出された。

c　英印円卓会議が開催された。

(ア)　a ～ c の出来事が年代の古いものから順に正しく配列されたものを一つ

選び，その番号をマークしなさい。 30

① a→b→c　② a→c→b
③ b→a→c　④ b→c→a

(イ)　aのローラット法の内容として最も適切なものを一つ選び，その番号をマークしなさい。 31

① インド共産党を非合法化した。
② 塩の専売制度を定めた。
③ 令状なしでの逮捕を認めた。
④ 連邦制と各州の自治を認めた。

(ウ)　bのベンガル分割令に反対し，翌年のインド国民会議カルカッタ大会を主導した急進的な民族主義者の名前として最も適切なものを一つ選び，その番号をマークしなさい。 32

① ネルー　② ジンナー　③ ガンディー　④ ティラク

問9　日本の朝鮮半島支配について述べた次の文aとbの正誤の組合せとして正しいものを下の選択肢から一つ選び，その番号をマークしなさい。 33

a　日露戦争後，日本は韓国を保護国化して外交権を奪うとともに内政干渉を強めた。これに対して，韓国各地では甲午農民戦争とよばれる抵抗運動が広まった。
b　第一次世界大戦後，民族自決の気運の高まりをうけて，独立万歳を叫ぶ民衆による三・一独立運動が朝鮮全土に広まった。

① a 一 正　b 一 正
② a 一 正　b 一 誤

③　a 一 誤　　b 一 正

④　a 一 誤　　b 一 誤

問10　19 世紀末から第二次世界大戦にかけての東南アジアにおける民族運動について述べた次の①～④の文の中から最も適切なものを一つ選び，その番号をマークしなさい。 34

①　オランダ領だったインドネシアでは，アウン・サンが民族運動を展開した。

②　イギリス領だったビルマ(ミャンマー)では，ファン・ボイ・チャウが民族運動を展開した。

③　フランス領だったベトナムでは，ホー・チ・ミンが民族運動を展開した。

④　アメリカ領だったフィリピンでは，スカルノが民族運動を展開した。

問11　次の図は各国の国際連盟への加盟期間を示している。(　a　)～(　d　)に入る国名として正しい組合せの選択肢を一つ選び，番号をマークしなさい。 35

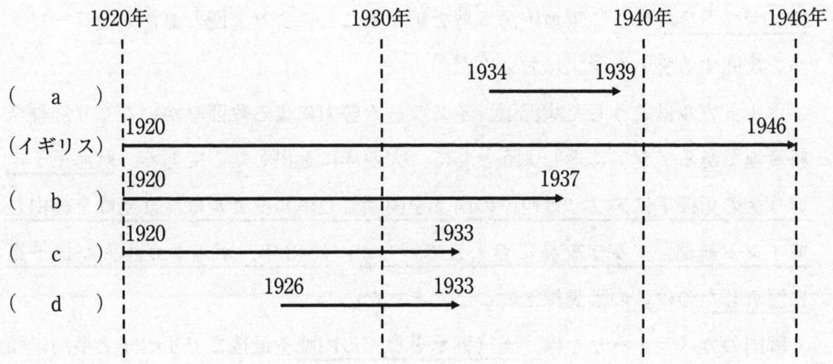

①　a　ソ連　　b　イタリア　　c　日本　　d　ドイツ

②　a　ソ連　　b　日本　　c　イタリア　　d　ドイツ

③　a　ドイツ　b　イタリア　c　日本　d　ソ連

④　a　ドイツ　b　日本　c　イタリア　d　ソ連

〔Ⅲ〕　以下の文章を読んで設問に答えなさい。紛らわしい文字での記述は不正解となるので，丁寧な字で解答すること。所定の欄外に書き込まれた解答は無効とする。**解答用紙は（その2）を使用すること。**

ローマ帝国崩壊後，西ヨーロッパは長いあいだ政治的混乱と経済的後退，文化的低迷に見舞われた。そこから脱するのは11，12世紀に入ってからだったとされる。この動きは，経済，軍事，文明的に優位に立つイスラーム世界への挑戦という形をとった。東地中海において十字軍遠征が繰り返される①一方で，西ヨーロッパ西南端に位置するイベリア半島でキリスト教勢力がイスラーム勢力から領土を奪った②のは，その表れである。

しかし，これらの動きから，西ヨーロッパがイスラーム世界に対して優位に立ったとみるべきではない。13世紀以降もイスラーム勢力は地中海東部や南ロシア③において優位を保った。オスマン帝国はアナトリアから西へと進み，1453年，ビザンツ帝国の首都コンスタンティノープルを攻略するにとどまらず，1517年にエジプトを攻略し④，東地中海海域を制することにより，陸と海から西ヨーロッパを攻囲する勢いを示すにおよんだ。

ポルトガルはこうした状況下，イスラーム勢力による攻囲をかいくぐり，香辛料産地であるアジアに達しようとして，大西洋に進出したのである。航海王子エンリケの指揮下にアフリカ西岸の南下を開始したポルトガルは，喜望峰を経由してインド航路，アジア交易に参入していった⑤。1543年，ポルトガル人が種子島に漂着した⑥のはこの延長線上のことであった。

隣国のカスティーリャは，王位継承をめぐる内戦⑦や最後までイベリア半島に残ったイスラーム王朝の攻略に追われ，海外進出で遅れをとらざるをえなかった。そこに，イタリアの人文主義者トスカネリの（　⑧　）に基づき，西回りでアジアに到達する計画を売り込んだのがコロンブスだった。彼の最終目標が，新航路での香辛料貿易によってえた富を投じての聖地イェルサレムの奪還にあったことは，イスラーム勢力の優位を反映していた。1492 年，イサベルとフェルナンドはこの計画を承認し，コロンブスは現在のカリブ海の島々に到達し，翌年，スペインに帰国した。⑨いわゆるアメリカ大陸の「発見」である。

コロンブスの到達した土地がアジアではなく，それまで知られていなかった新しい大陸であると主張したのは(　⑩　)であり，彼の名にちなんでその土地は「アメリカ」と命名される。アメリカ大陸が世界史的意義を発揮するのは，1521 年にアステカ王国，1533 年にインカ帝国を滅ぼし，スペインが広大な面積と⑪高度な文明をもった先住民人口を擁する植民地を領有するようになってからのことだった。スペインからの移民，アフリカからの黒人奴隷，先住民を組み合わせ，植民地を「経営」するなかで，スペインによる銀山の開発は可能となった。ここに，⑫交易拠点網の構築を主とするポルトガルの海外進出とは本質的に異なる，西ヨーロッパ諸国による新たな植民地支配への道が開かれたのである。16 世紀後半以降，スペイン領アメリカ植民地で生産される，いわゆる⑬メキシコ銀が，西ヨーロッパを起点とする世界貿易ネットワークを駆け巡ることになる。メキシコ銀は西ヨーロッパに流入し，通貨供給量を急激に増加させることでインフレを引き起こしたという説も唱えられた。さらにメキシコ銀は，⑭スペインが 1571 年に建設したマニラを通じ，太平洋を越えてアジアにまで到達した。こうしてスペインによるアメリカ植民地の領有＝経営は，地球上の諸地域を東西につなぐ役割を果たしていく。⑮西ヨーロッパ諸国は「スペイン帝国」を先例として模倣するとともに，この超大国への攻撃と互いの競争に明け暮れることとなろう。

問 1　下線部①について。第一回十字軍の後，キリスト教勢力はイェルサレムへの巡礼者を守るなどのために特別な団体を創設していった。その名称を記しなさい。

問 2　下線部②について。カスティーリャ王国が 11 世紀後半にイスラーム勢力から奪い，以後，古代ギリシアやローマ期の古典をアラビア語からラテン語に翻訳する拠点の一つとして，西ヨーロッパの文化復興に貢献した都市はどこか。その名称を記しなさい。

問 3　下線部③について。イヴァン3世がキプチャク・ハン国からの独立を達成したのは1480年のことであったとされる。彼が独立させた国の名称を記しなさい。

問 4　下線部④について。当時のエジプトの王朝名を記しなさい。

問 5　下線部⑤について。関係する以下の出来事A～Cを年代の古い順に並びかえた時，最後になる文の記号を記しなさい。

A．平戸に拠点を築いた。

B．ホルムズをサファヴィー朝に奪回された。

C．マカオの居住権をえた。

問 6　下線部⑥について。ポルトガル人が乗っていたのは東アジアのある勢力の船だったとされる。その勢力の名称を記しなさい。

問 7　下線部⑦について。王位継承問題に終止符を打つべく，カスティーリャの王女イサベルは隣国の王子フェルナンドを結婚相手に選んだ。二人がそれぞれの王国の国王となることで，スペイン王国の共同統治が始まった。この隣国の名称を記しなさい。

問 8　(　⑧　)に入る最も適切な語句を記しなさい。

問 9　下線部⑨について。コロンブス自身は死ぬまで自分が到達したのがアジアだと信じ，(　　　)と呼んだ。この(　　　)に入る地名をカタカナで記しなさい。

問10　(　⑩　)に入る最も適切な語句を記しなさい。

問11　下線部⑪について。アステカ王国をはじめとする諸文明をうんだ文明圏を何と呼ぶか。その名称をカタカナで記しなさい。

問12　下線部⑫について。この統治形態は海上交易帝国と呼ばれるが，ポルトガルは17世紀に入ると，例外的に，アフリカ西岸に内陸部まで達する植民地を築いていった。1975年にポルトガルから独立した，この植民地の名称を記しなさい。

問13　下線部⑬について。メキシコ銀はスペイン領アメリカ植民地全域で産出された銀の総称である。スペイン領アメリカ植民地中，17世紀を通じて最大の産出量を記録した銀山の名称を記しなさい。

問14　下線部⑭について。この貿易で用いられた船の様式を何と呼ぶか。その名称を記しなさい。

問15　下線部⑮について。関係する以下の出来事Ａ～Ｃを年代の古い順に並びかえた時，最後になる文の記号を記しなさい。

Ａ．ドレークは副提督として無敵艦隊の撃破に貢献した。

Ｂ．オランダとイギリスはアンボイナで軍事衝突した。

Ｃ．ジェームズ１世による迫害を逃れたピューリタンたちはプリマス植民地を建設した。

〔Ⅳ〕 次の設問A，Bのうちから一つを選び，答えなさい。なお，設問記号欄に選択した問題の記号(AかBか)を記すこと。年号などを書く場合，アラビア数字は1マスに二つ入れてもかまわない。**解答用紙は(その3)を使用すること。**

【A】 西晋から南北朝に至る時期の政治や社会の動きを，以下の語句をすべて用いて350字以内で説明しなさい。なお，文中でその語句が初めて登場した部分には下線を引くこと。

<語句>

五胡十六国	永嘉の乱	司馬睿	東晋
建康	陶淵明	江南	王羲之
貴族	清談	竹林の七賢	

【B】 1815年～1914年の間のヨーロッパの国際体制について，以下の用語をすべて用いて350字以内で説明しなさい。なお，文中でその語句が初めて登場した部分には下線を引くこと。

<語句>

ウィーン体制	クリミア戦争	三帝同盟	三国協商
三国同盟	正統主義	1848年革命	勢力均衡

■総合問題■

◀英米文学科B方式▶

(60 分)

次の英文を読んで，問題Ⅰと問題Ⅱに答えなさい。

It can be easy to imagine that the rise of digital technologies has made photography completely different from what it was in previous eras: that the transition of photography from film to digital and the emergence of social networking applications have fundamentally transformed the photograph's role. With the rise of social networks like Instagram and Facebook, photographs are seen almost instantly by numbers of people previously unimaginable. It therefore might be tempting to assume that the "new media" of the early 21st century are totally different from the "old media" of centuries past. But the digital turn in photography is actually less a radical change than a further development of existing practices. And there is one episode in the history of photography that is a particularly clear reminder that photography has long functioned as a kind of social media: the *carte de visite*.

The carte de visite was a small, inexpensive photographic portrait intended for circulation, which was developed in France and achieved astonishing popularity in Europe and North America between 1859 and the 1870s. As a visual image meant to be shared, people of the 19th century saw in it a powerful means of self-presentation. Cartes allowed for a kind of social performance through photography that in many ways anticipated the ways people of the 21st century make use of photography.

In looking at cartes de visite, we can get historical context for the uses of digital photography in the present day, especially in terms of the photograph's status as a "social currency" which people use to create an alternative version of themselves and use it to start and maintain social relationships. The carte de visite had a similar function: it was like the digital image in its ability to virtually create social ties and to change the boundaries between public and private, and in the performance of identity that it allowed. People in the 19th century discussed the social functions of the carte a great deal. When examining the role of this photographic medium in the construction, performance, and maintenance of social bonds, we see that the photograph did not suddenly become a social medium in the 21st century — in many respects, it has been one for nearly a century and a half.

The carte de visite was a small photograph of about 2.5 by 4 inches that was taken in a commercial photography studio, produced in multiple copies on thin paper, and put on cards. These cards were then sold for a relatively affordable price — about one to three dollars per dozen, which is equivalent to about 30-85 US dollars today. Initially, cartes primarily showed celebrities, most prominently Napoleon III and Queen Victoria and family, but the enormous public demand for these images of public figures led photography studios to use this new method to sell ordinary people photographs of themselves. The strategy was remarkably effective: people crowded the studios to get portraits taken, which they then distributed to friends, family, and distant acquaintances. Those who got cartes arranged their collections in albums, which they could then look through at their leisure or show to friends.

In an 1863 article in the *Atlantic*, entitled "Doings of the Sunbeam," Oliver Wendell Holmes discussed the recent popularity of the carte de visite, calling cartes "the social currrency ... of civilization" and emphasizing the carte's popularity: in England alone, 300 to 400 million cartes were sold every year from 1861 to 1867, a stunning number considering that England's population during these years was only around 20 million. It would not be going too far to say that with the rise of the carte de visite, the photograph became a true mass medium, not just for a privileged elite but also for large numbers of the middle class population, and existing in previously unimaginable quantities.

Holmes's naming the carte a "currency" also suggests its commercial status. Cartes almost always had the symbol of the photographic studio that produced them, sometimes on the front of the carte and almost always on the reverse — and often this marker was large and elaborate. So while the carte was an object that was meant to represent the individual it pictured, it was also an advertisement for the studio that produced it. This mixing of individual subjecthood with commercial influence in the form of advertisements is a central feature of the social media of the 21st century, where advertisements are a constant presence on personal profiles.

Holmes's quotation also gets at the fact that cartes de visite were objects that were exchanged among people, building up meaning by being passed to others. The assumption of distribution that was an inbuilt feature of the carte influenced the ways people presented themselves in front of the camera. Cartes de visite were like currency in that they were intended to be traded and passed around, and they stood for the person they represented regardless of who was on the other end of the exchange: both cartes and money were treated as unchanging representations of something unstable, whether financial value or personal identity. Cartes, then, tended to present a generalized kind of selfhood, a socially permitted and standardized mode of self-presentation. The parallels to the ways in which photographs are used in 21st century social media are clear.

問題 I

Summarize the author's comparison of cartes de visite and photos on 21st-century social media. Write, at least, 100 words.

(Use Answer Sheet 1)

出典追記：Public Faces: Photography as Social Media in the 19th Century, ICP on August 27, 2015 by Annie Rudd

問題 II

How do you present yourself to others? What are your goals in self-presentation? What tools do you use, and how do you use them? Write, at least, 100 words.

(Use Answer Sheet 2)

主たる構造をなしている。一人一人が、なんの根もない普遍的な立場で語ることをしばしとどめ、社会と世間との関係について考えるべき時がきているのではないだろうか。

（阿部謹也『西洋中世の愛と人格』による。原文の一部を改変した。）

は、発言するばあいに自分がどのような世間に立脚して語っているのか、を自覚して語ることなのである。もし自分はいかなる意味でも世間に立脚していない、と思う人がいるならば、まずそのことを明らかにすべきであろう。日本の学問の宿痾（しゅくあ）ともいうべきものは、社会と世間のこの両者の関係を曖昧なものにしてきたことにあるからである。いいかえれば、日本の学者は西欧近代的な意味での個人になっていないのに、あたかも西欧の近代的な意味での個人であるかのごとくに語ってきたのである。学者やジャーナリストによって、新聞や総合雑誌に戦後数十年の間、どれほど多くの日本論や近代化論、資本主義論、社会主義論が発表されてきたことだろう。にもかかわらず、それらの論文によって現実の事態が決定的に変わることがなかったのは、それらの論文を書いた人が、日本の社会に牢固（ろうこ）として抜きがたく存在しているそれぞれの人の世間に立脚しながら、日本の社会に即して発言してこなかったからなのである。つまり自分の足場を自覚していない人の、ただの文字、言葉にすぎなかったからなのだ。

世間に属しながらも、個人として、社会に対して責任ある発言をすることは可能であろう。しかしそのためには、少なくとも自己がどのような世間に属しているのかを自覚していなければならない。自分が属している世間との関係によって、自分の視野や分析視角がどのように規定されているかを自覚しているばあいは、観察にある程度の客観性が生まれる可能性があるからである。

社会という言葉を用いて(5)チュウショウテキに語るときは、自己のよってたつ世間を忘れ、いくらでも博愛主義的（ヒューマニスティック）になれるが、具体的な行動を伴うときには、世間に即して考えなければならないために、ヒューマニズムの影も見られないことが多い。日本人の世間は、常に排他的で、差別的な構造をもっているからである。わが国の被差別部落に対する差別の問題も、現代に関していえば、日本人の世間がもつ差別的構造に由来するところが大きいのではないか、と私は考えている。(b)差別をなくすことは、世間の解体あるいは拡大によることなしには困難ではないか、とさえ思っているのである。大切なのは、わが国では、「社会」と「世間」という二つの用語の世界があるということを、まず認識することである。「社会」はいわば近代的な用語の世界であり、貨幣経済を軸とする表向きの構造をもっている。他方で「世間」は主として対人関係の中にあり、そこでは貨幣経済ではなく、贈与・互酬の原則が本史学においても、まともに世間を論じた人を私は知らない。吉川弘文館の『国史大辞典』には「世間」という項目すらないのである。現実の日常生活では世間の中で暮らしているにもかかわらず、日本のインテリは少なくとも言葉のうえでは社会が存在するかのごとくに語り、評論家や学者は、現実には世間によって機能している日本の世界を、社会としてとらえようとするために、滑稽な行き違いがしばしば起こっているのである。このことは政党や大学の学部、企業やそのほかの団体などの人間関係のすべてについていえることであり、それらの人間関係は皆そこに属する個人にとっては、世間として機能している部分が大きいのである。個々人はそれら世間と自分との関係を深く考えず、自覚しないようにして暮らしているのである。

日本人の一人一人にそれぞれ広い狭いの差はあれ、世間がある。世間は日常生活の次元においては快適な暮らしをするうえで必須なものに見えるが、その世間がもつ排他性や差別的ヘイサ(4)性は公共の場に出たときにはっきり現われる。あるとき電車の中で私は中年の女性に席をゆずった。二駅ほど過ぎてその女性のとなりの席が空いたとき、その女性は遠くの席に座っていた仲間を呼び寄せて並んで座り、「二人とも座れて良かったね」と話し合っていた。彼女たちにとってそのとき、二人だけの世間が形成されており、まわりの人間のことは全く彼女たちの考慮の中に入っていないのである。このようなことは日本では日常的にみられることであり、電車の中で宴会を始めたり、騒いだりする人たちは常にどこでも見られるのである。このような事態に対して、日本人には公徳心が足りないとかいろいろいわれるが、問題は公徳心ではなく、ここでつくられている仲間意識が、多くの人たちによって是認されているという点にある。

そのようなとき私たち日本人には、自分たちが排他的な世間をつくっているのだ、という認識がほとんどないのである。

学者であれ、ジャーナリストであれ、もの書きが日本の過去、現在、未来について語るばあい、自分がどのような世間に立脚して語っているのか、を自覚していないために前述のような行き違いが起こるのである。そこでもの書きに最小限求められることである。

世間と個人の関係について注目すべきことは、個人は自分が世間をつくるのだという意識を全くもっていない点にある。自己は世間に対して、たいていのばあい、受け身の立場にたっているのである。個人の行動を最終的に判定し、裁くのは世間だとみなされているからである。「世間」という言葉が定義しにくいのは、世間は常に個人との関係において、その個人の顔見知りの人間関係の中で生まれているものだからであり、人によって世間が広い人も狭い人もいるからである。したがって個人ごとにさまざまな世間があり、日本には数えきれないほどの世間があることになる。ときには身内以外にさしたる世間とのつきあいもなく暮らしている人もいるのであるが、それでも世間の評判は気にかかるのである。

欧米人は日本人を(2)ケンイ主義的だとみることが多いが、それは日本人が常に世間の目を気にしながら生きており、彼らからみると個性的ではないようにみえるためである。日本人はできるだけ目立たないように生きることが大切であると考え、自分の能力も必要以上に示さないようにする。日本人が何よりも怖いと思っているのは「世間」から爪弾きされることだからである。その怖いと思っている態度が欧米人には理解しかねるのであって、それは彼らには「世間」が理解しかねることと同じ根をもっている。

個人の性格にもよるが、世間の中で暮らす方が社会の中で暮らすよりも暮らしやすく、楽なのだ。そこでは長幼の序、先輩・後輩などの礼儀さえ心得ていればすべては(3)カンシュウどおりに進み、得体のしれない相手とともに行動するときの不安などはないからである。さらに世間の中での個人の位置は、長幼の序や先輩・後輩などの序列で一応決まっており、能力によってその位置が大きく変わることはあまりない。個人が世間に対して批判をしたり、不満を述べることがあっても、世間のルールはカンシュウそのものであり、なんら成文化されていないから、不満も批判も聞き流されてしまうのである。

日本人の多くは世間の中で暮らしている。しかし日本の学者や知識人は「世間」という言葉から市民権を奪い、「世間」という言葉は公的な論文や書物には文章語としてほとんど登場することがない。「世間」という概念を学問的に扱わなければならないはずの日かを知らない大人は一人もいないのである。

「世間」とは本来サンスクリットのloka（場所）の漢語訳であり、世の中、世界を表わす言葉であった。現在の日常用語としての「世間」は、「自分たちの活動、交際する場としての社会とそこに住んでいて自分と直接、間接のかかわりを持つ人たちのこと」と時に記されている。しかし世間には、移り変わり、変化を免れない、迷いの世界としての衆生（しゅじょう）をさす「有情（うじょう）世間」と、山や川、大地などの「器（き）世間」の区別があり、人間関係だけではない。そのような意味で、世間は今日でも日本人の行動を深いところで規定しており、意識された世間との関係を無視しては、個々人の行動を理解することはできないのである。

しかし明治以降、日本人は西欧の文化を取り入れ、学問を輸入し、「社会」という訳語を使うようになった。学問の世界では個人を単位として構成されている社会という言葉がひんぱんに用いられるようになり、日本人には西欧人とはちがった自我の意識があり、西欧人とはちがった個人の責任のとり方があることが(1)オオい隠されてきたのである。それは日本の知識人が西欧人になりたいと願っていた夢の現われでもあり、現実には日本では通用しえない西欧的個我（こが）を各人がもっているという幻想が、この百年の間に広がったのである。しかし言うまでもなく、日本においては西欧的個我を確立することはできないし、その必要もない。条件が全く異なるからである。では日本的個我をどこに見定めるべきかという問題が生じてくる。それは少なくとも過去から現在までの私たちの生活を規定してきた「世間」という概念を、自分との関係において、きちんと個々人が整理することから始められねばならないだろう。ではそのためにはどうしたらよいのだろうか。

社会は個人から成り立つものとされている。したがって実状はどうあれ、それぞれの個人は、社会の構造、運営、将来について責任をもつものとして意識し、行動していることになっている。しかしながら、このような意識は明治以降に輸入されたものであり、(a)現実の日本人の多くは、社会を構成する個人としてよりも、世間の中にいる一人の人間として行動している部分の方が多いの

▲フランス文学科B方式▼

（九〇分）

次の文章を読み、以下の問いに答えなさい。

問一　傍線部(1)〜(5)のカタカナをそれぞれ漢字で書きなさい。**解答用紙（その一）を使用**

問二　傍線部(a)について、「社会」と「世間」がそれぞれ個人にとってどのようなものであるかを本文にしたがって明らかにしつつ、その意味を一二〇字以内で説明しなさい。**解答用紙（その一）を使用**

問三　傍線部(b)について、差別をなくすために「世間の解体あるいは拡大」が必要であるとはどういうことか、本文の論旨に即して簡潔に説明しなさい。その上で、あなたの考えを具体的な例とともに八〇〇字以内で述べなさい。**解答用紙（その二）を使用**

日本の学問には明治以降、奇妙な特徴があり、百年以上経た今日でもほとんど変わっていない。それは日常用語の世界における人間関係やその表現の仕方が、学問や論壇における人間関係やその表現の仕方と根本的に異なっており、しかもそのことに多くの知識人が目をおおっているという事実なのである。

たとえば「社会」という言葉を例にとってみると、大学をでていない人でも「社会」という言葉を知らない人はいないだろう。しかしこの言葉は、専門家や学者、ジャーナリスト、知識人などをのぞけば、一般の人々の間では日常用語になっていないのである。それに代わるものとして、『万葉集』や『源氏物語』以来使われている「世間」、「世の中」という言葉が今でも生きており、世間とは何

答欄番号は 13

① 蛇の道は蛇
② 蓼食う虫も好き好き
③ 絵に描いた餅
④ 朱に交われば赤くなる
⑤ 画竜点睛を欠く

問七　空欄 A ～ D に該当する語を①～⑥から選び、その番号をマークしなさい。解答欄番号はA＝ 14 、B＝ 15 、C＝ 16 、D＝ 17

① 独創的　② 相補的　③ 示唆的
④ 自動的　⑤ 美的　⑥ 差別的

問八　傍線部⑷「美は二重の意味で「そと」を意識している」とはどういうことか。五〇字程度でわかりやすく説明しなさい。**解答用紙(その3)を使用。**

問二　傍線部(2)「日本ではむしろあいまいさと感じられるものこそ、優れた表現(とされる)」という主張に関連して、本文で言及されている「日本語の特質」を二つ挙げなさい(各一五～二〇字)。**解答用紙(その3)を使用。**

問三　傍線部(3)に関して、その理由として適切なものを①～④から選び、その番号をマークしなさい。解答欄番号は 11

① 政治や経済は日常的生活に関わるのに対し、美はより高次の精神生活に関わるものであるから。

② 政治や経済は何が正しいかをめぐって共同体内の争いを引き起こすのに対し、美は趣味判断に属しその当否について論議するものではないから。

③ 美は政治や経済の論理が内部にはらむ闘争性のみには還元されないから。

④ 政治や経済は明晰さを追求し争いを引き起こしがちであるのに対し、美はあいまいさを許容し争いを緩和するから。

問四　傍線部(i)「オリエンタリズム」の説明として適切なものを①～⑤から選び、その番号をマークしなさい。解答欄番号は 12

① 一九世紀末のヨーロッパにおいて、ゆきすぎた資本主義への反動として、東洋の美術を愛好する趣味が流行したこと。

② 二〇世紀初頭のヨーロッパにおいて、自らの属する民族を他の国家から区別し、その統一や独立を目指す機運が生じたこと。

③ グローバル化が進む現代に、すべての人間が国家や民族といった枠組みにとらわれず、包括的なコミュニティを形成すべきだという考え方が普及したこと。

④ 帝国主義の時代、植民地世界において、言語や文化などの諸要素が混交する現象が生じたこと。

⑤ 近代において、西欧世界が非西欧世界を「異質な他者」として想像し、文化的支配の対象として認識したこと。

問五　傍線部(ii)「普遍性」の対義語を、文中から抜き出しなさい(三字)。**解答用紙(その3)を使用。**

問六　空欄 X に当てはまることわざとして最もふさわしいものを、①～⑤から選び、その番号をマークしなさい。解る「古事記」をめぐるものであったことは非常に［C］であるように思えます。「源氏物語」と「古事記」は二者択一的（つまりそのどちらかを選ばなくてはならない）のではなく、互いが互いの役割を強化するという点で［D］なのです。

まとめて言えば、(4)美は二重の意味で「そと」を意識している。まず、「うち」と「そと」を境界づける排除の装置として、ついで、「そと」の視線にうつる、あるいはそうした視線にうつることを期待する自己像にかかわるものとして。

山田広昭「文学は〈国家〉とどんな関係にあるのか？」より（一部改変）

問一　次のア～カには、傍線部(1)「美のカテゴリーが共同体のアイデンティティを定めるのにもち出されてきた」ことを示す事例としてふさわしくないものが二つ含まれています。その二つの組み合わせとして最も適切なものを①～⑥から選び、その番号をマークしなさい。解答欄番号は［10］

ア　少し前の日本の首相の著書

イ　ＰＴＡの集まりで配布されたパンフレット

ウ　川端康成の講演

エ　大江健三郎の講演

オ　本居宣長の『源氏物語』に関する仕事

カ　本居宣長の『古事記』に関する仕事

①　ア―ウ　　②　イ―オ　　③　ア―オ　　④　エ―カ

⑤　イ―エ　　⑥　ウ―カ

ここで、美というカテゴリーの機能、用法ということに話を戻したいと思います。私は美が共同体の構築に必要な、言い換えれば、共同体の成員相互の結びつきを支える紐帯として呼び出されるのは、(3)美が係争をことする政治や経済が与えることのできない高次の統一を与えるからだと言いました。その言い方にはいくつか留保をつけなくてはなりません。というのは、美が権力やヘゲモニーの争いと無縁かというとそんなことはまったくないからです。それどころか、美はそもそも何を美とするかをめぐる争いをつねに内包していると言ってもいいでしょう。むしろ、だからこそ、美は共同体に役立つのだと言った方がいいのかもしれません。政治や経済が自己の論理を貫徹するときには、既存の共同体を解体することをためらわない（現在グローバリゼーションの語で語られている事態はそれをよく示しています）のに対して、美はそうではない。美はつねにある共同体の美であって、一個の共同体が他の共同体に対して自己を主張し、その独自性の承認を要求するためにもちだされる（それにこれは、強者を相手にしたときには、一番承認してもらいやすい。じっさい、自分の中心性をうたがわない文化が他文化を称揚するときは、つねにその美的生産物を褒める。こういう態度を学問の世界では(i)「オリエンタリズム」と呼ぶのですが）。

その観点から言うと先ほど引いた言葉が出てくるリヴァロルの論文のタイトルが「フランス語の普遍性について」であるのは象徴的です。それは自分を［　A　］に承認してもらう必要など感じていない強者の態度だと言えるでしょう。(ii)普遍性は美の上に基礎づけられるようなものではない。美は趣味判断に属し、ことわざに言うように（［　x　］）趣味については論議できないからです（カントはそんなことはないと言いましたが）。そのうえ美は［　B　］です。共同体にとっての美の役割は、共同体にとっての神話、それもその創設（創建）神話のそれに比較されるべきものかもしれません。カリブ海アンティル諸島出身の作家グリッサンはある講演の中で、創建神話とそれにつらなる叙事詩にふれて、その役割はある領土上で共同体の存在を神聖化し権威づけることにあるが、そのことによってそれは、この共同体に属さない他者を排除するために使用される傾向をもつと言っています。その意味では、本居宣長の仕事が二つの中心を持っていたこと、すなわち、「源氏物語」とともに、まさに創建神話た人学者である本居宣長で、一八世紀の後半、つまり、まさに近代日本がこれから国民国家として立ち上がってこようとするのにわずかに先立つ時期ということになります。川端はこの受賞講演で、たしか、「源氏物語」を日本最高の小説として位置づけ、現在もこれを越えるものはないというようなことを言っていたと思いますが、「源氏物語」を「歌詠むこころばえの書」として絶賛し、その本質を「もののあわれ」として取り出すことで「源氏物語」の日本文化の基底としての地位を揺るぎないものにしたのは本居宣長にほかなりません。

このパンフレットを話題にしたついでに、もう少し中身を見てみますと、「日本文化の基調としての日本語」という表現が何度か出てきます。そのうえで、では日本語は何を特質としているとされているかというと、「自然を表す美しい言葉、情感を表す微妙な言葉、短い言葉の中に自然と情感を表現する日本語の特質は、日本文化の美しさの基調にあります」となるわけです。そのすぐ上を見ると、「言語はコミュニケーションになくてはならないものです」とあって、それはいいとしてあとに何が続くかというと、いきなり「日本語は、敬語や謙譲語など、その場にふさわしい表現ができる言葉です」となります。キーワードが、情感や場であることは一目瞭然です。

自国語がいかに優れているかを言い立てることにおいては、たとえばフランスはどこにも引けを取りませんでしたが、日本とフランスでは何を自慢するかが基本的にちがっています。なんといっても「明晰でないものはフランス語ではない」(フランスの一八世紀の学者でリヴァロルという人の言葉です)とくるわけですから。「明晰でないものは日本語ではない」なんて聞いたことがありません。(2)日本ではむしろあいまいさと感じられるものこそ、優れた表現なのであって、情感を言い表すのに適しているということになるのではないでしょうか。川端康成の講演から二〇数年をへて日本人として二人目のノーベル文学賞を得た大江健三郎がこうした風潮にがまんできず、川端が世界に主張しようとした価値観へのいらだちをこめて、その受賞講演を「あいまいな日本の私」(一九九四年)と題した気持ちはその意味でよくわかるという気がします。

③　シュンジに対応する
④　自説をコジする

Ⅱ　次の文章を読み、問いに答えなさい。

私が気になるというか、ずっと以前から関心を引かれてきたのは、美とか美しさとかいった言葉の使われ方、もう少し気取った言い方で言えば、美というカテゴリーの使われ方です。これはすでに述べたことからも明らかなように決して日本と呼ばれる共同体の専売特許というわけではないのですが、それでも、近代の日本ほど、(1)美のカテゴリーが共同体のアイデンティティを定めるのにもち出されてきたところは少ないのではないかという気がします。そうした時代はもう終わったかに見えかけていましたが、これは全然終わっていないことが明らかになりました。

例をあげると、少し前の日本の首相が(そのときはまだ総裁候補でしかなかったと思いますが)、政治家としての自分を打ち出すために「美しい国へ」というタイトルの本を出しました。さらに、私がいま住んでいる東京のある区での話ですが、先日、学校のPTAの集まりで、区の教育委員会から人が来て、こんなパンフレットが配られました。表題に「美しい日本語を『……』の学校から」とあります。そしてその下には、「春は花、夏ほととぎす、秋は月、冬雪さえて冷しかりけり」という歌が引用してあります。記憶にとどめている方がどれくらいあるかわかりませんが、この道元の歌を日本の美を象徴するものとして引用したのは、ノーベル文学賞受賞講演の際の川端康成で、その講演はじつに意味深くも「美しい日本の私」と題されていました。川端の受賞講演は、一九六八年ですが、このとき川端が世界に示そうとしたような日本の美の定式化の基礎を据えたのは、江戸時代の町

(b) ホウセツ 6

① 被告人にセッ見する
② セッソクに事を運ぶ
③ 会場のセツエイ
④ 自然のセツリ

(c) タクエツ 7

① 取捨センタク
② ジュンタクな資金
③ けだし、タッケンである
④ 国民のシンタクを受ける

(d) キ 8

① またとないキカイを逃す
② ジョウキを逸した振る舞い
③ キで鼻を括る
④ セイキのない表情

(e) シュウジ 9

① トウジを述べる
② サジにこだわる

④　ヴェルサイユ宮殿の造営
⑤　百貨店のにぎわい

問七　空欄 x に該当する語を答えなさい（二字）。**解答用紙（その2）を使用。**

問八　空欄 イ に該当する記述として最も適切なものを①～⑤から選び、その番号をマークしなさい。解答欄番号は 4 。

①　現実そのものがパノラマと化す
②　風景が一人の踊り手として擬人化される
③　神は細部ではなく全体に宿る
④　世界の全体が巨大な書割に置き換わる
⑤　知覚がコマ送りのように細分化される

問九　二箇所の空欄 y に該当する語を答えなさい（二字）。**解答用紙（その2）を使用。**

問十　傍線部(a)～(e)に相当する漢字を含むものをそれぞれ①～④から選び、その番号をマークしなさい。解答欄番号は 5 ～ 9 。

(a)　フチ 5

①　チケンを広める
②　別のケンチに立つ
③　検索した語を一括でチカンする
④　大会をショウチする

③　自分がこの前景の一部であること
④　風景の知覚の本質的な主観性
⑤　近景と遠景のアナロジー

問三　傍線部(1)「旅人から近景が奪われることになった」とはどういうことか、「身体」と「空間」の語を用いて三〇字程度で説明しなさい。**解答用紙（その2）を使用。**

問四　傍線部(2)「メディア」に当たる日本語を、本文中から抜き出しなさい（二字）。**解答用紙（その2）を使用。**

問五　傍線部(3)「一九世紀ヨーロッパ」における事象として<u>ふさわしくないもの</u>を①～⑤から選び、その番号をマークしなさい。解答欄番号は［2］。

①　工業化の進展
②　啓蒙思想の萌芽
③　ナショナリズムの高揚
④　市民社会の成熟
⑤　社会主義思想の開花

問六　傍線部(4)「一八六〇年代」のフランスにおける事象として<u>ふさわしくないもの</u>を①～⑤から選び、その番号をマークしなさい。解答欄番号は［3］。

①　パリ大改造
②　万国博覧会の開催
③　写真技術の発展

機械の速度に依拠することで実現されるパノラマの「車窓」は、[y]を予告していた。いささかシュウジ(e)が過ぎるかもしれないが、そう言えなくもない。だが、そうであったにしても、それは単に「車窓」が巨大な書割装置と化すからという理由によるのではない。[y]とは、なによりもまず、静止画を毎秒二十四コマずつ連続的に提示する光学機械装置によってつくりだされる運動だ。「車窓」にパノラマを見出そうとした一九世紀のひとびとの知覚についてあらためて注意を払うべき点は、パノラマの「車窓」を風景自体の運動としてとらえようとしたことにある。そこには「鉄道が風景を踊らせた」ことへの驚きがある。

「車窓」は踊るのだ。

長谷川一『アトラクションの日常』より（一部改変）

※パノラマ　一八世紀末にイギリスで発明されたアトラクション。円形の建物の内壁に描かれた二次元の風景を照明の効果で実景のように見せるもの。

問一　空欄[A]～[D]に該当する語をそれぞれ文中から抜き出しなさい（各二字）。**解答用紙（その2）を使用。**

問二　空欄[ア]に該当する記述として最も適切なものを①～⑤から選び、その番号をマークしなさい。解答欄番号は[1]。

① 自己と風景が主客の関係にあること

② 風景が視覚によって切り取られる一個のタブローであること

することになったものは、つぎのようにまとめられる。

それは風景を四角く切りとって一枚の写真のように加工することであり、それらの移りゆく次々をまるで動く画面として提示することであり、それを静かにじっと眺める時間であった。また、列車の発する機械音・走行音は、それ以前ではありえないすさまじいものだったから、列車の車内は、自らのたてる轟音の壁によって周囲から遮断されたカプセルとなった。「車窓」は、移動するカプセルのなかから視覚だけが切り離されてタクエツすることで、視覚優位の風景概念を経験に植えつけることになった。

一方、シヴェルブシュによれば、「車窓」の成立によってもたらされた旅の知覚の変容にたいする態度として、一九世紀ヨーロッパでは二種類の傾向がみられたという。伝統的な旅の知覚を手放さなかった者と、新たな旅行技術を全面的に受け容れた者とである。

前者は、鉄道に乗車するようになってからも、それ以前の、風景と［D］だった時代と同じやり方で「車窓」と関係しようとした。その試みは当然のようにうまくいかず、途方に暮れた彼らは旅の高速化は退屈で莫迦(ばか)ばかしいという感情に退却することになった。一八六〇年代、フローベールは汽車旅行に出かける前夜をいつも眠らずに過ごした。車中でぐっすり眠れば、「車窓」に目を向けなくてもすむからだった。車中で［x］にはげむこともまた「車窓」の受容の一形態であり、鉄道旅行に適したペイパーバックの並製本や文庫本の普及やそれら書籍の自動販売機の登場は、鉄道の発達とキを一にしている。

同じころ新たな知覚を愉しもうと考える者たちは、「車窓」に映る景色を動く舞台装置とみなし、これを見世物としての※パノラマと結びつけて理解しようとしていた。彼らがパノラマ的眺望の重要な要素として注目したのは、汽車の速度であり、それによって、ふだんは異なる領域に属する種々さまざまなものがつぎつぎと連続して立ちあらわれてくることであり、それらを区別することなく結びつけることで可能になる全体把握、すなわち展望であった。「車窓」では、［イ］のである。

て親密な関係を切り結んでいた。「この前景越しに、昔の旅人は通り過ぎてゆく風景と関係を保っていた。彼らは、［ア］を自覚していたし、この意識が彼らを風景と結びつけ、その風景が遥か彼方まで広がっていようとも、旅人の意識は風景の中に彼らを編み込んでいたのである」。匂い、音、共感覚、細かなディテールとともに経験される伝統的な旅における風景とは、旅人によって生きられ編みあげられる空間そのものだった。旅人は風景に(b)ホウセツされてその内部に齟齬（そご）なく埋め込まれ、両者は分かたれることなくひとつの空間をなしていた。

ところが、鉄道が新たな移動手段として登場し、(1)旅人から近景が奪われることになった。鉄道車両は鉄路の上をそれまでとは比べものにならない速度で走行するため、近景はたちまちのうちに飛び去ってしまい、乗車した旅人から視認できなくなったからだ。近景の消失は、そこに距離をともなった空隙を成立させることになった。空隙の向こう側にあるものは遠景である。遠景こそが、鉄道の旅において知覚される風景だ。

客車の車体によって遮蔽された内部空間に坐した旅人は、消失した近景という空隙をはさみ、その向こう側にかれ自身の抜けた空間を発見することになる。それはもはや旅人の身体によって経験される空間ではなく、外部化され奥行きを失ったタブローのように観照されるべき客体であり、旅人はそこから切り離された地点から客体をながめる観照者として再構成されることになった。

ここに立ちあらわれるものこそ、わたしたちが「車窓」とよぶ何かだ。「車窓」は、消失した近景という空隙のなかに生起して、脱身体化された観照者としての旅人と、外部化して奥行きを失った客体としての風景とを、区別しつつ、媒介する。

「車窓」が風景の［B］にかかわる(2)メディアであることを早くから見抜いていたひとりに、民俗学者柳田國男がいる。柳田の風景論をメディア論の視点から読みなおした佐藤健二によれば、「車窓」という［C］がひとびとに歴史上初めて供給

総合問題

◀フランス文学科A方式▶

（九〇分）

I　次の文章を読み、問いに答えなさい。

風景は生産され制作される。風景は、実在する世界をそのまま二次元に写像したイメージ、というような素朴な認識過程ではない。それは、身体と知覚とがあるフチ(a)をなすなかで、見る主体と見られる客体という主客二分の構図をつくりだす認識論的な装置である。そのなかで、観照され描写される対象として制作されるものが風景だ。したがって、それは身体とそのふるまいにかかわるテクノロジーの問題としてもとらえられなければならない。「車窓」もまたしかり。ただし「車窓」は、通常の意味でいう風景とは少しちがう。それは速度と不可分であり、［A］のなかにしか成立しえないという固有の性質を帯びている。「車窓」が生まれたのは、鉄道の登場によって旅のあり方が決定的な変容をむかえたその過程においてである。ヴォルフガング・シヴェルブシュによれば、近景（前景）こそがこの変容のポイントだという。

鉄道の登場以前、交通手段といえば郵便馬車か徒歩が主流だったヨーロッパでは、旅人は彼を取り囲む環境と、近景をとおしヴァレリーは、巨匠たちを念頭において、それを獅子にたとえ、「一匹の獅子は幾匹もの羊の肉を養分にして生きている」と言っている。先人の様式を養分にして強烈な個性が創られる。様式的には目新しいいろいろの企てが試みられるが、その創意や工夫のゆえに芸術の価値が輝き出るのではない。逆にまた様式を模倣することが、芸術の創造と絶縁することでもない。芸術的価値の創造とは、たとえ様式として一般化されるにしても、そのような普遍的な枠組では包み切ることの出来ない独立的存在として、物質やその運動でありながらも、人格的存在に類似して、他のものに代えることの出来ない一回性を獲得することなのである。ということは、芸術的価値は、すでに経験的感覚的現象を越えた一般者の次元を、さらにもう一つ超越した二重超越にほかならない、それゆえに、現実の世界からは二重の距離に隔たれた高い存在である。芸術的価値とは、そういう構造をもつということを記憶に留めなければならない。

このことは、時間論の面からみてもはなはだ重要な問題に繋がる。それはどういうことであろうか。日常的現象の領域とは、時計で測られる物理的な時間に典型をもつところの世界時間に対応する。そして、様式とか概念とかという一般者の次元とは、論理的無時間性に対応するものである。先にも述べたように、芸術的価値の領域は、この両者を超越するのであるとすれば、その領域に対応する時間性もまた、時計の時間でもなく、論理的無時間性でもなく、それらを越えたところの永遠に近いものであるということが暗示されて来る。換言すれば、芸術の時間とは物理的時間性と論理的無時間性を止揚した第三の時間だと言わなければならない。このような無限や永遠に向かって開かれた時間帯を、普通の現象的時間とは区別して、何と呼んだらよいであろうか。一応、超越的時間性と呼んでおくことにしよう。

（今道友信『美について』講談社現代新書、一九七三年より）

原文にある小見出し・注記号は省略しています。

論述

（九〇分）

問　次の文章を読み、その論旨を、各自の関心分野（美術史・音楽史・演劇映像学）におきかえて、八〇〇字以内で言い換えなさい。その際、具体的作例を引き、その詳細についても論じるよう心がけること。

そもそも様式は、創造にとっては非本来的なものではなかろうか。ホメロスの叙事詩の詩法に基づいて、それと等しい韻律でローマ民族の発祥を歌い上げたヴェルギリウスの『アエネイース』は人も知る不朽の傑作ではあるが、ラテン語の世界で、はじめてその様式を案出したのはナエヴィウスやエンニウスであった。しかし、これら先駆者の作品は、その様式を踏襲して作詩したヴェルギリウスの作品に較べると、光の失せる出来栄え（できばえ）に過ぎなかった。同様のことは、ヴィヴァルディとバッハという二人の同時代者についても言われるであろう。様式上の創見という点では、ヴィヴァルディの方が常にバッハに一歩先んじて新しい工夫を編み出しているが、作品の価値という段になると、ヴィヴァルディの様式を模倣したバッハの方が秀れているのではなかろうか。たとえば前者の「四つのヴァイオリンと管弦楽のための協奏曲ロ短調」とそれを改編した後者の「四台のチェムバロ協奏曲イ短調」とを比較すれば、音の輝きでも気品の高さでも、後者に軍配をあげざるをえないであろう。西洋絵画の単なる模倣を初めたばかりの一時期の日本の洋画が、全般的に言えば、その前後の日本画の水準に比較すると、様式としては目新しくても、見劣りがするというようなことも、様式が価値とは関係しないことを物語る。

問十一　傍線部8「たなごころ」の意味を、平仮名四文字で記せ。**解答用紙（その2）を使用。**

問十二　傍線部9「それは、その形においても重みにおいても、あの大伴家持も歌に展べる以外にないとした「締緒」、結ぼれてやりばもなく物思いに沈みがちな心という実体の、象徴なのである」とあるが、その意味するところを五十字以内で説明せよ（字数には句読点やカッコ・カギカッコなどを含む）。**解答用紙（その2）を使用。**

問十三　傍線部10「壺中の春」とあるが、それは蕪村の句にどのような意味合いで反映しているといえるか。最適なものを、次の①～⑤から選び、記号をマークせよ。解答欄番号は 8 。

①　春らしさが凝縮したような雰囲気。
②　俗世間とはかけ離れた平和な別天地。
③　明るいばかりで影のまったくない場所。
④　狭い部屋の中に閉じこめられたような生活。
⑤　時間が停まったような、季節感のない世界。

問十四　傍線部11「人間の実存のとらえどころない流動性、不確かさそのもの」とあるが、これはどのようなことを意味しているか。その説明として最適なものを、次の①～⑤から選び、記号をマークせよ。解答欄番号は 9 。

①　人間は常に居所を変え、一所に安住することができない存在であるということ。
②　人間は、生きることの悩みに囚われた、罪深い、救われない存在であるということ。
③　人間が見ている世界は、真に実在するものではなく、しょせんは虚像に過ぎないということ。
④　人間の存在が確かな基盤を持たず、常にうつろうてゆくはかなさを伴ったものであるということ。
⑤　生きてゆく上ではどうしても時間を無駄にしてしまい、その悔いにさいなまれて生きるしかないということ。

問六　傍線部4「家持の同時代人であり、蕪村がもっとも愛した唐詩人でもあった王維」とあるが、大伴家持と王維とが生きた時代として最適なものを、次の①〜⑤から選び、記号をマークせよ。解答欄番号は 4 。

①　六世紀後半　②　七世紀後半　③　八世紀後半　④　九世紀後半　⑤　十世紀後半

問七　空欄 C に入れるのに最適な語句を、次の①〜⑤から選び、記号をマークせよ。解答欄番号は 5 。

①　象徴化　②　擬人化　③　戯画化　④　抽象化　⑤　論理化

問八　傍線部5「漂泊」の意味を十字以内で記せ（句読点を含む）。**解答用紙（その2）を使用**。

問九　傍線部6「内部次元への収斂」とあるが、この語句の意味するところとして最適なものを、次の①〜⑤から選び、記号をマークせよ。解答欄番号は 6 。

①　ひたすら自分の内側に閉じこもって、外界との交渉を断ち孤高を守って生きていこうとする姿勢。

②　身辺のささやかなものを凝視することから、新たな発見を通じて自己の精神を高めていこうとする姿勢。

③　自分の生活のみを大切にし、社会的な問題意識や他者との交情を素材とすることを断念しようとする姿勢。

④　室内にあるもののみを発句の素材とし、戸外の広大な風景や市井の情景を作句の対象から除外しようとする姿勢。

⑤　日常的な生活感覚の中にひそむ詩情を見つめるところから、そこに一つの内面的な美を見出そうとする姿勢。

問十　傍線部7「木立ものふりて」の解釈として最適なものを、次の①〜⑤から選び、記号をマークせよ。解答欄番号は 7 。

①　木立も鬱蒼と生い茂り。

②　木立も枯れ果てていて。

③　木立も芽吹いたばかりで。

④　木立も時代が経っている感じで。

⑤　木立も手入れが行き届いていて。

問二　傍線部2「たゆとう」の意味を、平仮名五文字以内で書け。**解答用紙（その2）を使用**。

問三　空欄 A に入ることばとして最適なものを、次の①～⑤から選び、記号をマークせよ。解答欄番号は 1 。

①　安定感　②　充足感　③　終末感　④　停滞感　⑤　疎外感

問四　傍線部3「いまが昔であるような、このぽっかりと空洞のように閑寂な午後がいくつもいくつもかさなってそのまま遠い過去につながっているような気がしてきたりする」とあるが、ここで筆者が述べようとしているのはどのようなことか。その説明として最適なものを、次の①～⑤から選び、記号をマークせよ。解答欄番号は 2 。

①　晩春の午後の日長の退屈さのあまり、昔のことばかりが思い出され、来る日も来る日も懐古的な気持に浸って過ごすということ。

②　晩春の午後に一人端座していると、昔から現在までの時間の経過がひときわくっきりと眼に映り、自分の人生のかたちが見えてくるということ。

③　晩春の静かな午後の境地が、昔から変わらぬものであるがゆえに、いつのまにか昔のある日のそのときに立ち帰ってしまったように感じるということ。

④　晩春の午後に一人きりでうずくまっていると、長い間孤独に過ごしてきた自らの姿がはっきりと浮かび上がってきて、切ない気持ちになるということ。

⑤　晩春の午後に静かな時間の流れに身をゆだねていると、長い時間生きてきた自らの老いがひしひしと感じられ、残り少ない人生をどう過ごすかで悩ましい気分になるということ。

問五　空欄 B に入る永井荷風の訳詩集の名称を、次の①～⑤から選び、記号をマークせよ。解答欄番号は 3 。

①　珊瑚集　②　月下の一群　③　月に吠える　④　測量船　⑤　邪宗門

琵琶」や「牡丹散て」の句と同じほど鋭く、11人間の実存のとらえどころない流動性、不確かさそのものにまで触れたものとなる。中国唐代の詩人、万葉の歌人、また芭蕉にもあった、自然や社会との生身の劇的なかかわりあいは磨滅してしまっていたかもしれない。だがそのかわり、小市民的日常の哀歓のさざなみをとらえながらも、そのなかから、巧緻な夢幻の美を織りあげてみせた点、夜半亭蕪村はやはり上田秋成の評していう「実に当世の作者」、つまりロココ的光彩をおびた十八世紀日本のmodernpoet にほかならなかった。

しかし、その華麗な感性美の展開の裏で、彼は同時に、市民的日常性の奥にひそむゆえもなくおもたき心、あるいは一瞬の気の衰えに乗じて押しひろがる空虚のおそろしさ、つまり近代人の倦怠をはやくも垣間見、鋭敏に探りあてていた。そしてまさにそのことによって彼は日本の伝統的季節感に新たな心理的含蓄を加えたのである。

（芳賀徹『與謝蕪村の小さな世界』による）

[注]

＊『詩経』＝儒教の経典の一つ。小雅は宴席などでうたわれた歌を集めた章。

＊ブラウニング＝十九世紀イギリスの詩人。

＊ギュスタアヴ・カアン＝十九世紀後半から二十世紀前半にかけて活躍したフランスの詩人。

＊和漢朗詠集＝平安時代中期に藤原公任によって撰せられた詩歌集。朗詠に適した和歌と漢詩の名句を集めている。

＊水原秋桜子＝俳人。一八九二～一九八一。

＊田沼時代＝側用人田沼意次が政治の実権を握っていた時代。

問一　傍線部1「闌けて」の「闌」の読みを、平仮名で記せ。**解答用紙(その2)を使用。**

も呼ばれる一つの気分と、それは化してしまっている。

　そこに時代の反映を見ようとするならば、それは十八世紀後半、＊田沼時代の日本の、閉ざされたなかの過剰なほどの平和に熟れて、まさに駘蕩たる晩春の季感と区別もつかなくなったような小社会の雰囲気、そしてその事もない壺中の春に倦み疲れ、かえって物足りなく思うことさえある甘い倦怠感が、おのずから反映しているとでも言う以外にないであろう。

　われわれの「ゆく春やおもたき琵琶」の句とならんで――

　　春の夕（ゆふべ）たえなむとする香をつぐ

　　牡丹散て打かさなりぬ二三片

などの句も、居座する空間のなかにごくかすかな波動を起こすのみでうち過ぎてゆく時間の流れを、ただじっと感受している心の翳りの堆積――その微妙なものをみごとにとらえて造型した傑作にちがいない。この無為の快感はもっとくだけた世俗的日常のなかにも見いだされ、「花を踏（ふみ）し草履も見えて朝寝哉」といった、あの懶惰あるいはしどけなさの礼讃にまで進む。

　　うたた寝のさむれば春の日くれたり

は、「おもたき琵琶」を抱いて端座していた室内にもやがて忍びよる夕暮れの艶めかしさであろう。そして、このしだらなさ（しまりのなさ）の感覚が一種の喪失感と結びつくとき、蕪村の行く春の倦怠の句はふたたび「たえなむとする香をつぐ」や「おもたきかすかに官能的な感触を言いあらわすとともに、同じ蕪村の「うつつなきつまみごころの胡蝶かな」、あるいは「桐火桶無絃の琴の撫でごころ」などの用例におけると同様に、その琵琶の重みを抱くともつかず抱いている、あやふやな、まさにおぼつかない心の状態まで言っている。日本語表現独特の「曖昧さ」のみごとにゆたかな活用である。

そして同じ曖昧さによって、「おもたき」という形容詞は「琵琶」ばかりでなく、そのままこのような「抱きごころ」をおぼえる心の状態にまでかかるだろう。「おもたき」と「だき」の押韻がそのかかり具合をひそかに強調してもいる。

こうして、こののどやかに晴れた行く春の日の一刻、かたち清げな青年が黙然として抱くともなく抱いたまま、8たなごころにその重みを感じているのは、琵琶であると同時にほかならぬ自分の心そのものなのであろう。つまり、この句において、「琵琶」はある形と重みと感触をもつ物的(physique)なものであるとともに心的(psychique)な価値をもっている。9それは、その形においても重みにおいても、あの大伴家持も歌に展べる以外にないとした「締緒」、結ぼれてやりばもなく物思いに沈みがちな心という実体の、象徴なのである。

蕪村の別の句では「行く春やおもき頭をもたげぬる」ともいう、晩春のあの生暖かいけだるさのなかになにをするのも物憂く、自分の頭をもたげるのさえやっとであるような気分、一個の物体のように鈍く重く、われながら扱いかねるほどのわが身と心のかたまり、それがここでは琵琶に託されて言いあらわされていた。

しかも、その結ぼれた心にしても、物思いにしても、中国の詩人の場合ならば、なんらかの政治的ないしは社会的な不遇や不満を種とするわだかまりであることが多かったろう。

ところが日本の詩人、ことに天明の詩人蕪村にあっては、それは政治や社会とかかわりないのはいうまでもなく、もはや季節や人との別離を直接にせよ間接にせよ理由とするものでさえなくなっている。ただ蕩々たる晩春の空気がよびおこす文字どおりいわれもない物憂さ、けだるさという生理的＝心理的な状態、しかし実はそれだけに底深く、かえって処理し難い、「春懶（しゅんらん）」とだから、あの暮春のけだるさのなかに、いまもてあまし気味に琵琶を抱いて坐っているのも、作者自身のすがたではないのだろう。*水原秋桜子氏もいうように、そのかみのなにがしの大臣といわれるような身分・年輩の貴人か、いやそれよりもうら若いたおやかな貴公子風のすがたを、彷彿と想いうかべるのがよいのだろう。『枕草子』などとともに徳川期文人蕪村の愛読書であり、情操の糧でもあった『徒然草』の、なかでもとくに蕪村好みの一段に出てくる、王朝末期風の若者のたたずまいなど、ことにこの句にふさわしい。

「春の暮つかた、のどやかに艶なる空に、いやしからぬ家の、奥ふかく、7木立ものふりて、庭に散りしをれたる花、見過しがたきを、さし入りて見れば……」御簾の破れ目のむこうに、「かたち清げなる男の、年二十ばかりにて、うちとけたれど、心にくくのどやかなるさまして、机の上に文をくりひろげて見ゐたり」(四十三段)という、まさに文人画家蕪村が絖絹(ぬめぎぬ)に淡彩で描くのがふさわしいような優艶な晩春の一情景である。

『徒然草』では、引合いに出すのに少し時代がさがりすぎるかも知れないが、われわれの句の「琵琶」は、やはりそのような春の季と結びつきやすい蕪村の王朝趣味を暗示する。それはいわゆる平家琵琶でもなく、さらにのちの薩摩琵琶や月琴でもあるまい。螺鈿(らでん)などを嵌めたまるい茄子型のふくらみも優雅な、平安朝の四絃の楽琵琶こそ、暮春閑適の情に似つかわしいのである。

その琵琶を爪弾きしながら、さきほどまであの『和漢朗詠集』の白居易の句などを、ひとり声低く吟じてもいたのだろうか。王朝の貴人たちは、琵琶に合わせて、さらには笙・篳篥(ひちりき)・笛の三管の伴奏をもつけて、まさに『和漢朗詠集』のこの種の佳句を朗吟して楽しむことが多かったのである。

そういえば、「紫藤花下漸黄昏」の、それみずから淡い紫のたそがれをかもしだすかのようなあの晩春の花のおぼつかなくもゆたかに垂れる花房のイメージは、芭蕉の「草臥(くたびれ)て宿かる比(ころ)や藤の花」の句をも経由して、この蕪村の「おもたき琵琶の抱きごころ」に変容して伝わっているのではなかろうか。「抱きごころ」という言葉は、そのようなある重みをもって手中に沈むふくらみの、えているという。その潤った大気にひびく鳥の哀切な声、潤いのなかに空と緑を映して訴えかけるような魚の眼——この二つの［C］された自然のイメージが相映じ呼応しあうなかに、蕩々たる晩春の天地は渾然として現出する。

ここで蕪村の「ゆく春」の句にもどるなら、当代の教養詩人として彼はもちろん、以上一瞥（いちべつ）したような日本・中国の詩人たちの作品はみな熟知していた。まして芭蕉の名吟は念頭を離れたこととてなかったろう。だが、この伝統的な春の詩情の流れに十分に掬（く）みながらも、蕪村が作りあげたのは、いうまでもなく、5漂泊の求道者芭蕉の生みだした、動的な、パセティックでさえある、自然と人生の交響の詩美などとは、すでにはなはだ趣を異にする世界であった。

大体、蕪村は二十代から三十代にかけて、若いころこそ、関東から津軽の奥まで十数年にわたって放浪したこともあったが、後半生、京の市井に落ち着いてからは、そぞろ神に憑かれた漂泊詩人であるどころか、むしろ出不精（でぶしょう）の詩人であった。「春雨や暮れなんとして今日も有り」、「朝顔や一輪深き淵のいろ」の籠り居、そして6内部次元への収斂（しゅうれん）こそ、蕪村の生活の、また夢想の基本的な型ともいうべきものであった。

このような詩人にとって、唐代詩人や芭蕉の場合とちがい、「行く春」や「暮春」さえもが、めったに旅における、人生における別離の主題と結びつくことがなかったのは、むしろ当然であったかも知れない。事実、蕪村には、「おもたき琵琶」の句に限らず、この季の句がとりわけ多いにもかかわらず、そのなかに春との別れがすなわち親しい人や土地との離別でもあるといった趣の句は、ほとんどない。いや、実は春の尽きるのを愛惜し「惆悵して春風に問う」（白居易）という、伝統的な自然との直接の交情の態度さえ、すでに蕪村の句では稀薄になっている。

この「おもたき琵琶」の句は、そのような実人生や直接の自然と切り結ぶ場から遠く離れて、想像裡に虚構されたロマン的な世界なのであり、そのなかにただこの十八世紀詩人にとって生涯もっとも親密な生活感情であった独特の倦怠感だけが、色濃く託されているのである。

美を讃えることの多い西洋の春の詩には乏しい、東洋独特の繊細な翳りをおびた詩情であったろう。4家持の同時代人であり、蕪村がもっとも愛した唐詩人でもあった王維は、なれ親しんだ土地との離別の悲しみをこの晩春落花の候の憂情とかさねあわせて、こう歌った。

広武城辺逢暮春　広武城辺　暮春に逢い
汶陽帰客涙沾巾　汶陽の帰客　涙　巾を沾(うるお)す
落花寂寂啼山鳥　落花寂寂　山に啼くの鳥
楊柳青青渡水人　楊柳青青　水を渡るの人

そして白居易（白楽天）の「三月三十日慈恩寺に題す」の佳句、「惆悵春帰留不得　紫藤花下漸黄昏」（惆悵す、春帰って留むれども得ざることを　紫藤の花の下漸くに黄昏たり）は、*『和漢朗詠集』「三月尽」（＝弥生尽）の部にも選びおさめられて、日本人の間にひろく長く愛誦されてきた。この長いゆたかな東洋的詩情の伝統を、この晩春のころことさらに潤いの多い日本の風土に密着させつつ、生きとし生けるもののいわばコスミックな共感のうちにとらえなおしたのが、芭蕉『おくのほそ道』の、

行く春や鳥啼き魚の目は泪(なみだ)

の名吟であったろう。

いま過ぎ去ろうとする春を惜しんで、鳥たちは空に、緑もえる樹木に鳴き、水あふれる池や川の魚たちは目に一杯の涙をたた

その蔭に埋れかけた名残りの花々が、ときおり音もなく散っている。鶯の声も間遠になった。そしてそれらのものの生暖かい息吹きをこめて、なにか艶めいてただようあたりの大気。

そのような、けだるいような晩春の雰囲気を、われわれは「ゆく春やおもたき琵琶…」という切字で結ばれた二語の表現の奥に、遠く思いうかべ、予感すればよいのだが、そのような一日の、いつまでも暮れようともせぬ午後の室内に、男がひとり端座して琵琶を抱いている。暮春のけだるさが身にも心にもしみて、木と絃でできたこの楽器さえなにか重く感じられ、その胴のまるみを抱いたまま、弾くでもなく一刻の物思いにふけっている。

「遅き日のつもりて遠きむかしかな」の時間の錯覚におちいり、3いまが昔であるような、このぽっかりと空洞のように閑寂な午後がいくつもいくつもかさなってそのまま遠い過去につながっているような気がしてきたりするのも、こんなときだ。場所は、「遅き日や谺(こだま)聞ゆる京の隅」の一閑居でもあろうか。

大伴家持のあの、

うらうらに照れる春日に雲雀(ひばり)あがり情(こころ)悲しも独りしおもへば（『万葉集』巻十九）

の歌の昔から、日本人は好んで春の日の独居沈思の情を詩歌にうたい、句によんできた。家持の歌には「春日遅遅にして、鶬鶊(ひばり)正に啼く、悽惆(せいちう)の意、歌にあらずば撥(はら)ひ難し。よりて此の歌を作り、式(も)ちて締緒を展(の)ぶ」と、すでに『詩経』*小雅などに典拠をもつ語彙を用いた一文が付せられていたが、日本人がいとおしんできたのは、まさにここに言う春の日ののどかさにかえって痛み悲しむ心（悽惆の意）であり、ゆえもなく結ぼれ屈する思い（締緒）である。

春の愁とも呼ばれるこの感傷は、上田敏訳ブラウニング*の「片岡に露みちて、揚雲雀(あげひばり)*なのりいで……」の「春の朝」（『海潮音』）にも、永井荷風訳ギュスタアヴ*・カアンの「ああ花開くうつくしき四月よ」（ B ）にもない。一般に生のよろこびと官能の

▲日本文学科B方式▼

（六〇分）

次の文章を読んで後の問いに答えなさい。

　　ゆく春やおもたき琵琶の抱きごころ

　天明三年（一七八三）十二月、蕪村の高弟であった春泥舎召波（しょうは）の十三回忌にあたり、その子維駒（これこま）が編んだ追善の句撰集『五車反古（ごしゃほうぐ）』に寄せられた句の一つである。この撰集が病床の枕もとにとどけられて数日の後、十二月二十五日未明、夜半亭二世與謝蕪村は六十八年の生涯を閉じる。

行く春――俳句の季語では「春の名残」とも「春惜しむ」とも「暮春」とも、さまざまに言いあらわす。陰暦三月の末、春が闌けて[1]まさに過ぎ去ろうとするころである。

花開き鶯の鳴きとよめいた春の生々発動のいとなみも終わり、季節がうつろおうとしながら、なお季節みずからが立ち去りかねてたゆとうて[2]いるようにも思われる一時期である。蕪村の別の句「ゆく春や逡巡として遅ざくら」も、「逡巡として」という重い漢語をひびかせて、この時期の自然の一息つくような［ A ］をよく言いあらわしていた。

淡青い空はうらうらと潤いをおびてひろがっている。その匂やかな光のなかに、木々の芽の緑も伸びて煙るように濃くなり、

③　丹波は乙前がそのように成仏できたと確かに聞いたのだろう。

④　乙前は私の長歌を厳しく批評したのか、そうであれば残念だ。

⑤　乙前が丹波の夢の中で言ったように、私の今様を聞いたのだろうか。

① 後白河院が丹波に今様を教えた。
② 乙前が極楽浄土で今様を歌っていた。
③ 後白河院が乙前の死を悲しんでいた。
④ 乙前が後白河院の今様をほめた。
⑤ 乙前が丹波の今様に感嘆した。

問九 傍線部8「我が」とあるのは誰のことか。最適なものを次の①～⑤から選び、記号をマークせよ。解答欄番号は 34 。

① 乙前の娘　② 乙前　③ 仁和寺の僧　④ 後白河院　⑤ 女房丹波

問十 傍線部9「おぼつかなく」のここでの意味の説明として最適なものを次の①～⑤から選び、記号をマークせよ。解答欄番号は 35 。

① 後白河院が長歌を立派に歌えるかと心配すること。
② 乙前が浄土に生まれ変われたかわからないこと。
③ 後白河院がなぜ難しい長歌を歌ったか不審に思うこと。
④ 乙前自身が長歌についてあまり知らないこと。
⑤ 後白河院の健康状態を不安に思うこと。

問十一 傍線部10「さは聞きけるにや」とあるが、ここでの意味として最適なものを次の①～⑤から選び、記号をマークせよ。解答欄番号は 36 。

① そうは言うものの、乙前が私の今様を聞いたとはにわかに信じられない。
② 本当に丹波は、乙前がそのように言うのを聞いたのだろうか、ありえない。

⑤　乙前の娘の落ち着いた様子

問五　傍線部4「命も生き候ひぬらん」の意味として最適なものを次の①〜⑤から選び、記号をマークせよ。解答欄番号は 31 。

①　もっと生きねばならないと決意いたしました。
②　多くの人々の命の恵みとなるかもしれません。
③　自分の寿命も今は延びていることでしょう。
④　私はもう十分なくらい長生きしました。
⑤　あなた様はきっと長生きされることでしょう。

問六　傍線部5「としごろ見馴れしに」の意味として最適なものを次の①〜⑤から選び、記号をマークせよ。解答欄番号は 32 。

①　普段は忘れていたことなので
②　長年親しんできたので
③　近年初めて知り合ったのに
④　幼い頃を知っているので
⑤　家族同然に思っていたのに

問七　傍線部6「それ」の指す内容を自分のことばで、二十五字以内（句読点を含む）で説明せよ。**解答用紙（その2）を使用**。

問八　傍線部7「夢に見るやうは」とあるが、丹波の見た夢の内容の説明として最適なものを次の①〜⑤から選び、記号をマークせよ。解答欄番号は 33 。

＊長歌…今様の種類。短歌形式の歌。
＊五条尼…乙前のこと。

問一 傍線部1「大事になりにたる由告げたりしに」とあるが、ここでの意味として最適なものを次の①～⑤から選び、記号をマークせよ。解答欄番号は 28 。

① 急いで見舞いに行きたいと使者を通じて伝えたところ
② 乙前の病の噂が広がり大ごとになったと報告してきたので
③ 乙前の家で重大な法要が行われることを告げてきたので
④ 自分が乙前を大切に思っていることを告げたところ
⑤ 乙前の病気が危険な状態になったことを告げてきたので

問二 傍線部2「行きてみれば」の主語は誰か。最適なものを次の①～⑤から選び、記号をマークせよ。解答欄番号は 29 。

① 乙前の娘　② 乙前　③ 仁和寺の僧　④ 後白河院　⑤ 女房丹波

問三 空欄 A に入る形容詞「頼もし」の最適な語形（活用させたもの）を書け。**解答用紙（その2）を使用。**

問四 傍線部3「これ」は何をさしているか。最適なものを次の①～⑤から選び、記号をマークせよ。解答欄番号は 30 。

① 後白河院のうたった今様
② 仏の尊い教え
③ 後は任せよということば
④ 僧侶たちの病平癒の祈り

をも知らで、里（さと）にある女房丹波、7夢に見るやうは、法住寺（ほふぢゆうじ）の広所にて、8我（わ）が歌をうたひけるを、*五条尼（あま）、白き薄衣（うすぎぬ）に、足を裹（つつ）みて参りて、障子（しやうじ）のうちに居て、さしむかひて、「この御歌を聞きに参りたる」とて、世に愛でて、我（われ）も付けてうたひて、「足柄など、つねにも候はぬ。この節（ふし）どものめでたさよ」と誉（ほ）め入りて、長歌を聞きて、「これはいかがと9おぼつかなく思ひ候ひつるに、めでたさよ。これを承（うけたまは）り候へば、身もすずしく、うれしき」と見て、両三日ありて、かく見え候ひつる由を、女房参りて申す。10さは聞きけるにや。しかじかありし由をかたりて、我と女房たちもあはれがりあひたりき。そののち、その日はかならずうたひて後世を弔ふなり。

（注）

*結縁…仏道に入り、成仏する因縁を結ぶこと。

*像法転じては…正しい仏法の行われる「正法」の時代の次に来る、教えや修行は行われるが悟りは得られない時代になること。

*薬師…病患・災厄を除く薬師如来のこと。

*理趣三昧…『理趣経』を声に出して読む修行。

*懺法…『法華経』を声に出して読み、罪障を懺悔し、極楽浄土に生まれることを願う法要。

*六根…眼・耳・鼻・舌・身・意という六種の認識器官。

*九品往生…極楽浄土に生まれること。

*やがて申し上げてのちに…一周忌の追善であることを仏に申し上げたあと。

*あれ…乙前のこと。

以下の問題は、日本文学科の受験生のみ解答すること

四　次の文章は、後白河院の『梁塵秘抄口伝集』の一節で、院の今様の師であった乙前について記した文章である。これを読んで、後の問に答えよ。

乙前八十四といひし春、病をしてありしかど、いまだつよつよしかりしに併せて、別のこともなかりしかば、さりともと思ひしほどに、ほどなく1大事になりにたる由告げたりしに、近く家を造りて置きたりしかば、ちかぢかに2忍びて行きてみれば、女にかき起こされて対ひて居たり。よわげに見えしかば、*結縁のために法華経一巻誦みて聞かせてのち、「歌や聞かむと思ふ」といひしかば、よろこびて急ぎうなづく。

*像法転じては　*薬師の誓ひぞ　A　一度御名を聞く人は　万の病なしとぞいふ

二三反ばかりうたひて聞かせしを、経よりも愛で入りて、3「これを承り候ひて、4命も生き候ひぬらん」と、手をすりて泣く泣くよろこびしありさま、あはれにおぼえて帰りにき。

そののち、仁和寺*理趣三昧に参りて候ひしほどに、二月十九日にはやく隠れにし由を聞きしかば、をしむべき齢にはなけれど、5としごろ見馴れしに、あはれさかぎりなく、世のはかなさ、後れさきだつこの世のありさま、今にはじめぬことなれど、思ひつづけられて、おほく歌習ひたる師なりしかば、やがて聞きしよりはじめて、朝には*懺法を誦みて*六根を懺悔し、夕には阿弥陀経を誦みて西方の*九品往生をいのること、五十日勤めいのりき。一年が間、千部の法華経誦み終はりて、つぎの年二月十九日、*やがて申し上げてのちに、法華経一部を誦みてのち、歌をこそ経よりも愛でしかと思ひて、あれに*習ひたりし今様、むねとあるうたひてのち、暁方に足柄十首・黒鳥子・伊地古・旧河などうたひて、はてに*長歌をうたひて、後世のために弔ひき。6それ

⑤　D＝決然　E＝厳然

問十一　この文章の要約として最適なものを、次の①〜⑤から選び、記号をマークせよ。解答欄番号は 27 。

①　客観的に記述しているだけでもそれ自体が現状を追認することになっていたり、露骨な権力行使がなされていない時にもより深い次元で権力が働いていることがありうることを、表面的な観察に満足しない政治理論が示している。

②　民主主義には様々な定義があり、どのような定義を与えるかによって普通の人々が政治に参加する意欲が左右されることもあるのだから、誰でも納得のいくような正しい理論がぜひとも必要である。

③　政策を決定する権力を一部のエリートが握っているという見方に対し、そうでなく、争点ごとに様々な個人やグループが決定に参加しているという見解は、政治理論としてより民主主義的だといえる。

④　重要な争点が政治的議題として明示されない理由は、議題の設定がもっぱら支配的なエリートによってなされているためだという見方は、普通の人々の政治に対する関心や参加意欲を過小評価している。

⑤　普通の人々は自分が何を欲しているのかを理解していないため、現状をそのまま受け入れ不満を感じることはないが、権力は信仰心や想像力が人々の考え方にもたらす変化を恐れている。

① 自らの公約が重要だと人々に信じさせようとする政治
② 解決すべき問題をいつまでも放置し、忘却を促す政治
③ 偽の争点を作り出し、人々を故意に分断させようとする政治
④ 意見の対立などないかのように人々の間の調和を強調する権力
⑤ 都合の悪い問題が争点化しないよう、あらかじめ封じ込める権力

問九　傍線部6「自発的な」について、この語句にカギカッコがつけられているのは何のためか。次の①～⑤から最適なものを選び、記号をマークせよ。解答欄番号は 25 。

① 誰かの発話であることを示すため
② 表面的な意味に過ぎないことを示すため
③ これが真実であると強調するため
④ あからさまな強制であることを示すため
⑤ 作品名の一部であることを示すため

問十　空欄 D 、空欄 E に入る語句の組み合わせとして最適なものを、次の①～⑤から選び、記号をマークせよ。解答欄番号は 26 。

① D＝公然　E＝隠然
② D＝画然　E＝昂然
③ D＝忽然　E＝敢然
④ D＝毅然　E＝暗然

問三　傍線部2「のみ」とあるが、本文中にはそれ以外の方法がいくつか示されている。それらの中からどれか一つを抜き出して記せ。**解答用紙(その2)を使用。**

問四　傍線部3の言い換えとして最適なものを、次の①～⑤から選び、記号をマークせよ。解答欄番号は 21 。

① 普通の人間の無関心、不参加は政治システムの安定のために望ましい。
② 普通の人間の政治への関心や参加は、政治を活性化させる。
③ 普通の人間の参加を阻むことはやがて政治に対する不満をつのらせる。
④ 政治を安定化させるためには普通の人間が参加する機会を守らなければならない。
⑤ 普通の人間の無関心、不参加は現行のシステムを見直す機会を失わせる。

問五　空欄 B に入る語句として最適なものを、次の①～⑤から選び、記号をマークせよ。解答欄番号は 22 。

① 批判的　② 理想論的　③ 規範的　④ 中立的　⑤ 民主的

問六　傍線部4「さもなければ」の内容として最適なものを次の①～⑤から選び、記号をマークせよ。解答欄番号は 23 。

① Bが職務に忠実であれば
② Aが強要しなければ
③ Aが卑怯でなければ
④ 対等な関係でないなら
⑤ 正当な理由がないかぎり

問七　傍線部5「一枚岩的」と反対の意味で使われている語を本文中から抜き出して記せ。**解答用紙(その2)を使用。**

問八　空欄 C に入る語句として最適なものを、次の①～⑤から選び、記号をマークせよ。解答欄番号は 24 。

人々が既存の生活秩序に代わる別の状態を考えたり想像したりできないためか、あるいはその秩序を自然で不変なものとみなしているためか、それとも神が定めた有益な状態として崇めているためか、そのいずれかの理由により、人々はそうした秩序のなかで自分の役割を受け入れているわけだが、まさにそうした形で、人々の知覚、認識、さらには選好までをも形づくり、それがいかなる程度であれ、彼らに不平不満を持たせないこと、それこそが権力の至高の、しかしもっとも陰険な行使なのではあるまいか。苦情の不在は真正の合意に等しいとすることは、定義上、虚偽の合意ないしは操作された合意でありうる可能性をあっさりと排除してしまうことになる。

ルークスは、私たちの欲望や選好を形成する権力の次元を問題化している。「だれかにもたせたいと思う欲望をもたせること、つまりその思考や欲望の制御をとおして服従せしめること、それこそが至高の権力行使というものであろう」。ここには『監獄の誕生』でミシェル・フーコーが描きだした、私たちの身体に働きかけ、主体性そのものを構築する「規律訓練的権力」と共通するところがある。しかし、権力の概念を無自覚的な選好の形成にまで拡張するルークスの議論では、権力の作用を特定することが困難になり、じっさいの分析には使い物にならないとの批判も存在すると付言しておこう。

（山本圭『現代民主主義』による）

問一　傍線部1「ソガイ」を漢字にしたとき最適なものを、つぎの①～⑤から選び、記号をマークせよ。解答欄番号は 19 。

①　阻害　　②　疏効　　③　疎外　　④　措害　　⑤　阻外

問二　空欄 A に入る語句として最適なものを、次の①～⑤から選び、記号をマークせよ。解答欄番号は 20 。

①　細やかに　　②　懲りもせず　　③　淡々と　　④　点々と　　⑤　脈々と

当時は一八歳選挙権が話題になっていたことも手伝ったのかもしれないが、デモや抗議集会、あるいはストライキのような政治色の強い提案は暗黙に避けられていたように思う。この時期、国会前での若者のデモが活性化していたにもかかわらず、である。

ここには、強い政治的な主張を控えるよう生徒や学生に忖度（そんたく）を強いる権力の存在（作業を見つめる教員や市議会議員といった、いわば「大人」のまなざし）があったのではないか。つまりダールの権力観では、グループ討論のなかで誰の意見が尊重され、議論をリードしたのか、いわば誰が権力的な振る舞いをしたかは特定できたとしても、こうした目立たない権力の次元を適切に捉えられないのだ。この例のように、ある意味で「自発的な」[6]選択肢の排除もまた、ひろく二次元的権力の作用と考えることができるだろう。

確かに、こうしたバクラックとバラッツの議論は、ダールのような多元主義者らが見落としていた権力のもう一つの顔を明らかにしている。しかし、権力のさらに深い次元に注意する必要を問いたのがスティーヴン・ルークスであった。

ルークスは、ダールやポルスビーの多元主義的権力観を「一次元的権力観」と呼び、さらにバクラックとバラッツのそれを「二次元的権力観」と呼んでこれらを批判する。それによると、「二次元的権力観」もまた「一次元的権力観」と共通の前提を持っている点で不十分である。つまり、権力の行使が［　D　］となされるか、［　E　］たるものかを確定しようとする彼らの態度は、結局のところ「利害は意識的に表明され、かつ観察可能なものだと頭から決めてかかっている」のだ。

ルークスはこれら二つの権力観を退けながら、権力のいっそうきめ細やかな襞（ひだ）へと分け入っていく。彼はそれを「三次元的権力観」と呼んでいる。三次元的権力観はそのような利害なり苦情が自覚されず、権力の行使そのものが紛争や対立として表面化しない、そのような次元をターゲットにしている。

ここで取り上げるのは『統治するのはだれか』で展開された権力観であり、その後「コミュニティ権力構造論争（CPS論争）」において争われたものだ。

CPS論争とは、あるコミュニティにおける権力の構造を、どのように捉えるかをめぐって行われたものである。C・W・ミルズやフロイド・ハンターのような社会学者は、コミュニティにおけるエリート層の存在と役割に注目した。たとえばハンターは「声価法」という方法を用い、誰が影響力を行使しているのかを調べようとした。このような議論は、都市の政策を決定する権力を一部のエリートが握っているという5一枚岩的な支配構造を浮き彫りにし、コミュニティにおけるデモクラシーの現状を問題化するものであった。

このようなエリート支配的な見方に疑問を呈したのが、ダールやN・W・ポルスビーといった多元主義の論者たちである。彼らは「争点法」を用い、コミュニティにおける権力が少数のエリートに独占されているのではなく、争点ごとに様々な個人やグループに多元的に分散していることを示したのである。

しかし、ダールの多元主義的な権力観には重要な批判がなされてきた。まずは、バクラックとバラッツの「非決定権力論」である。彼らによれば、権力には、ある問題を争点として顕在化し、他の問題についてはそれを争点から外すといった次元が存在しているという。つまり、[C]のことである。

たとえば、筆者が「若者の政治参加」といったようなテーマのワークショップに参加したときのことだ。高校生や大学生の若者たちがグループに分かれ、議論し、模造紙にアイデアを書き込んでいく。テーブルの周りでは、教員、市議会議員、市の職員、マスコミらが議論の様子を興味深そうに見守っている。グループ討論が終わると全体討論に移り、各グループの議論を報告する段取りとなったが、印象的なことに、若者の政治参加を推進するために出されたアイデアは、選挙にかんするものに集中したのだ（投票済みの人に店舗で割引をする「選挙割」や学校での模擬投票など）。

ないし、あるいは民主的政治システムの第一の徳も普通の個人の政治に関連した必要な資質を発達させるものとして見なされているわけでもない。民主主義の現代理論においては、決定的に重要なことは少数エリートの参加であり、[3]不安定にたいする主たる防波堤として見なされているのは無関心者、政治的有効感に欠如した普通の人間の不参加にほかならないのである。

そうすると「民主主義の現代理論」は、彼らが主張するほど［B］な理論ではないことになるだろう。たとえばシュンペーター・モデルは、民主主義の規範（どうあるべきか）を語っているのではなく、それがどのように機能しているかを科学的に記述しているに過ぎないと言われていた。

しかし、彼らは特定の政治システムを無批判に記述するという、まさにそのことによって、現行のシステムを本来そうあるべきものとして提示してしまっている。ペイトマンの指摘は、記述理論が隠しもつ規範的前提に、私たちがいっそう自覚的であらねばならないことを示唆していよう。

デモクラシーを理想としてではなく、決定のための方法として捉えるシュンペーターの理論は多くの反響を呼んだ。なかでもそれは、科学的な手法に依拠した経験主義的なアプローチの発達に寄与することになる。シュンペーターの理論を、いっそう洗練させて政治学の分野に応用したのがロバート・ダールである。

ダールの権力論は、ある論者に「アメリカ政治学における権力概念の現代史は、ロバート・ダールの一九五七年の論文での、見事な構成から始まった」と言わしめるほど、大きなインパクトを持ったものだ。ちなみにここで一九五七年の論文といわれているのは、Behavioral Science 誌に掲載された「権力の概念」のことである。この論文で権力概念は、「[4]さもなければBがしないであろうことをAがさせる限りにおいて、AはBに対して権力をもつ」と定式化されていた。

三　次の文章を読んで、後の問に答えよ。

参加民主主義の政治理論を最もインパクトあるかたちで提示したのはキャロル・ペイトマンであっただろう。彼女の初期の代表作『参加と民主主義理論』は、人々が政治から[1]ソガイされている現実に対する政治理論からの批判的応答であり、同書は参加民主主義の基本書とみなされている。

同書でペイトマンが批判するのはシュンペーター・モデルである。それによると、シュンペーターの理論では、人々の参加にはほとんど役割が与えられていない。ペイトマンが挑戦するのは、まさにこのシュンペーター以降［A］引き継がれ、いまやすっかり常識となってしまったエリート主義的な民主主義論である。彼女はこの系譜に連なるものとして、ベレルソン、ダール、サルトーリ、エクシュタインの名を挙げ、これらを「民主主義の現代理論」と総称している。

それでは、ペイトマンの言う「民主主義の現代理論」に共通する特徴とは何だろうか。それは、これらのいずれもがシュンペーター式の古典的学説批判を継承し、民主主義をもっぱら一つの制度的仕組み、つまりは指導者（政治家）を選出するための選挙によって理解している点にある。有権者による指導者へのコントロールは選挙に依っており、政治家への制裁は選挙による議席の喪失として示される[2]のみである。

さらに「民主主義の現代理論」は、多数者からのインプット（参加）を最小化し、指導者からのアウトプットを最大化することで、システムの安定性を確保するモデルであるという。このような考え方からすれば、市民の積極的な政治参加は統治にとっては不安定要素に過ぎないものになるだろう。ペイトマンは次のように述べている。

こうした民主主義理論（シュンペーターらの理論）はもはや「民衆」の参加、すなわち普通の人々の参加に焦点を合せてはい

③　今の帝が愛する人だからといって、何年も先帝の喪に服さず、すぐに素服を脱ぐように宣旨が下ったこと
④　先帝に長年お仕えなさったのに、乳母子たちに、すぐに今の帝のために素服を脱ぐように宣旨が下ったこと
⑤　先帝には短期間しかお仕えしていないのに素服を賜って、また今の帝にはすぐに出仕を求められること

問十　傍線部9「あぢきなくはづかし」とあるが、ここでの意味として最適なものを、次の①～⑤から選び、記号をマークせよ。解答欄番号は 18 。

①　道に外れたことで遠慮される
②　腹が立って気が許せない
③　やるせなくきまりが悪い
④　どうしようもなく立派である
⑤　苦しくて逃げ出したい

問七　傍線部6「身に思ひよそへらるる」とあるが、ここでの意味として最適なものを、次の①～⑤から選び、記号をマークせよ。解答欄番号は 15 。

① 心が重く胸がふさがれるようである
② 何となく身が細るような気持ちになる
③ 知らず知らず自分の身に重ね合わせる
④ 自分のことのように取り繕うことである
⑤ 自分の身に似ているとお感じになる

問八　傍線部7「男の身にてかくいはれまゐらせばや」とあるが、ここでの意味内容として最適なものを、次の①～⑤から選び、記号をマークせよ。解答欄番号は 16 。

① 男に生まれたせいでこのように言われるのだろう
② 男の身でこのように仰せをうけたいものだなあ
③ 男に生まれていればこのようには言われなかったものを
④ 男ならばこのように申し上げるにちがいないのになあ
⑤ 男の立場からこのような事情を申し上げたいなあ

問九　傍線部8「あやし」とあるが、何が「あやし」なのか、最適なものを、次の①～⑤から選び、記号をマークせよ。解答欄番号は 17 。

① 今の帝は先帝を大切にお思いになっているのに、喪が明ける前に、素服を脱ぐように宣旨を下されたこと
② 先帝に長年お仕えした乳母子たちと違って、短期間だけお仕えした者には素服が与えられなかったこと

問三　傍線部3「押しあてさせたまふなめり」とは何を「押しあてさせたまふ」のか、最適なものを、次の①～⑤から選び、記号をマークせよ。解答欄番号は 12 。

①　宣旨を伝える役
②　乳母として仕える役
③　喪に服す役
④　内侍としての役
⑤　帳あげをする役

問四　傍線部4「ただとくおぼしめし立つべきなめり」とあるが、何を「おぼしめし立つべき」なのか、最適なものを、次の①～⑤から選び、記号をマークせよ。解答欄番号は 13 。

①　宣旨を聞き捨てに無視すること
②　出仕への宣旨を断ること
③　世の中が切ないということ
④　鳥羽天皇のもとに出仕すること
⑤　堀河帝の死を受け入れること

問五　傍線部5「わがため」とあるが、「わが」が指すのは誰か、最適なものを、次の①～⑤から選び、記号をマークせよ。解答欄番号は 14 。

①　筆者　②　例の人　③　三位殿　④　院　⑤　摂政殿

問六　空欄 A に入る助詞として最適なものを答えよ。**解答用紙（その2）を使用。**

＊芹つみし…「芹摘みし昔の人も我ごとや心に物はかなはざりけむ」の歌のこと。かつて、芹を食べている后を垣間見て恋した人が、毎日芹を摘み、后を見かけた御簾の近くに届けては、もう一目だけお姿を拝見できるよう願ったが叶わず、焦がれて死んだという故事を踏まえる。

問一　傍線部1「ののしりあひたり」とあるが、ここでの意味として最適なものを、次の①～⑤から選び、記号をマークせよ。解答欄番号は 10 。

① 大げさにえらそうなことを言っている
② 大声で非難している
③ 声高に騒ぎ立てている
④ 大きな物音をたてている
⑤ まさに時めいている

問二　傍線部2「日ごろ例ならで」とあるが、ここでの意味として最適なものを、次の①～⑤から選び、記号をマークせよ。解答欄番号は 11 。

① 普段とは打って変わって
② このところ病気で
③ 日常的に忙しくて
④ 日課と違って
⑤ 常にいつも通りで

り。4ただとくおぼしめし立つべきなめり。参らじとさぶらはば、5わがために【A】、よしなきこと、出でまうで来め。わが君、さるべきと思しめさせたまふべきに」など、沙汰しあひたるほどに、「内蔵(くら)の頭の殿より人参らせたり。*院宣にて摂政殿のうけたまはりにてさぶらふ。『堀河院の御*素服(そふく)、賜りたらば、とく脱ぐべきなり』と宣旨くだりぬ。とく脱がせたまへ」といひにおこせたり。かばかりのことだに心にまかせず、道理に脱ぐべきをりをも待たず脱ぎてんこと、心憂きに、「*芹つみし」といひけん古言(ふるごと)を、6身に思ひよそへらるる。

かく沙汰するを聞きて、せうとなる人、「7あはれ、男の身にてかくいはれまゐらせばや。うらやましくもおぼえさせたまふかな。女の御身にてさらでもありなん。故院の御時に、年ごろの人たち、御乳母子たちなどの賜りあはれし素服を、何ばかりの年ごろさぶらはせたまはざりしかど、賜らせたまふ、今の御時に、またなほたいせちにいるべき人にて、月も待たず、『脱げ』と宣旨くだるも、8あやし」などいひつづくるを聞くほどに、9あぢきなくはづかし。

（『讃岐典侍日記』による）

＊御即位…鳥羽天皇の即位式。
＊帳あげ…即位の式のはじめに高御座(たかみくら)の帳を上げ、式の終わりに帳を下げる役。
＊安芸の前司…大納言の乳母の夫。
＊大納言…大納言の乳母の父。
＊例の人…いつもの頼りにしている人。
＊院…白河院。
＊院宣にて摂政殿のうけたまはり…院宣を摂政が承り、鳥羽天皇に代わって宣旨を下した。
＊素服…天皇崩御の時に賜った喪服。

② 意味的切断は客観的情報の膨大さによって不可能になる

③ われわれは不完全な情報により行動を左右されかねない

④ 非意味的切断が自己束縛を創造や希望へ変え得るというのは幻想である

⑤ 勉強は知識の習得のみでなく新たな自分を獲得するという生成変化でもある

二　次の文章は、堀河帝が崩御して喪に服している讃岐典侍の心情を記したものである。これを読んで、後の問に答えよ。

「昔のみ恋しくて、うち見ん人はよしとやはあらん」など思ひつづくるに、袖のひまなくぬるれば、

　乾くまもなき墨染めの袂(たもと)かなあはれ昔のかたみと思ふに

かやうにてのみ明け暮るるに、かく里に心のどかなることかたく、五六日(いつむいか)になれば、内侍のもとより「人なし、参れ」といふ文の来し、など思ひつづけられて、過ぐすほどに、*御即位など、1よにののしりあひたり。

「『大納言の乳母、*帳あげ(とばり)したまふべし』とて、*安芸(あき)の前司の『三位殿こそ、故院の御時、帳あげはせさせたまひければ、その例をまねばん』など、尋ねらるる」と聞くほどに、「*大納言、2日ごろ例ならで、にはかに重りてうせたまひて」と聞こゆ。いと心憂き世かなと、思ひかこちぬ。

夕暮に、三位殿のもとより、帳あげすべきよしあれば、いとあさましくて、日ごろは聞き過ぐしてのみ過ぎつるを、参らじと思ふなめりと心得させたまうて、3押しあてさせたまふなめりと思ふに、すべきかたなし。頼みたるままに、*例の人呼びて、「かうかうなん*院よりおほせられたるを、いかがはせんずる」といへば、「いかがせさせたまはん。世の中、わづらはしくさぶらふめ

② 通読に努めることはかえって自己束縛になってしまうから
③ 読書は本来楽しいものではなく忍耐を前提とするから
④ すべて完璧主義には現実の壁が立ちはだかっているから
⑤ 勉強が自分をどこへ連れていくかはわからないから

問九　空欄 [E] に入れるのに最適な語句を、次の①〜⑤から選び、記号をマークせよ。解答欄番号は [7]。

① 本末転倒
② 一知半解
③ 夏炉冬扇
④ 無知蒙昧
⑤ 竜頭蛇尾

問十　空欄 [F] に入れるのに最適な語句を、次の①〜⑤から選び、記号をマークせよ。解答欄番号は [8]。

① 非意味的切断
② 自由自在な軽さ
③ 自己放下的諦念
④ 無責任な奔放さ
⑤ 不要な自己束縛

問十一　本文の内容と合致していないものを、次の①〜⑤から一つ選び、記号をマークせよ。解答欄番号は [9]。

① 生活を自分の意図によってコントロールしているというのは狭い考えだ

次の①～⑤から選び、記号をマークせよ。解答欄番号は 4 。

① 非意味的切断が新たな出来事のきっかけになる
② 完璧主義の欠点を補完することができる
③ 「マス・コントロール」による影響を避けられる
④ 「二次的なテーマ」に主体性を転換できる
⑤ 非意味的切断が人生に遍在している事実を証明できる

問五　傍線部3「タンチョ」を漢字で記せ。**解答用紙（その2）を使用。**

問六　傍線部4「無思慮な「見切り発車」」の説明として最適なものを、次の①～⑤から選び、記号をマークせよ。解答欄番号は 5 。

① 予定通りに進行しなくてもあえて良しとして始めてしまうこと
② 計画が始まる前から結果を先読みしてしまうこと
③ 積み残した問題をすべて承知しながらも実行にうつしてしまうこと
④ 有意味性を念頭に置かず物事を始めてしまうこと
⑤ まず走り出してから修正しつつ予定調和をはかろうとすること

問七　傍線部5「善用」と同じ意味の語句を、「すなわち、」から始まる次の段落から抜き出して記せ。**解答用紙（その2）を使用。**

問八　傍線部6「勉強を「苦行」にしてしまう」のはなぜか。理由として最適なものを、次の①～⑤から選び、記号をマークせよ。解答欄番号は 6 。

① 勉強の本筋は通読とは無関係の創造にこそあるから

① A だから　B 敢えて　C とはいえ
② A とすれば　B 案外　C したがって
③ A もちろん　B むしろ　C それゆえ
④ A とはいえ　B 敢えて　C しかも
⑤ A ところが　B なるほど　C 同時に

問二　傍線部1「意味的切断」の説明として最適なものを、次の①〜⑤から選び、記号をマークせよ。解答欄番号は 2 。

① 情報の一律的取捨選択
② 信頼できる情報源の取得
③ 理知による情報入手の中絶
④「有限性」による乱走
⑤ 主体性のない行動の停止

問三　空欄 D に入る語句として最適なものを、次の①〜⑤から選び、記号をマークせよ。解答欄番号は 3 。

① 他者の眼差し
② 外部の思惑
③ 主体の意図
④ 偶然の介入
⑤ 本人の無意識

問四　傍線部2「非意味的切断は人生において無視できない意義をもつ」とあるが、どのような意義があるのか。最適なものを、真剣に考えればわかることですが、完璧に一字一字すべて読んでいるかなど確かではないし、通読したにしても、覚えていることは部分的です。

通読しても、「完璧に」など読んでいないのです。

要点は決して《だからイイカゲンに読めばいい》ということではなく、むしろ《完璧主義のために勉強が苦行になったら［E］だ》ということ。勉強を続けていくためにはできる限り楽しくする必要がある。そして――多くのひとが経験から知るとおり――勉強においては、一冊の本をある程度読み進めて「これ以上は行けないな」と感じると別の一冊へ向かう、というやり方のほうが享楽は多く意欲も持続する。もちろんノッてきて一冊の本に数週間付き合うという場合もあるにはあるのだが、「これを読み切ってから次へ進むぞ」と決意することは［F］になる。

だがなぜそれは不要なのか。その理由は、本は現実にいろいろな原因によって読み進められなくなる（しかも頻繁に！）、という点にある。例えば同じ話題に飽きてきたとか、本の個別部分への関心が膨らんで他の本が読みたくなったとか。それゆえ、勉強を続けるには、〈不意に読めなくなったときに軽快に中断してとりあえずイケる本を開く〉という柔軟な姿勢――すなわち非意味的切断を受け入れる姿勢――こそが重要になる。偶然性を嫌わないこと。そして偶然性が却って面白いものを生み出すのではないかという希望をもつこと。こうした態度は勉強の効率性だけでなくその創造性も増しうる。

（山口尚『日本哲学の最前線』講談社による）

問一　空欄［A］［B］［C］に入る語句の組み合わせとして最適なものを、次の①～⑤から選び、記号をマークせよ。解答欄番号は［1］。

すなわち、非意味的切断は事実としていたるところで生じているのであるから、私たちはそれを何かしらの意味で有効活用する以外にない。じっさい「意志的な選択」と「管理社会」へ生における大切なものを委ねることは危険である。なぜなら、そもそも人間が意図的にコントロールできるものの範囲は限られており、その狭い領域は広大な偶然性の海のうえを不安定に漂っているに過ぎないからだ。かくして、より力強く、より創造的に生きるためには、意志的コントロールの威力を過信すべきでない。むしろ、偶然性の深淵から発する非意味的切断の波に乗って、無数の水分子がひしめき合いながらつくる多型的な波の斜面を滑走するしかない。

『勉強の哲学』は《いかにして非意味的切断の「善用」を行なうのか》のひとつのやり方を語る。勉強は、意外かもしれないが、本質的な点で意図のコントロールが役に立たない。なぜなら《いま取り組んでいる勉強が自分をどこへ連れていくか》は勉強する者にとって前もって知られないからである。それゆえ勉強は〈自分の求めていたものを得る〉という行為ではない。むしろそれは〈そうでなかった自分に成る〉という生成変化である。そして——後で見るように——自己変容の過程にとって偶然性の波に乗ることは無視できない有用性をもつ。

こうした点を千葉は理論的に説明する。その議論を追うに先立ち、《勉強と非意味的切断がじっさいに関連している》という事実を具体的次元で予備的に確認しておこう。

例えば「勉強の完璧主義者」は一冊の本を最初から最後まで通読しようとするかもしれない。6とはいえこれは勉強を「苦行」にしてしまう。なぜなら、例えば教科書は内容の豊富さからそもそも通読が困難であるのが常であり、敢えてそれを読み通そうとすれば〈楽しくない読書〉を行なうことになるからだ。さらに言えばそもそも「通読」という観念も怪しい。これについて千葉曰く、

読書と言えば、最初の一文字から最後のマルまで「通読」するものだ、というイメージがあるでしょう。けれども、ちょっと

或る時点のTwitterのタイムラインに切りとられた不完全な情報によってふるまいを左右されかねない——掘り下げて調べる気力すらなく——といった痴態。あるいは、ＳＮＳのメッセージをひとつ見逃していて——疲労のために——、或る会合への参加を選択できなかったことで、別の行動が可能になること。意志的な選択でもなく、周到な「マス・コントロール」でもなく、私たちの有限性による非意味的切断が、新しい出来事のトリガーになる。

例えば私がかつて書いた本の一冊は、それ以前に知り合いでもなんでもなかった編集者が半ば「賭ける」ように私へ送ったメールに対して、たまたま時間的余裕のあった私が応答したことを[3]タンチョとして出版された。そこでは、控えめな礼儀正しさや計画的な用意周到さはスキップされ、いきなり本作りがスタートした。仮に最大限「有意味に」行動しようという執着が編集者や私にあったならば、あの作品は日の目を見なかったであろう。[4]無思慮な「見切り発車」が何かを生み出すことがあるのである。

見逃してはならないのは、先の引用で千葉は《非意味的切断は現に遍在する》という人間の現実を指摘している、という点だ。人間の生活における多くの出来事は、事実として、偶然を発端としている。かくして《私たちは生活を意図によってコントロールしている》という自己イメージはせいぜい狭い範囲で妥当するに過ぎない。そしてむしろ、私たちはたえず偶然性の波のうえにいる、という自己イメージのほうがリアリティを具えるだろう。

非意味的切断は現に遍在する——という認識から導かれる千葉の実践的提案は明快である。曰く、

> 私たちは、偶然的な情報の有限化を、意志的な選択（の硬直化）と管理社会の双方から私たちを逃走させてくれる原理として[5]「善用」するしかない。

一方で、《情報を集める作業をここで打ち切るのがベストだ》という意図に導かれながら情報収集を止めて次の行動へ移る、などの過程を千葉は「[1]意味的切断」と呼ぶ。なぜならこうした決断に関しては、主体は作業を途中で止めることを有意味と見なしているからである。この場合、仮に主体が「なぜその時点で止めるのか」と問われた場合、彼女あるいは彼は「しかじかだからだ」と答えることができる。このように意味的切断は［ D ］のコントロールのもとにある。

他方で非意味的切断はそうではない。千葉曰く、

> すぐれて非意味的切断と呼ばれるべきは、「真に知と呼ぶに値する」訣別ではなく、むしろ、中毒や愚かさ、失認や疲労、そして障害といった「有限性」のために、あちこちを乱走している切断である。

主体の理知のもとでの行動の中絶が「意味的切断」と呼ばれたのに対し、中毒・愚かさ・失認・疲労・障害などの〈主体の意図の外部のファクター〉によって行動が中断されることは「非意味的切断」と呼ばれる。そして——ここからが面白いことだが——千葉は、従来の実践哲学が非意味的切断を「二次的なテーマ」と見なしてきたことを批判し、このタイプの切断の重要性を指摘する。彼によれば、[2]非意味的切断は人生において無視できない意義をもつ。とはいえいかにして中毒や愚かさによる「切断」を肯定的に捉えうるのか。

千葉の「非意味的切断」の重視は、私たちの素朴な自己イメージへの批判と連動している。私たちは自分の行動を意志によってコントロールすることに価値を置く——その結果、私たちは《自分は行動の結果を制御する主体だ》という自己イメージをもちがちである。とはいえ、現実をしかと眺めれば、多くの創造的な出来事が非意味的な切断によって生まれていることが分かる。曰く、

国語

▲日本文学科Ａ方式・英米文学科Ｃ方式▼

（日本文学科Ａ方式　九〇分
英米文学科Ｃ方式　六〇分）

（注）日本文学科Ａ方式は一～四、英米文学科Ｃ方式は一～三を解答すること。

一　次の文章は千葉雅也の著書『勉強の哲学』の内容を紹介したものである。これを読んで、後の問に答えよ。

情報化された社会では情報の取捨選択が必要だ、と言われることがある。なぜなら、考慮可能な情報をすべて集めてから行動しようとしても、社会に流通する情報の膨大さがただちにそれを不可能にするからである。［　A　］「有能な」ビジネスマンは、信頼できる情報源を得ようと苦心するし、ときに情報不足のリスクの中で決断を行なうだろう。情報の氾濫のもとで自己の利益を最大化するためには、［　B　］〈情報不足〉を選ぶ必要がある――と言えるかもしれない。

このように何かを行なうさいには執着の断ち切りが必要である。［　C　］こうした「切断」には少なくとも二種類がある。

解答編

英語

◀英米文学科Ａ方式▶

I **解答** 1－② 2－③ 3－① 4－② 5－① 6－②
7－② 8－① 9－③ 10－④

◆全　訳◆

≪モンスター映画の背後に潜む科学≫

あらゆる世代の人々を夜眠れなくし，今日の人類を未だに悩ませる恐怖や不安を象徴する生物が，古典的なモンスター映画の中に見られる。こうした映画は今日のモンスター映画ほど暴力的なものではなかったかもしれないが，私たちを魅了して恐怖に陥れる力をもうもっていないというわけではない。さらに，科学がモンスターのアイディアを刺激し，実在しそうなモンスターを作り出すためにも利用できるという考えを支持することでこうした映画が基礎を築いていなかったとしたら，今日人々が愛するホラー映画は一切存在しないことになるだろう。

1931 年の古典的ホラー映画『フランケンシュタイン』のあるシーンでは，フランケンシュタイン博士が死体のさまざまな部分から作り出したモンスターを見下ろすように立っている。もちろん，暗い嵐の晩で，稲妻と雷鳴が緊張感を高めている。狂気の科学者が怪物に命を与えようと実験室で作業に励んでいる中，機器が奇妙な音を発し，空高く炎を上げる。突然，それまで命をもたなかったフランケンシュタインのモンスターが指を動かして腕を上げる。「生きている！　生きているんだ！」と博士は叫ぶ。メアリー＝シェリーの 1818 年のホラー小説『フランケンシュタイン，あるいは現代のプロメテウス』のユニバーサル映画による映画版は，ボリス＝カーロフが主役のモンスターを演じて大ヒットとなった。映画ではシェリーの語りを分割し，若干の変更を加えているが，小説とまったく同様に，モラルを欠く止めどもない科学の進歩の中で生じる悪と，奇妙で不思議なものの意外な美しさをとらえている。その映画は大衆が映画における恐怖に惹かれる契機となり，『ミイラ』『ドラキュラ』『ブラックラグーンの怪物』などのモンスター映画が次々と生み出された。

こうした古典的モンスターはどのような原因で生まれたにせよ，どれも大衆の科学に対する憧れや，時には科学に対する恐れに根ざしたものであった。モンスターの外見はユニバーサル映画の制作スタッフが生み出したものだが，海の生物やミイラ，生物の身体的構造に関する大衆の科学的知識がどれほど浅いものであったとしても，その知識が恐怖に影響を及ぼしていたのである。本当の科学がなかったら，こうしたモンスターはそれほど恐ろしいものにはならなかっただろう。程度の差はあっても，これらのモンスターはすべて科学に由来していたのだ。ユニバーサル映画が映画に実際の科学を持ち込もうと本格的に取り組んだ可能性は低いが，フランケンシュタインの実験室のために本物の科学機器を観察したのと同様に，ミイラ映画に使用する舞台デザインを計画する上ではエジプトのファラオ，ツタンカーメン王の墓の画像を見ていたに違いない。

ジュネーブ湖での休暇中に『フランケンシュタイン』を執筆したときまだ 18 歳だったシェリーは，科学に魅了されていた。新たな発展と研究の最新情報を知っておくために，彼女は講演会に頻繁に出席し，電気が動物組織に及ぼす影響を研究する「動物電気」と呼ばれる新たな研究分野に特に関心をもっていた。彼女はルイジ＝ガルバーニという科学者の研究に注目していたのだが，ガルバーニが行った初期の実験では死んだカエルの足を電荷で動かすことができることが証明されており，フランケンシュタイン博士の着想に彼の研究を用いたのである。

同時期に，溺死したと思われる人間に空気を送り込み，腹部をリズミカルに強く押すことで蘇生が可能な場合があることも科学者は知るようになり，その手法は心肺蘇生法（CPR）として知られるようになった。溺れた動物を利用した初期の実験から，呼吸と体の仕組みの関係に関する貴重な知見が得られている。シェリーが生まれる 2 年前に母親が橋からロンドンのテムズ川に身を投げた後に蘇生していたため，シェリーはこの研究に特に惹かれていた。シェリーが現実の科学に触発されてから 100 年以上が経過した後に，ユニバーサル映画は彼女の小説を元に映画『フランケンシュタイン』を作り，次には生命が中断し再び復活する物語，1932 年の古典的作品『ミイラ』が続いた。

1922 年に英国の古代史研究家が率いるチームが，3 千年以上も手を触れられていなかったツタンカーメン王の墓を暴いた。この出来事は何百万人もの人々の想像力を刺激することとなり，古代エジプトに対する憧れの気持ちを世界的に引き起こした。10 年後に『ミイラ』が公開されたときも大衆の関心は依然として高かった。この映画は一部を勝手に変更し，話の流れにうまく当てはまらない科学的な要素を若干省いている。たとえば，エジプト人が死者を埋葬するために用いた手順を映していない。しかし，本物の科学から情報を提供されてはいたのだ。こうした映画はどれも，科学的な発見や発明，あるいは観察を視覚的に再解釈することによって，科学にスポットライトを当てたのである。

「モンスターは常に合理的な恐怖心と無意識の，おそらくは非合理な恐怖心の混じり合ったものです」と『幽霊の出没：幽霊，魔女，吸血鬼，ゾンビについて』の著者レオ＝ブロディは語る。「モンスター映画やホラー映画は観客が無意識に漠然と抱いている恐怖心から生まれ，その恐怖心の形成を助長するのです」とブロディは指摘している。たとえば，吸血鬼にかまれることを恐れる気持ちは，ブラム＝ストーカーの 1897 年のホラー小説やハミルトン＝ディーンとジョン＝L. ボルダーストンによる 1924 年の劇『ドラキュラ』を元にした 1931 年の映画『ドラキュラ』で表に現れたものだ。ストーカーが小説を発表する何世紀も前から吸血鬼伝説は存在していたのだが，1800 年代半ばにコレラと結核という 2 つの死に至る病が蔓延したために，その神話が社会に広まり，吸血鬼関係の報告のきっかけになったのかもしれないと科学者は考えている。人々が科学的知識をもっていないときに吸血鬼がその説明となったのである。結核が人々の間で広まれば，非難されるのはバクテリアよりも吸血鬼のほうだった。それは自然のプロセスを説明する方法であり，モンスターの物語に影響を与えた。

『ブラックラグーンの怪物』のデザイナー，ミリセント＝パトリックは，「クリーチャー」としても知られる「半魚人」のイメージを形成するために，海の生物と先史時代の動物を幅広く研究した。パトリックは 4 億年前に地球に生息した動物の科学的図解を研究した。クリーチャーの着想は，陸上動物の祖先とされているシーラカンスという珍魚が発見されたことを聞きつけた映画監督が抱いたものでもある。シーラカンスには手足のような奇妙なひれがあり，そのひれが海から固い地面に這い上がるのに役立っていたのかもしれない。海の生物と，一時期を水中で，残りを陸上で過ごす動物が，プロデューサーのひとりが耳にしたアマゾン川に住む半人半魚の生物の神話と相まって，パトリックのクリーチャーの造形に用いられるようになったのである。

科学はスクリーン上の登場人物の着想を与えただけではなく，映画制作における技術的な要素が大きな分野での実験や発明にもつながっている。フランケンシュタインの実験室での創造のシーンでは，電気技師の経験をもつセットデザイナーが稲妻と電気効果をそれらしく見せる技術を考え出した。『ミイラ』の主役のメイクにアーティストのジャック＝ピアスは8時間も費やしている。長時間にわたる手順には，「フラー土」と呼ばれる混合粘土を何層も重ねて150フィートの包帯を巻く作業が含まれていたのだ。

結局，ハリウッドの有名なモンスターの背後にある科学，あるいは，科学的理解の不足が，このホラーの黄金時代の映画をより一層恐ろしいものにしたのである。映画ファンの心の理性的部分では大スクリーンで眺めるモンスターが現実のものではないことがわかっていた。しかし，そうしたものに対する科学的根拠が不安を生み出し，こんなことが本当に起こるのだろうかと人々に考えさせたのである。

◀解　説▶

1．「筆者は現在制作されるホラー映画は（　　）と主張している」

①「だいぶ前のものほど暴力的ではない」

②「それ以前の映画がなければ存在していないだろう」

③「古典的モンスター映画のものほど怖くない怪物が主役である」

④「モンスターの新しいアイディアを喚起する上で効果的ではない」

第1段第2・3文（These films may … create convincing ones.）に，古典的ホラー映画は今日のモンスター映画ほど暴力的なものではなかったかもしれないが，そうした映画が基礎を築いていなかったとしたら，今日のホラー映画は存在しないことになるだろうとあるので，②が正解。

were it not for ～＝if it were not for ～「～がなかったとしたら」

2.「メアリー＝シェリーの『フランケンシュタイン』のユニバーサル映画による1931年の映画版は（　　）」
①「小説で示されているよりもはるかに複雑な物語だった」
②「あらゆる面で小説と同じだった」
③「モラルに反する科学の進歩がもたらす悪を同様に表現した」
④「小説の人気に匹敵するものではなかった」

第2段最後から2番目の文（Although the film…）に，映画ではシェリーの語りを分割し，若干の変更を加えているが，小説とまったく同様に，モラルに欠ける科学の進歩の中で生じる悪をとらえているとあるので，③が正解。

3.「筆者によれば，大衆は（　　）」
①「映画のモンスターは科学から生まれたものなのでより一層恐ろしいものだと思った」
②「そうした映画のモンスターよりも現実の科学のほうを恐れた」
③「科学の発見に興味がなければホラー映画を観に行かなかっただろう」
④「科学を深く理解していなければ『古典的モンスター』に恐怖心を抱くことなどなかっただろう」

第3段第2・3文（Though the monsters'… as they were.）に，モンスターの外見はユニバーサル映画のスタッフが生み出したものだが，現実の海の生物やミイラなどに関する大衆の科学的知識が恐怖に影響を及ぼしており，本当の科学がなかったら，モンスターはそれほど恐ろしいものにはならなかっただろうとあるので，①が正解。

4.「メアリー＝シェリーは科学的発見に関心をもっていたため，（　　）」
①「小説を書くことに集中することが困難になった」
②「作品のテーマのいくつかの着想を得た」
③「ルイジ＝ガルバーニの後を追ってジュネーブに行った」
④「死んだカエルの足を動かす実験とは無関係だった」

第4段の内容に注目する。第4段には，シェリーは科学に魅了され，「動物電気」という分野に特に関心をもち，フランケンシュタイン博士の着想にその研究を用いたとあるので，②が正解。第4段最終文（She followed the…）には，ルイジ＝ガルバーニの研究に注目していたとあるだけで，後を追ってジュネーブに行ったわけではないので③は不可。

5．「メアリー＝シェリーは動物や人間を蘇生させる技術に関心をもっていたが，それは（　　　）から生まれたものだった」

①「彼女の人生の出来事と科学に惹かれる気持ち」

②「子供の頃に彼女と母親が経験した残酷な体験」

③「人が橋から落ちて溺死しそうになったことを目撃したこと」

④「CPRによって母親の命を救った出来事」

第5段第3文（Shelley, whose own …）に，シェリーの母親が川に身を投げた後で蘇生しているために，シェリーは溺れた動物に関する研究に特に惹かれていたとある。そうした出来事と，問4で確認したような科学に惹かれる気持ちがあったために，蘇生技術に関心をもったと考えられる。したがって，①が正解。

6．「映画『ミイラ』が公開されるまでに（　　　）」

①「人々は古代エジプトに関連する物事に飽きていた」

②「古代エジプトに関する物語には依然として強い関心があった」

③「科学が古代エジプト人の秘密をすべて暴いていた」

④「ツタンカーメン王の墓はまだ手をつけられていなかった」

第6段第2・3文（The event captured … was still high.）に，ツタンカーメン王の墓が暴かれたことで，多くの人々が古代エジプトに対する憧れの気持ちをもつようになり，『ミイラ』が公開されたときも大衆の関心は依然として高かった，とあるので②が正解。

7．「吸血鬼伝説は（　　　）」

①「ブラム＝ストーカーの小説『ドラキュラ』が出版されるまでは存在していなかった」

②「人々が病気の蔓延する仕組みを説明できないときに広まった」

③「ディーンとボルダーストンによる劇『ドラキュラ』を観た人々によって広められた」

④「吸血コウモリのバクテリアが人間に感染するかもしれないという恐怖心から生まれた」

第7段第4文（Vampire legends existed …）に，ストーカーが小説を発表する何世紀も前から吸血鬼伝説は存在していたが，コレラと結核という死に至る病の蔓延が原因でその伝説が社会に広まり，吸血鬼関係の報告のきっかけになったのかもしれないと述べられている。伝説は『ドラキュラ』出版以前からあったが，コレラや結核の感染の広がり方を吸血鬼伝説で説明しようとする人が多くなったと考えることができるので，②が正解。

8.「ミリセント＝パトリックの『ブラックラグーンの怪物』のデザインの着想は（　　）から来ている」

①「科学的発見と神話を組み合わせたもの」

②「シーラカンスと名づけられた架空の魚の物語」

③「半人半魚の生物の出現が確認されていること」

④「子供のころ海に出かけたことと恐竜が大好きであること」

第8段第3～最終文（Inspiration for the … of the Creature.）に，半魚人の着想は，シーラカンスという珍魚の発見とアマゾン川に住む半人半魚の生物に関する神話が合わさって生まれたとあるので，①が正解。

9.「映画上のモンスター制作のプロセスは（　　）」

①「機器の故障が原因で不幸な事故をもたらした」

②「科学に触発されたものかもしれないが，科学に貢献することはなかった」

③「映画のリアリティーを向上させる発明や実験をもたらした」

④「メイクを施すのにそれほど時間がかからないようにした」

第9段第1・2文（Science not only … effects look real.）に，科学は映画制作の技術的な分野の実験や発明にもつながっており，フランケンシュタインの実験室でのシーンでは，稲妻と電気効果を本物らしく見せる技術を考え出した，とあるので，③が正解。同段第3・4文（It took artist … 150 feet of bandages.）に，メイクに8時間もかけた例が述べられているので④は不可。

10.「知的な観点から見ると，モンスター映画を観る人々は（　　）」

①「スクリーン上で目にすることが起こりうると確信していた」

②「科学について教室ではとても学べないほど多くのことを学んだ」

③「先史時代の動物が数百万年前に生きていたことを知って恐れおののいた」

④「目にした怪物は架空のものであると理解していた」

最終段第2文（The rational part …）には，映画ファンの心の理性的部分ではスクリーン上のモンスターが現実のものではないことがわかっていたとあり，rational「理性的な」は設問文の intellectual「知的な」に対応していると考えることができるので，④が正解。imaginary は「架空の」という意味。

II 解答 全訳下線部参照。

◆全　訳◆

≪人間関係における日常会話の重要性≫

人間関係というテーマでもっともよく知られた研究者のひとりが，英国の人類学者で進化心理学者でもあるロビン＝ダンバーである。彼は，友人関係を維持する第一の方法は「日常会話」であると教えてくれた。つまり，「お元気ですか？」と尋ねて実際にその答えに耳を傾けることである。ダンバーによれば，社会的ネットワークの中で現実的に管理可能な人間の数には限度があるとのことだ。彼はその数を150人程度としている。それは，バーで遭遇したら気軽に一緒に飲める程度にまで知り合いになれる人の数である。それより多くの人と有意義なつながりを維持する精神的，感情的能力は持ち合わせていないのだ。

しかし，そうした150人の中で，その人と過ごす時間の量によって決まってくる「友情のレベル」があることをダンバーは力説している。それはピラミッドのようなもので，最高レベルには，たとえばパートナーや親友のような，もっとも親密で毎日交流する1，2名だけが含まれている。次のレベルには，大きな愛情や関心を寄せている人が多くて4人いる。このレベルの友情を維持していくには毎週注意を払う必要がある。そこから下のレベルの友人たちの集団には，それほど頻繁に会わないためにつながりがそれほど強くない，比較的親密でない友人が含まれている。接触を続けなければ，知り合いのレベルにまですぐに落ちてしまう。この段階では友好的であっても本当の友人とは言えない。その人がどんな人かという，常に展開していくことに疎くなっているからである。一緒にビールを飲めないことはないが，彼らが町から引っ越してもひどく寂しい気持ちになることはないし，引っ越したことにすぐに気づくことすらないかもしれない。彼らもまたあなたに会えないことを寂しいと思わないだろう。

例外は，何年も話をしていなくてもなお非常に親しいと感じる友人かもしれない。ダンバーによれば，こうした友情は人生のある時点で幅広く深く耳を傾けることによって培われた友情であることが多く，その時点とはたいてい大学時代や大人になって間もない時期などの多感な時期だが，病気や離婚のような個人的危機の間のこともある。それはまるで傾聴をたくさん蓄えてきたようなもので，その傾聴を後で利用して，離れてからかなりの時間が経過した後でも，その人物を理解し，共感する上で役立てていくのだ。別の言い方をすれば，過去に相手にしっかりと頻繁に耳を傾けてきたため，おそらく，物理的に離れてしまったという理由があったり，けんかをして心理的距離を置くような時期があったりして長い間顔を合わせていないときでも，コミュニケーションが取りやすくなるのである。

◀解　説▶

主語のItは直前の文で述べられた状況を指しているので，「それは」と訳すことも可能だが，日本語にしなくても問題はない。as if ～は「まるで～かのような」の意。save up ～は「～を蓄える」で，その目的語がa lot of listeningであることをとらえる。listeningは「傾聴，耳を傾けること」の意。その直後のthatは目的格の関係代名詞で，that … apartは先行詞a lot of listeningを修飾している。to help you …は副詞的用法のto不定詞。「～するために」と後ろから訳出することも可能だが，ここでは前から訳している。help *A* *do*は「*A*が～するのに役立つ」という意味の表現で，ここでは*A*はyou，*do*の部分はunderstandとrelateとなっている。relate to ～は「～と共感する，～の考えを理解する」の意の表現。significantはこの文脈では「かなりの，相当の」という意味でとらえる。time apartは「離れている時間」という意味。

III **解答例** I agree with Dunbar's view of friendship. Whenever meeting with a close friend after a long time, I strangely feel as if we met only yesterday. As Dunbar suggests, having listened to each other deeply in the past seems to help fill the gap in time when we meet. (50語程度)

◀解　説▶

「ダンバーの友情に関する考えに賛成であるか？　賛成または反対の理由も述べよ」という問いに50語程度の英語で答える問題。ダンバーの友情に関する考えは，第１段第２・３文（He told me … to the answer.）で，友人関係を維持する第一の方法は日常会話であり，相手に耳を傾けることであると述べられている。〔解答例〕はその考えに賛成の立場であり，特に第３段で述べられている，何年も話をしていないのに非常に親しいと感じる友人が存在するということに同意している。その理由として自分自身の経験を示し，お互いに深く耳を傾け合ったことが，久々に会ったときに時間の空白を埋めてくれるようだと述べている。meet with ～「(約束して）～と会う」

Ⅳ　解答

11－②　12－①　13－③　14－④　15－③　16－④
17－①　18－②　19－④　20－③

◀解　説▶

11.「私たちのメンタルマップは（　　）傾向がある」

第１段最終文（In fact, …）で，私たちの頭の中にある地図の多くは同じ誤りを共有していると述べられているので，②の「他人のメンタルマップと共通する誤りをもつ」が正解。

12.「ひとつには（　　）が理由で人々は南米が北米の真下にあると考えがちだとネルソンは信じている」

第２段第４文（According to Nelson, …）で，南北アメリカが誤った位置でとらえられていることの原因の一部はそれらの名前にあるのではないかとネルソンは考えていると述べられているので，①の「名前」が正解。

13.「ジョン＝ネルソンと彼の両親は（　　）」

第３段第１文（Nelson's father, …）には，ネルソンの父親は地理の教授で地理についての誤った考えに関する論文を共同執筆し，その際に高校の地理の教師である母親からもアドバイスを受けたとあり，同段最終文（"I actually …）ではネルソンは両親が夕食の席でその論文について語り合っている姿を記憶していると述べられているので，③の「地理に関する誤った考えに関心をもっていた」が正解。

14.「よくある誤解は，ヨーロッパは（　　）というものである」

第４段第１文（North Americans tend …）では，北米の人はメンタルマップでヨーロッパは実際よりもはるかに南にあると考える傾向があると述べられているので，④の「実際よりもずっと南にある」が正解。

15.「どれほど北方に広がっていても，ヨーロッパは（　　　）のおかげで比較的温暖である」

第 5 段第 1 文（Nelson suspects that …）では，ヨーロッパは北方にあっても暖かいメキシコ湾流のおかげでカナダより温暖であると述べられているので，③の「メキシコ湾流」が正解。

16.「便利な平面地図を作るために 3 次元の球体を平らにすると（　　　）」

第 6 段第 3 文（Flattening a three-dimensional, …）では，3 次元の球体を平面に伸ばすのはある程度の変更を加えなければ不可能であり，そのために現実を反映しないこともあると述べられているので，④「不正確な箇所が生じる」が正解。

17.「人々は（　　　）と知って驚くことが多い」

第 7 段第 1・2 文（While you may … large as Canada.）では，地図の驚くべき不正確さの例としてブラジルが挙げられており，ブラジルは多くの地図ではそれほど大きな印象を与えるものではないが，実際にはほとんどカナダと同じ大きさであると述べられているので，①の「ブラジルはカナダとほとんど同じ大きさである」が正解。

18.「ワシントン D.C. から上海へ行く最短の道は（　　　）を飛行することだろう」

第 8 段第 2 ～最終文（If you draw … to get there.）では，地図上で線を引くと合衆国と太平洋の上空を飛ぶのが最短距離のように思えるが，実際には北極上空を飛ぶと述べられているので，②の「北極上空」が正解。

19.「メンタルマップは（　　　）」

第 9 段第 2 ～最終文（One reason for … useful and practical.）では，私たちの世界の見方は地下鉄路線図のように現実を単純化したものであり，正確さに欠ける面はあるが，より有益で実用的であると述べられているので，④の「正確な地理的事実よりも有益なことがある」が正解。

20.「地理学者は（　　　）傾向がある」

最終段第 1・2 文（Mental map errors … as everybody else.）で，メンタルマップの誤りがあまりに広まっているため地理学者のような専門家も誤っているという事例が述べられているので，③「同様に不正確なメンタルマップをもっている」が正解。

V **解答例** I once believed that "the Tomei Expressway" meant "the transparent expressway." I was excited by the name, since I could not imagine a transparent road. It was once I learned Chinese characters that I discovered my mistake. Japanese has numerous homonyms, and "tomei" can mean "transparent" and "Tokyo and Nagoya." (50語程度)

◀解　説▶

「以前は正しいと信じていて，あとで誤りとわかったことは何か？　どうして誤りだとわかったのか？」という問いに50語程度の英語で答える問題。〔解答例〕では，「東名高速道路」は「透明高速道路」のことだと思っていたが，漢字を覚えてその間違いがわかったという経緯が述べられている。日本語には同音異義語が多く，「東名」と「透明」は発音上はどちらも「とうめい」になるという誤りの根拠も指摘されている。transparent「透明な」 numerous「多くの」 homonym「同音異義語」

❖講　評

2022年度は2021年度と同様の大問5題の出題で，試験時間は70分であった。

Ⅰの読解問題はモンスター映画の流行の背後にある大衆の科学への関心を中心とした内容の英文で，比較的読みやすい。10個の選択式の内容説明も段落順の設問となっており，ごく標準的な出題であった。

Ⅱの読解問題は，人間関係における日常会話の重要性という身近な話題で，英文和訳のみの出題であるが，文構造をとらえる力と，重要表現の知識が問われる出題となっている。

ⅢはⅡの英文の内容に関する英作文であった。語数は50語程度と少ないが，Ⅴと合わせると，書くべき英文の全体量は決して少なくない。

Ⅳはリスニング問題で，設問は10個の選択式の内容説明となっている。英文の内容は個人のメンタルマップが現実の地理的事実と異なっていることを具体例を交えて述べたものである。具体的な地名に関する設問では，それぞれのメンタルマップと現実における姿のずれを意識しておく必要があった。

ⅤはⅣのリスニング英文の内容に関するテーマ英作文であった。語数は50語程度となっている。

全体としては例年通りの出題レベルであるが，リスニング問題はテーマ英作文を含め，70分という試験時間の一部を使って解答しなければならないので，語彙・熟語力の増強はもちろん，バランスのよい英語力の向上に努める必要があるだろう。

◀英米文学科B・C方式▶

I **解答**　1－②　2－④　3－②　4－④　5－③　6－①
7－①　8－③　9－②　10－①

◆全　訳◆

≪数学モデルによる評価の問題点≫

ビッグデータ経済は信じられないほどの利益を約束した。コンピュータプログラムは何千もの求人やローン申請を1，2秒の速度で処理し，もっとも有望な候補が上位に置かれた，きれいなリストに分類することができたのだ。これは時間の節約になるだけでなく，公正で客観的なものとして市場に出されてもいた。何と言っても，偏見のある人間ではなく，無味乾燥な数字を処理する機械だけが関与しているのである。ところが，データ経済の原動力である数学によるアプリケーションは人間の選択に基づいていた。こうしたモデルの多くは人間の偏見や誤解，先入観を，人間の生活をますます管理するようになってきたソフトウェアシステムに組み込んだのである。こうした数学モデルは部外者には理解できず，その仕組みはコンピュータ科学者以外は誰も見ることができなかった。それらが選択したものは，誤っていたり有害であったりしても，議論をしたり訴えたりする余地はなかった。しかも，社会の貧しい人々や恵まれない人々を痛めつける一方で，金持ちをより豊かにする傾向があった。

例を挙げて考えてみよう。2007年にワシントンD.C.の新しい市長になったエイドリアン＝フェンティは市の成績不振校を立て直す決意を固めていた。当時は高校生のかろうじて2人に1人しか卒業することができず，8年生では数学で学年レベルの成績の生徒はわずか8パーセントに過ぎなかった。フェンティはミッシェル＝リーという名の教育改革者をワシントンD.C.の学校制度の管理責任者として採用した。

リーの推測は教師がしっかり仕事をしていないというものであった。そこで2009年に，リーは業績不振の教師を排除する計画を導入した。これは全米の問題校で現在よく見られる現象である。つまり，教師を評価して最悪の教師を排除するというものである。これは学校制度の能力を最大に高めるひとつの方法であり，子供たちのためになるはずである。リーは

IMPACT と呼ばれる教師評価ツールを開発した上で，マセマティカポリシーリサーチに依頼し，このツールに他の要因を加味して，それに基づく評価システムを作成した。2009～10 年度末には，その学区は点数が下位 2 パーセントの教師を全員解雇した。翌年度の終わりには，さらに 5 パーセント，つまり，206 名の教師も解雇された。

5 年生担当のサラ = ワイソッキーには特に心配する理由はないように思えた。校長からも生徒の親からも非常に高い評価を得ていたからだ。ある評価では子供に対する配慮が評価され，別の評価では，「今までに接した中で最高の先生のひとり」と呼ばれた。ところが，2010～11 年度末にワイソッキーは IMPACT 評価でひどい点をつけられてしまった。彼女の問題は付加価値モデルとして知られる新たな採点システムであった。アルゴリズムが生み出したその点数のほうが学校管理職や地域からの高評価よりも重視されたのである。学区のやり方にもそれなりの理屈はある。管理職はだめな教師と仲がよい可能性があるからだ。そうした教師のスタイルやうわべの献身に感心してしまうかもしれない。悪い教師でもよく見えるかもしれないのだ。そのため，数学と読解のテストのスコアから得られる確かなデータにもっと注目することになろう。数字ははっきりと語り，より公平なものであろう。

もちろん，ワイソッキーはそうした数字が公平なものであるとは思えず，それがどこから出てきたのかを知りたいと考えた。それは複雑であることが判明した。マセマティカが評価システムを開発したときの課題は，生徒の教育進捗状況を測定し，よい場合でも悪い場合でも，その状況のどの程度が教師に起因するのかを計算することだった。それは容易なことではなかったのである。社会経済的背景から学習障害のもたらす影響にいたるまで，多くの要因が生徒の成績に影響をもたらす可能性があった。アルゴリズムはこうしたことをすべて考慮に入れなければならず，それがこれほど複雑化した理由のひとつであった。人間生活をアルゴリズムにまで単純化することは容易なことではない。その問題を理解するために，貧しい地域に住む 10 歳の少女のことを想像してほしい。ある学年の終わりに，彼女は 5 年生レベルの学力テストを受ける。その後，家庭の事情や金銭的な問題が発生したり，転居したりするかもしれない。1 年後に今度は 6 年生用の学力テストという別のテストを受ける。2 年間の結果の差を計算して比較するのは容易である。だが，その差のうち教師が原因で生じたのはどの程度なのだろうか？

特にマセマティカが使用していたようなデータに関しては判断が極めて難しい。ひとりの教師はわずか 25 名から 30 名の生徒を担当しており，サンプル数が極めて少なかった。成績に影響を及ぼすような別の出来事がひとりひとりの生徒の生活の中で起きていたとすれば，結果は教師のスキルについては何も語っていないことになるかもしれない。データを適切に説明しているという確信を得るためにはもっと大きなサンプルが必要である。もうひとつ必要なのは作り出すモデルのフィードバックである。システムが確実に間違っている箇所がわからなければ，自分のシステムが正しい結果を出しているかどうかを確信することは不可能である。ところが，マセマティカのシステムがサラ＝ワイソッキーと他の 205 名がだめな教師であると判断したら，彼らは解雇されてしまうのだ。それが正しかったかどうかどうやって確認するのだろうか？　確認などできるはずがない。だめな教師とシステムが判断すれば，そのように見られてしまうのだ。彼らが解雇され 206 名の「だめな」教師は姿を消したのである。真実を探究するのではなく，得点自体が単に真実となってしまうのだ。

これは，システムの出力がさらなる使用のための新たなデータとして使われ，問題を悪化させるひとつのケースに過ぎない。たとえば，雇用主が採用する可能性のある人を評価するためにクレジットスコアを使用することが増えてきている。これは借金返済の早さなどを示すスコアである。支払いをすぐに済ませる人のほうが定刻に出勤して規則を守る可能性が高いと考えてしまうのだ。もちろん，現実には，働き者であっても不運に見舞われてクレジットスコアが低下してしまう人は大勢いる。しかし，スコアが低い人のほうが仕事は見つかりにくい。信用格付けの低さと仕事ぶりの悪さには関連があると考えられているためである。そうした人々は仕事がないことで貧困へと追いやられ，スコアがさらに悪化して，仕事を見つけることがさらに一層困難になる。負のスパイラルである。

このことはこの種のアルゴリズムに共通するもうひとつの特徴を示している。そうしたアルゴリズムは貧しい人々を罰する傾向があるのだ。ワイソッキーが自分のひどい点数を説明してくれるような人を見つけることができなかったのも当然である。アルゴリズムの判断に透明性はない。モデルそのものが謎であり，その内容は厳重に守られている企業秘密なのである。そのためにマセマティカのようなコンサルタントはより多くの料金を請求できるのだが，別の目的もある。評価対象の人がシステムを理解していなければ，自分によい点数を与えるためにシステムを利用しようとする可能性は低くなると考えているのだ。その代わりに，彼らはただ懸命に仕事をして，規則を守るしかなくなるのである。しかし，詳細が隠されていれば，得点に疑問を抱くことも抗議することもより困難になる。

アルゴリズムを作成するプログラマーや統計学者は，通常は単に機械に代弁させるか，せいぜい技術レポートを書くくらいである。しかし，機械に訴えようとしても無理である。機械は耳を傾けることもなければ，変化することもない。説得や脅し，論理に対してさえも耳を傾けることはない。結論を提供するデータを疑う理由が十分にある場合でもそうだ。自動化されたシステムが定期的に誤りを犯していることが明らかになれば，プログラマーは再び手を入れてアルゴリズムを変更する。しかし，たいていの場合は，プログラムが厳しい判断を下し，プログラムを使用する人間にできるのは肩をすくめることぐらいなのである。

パラドックスに気づいているだろうか？　アルゴリズムは統計を処理して，ある人物がだめな社員やひどい教師である確率を算出する。その確率が得点化され，人の人生をひっくり返してしまうこともある。しかし，その人が反撃をしても，完璧な反論ができない限りは誰も相手にしてくれない。こうした機械の犠牲になる人間はアルゴリズム自体よりもはるかに高い証拠の基準を満たさなければならないのである。

◀解　説▶

1．「本文の初めのほうで示されているビッグデータの問題点は何か？」

①「あまりに安価で効果を発揮できない」

②「社会の既存の不公平さを反映していることが多い」

③「ビッグデータアプリケーションが引き出す結論は通常誤っている」

④「お金をかけて人間が監視しなければ，こうした分析は機能しない」

第１段第１～４文（The Big Data … processing cold numbers.）まではビッグデータの利点について述べられているが，同段第５～最終文（But the math-powered … the rich richer.）では問題点が述べられている。人間の選択に基づくモデルの多くは人間の偏見や先入観などをソフトウェアシステムに組み込んだとあるので，②が正解。

2．「2007 年にワシントン D.C. の学校に在籍する 8 年生のうち（　　　）することができたのは 10 パーセント未満だった」

①「『2 人のうち 1 人』という言葉の意味を理解する」

②「高校に入学する」

③「数学の授業で A をとる」

④「8 年生のレベルの数学を解く」

第 2 段第 3 文（At the time, …）に，8 年生のうち数学が学年レベルの成績の生徒はわずか 8 パーセントに過ぎなかったとある。学年相応の数学能力をもつ生徒が 10 パーセントに満たなかったことになるので，④が正解。

3．「教育制度改善のために学区は何を行ったのか？」

①「生徒のテストの成績を最大限に上げること」

②「IMPACT で合格点を取った教師だけを使うこと」

③「保護者に嫌われている教師を解雇すること」

④「IMPACT の得点が 206 点未満の教師を解雇すること」

学区が実際に行ったことの内容は，第 3 段に述べられており，同段第 5・6 文（Rhee developed a … bottom 2 percent.）には，市長が採用した教育改革者のミッシェル＝リーは IMPACT と呼ばれる教師評価ツールを開発し，評価システムを作成し，点数が下位 2 パーセントの教師を解雇したとあるので②が正解。206 という数字は同段最終文（At the end …）にあるように，解雇された教師の数であり，点数ではないので④は不可。

4．「本文によると，2010～11 年度の新しい制度を用いた教師評価の中に含まれていない内容は次のうちどれか？」

①「管理職の評価」

②「保護者の意見」

③「数学のテストのスコア」

④「教師のモデル体験」

2010～11 年度の評価に関しては，第 4 段に具体的に述べられている。同段第 2・3 文（She was getting … into contact with.”）には，管理職と生徒の親から高評価を受けていたとある。また，同段最後から 2 番目の文（So they would …）には，数学と読解のテストのスコアから得られるデータにより注目するとある。同段第５文（Her problem was …）には，付加価値モデルとして知られる新たな採点システムのことが述べられているだけであり，教師のモデル体験とは無関係なので，④が正解。

５.「教師評価に使われるシステムがそれほど複雑である理由について筆者はどう述べているか？」

①「広範囲のさまざまなタスクに対して有効である必要がある」

②「完全に客観的で問題のないシステムを作ることは不可能である」

③「生徒の学習に影響を及ぼす要因が非常に多く存在する」

④「毎年，特にワシントン D.C. では多くの生徒が転居をする」

第５段第５文（Many factors could …）には，社会経済的背景から学習障害のもたらす影響にいたるまでの多くの要因が生徒の成績に影響をもたらす可能性があったとあり，同段第６文（The algorithms had …）には，こうしたことをすべて考慮に入れなければならなかったことが，アルゴリズムが複雑化した理由のひとつであったとあるので，③が正解。同段第８文（To understand the …）以降に，生徒が転居によって影響を受けるという仮定の話があるが，この地域で転居が多いという言及はないので，④は不可。

６.「マセマティカのシステムの結果に関するフィードバックの問題点は何か？」

①「結果は正しいものと考えられるが，正確さをチェックすることは不可能である」

②「純粋に数学的なものではないので，フィードバックは不可能である」

③「管理職は教師と仲がよいことがあるのに，管理職の意見を過大に評価する」

④「マセマティカのウェブサイトにはフィードバックフォームがない」

第６段第５・６文（Another thing needed … the right results.）に，フィードバックが必要だが，システムの間違っている箇所がわからなければ，システムが正しい結果を出しているかどうかはわからないとあるので①が正解。

７.「筆者が『負のスパイラル』という表現で述べようとしていることは何か？」

①「アルゴリズムシステムのひとつの悪い結果が人生の別の面でも問題を

引き起こす可能性があること」

②「マセマティカのシステムがワシントン D.C. の教育状況を悪化させたこと」

③「アルゴリズム構築の手法」

④「対面面接が貧しい人々に対して引き起こすストレス」

第 7 段第 1 文（This is just …）から，この段はそのシステムが問題を悪化させてしまう別のケースを述べている箇所だとわかる。同段最後の 3 文（But those with … a downward spiral.）には，クレジットスコアが低い人は仕事が見つかりにくくなり，貧困へと追いやられることでスコアがさらに悪化して，仕事が一層見つかりにくくなるという負のスパイラルが発生する，とあるので①が正解。

8．「マセマティカのシステムのような透明性を欠くシステムが雇用主にもたらす恩恵は何か？」

①「マニュアル作成が不要なので安上がりである」

②「情報不足のために，新しい技術報告書の発表が待ち遠しくなる」

③「システムの仕組みがわからなければ，システムを欺きにくくなる」

④「システムに関する情報の不足のために，その判断に疑問を抱く人がいなくなる」

第 8 段第 4 ～ 7 文（The decisions of … follow the rules.）に，アルゴリズムの判断に透明性はなく，評価対象の人がシステムを理解していなければ，よい点数を得るためにシステムを利用しようとすることが減り，懸命に仕事をして規則を守るしかなくなるとあり，企業側に有利な結果となる。したがって，③が正解。同段最終文（But if the …）に点数を疑問視したり抗議をしたりしにくくなるとあるが，誰もそのようなことをしなくなるとまでは述べられていないので，④は不可。

9．「筆者が説明する『パラドックス』とは（　　）である」

①「機械が客観的なものとして考えられていないこと」

②「悪い判断を下された被害者は問題となっている機械よりも高い基準を満たさなければならないこと」

③「よいクレジットスコアと個人の高収入の不均衡」

④「どのような決断をする場合でも確率で決めるのはよい方法ではないという事実」

最終段第 1 文（Do you see …）で指摘されるパラドックスについては，同段最終文（The human victims …）で，機械の犠牲になる人間がアルゴリズム自体よりもはるかに高い証拠の基準を満たさなければならないことであると説明されているので，②が正解。

10.「本文の主旨を最も適切に表す文は次のうちどれか？」

①「アルゴリズムは有益であるが，人間の監視と透明性を必要とする」

②「アルゴリズムは貧乏人だけではなく，金持ちに対しても使用すべきだ」

③「数学によるアプリケーションは客観的なものだから，より広範囲に使用すべきだ」

④「よい教育は不確実性が高いので機械には理解できない」

第 1 段の前半にはアルゴリズムの有益な点が述べられているが，同段第 5 文（But the math-powered …）以下では問題点が述べられている。第 2 ～ 6 段では教育制度に適用されたシステムで生じた具体的な問題点が述べられている。第 8 段第 4 文（The decisions of …）以下では，アルゴリズムの不透明性が問題の原因として指摘され，第 9 段では人間による監視ができていない現状が述べられている。こうした内容から，人間の監視と透明性が必要であるという筆者の主張が読み取れるので，①が正解。

Ⅱ　解答　全訳下線部参照。

◆全　訳◆

≪15 分都市の利便性≫

医療センターや食料品店，公園など必要なものがすべて，家からすぐに歩いて行ける場所にあることを想像してほしい。健康にもよいし，近所同士の絆も深まることだろう。何と言っても，さまざまな機会や都市の利便性や多様性，それに他の人々へのアクセスこそが，そもそも人が都会に住むことを選ぶ理由なのである。都市部の中でもっとも楽に移動する手段が徒歩と自転車であるのは，駐車場の問題もなく，バスや電車を待つこともないからである。

これが「15 分都市」の背景にある考えである。そこでは，徒歩や自転車で家から 15 分以内で必要なサービスをすべて受けることができる。この都市モデルは，フランスのパリからオレゴン州のポートランドまで，世界中の都市で開発が進んでいる。

理想的には，徒歩や自転車で移動できる地域が将来は例外的なものではなく，一般的なものになる。こうした地域をより一般的なものにするためには，単純ではあるが効果的な「15分都市」という考えが，都市に対する考え方の一翼を担う必要がある。これは人間中心設計に対応した都市計画なのである。個人が住む場所と行く必要のある場所にまず注目し，都会の生活をすばらしいものにしてくれるようなアクセスしやすさが手に入るように，地域と都市を変える方法を考え出すのである。

都市交通に関する議論は，短時間でかなりの距離を移動することを可能にするといった，移動速度に焦点が向けられがちである。この見方は誤っている。都市の歴史からわかるのは，移動速度が速まるにつれて都市が広がってしまうということである。結局は以前と同じ移動時間がかかることになり，より長い距離をより速い速度で移動するだけなのである。より高速な移動手段を操作できない，あるいは，利用する余裕のない人々は取り残されて，家の近くで必要な用事を済ませられる機会がますます減っていくのである。

安全性に加えて，アクセスのしやすさと近さこそが，都市を建設する上での中心的構想でなければならない。移動の必要性を減らすことに重点を置いた計画を立てれば，交通や超満員のバスや列車に勝ち目のない戦いを挑みながらも高額な交通システムを絶えず追加していく，という事態を避けることができるかもしれない。

◀解　説▶

主語はPeople，動詞はare left behindなので，文の基本的構造はPeople are left behindということになる。leave ～ behindは「～を取り残す」という意味の表現。unable to operate, or unable to affordは等位接続詞orで結ばれた並列関係の構造で，全体としてPeopleを修飾している。関係代名詞を使ったwho are unable to operate, or unable to affordと同意の表現である。移動手段としての乗り物の話なので，operateは自ら車を運転するなど，乗り物を操作することを表しており，affordはそうした乗り物を利用する余裕があるという意味で使われている。able to meet fewer and fewer of their needs close to homeの部分は（being） able to… と考えて分詞構文ととらえる。この部分はそれ以前の部分に続けて訳したほうが日本語にしやすい。meet needs は「要求に応える，必要を満たす」という意味の表現で，ここでは fewer and fewer という比較級＋比較級（ますます～）が加わっているので，必要な用事を済ませることがますます少なくなるという内容をとらえる。close to home は副詞句で「家の近くで」という意味。

Ⅲ

解答例 Besides what was brought up in the passage, I think that diversity is extremely important for a city. I am afraid that the 15-minute city concept might produce numerous similar cities across the world. Each individual city should retain its special characteristics to attract both residents and visitors. (50 語程度)

◀解　説▶

「本文で取り上げられていること以外に都市にとって重要なことは何だと考えるか？」という問いに 50 語程度で答える問題。〔解答例〕では，多様性を挙げ，本文のテーマである「15 分都市」構想は世界中の多くの都市を画一化するかもしれず，どの都市も特徴を失わないようにすべきだと述べている。なお，本文第 1 段第 3 文（After all, access …）に variety「多様性」が出てくるが，これは 1 つの都市の中に色々なものや変化があるといった意味で，この〔解答例〕の「多様性」とは別物と考えられる。

numerous「多くの」 retain「～を保持する」 resident「住民」

Ⅳ

解答 11―④　12―③　13―②　14―②　15―②

◀解　説▶

11. He held (his breath the first time) he held hands with the actress.

「彼はその女優と初めて手をつないだとき息を止めた」 空所の後の he held hands with the actress という節を He held で始まる主節につなぐ従属接続詞を用いる。the first time は従属接続詞として用いることができ，the first time S V で「初めて S が V するときに」という意味を表す。

主節の部分の述部は hold *one's* breath「息を殺す，固唾をのむ」という表現を用いる。held に続く目的語が breath「息」であることが予想できる。hold hands with ～ は「～と手をつなぐ」という意味の表現で，shake hands with ～「～と握手する」と同様に hands と複数形を用いる。

12. You can hardly (expect me to agree with) you on that point.

「その点に関して私があなたに同意することを期待しないほうがいいでしょう」 空所の前は，can hardly と助動詞が含まれているので，動詞の原形である expect か agree のいずれかで始まると予想できる。agree with ＋人・意見で「～に賛成する，～に同意する」という意味なので，後半は agree with you … となることが推測できる。expect *A* to *do* は「*A* が～することを期待する，*A* が～することを予想する」という意味なので，expect me to agree「私が同意することを期待する」という形にする。on that point「その点に関して」

13. The city's problems were caused (not so much by poor) management as by neglect.

「その町の問題は経営のまずさよりもむしろ怠慢によって生じていた」 空所の前に were caused とあり，文の後ろのほうに as by neglect とあることから，空所に入る by は受動態 were caused の動作主を表す by であることが推測できる。be caused by ～「～によってもたらされる」から，by 以下は by poor management「経営のまずさによって」となりそうである。文の後ろのほうの by neglect と呼応するのは by poor management であり，not so much *A* as *B*「*A* というよりむしろ *B*」，*A* ＝by poor management，*B*＝by neglect という構造をつかむ。neglect「怠慢」

14. No (sooner had the idea occurred) to him than he put it into action.

「彼はその考えを思いつくやいなや，実行に移した」 文頭に No, 語群中に sooner とあることから，No sooner had S *done* than S' *did*「S が～するとすぐ S' が…した」という表現を用いることが予想できる。前半の節では過去完了を倒置の形で用いることに注意する。the idea had occurred が had the idea occurred という形になる。occur to ～ は「(考え) が (人) に浮かぶ」という意味の表現。put *A* into action「*A* を実行に移す」

15. She would never turn her back (on me no matter what) I did, and it's the same for me.

「彼女は私が何をしたとしても私に背を向けることはないだろうし，私に関してもそれは同じだ」 語群中から no matter what S V「S が何を V しても」という譲歩の副詞節の形を見抜く。ここでは no matter what I did「私が何をしても」と続くはずである。空所の前の turn *one's* back は「背を向ける，見放す」という意味の表現で，その行為の対象を表す場合には，on ～ という形が続くので，turn her back on me「私に背を向ける」という形になることがわかる。it's the same for me は，私のほうとしても彼女に背を向けることはないという意味。

V 解答

Part I. (16) existence (17)(a) realize (b) that (18) advised (19) political (20) graduation (21) establish (22) relatively (23)(a) close (b) ties (24) generation (25) achievements

Part II. 26. She thought that they were precious and needed to be paid for their hard work.

27. She used as much olive oil as she wanted.

28. Everybody on the cooking team could say something about what was being cooked.

29. She wanted customers to enjoy food using all five senses.

30. She asks them what they like to cook for themselves, where they shop, and what books they read.

Part III. 31―④ 32―① 33―③ 34―② 35―① 36―④ 37―② 38―③ 39―② 40―①

◀解 説▶

Part I. スクリプト参照。

Part II. 26.「アリス＝ウォーターズは土地を世話する人々をどう思っていたか？」

ウォーターズの第 2 発言第 6 文（I realized that …）に，土地を世話する人々は大切な存在で，頑張って仕事をしただけの報酬を受ける必要があると述べられている。

27.「アリス＝ウォーターズが人々にシェ・パニーズを好きになってもらったひとつの方法は何か？」

ウォーターズの第3発言第4～6文（I wanted people … about making money.）に，人々に自分たちの料理を好きになってもらいたかったので，好きなだけオリーブオイルを用いたと述べられている。それに続く，人々の期待以上のものを提供する用意があった，採算を度外視した，という内容を解答としてもよい。

28.「シェ・パニーズの料理チーム内の人間関係はどのようであったか？」

ウォーターズの第5発言第1文（Everybody on the …）に，料理チームの誰もが料理されているものについて発言することができると述べられている。

29.「モンテッソーリ教育はアリス＝ウォーターズのレストランの経営の仕方にどのような影響を及ぼしたか？」

ウォーターズの第6発言第1～3文（Montessori emphasizes learning … be like that.）に，モンテッソーリ教育では五感のすべてを用いて学習することを強調するので，レストランの経験もそのようにしたかったと述べられている。

30.「アリス＝ウォーターズがそこで働きたいと言ってくる人にする質問はどのようなものか？」

ウォーターズの第7発言第3文（I ask people …）に，自分自身にはどんな料理を作るのが好きか，どこで買い物をするのか，どんな本を読むのかなどを尋ねると述べられている。同発言第4文（I want to …）の，農場で働いたことがあるか，子供の頃，夕食を家族と食べたか，という質問を解答としてもよい。

Part III. 31.「アリス＝ウォーターズはホール・フーズのような自然食品を専門とするスーパーマーケットの拡大は（　　）と考えている」

①「彼女の積極的な活動が成功している印である」

②「食品の選択が将来改善することを意味している」

③「彼女がファーマーズ・マーケットに行く必要をなくす」

④「『地元産の』や『有機栽培の』という言葉に関する混乱をもたらした」

アリス＝ウォーターズの第1発言第1～3文（Sadly, I … organic and

grass-fed.）で，悲しいことだが，大手スーパーマーケットの多くは自分のしている運動の言葉を誤用して人々を混乱させており，その土地の産物でない季節外れの青果や，有機飼料で飼育されていない肉も売っていると述べているので，④が正解。

32.「エディブル・スクールヤードは子供に（　　）機会を提供する」
①「食事の全サイクルを経験する」
②「どうしたら自分でレストランを開業できるかを学ぶ」
③「庭からキッチンに意味もなく移動する」
④「妥当な賃金を得るためにキッチンと畑で働く」

アリス＝ウォーターズの第２発言第１文（I launched The …）で，「エディブル・スクールヤード」を立ち上げたのは子供に食事の全サイクルを経験してもらうためだったと述べているので，①が正解。

33.「アリス＝ウォーターズは（　　）ことで，人々に自分の新しい提案を受け入れてもらうように説得を試みている」
①「新しい場所に配置する」
②「毎日異なる果物を提供する」
③「おいしい食事を出す」
④「完璧という感覚に訴える」

インタビュアーの第３発言に，どのように人々を説得して自分の考えに強い関心をもってもらうのかとあるので，それに対する回答である，アリス＝ウォーターズの第３発言に注目する。同発言第２・３文（But I also … and delicious food.）では，納得してもらうために健康的でたまらないほどおいしい食事を出すと述べているので，③が正解。

34.「アリス＝ウォーターズによれば，ファーストフード業界は，ファーマーズ・マーケットに行って家庭料理を作ることは（　　）という誤った考えを拡散している」
①「近くにマクドナルドがあれば問題ない」
②「低所得者層にとって現実的ではない」
③「困難なことではなく，本当に楽しいものである」
④「土地を世話する最善の方法である」

アリス＝ウォーターズの第４発言第１文（That's a message …）に，それがファーストフード業界から受けているメッセージであるとあることから，業界が拡散する誤った考えの内容はインタビュアーの第 4 発言に述べられていることがわかる。インタビュアーは，アリスの提唱する買い方や料理の仕方は低所得者層にとっては現実には不可能であるという批判にどう応えるのかと聞いているので，②が正解。

35.「アリス＝ウォーターズがレストランを経営しながら活動に携わることが可能なのは（　　　）ためである」

①「彼女は中心的なシェフに任せて，自分がオーナーであるかのようにレストランを運営させている」

②「レストランのスタッフは隠しカメラで監視されている」

③「客は全員活動家である」

④「彼女はずっと管理している必要がある」

インタビュアーの第 5 発言は，レストラン経営と活動をどのように両立しているかという内容なので，アリス＝ウォーターズの第 5 発言の内容に注目する。同発言第 1 ～ 3 文（I'm in conversation …it were theirs.）に，自分が不在の場合でも中心的なシェフに任せて，レストランが自分のものであるかのように運営させている，とあるので，①が正解。

36.「アリス＝ウォーターズは引退後に（　　　）ことを考えている」

①「心の奥底で深い瞑想を行う」

②「高齢者が若者と離れたところにいられるような施設を作る」

③「あまり意味のない仕事をする」

④「お菓子を焼くことと出版の両方を行うようなプロジェクトを開始する」

インタビュアーの第 6 発言は，引退などを考えることがあるかという内容なので，アリス＝ウォーターズの第 6 発言の内容に注目する。同発言第 3 文（So maybe a …）に，さまざまな年齢の人を集めて，お菓子を焼き印刷を行うプロジェクトを始めるかもしれないとあるので，④が正解。

37.「アリス＝ウォーターズの両親は（　　　）」

①「彼女のレストランの成功を絶えず疑問視していた」

②「自分のレストランを開きたいという彼女の努力を初めから支援していた」

③「社会調査研究所の仕事を通して彼女にレストランの開業を促した」

④「シェ・パニーズが成功することが明らかになるまで彼女を支援しなか

った」

アリス＝ウォーターズの第 7 発言第 3 文（He loved me …）に，父親はアリスを愛していて，アリスがレストランを開業したいと伝えると，両親はそれを可能にするために家を抵当に入れてくれたとあるので，②が正解。

38.「シェフ 2 名の体制は（　　）」

①「労働環境の悪化をもたらした」

②「シェフ間に不健全な競争が起こるきっかけとなった」

③「レストランのスタッフがより柔軟に働くことを可能にした」

④「スタッフが月に 1 度家族を職場に連れてくることができるようにした」

「シェフ 2 名の体制」に関しては，アリス＝ウォーターズの第 8 発言第 1 文（In the restaurant, …）で言及されており，同発言第 3 ～ 6 文（It means you … home for dinner.）では勤務時間が選択できるフレックスタイムの勤務が可能になっていることが述べられている。したがって，③が正解。同発言第 7 文（And since we …）には，健全な競争が行われているとあるので②は不可。

39.「シェ・パニーズが 1 店舗しかないのは（　　）ためである」

①「もっと店舗を増やすだけの需要がない」

②「アリス＝ウォーターズはスタッフと客を深く知りたいと思っている」

③「他のレストランと競争するのがあまりにも大変である」

④「シェ・パニーズで働くシェフが自分の店を開くために出て行ってしまう」

インタビュアーの第 10 発言は，シェ・パニーズが 1 軒しかない理由を問うものなので，アリス＝ウォーターズの第 10 発言に注目する。同発言第 1 文（Because what I …）で，一緒に働く人とレストランに来てくれる人を知ることが一番好きなことであると答えていることから，②が正解。

40.「旬の食材だけを用いるという決断をしたために，（　　）」

①「シェ・パニーズは利用できる多くの野菜や穀物，豆を発見することができた」

②「人種的により多様な集団がシェ・パニーズをひいきにするようになった」

③「より種類の限られた青野菜やニンジン，カブを受け入れることが必要になった」

④「シェ・パニーズのシェフは味よりも料理の色に関心を払わざるを得なくなった」

インタビュアーの第 11 発言は，シェ・パニーズが旬の食材を重視していることを確認する内容のものなので，アリス＝ウォーターズの第 11 発言の内容に注目する。同発言第 3 ～ 5 文（At the restaurant, … throughout the winter.）に，旬の食材だけを用いる決断をして，利用できる食材を発見し，豊富な青野菜，さまざまなタイプのニンジンやカブや豆類を発見したとあるので，①が正解。そうした野菜は豊富にあり種類も多様なものであるため，③は不可。

Ⅵ 解答例

I think that high-quality ingredients and great culinary skills are essential to a good meal, but as Alice Waters suggested, the smells and arrangements of food and the way the meal is served also whet our appetite. Even conversations with the chef or server make a meal more enjoyable.（50 語程度）

◀解 説▶

「おいしい食事を作るものは何だと思うか？」という問いにⅤのリスニングの内容を元に 50 語程度で答える問題。〔解答例〕では，質のよい食材や料理の腕は当然必要だが，アリス＝ウォーターズが **Part II** の第 6 発言で述べている内容を参考にして，食べ物の匂いや並べ方や食事の出し方が食欲をそそり，さらにはシェフや接客係との会話で食事がより楽しくなると述べられている。ingredient「材料」 culinary「料理の」 whet *one's* appetite「食欲をそそる」 server「接客係，給仕係」

❖講 評

2022 年度は 2021 年度と同様の大問 6 題の出題で，試験時間は 100 分であった。

Ⅰ の読解問題は，数学モデルを用いた評価の問題点についての英文で，特にワシントン D.C. の学校で運用されたケースを主な具体例として挙げている。問題点を意識しながら具体例の部分を読んでいかないと主旨をとらえそこなう可能性がある。10 個の選択式の設問は内容説明が中心で段落順であり，標準的な出題となっている。

Ⅱの読解問題は，「15 分都市」の利便性についてのもので，非常に読みやすい英文であった。英文和訳のみの出題であり，構文把握力と基本的な表現の知識が問われている。

Ⅲ はⅡの英文の内容をテーマとする英作文であった。語数は 50 語程度。

Ⅳでは語句整序問題が出題された。基本構文や慣用表現，基本的な文法力を問う問題となっている。

Ⅴでは 2021 年度と同様にリスニング問題が出題された。設問は **Part I～Part III** に分かれており，**Part I** では 12 カ所の空所に単語を補うディクテーション問題，**Part II** では英文の内容に関する英語の質問に英語で答える問題，**Part III** では英文の内容に関する 10 個の選択式の設問に答える形となっている。英文は **Part I** から **Part III** まで一貫して一人のレストラン経営者の女性について，彼女の紹介やインタビュアーとの対話が取り上げられている。英文が長く，把握しなければならない情報が多岐にわたるため，しっかりとしたリスニング対策が必要である。

Ⅵ はⅤのリスニング英文の内容に関するテーマ英作文が出題された。語数は 50 語程度。

全体としては，語彙・熟語力の増強はもちろん，リスニング力を含めたバランスのよい英語力の向上に努め，すばやく解答する練習を重ねる必要があるだろう。

日本史

I **解答**　問1．②　問2．③　問3．①　問4．興　問5．新羅
問6．④　問7．④　問8．①　問9．光明
問10．⑤　問11．①　問12．健児　問13．渤海　問14．大輪田
問15．③　問16．②　問17．⑥

◀解　説▶

≪古代日本と東アジアとの関係≫

問1．②誤文。細石器が初めて出現したのは縄文時代ではなく，旧石器時代である。

問2．③正文。弥生時代，死者の多くは共同墓地に葬られたが，集団の中に身分差が現れたことから，地域の有力者は盛り土を盛った墓などに葬られた。方形の低い墳丘のまわりに溝をめぐらした方形周溝墓は各地でみることができる。

①誤文。八角墳は古墳時代終末期（7世紀）の古墳と考えられている。

②誤文。形象埴輪が作られるようになったのは古墳時代である。

④誤文。群馬県黒井峯遺跡は古墳時代後期（6世紀）の集落遺跡である。榛名山の噴火で埋没し，集落内の各家族の生活の跡が残っている。

問3．5世紀後半に倭王の一人が中国王朝に使節を送ったことが記載された史料は中国南朝の正史『宋書』である。巻97の「夷蛮伝」の倭人の条は俗に『宋書』倭国伝とよばれ，倭の五王の遣使の記事がある。

問4．空欄には興が入る。興は安康天皇，弟の武は雄略天皇に比定されている。

問6．稲荷山古墳は埼玉県，江田船山古墳は熊本県の古墳である。雄略天皇を指すと考えられる「ワカタケル大王」の名がそれぞれの出土品から確認されており，ヤマト政権の王が東国や九州中部の首長をも従えていたと推定される。

問7．④正文。壬申の乱で勝利した大海人皇子が672年に飛鳥浄御原宮に遷都し，翌年その地で即位して天武天皇となった。

①誤文。難波長柄豊碕宮は孝徳天皇の宮であり，645年に造営が開始され

た。

②誤文。庚午年籍は天智天皇の下で作成された。

③誤文。天智天皇の時期に藤原鎌足の病気平癒のために創建された山階寺が，天武天皇の時期に飛鳥に移されて厩坂寺となり，平城京遷都に際し奈良に移されて興福寺となった。

問 8．X．伯耆国は現在の鳥取県中・西部に位置し，本州西部日本海側の行政区分である山陰道に属していた。

Y．上野国は現在の群馬県に位置し，本州の内陸部を近江国から陸奥国へ貫く行政区分である東山道に属していた。

問 9．聖武天皇の妃であった光明皇后は，聖武天皇の譲位後は皇太后として甥の藤原仲麻呂を重用し，娘の孝謙天皇の国政を補佐した。

問 10．Ⅲ．孝謙天皇即位後，藤原仲麻呂が台頭し，橘奈良麻呂の変をおさえて淳仁天皇を即位させた。→Ⅰ．淳仁天皇の即位後，藤原仲麻呂は恵美押勝の名を賜り，大師（太政大臣）となった。→Ⅱ．孝謙太上天皇の信任を得た道鏡を除くため，藤原仲麻呂（恵美押勝）が挙兵したが，上皇方に敗れた。淳仁天皇は淡路に配流され，孝謙太上天皇が重祚して称徳天皇となった。

問 11．①誤文。渟足柵・磐舟柵は孝徳天皇の時期に越後におかれた。

問 12．桓武天皇の時期，東北や九州などの地域を除いて軍団と兵士を廃止し，郡司の子弟で弓馬にたくみな者を中心に健児とする新しい軍事制度を採用した。

問 15．③誤文。藤原良房が摂政に任じられたのは 9 世紀（858 年）である。

問 16．②正文。中尊寺の寺伝では円仁の開山と伝わるが，実質的には奥州藤原氏初代の藤原清衡による創建である。1124 年には清衡により中尊寺に金色堂が建立されている。

①誤文。『陸奥話記』は前九年合戦の経過を記している。

③誤文。源頼朝の攻撃を受けたのは藤原泰衡である。

④誤文。平泉は現在の岩手県に位置している。

問 17．Ⅲ．源頼義らが清原氏の助けを得て陸奥の安倍氏を倒した前九年合戦（1051～62 年）は院政開始（1086 年）より前のできごと。→Ⅱ．院政の道を開いた白河法皇が亡くなり，鳥羽上皇が院政を始めたのは 1129 年。→Ⅰ．鳥羽法皇の死後，後白河天皇が武士を動員して崇徳上皇らの勢力を打倒した保元の乱がおこったのは 1156 年。個々の事項の西暦年を知らなければ解答できないわけではなく，相互の関連性など時代の流れについての理解があれば解答は可能である。

Ⅱ　**解答**　問1．④　問2．③　問3．②　問4．竹崎季長
問5．③　問6．惣〔惣村〕　問7．③　問8．②
問9．③　問10．①　問11．②　問12．②　問13．④　問14．⑥

◀解　説▶

≪中世の経済発展≫

問1．④が正解。一遍が諸国を遊行した姿を描いた絵巻物は『一遍聖絵』（『一遍上人絵伝』）とよばれる。備前国福岡市の様子を描いた場面では当時の定期市の様子がよくわかるなど，鎌倉時代の社会を知る史料にもなっている。

問2．③が正解。鎌倉時代に商品の保管や輸送，販売を請け負ったのは問丸である。①の借上は鎌倉時代の高利貸業者，②の車借は室町時代の運送業者である。④の酒屋は酒造業者だが，室町時代に高利貸業を兼ねるものが多かった。

問3．②が不適切。伊万里焼は，朝鮮出兵後に創始された有田焼が伊万里港から各地へ積み出されたことから消費地でよばれるようになった名称であり，鎌倉時代には存在しない。

問4．肥後国の御家人で，元寇での戦功を記録するために自身の姿を絵巻の中に描かせたのは竹崎季長である。絵巻物は『蒙古襲来絵巻（絵詞）』とよばれ，蒙古襲来を伝える貴重な絵画資料となっている。

問5．③誤文。下肥は厩肥とともに中世から普及し，江戸時代に入っても使用された。

問7．Ⅰ．誤文。中国の官鋳銭を選び，私鋳銭や割銭などの受け取りを拒否する撰銭が行われた。

Ⅱ．正文。商品流通の発展が貨幣の需要を増大させ，永楽通宝など輸入銭だけでは追いつかず，国内産の私鋳銭も多くなった。

問9．③誤文。室町時代に近江の大津・坂本などで活躍した運送業者は馬借である。

問10．Ⅰ．正文。室町時代に安芸の国人領主となった毛利元就は，吉川

家と小早川家に息子を養子に入れて一族として団結を固めさせた。1555 年に陶晴賢を滅ぼして周防・長門を領有し，1566 年には出雲の尼子氏を倒して中国地方 10 カ国を平定した。

Ⅱ．正文。北条早雲（伊勢宗瑞）は，1493 年に伊豆の堀越公方足利茶々丸を攻撃し，1495 年には相模に進出して小田原城を拠点とし，戦国大名へと成長した。

問 11．②が正解。一向宗の開祖は親鸞である。一向宗は浄土真宗の異称であり，「一心一向に阿弥陀仏に帰依する」ことが名称の由来である。

問 12．②が正解。各地の一向宗寺院・道場を中心に形成され，門徒の商工業者が集住したのは寺内町である。寺内町は一向一揆の拠点ともなった。

問 13．④が正解。『耶蘇会士日本通信』で堺の様子を「ベニス市の如く」と紹介したのはイエズス会宣教師のガスパル＝ヴィレラである。①のヴァリニャーニは天正遣欧使節の派遣を勧めたことや活字印刷術を伝えたことなどで知られる。②のルイス＝フロイスは織田信長らとの親交や『日本史』を著したことなどで知られる。③のフランシスコ＝ザビエルは山口や豊後府内などで布教した。

問 14．Ⅲ．重源が大勧進職となって，南都焼打ちで焼失した東大寺の再建にあたったのは平安時代末期～鎌倉時代初期。→Ⅱ．加賀の一向一揆がおこったのは戦国時代（室町時代後期）。→Ⅰ．一地一作人の原則は豊臣秀吉が行った太閤検地により確立しており，時期は安土桃山時代。

Ⅲ **解答** 問 1．② 問 2．② 問 3．寛永 問 4．④ 問 5．⑤ 問 6．② 問 7．① 問 8．③ 問 9．① 問 10．④ 問 11．集会 問 12．④ 問 13．① 問 14．③

◀解　説▶

≪近世の外交統制，近代の政治・言論統制≫

問 1．史料Ａは寛永十（1633）年鎖国令。→史料【＊】は寛永十二（1635）年鎖国令。→史料Ｂは寛永十六（1639）年鎖国令。

問 2．②が正解。寛永十（1633）年鎖国令では，奉書船（老中が発行した老中奉書によって渡航を許可された船）以外の日本船の海外渡航と，海外在住 5 年以上の者の帰国を禁じた。

問 4．④が正解。伴天連（バテレン）とは司祭の職にある宣教師のことである。ポルトガル語のパードレ（神父）が日本語化して伴天連と書くようになった。

問 5．「五ケ所」とは堺・京都・長崎・江戸・大坂を指す。1604 年に作られた糸割符制度により，堺・京都・長崎の商人がポルトガル商人から中国産生糸を一括購入することが定められ，のちに江戸と大坂の商人も参加したことで五カ所商人とよばれた。

問 6．②が正解。平戸にはオランダ商館がおかれ，オランダ人が来航していた。①のロシアとは当時交易などは行われていない。③のイギリスは 1623 年に商館を閉鎖し，④のスペインは 1624 年に来航が禁じられた。

問 7．①が正解。「かれうた」（galeota）とは，当時ポルトガルが用いた小型帆船のことを指している。

問 8．③が正解。史料Cは 1875 年に公布された新聞紙条例である。新聞紙条例と同時に讒謗律が出され，反政府的言論の統制が強化された。

問 9．①が正解。『雪中梅』は末広鉄腸の政治小説で，自由民権運動に参加する主人公を中心に人情小説の形で描いている。②の『経国美談』は矢野竜溪，③の『佳人之奇遇』は東海散士の政治小説。④の『当世書生気質』は坪内逍遙の写実小説。

問 10．④正文。初代内務卿に就任したのは大久保利通である。大久保利通は薩摩藩出身で，岩倉使節団の副使となり，帰国後は征韓論に反対した。台湾出兵により日清関係が緊迫する中，駐清イギリス公使ウェードの斡旋で和議が進められ，日本から大久保利通が北京へ赴いて清国政府と交渉を行ったことで日清互換条款の締結に至っている。

①誤文。長州藩出身で，討幕運動で活躍し，台湾出兵のときに下野するも大阪会議で参議に復帰したのは木戸孝允である。

②誤文。土佐藩出身で，征韓論争で敗れて下野し，第 2 次伊藤博文内閣の内務大臣となったのは板垣退助である。

③誤文。佐賀藩出身で，明治 14 年に国会の早期開設を主張する意見書を提出し，立憲改進党の総理となったのは大隈重信である。

問 11．史料Dは集会条例である。第一条では政治結社・集会の認可制，第六条では警察官による集会解散権掌握，第七条では軍人や学校教員・生徒などの集会臨席禁止，第九条では屋外集会の禁止が規定されている。

問 12．④が正解。1880 年に結成された国会期成同盟が 2 府 22 県の署名を集めた国会開設請願書を政府に提出するまでになり，政府は集会条例を公布することで民権運動の高揚をおさえようとした。

問 13. ①が正解。「陸海軍人」の政治活動を戒めた勅語は軍人勅諭である。西南戦争の恩賞などに不満をもった兵卒がおこした 1878 年の竹橋事件をきっかけに，軍律を強化する軍人訓戒が出され，軍人訓戒の内容をさらに整備して 1882 年に軍人勅諭が出された。天皇への忠節などを明示し，軍人の政治不関与を説いている。

問 14. 難問。③が正解。岡山出身の景山（福田）英子は，岸田俊子の演説に触発され，岡山女子懇親会を結成して自由民権運動に参加した。大井憲太郎らとともに大阪事件に関与し，入獄している。自伝に『妾の半生涯』がある。

Ⅳ　**解答**　【1】旧石器時代は氷期と間氷期が交互に繰り返され，植物は針葉樹林が広がっていた。この時代の人々は狩猟と植物性食料の採取の生活を送っていた。日本列島が大陸と陸続きであった時期にオオツノジカなどの大型動物が日本列島に移動し，こうした大型動物の獲得手段として打製石器が使用された。縄文時代には地球が温暖になり，落葉広葉樹林や照葉樹林が広がって植物性食料の重要性が高まった。木の実をすりつぶす石皿などが出土している。また，海進の結果，漁労も発達し，骨角器や石錘などが使用されたことが貝塚からわかる。大型動物は絶滅し，動きの速い中・小動物を対象とした狩猟では弓矢や落とし穴が使用された。食糧獲得手段の多様化は生活の安定と竪穴住居による定住生活をもたらし，青森県三内丸山遺跡のような巨大な集落も出現している。(350 字以内)

【2】天保の飢饉がおこり，一揆や打ちこわしが続発する状況に加え，外国船の接近への対応をめぐる問題も続いていた。このような内憂外患に対応するため，老中水野忠邦らが幕府権力強化をめざして天保の改革を行った。史料Ａでは株仲間による流通独占が物価高騰の原因と考えて，株仲間を解散し，自由な取引による物価引下げを期待している。しかし，株仲間の解散により江戸への商品輸送量が減少し，かえって商品流通の混乱を招いた。史料Ｂは人返しの法である。農村の復興と江戸の治安維持を目的とし，百姓が村をはなれて江戸の人別に入ることの禁止や，江戸へ流入した貧民の

帰郷を強制する内容であった。この強制は江戸周辺の農村の治安悪化を招いた。厳しい統制と不景気が重なって人びとの不満は高まり，改革は失敗して幕府権力の衰退を示した。(350 字以内)

【3】朝鮮戦争では在日アメリカ軍が国連軍の主力として出動し，軍事的空白を埋めて治安を維持するために必要として GHQ は警察予備隊を創設させた。また，戦争勃発とともに共産主義者の追放が始まり，戦争が進行する中で報道機関・公務員などに広がっていった。その一方で，戦争犯罪人の釈放，旧軍人・政治家らの公職追放解除が行われた。労働運動では左派の産別会議の勢力が弱まり，GHQ の支援のもとに反共を方針とする日本労働組合総評議会が結成された。アメリカ政府は日本を西側陣営に編入させるために対日講和を急いだ。日本は全面講和を実現できず，西側陣営との単独講和による独立を選択し，独立後の安全保障をアメリカに依存する道を選択した。(300 字程度)

◀解　説▶

≪旧石器・縄文時代の生活，天保の改革，朝鮮戦争の影響≫

【1】〔解答の指針〕

▶設問の要求

(主題) 旧石器時代・縄文時代の人々の食糧獲得手段や生業。

(条件) ・気候や動物・植物相の変化をふまえる。
・実際に出土している遺物をあげる。
・落とし穴，間氷期，石錘，三内丸山遺跡，オオツノジカの語句を用いる。

▶論述の構成

人々の食糧獲得手段や生業を中心に，旧石器時代と縄文時代の変化を説明することが求められている。変化を文章で表現する際には，特に相違点に着目する必要がある。

旧石器時代の生業は狩猟と採取であり，狩猟の際には打製石器を用いている。縄文時代の生業は狩猟・採取・漁労であり，その中で採取の重要性が高まっていることに言及したい。縄文時代には狩猟の際に弓矢や落とし穴などが用いられ，漁労の際には骨角器や石錘などを用いている。以上の内容が主題に該当し，文章の骨格となる。さらに条件を意識して知識を補いながら説明していけばよい。

気候や動物・植物相の変化をふまえて説明することが条件となっている。旧石器時代は地質学上の更新世に区分され，氷河時代ともよばれて，寒冷な氷期と比較的温暖な間氷期が交互に繰り返されていた。海面が下降する氷期に日本列島は大陸と陸続きになり，ナウマンゾウ・オオツノジカなどがやってきたと想定される。狩猟の際にはこれらの大型動物が対象となった。植物相としては亜寒帯性の針葉樹林が広がっていた。縄文時代になると地質学上の完新世に区分され，地球の気候が温暖になり，海面が上昇してほぼ現在に近い日本列島が成立した。動物は，大型動物が絶滅し，中・小動物が多くなった。植物は，落葉広葉樹林や照葉樹林が広がるようになった。

指定語句にある三内丸山遺跡は，食糧獲得手段の多様化によって，竪穴住居による定住生活が始まったことを示す遺跡の一つとして説明しよう。

【2】〔解答の指針〕

▶設問の要求

（主題）・史料A・Bそれぞれが示す政策の内容と目的。
・これらの幕政改革を推進した中心人物，改革の背景，影響。

▶論述の構成

史料Aでは，どのような品物でも一般商人の直接取引を認める，という内容が記されている。1841 年，十組問屋（菱垣廻船積問屋）への申渡書からの抜粋である。翌 1842 年にはすべての株仲間への禁令が出されている。株仲間を解散し，株仲間外の商人や在郷商人らの自由な取引を認めたことが政策の内容である。政策の目的は，商品流通を独占していた株仲間の解散によって，物価騰貴の状況を是正することであった。しかし，物価騰貴の主な原因は生産地から上方市場への商品流通量減少であり，かえって江戸への商品輸送量が乏しくなって商品流通が混乱したので，政策の目的は達成されなかった。

史料Bは人返しの法であり，村の者が所帯をたたんでやってきて，江戸の人別に登録することは，以後絶対してはならない，という内容である。この法令では史料Bで抜粋された内容の他に，江戸へ流入した貧民の帰郷を強制している。政策の目的は農村の復興と江戸の治安維持だが，無宿人や浪人らが江戸を追われたことで江戸周辺の農村の治安をますます悪化させる結果となった。

これらの政策を行った幕政改革は天保の改革であり，中心人物は老中の水野忠邦である。改革の背景としては内憂外患の状況を説明しておきたい。内憂（国内問題）とは，全国的なきびしい飢饉（天保の飢饉），百姓一揆・打ちこわしの続発の中で，幕府や諸藩が適切な対策を立てられなかった状況を指している。外患（対外問題）とは，列強の接近にともなう問題である。アメリカ船モリソン号の接近に対し，幕府が異国船打払令に基づいて撃退する事件がおきたことで，幕府の対外政策を批判するものが現れてきていた。

改革の影響については，人びとの不満が高まり，改革の失敗により幕府権威の衰退が示された，という内容を書けばよいだろう。幕府権威の衰退につながる改革の失敗例として，三方領知替えと上知令にも触れたくなってしまうが，字数を考えれば史料A・B以外の政策内容を説明する余裕はないだろう。

【3】〔解答の指針〕

▶設問の要求

（主題）1950 年代の朝鮮戦争が日本政治に与えた影響。

▶論述の構成

問われているのは朝鮮戦争が日本「政治」に与えた影響である。朝鮮戦争は特需景気など日本「経済」に与えた影響も大きいが，それは今回の主題ではない。

1950 年の朝鮮戦争の勃発は，ヨーロッパを中心に進展してきた東西両陣営の対立をアジアにも広げ，世界的な冷戦状態をもたらした。1949 年に中華人民共和国が成立し，1950 年に中ソ友好同盟相互援助条約が締結されるという中で勃発した朝鮮戦争は，アメリカの極東戦略にとって日本が改めて重要な戦略的位置にあることを示す結果となった。こうした中でアメリカの対日占領政策も大きく変化した。在日米軍が国連軍の主力として出動したあとの軍事的空白を埋めるために，警察予備隊が設置された。これは戦後最初の再軍備組織であり，それ以前の「非軍事化」という占領政策を大きく転換させるものであった。公職追放の解除も進められ，追放解除された旧軍人の中には警察予備隊に採用される者も多かった。これに先立って，GHQ は日本共産党の幹部を公職から追放し，官公庁・企業から多数の共産党員・支持者を追放した（レッド＝パージ）。労働運動では，共産党系の産別会議の勢力が弱まり，GHQ のあと押しで反産別会議派が結成した日本労働組合総評議会（総評）が運動の主導権を握った。ただし，総評はのちに路線を転換し，対米協調的な保守政治への反対姿勢を強めるようになる。

アメリカの対日占領政策が転換されていく中，アメリカ政府内では対日講和を促進する気運が高まっていた。占領を終わらせ，日本を西側陣営に早期に編入するためである。日本国内でも 1950～51 年にかけて，全面講和か単独講和かで講和論争となった。1951 年，サンフランシスコ講和会議が開かれ，日本を含めた 49 カ国が対日講和条約に署名し，日本は主権を回復したが，講和を実現した相手は西側陣営のみであった。また同日，吉田茂首相は日米安全保障条約に調印した。この条約によって米軍の日本駐留が決定している。吉田茂内閣は，独立後に西側陣営に所属し，安全保障をアメリカに依存して経済復興を優先する道を選択したと言える。

❖講　評

大問数は 4 題で 2021 年度と変わりなく，小問数は 1 問減少して 46 問だった。選択問題が 35 問，記述問題が 10 問，論述問題が 1 問となっている。

難易度は標準である。教科書に記載がないような難問はごくわずかであり，ほとんどの設問は教科書中心の学習で解答が可能である。

時代・分野別ではⅠが原始・古代の外交・政治・社会経済，Ⅱが中世の社会経済，Ⅲが近世の外交と近代の政治であった。Ⅳの論述問題では原始の社会，近世の政治，現代の政治の 3 つのうちから 1 問を選んで解答することが求められた。時代別では原始から現代まで幅広く出題され，分野別でも政治史・外交史・社会経済史・文化史から幅広く出題されているので，全時代・全分野の学習をしっかりしておきたい。

Ⅰは古代日本と東アジアとの関係をテーマとする出題であった。配列問題が 2 問出題された。全体的に標準的な問題で占められていた。

Ⅱは中世の経済発展に関する出題であった。教科書を中心にしっかり学習していれば解答が可能な設問ばかりであり，高得点をねらいたい。

Ⅲは 2 つの鎖国令と「新聞紙条例」「集会条例」という 4 つの史料を読んで設問に答えることが求められた。問 1 でも別の鎖国令が史料で出題された。基本史料を中心に史料問題対策をしてきたかどうかが問われる出題と言える。「岡山女子懇親会」を選ばせる問 14 は難問であった。

Ⅳの論述問題は，旧石器・縄文時代の生活，天保の改革，朝鮮戦争が日本政治に与えた影響という 3 つの設問から 1 問を選択して解答する形式がとられている。難易度に大きな差はなく，いずれも教科書に十分な説明が掲載されているテーマである。

問題のほとんどは教科書の内容を基礎として出題されている。全時代・全分野にわたって，教科書の範囲内で解ける問題を取りこぼさないように学習することを心がけたい。

■世界史■

I 解答

問1．③　問2．④　問3．①　問4．②　問5．④
問6．②　問7．②　問8．③　問9．①　問10．②
問11．④　問12．④　問13．④　問14．②　問15．④　問16．③
問17．②　問18．③　問19．③　問20．③

◀解　説▶

≪ダマスクス関連史，大運河，16～19世紀におけるインドの港町≫

問3．②誤文。『ローマ法大全』はユスティニアヌス帝の命で6世紀に編纂された。

③誤文。プロノイア制導入は11世紀。

④誤文。聖像禁止令発布は8世紀（726年）。

問5．キリスト教がローマ帝国の国教になったのは4世紀（392年）。

④適切。クチャ出身の仏図澄は4世紀に洛陽に招かれた。

①不適。大乗仏教を理論化したナーガールジュナ（竜樹）が活躍したのは2～3世紀（1～2世紀という説もある）。

②不適。日本に仏教が伝来したのは6世紀。

③不適。クシャーナ朝のカニシカ王が仏典の結集を行ったのは2世紀。

問6．a．モハーチの戦い（1526年）→c．第1次ウィーン包囲（1529年）→b．プレヴェザの海戦（1538年）の順。

問7．A．正文。

B．誤文。ピラミッドが多く作られたのは古王国時代。

問11．①誤文。汪兆銘政権が置かれたのは南京。

②誤文。紫禁城を最初に建設したのは永楽帝。

③誤文。北京を占領したのは英仏連合軍である。

問14．①誤文。高麗の都は開城である。

③誤文。サーマーン朝は，イラン系ムスリムの王朝である。

④誤文。ノルマンディー公国を建てたのはロロである。

問17．難問。まずリード文からスーラトがインド西岸の都市であることはわかるが，具体的な位置がインド西岸北部であることは特定しにくい。

南インドのマイソール王国も西海岸を支配していたため，スーラトがマラーターの支配領域に入るかどうかを判定するのはかなり難しい。

問18. ①誤文。ブラジルはポルトガル領。

②誤文。『随想録』を著したのはモンテーニュ。

④誤文。ミケランジェロは「最後の審判」を制作した。「最後の晩餐」はレオナルド＝ダ＝ヴィンチの作品。

問19. ①誤文。マンサブダール制を導入したのはアクバルである。

②誤文。ムガル帝国の公用語はペルシア語であった。

④誤文。タージ・マハルを建設したのはシャー＝ジャハーン。

問20. b．オランダ東インド会社の解散（1799年）→a．イギリス東インド会社の中国貿易独占権の廃止（1834年実施）→c．イギリス東インド会社の解散（1858年）の順。

Ⅱ 解答

問1．(ア)―⑤ (イ)―② (ウ)―④ 問2．③ 問3．② 問4．② 問5．② 問6．② 問7．④

問8．(ア)―③ (イ)―③ (ウ)―④ 問9．③ 問10．③ 問11．①

◀解 説▶

≪20世紀前半の世界≫

問2．b．血の日曜日事件（1905年）→a．ニコライ2世の退位（1917年）→c．ソヴィエト社会主義共和国連邦の結成（1922年）の順。

問3．②誤文。第1次マクドナルド内閣は，初の労働党内閣。

問4．①誤文。イギリスはオタワ連邦会議で連邦内における特恵関税協定を結んだ。

③誤文。ナチスは共産党を弾圧し，一党独裁体制を確立した。

④誤文。ソ連は第1次五カ年計画の実施中で，世界恐慌の影響を受けていない。

問6．②誤文。ケマル＝パシャはローザンヌ条約により不平等条約撤廃に成功した。

問7．①誤文。第3次アフガン戦争の結果，イギリスはアフガニスタンの独立を認めた。

②誤文。1922年のエジプト王国独立は，イギリスのスエズ運河駐兵権を留保した独立であった。

③誤文。サウジアラビアはワッハーブ派イスラーム教を国教とした。

問 8．(ア)b．ベンガル分割令（1905 年）→a．ローラット法制定（1919 年）→c．英印円卓会議の開催（1930～32 年）の順。

問 9．a．誤文。日露戦争後，朝鮮各地で拡大した日本に対する抵抗運動は，義兵闘争である。

b．正文。

問 10．①誤文。アウン＝サンはビルマ（ミャンマー）で民族運動を展開した。

②誤文。ファン＝ボイ＝チャウはベトナムで日本への留学運動であるドンズー運動を展開した。

④誤文。スカルノは，インドネシアで民族運動を展開した。

III 解答

問 1．宗教騎士団　問 2．トレド

問 3．モスクワ大公国　問 4．マムルーク朝　問 5．B

問 6．倭寇（後期倭寇も可）　問 7．アラゴン　問 8．地球球体説

問 9．インディアス　問 10．アメリゴ＝ヴェスプッチ

問 11．メソアメリカ　問 12．アンゴラ　問 13．ポトシ銀山

問 14．ガレオン船　問 15．B

◀解　説▶

≪西ヨーロッパの対外進出≫

問 1．宗教騎士団のうち，いわゆる三大宗教騎士団に数えられるのはヨハネ騎士団，テンプル騎士団，ドイツ騎士団である。

問 5．A．ポルトガルが平戸に拠点（1550 年）→C．マカオの居住権獲得（1557 年）→B．サファヴィー朝のホルムズ島奪回（1622 年）の順。

問 6．やや難。16 世紀の中国東南沿岸を中心に活動した倭寇は，大部分が中国人で，私貿易商人が主に密貿易を展開していた。倭寇の代表的頭目として知られる王直は寧波を本拠地としたが，日本の平戸や五島にも拠点をもった。1543 年，王直所有の船が種子島に漂着したが，この船に同乗していたポルトガル人が鉄砲を日本にもたらしたといわれる。「1543 年」は 16 世紀中頃で，この時期は後期倭寇が活動しているため，後期倭寇でも許容されると思われる。

問 11．メソアメリカは，メキシコ高原から中央アメリカにまたがる地域

の文化的まとまりを示す。その中心となったのは，メキシコ湾岸のオルメカ文明，メキシコ高原のテオティワカン文明，アステカ王国の文明，ユカタン半島のマヤ文明などである。

問 15.　A．無敵艦隊の撃破（1588 年）→C．プリマス植民地建設（1620 年）→B．アンボイナ事件（1623 年）の順。

Ⅳ A　解答

司馬炎が建てた西晋では帝位をめぐって八王の乱が起こり，五胡といわれる異民族が兵力として導入された。このうち匈奴が永嘉の乱を起こして西晋を滅ぼしたが，西晋の一族の司馬睿が江南の建康を都として東晋を建国した。江南では，東晋の後，南朝と総称される漢民族王朝の宋・斉・梁・陳が交替したが，有力豪族の子弟が九品中正を通じて高級官僚を独占して門閥貴族となり，彼らが政治の実権を握った。五胡十六国時代の華北が戦乱で混乱したことから，多くの農民が移住したことで江南では人口が増加した。また，貴族文化が花開き，「竹林の七賢」に代表される清談が流行し，田園詩人の陶淵明や「書聖」とされる王羲之らが活躍した。一方，分裂が続いた華北では鮮卑の拓跋氏によって建てられた北魏が華北を統一し，これにより中国は南北朝時代となった。(350 字以内)

◀解　説▶

≪西晋～南北朝時代の政治・社会≫

▶設問の要求

（主題）西晋から南北朝に至る時期の政治や社会の動き

▶論述の方向性

西晋（316 年成立）から南北朝（439 年開始）に至る時期の政治や社会の動きを説明することが求められているので，華北は西晋→五胡十六国時代→北魏の華北統一（439 年），江南は東晋→南朝という流れをしっかりと押さえたい。「五胡十六国」「永嘉の乱」以外の指定語句はすべて東晋・南朝に関するものなので，江南の政治・社会に焦点を当てて述べればよいだろう。

▶指定語句の整理

①西晋から東晋へ

永嘉の乱…西晋で起こった八王の乱では，諸王が周辺異民族である五胡の兵力を利用したことから，彼らの侵入を招くこととなった。このうち匈奴（南匈奴）が，洛陽・長安を占領して西晋を滅ぼした。この匈奴を主とする兵乱が永嘉年間（307～313 年）に起こったことから永嘉の乱（311～316 年）という。

司馬睿・江南・東晋・建康…西晋の一族で江南に封じられていた司馬睿は，西晋が滅ぶと建康（現在の南京）で皇帝に即位して晋を復活させた（東晋）。建康は，三国時代には呉の都として建業と呼ばれた江南の中心都市である。

②東晋・南朝と江南

貴族…江南では東晋以降，有力豪族が魏以来の九品中正により高級官僚を独占し，門閥貴族として政治・社会を支配し，文化の中心となった。

五胡十六国…永嘉の乱以後，華北では五胡が建てた 13 の国と 3 つの漢人国家を合わせて十六国が興亡した。この時代を五胡十六国時代（304～439 年）と呼ぶ。各国が分立して戦乱も続いたため，土地を失った農民の多くは江南に移動したことから江南の人口が増加している。

竹林の七賢・清談…魏の時代から，正統学問の儒学に代わって老荘思想が流行し，これに基づく清談が上流貴族社会の嗜みとなり，次第に世俗を超越した哲学的議論へと発展していった。阮籍ら「竹林の七賢」は，老荘思想を好み，自由放逸な生活の中で清談を楽しんだ知識人のグループである。清談は東晋や南朝でも貴族の間で好まれ流行している。

陶淵明・王羲之…ともに東晋の名門出身であるが，高官の職を辞して隠遁生活を送った共通点がある。陶淵明は田園詩人，王羲之は「書聖」として有名で，江南で発達した貴族文化を代表する人物としてとらえたい。

③華北の状況

〔解答〕では，華北に関係する永嘉の乱と五胡十六国について，前者は西晋の滅亡で，後者は江南への人口移動と関連させて説明したが，五胡十六国と永嘉の乱をまとめて説明してもよい。

▶論述の構成

①西晋から東晋へ

西晋の八王の乱で五胡が兵力として利用され，そのうちの匈奴が西晋を滅ぼし，江南で東晋が成立した流れを説明すればよい。

②東晋・南朝と江南

東晋とそれに続く南朝の政治と社会を説明したい。ここでは，政治の動きを門閥貴族と官吏登用法である九品中正とからめて説明している。なお，五胡十六国の語句は，社会の動きとして農民の移動を取り上げたため，〔解答〕ではここで説明した。文化関連で，清談，竹林の七賢，陶淵明，王羲之の指定語句があるので，ここで説明したが，清談は西晋以前の魏から始まっているので使い方に注意したい。また，同様に六朝文化は，六朝が呉・東晋・南朝を指すため，使用は慎重に検討したい。

③華北の状況

華北では五胡十六国時代が続いたが，五胡のうち鮮卑の拓跋氏が建てた北魏が439年に華北を統一したことで五胡十六国時代は終わりを迎えた。「南北朝に至る」とあるので，439年の北魏による華北統一まで簡単にまとめたい。

Ⅳ B 解答

ナポレオン戦争後に成立したウィーン体制は，フランス革命前の王朝・国境の復活を図る正統主義を原則とし，勢力均衡により自由主義・ナショナリズムの運動を抑圧しようとする国際秩序であった。しかし，フランス二月革命の影響でヨーロッパ各地に1848年革命が起こると，ウィーン三月革命で体制の中心人物メッテルニヒが亡命し，クリミア戦争で大国の勢力均衡も崩れてウィーン体制は終焉を迎えた。クリミア戦争により再編されたヨーロッパでは，イギリスの覇権が確立していく中で，普仏戦争勝利によって成立したドイツ帝国が，三帝同盟や三国同盟でフランスを孤立させるビスマルク体制を形成した。その後，ドイツは世界政策に転じ，これを警戒したイギリスがフランス・ロシアと三国協商を形成し，この対立は第一次世界大戦の背景の一つとなった。(350字以内)

◀解　説▶

≪1815～1914年のヨーロッパの国際体制≫

▶設問の要求

(主題) 1815～1914年のヨーロッパの国際体制

▶論述の方向性

前半はウィーン体制の成立と崩壊，後半はクリミア戦争後の状況をイギリスとドイツの関係を軸に説明し，最終的に三国協商と三国同盟の対立が

1914 年に勃発する第一次世界大戦の背景となったことまで述べればよい。

▶指定語句の整理

①ウィーン体制とその崩壊

ウィーン体制…ナポレオン戦争後の国際秩序で，正統主義と大国の勢力均衡によって，自由主義・ナショナリズム抑圧をめざす保守・反動体制であった。

正統主義…フランス革命前の王朝・国境を復活させようとする理念。

勢力均衡…大国間の国力のバランスをとることで平和を維持しようとする考え方。

1848 年革命…フランス二月革命の影響を受けて起こった一連の自由主義・ナショナリズムの動き。ウィーン体制崩壊の契機となった。

クリミア戦争…南下政策をとるロシアとオスマン帝国の戦いに，オスマン帝国側でイギリス・フランス・サルデーニャが参戦した。これによりウィーン体制の勢力均衡が最終的に崩壊した。

②クリミア戦争後～1914 年

三帝同盟…1873 年に成立したドイツ・オーストリア・ロシアの 3 皇帝による同盟。フランスの孤立を図るビスマルク外交の一つ。

三国同盟…バルカン半島でのオーストリア・ロシアの対立から三帝同盟が実効性を失ったことから，ビスマルクが 1882 年ドイツ・オーストリアの同盟にイタリアを加える形で成立させた。

三国協商…露仏同盟・英仏協商・英露協商によって形成された協力関係。ドイツを中心とする三国同盟に対抗する役割をもった。

▶論述の構成

①ウィーン体制とその崩壊

　指定語句の正統主義と勢力均衡を適切に使うことで，ウィーン体制の保守・反動的性格を示す。そして，1848 年革命とクリミア戦争によってウィーン体制が崩壊していくことに言及する。

②クリミア戦争後～1914 年

　クリミア戦争後にイギリスの覇権が確立するが，その前に世界政策を進めるドイツが立ちはだかることで三国協商と三国同盟の勢力均衡が形成されることを述べる。指定語句に三帝同盟があるので，三国同盟と合わせてビスマルク外交を盛り込む構成となることに注意したい。この三国同盟に対して三国協商が成立し，最終的に第一次世界大戦（1914年開始）へとつながっていくことを指摘したい。

❖講　評

Ⅰ．ダマスクス関連史，大運河，16～19世紀におけるインドの港町をテーマとした3つのリード文からなり，都市と物流・交易を中心に各地から幅広く問われた。語句選択，正文選択，配列法，2つの文章の正誤問題，地図問題と多彩な形式で構成されている。扱われている内容は標準的レベルのものが多く，消去法を使えばほとんどが対応可能であるが，問17のスーラトを支配した勢力は難問であった。

Ⅱ．20世紀前半の第一次世界大戦の時期を中心に各地を扱った問題。**Ⅰ**と同様，語句選択，配列法，誤文（正文）選択，正誤法と様々な形式で問われている。年表と図からも出題されているが，いずれも基本的な年代知識で対応できる。

Ⅲ．西ヨーロッパと異文化世界について中世から近世を中心に各地から問われた。記述法と配列法から出題され，大半の設問は基本的事項を問うているが，問6の倭寇がやや難であった。

Ⅳ．**A**・**B**ともに指定語句をすべて用いて350字以内で論述する問題であるが，2022年度は指定語句の数が**A**で11個，**B**で8個と大幅に増加した。**A**は西晋～南北朝時代の中国，**B**は近・現代の国際政治で，例年通り頻出テーマを指定語句から論点を絞り込んで説明する問題となっている。したがって，教科書を丁寧に学習していれば対応できるが，どちらのテーマを選択しても，時代を大きくとらえる視点が必要である。2022年度は**A**が王朝の変遷が多いため，まとめ方に工夫が必要であったと思われる。

総合問題

◀英米文学科B方式▶

解答例 問題Ⅰ. Cartes de visite used to have similar functions as photos on 21st-century social media. First, they were often exchanged and worked as "social currency" to virtually connect with others, just as digital photos on social media help build relationships. Second, cartes were popular, and ordinary people could buy and distribute them, just as our digital photos can go viral. Third, both carry commercial purposes. Just as our online digital photos tend to come with advertisements on social media, cartes usually displayed the symbol of the studio that had made them. Finally, cartes allowed for standardized self-presentation, like our digital photographs.（100 語以上）

問題Ⅱ. Like many people my age, I use social media almost daily. I do not post pictures of myself, but my ideas about social issues, politics, and personal problems. That is how I present myself on social media, and I feel elated whenever I receive heartful feedback from friends and strangers. Although their ideas do not always correspond to mine, they help shape my opinions and take necessary steps. This kind of mutual interaction, through which I can improve myself, is my goal in self-presentation. I use social media as my main tool and tweet what I feel whenever I can.（100 語以上）

◆全　訳◆

≪ソーシャルメディア上の写真の先駆けとしてのカルト・ド・ヴィジット≫

デジタル技術の台頭により，写真がそれ以前とはまったく異なるものになっていること，すなわち，写真がフィルムからデジタルへと移行し，ソーシャルネットワークのアプリケーションが登場したことで写真の役割が根本的に変わったことは容易に想像できるかもしれない。Instagram や Facebook のようなソーシャルネットワークが台頭しており，写真はほとんど一瞬で，かつては想像できなかったほど多くの人々の目に触れることになる。したがって，21 世紀初頭の「新しいメディア」を過去数世紀の「古いメディア」とはまったく異なるものとみなしたくなるかもしれない。ところが，写真のデジタル化は実際には根本的な変化というよりも，むしろすでにある慣習をさらに発展させたものなのである。そして写真の歴史の中には，写真が一種のソーシャルメディアとして昔から機能してきたことを特にはっきりと思い起こさせる，カルト・ド・ヴィジットに関するエピソードがある。

カルト・ド・ヴィジットは流通を目的とした小型で安価な肖像写真のことで，フランスで開発されて 1859 年から 1870 年代の間にヨーロッパと北米で爆発的人気を得た。共有目的の視覚イメージとして，19 世紀の人々はその写真の中に強力な自己アピールの手段を目にしたのである。カルトは，写真によるある種の社会的成果を成し遂げることを可能にし，その成果は 21 世紀の人々が写真を活用する方法を多くの点で先取りするものであった。

カルト・ド・ヴィジットを見ていると，現代のデジタル写真の用途の歴史的背景を知ることができる。特に，人々がもうひとりの自分を作り出すために用いる「社会的通貨」としての写真の地位という面から知ることができる。人々はそのもうひとりの自分を使って，社会的関係を始め維持するのである。カルト・ド・ヴィジットには同様の役割があった。社会的なつながりをバーチャルに作り出し，公と私の境界を変える能力と，それが可能にするアイデンティティーの発揮という点でデジタル画像に似ていたのだ。19 世紀の人々はカルトの社会的役割について大いに議論をした。社会的つながりを構築し，実践し，また，維持する上でこの写真によるメディアが果たした役割を検討していくと，写真が 21 世紀に突然ソーシャルメディアになったのではないことがわかる。多くの点において，写真は 1 世紀半近く前からそうであったのである。

カルト・ド・ヴィジットは商業写真館で撮影されたおよそ 2.5 インチ×4 インチの小さな写真であり，薄紙に何枚も複製されてカードに貼り付けられたものだった。こうしたカードは比較的手頃な値段で販売された。1ダース当たり1ドルから3ドル程度で，今日の米ドルではおよそ30ドルから85ドルに相当する。当初はカルトに主に登場したのは有名人であり，もっとも代表的な例としてはナポレオン3世やヴィクトリア女王とその家族が挙げられるが，公人のこうした写真に対する大衆の需要が極めて高かったため，写真館はこの新しい手法を用いて一般人に自分を写した写真を売り始めた。この戦略は著しい効果があり，人々は写真館に殺到してポートレートを撮影してもらい，それを友人や家族やそれほど親しくない知人に配った。カルトをもらった人はアルバムにコレクションを並べて，暇なときに眺めたり，友人に見せたりすることができた。

1863年の『アトランティック』誌掲載の「日差しのしわざ」と題する記事で，オリバー＝ウェンデル＝ホームズはカルト・ド・ヴィジットの最近の人気について論じた際に，カルトを「文明の社会的通貨」と呼び，カルトの人気を強調した。イングランドだけでも3億から4億枚のカルトが1861年から1867年までの間に毎年販売され，これは当時のイングランドの人口がおよそ2千万人に過ぎなかったことを考慮すると驚くべき数字であった。カルト・ド・ヴィジットの台頭により，写真が特権的なエリート階級だけでなく，多くの中流階級の人々にとっての真のマスメディアとなり，それまで想像できなかったほど多量に存在することとなったと言っても過言ではないだろう。

ホームズがカルトを「通貨」と名付けていることはその商業的価値を示唆してもいる。カルトにはそれを制作した写真館の標章がほぼ必ずついていた。カルトの表側についていることもあったが，たいていは裏側にあって，その印は大きくて精巧なものである場合が多かった。したがって，カルトは撮影された個人を表すことが目的のものである一方で，制作した写真館の広告でもあったのである。個人をテーマにすることと広告の持つ商業的影響力をこのようにミックスすることは，広告が個人のプロフィールに絶えず存在している21世紀のソーシャルメディアの中心的特徴である。

ホームズを引用した部分は，カルト・ド・ヴィジットが人々の間で交換されるもので，他人に渡されることで意味が築き上げられるという事実をつかんでもいる。カルトがもともと持っている特徴である流通という前提は，人々がカメラの前で行う自己アピールの仕方に影響を及ぼした。カルト・ド・ヴィジットは交換されて人々の間を回っていくものであるという点で通貨と似ており，交換した相手がどんな人物であろうとそれが表す人物を表していた。金銭的な価値であろうと個人のアイデンティティーであろうと，カルトもお金もそうした不安定なものを不変の形に表したものとして扱われていたのだ。つまり，カルトは一般化された形の自己像，社会的に許容され標準化された自己表現の方法を表す傾向があったのである。21 世紀のソーシャルメディアにおける写真の使われ方との類似点は明白である。

◀解　説▶

問題Ⅰ．筆者によるカルト・ド・ヴィジットと 21 世紀のソーシャルメディアの比較の内容を要約した英文を 100 語以上で書く問題。筆者は全体を通して両者には類似点が多いと述べている。〔解答例〕では，まず，第２・３段の内容を用いて，どちらも「社会的通貨」の役割を果たし，人から人へと伝わることで人間関係のバーチャルな広がりに貢献していることを述べた。次に第４・５段にあるように，カルト・ド・ヴィジットが人気で，一般人が購入し配布することが可能であったことは，デジタル写真がソーシャルメディアで拡散する様子と類似していることを述べている。さらに，第６段の内容から，どちらも広告がつきもので，商業目的も果たしているという点を述べた。最後に，最終段の内容から，どちらも自己アピールの手段であることを述べた。connect with ～「～と結びつく」 go viral「(ネット上で) 拡散する」

問題Ⅱ．「あなた自身は自己アピールをどのように行うのか？　自己アピールする目的は何か？　どのようなツールを用いて，それをどのように使うのか？」が問われている。この設問について，自分なりの答えを明確に述べる英文を 100 語以上で書く問題。〔解答例〕では，SNS をほぼ毎日使用しているが，自分の写真を載せるのではなく，社会問題や政治，あるいは，個人的な問題に関する自分の考えを投稿することが自分なりの自己アピールであり，友人や見知らぬ人から心のこもった反応を得ると本当にうれしく感じると述べている。人の意見が自分と同じであるとは限らないが，そうした考えは自分の意見を構築する上で役立つとした。そして他者との交流を通じて自分を高めていくことが自己アピールの目的であり，SNS を主なツールとして，可能なときにはいつもつぶやいていると述べている。

social media「ソーシャルメディア，SNS」 post「〜を投稿する」 That is how 〜「そのようにして〜」 present *oneself*「自己アピールをする」 elated「大喜びで」 take necessary steps「必要な措置を講じる」 mutual「相互の」 interaction「交流」 improve *oneself*「自分自身を向上させる」 tweet「つぶやく，ツイートする」

❖講　評

2021年度から導入された英米文学科B方式の総合問題は，長めの英文を読んだ後，英文の内容に関する設問2問に100語以上の英語で答える形式で，試験時間は60分である。2022年度は要約とテーマ英作文が求められた。英文は現代のソーシャルメディア上の写真とカルト・ド・ヴィジットの類似性について述べたもので，語彙や構文の面では標準的だが，類似性をつかむためにはしっかりと読み込む必要がある文章であった。

身内の者とみなして彼らを思いやるという意味で、世間の質を拡大した〉と「拡大」の方向に論を進めた。次に、〈内向きの受動的な立場ではなく、外に結びつきを求める積極的な姿勢であること〉と問二の「世間」と「社会」の比較を押さえた上で、震災後の社会が日本旧来の「世間」を超えたことに言及する。しかしそれは、〈外部と関わろうとするという意味では西洋的な個人の質を内包している〉一方で、〈人間関係の結びつきを求める姿勢において、西洋的個我の質を超えて〉おり、〈内閉性がもたらす差別も、西洋的個我の競争がもたらす格差と差別も阻止する芽となりうる〉と、「世間」と「社会」を止揚する可能性が見出されるという結論にした。いずれにせよ、本文全体の趣旨である「世間」と「社会」の対比を考慮に入れた上で、「解体」または「拡大」の先にいかなる世界が待っているかを結論とするのがよいだろう。

……」をまとめて、〈その揺るがぬ慣習の下では楽に暮らすことができる〉とする。

問三　求められているのは、①差別をなくすために「世間の解体あるいは拡大」が必要であることを本文の論旨に即して説明すること、②自分の考えを具体例とともに述べること、の二点である。

まず①について、これには主として第十段落以降の内容を使うことになる（キーワードをそれ以前からもらうこともあるが）。つまり問二・問三で本文の使う範囲の領域分けをしていたことになる。

まず、「世間」と差別の概括的な内容については、第十四段落傍線部(b)直前の二文「日本人の世間は、常に排他的で、差別的な構造……」、および第十・十一段落「日本人の……世間がもつ排他性や差別的……排他的な世間をつくっている……」から〈世間は個人の顔見知りの人間関係で構成されるため、意識が内向きに働き、世間の目を絶えず気にするものの、世間の外に対して冷淡であり、排他的・差別的になる。ここから差別が発生する〉を引き出す（キーワードを適宜前半からもらっている）。次に「世間の解体あるいは拡大」の内容については、本文の論旨を踏まえて、「解体」すべきとは、〈本質的に差別的な要素を含む世間を解体してしまう〉ということであり、逆に「拡大」すべきとは、やや解釈を深めて、〈世間を世界に拡大して、その内向きの働きの中に全てを包摂するしかない〉ということになる。

②については自分の考えを展開することになる。「解体」と「拡大」は相反する解決方法であるため、両方に言及するのではなく、どちらか一方を選択した上で、それに合致する具体例を書くのが無難であろう。①で見たように、「世間」とは〈個人の顔見知りの人間関係で構成され……外に対して冷淡であり、排他的・差別的になる〉コミュニティのことであるため、その特徴に沿った具体例を選択する。震災やコロナ禍、オリンピックなど「世間」と結び合わせやすい具体例はいくつもあるだろう。〔解答例〕では、東日本大震災を選択した。世間を「解体」する方向に論を進める場合、〈震災直後の避難所には様々な人々が集まり、出身地や上下関係に関わらない生活が営まれたという意味で、小さな世間は解体された〉という風に、慣習や上下関係の解体に言及するとよい。〔解答例〕では、〈被災者を

な姿勢である。したがって旧来の世間の質を超えてしまっている。

また主体的・積極的に外部と関わろうとするという意味では確かに西洋的な個人の質を内包しているといえるが、人間関係の結びつきを求める姿勢において、西洋的個我の質を超えているともいえるのである。

それは西洋的個我も世間も超越した動きともいえる。要するに、世間を拡大しようとするボランティアの精神は、世間の内閉性がもたらす差別も、西洋的個我の競争がもたらす格差と差別も阻止する芽となりうるのである。（八〇〇字以内）

▲解　説▼

≪「世間」がもたらす差別をどう克服するか≫

問二　求められているのは、「社会」と「世間」が個人にとってどのようなものであるか明らかにしつつ、それらの意味を説明することであるから、「社会」と「世間」の歴史的な事情（＝通時的な側面）はカットしてよいだろう。全体としては第九段落までの内容を使うことになる。個人にとっての機能的な側面（＝共時的な側面）を引き出せばよい。本文の趣旨に沿うために、「社会」と「世間」を対比的に扱いながら解答をまとめること。

「社会」と個人の関係は、第五段落冒頭の二文「社会は個人から……行動していることになっている」を中心に、「世間」を説明すべく否定的に述べられている、第四段落第二・三文「学問の世界では……広がったのである」と、第六段落第一文「世間と個人の……点にある」をまとめればよい。

次に、「世間」と個人の関係は、第六段落第二文以降「自己は世間に……」から、〈「世間」は、個人の人間関係によって作られるため各人で異なり、〉とする。そのマイナス面については、第七段落「……日本人が常に世間の目を気にしながら……」、および再び第六段落から「……受け身の立場……世間の評判は気にかかる……」をまとめて、〈また個人は世間の目を気にする受動性を強いられるが、〉とする。プラス面に相当する内容については、第八段落「……世間の中で暮らす方が……暮らしやすく……」、および第九段落後半「……自覚しないようにして暮らしている

▲フランス文学科B方式▼

解答

問一　(1)覆　(2)権威　(3)慣習　(4)閉鎖　(5)抽象的

問二　「社会」では、西欧的個我を基盤として、個人は社会を作るという能動性を要請されるが、「世間」は、個人の人間関係によって作られるため各人で異なり、また個人は世間の目を気にする受動性を強いられるが、その揺るがぬ慣習の下では楽に暮らすことができる。（一二〇字以内）

問三　〔解答例〕本文の論旨によれば、世間は個人の顔見知りの人間関係で構成されるため、意識が内向きに働き、個人は世間の目を絶えず気にするものの、世間の外に対して冷淡であり、排他的・差別的になるという。ここから部落差別などの差別が発生するという。したがって差別をなくすためには、本質的に差別的な要素を含む世間を解体してしまうか、あるいは世間を世界に拡大して、その内向きの働きの中に全てを包摂するかのいずれかの方向を取るしかないことになる。

私は、差別をなくすためには後者の方向を取るべきだと思う。日本の社会的実質ともいえる世間を解体して、西洋的個我からなる社会に転換するなど不可能かつ非現実的だからである。また世間の根絶だけでは全ての差別を解消することはできないとも思う。

具体的な場面で考えてみよう。東日本大震災の際に、全国から多くのボランティアが東北地方に駆けつけた。彼らが行方不明者の捜索に加わったり、生活物資の補給や炊き出しなどをして、被災者の支援に当たったのは周知の事実である。そして、そこで掲げられていたのは「絆」、つまり人間関係の結びつきである。これは、被災者を身内の者とみなして彼らを思いやるという意味で、世間の質を拡大したものといえる。

しかし、そこに働いているのは、もはや内向きに受動的な立場にあることではなく、外に結びつきを求める積極的

C、文脈から判断する。「本居宣長の仕事が二つの中心を持っていたこと」は、「美のカテゴリー」について考える上でヒントを与えられるものだ、ということから、③「示唆的」が適当。

D、「互いが互いの役割を強化する」と言っているので、ほぼ字義通りの②「相補的」が適当。

問八　「二重の意味」と言っているので、二点について文中の記述材料を集めてきて説明する。一点目は第五段落二行目「（美は）共同体の成員相互の結びつきを支える紐帯」、第六段落七行目「共同体に属さない他者を排除する」、二点目は第五段落八行目「（美は）一個の共同体が他の共同体に対して自己を主張し、その独自性の承認を要求する」、第六段落二行目「自分を美的に承認してもらう」の部分が材料として挙げられる。条件が五〇字程度であるため細かく書くわけにはいかず、言葉を削って要領よくまとめること。

での争いの火種となり得る（この争いは第六段落にあるように「趣味判断」に属す争いではあるが）。そのため、争いの有無は理由として不適である。

③第六段落において、美の役割が共同体の創建神話になぞらえて説明されている通り、美は闘争性のみに還元されない共同体内の統一基盤をもっている。闘争性以外の統一基盤があるとはつまり、闘争性を基礎とする政治や経済を包括するということであり、「高次の統一を与える」と言える。よって③が正解。

④本文では、政治や経済は「自己の論理を貫徹する」（第五段落六行目）と言っていて「明晰さを追求し」とは言っていない。第四段落と第五段落では「美」と「あいまいさ」は別のこととして論じられ、「美はあいまいさを許容し争いを緩和する」ということの根拠はない。

問四　前の文で「自分の中心性をうたがわない文化が他文化を称揚するときは、つねにその美的生産物を褒める」と言っており、近代において自分の中心性をうたがわなかった文化とは西欧世界のことであり、他文化とは非西欧世界のことである。「オリエンタリズム」に①のような意味もないではないが、「学問の世界では」と言っているように、これはエドワード＝サイードのオリエンタリズムの概念を言っている。その概念とは、西洋の東洋に対する文化的支配の様式をいうものである。⑤が正解。

問五　「普遍性」の対義語は一般的に「特殊性」である。しかし、本文にはその語はないので、意味上それに近い語を探す。すると第五段落八行目に「独自性」という語がある。

問六　空欄 x の後で「趣味については論議できない」とあり、「蓼食う虫も好き好き」（〝人の好みは人それぞれ様々だ〟の意）が適当。

問七　A、空欄の三行前に「一番承認してもらいやすい」とあり、何について承認してもらいやすいのかと言えば「美」についてなので、⑤「美的」が適当。

B、空欄の三行後の「他者を排除する」に結びつく、⑥「差別的」が適当。

問五　独自性
問六　②
問七　A―⑤　B―⑥　C―③　D―②
問八　美は、共同体に属さない他者を排除する役割をもち、自己の独自性の承認を要求する際の手段となるということ。（五〇字程度）

▲解　説▼

《共同体にとっての美の役割》

問一　ア・イ・ウ・オ、第二段落冒頭に「例をあげると」とあるように、四つの事例とも「美のカテゴリー」の例として挙げられているので適切。

エ、第四段落六行目に「川端が世界に主張しようとした価値観へのいらだちをこめて」とあるように、大江健三郎は川端康成の美意識に異を唱えていると言える。エはふさわしくない。

カ、第六段落八・九行目に「本居宣長の仕事が二つの中心を持っていたこと……まさに創建神話たる『古事記』をめぐるものであった」とあるように、美のカテゴリーとは別のこととして引き合いにだされているのでふさわしくない。

以上により④が正解。

問二　第三段落に着目する。すると「短い言葉の中に自然と情感を表現する日本語の特質は……」、「あとに何が続くかというと、……『……その場にふさわしい表現ができる言葉です』となります」、「キーワードが、情感や場であることは一目瞭然です」とある。ここから「自然と情感」、「場」をキーワードとして解答をまとめる。

問三　①政治や経済は国際政治経済にも関わるものであり、日常的生活のみに関わるものではない。美がより高次の精神生活に関わるものであるという文中根拠はない。

②傍線部の二行後に「美はそもそも何を美とするかをめぐる争いをつねに内包している」とあるため、美は共同体内

③一八六九年、フランスのオーロンが三原色によるカラー写真の原理を発表した。
④ヴェルサイユ宮殿は一六八二年にルイ一四世が造営した。一八六〇年代ではない。④が正解。
⑤一八五二年、世界初の百貨店「ボン・マルシェ」がパリに開店した。その後、一八五六年に二番目、一八六七年に三番目の百貨店がパリに開店し、にぎわいを見せた。

問七　空欄xの後に「鉄道旅行に適したペイパーバックの並製本や文庫本の普及やそれら書籍の自動販売機の登場」とあるので、「読書」が適当。

問八　空欄イの前文の文構造をとると、「彼らが……注目したのは、汽車の速度であり、……全体把握、すなわち展望であった」ということであり、よって、「車窓」は「全体把握」にかかわる。ここからは消去法でいき、まず「全体」とは結びつかない②・⑤が消える。①は、「現実そのもの」が必ずしも「風景」と結びつかず、また「パノラマ」は注に示された意味で用いられており「眺望」ということではない。④は「世界の全体が……置き換わる」ということで、全体を把握するという内容に結びつかない。③は、「神」を「大事なこと」の比喩、「宿る」を「中にある」の意に解すると、「大事なことは細部ではなく全体の中にある」となり、「全体把握」の意味にも近い。③が最も適切。

問九　一般的な知識の問題であり、「静止画を毎秒二十四コマずつ連続的に提示する光学機械装置によってつくりだされる運動」は「映画」である。

Ⅱ　解答

問一　④

問二　・短い言葉で自然と情感を表現できること。（一五～二〇字）
・その場にふさわしい表現ができること。（一五～二〇字）

問三　③

問四　⑤

みあげられる空間」に置き換え、文末は「……こと」で結ぶ。

問四　ここでは語意が問われており、「メディア」とは媒体のことである。第六段落二行目に「……区別しつつ、媒介する」とあり、「媒介」が正解。

問五　一九世紀ヨーロッパの歴史に関する知識の問題である。

①一八世紀後半、イギリスで興った産業革命、つまり、工業化は、一九世紀にはフランス、ドイツ、ベルギーへと広がり発展していった。

②啓蒙思想とは、経験に基づく人間の理性を信頼し、民衆を無知状態から解放しようとする思想であり、具体的な思想家としてはディドロ、モンテスキュー、ルソーなどが挙げられ、一八世紀のフランスで発展した。一九世紀ヨーロッパの事象には当たらないので、②が正解。

③ナポレオン戦争（一八〇三～一五年）を契機として、ヨーロッパ諸国ではナショナリズム（国民意識）が高まった。

④市民社会とは一般的に、市民階級が封建的な身分制度や土地制度を打倒して実現した、民主的・資本主義的社会のことである。その成立はイギリス革命（清教徒革命〔一六四二～四九年〕、名誉革命〔一六八八～八九年〕）とフランス革命（一七八九年）によるとされるが、フランス革命では、旧来の身分制社会を完全に解体して人権宣言を掲げたことで、理念のより純化した市民社会が築き上げられた。「成熟」ということの基準は曖昧だが、その後の一九世紀フランスは、その市民社会がさらに成長していったという点で「市民社会の成熟」ということが言える。

⑤一九世紀は、空想的社会主義者と呼ばれたロバート＝オーエン（イギリス）、サン＝シモン（フランス）らが登場し、さらにマルクス主義のカール＝マルクス（ドイツ）が登場した。

問六　問五と同様、これも知識問題である。

①パリ大改造は、セーヌ県知事を務めたジョルジュ＝オスマン（在任一八五三～七〇年）によって行われた。

②一八六七年に、パリ万国博覧会が開催された。

なければならないため時間が取られる。

A、空欄前後の「(『車窓』の風景は) 速度と不可分」、「『車窓』が生まれたのは、鉄道の登場によって……」の部分を手掛かりとする。第四段落に「移動」という語があるが、交通手段としての郵便馬車や徒歩も「移動」であるので、鉄道に限定できない。最終段落を見ると「パノラマの『車窓』を風景自体の運動としてとらえようとした」、「鉄道が風景を踊らせた」とあり、鉄道の車窓の風景は速度と不可分だということは、風景自体が運動するということなので、車窓の風景は「運動のなかにしか成立しえない」と言える。

B、第一段落に「風景は生産され制作される」、「『車窓』もまたしかり」とある。「車窓」も「風景」と同様に「生産され制作される」ものだということである。よって、解答は「生産」「制作」が候補となるが、空欄のある段落の「供給する」、次の段落の「提示する」というニュアンスに合うのは「生産」である。

C、第一段落の三文目の構造は簡潔に言うと「それ(=風景)は、……装置である」となる。その後で「『車窓』もまたしかり」とあるので、「車窓」もまた「装置」だということになる。

D、空欄の前に「鉄道に乗車するようになってからも、それ以前の」とあるが、「それ以前」とは第三段落の冒頭にある「鉄道の登場以前」のことである。鉄道の登場以前、「旅人は彼を取り囲む環境と、近景をとおして親密な関係を切り結んでいた」ということなので、この時代は旅人と風景は「親密」な時代だった。

問二　第三段落三・四行目に「旅人の意識は風景の中に彼ら(=旅人)を編み込んでいた」とある。つまり旅人は風景(=近景・前景)の一部として、風景と一体化していたということであり、③が適切。他はどれも前後の文意が通らない。

問三　第五段落一行目を見ると「消失した近景」とあり、次の行に「それ(=近景)はもはや旅人の身体によって経験される空間ではなく」とある。内容としては傍線部(1)と同様のことを言っている。よって、その部分を記述材料として活かしていくが、三〇字程度という字数条件には満たない。「経験される空間」を、第三段落五行目の「生きられ編

総合問題

▲フランス文学科A方式▼

Ⅰ

解答

問一　A、運動　B、生産　C、装置　D、親密

問二　③

問三　旅人の身体によって生きられ編み上げられる空間ではなくなったこと。（三〇字程度）

問四　媒介

問五　②

問六　④

問七　読書

問八　③

問九　映画

問十　(a)―③　(b)―④　(c)―③　(d)―②　(e)―①

▲解　説▼

《鉄道の登場と「車窓」》

問一　文中の語句を抜き出す空所補充問題であるが、どの空欄もその近くには該当する語句が見当たらず、全体を見渡さ

とである。そのため、芸術に関してどのような観点で述べられた主張でも正確に読み取ることができ、さらに、どのような観点からでもそれに合致する具体的な作品を挙げて説明できる必要がある。そのためには、幅広い作品の知識に加え、作品を様々な観点から分析・説明できるようにしておきたい。

も超越し、雪舟という個性によって一回性と永遠性を獲得しているといえる。（八〇〇字以内）

▲解　説▼

《芸術的価値は現実も様式も超越した一回性と永遠性をもつ》

課題文の論旨を正確に捉えた上で、それを自分の関心分野におきかえて説明することが要求されている。まずは課題文を読み、以下の流れをつかみたい。

①様式は、創造にとって本来的ではない（第一・二段落）
②芸術的価値は、現実も枠組も超越した一回性をもつ（第三段落）
③芸術的価値は、現実の時間も論理的無時間性も越えた永遠性をもつ（最終段落）

最後の二段落の内容にあたる②・③が筆者の主張だと考えられる。したがって、答案の一段落目では、この内容を課題文の論旨として述べる。これによってまずは課題文の論旨を正確に把握していることを示す。

二段落目以降では、一段落目で述べた課題文の論旨を、自分の関心分野におきかえて説明していく。その際の注意点は、「具体的作例を引き、その詳細についても論じるよう心がけること」という設問条件である。説明するべき内容は課題文で指定されているため、答案で取り上げる具体的な作例は、この内容に合致したものでなければならない。また、この条件により、文章力のみならず、芸術に関する基礎知識を身につけているかどうかも問われているので、あいまいな知識ではなく、しっかりと具体的に説明できるよう、把握している作例を挙げるべきである。

〔解答例〕では、関心分野として日本の水墨画の歴史を扱い、その大成者である雪舟と、彼の代表作『天橋立図』を取り上げた。二段落目は、分野、作者、作品の基本的な説明。三段落目では、特定の作品名を挙げて、課題文で筆者が主張していた内容に基づいて、この作品を詳細に説明している。最後にまとめの段落を設けることで、一段落目で述べた課題文の論旨に沿った具体例を挙げたことを明確に示した。

要求されているのは、課題文に対して自分の意見を述べることではなく、筆者の主張を自分なりの言葉で言い換えるこ

論述

解答例　課題文の筆者は、芸術的価値の創造において、様式は本来的なものではないと述べている。さらに、芸術的価値は、現実の経験的感覚的現象を超越し、芸術の普遍的な様式の次元をも超越した、一回性と永遠性を獲得した存在であるとも述べている。

筆者が述べる芸術的価値と現実と様式の関係は、日本における水墨画の歴史を振り返ることで明らかになる。水墨画は、唐時代に中国で成立したとされる、墨絵の代表的画法を指す。墨色の濃淡やにじみなどを表現要素としている。日本の水墨画は、中国の様式の受容から始まり、本格的な作品が登場するのは十三世紀末からである。絵仏師や禅僧を中心に制作が進められ、室町時代に雪舟が登場して全盛期を迎える。雪舟は、中国に渡って本格的な水墨画の技法を学び、中国風の水墨山水画を多く残した。

雪舟の代表作の一つである『天橋立図』は、日本三景の一つ天の橋立を東側から鳥瞰的に描いている。この作品では、奥行きのあるダイナミックな構図、山林や周辺寺院など対象の形を明確に捉えた筆致という、雪舟作品の魅力が存分に発揮されている。鑑賞する者は、現実の経験や感覚、現実の時間の流れとは隔絶された境地へと導かれる。その境地は、水墨山水画という作品群に属するものであればどの作品を見ても味わえるというものではなく、特定の題材や画法の特徴に還元されるものでもない。それは、雪舟という人間の強烈な個性によって完成された他のものに代えることのできない唯一のものである。そして、それゆえに、作品の価値は、現実世界の影響を受けることもなく、芸術の様式や概念の変化に左右されることもない、永遠的なものでもある。

このように、日本の水墨画の歴史における雪舟作品の芸術的価値は、現実世界を超越し、抽象的な様式や概念の世界をあり、晩春の物憂い心を「琵琶」が表現していることが述べられている。

問十三「壺中」には、〝壺の中、小心者〟という意味があるが、〈壺中の天〉という故事成語は、〝酒を飲んで世間のことを忘れること、現世から離れた理想郷〟を意味する。傍線部10の一文には、田沼時代の日本が過剰なほどの平和で、それが晩春の季感と区別がつかないような雰囲気を持っており、かえって倦怠感を生んでいたということが述べられている。そしてその倦怠感が蕪村の句に反映していると言及されている。以上の点から、②が最適。⑤は「季節感のない」が誤り。蕪村の句において晩春は、第三段落にあるように「季節みずからが立ち去りかねてたゆとうている」ような停滞感として表現されており、季節感がないわけではない。

問十四「実存」とは、〝存在すること、存在する人間の主体的な在り方〟などを意味する。したがって、④が最適である。①は「人間は常に居所を変え」が「実存」を意味しないため誤り。②は「罪深い、救われない存在」と「流動性、不確かさ」が合致しない。③は「人間が見ている世界」と「人間の実存」が意味を異にする。⑤は「時間を無駄にしてしまい、その悔いにさいなまれて生きる」と「流動性、不確かさ」が合致しない。

❖講　評

比較文学、比較文化の研究者である芳賀徹の『與謝蕪村の小さな世界』からの出題。内容は蕪村の句について論じた文章からの出題であるが、昭和六一年初版発行の著書ということもあり、使用されている語彙が受験生には見慣れず難しく感じられるであろう。また、俳諧論であるため、文学的な比喩表現やイメージを形容する表現が多用されており、文章の難度は高い。本問は現・古・漢融合問題に分類されるが、古文は単語レベルの出題にとどまり、設問はほとんど現代文に関する出題である。難度が高い文章であるため、言い換え問題では語彙の意味と前後の文脈から的確に本文内容を捉えることが必要である。また、文学史に関する出題や語の意味を問う知識問題の出題も見られるが、それらは基本的な知識にとどまっている。

問五　他の選択肢の作者は次の通り。②堀口大学、③萩原朔太郎、④三好達治、⑤北原白秋。⑤の『邪宗門』は、詩集は北原白秋だが、芥川龍之介に同名の小説（未完）もある。

問六　大伴家持は七一八年生まれ、七八五年没と言われている。王維は生年は不明だが、七六一年没とされている。

問七　Cには直前の「その潤った大気にひびく鳥の哀切な声、潤いのなかに空と緑を映して訴えかけるような魚の眼」で使用されている修辞法が入る。ここでは自然物に人間的感情を与える修辞法が使用されているので②が最適である。

問八　「漂泊」には、〝流れ漂うこと、漂流すること、一定の住居を持たずにさまよい歩くこと、さすらうこと〟などの意味がある。傍線部5では松尾芭蕉の説明として使われているため、〝さまよい歩くこと、さすらうこと〟などが最適である。

問九　傍線部6の直後に「蕪村の生活の、また夢想の基本的な型ともいうべきもの」とあり、また第十六段落（傍線部6の二段落後）に「親密な生活感情であった独特の倦怠感」とあることから、生活感情から内的な世界へと収斂していったことが読み取れる。したがって、⑤が最適である。①は「孤高を守って生きていこうとする姿勢」と「夢想」や「倦怠感」が合致しない。②も「新たな発見を通じて自己の精神を高めていこうとする姿勢」が「夢想」や「倦怠感」と合致しない。③は「断念しようとする姿勢」が誤り。蕪村は断念したのではない。④は「室内にあるもののみを発句の素材とし」が誤り。傍線部6の直前で挙げられている句では、「春雨」や「朝顔」など室内にあるもの以外が素材とされている。

問十　〈ものふる〉は〝どことなく古びている、古めかしくなる〟という意味。したがって、最適なのは④である。

問十一　「たなごころ」は〈掌〉と表記し、〝てのひら〟を意味する。

問十二　傍線部9の主語である「それ」は、蕪村の句における「琵琶」、つまり、直前の「物的……なものであるとともに心的……な価値」を持つ「琵琶」を指す。物体としての「琵琶」の形と重みが、そのままほどくことのできない物思いに沈みがちな心の象徴として表現されている、ということである。直後の段落でも「一個の物体のように鈍く重く、われながら扱いかねるほどのわが身と心のかたまり、それがここでは琵琶に託されて言いあらわされていた」と

◆要　旨◆

与謝蕪村は晩春の倦怠感を「おもたき琵琶の抱きごころ」に託し、結ぼれてやりばもなく物思いに沈みがちな心を、形と重みを持つ実体として浮かび上がらせた。それは春に生の喜びと官能を見出す西洋の詩と異なるだけでなく、政治的・社会的な不遇や不満を種とする心を表現した中国の詩人とも異なる。さらに松尾芭蕉が表現した、動的な自然と人生の交響の詩美とも趣を異にしている。蕪村が晩春の倦怠の句で表現したのは、政治や社会、季節や人との別離にもかかわりなく、ただ一つの物憂い気分であり、それを追求することで彼は同時に、近代人の倦怠をも探り当てていた。そのことによって蕪村は日本の伝統的季節感に新たな心理的含蓄を加えたのである。

▲解　説▼

問二　「たゆとう」には、〝揺れ動いて定まらない、ゆらゆらと漂う、心を決めかねる〟などの意味がある。本文内容から考えると、〝心を決めかねる〟は除外できる。ゆれうごく、ただよう、など平仮名五文字以内で表現できる類似した動詞を選べばよい。

問三　Aのある文の前文に、「なお季節みずからが立ち去りかねて」とある。「立ち去りかねて」とよく合致するのは④の停滞感である。

問四　傍線部3の直前に「時間の錯覚におちいり」とあることから、「いまが昔であるような」、「そのまま遠い過去につながっているような」という表現は、時間が経過している感覚を失っていることだと考えられる。したがって、③の「いつのまにか昔のある日のそのときに立ち帰ってしまった」と合致し、③が最適だとわかる。①は「昔のことばかりが思い出され」と「懐古的な気持」には「時間の錯覚」が読み取れない。②は「昔から現在までの時間の経過がひときわくっきりと眼に映り」が時間の経過を捉えていることになり、蕪村が表現した停滞感が見られない。④は「長い間孤独に過ごしてきた」に時間の経過が表れていて錯覚が読み取れない。⑤は「長い時間生きてきた」と「老い」が「時間の錯覚」を表現していない。

▲日本文学科B方式▼

出典　芳賀徹『與謝蕪村の小さな世界』〈おもたき琵琶〉（中央公論社）

解答

問一　た

問二　ゆれうごく、ただよう　などから一つ（平仮名五文字以内）

問三　④

問四　③

問五　①

問六　③

問七　②

問八　さまよい歩くこと、さすらうこと　などから一つ（十字以内）

問九　⑤

問十　④

問十一　てのひら

問十二　抱いている琵琶の形と重みは、晩春の物思いに沈みがちな自分の鈍く重い心のさまを表しているということ。（五十字以内）

問十三　②

問十四　④

で正解にたどり着ける。論理的整合性を考慮しながら読むことが肝要である。

四は『梁塵秘抄口伝集』からの出題。後白河院が今様の師である乙前との死別と、その後の弔いについて述べた箇所から出題されている。難易度も例年並みで、基本知識を押さえておけば解答できる問題が多い。ただ、女房が見た夢について語られている箇所は、直接話法か間接話法かを見極められないと主語を誤って解釈してしまうので要注意。主語を正確に捉えるためには、敬語の有無を考慮することがポイントである。基本知識に加え、人間関係や身分の差による敬語使用のパターンを覚えておくことも重要である。

問十　「おぼつかなし」には、〝気がかりだ、不安だ〟という意味がある。傍線部9「おぼつかなく」の直前を確認すると、「長歌を聞きて」とあるので、長歌に関することであるとわかる。そのため、②と⑤は消去できる。また、「おぼつかなく」の直後を見ると「思ひ候ひつるに、めでたさよ」とあるので、「思ってございましたが、すばらしいことよ」という意味になることから、③と④も内容に合わないとわかる。

問十一　「さは」は文頭にあるので、〝それでは、それならば〟の意味の接続詞と考えられる。「にや」は助動詞「なり」の連用形「に」＋係助詞「や」で〝〜であろうか〟の意味を表す。「さは」が受けている内容は女房丹波が見た、乙前が後白河院の今様を聞いて褒めた、という夢であることを合わせて考えると⑤が適切だとわかる。

❖講　評

一は形而上学、哲学の研究者である山口尚が、日本哲学の最前線にいる千葉雅也の『勉強の哲学』に述べられている思想について論じた文章からの出題。自分の行動を意志でコントロールできるという考えに疑問を呈し、偶然性の波に乗ることの有用性を指摘した内容で、論旨が明快でわかりやすく、受験生にとっても親しみやすい内容といえる。難易度もそれほど高くないため、論旨を整理しながら読めれば正解にたどり着けると思われる。

二は『讃岐典侍日記』からの出題。堀河院に仕えていた筆者が、院の逝去後喪に服していると出仕の命が下され、戸惑う気持ちが描かれている。それほど難度が高い内容ではないが、人物が多数登場するため、主語を見失わないように気をつけたい。設問は、基本的な文法事項と単語を押さえていれば解答できる問題がほとんどであるため、基本知識を身につけておくことが重要である。

三は二〇世紀以降の民主主義について、現代政治論、民主主義論が専門の山本圭が、キャロル＝ペイトマンとロバート＝ダールについて論じている文章からの出題。論点は明確でわかりやすいが、受験生にとってとっつきにくい内容かもしれない。設問の難易度は例年と変わらないため、一文一文の論理的なつながりや、語彙の意味を正確に捉えること

問四　傍線部3「これ」の直前に「二三反ばかりうたひて聞かせしを、経よりも愛で入りて」とあるので、経よりも褒めたたえた歌（＝今様）を指すとわかる。

問五　「らん」は現在推量の助動詞であることから、①・④は消去できる。この言葉は命が危険な状態にある乙前のものであることを合わせて考えれば、②の「多くの人々の命」や⑤の「あなた様」の命について話題にするとは考えにくい。したがって、③が最適だとわかる。

問六　「としごろ」は〝長年〟という意味。格助詞「に」は、連体形に接続して理由や原因を意味する。これらを考えると②が最適である。

問七　指示語の多くは直前の内容を指し示すので、傍線部6「それ」が指すのは直前の「あれに習ひたりし今様……後世のために弔ひき」だと推測できる。また、「それ」を知らないにもかかわらず、女房の丹波が、乙前が後白河院の今様を聞いて褒めているという内容の夢を見た、と述べられているので、これらを合わせて考えると、後白河院が今様を歌って乙前の弔いをしたことを指し示すと考えられる。

問八　夢の内容は、傍線部7「夢に見るやうは」の直後から「身もすずしく、うれしき』と見て」までの記述に述べられている。夢の内容は、後白河院が今様を歌ったのを乙前が聞いてたいそう褒めていた、ということであるので、④が最適。①は本文内容と合わないので消去できる。②は「我が歌をうたひけるを」と合わない。③も夢の内容と合わない。⑤は「我が」を丹波と解釈すると選択してしまいそうだが、乙前と師弟関係にあったのは後白河院であるから、本文内容全体から解釈すれば退けられる。

問九　傍線部7「夢に見るやうは」以後の女房の丹波が語った夢の内容が、直接話法か間接話法か見極めることが重要である。もし丹波の直接話法であれば、五条尼（＝乙前）が主語の文では尊敬語が使われると考えられるが、「参りて」、「居て」など敬語が使われていないことから、後白河院が間接話法で述べていると解釈できる。また、「かく見え候ひつる由」という表現からも間接話法であるとわかるため、傍線部8「我が」は後白河院である。

舌・身・意の六種の認識器官）を懺悔し、夜には阿弥陀経を読誦して西方の極楽浄土に生まれることを祈ること、五十日間勤めて祈念した。一年の間、千部の法華経を読誦し終わって、次の年の二月十九日に、ただちに（一周忌の追善であることを）仏に申し上げた後、法華経一部を読誦したのちに、（生前に見舞った時、乙前は）歌をこそ経よりも褒めたものだと思って、乙前に習った今様で、主要であるものを歌ったのち、夜明けごろに（秘伝の曲である）足柄十首・黒鳥子・伊地古・旧河などを歌って、最後に長歌を歌って、（乙前の）後世（＝死後に生まれ変わる世界）のために弔った。それを知らないで、里にいた女房の丹波が、夢に見たことには、法住寺の広所で、私（＝後白河院）が歌を歌っていたところ、五条の尼（＝乙前）が、白い薄衣を着て、（裸足ではなく）足を包んで参上して、ふすまの内側に座って、（私と）向かい合って、「この御歌を聞きに参りました」と言って、この上なく褒めて、乙前自身も声を添えて歌って、「足柄などは、普通にもございません（＝普通ではありえないほどすばらしいです）。この節々がすばらしいことよ」と非常に褒めて、長歌を聞き、「これはどうかと（＝院が長歌を立派に歌えるか）心配でございましたが、すばらしいことよ。これを伺いましたので、身もさっぱりとして、うれしいです」と言ったのを（丹波が里で）夢に見て、二、三日たって、このように夢で見ましたということを、女房（＝丹波）が（後白河院の御所に）参上して申した。それでは（乙前は私の今様を）聞いたのだろうか。こうこうであったこと（＝実際にその夜に乙前のために今様を歌っていたこと）を語って、私と女房たちもしみじみと感動しあった。それから、その日は必ず（今様を）歌って後世を弔うのである。

▲解　説▼

問一　「大事」には、〝程度が甚だしいこと〟という意味がある。この場合、乙前は病気だったので、命にかかわるほど病気の程度が甚だしいと考えるのが適当。

問二　傍線部2「行きてみれば」の直前に「忍びて」とある。お忍びで行く立場の人が主語だと考えれば、筆者である後白河院だとわかる。

問三　係助詞「ぞ」は係り結びの法則で文末が連体形になる。

問十　①

問十一　⑤

◆全　訳◆

乙前が八十四歳になった春、病気をしていたが、まだしっかりしていたことに併せて、これといったこともなかったので、そうではあっても（＝高齢で病気ではあっても亡くなることはないだろう）と思っていたところ、まもなく（乙前の病気が）危険な状態になったことを告げてきたので、（乙前のために）近所に家を造って（乙前を）置いていた（＝住まわせていた）ので、すぐに内密に行ってみたところ、（病床の乙前は）娘に抱き起こされて向かい合って座った。弱っているように見えたので、結縁の（＝仏道に入り、成仏する因縁を結ぶ）ために法華経一巻を読誦して聞かせたのち、「歌を聞きたいと思うか」と言ったら、（乙前は）喜んで急いでうなずく。

像法時（＝正しい仏法の行われる「正法」の時代の次に来る、教えや修行は行われるが悟りは得られない時代）になったからには、（病患・災厄を除く）薬師如来の誓いこそが頼りである。一度でも（薬師如来の）御名を聞く人は、すべての病が治るという。

（この病平癒を願う今様を）二、三遍ほど歌って聞かせたのを、（その前に読誦した法華）経よりも褒めて感心して、「これを伺いましたので、自分の寿命も今は延びていることでしょう」と、手をすり合わせて泣きながら喜んだ様子が、しみじみと感慨深く思われて帰った。

その後、仁和寺の理趣三昧（＝理趣経を声に出して読む修行）に参詣しておりました時に、（乙前が）二月十九日にすでに亡くなったと聞いたので、（天寿を全うして）惜しむような年齢ではないけれど、長年親しんできたので、悲しみは限りなく、この世のはかなさ、死に後れたり先立ったりするこの世のありさまは、今に始まったことではないけれど、（世の無常が）思い続けられて、たくさん歌を習った師だったので、すぐに（訃報を）聞いた時から始めて、朝には懺法（＝法華経を声に出して読み、罪障を懺悔し、極楽浄土に生まれることを願う法要）を読誦して、六根（＝眼・耳・鼻・

おおっぴらに表現されない権力を意味している。したがって、D・Eに入る語の組み合わせとして適切なのは①である。

問十一　①の「客観的に記述しているだけでもそれ自体が現状を追認すること」が本文の第六段落の内容と、「露骨な権力行使がなされていない時にもより深い次元で権力が働いていること」が第十八段落（最後から三段落目）の内容と合致するため、最適である。②は「普通の人々が政治に参加する意欲が左右される」と「正しい理論がぜひとも必要」が本文に書かれていない。③は本文ではシュンペーター・モデルよりもダールの多元主義的な権力観の方が民主主義的だとは述べていないので誤り。④は「普通の人々の政治に対する関心や参加意欲を過小評価している」が本文内容と合致しない。⑤は本文内容と関係のない内容なので誤り。

四

出典　後白河院『梁塵秘抄口伝集』

解答

問一　⑤

問二　④

問三　頼もしき

問四　①

問五　③

問六　②

問七　後白河院が今様を歌って乙前の後世を弔ったこと。（二十五字以内）

問八　④

問九　④

最適なのは②である。

問七　傍線部5の「一枚岩」は組織などが一つにしっかりとまとまっていることをたとえた語である。反対の意味の語は、第十一段落（傍線部5の次段落）にある「多元的」である。多元的とは、考えや事物の要素や根源がいくつもあるさまを意味する。〝学説の立場〟を意味する「主義」がつくが、「多元主義の」（第十一段落）、「多元主義的」（第十二段落）も許容範囲だろう。

問八　Cの直前に「つまり」があるので、Cには前文と同様の内容が入るとわかる。したがって、「彼らによれば、権力には、ある問題を争点として顕在化し、他の問題についてはそれを争点から外すといった次元が存在しているという」と同じ内容を示す選択肢が最適ということになる。「それを争点から外す」を考慮すると、①の「信じさせようとする」、②の「忘却を促す」、③の「分断させようとする」、④の「調和を強調する」は内容として合わないとわかる。⑤の「あらかじめ封じ込める」は「それを争点から外す」と意味がよく合致するため、最適である。

問九　傍線部6「自発的な」は、筆者がワークショップに参加した例を受けた語である。この例で筆者は、若者のアイデアが選挙に関するものに集中したのは、教員や市議会議員らが見ていたためである可能性を示唆している。つまり、若者のアイデアは真に自発的なものではなく、大人たちのまなざしを意識したものであったと推測しているのである。したがって、そのことをよく説明している②が最適である。

問十　選択肢の語の意味はそれぞれ、「公然」は〝おおっぴらなさま〟、「隠然」は〝表立っていないが陰で強い力を持っているさま〟、「画然」は〝区別がはっきりしているさま〟、「昂然」は〝自信があり意気が盛んなさま〟、「忽然」は〝突然〟、「敢然」は〝思い切って行うさま〟、「毅然」は〝信念が強くしっかりとしているさま〟、「暗然」は〝悲しくて気分が落ち込んでいるさま〟、「決然」は〝強く決心したさま〟、「厳然」は〝いかめしく厳かなさま〟である。Dにはダールらの多元主義的権力観、つまり「一次元的権力観」を説明する語が、Eにはバクラックとバラッツの「非決定権力論」で指摘されている「二次元的権力観」を説明する語がそれぞれ入る。前者に比べて後者は「忖度」などのの作用を見逃していると批判された。さらにルークスは、二次元的権力の作用にとどまる権力観も不十分であるとし、権力の行使そのものが表面化しない「三次元的権力観」を問題視している。これは私たちの無自覚な選好を形成する権力の次元を指摘するが、権力の作用を特定することが困難になり分析ができないという批判も存在する。

◀解　説▶

問二　理論が継承されるという文脈と、直後の文の「系譜に連なる」という表現から⑤の「脈々と」が最適である。

問三　ここで示されているのは、「有権者による指導者へのコントロールは選挙に依っており、政治家への制裁は選挙による議席の喪失として示される」という方法である。つまり、選挙以外の方法について書かれている箇所から一つ選んで抜き出すことが求められている。選挙以外の「有権者による指導者へのコントロール」および「政治家への制裁」について書かれているのは、第十四段落（空欄Cの二つ後の段落）にある「デモや抗議集会、あるいはストライキ」である。この中から一つ抜き出して答えればよい。

問四　傍線部3は、「不安定にたいする主たる防波堤」、つまり安定させるものは「無関心者、政治的有効感に欠如した普通の人間の不参加」であると述べている。このように考えれば①が最適である。

問五　Bには、前文までの引用内容を説明する意味とは、逆の意味の語が入る。引用内容は、シュンペーターらの民主主義理論が普通の人々の参加に焦点を合わせておらず、少数エリートだけが参加することが求められているという内容になっている。この内容と逆の意味になる語を入れればよい。①・③はまったく異なる意味の語なので消去できる。②は引用内容とは対立するが、「彼らが主張するほど」というBの直前の語と合わない。彼らは自分たちの民主主義理論を理想論としていたわけではない。⑤は「民主的」という語を一義的に解釈できないという本文内容を踏まえると適切ではない。

問六　傍線部4「さもなければ」は、〝そうでなければ〟という意味であるので、①・④・⑤は消去できる。「さもなければ」は、AがBに対して権力を持つ条件のことであるから、③の「卑怯でなければ」は意味が通らない。したがって、どの意味がある。「はづかし」は、〝きまりが悪い、気が置かれる、こちらがはずかしくなるくらいりっぱだ〟などの意味がある。これらを総合的に考えると、③が最適である。

三

出典　山本圭『現代民主主義——指導者論から熟議、ポピュリズムまで』〈第2章　競争と多元主義　2　ロバート・ダール、第3章　参加民主主義　2　キャロル・ペイトマン〉（中公新書）

解答

問一　③

問二　⑤

問三　デモ、抗議集会、ストライキ　から一つ

問四　①

問五　④

問六　②

問七　多元的（多元主義的、多元主義の　も可）

問八　⑤

問九　②

問十　①

問十一　①

◆要　旨◆

シュンペーターらの理論では、有権者による指導者へのコントロールは選挙のみで、多数者の参加を最小化し指導者の影響力を最大化することで安定を図るモデルが構成される。ダールの権力論は、権力が一部のエリートに独占されているという考えに疑問を呈し、多元的に分散していることを示した。しかし、この権力観もまた、忖度を強いる二次元的権力

というのは「参らじ」と思っている筆者自身の身に、であると判断できる。よって①が適切である。

問六　Aがある文の文末は「来め」と已然形になっているため、係助詞の「こそ」が入る。

問七　「よそふ」は、〝ことよせる、なぞらえる、たとえる、かこつける〟などの意味がある。この点から考えると、①・②・④は消去できる。「らるる」は、自発・可能・尊敬・受身の助動詞であるため、「身」が誰の身であるかを考えねばならない。直前の文脈を確認すると、「かばかりのことだに心にまかせず、道理に脱ぐべきをりをも待たず脱ぎてんこと、心憂きに」とあり、尊敬語が使用されていないことから筆者自身が主語であると考えられる。したがって、傍線部6「身に思ひよそへらるる」の「らるる」は自発であると考えられる。自発は自然と感情や記憶が沸き起こる意味を表すので、③が適切である。

問八　「ばや」は終助詞で願望を意味する。その点から検討すると①・③・④は消去できる。「いはれ」は動詞の「いふ」+受身の助動詞であると考えれば、「まゐらす」は謙譲語なので、〝言われたい〟という意味の②が適切であるとわかる。

問九　「あやし」の直前の内容を確認する。「故院の御時に、年ごろの人たち、御乳母子たちなどの賜りあはれし素服を、何ばかりの年ごろさぶらはせたまはざりしかど、賜らせたまふ、今の御時に、またなほたいせちにいるべき人にて、月も待たず、『脱げ』と宣旨くだる」ことが傍線部8「あやし」だと述べているので、この内容を考えればよい。「年ごろ」とは〝長年〟、「何ばかり」は〝どれほどの〟という意味である。また、「月も待たず」は〝喪服を脱ぐべき期日を待たずして〟という意味である。つまり、故院に長年仕えた人々が頂戴した喪服を、どれほどの年月も仕えていない人に賜るということと、喪服を脱ぐべき期日を待たずして喪服を脱いで出仕するよう求められていることを「あやし」だと述べているのである。また、兄は筆者の境遇をうらやましがっている。これらを鑑みると最適なのは⑤である。

問十　「あぢきなし」は、〝理屈に合わない、努力の甲斐がない、始末に悪い、思うようにならない、おもしろくない〟な

▲解　説▼

問一　「ののしる」は、〝声高く言い騒ぐ、やかましく音をたてる、世の評判になる、世にときめく、大声で非難する〟などの意味がある。このことから①は消去できるため、②〜⑤を検討する。本文内容を確認すると、「御即位など、よにののしりあひたり」とあるので、鳥羽天皇の即位について傍線部1「ののしりあひたり」だということがわかる。そのことを合わせて考えれば、③が適切である。

問二　「例ならず」は、〝いつもとは様子が違う、病気である〟などの意味がある。このことから選択肢は①と②に絞られる。文脈を考えると、「にはかに重りてうせたまひて」と続き、「重りて」と「うせたまひて」から重くなってお亡くなりになった、という意味だとわかる。よって②が適切である。

問三　同じ段落内の前の部分に「帳あげすべきよしあれば」とあるので、⑤が正解だとわかる。文脈を考えると、大納言の乳母に与えられた帳あげをする役が、大納言の乳母の父が急逝したために、代わりに筆者に回ってきたということである。

問四　この会話を追うと、直前の筆者の発言は「かうかうなん院よりおほせられたるを、いかがはせんずる」である。この「かうかうなん院よりおほせられたる」ことが傍線部4「ただとくおぼしめし立つべき」ことであるので、「かうかう」が指す内容を探せばよい。同じ段落の会話の直前に「三位殿のもとより、帳あげすべきよしあれば」とあるので、これがその内容であるとわかる。鳥羽天皇の即位式で帳あげをするということは、すなわち鳥羽天皇に出仕することであるため、④が適切である。

問五　この発言は筆者が「例の人」に対して述べた「かうかうなん院よりおほせられたるを、いかがはせんずる」に対する返答である。「わが」には、〝私の、われわれの、その人自身の、自分の〟などの意味があるので、選択肢は①と②に絞られる。続く部分に「さるべき（＝〝当然そうなるべき、前世からの宿縁ではじめからそうなるべき〟）と思しめさせたまふべきに」とあることを踏まえると、「よしなきこと（＝〝良くないこと、つまらないこと〟）」が起こる、てもつらい世の中だなあと、思い嘆いた。

夕暮れに、三位殿のところから、（大納言の乳母が父の喪中で帳あげができなくなったので、私に）帳あげをせよとのお話があったので、とても驚いて、普段は（出仕の依頼を受けても）聞き過ごしてばかりで日が過ぎていたので、出仕すまいと思っているようだとご理解なさって、（帳あげの役を）押し付けなさるのであるようだと思うが、どうしようもない。頼りにしているままに、いつもの人を呼んで、「こうこうこのようなことを院（＝白河院）からご命令を受けたのだけれど、どうしたらよいでしょうか」と言うと、「どうなさるのがよいでしょうか。世の中は、厄介なもののようです。ただ早く（出仕の）決意をすべきでしょう。出仕すまいとおっしゃれば、ご自身のために、良くないことが、出て参るでしょう。あなた、当然そうあるべき（＝前世からの宿縁で出仕する定め）とお思いになるべきなのに」など、議論し合っている間に、「内蔵の頭の殿からお使いが参りました。（これは）院宣であって摂政殿が承ったもの（＝院宣を摂政が承り、鳥羽天皇に代わって宣旨を下したもの）でございます。『堀河院の（崩御の際の）御喪服を、賜っているのならば（＝喪服を着用すべき宣旨が下っていて喪服を頂戴しているのなら）、早く脱ぎなさい』と宣旨が下りました。早くお脱ぎください」と言いに使いをよこした。このようなことでさえ思い通りにならず、決まり通りに脱ぐべき期日をも待たずして脱いでしまうようなことは、辛いので、「芹つみし」と詠んだとかいう（心に思うことがかなわないという）昔の歌を、自然と自分の身に重ね合わせて思い起こされる。

このようにやりとりするのを聞いて、（私の）兄である人が、「ああ、男の身でこのように命令を受け申し上げたいものだ。うらやましくも（白河院から）思われなさることよ。女の御身でそうでなくてもあるだろう（＝そのようではないことが普通だろう）。故院の御代に、長年仕えた人たちや、御乳母子たちなどが賜りなさった喪服を、どれほどの年月お仕えなさったわけでもないのに、賜りなさった、（今度は）当代の御代に、またやはり大切ないるべき人として、期日も待たずして、『喪服を脱げ』と宣旨が下ったのも、普通のことではない」などと言い続けるのを聞いているのも、つらくきまりが悪い。

解答

問一　③

問二　②

問三　⑤

問四　④

問五　①

問六　こそ

問七　③

問八　②

問九　⑤

問十　③

◆全　訳◆

「昔のことばかり恋しくて、表面的に見る人は（私を）立派だとは（評価を）するまい」などと思い続けていると、（涙で）袖がひまなく濡れるので（以下の歌を詠んだ）、

涙で乾く間もない喪服の袂であることよ。ああ、昔のかたみ（＝故堀河帝をしのぶ形見）だと思っているのに

このようにして朝夕と過ごしていると、（堀河帝の在世中は）このように故郷にのんびりすることは難しく、五、六日もすると、内侍から「人手不足です、出仕しなさい」という手紙が来た、などと次から次へと思い続けられて、過ごしているうちに、鳥羽天皇の御即位式などと、世の中は声高に騒ぎたてていた。

『大納言の乳母が、帳あげをなさるようだ』ということで、安芸の前司（＝大納言の乳母の夫）が『三位殿が、故院の御即位式の時に、帳あげをなさったので、その例を学ぼう』などと、お尋ねになっている」と聞いているうちに、「大納言（＝大納言の乳母の父）が、このところ病気であったのだが、突然重態になってお亡くなりになって」と耳にする。と

者」と限定されているため誤り。⑤は本文中にある内容であるが、そのことが勉強を「苦行」にするのではないため誤り。

問九　①「本末転倒」は、〝本質的で大切なことと、末端のつまらないことを取り違えること〟の意。本文内容に当てはめると、完璧主義であるために通読にこだわること（＝つまらないこと）で、勉強が苦行になり意欲をなくしてしまうと、勉強するという目的（＝本質的で大切なこと）を見失ってしまう、ということになる。よって①が適切である。②「一知半解」は、〝中途半端で知識が完全に自分のものにはなっていないこと〟、③「夏炉冬扇」は、〝夏の火鉢、冬の扇のように時期はずれの無駄なもの、無用なもののこと〟、④「無知蒙昧」は、〝知識がなく愚かなこと〟、⑤「竜頭蛇尾」は、〝始めは勢いが盛んだが、終わりは勢いがふるわなくなること〟の意。

問十　Fが意味する「これを読み切ってから次へ進むぞ」と決意することは、通読にこだわる姿勢を示している。通読にこだわると勉強が苦行になってしまい、意欲が低下すると述べられているので、Fには否定的な内容が入ると考えられる。①は本文中で肯定されている内容であるため誤り。②は「自由自在」という表現に肯定的な意味が付与されているため消去できる。③の「諦念」はあきらめの気持ちを意味するため、通読にこだわる姿勢とは合わない。④の「無責任」や「奔放」も通読にこだわる勉強の完璧主義な姿勢とは合わない。⑤の「不要」が否定的な意味を表し、「自己束縛」が通読にこだわる姿勢と合致するため、Fに入るのは⑤。

問十一　本文は、非意味的切断を肯定的に捉え、より力強く、より創造的に生きるためには意志的コントロールの威力を過信すべきでない、と述べている。したがって、④の「非意味的切断が自己束縛を創造や希望へ変え得るというのは幻想である」という内容は本文と合致しない。

二

出典　藤原長子『讃岐典侍日記』〈下巻〉

述べられている。この引用の中に「私たちの有限性による非意味的切断が、新しい出来事のトリガーになる」とある。トリガーとは、動作のきっかけを意味する語である。よって①が最も適切である。②〜④は本文内容と合わない。⑤は、「非意味的切断が人生に遍在している事実」については本文中に言及されているが、非意味的切断によってそのことを証明できる、という内容だと意味が通らない。

問六　傍線部4「無思慮な『見切り発車』」は筆者が挙げた例を端的に説明した語句である。筆者が第七段落で述べた例は、編集者が理知的な判断のもとで有意味に行ったわけではない依頼を、筆者が時間的余裕のあったために応答した結果、一冊の本が出版された、といういきさつである。「見切り発車」とは、議論の余地などを残した状態で物事を始めてしまうことを意味する。したがって、④が最もこれをよく説明している。①は「予定通りに進行しなくても」とあるが、「無思慮」は予定すらたてていない状況を示しているため誤り。②は「計画が始まる前から結果を先読みしてしまう」では、「見切り発車」と逆の意味になる。③は「積み残した問題」とあるが、「無思慮な『見切り発車』」は、問題があるかどうかも考えずに進むさまを示しているため誤り。⑤は「修正しつつ予定調和をはかろうとする」が合致しない。

問七　傍線部5「善用」とは、良い方向にうまく使うという意味である。「すなわち」から始まる次の段落内でこの言葉と同様の意味を持つのは一行目にある「有効活用」である。

問八　傍線部6「勉強を『苦行』にしてしまう」の次の文が「なぜなら」で始まるため、理由が述べられているとわかる。次の文は「例えば教科書は内容の豊富さからそもそも通読が困難であるのが常であり、敢えてそれを読み通そうとすれば〈楽しくない読書〉を行なうことになるからだ」とある。つまり、通読しようとすることが読書を楽しくないものにしてしまう、と述べているのだとわかる。そのことをよく説明しているのは②である。①は、通読と創造が無関係、という内容が本文中に書かれていないので誤り。③は、読書は本来楽しいものではない、という内容が〈楽しくない読書〉を問題視する本文内容と合わない。④は、「すべて完璧主義には」とあるが、本文では「勉強の完璧主義

◆要　旨◆

膨大な情報があふれる現代社会において千葉雅也は、情報の収集を意図的に打ち切ることを「意味的切断」、意図ではない外的要因による中断を「非意味的切断」と呼ぶ。千葉は後者を肯定的に捉えた。なぜなら、多くの出来事は偶然を発端とし、非意味的切断が遍在する事実がある以上、それを善用すべきだからである。そのため、より力強く創造的に生きるためには、意志的コントロールよりも偶然性から発する非意味的切断の波に乗るべきである。勉強も意図のコントロールが効かない生成変化であり、その自己変容には偶然性の波に乗ることが有用性を持つ。偶然性の持つ可能性に希望を持つことが、勉強の効率性と創造性を増しうる。

▲解　説▼

問一　空欄の前後を比較して考える。Aの直前には、情報をすべて集めてから行動することは不可能、という内容があり、直後には、ときに情報不足の中で決断する、という内容がある。両者は矛盾しないため、Aには順接の接続詞が入る。したがって、③〜⑤は消去できる。Bは「情報の氾濫のもとで自己の利益を最大化するために」と「〈情報不足〉を選ぶ必要がある」という文を比較すると、逆説的な言い回しだとわかる。そのため選択肢は「敢えて」と「むしろ」に絞られる。Cは「執着の断ち切りが必要」と「こうした『切断』には……二種類がある」の間に必然性や因果関係が認められないため、順接の接続詞「したがって」、「それゆえ」は入らない。これらを鑑みると①が適切だとわかる。

問二　傍線部1「意味的切断」は、本文では「意図に導かれながら情報収集を止めて次の行動へ移る」、「主体は作業を途中で止めることを有意味と見なしている」、「主体の理知のもとでの行動の中絶」と説明されている。これらの説明とよく合致するのは③である。他の選択肢はすべて本文内容と合致しない。

問三　Dに入る語句は、「意味的切断」が何によるものかを説明するものである。「意味的切断」は「意図に導かれながら情報収集を止め」る行為であるため、③が最も適切である。他の選択肢はすべて本文内容と合致しない。

問四　傍線部2「非意味的切断は人生において無視できない意義をもつ」ことの説明は、第六段落の千葉の引用をもって

国語

▲日本文学科A方式・英米文学科C方式▼

一

出典　山口尚『日本哲学の最前線』〈第三章　偶然の波に乗る生の実践――千葉雅也『勉強の哲学』〉（講談社現代新書）

問一　①

問二　③

問三　③

問四　①

問五　端緒

問六　④

問七　有効活用

問八　②

問九　①

問十　⑤

問十一　④

■一般選抜（個別学部日程）：教育人間科学部

問題編

▶試験科目・配点

〔教育学科〕

テスト区分	教　科	科目（出題範囲）	配　点
大学入学共通テスト	外国語	英語（リーディング，リスニング）	100点
	国　語	国語	100点
独自問題	小論文	文章・図表などに基づいて読解・論述する問題を課す。	100点

＊大学入学共通テストの「英語」と「国語」の合計点に基準点を設け，基準点に達した者のうち，「小論文」の得点の上位者を合格とする。

〔心理学科〕

テスト区分	教　科	科目（出題範囲）	配　点
大学入学共通テスト	外国語	英語（リーディング，リスニング）	100点
	国　語	国語	100点
独自問題	小論文	日本語の文章やデータを読み，物事を論理的に考察し，自分の考えを的確に表現できる力を総合的に問う論述等を課す。	100点

＊大学入学共通テストの「英語」に基準点を設け，基準点に達した者のうち，総合点の上位者を合格とする。

▶備　考

- 大学入学共通テストの得点を上記の配点に換算する。英語の得点を扱う場合には，リーディング100点，リスニング100点の配点比率を変えずにそのまま合計して200点満点としたうえで，上記の配点に換算する。
- 試験日が異なる学部・学科・方式は併願ができ，さらに同一日に実施する試験であっても「AM」と「PM」の各々で実施される場合は併願ができる。

• 試験時間帯が同じ学部・学科・方式は併願できない。

試験日	試験時間帯	学　部	学科（方式）
2 月 13 日	AM	文	英米文（A）・日本文（B）
		教育人間科	教育
	PM	文	フランス文（B）
		教育人間科	心理

小論文

◀教育学科▶

(90 分)

I 以下の問いに日本語で答えなさい。

問 1

下の図は，1950 年から 2050 年における各国の高齢化率（総人口に占める 65 歳以上の者の割合）の推移を表したものである。2020 年までは実測値，それ以降は推測値である。日本の高齢化率の推移の特徴について，他国と比較しながら 200 字以内で論述しなさい。

図　高齢化率の推移

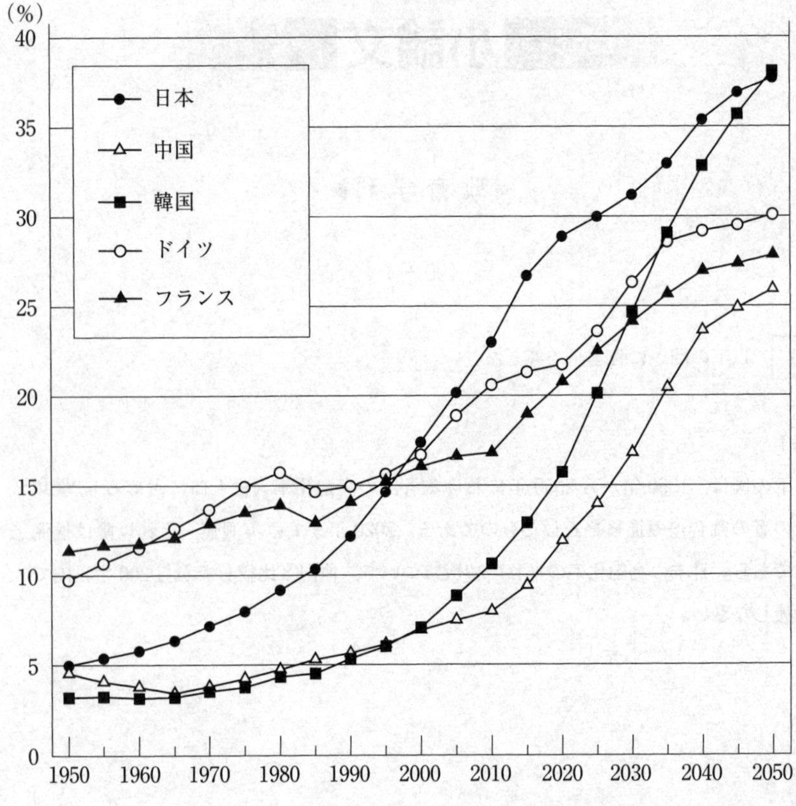

（内閣府『令和3年版高齢社会白書』(2021) より作成）

問2

表1は保護者が子どもと一緒に図書館に行く頻度と子どもの学力との関係を表したもの，表2は家庭の蔵書数と子どもの学力との関係を表したものである。表1・2をもとに，図書館に行く頻度と学力との関係および家庭の蔵書数と学力との関係について傾向を簡潔に指摘し，理由として推測できることを300字以内で論述しなさい。

なお，学力は小学校6年生に対する調査により，図書館に行く頻度と家庭の蔵書数に関する回答は保護者による（回答数55,167)。また，国語A，算数Aは主として知識，国語B，算数Bは主として活用に関して出題したものであるが，ここでは国語と算数の違いおよびAとBの違いを論じる必要はない。

（表１・２は，お茶の水女子大学『保護者に対する調査の結果と学力等との関係の専門的な分析に関する調査研究』（2018）より作成。なお，同報告書は文部科学省「平成 29 年度全国学力・学習状況調査」の分析結果をまとめたものである。）

表１　図書館に行く頻度と学力の関係

（%）

	国語A				国語B				算数A				算数B			
	A層	B層	C層	D層	A層	B層	C層	D層	A層	B層	C層	D層	A層	B層	C層	D層
月に１回以上	15.4	11.5	8.5	5.3	16.8	10.5	7.6	5.6	15.6	10.4	8.9	5.8	16.6	10.6	8.1	6.3
２～３ヶ月に１回程度	19.9	16.8	14.5	11.3	20.2	17.2	14.1	11.0	19.9	17.0	14.9	10.7	20.4	17.1	14.3	10.9
半年に１回程度	18.0	18.2	17.0	14.8	17.7	18.0	16.7	15.0	17.9	17.6	17.2	15.1	17.9	18.1	16.6	15.0
１年に１回程度	14.1	15.8	16.2	15.0	14.0	15.4	16.1	15.4	14.1	16.1	15.7	15.3	14.2	14.9	16.5	14.7
２～３年に１回程度	4.9	5.6	6.5	6.3	4.8	5.6	6.6	6.5	4.8	5.9	6.0	6.5	4.7	5.9	5.9	6.8
ほとんど行かない	22.4	25.5	29.1	35.6	21.6	26.5	30.5	34.1	22.8	26.6	28.7	34.3	21.8	26.4	29.8	34.0
行ったことがない	4.4	5.8	7.1	9.8	4.0	5.8	7.4	10.4	4.0	5.4	7.5	10.3	3.7	6.0	7.6	10.4
近隣に図書館がないため行くことができない	0.9	0.9	1.1	1.9	0.9	0.9	1.0	2.0	0.9	1.0	1.1	2.1	0.8	1.1	1.2	1.9

（注）A層，B層，C層，D層は，この順に学力の高いほうから４分の１ずつに分けたものである。数値は四捨五入されているため，合計が 100 %にならない場合がある。

表２　家庭の蔵書数と学力の関係

	国語A（点）	国語B（点）	算数A（点）	算数B（点）	人数比（%）
０～10 冊	69.6	50.2	72.4	38.7	23.7
11～25 冊	73.5	55.2	77.0	43.6	22.3
26～100 冊	76.6	59.9	80.7	48.1	34.2
101～200 冊	78.9	63.9	83.8	52.8	9.6
201～500 冊	81.0	66.8	86.2	56.7	5.8
501 冊以上	82.5	68.3	87.2	58.2	2.5
不明	72.5	54.6	76.3	43.6	2.0

（注）点数は各科目の平均点（100 点満点）である。蔵書には電子書籍は含むが，漫画や雑誌，教科書，参考書，子ども向けの本は除く。数値は四捨五入されているため，人数比の合計は 100 %にならない。

Ⅱ 次の文章を読み，以下の問いに日本語で答えなさい。

「文化」というと，すぐ芸術，美術，文学や，学術といったものをアタマに思いうかべる人が多い。農作物や農業などは“文化圏”の外の存在として認識される。

しかし文化という外国語のもとは，英語で「カルチャー」，ドイツ語で「クルツール」の訳語である。この語のもとの意味は，いうまでもなく「耕す」ことである。地を耕して作物を育てること，これが文化の原義である。

これが日本語になると，もっぱら“心を耕す”方面ばかり考えられて，はじめの意味がきれいに忘れられて，枝先の花である芸術や学問の意味の方が重視されてしまった。しかし，根を忘れて花だけを見ている文化観は，根なし草にひとしい。

文化の出発点が耕すことであるという認識は，西欧の学界が数百年にわたり，世界各地の社会に接触し調査した結果，あるいは考古学的研究，あるいは書斎における思索などを総合した結論である。人類の文化が，農耕段階にはいるとともに，急激に大発展をおこしてきたことは，まぎれもない事実である。その事実の重要性をよくよく認識すれば，“カルチャー”という言葉で，“文化”を代表させる態度は賢明といえよう。

人類はかつて猿であった時代から，毎日食べつづけてきて，原子力を利用するようになった現代にまでやってきた。その間に経過した時間は数千年でなく，万年単位の長さである。また，その膨大な年月の間，人間の活動，労働の主力は，つねに，毎日の食べるものの獲得におかれてきたことは疑う余地のない事実である。近代文明が高度の文化の花を開かせた国においても，食物生産に全労働量の過半を必要とした時代は，ついこのあいだまでの状態であった，とはいえないか？

人類は，戦争のためよりも，宗教儀礼のためよりも，芸術や学術のためよりも，食べる物を生みだす農業のために，いちばん多くの汗を流してきた。現代とても，やはり農業のために流す汗が，全世界的に見れば，もっとも多いであろう。過去数千年間，そして現在もいぜんとして，農業こそは人間の努力の中心的存在である。このように人類文化の根元であり，また文化の過半を占めるともいい得る農業の起源と発達をこれからながめてみよう。

農業を，文化としてとらえてみると，そこには驚くばかりの現象が満ちみちている。ちょうど宗教が生きている文化現象であるように，農業はもちろん生きている文化であって，死体ではない。いや，農業は生きているどころでなく，人間がそれによって生存している文化である。消費する文化でなく，農業は生産する文化である。

農耕文化は文化財に満ちみちている。農具や農作技術は，原始的どころか，全世界のほとんどの農耕民のものがそのまま驚くばかり進歩したものになっている。その一つずつに起源があり，また伝播があり，発達や変遷があるが，そのすべてをときあかすことは，人類の全歴史をあらためて述べることになるほどである。(中略)

人間のもつ文化財に何があるだろうか。ミロのビーナスは美術上の文化財として偉大であっても，もともと古代人の礼拝の対象として作られたものだった。信仰はなくなったが，その美だけが残った文化財だ。このような意味の文化財は農業には貧弱である。ところが，ビーナスが信仰されている故に，立像に価値がある時代があったわけである。しかし，一本のムギ，一茎のイネは，その有用性のゆえに現在にも価値がある。それはもっとも価値の高い文化財でもあるといえよう。そんな草がなぜ文化財であるのか，ちょっと不審に思う人もあるだろう。つまり，われわれがふつうに見るムギやイネは，人間の手により作りだされたもので，野生時代のものとまったく異なった存在であることを知る必要がある。そのもとをたずねることすら容易でなくなった現在の栽培植物は，われわれの祖先の手により，何千年間もかかって，改良発展させられてきた汗の結晶である。人間の労働と期待にこたえて，ムギとイネは人間に食糧を供給しながら，自分自身をも発展させてきたものだった。もしかりに，現在の世界から，栽培しているムギとイネの種子が全部なくなったとしよう。原子力の利用まで進んだ近代の植物育種学者が，大急ぎで金にいとめをつけずに，純粋な野生植物から再びイネとムギの品種を作りあげようとしたら，何年かかったらできるだろうか。10年か20年か。おそらく，育種学者はその責任を負うのを避けるだろう。ミロのビーナスを再び作ることはできないが，イネやムギの品種も人間は再びそれらを作ることはできないのだ。近代農業技術は，いま存在するイネとムギの品種が，過去何千年間発展してきたと同じように，将来にむかって，わずかにスピードアップして発展させることができるようになっただけである。

農耕文化の文化財といえば，農具や技術の何よりも，生きている栽培植物の品種や家畜の品種が重要といえよう。農業とは文化的にいえば，生きている文化財を先祖から受けつぎ，それを育て，子孫に手渡していく作業ともいえよう。その間に植物そのものはどんなに向上してきたのだろうか。これからすこし具体的にイネやムギの野生植物と，栽培化された現在の品種とのちがいをみてみよう。

イネやムギの野生種と栽培種とを比較するには，まずそれらの野生種が地球の上に存在しているかどうかが最初の問題である。生物進化論を主張し『家畜及び栽培植物の変異』を1868年に書いたチャールス・ダーウィンも，その著の中でムギの起源の問題に深い興味を示したものの，その疑問の核心に入ることは，ほとんどできなかった。フランスの植物分類学者，ドゥ・カンドルは一代の名著『栽培植物の起源』を1883年に出版し，その価値は今にまで認められているが，イネやムギ類の章は今日の知識から見るとずいぶん幼稚なものである。科学的精神をそなえたこのような先覚者といえども，自分の生命を毎日支えてくれるパンの材料になるムギの起源を，“神の与えしもの”と科学的実証との間にたいしたちがいのない知識しか提供できなかったのである。

しかし20世紀にはいるとともに，この事情は変わりはじめた。世界各地の多数の植物学者，農学者の活動は，いろいろな栽培植物の野生の原種の発見をはじめた。とくにソ連のバビロフは，レーニンから直接あたえられた全ソ連農業指導者としての任務上，あらゆる栽培植物のすべての品種，遺伝子を集める事業を開始した。彼の栽培植物探検隊は，ほとんど全世界に活動し，その結果おのずから栽培植物の野生の原種も多量に採集されることになった。栽培植物起源の研究はそのコレクションの上に一大進歩をとげることになった。その後も個々の栽培植物の起源の研究は，それぞれムギならムギ，イネならイネ専門家の手によって着実な成果があがり，従来の面目を一新するようになってきた。その結果，ほとんど疑問の余地のないまで確定した栽培植物の野生原種としては，イネ，二条オームギ，一粒コムギ，エンマーコムギなどがある。

これらの重要な穀類の野生種と栽培されている品種とを並べて栽培して比較してみるといろいろおもしろいことに気づいてくる。野生種のスタイルは一般に細くやせて，スマートな姿である。決して強壮に大型に生長するものではない。ブヨブヨと大がらに育つのと反対で，葉も茎も細く，硬い茎の先端に小さいパラパラと粒のつく穂を出す。その姿は人間にたとえてみると，小型ながら，スラッとした八頭身である。それにくらべると日本の豊産性のイネ品種や，改良されたコムギ品種は，ズングリと育ち，太くて厚ぼったい穂がつく。これは大がらな六頭身型の不格好さを示している。イネやムギでは八頭身より六頭身の方が実用的として，愛されているのである。

よく熟した八頭身の野生種の穂をつかみ取ろうとすると，アーラ不思議，穂に手を触れるとたちまちこわれ，穀粒はパラパラと地上に落下してしまう。これは粒の脱落性といって，野生種の穀粒のもつ通有性である。野生種と栽培種がよく似ていて，区別がむずかしい時には，この脱落性のあるなしが野生型と栽培型の区別点にされている。この性質は野生のものが，種子を自然散布するのに適応した性質である。栽培種の方はこれに反して，鎌で刈り取る人間の収穫法に便利な性質である。人類は野生の穀類を利用しはじめ，その品種改良の初期に，野生の脱落性から非脱落性に改良したものと想像されている。(中略)

現在の栽培イネはいかに劣等な品種でも，分枝茎はほとんど垂直に立ち，品種が混合しないかぎりほとんど一せいに出穂する。もっとも出穂期の一せいさは栽培法に大きく関係している。現在の標準イネ栽培法は出穂期が一せいにそろうようになっている。もしそれがふぞろいだったら，収穫は，茎の根元で刈りとる日本のふつうの収穫法より，穂だけ選んで，一つの水田に何回も収穫に行く方が合理的だ。イネ作農業では，品種と農法の発達により，穂刈りから根刈りへと進歩する。日本ではだいたい奈良朝まで穂刈り，平安朝で根刈りになったといわれている。アジアでは，インドのアッサム州から，それ以東のジャワにいたる地域はいたるところ穂刈りが残っている。意外なのはヨーロッパの農業で，ムギの収穫がわりあい近頃まで穂刈りが主力であった。それが根刈りに全面的に転換したのは，11〜13 世紀の大開墾時代であり，同時に収穫用の大鎌の登場した時代でもある。穀物は人間にとって，どんな耕し方より，どんな育て方より，何より収穫してしまわねば価値がない。野生から栽培へ，栽培技術の向上も，さいごは収穫だ。それが品種や栽培法の総合成果として収穫法に要約できよう。ここでは野生から根刈り収穫までをざっと見たが，次は機械化の問題になる。(中略)

農業では，文化財として野生から育てあげ，改良されてきた生きている作物が同様に基礎的な要素である。農業の起源，その発展を見るには，その側面，すなわち作物の方からそれを眺めてみるのが，いちばん大切な方法となるだろう。この文章ではこのような態度をつらぬいていくことにする。それにつづいて，その作物の栽培法，すなわち農業技術の問題が登場してくることになる。つぎに重要な点は，作物の加工，食法など，生産物を人間の胃の中に入れてしまうまでの過程である。私はその範囲くらいまでを考慮しておくことにしたい。

そのような態度を私がとるということは，農業に関連した重要事項を問題外にするという意味である。たとえば民族学の本などにほとんどつねに登場してくる農耕起源における女性の役割りの問題，それに引きつづく母系制，母権文化との関連問題などはこの文章では触れない。また社会学的に重要である農地制度などを含んだ社会構造と農業との関係なども一応問題外にすることとする。また東南アジアなどで発達のいちじるしい各種の農耕儀礼，宗教との関連などのように，純粋に精神活動に属する部分も除外しておくことにしたい。つまりここで私が問題とすることは，“種（タネ）から胃袋まで”の過程である。

作物の品種から農業技術，農地制度から農耕儀礼までを含んで，世界のあらゆる農民は先祖から受けつがれた一定の型をふみ，ときにそれをいくらか変更したり，改良しながら生きてきたのであり，これからもそうしていくだろう。そのすべてが，その農民の持っていく文化の重要部分になっているが，農業だけが唯一の文化ではない。住むべき家もあれば，歌や踊りもある。冠婚葬祭もそれぞれ行なわれ，飾りも衣服もある。もっと高級な学問，芸術もいくらかもっているだろう。その全部が総合されて“文化”になっているわけである。

このように全体性をもった文化のうち，たとえば農業に関係した要素だけをとりだしてみよう。それには作物の品種あり，その栽培技術あり，加工技術あり，宗教儀礼あり，農地制度ありといったように，かなり異質なものが必ず集まって，それらが相互にからみあった一つのかたまりとみられる。それを言葉としてはいささかものものしい表現だが，“農耕文化複合”と呼ぶ習慣になっている。複合というのは“コンプレックス”の訳語である。

この農耕文化複合のうち，種から胃の中までの問題は一部分を形成するだけだが，いちばん基本的な部分だから，ここではかりに“農耕文化基本複合”と呼んでおくことにしよう。アグリカルチュアー・ベーシック・コンプレックスといったほどの意味である。農耕文化複合を基本的部分と，そうでない，たとえば農耕儀礼や農地制度のような二次的な部分にわけたのは，その二つの部分の間にそうとう重大な差異が存在するからである。

探検記，旅行記を読んでいると，狭い地域で非常にたくさんの種類の民族に出あう話がよくある。たとえば20世紀まで石器時代のまま残ったニューギニアの山中の住民たちは，民族の種類は小地域ごとに異なっている。彼らはお互いにことなった言語を話し，社会的習慣もたいへんちがっているものが多い。しかしこれらの住民の生活はいずれもイモ類の栽培を中心とする農業によって支えられている。その作物の種類，栽培法などから見ると，お互いに話も通じない多数の民族が，農耕文化基本複合ではほとんどまったく同一なものを持っているのである。ところが，これら各民族の農耕儀礼とか，いろいろな農業に関係した社会的習慣の方はいろいろ変化している。

すなわち農耕文化二次複合の方は民族的に異なった部分が大きく現われてくる。さらに農耕文化複合以外の文化複合，たとえば言語，結婚制度，家族制度，社会組織などになると，はるかに大きい差異が発見されることになる。

インドやアフリカなどのように極度の多民族国家，多言語国家に行ってみると，さまざまな部族間の極端な差異に強く印象づけられることが多い。しかしそこでも現地をよく調べると，多民族の農耕文化基本複合は二つか三つがせいぜいで，それ以上の数には決してならないことがわかってくる。農耕文化基本複合はじつは石器時代いらい，現在までに全世界に四系統しか存在しなかったのだから当然である。四つでなく四系統という意味は，それぞれの内部に分枝した亜系があるためで，亜系は常に地理的に棲み分けしており，同一地域内に重複して存在することはない。農耕文化基本複合はこのように全世界的にわたって宗教とか，言語とか，その他もろもろの他の文化複合より簡単に把握できる特色があるので，これから基本複合の線で攻めたてて，それぞれの起源と発展をながめようとするのがこの文章のたてまえである。

その研究にあたって，基本複合にはたいへん都合のよい特色がある。それは作物の種類そのものが，“独立発生か伝播か”をはっきり見わけられることである。植物学者や遺伝学者の研究により，個々の作物の原種，原産地は一つずつつぎつぎに正確に定められてくる。その原産地以外の土地にある作物は伝播によることは疑う必要はない。伝播のルートは，品種が順次変わっていく地理的分布を調べることにより，驚くほど信頼性の高い結論が得られている例がある。他のすべての文化複合にくらべて，農耕文化基本複合はこの方法で決定的にすぐれた特色をもっている。

（中尾佐助『栽培植物と農耕の起源』〈岩波新書，1966〉の冒頭より，一部改変）

問 1

文章を 200 字以内で要約しなさい。

問 2

下線について，背景や意義に触れつつ，複数の具体例を挙げながら自分の考えを 600 字以内で論述しなさい。

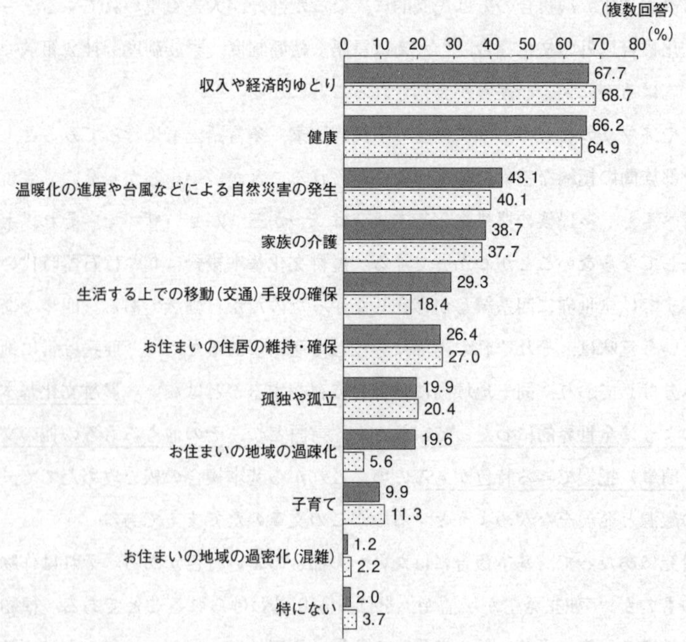

図2　将来の暮らしに対する不安なこと

【出典　「地域社会の暮らしに関する世論調査」(内閣府) (https://survey.gov-online.go.jp/r02/r02-chiikishakai/gairyaku.pdf) を加工して作成】

注1：図2は「あなたは、将来の暮らしについて、不安に感じていることはありますか。(○はいくつでも)」と尋ねた結果である。図に示された項目について複数選択できる回答形式であり、横棒の長さは各項目の選択率を示したものである。

注2：■人口20万人未満の市及び町村に居住する者の選択率

⊡人口20万人以上の市(東京都区部を含む)に居住する者の選択率

注3：「その他」および「無回答」の結果の表記は省略

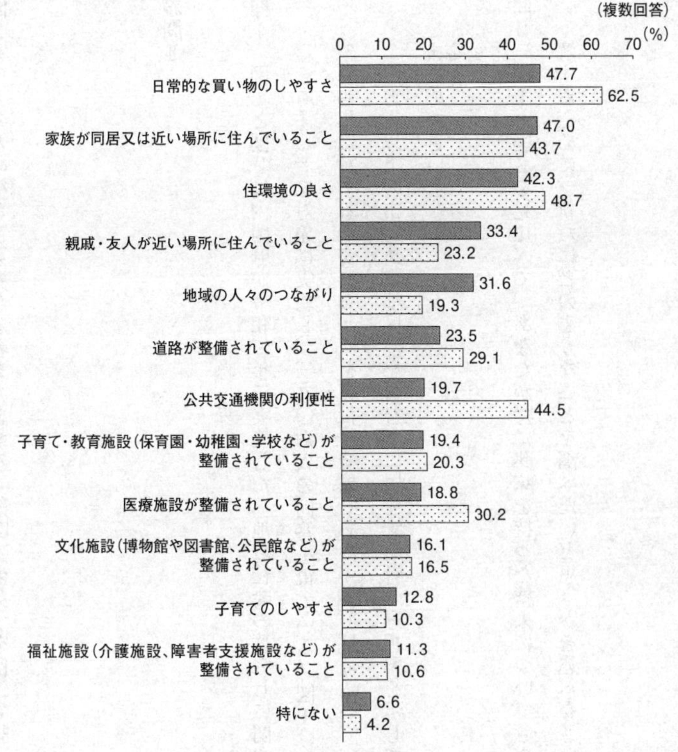

図 1　地域での暮らしに満足していること

【出典　「地域社会の暮らしに関する世論調査」(内閣府) (https://survey.gov-online.go.jp/r02/r02-chiikishakai/gairyaku.pdf) を加工して作成】

注 1：図 1 は各項目について、「あなたは、お住まいの地域での暮らしについて、満足していることはありますか。(○はいくつでも)」と尋ねた結果である。図に示された項目について複数選択できる回答形式であり、横棒の長さは各項目の選択率を示したものである。

注 2：■人口 20 万人未満の市及び町村に居住する者の選択率

□人口 20 万人以上の市(東京都区部を含む)に居住する者の選択率

注 3：「その他」および「無回答」の結果の表記は省略

問3　三人のどの少女とも異なる考え方をする「第四の少女」を自分で設定して、その少女視点の文章を四〇〇字以内で作成しなさい。

設問Ⅱ

問1　図1と図2は内閣府が令和二年に実施した『地域社会の暮らしに関する世論調査』の結果である。全国一八歳以上の日本国籍を有する者を対象に実施し、三九〇六人の回答を得ている。図1は「地域での暮らしに満足していること」、図2は「将来の暮らしに対する不安なこと」を尋ねた結果である。各項目について、人口二〇万人未満の市及び町村に居住する者と、人口二〇万人以上の市（東京都区部を含む）に居住する者の選択率を示している。この結果から読み取れることを三〇〇字以内でまとめなさい。

問2　図1と図2を見比べて、あなたが特に興味を持った結果についてさらに詳しく説明しなさい。また、その結果をより深く理解するために、新たにどのようなことを調べたいと思うかを述べなさい。全体を三〇〇字以内でまとめること。

うわ。星の銀貨なんかなくたって、この人生それ自体を受け入れ、肯定することができるわ。あなたたちなんて、星の銀貨っていう、人生そのものの中にない、虚無によって救われているんだもの。気持ち悪い。幽霊みたい。」

最初の少女がそれに反論して言いました。

「あなたも、あの子と同じ。星の銀貨のことがちっともわかっていない。星はね、気の毒な人たちにパンやシャツやスカートを差し出したら、そのとき、わたしのこころの中で降っていたのよ。後から降ってきたんじゃない……」

最後の少女がその反論に応えて言いました。

「そんなこと、知ってるわよ。あの子だって、その見えない銀貨が欲しかったのよ。あの子もあなたも、やっぱり、ほんとうに欲しいのは銀貨なんでしょ？　わたしはそれが嫌なの。わたしはね、その銀貨がどんなものだとしても、そういうものだけは欲しくないのよ。わたし、そういうものを欲しがる人が、いちばん汚い人だと思うわ。あなたたちって、不潔よ。」

すると、今まで黙っていた二番目の少女が口を開きました。

「わたしは始めから、ただ銀貨が欲しかっただけ。この世でも、あの世でも、それがほんとうに使える銀貨なら、どんな種類の銀貨だって、わたしはかまわない。あなたたちって、なんか変。どこか似ている……」

最初の少女と最後の少女は顔を見合わせ、最初の少女はその少女を気の毒に思い、最後の少女はその少女から眼をそむけました。

【出典：永井均「『星の銀貨』の主題による三つの変奏」】

問１　童話『星の銀貨』の主題を「□をめぐる物語」と表す場合に、□に入る適切な語句を漢字二字で答えなさい。

問２　三人の少女の「星の銀貨」についての考え方の違いが分かるように、二〇〇字以内でまとめなさい。

最後のお話

またある別のところに、また別の少女が住んでいました。その少女は最初の少女のことも二番目の少女のことも聞いて知っていて、なんだか嫌な子たちだな、と思っていました。

そのうち、お父さんもお母さんも早く亡くなり、なんとまえの二人の少女たちと同じ境遇になってしまいました。でも少女は「わたしはあの子たちとはちがう。星の銀貨なんかいらない。」と決心して、原っぱに出て行きました。

少女は、腹ぺこの男に会っても、スカートのない女の子に会っても、シャツのない男の子に会っても、同情せずに、その都度、こう言いました。「わたしもわたしの苦しみに自分でたえるから、あなたもあなたの苦しみに自分でたえてね。わたし、あなたに会わなかったことにするわ。だから、あなたもわたしに会わなかったことにしてね。」少女は、みんなが自分の運命を受け入れることを望み、自分も自分の運命をそのまま受け入れたのです。

少女が寒さにこごえながら、うずくまっていても、星たちは空高く輝いていました。「これでいいわ。これが私の人生なんだもの。何度でもこういう人生をおくりたい……」とつぶやいて、少女は死んでいきました。夜空の星たちは、遠くから、その少女を照らしつづけていました。

あの世での少女たちの会話

最後の少女が、ほかの二人にこう言いました。

「あなたたち、もし星が降ってこなかったら、自分の人生を肯定できなかったでしょうね。人生を恨んだでしょうね。私はちが夜になり、少女が森にさしかかると、そこに着るシャツのない男の子がいて、言いました。「着ているシャツをぼくにくださ い。寒くて死にそうなんです。」少女は少し迷いましたが、その子があまり寒そうなので、着ていたシャツをぬいで、男の子にあげました。

少女が寒さにこごえながらうずくまっていると、どうしたことでしょう、空からたくさんの星が降ってきて、それがぜんぶ、ぴかぴかの銀貨になったのです。そして、気がつくと、少女はぴかぴかに輝く新品のシャツとスカートを身につけていました。

二番目のお話

むかし、ある別のところに、別の少女が住んでいました。その少女は最初の少女のことを聞いて知っていたので、そんなふうになりたいな、と思っていました。

幸か不幸か、お父さんもお母さんも早く亡くなり、思いどおりの貧しい少女になることができたので、さっそく原っぱに出て行って、腹ぺこの男や、はくスカートのない女の子や、着るシャツのない男の子を、探しました。

運のいいことに、腹ぺこの男もスカートのない女の子もシャツのない男の子もすぐに見つかったので、少女は自分の持っていたすべてのものを、気前よくあげまくりました。そんなつまらないものよりも、星の銀貨が欲しくて欲しくてたまらなかったからです。

少女はうずくまり、いまかいまかと待っていると、思ったとおり、空から星が降ってきて、銀貨に変わりました。少女は満たされた気持ちになりました。ほんとうに価値があるのは、パンや衣服ではなく星の銀貨であることを、始めから知っていたからです。

小論文

▲心理学科▼

（九〇分）

設問Ⅰ　次の文章を読んで、問1～問3に答えなさい。

最初のお話

むかしむかし、あるところに、ひとりの少女が住んでいました。お父さんもお母さんも死んでしまって、食べ物も住む家もなくなり、シャツとスカートとひときれのパンだけが、少女に残されました。

少女がパンを持って原っぱをとぼとぼ歩いていくと、貧しい男がやってきました。その男は少女に「手に持っているパンを私におくれ。おなかがぺこぺこなんだ。」と言いました。かわいそうに思った少女は、その男にパンをあげました。

少女がまたとぼとぼ歩いていくと、はくスカートのない女の子が、少女のはいているスカートを欲しがりました。かわいそうに思った少女は、はいていたスカートをその女の子にあげました。

解答編

■小論文■

◀教育学科▶

I

解答例 問1．日本の高齢化率は，1950 年以降，独・仏・中国とは異なり増加し続けている。当初は中国・韓国同様5％程度で低かったが，徐々に上昇し 1980 年代半ばに 10％を超えた。その後，さらにペースを上げ，2000 年には先行して高かった独・仏を抜いて 20％を超え，2020 年には 30％近くに達した。その後も上昇は見込まれるが，それまでよりはペースが緩やかとなる。2050 年には高齢化率は 40％に迫るが，急追する韓国が日本を追い抜くと推測されている。(200 字以内)

問2．保護者と図書館に行く頻度が少なくとも2，3カ月に1回程度ある子どもが最も多いのはA層であり，ほとんど行かない，行ったことがない子どもが最も多いのはD層である（表1）。また，家庭の蔵書数が多い家庭ほど各科目の平均点が高い（表2）。以上より，図書館に行く頻度が高い家庭や，蔵書数が多い家庭ほど，子どもの学力は高くなる傾向にあると言える。その理由として，図書館に行く頻度が高い家庭や蔵書数の多い家庭の文化教育への意識の高さが挙げられる。それにより子どもの学習意欲が高まることが推測される。また，多数の蔵書を備えられる経済的余裕が，塾や家庭教師，通信教育などの利用を可能にしていることも考えられる。(300 字以内)

◀解　説▶

≪日本の高齢化率の推移の特徴，図書館に行く頻度や家庭の蔵書数と学力との関係≫

問1．本問で要求されているのは，図をもとに，日本の高齢化率の推移の

解答編

特徴について，他国と比較しながら論述することである。

図から読み取ることのできる各国の高齢化率の推移の特徴は次のとおりである。

- 日本…1950 年の約 5 %から 2050 年の約 40%に達するまで，一貫して上昇している。1980 年代半ばまでは比較的緩やかな増加率であったが，2000 年にフランス・ドイツを抜いた。その後，2010 年代半ばにかけて急激に増加するが，2020 年代以降は再びペースは緩やかになると推測されている。
- 中国…1950 年から 60 年代半ばにかけては低下傾向で 5 %未満にとどまっていたが，その後増加に転じた。2010 年から 2040 年にかけて急激に増え，2050 年には 25%を超えると推測されている。
- 韓国…1950 年から 80 年代半ばにかけては 5 %未満で停滞していたが，その後増加に転じた。2000 年代に入るころからペースを上げて，2050 年には約 40%に達すると推測されている。
- ドイツ…1950 年の約 10%から 1980 年に 15%を超えるまで上昇した後，いったん減少したが，その後，再び上昇を続けており，2050 年には約 30%に達すると推測されている。
- フランス…1950 年から 1980 年にかけて 10%台前半で上昇を続けた後，いったん減少したが，その後，再び上昇を続けており，2050 年には 30%近くに達すると推測されている。

これら各国の特徴を踏まえたうえで，日本を軸にまとめていく。〔解答例〕では，高齢化率が期間中に一時減少した中国・ドイツ・フランスと比較する形で，日本の高齢化率が一貫して増加しているという大筋を示している。そのうえで，ドイツ・フランスを抜いたこと，同じく一貫して上昇してきた韓国が日本を追い抜くことが推測されていることについて，具体的な数値を交えて言及している。なお，高齢化率 7 %超の社会を「高齢化社会」，14%超の社会を「高齢社会」とする国連の定義を知っていれば，これらの定義を目安に説明することもできる。

問 2．本問で要求されているのは，表をもとに，「図書館に行く頻度と学力との関係および家庭の蔵書数と学力との関係」を簡潔に説明し，この理由についての「推測」を論述することである。

まず，「図書館に行く頻度と学力との関係および家庭の蔵書数と学力との関係」について，表１からは次のような情報を読み取りたい。

・「月に１回以上」「２～３ヶ月に１回程度」への回答は，各科目ともＡ層が最多である。
・「半年に１回程度」はＢ層，「１年に１回程度」はＢ層またはＣ層，「２～３年に１回程度」はＣ層またはＤ層が最多である。
・「ほとんど行かない」「行ったことがない」はＤ層が最多である。

表２からは次のような情報を読み取りたい。

・各科目とも，蔵書数が多い層ほど平均点が高くなっている。

これらのことから，図書館に行く頻度が高い家庭や蔵書数が多い家庭ほど学力が高いという傾向を指摘することができる。

次に，この傾向から推測できることを述べる。〔解答例〕では，まず，保護者の文化教育に対する意識の高さを述べている。蔵書については，表２に「教科書，参考書，子ども向けの本は除く」と注釈されていることにも留意しよう。「勉強の役に立つ本が身近に多くあるから学力が高い」といった直接的な要因ではなく，「親自身が自分のために学ぶための書籍を購入できる」という経済的な背景からの推測も述べることができる。

Ⅱ　**解答例**

問１．農業は人類文化の根元である。農耕文化の文化財では，現在に受け継がれてきた作物や家畜の品種が，最重要の基礎的要素である。これら品種や栽培法などから成り立つ“農耕文化基本複合”は全世界に四系統のみである。品種が“独立発生か伝播か”が明確であるため，農耕儀礼・土地制度なども含めた“農耕文化二次複合”や言語・結婚制度といった農耕以外の文化複合などに比べ，同一性の把握が非常に簡単である。(200 字以内)

問２．言語や習慣が異なっていても農耕文化基本複合が同じであることがあるという。この特色は民族紛争や国家間の文化的共通点を把握する手段となり，対立の克服に寄与する。

ダルフールのように，言語・民族構成が複雑であれば意思疎通が難しい。民族と深く結びつく宗教は，普遍的原理を掲げるため相互理解も難しい。しかし，課題文が述べるように基本複合が同じ場合，農業・食料支援をベースとした調整を行えば，当事者の生活に直結する分野であるだけに，道義的な融和を説き続けるより理解を得やすいのではないか。

さらに，基本複合は，歴史認識を共有する上での土台にもなる。たとえば，歴史認識の違いに起因する対立が世界各地で問題化しており，一部では互いの民族的優位性を主張する言説が飛び交っている。それぞれが史料を都合よく解釈し，さらに混乱する場合も多く，歴史がねじれて理解されてしまう。こうした対立状況を乗り越えるため，歴史認識共有の取り組みは不可欠であり，この場面で植物学や遺伝学が活用できる。作物の伝播ルートに則って，両者がまずは確度の高い基本複合を共有すれば，共通の歴史認識の土台を築くきっかけとなりうるであろう。

このように，農耕文化基本複合は，紛争・対立の当事者や調停者たちに新たな視点や見落としていた視点を与える。そして，自らの生活や来歴の原点に立ち返っての解決を促すのである。(600 字以内)

◀解　説▶

≪農耕文化基本複合の特色≫

問 1．本問で要求されているのは，文章を 200 字以内で要約することである。

課題文のポイントは次の通りである。

●第 1 〜 8 段

- 人類の文化は農耕段階に入るとともに急激に大発展した
- 農業は，過去数千年から現在にわたり人間の努力の中心である

↓

農耕文化の起源・伝播・発達・変遷の全解明は，人類の全歴史をあらためて述べることになる

●第 9 ・10 段

農耕文化の文化財として最も重要であるのは，生きている栽培植物の品種や家畜の品種である

●第 11〜15 段

(イネやムギにおける“農耕文化基本複合”の例示)

●第 16〜20 段

- 文化のうち，農業に関係した要素（作物の品種・栽培技術・加工技術・宗教儀礼・農地制度などがからみあったもの）だけを取り出したものは，“農耕文化複合”と呼ばれる
- “農耕文化複合”のうち，作物の品種・栽培法・作物の加工・食法と

いった「種から胃の中まで」を“農耕文化基本複合”と定義する

●第 21〜23 段

・農耕文化基本複合は，全世界に四系統のみであり，作物の種類そのものの原種・原産地，伝播のルートを正確に特定することができる

↓

農耕文化基本複合は，その他の文化複合より把握しやすく，多民族間・多言語間の差異が小さい

以上の内容をまとめることになる。

人類にとっての農耕文化の重要性，農耕文化における品種の重要性，主要なキーワードである“農耕文化基本複合の定義”は必須である。一方，農耕文化基本複合の探究のあり方についての具体的な例示である第 11〜15 段の内容は省いてよいであろう。

問 2．本問で要求されているのは，課題文の下線部について自分の考えを述べることである。条件として，背景や意義に触れること，複数の具体例を挙げることが求められている。

「背景」「意義」の解釈はさまざまに考えられるが，まず，「意義」については，“農耕文化基本複合”の特色によってもたらされるメリットと解釈するとよいだろう。すると，「背景」としては，そのメリットが求められる要因と想定することができる。

〔解答例〕では，第 1 段において，“農耕文化基本複合”の「意義」の概要として，「民族紛争や国家間対立の克服への寄与」を掲げている。そして，第 2 段では民族紛争について，ダルフール紛争を例示しながら，「対立する民族間の文化的共通点の把握に基づく調整」という「意義」を述べている。その際，課題文第 21・22 段を参考に，「背景」として言語・宗教といった文化複合の抱える問題点に触れている。次に第 3 段では国家間対立について，歴史認識問題を例示しながら，課題文第 8 段や第 23 段を参考に，「歴史認識を共有する上での土台」という「意義」を述べている。ここでは「背景」として史料の解釈をめぐる問題点に触れている。

〔解答例〕では民族・国家レベルの議論を展開したが，個人レベルでの異文化理解に関連させて論じることもできるだろう。また，〔解答例〕では触れなかったが，農耕文化基本複合の系統は限られ，その把握が簡単であるだけに，農耕文化基本複合を重視するあまり民族・国家に対するステレ

オタイプの捉え方につながる危険性を指摘することもできるだろう。いずれにしても，問 1 で要約した内容との矛盾や飛躍がないように留意したい。

と」「地域の人々のつながり」

③人口二〇万人以上の市の方が多い項目（一〇ポイント以上の差）…「公共交通機関の利便性」「医療施設が整備されていること」

〔解答例〕では①に加え、③のうち二〇万人以上の市の選択率が四〇％超えの「公共交通機関の利便性」についてまとめている。

「四〇％」「一〇ポイント」という例示は目安に過ぎないが、項目数が多く字数も三〇〇字と少ないので、細かい数値にこだわりすぎないよう留意したい。

問2．問2の要求は、図1・図2を見比べて興味を持った結果についてさらに詳しく説明し、より深い理解のために新たにどのようなことを調べたいと思うかについて、三〇〇字以内でまとめることである。まず、問1の読み取りについて説明しよう。図1・図2の読み取りを関連付けて、その根拠を推測するとよい。新たに調べたいことについては、先述の推測を裏付けるための方法を述べる。〔解答例〕では、公共交通機関などの移動手段に関する項目の関連性に注目して、健康への不安に関連付けた推測を行い、その裏付けに用いるクロス集計・市町村規模別集計について言及している。ここでは、図1・図2の出典である世論調査データの再集計に言及しているが、新たな項目によるアンケート調査や対象を絞った聞き取り調査など、新規の調査を提示することも可能である。

市町村居住者では二割程度とかなり低い。図2からは、市町村の規模を問わず「収入や経済的ゆとり」「健康」が六割超と高いことがわかる。一方で、「生活する上での移動（交通）手段の確保」については、二〇万人以上の市居住者の選択率が二割程度であるのに対して、二〇万人未満の市町村居住者では三割程度と高くなっている。（三〇〇字以内）

問2．〔解答例〕二〇万人未満の市町村居住者は、公共交通機関の利便性に対する満足度が相対的に低く、将来の移動手段の確保への不安が高い。公共交通機関などの移動手段に関する不満や不安は、将来の健康への不安の高さともつながっていると考えられる。医療施設へのアクセスが悪いと、適切な時期に必要な医療を受けられなくなる。この不安の傾向は、過疎化の進行による利用者減で公共交通機関の衰退が進んでいる地域ほど、顕著であると推測される。そこで私は、これら項目に重複して回答している者のクロス集計を行うとともに、二〇万人未満の市町村のデータをさらに細かく中都市・小都市・町村ごとに集計して、実態を明らかにしたい。（三〇〇字以内）

◀解　説▶

《地域での暮らしへの満足度と将来への不安》

問1．問1の要求は、地域での暮らしに満足していることを問うた結果（図1）、将来の暮らしに対する不安なことを問うた結果（図2）を示したグラフから読み取れることを三〇〇字以内でまとめることである。

人口二〇万人未満の市町村居住者と二〇万人以上の市居住者それぞれの選択率が示されているので、両者の共通点と相違点に注目してまとめることになる。

たとえば、図1については次のような点に注目するとよい。

①両者とも多い項目（選択率四〇％超）…「日常的な買い物のしやすさ」「家族が同居又は近い場所に住んでいること」「住環境の良さ」

②人口二〇万人未満の市町村の方が多い項目（一〇ポイント以上の差）…「親戚・友人が近い場所に住んでいるこ

言している。これは「銀貨」の真の価値に注目していると言えるのではないか。

・最後の少女…「星の銀貨」を不要であると考え、自分の運命をそのまま受け入れるべきだという信条の下に行動し、困っている人を助けることをしなかった。あの世での会話では、彼女自身の人生の中にない「星の銀貨」によって人生を肯定した他の少女二人を批判し、「星の銀貨」を欲しがる人が、一番汚い人だとまで言い放っている。

これらの情報を、問1で明らかにした「価値」「評価」「対価」といったキーワードを念頭に置いてまとめていくとよい。「倫理」や「現代社会」で学んだカントの動機説を想起できれば、「動機」を軸に最初の少女と二番目の少女の違いを明確化できるだろう。

問3．問3の要求は、三人のどの少女とも異なる考え方をする「第四の少女」を自分で設定して、その少女視点の文章を四〇〇字以内で作成することである。

本問は、創作性の強い問題ではあるが、まったくの自由な創作ではなく、問1・問2を踏まえて考えるというのは言うまでもない。三人の「お話」の枠組み（出会う人に自分の持ち物を与えるのか否か、「星の銀貨」は降るのか否か）や道具立て（パン・スカート・シャツ）を生かし、「価値」（「評価」「対価」）のあり方を軸に創作するべきであろう。〔解答例〕では、「第四の少女」として、「困っている人を助けたい」という自発的で純粋な動機でもなく、目的としての銀貨が欲しいという実利的な動機でもなく、両親から与えられた価値観を遵守することに価値を置く少女を登場させた。

Ⅱ 解答

問1．図1から、市町村の規模を問わず「日常的な買い物のしやすさ」の選択率が最も高いことがわかる。また、「家族が同居又は近い場所に住んでいること」「住環境の良さ」も四割超であり選択率が高い。一方で「公共交通機関の利便性」は、二〇万人以上の市居住者の選択率が四割超であるのに対して、二〇万人未満の降ってきて銀貨に変わりましたが、少女には見えていませんでした。同じ夜、彼女がパンやスカートやシャツをあげた子どもも命を落としました。ただ、少女にはこれも見えていませんでした。（四〇〇字以内）

◀解　説▶

≪『星の銀貨』の主題による「第四の変奏」≫

問1．問1の要求は、童話『星の銀貨』の主題を「□□をめぐる物語」と表す場合に、□□に入る適切な語句を漢字二字で答えることである。

この童話の中で「星の銀貨」は、最初の二人の少女が他者を助ける行為を行ったことに対応して降り、そうした行為を拒否した最後の少女のもとに降ることはなかった。つまり、星の銀貨は、少女たちの行為の「価値」を表すもの、少女たちの行為を「評価」するものであるといえる。したがって、「価値」「評価」「対価」などの語句が適切であろう。

問2．問2の要求は、三人の少女の「星の銀貨」についての考え方の違いがわかるように、二〇〇字以内でまとめることである。

まず、三人の少女の「星の銀貨」とのかかわりを確認しよう。

・最初の少女…「かわいそう」という気持ちから、困っている人たちに、時には少し迷いながらも、自分の持ち物を与えていった。その結果、「星の銀貨」が降ってきた。ただし、あの世での他の少女たちとの会話の中では、自分が気の毒な人たちにモノを差し出した瞬間に心の中で降っていたと主張する。つまり、銀貨が欲しくて助けたわけではないということである。

・二番目の少女…最初の少女が手に入れた経緯とその価値を知った上で、「星の銀貨」を得ること自体を目的に、困っている人たちに自分の持ち物を与えていった。あの世での会話の中では、「この世でも、あの世でも、それがほんとうに使える銀貨なら、どんな種類の銀貨だって、わたしはかまわない」と発

小論文

◀心理学科▶

I

解答

問1．価値

問2．「星の銀貨」について、最初の少女は、利他的な行為を行おうという純粋な動機に対しての評価であると考えている。二番目の少女は、その動機に関わりなくその獲得を目的としている。どこでも何にでも交換できる有用性に注目し、結果的に他者に役立つ行為への対価としてももたらされるものとみる。三番目の少女は、自分自身の人生それ自体を肯定しているため、外部からの評価である「星の銀貨」を価値あるものとはみていない。（二〇〇字以内）

問3．〔解答例〕三人がいたのとはまた別のところに、別の少女が住んでいました。少女は、「困っている人は自分のすべてを尽くして助けなさい」と両親に言い聞かされていました。

やがて両親を早く亡くした少女は、どうすればいいかわからず原っぱをさまよっていました。すると、そこには腹ぺこの人がいました。その人は無一文になり、自分の子どもたちにあげる食料だけでもほしいと言いました。少女は、パンだけでなく、スカートもシャツも全部その人にあげました。両親のいないこの世にいても仕方ないし、何より両親の教えにかなうからです。

少女は森に向かいながら、寒さにこごえ死にました。「またお父さんやお母さんに会える…」この時、空から星が

//////////////////// · memo · ////////////////////